2012 年，俞立中出任上海纽约大学校长

1986年，留学英国的俞立中与何积丰（右一）和郑伟安（左一）校友在中国驻英使馆春节联欢会上合影

1996年，俞立中带领学生进行苏州河环境综合治理底泥污染研究

1997年，俞立中带领英国学生在长江三角洲进行野外考察

2001 年，俞立中与日本大学地球科学部合作研究，图为在远藤教授工作室

2008 年，俞立中访问法国里昂人文高师，看望华东师范大学在读学生

2009 年，俞立中被法国人文高师授予荣誉博士，图为在授予仪式上演讲

2009年9月9日，俞立中在上海市举办的第25个教师节晚会上领诵

2010年，俞立中被英国拉夫堡大学授予荣誉博士，图为在授予仪式上致答谢辞

2011 年 3 月 28 日，俞立中在上海纽约大学奠基仪式现场

2011 年 3 月 28 日，俞立中在上海纽约大学新闻发布会上接受记者提问

2011 年 8 月，俞立中在
"乡村教师飞翔计划"
公益活动闭幕式上接受
记者采访

2011 年，俞立中被英国
利物浦大学授予荣誉博
士，图为在授予仪式上
致答谢辞

2012 年 7 月，俞立中与
华东师范大学首届回校
攻读教育硕士的公费师
范生合影

2013 年 7 月 24 日，俞立中被授予法国"荣誉军团骑士勋章"，图为在法国驻沪总领事馆授勋仪式上致答谢辞

2013 年 8 月 11 日，俞立中在华东师范大学迎接上海纽约大学首位报到的新生——来自美国的丹尼尔·塔马约（Daniel Tamayo）

2014 年 1 月 26 日，俞立中被评为"上海教育年度新闻人物"

2015 年 4 月 16 日，俞立中参加在美国亚特兰大举办的"全美中文大会"圆桌讨论

2015 年 12 月 4 日，俞立中在新华网"创建未来"教育论坛上作主题演讲

2015 年，俞立中在联合国接受媒体采访

2017 年 1 月 9 日，俞立中出席上海市浦东新区第六届人民代表大会第一次会议

2017 年 1 月 20 日，俞立中在上海市第十四届人民代表大会第五次会议后接受记者采访

2017 年 10 月 18 日，俞立中参加上海纽约大学奖学金晚宴

2017 年，俞立中担任上海电视台《少年爱迪生》节目导师

2018 年 3 月 25 日，俞立中参加文汇讲堂"四十年间两代大学生对话"活动

2018 年 9 月，俞立中接受"寝室里的'丝绸之路'"电视访谈

2019 年 6 月，俞立中接受新中国高等教育发展口述史的访谈

# 大学管理之道在于沟通

## 俞立中媒体访谈录

华东师范大学档案馆　编

华东师范大学出版社

本书编委会　汤　涛　林雨平　胡　琨

# 自　序

曾有人问我，你当过上海师范大学、华东师范大学、上海纽约大学三所不同类型大学的校长，你觉得什么是校长的主要工作？大家都知道，美国大学校长的主要工作是找钱、找人——争取办学经费、争取优秀人才。大家也一定了解，中国大学校长似乎什么都要管，什么都是"一把手工程"。

如果要我用最简洁的词语来概括校长的工作，我会说两个词——"思考"和"沟通"。在众人的智慧源泉中选择适合学校的战略方向和发展路径，需要"思考"，这是校长的重要职责；认真听取各种声音，在互动中完善服务和管理，让理念成为共识、计划成为行动、蓝图成为现实，需要"沟通"，这更是校长的职责。其实仔细想一想，不管是争取办学经费还是争取优秀人才，哪一样不是"沟通"的过程和"沟通"的成效？

我们有很多传统的沟通方法。开大会，传达精神、布置工作，这是自上而下的沟通；召开座谈会、恳谈会、咨询会，这是自下而上的沟通；民主生活、促膝谈心，这是互动式的沟通。沟通是学习过程——"听君一席话，胜读十年书"；沟通是思想传播——取得理解和认同，才能把思想、计划、方案转化为行动；沟通是双向交流——促成相互了解，消除误解，取得共识，建立互信。

大学承担了人才培养、知识创新、社会服务、文化传承等重要使命，需要积极主动地与政府、企业、社会公众沟通，也需要加强和媒体的沟通。感谢华东师范大学档案馆，他们收集了我在华东师范大学和上海纽约大学任校长期间接受纸质媒体和网络媒体各类访谈的报道，编撰成这本集子。我理解这是在传递两个信息：一是希望通过媒体的访谈了解两所大学发展的理念、举措和成效；二是希望教育管理者理解沟通的重要性，尤其在全媒体时代，需要积极拓展沟通的渠道。

2003年，我调到上海师范大学任校长。到任后我走访的第一个部门是宣传部，这让大家好生奇怪。其实我是去学习的，一直觉得上师大见报率很高，就想探个究竟。我学到的真经就是要和媒体人交知心朋友。有些人对媒体有误解，见到记者能躲就躲。我觉得只要学校工作做得光明正大、合法合理，就应该借助媒体，多让社会公众了解，取得更多支持。邀请媒体进校园、和记者交朋友是在帮学校传播办学理念，放大学校工作的社会效应。和媒体朋友的结缘就从那时开始了。随着工作岗位的变动，我也把这个观念和做法带到了华东师范大学和上海纽约大学。

近 20 年来，我在校长岗位上认识和结交了不少媒体朋友，有上海的媒体人，也有中央乃至全国各地的记者；有传统媒体的朋友，也有新媒体的朋友，有些甚至成了忘年交。我的理念就是，学校的发展需要实干，也需要实说，与记者坦诚地交流沟通，能让更多人了解我们在干什么，为什么要这么干，干成了什么。学校的很多理念、举措、成效就是这么走出校园，走向社会，为公众所了解。

作为第一所中美合作举办的国际化大学，上海纽约大学是高等教育国际合作的积极尝试，也是中国高等教育改革的一块"试验田"，必然会成为舆论的焦点。学校的创建和发展始终在记者的视野中，让社会公众了解和理解学校的办学理念、特色和举措，离不开媒体的报道。

2012 年 4 月 6 日，《解放日报》上刊登了对我和雷蒙校长的专访文章，名为《不会西风压倒东风》《学会两只眼看世界》。当时大家都很关注上海纽约大学，也有很多疑问：为什么要建这所学校？学校教学质量如何？什么样的学生适合这所学校？这些问题都存在于学生和家长的头脑里。

《解放日报》的专访报道很好地解释了这些问题。我在接受采访时提到，在上海纽约大学多元文化交融的教育环境中，不存在"西风"压倒"东风"，或是"东风"压倒"西风"的情况。合作办学是一项全新的探索，构建多元文化的环境，促进不同文化间的相互理解、相互融合，有利于培养学生的全球视野，让学生在文化交流沟通中理解世界文化的多样性，学会包容和合作，对人类社会的进步和发展有积极的影响。

记得 2013 年上海纽约大学首届新生入学报到，全国各地很多媒体感兴趣。当时，美方校长对媒体采访还是很谨慎的，他担心会影响学校秩序，更是忌讳有记者会捕风捉影、不真实地报道。我告诉他，"No news is good news"也许是西方社会的认识，这句话的意思可以理解为"没有一则新闻是好消息"，或者可以理解为"没有新闻报道就是好消息"。但是根据我在上海师范大学和华东师范大学任校长时的工作经验，则认为学校做的很多事情需要通过媒体来让社会了解，很多舆情也可以通过媒体来解释引导。上海纽约大学是新生事物，更应该让记者走近我们，了解学校实情，和记者交朋友。我们俩是通过之后的实践才慢慢形成共识的。

2013 年 8 月 12 日，上海纽约大学开学首日，《解放日报》记者徐瑞哲向我提出，希望能够跟踪采访新生营活动并进行系列报道。当时学校为了保护学生的隐私权和肖像权，婉拒了所有媒体对新生营的采访请求，但他还是没有放弃。在他的坚持下，《解放日报》成为了唯一一家进入上海纽约大学新生营和学生宿舍、与首届学生近距离接触的媒体，通过记者的眼睛观察并记录了许多学生故事，并在 8 月 12、13、14 日连续三天刊登报道。三周的新生营结束后，《解放日报》还在 9 月 2 日的"解放周一"上用三个版面刊登了《上海纽大今天开学》等图文报道，留下了历史的印记，也起到了很好的宣传效果。如果当时没有他的坚持，这段历史可能就无法被记录下来了。

大学是一个学术共同体，更需要加强内部的沟通。对大学的服务和管理而言，体现"办学以教师为本，教育以学生为本"的理念，需要我们更贴近老师和学生。而现代大学因规模几乎不可能做到校长和每位学生都有面对面的沟通机会。每当听到有学生说毕业了还没有见过校长，我实在感到汗颜。但是，我一直在努力、在探索，希望建立与学生直接沟通的渠道。

时代不同了，信息技术、媒体技术快速发展，需要我们寻找更有效的沟通平台，来适应新媒体时代的特点：信息来源的多元化、信息传播的互动性、信息扩散的滚动效应；需要我们寻找更有效的沟通方式，来面对现代社会多样化的群体意见和个体诉求。

在全媒体时代，社会上人、事、物的能见度和透明度大大增强，同时也凸显了信息的不对称性，而公共互动信息平台的高时效性、高滚动率、高传播力、高影响度，自然而然地放大了信息的不对称。

"好事不出门，坏事传千里"，这是信息选择的不对称性；在公信力缺失的情况下习惯往坏处想象，这是社会心态的不对称性；网络语境下的情绪发泄、愤青吐槽，这是情感色彩的不对称性。在没有主动应对、积极互动的情况下，一条吸引眼球、抓住心结的信息就会如滚雪球般地传播，引发结论性的联想。

我在上师大当校长，每年要聘请一批学生担任校长助理，以加强与学生的沟通。一位学助是学校 BBS 的版主，是她建议我在 BBS 上设立"校长在线"，让我享受到了与广大学生直接沟通的欣喜和收获。2006 年回到华师大,有一位好心的学生在人人网上以我的名义注册,与同学们交流,使我意识到公共信息平台的互动效应,促成了我在很多年里利用人人网公共主页发布信息、听取意见,与师生沟通交流。也是在学生一片"你已经 out 了!"的呼声中,我注册了新浪微博并加 V 认证,结交了更多的朋友,实现了更有效的沟通。

从 BBS 到人人网,从微博到微信,我的与时俱进实实在在是追随着"数字土著"这一族的喜好,不断升级平台。我深深地体会到,社交媒体给了我一个有效的沟通平台,能和学生坐在一条板凳上交流,以聆听学生心声、征求大众意见、了解舆论动向、交流热点问题、提醒重大活动、传播发展理念、解读学校政策、发现管理缺失、化解突发危机。通过这个沟通平台,可以使学校的政策和管理更加透明,消除信息不对称带来的疑虑和情绪,同时也能及时发现学校服务和管理上的问题,增强师生的凝聚力。

大学管理之道在于沟通,沟通需要有好的心态,在当下的信息化时代尤为如此。这是一个校长的体会和心声。

2020 年春节

# 目　　录

# 酝酿突破建一流创新体系，
# 引领教师教育创新①

师范大学该如何顺应时代潮流，培养创新型人才，孕育原创性科技成果，建设高水平研究型大学，为创新型国家建设作出更大的贡献？全国科技大会召开后，这一问题已成为华东师范大学干部教师普遍关注的焦点，也成了履新担任华东师范大学校长的俞立中教授积极思考的重大课题。

作为我国第一所社会主义师范大学，华东师大早在 1959 年就成为全国首批 16 所重点高校之一，1986 年成为全国首批设立研究生院的 33 所高校之一。50 多年来，华东师大不仅为国家的人才队伍建设，尤其是教师教育的发展立下汗马功劳，也为科技进步贡献良多，在上海乃至国家的经济建设中发挥了重要作用。然而，在日新月异的知识经济时代，若不紧贴社会发展脉搏、激流勇进，则难有发展之途，遑论腾飞之日。俞立中校长坦言，"今天，大学的发展如果不积极融入国家发展战略，在自身优势和特色的基础上整合力量，构建创新平台，坚持自主创新，就不可能有长足进步，就不能建成高水平研究型大学！"

改革创新的春潮，正在华东师大人的心中涌动。

## 把握机遇，顺势而上：建设高水平研究型大学

准确定位是任何一所高校谋生存、求发展的起点，在上海这个名校林立的大都市中尤为如此。华东师范大学与复旦大学、上海交通大学、同济大学并称上海高校的"四大金刚"。这四所综合性强、优势互补、各具特色的著名高校是推进国家和区域知识创新和科教发展的重镇。长期以来，华东师大坚持教师教育的特色，充分发

---

① 原载《科技日报》2006 年 4 月 7 日、14 日，记者程蓉、王春。

挥基础学科强的优势,在知识创新的平台上积极推进教师教育改革和创新,不断提升教学质量,不仅造就了大批为基础教育服务的骨干教师,而且为社会经济发展培养了大批创新型人才。面对新的形势,为强化自身优势,走出一条具有自己特色的发展道路,华东师大立下了明确的目标——"建设拥有若干一流学科,多学科协调发展,引领教师教育创新的高水平研究型大学"。

俞立中校长认为:"科技创新,关键在人才,而创新型人才的培养必须从基础教育着手。为此,着力为基础教育事业培养一大批有创新理念、师德高尚、学术精湛的教师是一项具有战略意义的基础性工程。华东师范大学是一所以教师教育为特色的研究型大学,理应引领教师教育的创新。要承担起这一历史使命,学校不仅需要根据创新型国家建设目标,积极探索适应创新型人才培养的教师教育体系,而且要进一步发挥文理基础学科优势,大力推进生命科学与技术、信息科学与技术、材料科学与技术、资源环境科学与技术、海洋科学与技术等与国家发展战略紧密相关的重要领域的知识创新,为未来教师培养和在职教师发展创造一个更为活跃的创新氛围和成长环境,增强学校科技创新能力,为国家和地方的社会经济发展服务。"

2006年伊始,围绕学校"十一五"规划的制订和创新平台的建设,华东师大正紧锣密鼓地推进改革,每个院系都积极参与到学校未来五年蓝图的规划中来。"我们要整合现有的优势资源,在学校的层面上构建起面向国家需求、上海需要的创新平台,从而使学校的科学研究成为国家创新体系中的一个部分。"俞校长深刻认识到,国家正迈向自主创新的道路,上海已将知识创新、技术创新作为城市发展的核心推动力,华东师大必须抓住这个绝好的良机,顺势而上,加快建设高水平研究型大学的进程。

## 有的放矢,积极创新:优势学科服务城市发展

上海中长期科技发展规划中提出了"健康(Healthy)上海、生态(Ecological)上海、精品(Advanced manufacturing)上海、数字(Digital)上海"的"引领工程"(HEAD)。受其感召,俞立中校长认为,华东师大要集思广益,集聚资源,精心打造一个自主创新的行动计划,直接与"HEAD工程"对接。

新药研发是华东师大为建设"健康上海"服务的一个重点。近年来,学校已形成了基于手性分子技术的化学合成新药研发、基于生物技术的蛋白质及多肽类新药研

发、基于 siRNA 技术的靶向治疗药物研发、基于功能基因组学的现代中药研发的几个研究团队，承担了一批新药研发项目，并成功地实现了专利转化。生命科学学院也于 2004 年正式成立了生物医学学科，在短短的两年时间中先后承担了国家自然科学基金、科技部"863"项目、卫生部基金、上海市重点项目等多项重要课题。"我们还将积极引进国际优秀人才，研创具有自主知识产权的新药。"有的放矢，放眼未来，俞校长认为，二十一世纪是生命科学时代，华东师大有很强的学科基础，特别是在认知神经科学、分子生物技术和新药研制等方面，要面向国家和上海的发展重点，发挥综合优势，做强生命科学。

服务"生态上海"的建设，华东师大更是义不容辞。华东师大的生态学、自然地理学作为国家重点学科，一直潜心于东部高强度开发地区的生态学研究，在城市生态建设、环境工程、生态系统恢复、资源可持续利用等方面取得过突出的成绩，近年来获得过国家科技进步奖二等奖 1 项、国家自然科学二等奖 1 项、省市部级奖励 20 多项，有充分的实力为"生态上海"的建设创造辉煌。华东师范大学的河口海岸科学研究在国内外享有盛誉，也是学校的一个特色。河口海岸国家重点实验室在高水平基础研究的同时，主动参与诸如崇明生态岛、长江口深水航道、长江口水库、深水港等国家和地方的重大建设项目，解决重大工程中的科学问题。陈吉余院士提出的浦东国际机场向滩地东移的建议方案，为国家节省了 3.6 亿元的投资。针对上海重点发展城区（如世博区、崇明岛等敏感区域）森林建设和生态低效林改造的迫切需求，上海市城市化生态过程与生态恢复重点实验室在现代城市森林可持续更新和维持的生态学研究基础上，提出确立城市生态低效林改造的模式，构建可持续发展城市森林范式和森林系统适应性管护体系，进行上海国际大都市可持续性森林建设和生态低效林改造的示范。

多年来，华东师范大学在光谱学、信息科学、材料科学、绿色化学等研究领域发展迅速。何积丰院士是计算机学科国际知名的科学家，其研究成果"设计严格安全软件的完备演算系统"曾获 2002 年度国家自然科学二等奖。学校在高可信软件理论和技术、精密光谱学、纳光电集成、量子信息安全通讯关键技术、绿色化学、3M 集成关键技术、城市地理信息科学等方面，瞄准了"精品上海""数字上海"的建设目标，定可大放光彩……俞校长如数家珍，将学校十几个在国内外有着较高知名度的学科一一与"HEAD 工程"相接。在俞校长看来，科研探索只有找准了与社会发展相适应的突破口,才能产生倍增效应;而高校作为科学创新的源头,也只有将研究充分融入社会发展体系中来,才能不断突破,实现腾飞。

## 乘风破浪,锐意变革:凸显教师教育特色

"北有北京师大,南有华东师大",这两所高水平师范大学是中国师范教育的领头羊,是中国百年师范教育历程中形成的基本格局。作为国家培养基础教育骨干教师和校长的重要基地,作为中国教师教育改革的思想库和创新策源地,半个多世纪以来,华东师范大学不仅发展了强大的数理化、文史哲等基础学科,更坚持打造教育学、心理学等与教师教育紧密相关的精品学科;不仅拥有教育科学学院、教育管理学院、学前教育与特殊教育学院、继续教育学院等学院,还拥有教育学原理、课程与教学论、教育史三个国家重点学科,基础教育改革与发展研究所、课程与教学研究所两个教育部人文社科重点研究基地,为国家培育了大批优秀教师和教育管理人才,为教师教育改革和创新做出了不懈的努力。近年来,叶澜教授领导的"新基础教育"实验与探索,为中国基础教育的改革与发展树立了一面崭新旗帜;钟启泉教授领衔的课程与教学研究团队为中国基础教育新课程改革、实施与推广提供了重要的理论基础和思想渊源;教育部中学校长培训中心在基础教育界的影响力与日俱增,网络教育学院实现了基于网络的教师教育系统,这些都为华东师大进一步凸显教师教育特色奠定了坚实的基础。

"本科教学工作水平评估也是推进学校改革与发展的一个契机。"俞校长多次提到,2006年对于华东师大来讲,是机遇大年、挑战大年、改革大年。今年学校的重要工作之一就是以迎评为抓手,进一步明确学校定位、办学理念、办学特色,积极推进教学教育改革,提高教学质量,完善教学管理。

改革创新,理念先行。上任三个月以来,俞校长时时强调华东师大要引领一种"积极、创新、大气"的校园文化氛围。因为心胸开阔、目光远大、勇于创新是改革者必不可少的精神。而所有的改革,俞校长认为,首先是要基于沟通,学校与政府、社会、企业的沟通,学校管理层与学院领导、教师、学生的沟通,学科之间的沟通,学校领导之间的沟通,管理部门之间的沟通等。有了良好的沟通,才有良好的合作,才有学科融合,才能为科技创新建造一个更高更宽的平台。

　　华东师大要以培养创新型人才为目标。实现这一目标，教学改革是关键。2006年开学第一天，俞校长就来到了教育科学学院，与专家们探讨教学改革的思路。在俞校长看来，"这么多年，我们一直都在改革，但是内涵的改革是根本性的。"俞校长认为，学生只有在一种开放、大气、创新的环境中成长，积极地参与到学校的科学研究中来，才能更好地提高自己的创造力。因此，学校要大刀阔斧，一方面在全校范围内推广"本科生导师制""完全学分制"，给予学生开放的环境、多样的选择，也赋予学生深入探索知识的资源和渠道；另一方面，教师们也在积极探索教书育人的有效载体，积极探索课程体系、教学内容和实践环节的深入改革。

　　对于教师教育的创新，俞校长提出了"要在学校建立促进教师终身发展的多样化、多层次、开放型的教师教育体系"。近年来，随着教育的发展，社会对教师的能力和素质提出了更高的要求；传统的师范教育体系走向开放的教师教育体系，越来越多的非师范类毕业生进入了普教系统。面对新形势，华东师范大学必须加快教师培养改革创新，以适应创新型国家建设目标，适应教师终身发展的需求。华东师大将不断创新教育理念，在教师培养模式改革的基础上，积极推进教师教育的课程体系、教材、师资和实践环节的改革，创新教师教育体系，真正实现教师教育职前培养与职后培训一体化，促进教师的专业成长和终身发展。在教育日益成为社会焦点的同时，华东师大还积极投身于社区教育的发展，协助新校区所在地闵行区制定"推进闵行区教育事业发展计划"等。总之，在社会的激变中，华东师大始终不忘"求实创造，为人师表"之校训，披荆斩棘、锐意求新，引领中国基础教育改革和教师教育创新之潮流。

　　一石激起千层浪。一场深刻的改革已在校内紧锣密鼓地开始了。敢为人先的华东师大也定能在挑战与机遇面前上下齐心，写下校史上最光辉灿烂的篇章。

# 提升整体办学实力，彰显教师教育特色[①]

　　华东师范大学是新中国为"培养百万人民教师"而创办的一所高水平师范大学，迄今已走过半个多世纪的办学历程。作为一所国家"211工程"与"985工程"重点建设的综合性研究型大学，华东师大始终把教师教育放在最重要的地位。近五年来，华东师大每年有1 000多名本科毕业生、100余名硕士与博士毕业生投身基础教育事业；近十年来，学校对万余名全国重点中学校长、近2万名中小学骨干教师进行了卓有成效的培训，被誉为教师教育研究的"国家队"、培养中学校长的"黄埔军校"。华东师大坚持不懈地致力于教师教育理念、实践和服务创新，通过成立国际教师教育中心、创建"未来教师空间站"、实施教师教育创新计划等举措，引领中国教师教育的改革与发展。

　　华东师大能取得如此的成绩和社会影响力，折射出办学者的敏锐思路，反映了几代"华东师大人"的执着与追求。下面，本刊记者试图透过对华东师大校长俞立中教授的访谈，向广大读者展现这所大学究竟是如何在我国教师培养与培训领域中确立自身的形象、地位以及特色的。同时，我们也希望能引发大家深入思考，共同探索教师教育这一事关人才培养的话题。

　　访谈是从我国师范教育的发展变迁开始的。

　　俞立中校长开门见山地切入话题。他告诉记者，华东师大已从一所传统的师范大学发展为以教师教育为特色的综合性研究型大学，从这段历史可以看出我国教师教育发展既有其自身的发展规律，也顺应了世界高等教育的发展趋势。现在有些人认为师范教育在"忘本"，这完全是一种误解。俞校长说，在综合性研究型大学的平台上，教师教育能获得更多的学科支撑、更大的发展空间，有利于培养具有宽广学术视野和专业发展潜力的未来教师。关于"师范性"与"学术性"之争，对师范大学来说根本就是一个

---

[①]　原载《教育发展研究》2007年第11期。

假命题，应该消除师范教育就是"低水平"的成见。高水平的发展，更有利于师范大学在中国教师教育体系中继续发挥骨干和中坚作用，凸显教师教育的优势和特色。

结合华东师大的办学特色和战略目标，俞立中校长从教师教育创新、师范生免费教育、支援西部与服务地方等方面畅谈了他的感受和理解。

## 一、进行多重探索，创新教师教育

俞立中校长指出，华东师大实施"职前教育和在职培训一体化"的教师培养模式，为实现以终身教育为目标的"教师教育"打下了基础。培养什么样的教师？怎样培养合格的教师？教师如何在终身学习理念的指导下实现自己的职业理想？这些都是师范大学需要共同思考的命题。他告诉记者，华东师大将通过改革师范生培养模式，加强课程体系、教材和教学资源、师资队伍、实践环节的建设，创新教师教育体系。这些探索主要涉及四大环节：

1. 完善课程体系。教师教育的创新首先必须落实到课程体系、教学内容和教学方法等方面的改革。俞校长告诉我们，在未来 5 年里，学校将逐步完善教师教育课程体系，以适应不同层次的职前培养和在职培训的需要，形成职前培养与在职培训相互衔接的多层次、立体交叉的一体化教师教育模式。他认为，教师教育课程体系应该是丰富多彩、有高度选择性、循序渐进的，并且由可以满足不同阶段教师职业发展需求的课程模块组成。在完善课程体系的基础上，学校推出不同的未来教师培养模式。师范生的课程教学由通识教育课程、专业教育课程和教师教育课程三大课程板块构成。非师范生在学习专业课程的同时，可以选修教师教育课程模块，修满学分也可获得教师资格证书。构建适应教师终身发展的教师教育课程体系，要从教师职业发展的需求出发，注重理念、素质、能力、知识的综合培养，完善教师的能力和知识结构。学校计划要建设 100 门左右的教师教育课程，目前已开设了 40 门。

2. 建设教材资源。教材和教学资源是教师教育内容的重要载体，要高度关注具有时代感、针对性、实用性和创新空间的教材体系和素材库的建设。俞校长告诉我们，华东师大正在不断将教学实践和教育研究的成果转化为教学内容。学校设立教师教育课程建设基金，采取逐步引进、立项开发、遴选推荐和合作开发等办法，建设教师教育精品课程与教材，建设一大批教育观念新、示范性强、实践效果好、具有推广价值的教师教育课程教材与教学课件,建设比较完整的国际教师教育信息资源库,逐步建立集文本、光盘和网络等多种媒体于一体的教师教育学习资源库,实现教师教育课程、课件等各类资源、信息的整合与共享,为教师教育课程创新研究提供信息和技术上的支持。

3. 夯实师资队伍。教师是学生成长和发展的引路人。俞校长告诉我们,长期以来,教师教育存在两个怪圈,制约着基础教育教师队伍整体质量的提升:一是从未上过中小学讲台的专家教授在教师范生如何上课;二是越来越多经验丰富的一线教学名师因年龄逐步退出讲台。所以,完善教育专业教师、学科专业教师、中小学特级教师及其他优秀教育工作者相结合的教师教育队伍已显得十分迫切。近年来,华东师大尝试以专家领衔的工作室形式开展教育、教学问题的自主探索与合作研究,加强大学与中小学的合作,把教学活动的具体问题作为教师教育教学与研究的对象,推动了教师教育理论和实践相结合,也为教师教育内容和手段创新开辟了新路。此举将使中小学的教学名师资源变"学校所有"为"共同财富",打破师范院校理论教学与中小学校实践教学的壁垒,整合全市优秀师资共同培育"未来名师"。华东师大将在基教领域成绩卓著的特级教师中聘任一批特聘教授,与上海师大共同开展基础教育与教师教育项目的合作研究,并参与课程建设、课程教学、实习基地建设等,在教师教育体系的改革实践中发挥示范、辐射和核心作用。这一政策也将在取得一定成效和经验的基础上逐步推开。据悉,这些特聘教授在任职期间每年将有三分之一左右工作时间服务于全市基础教育和两所大学的教师教育改革与发展工作,享受上海市教育委员会提供的特聘教授津贴,并要接受中期和期满考核。

对于现在不少教师对自己职业认同感低下以及跟不上课程改革要求的现状,俞校长认为应通过环境营造、课堂教学和"教育思想大讨论"等途径,具体应采取强化教师养成的校园文化氛围,激发学生终身从教的荣誉感、使命感和社会责任感,培养学生主动探究意识、敬业意识与坚定的职业信念和良好的师德精神等措施去改变。

4. 强化实践教学。创新中小学教师职前教育、入职教育、职后教育的模式,与实践教学有很大的关联性。俞校长告诉我们,为了让优质教育研究资源辐射全国,华东师大在全国高校中率先建成"现代教育技术培训中心",在全国率先推行面向全体师范生的入职教育及面向中小学在职骨干教师的现代教育技术培训。2000年起,学校把现代教育技术培训和微格教学训练作为全体本科师范生的必修课,使学生能够以出色的信息技术素养和较强的综合竞争力更好地服务于基础教育，至今已有7 873名师范生接受了该项培训。在研究生、博士生培养上，华东师大大胆创新培养模式，鼓励研究生、博士生服务于基础教育。多年来学校坚持选派在读研究生到中学一线去开展教学、调研实践，选派在读博士生到地区教育局、基层学校挂职锻炼。随着实践基地的增加，华东师大为学生提供的实践平台越来越多。俞校长指出，学生在读大学期间，通过见习、实训、顶岗实习等多种途径进行实践，对未来从教是非常有益的。当然，在教师岗位上还要争取多种机会不断进行教学实践与思考，包括学习他人的经验，在不同情境下的实践，这样才能成为一个善于反思的研究型实践者。

## 二、落实国家义务，做实做好师范生免费教育

一段时期以来，由于对高等师范院校的发展缺乏顶层设计和政策支持，师范教育出现了被弱化的倾向。现在国家和地方在纵深推进教育改革的过程中，越来越深刻地感受到最大的瓶颈来自教师队伍的数量和质量，这一问题在中西部地区显得更加突出。俞校长认为，今年国务院如此旗帜鲜明、目标明确、措施到位地把推行师范生免费教育政策写入《政府工作报告》，确实振奋人心，这是国家推进教育优先发展战略、落实科学发展观、构建和谐社会的重大举措。由部属师范大学先行进行主要面向中西部地区招收、培养服务基础教育师资的试点，对吸引优秀中学生报考师范专业，对促进基础教育师资水平和教育质量的提高、实现西部大开发战略目标都具有重要的战略意义，是师范院校自身改革与发展的重大机遇。

俞校长告诉我们，华东师大正在为此进行积极的准备。学校近日公布了招生方案，大幅度增加中西部省份师范生招生名额，减少东部地区师范生的招生数。2007年的招生计划为本科3 350人，其中免费师范教育为1 000人，主要投放在中西部地区。2007年，学校对享受免费教育的师范专业学生免收学费、住宿费，国家补贴生活费。2007年，该校在中文、数学、生物、化学、地理等专业所招收的非师范生在大学四年学习中只要修读教师教育相关课程，并拿到教师资格证书，毕业后也能从事教师职业。

俞校长表示，学校将通过多种举措有效落实国家战略举措。首先，学校将通过政策引导，吸引和鼓励大批有志于教育事业、适合从事教师职业的优秀青年学子报考师范专业。今后学校将大幅度地增加中西部省份师范生招生名额，促进教育均衡

发展。此外,学校还将落实师范毕业生到中西部基础教育系统任教一段时间的服务制度。这一举措的用意是,在服务基础教育的过程中,使学生更深切了解国情,通过基层教育现实的体验得到锻炼成长,成为既有现代教育理念,又有社会责任感,能解决基层教育实际问题的教师。

为了做好师范生免费教育工作,一方面,学校已经派了两路人马分赴西南、西北地区,主要承担两项任务:一是和西部地区教育主管部门进行沟通,通过师范生免费教育使学校更好地为西部基础教育服务;二是进行招生前的宣传、咨询工作,告诉广大考生,学校欢迎优秀青年选择师范生免费教育,终身从教,努力成为教育家和优秀教育工作者,为我国基础教育的发展作更大贡献。另一方面,师范生免费教育课程的安排,将与学校这几年不断创新和正在实践的师范生课程改革一脉相承,如实施通识教育、专业教育和教师教育三个板块的课程设置。通识教育课程中涉及教师综合素质的系列课程有几十门,能为培养师范生的人文、科学知识素养和综合素质提供有力支撑;专业教育课程则根据将来教师的发展需要,注重专业知识和技能训练;教师教育课程侧重教师对教育、教学的理解,将会开出 50 门左右相关课程。总之,要按照教师的职业发展要求设计和安排课程。

俞校长特别指出,在实施师范生免费教育的过程中,应该充分发挥华东师大地处东部发达城市的地缘优势和教育资源优势,在教师人才培养中增强特色,加强教育技术应用技能的培训、外语能力的培训等。同时,学校也要考虑中西部基础教育与东部沿海地区的差别,在课程安排和教学方法上进行更有针对性的教育。总之,学校不仅要把优秀高中毕业生招进来,更要把他们培养成适应基础教育发展的优秀教师,使他们成为基础教育的中坚力量,使其中一部分人能够成为未来的教育家。出于前瞻性的考虑,学校正着手在中西部地区建立一些基地,以帮助毕业生在基础教育第一线真正发挥作用。学校则能通过基地对服务期内的毕业生进行跟踪服务、帮助提高;同时,基地也可以成为对当地的基础教育师资培训、课程改革等进行全方位服务的依托。

## 三、发挥地缘优势,积极服务西部

俞校长认为,支援西部教育是国家开发西部地区的重要组成部分,作为国家重点大学,为西部地区培养和培训师资是学校义不容辞的职责。多年来,华东师大发挥地缘优势,结合西部的实际情况,学校从与西部师范大学联盟、进行西部校长与骨干教师培训、开展网络教育与研究生支教四方面着手予以实施。

加强合作联盟。俞校长告诉我们,近年来,华东师大从校际层面开展对口支援西部教育工作,与云南师范院校开展全面合作共建,与新疆师范大学、内蒙古师大、西藏民族学院签订了对口支援协议,在师资、学科等方面提供全面支持,为西部基础教育培养高层次的师资队伍提供有力的理论及技术支持。

进行西部校长、骨干教师培训。俞校长告诉我们,华东师大的"教育部中学校长培训中心"被誉为基础教育的"黄埔军校""中学校长的精神家园"。多年来,中学校长培训中心不断探索,初步形成了参与式研讨、典型经验现场教学、案例开发等颇具特色的教育管理培训模式。培训人员从各地中学校长到教育局局长,再到港澳台地区校长的交流互访,层次多样,地域广泛,在全国教育干部培训网络中发挥了较好的示范引领作用。学校重视发挥教师教育和学科综合优势,积极服务国家西部大开发战略,学校先后与云南、新疆、西藏、内蒙古、青海、广西、贵州等地的师范院校建立对口支援和合作关系。教育部中学校长培训中心累计培训西部校长达1 200多人。

开展网络教育。俞校长告诉我们,华东师大开创的"华东师大远程教育模式"对职后教育无疑是一种有效的支持,尤其在教师教育由"封闭型"向"开放型"转变的过程中,学校在国内率先推行的在职中小学教师研修一体培训模式,及基于项目研修和课程研修的教师远程教育培训更显出其实际的效果。通过这两种途径可以指导并帮助中小学教师解决教学工作中遇到的实际问题,提高信息素养,提升专业化水平,更快地适应基础教育改革和信息化社会的需要。2002年,华东师大在国内率先推行中小学骨干教师网络远程教育硕士培养,探索基于远程开放的环境下,培养更多科研型教学专家,满足基础教育对高层次应用型师资的需要,教育部称之为"华东师大远程教育模式"。目前,承担这项任务的华东师大网络教育学院注册学生已达1万多人,90%以上是从事基础教育的一线教师,其中也有不少西部教师。借助这个技术平台,华东师大希望把东部成熟的网络教育理念和经验传播到更大范围,尤其是我国的西部地区。

派遣研究生支教。俞校长告诉我们,研究生支教团是华东师大服务西部基础教育的重要力量。这一组织成立8年来,累计已委派35名研究生前往包括新疆、西藏在内的国家中西部地区 17 个省 36 个国家扶贫工作重点县展开支教工作。学校许多西部助学支教志愿者在离开自己的岗位后，并没有忘记那片让他们青春增辉的热土。几年来，他们在寒暑假组织了由学校课程改革教师、专家领衔的三十几支实践队伍，为西部地区提供义务教师培训近百次，并在这个过程中进行了大量的走访和调研。如学校第三届支教团的成员带着教学改革、教育技术、教学管理等方面的专家来到他们曾支教的云南武定县一中，为全县骨干教师作了有关中学课程改革、教学技能、学校管理等方面的培训和交流；由支教学生组织的"西部教师培训志愿服务队"前往青海玉树地区，完成了对当地农村教师教学技能等方面的培训，并进行了课改调研；数学系一批数学课程改革专家来到黔东南地区，对当地的数学教学进行实地指导，并开设了远程交流的网络平台，与当地建立了长期合作关系。几年来，支教学生的行为在华东师大引起很大反响，在他们的带动下，学校建起了西部助学志愿者服务队，每年由在校学生组织的"西部农村教育图片展""西部助学支教论坛""西部零距离报告会""支持西部教育，回收废旧报刊"等活动吸引了更多学生的参与。

## 四、坚持学校特色，服务地方教育

俞校长在访谈中一再强调，如何更好地坚持特色、服务上海教育是华东师大经常思考的问题，为此还进行了多方位的探索。

俞校长告诉我们，华东师大以创办附属学校为抓手，输出"华东师范大学"这一知名教育品牌，目的是为全国各地特别是为华东地区拓展基础教育优质资源的新途径。近年来，华东师大先后与上海闵行、南汇、松江、嘉定、浦东、宝山等区县合作，共建了华东师大附属长风中学、华东师大附属周浦中学、华东师大松江实验中学等多所附属（实验）学校，与江苏常州合建实验学校也在洽谈中。通过共建附属（实验）学校，不仅解决了农村学校遇到的实际问题，而且还会在区域内形成一个优质教育资源的辐射圈，带动影响更多的学校发展成为优质学校。为了帮助解决农村基础教育师资匮乏的难题，华东师大鼓励毕业生服务农村基础教育。学校连续多年举办上海郊区农村中学师资专场招聘会，对到上海市郊区农村偏远地区乡镇级学校任教并签订五年以上服务期合同者予以奖励，同时申报上海市政府"去郊区镇学校任教毕业生奖励金"。

　　俞立中校长表示，师范院校是培养高素质教师的摇篮，华东师大应该为上海市的基础教育作出贡献。2007 年 4 月 11 日，华东师大语文教育研究中心专门成立了语文教育研究所，同时吸纳 361 名上海中学界语文教育骨干教师参加。该研究所将利用高校的学术优势，向一线教师讲授先进的教育理论，传递最新的教育资讯，并将开展各项有关语文教育的活动。在筹办阶段，各区的教研员和骨干教师踊跃报名，热情参与。随着活动的开展，之后会逐渐扩大研究所的规模。参加研究所的老师认为，目前在一线的语文教师确实需要提高素养，互相交流，打开学术视野，华东师大的语文教育研究所提供各种培训条件和交流平台，这正是他们热切盼望的。研究所还将借助高校的学科优势和科研力量，有计划地完成一系列语文教育的研究课题，并在培训各区教师的基础上开展"语文讲堂"活动，促使教师研究课程改革，加深对新教材的把握。俞校长特别指出，有了好的机制就可以更顺利地做更多事情。他说，上海资源非常充足，但很多时候过于看重局部利益，希望能够充分利用现有资源，整合优质教育资源，实现资源共享，降低成本，做出更多有意义的事情。

# 我 的 大 学 梦[①]

　　搬家时,无意翻出了几样让我颇为惊讶的东西:两张30年前我参加高考的准考证,还有一张是1973年参加大学招生文化考试的准考证。看着三张尘封多年的准考证,我的思绪一下子回到了30多年前……

　　1969年7月,随着"知识青年上山下乡"的洪流,我来到祖国北疆,开始了"战天斗地"的生活。那是个叫长水河的农场,位于黑龙江省黑河地区。"长水河"现在听起来还那么浪漫,可在当时却丝毫感觉不到浪漫。那儿的工作和生活条件之艰苦我也不必多说,太多的"黑兄黑妹"已有详尽描述。但不是置身其中,人们还是很难想象当年开垦北大荒的艰辛。

　　无论盛夏寒冬,天天下地干农活儿,上山伐木采石,过着日出而作日落而息的日子。随着岁月流逝,知青们在享受丰收喜悦的同时,对自己的未来是一片茫然。但我内心深处还是有个强烈的信念,那就是要学习,上大学成了我挥之不去的梦。

　　70年代初,农场开始推荐工农兵大学生。由于我吃苦耐劳、表现突出,每年都被知青们推荐上去,但是每次都由于种种原因被挤了下来。到了1973年,得知在选拔大学生的程序中加上了文化考试环节,这让我喜出望外,我自认为凭真才实学是不会比别人差的。考试很顺利,感觉也不错,本以为成竹在胸,可是命运偏偏爱跟我开玩笑,竟出了个张铁生"白卷事件"。这位老兄在考试中交了白卷,还在试卷背后写了一封表示对文化考试不满的信,给"文革派"提供了一发重型"炮弹"。就因为这封信,当年的考试作废,我的大学梦又一次破灭。

　　1977年,中国恢复高考制度,也改变了我们这代人的命运。为了抓住这个机会,我在短短几个月时间里自学了高二、高三的各门课程。夜深人静时,我就在蚊帐里打着手电筒翻看书本。经常是打着亮一会儿,赶紧把知识点和习题记在心上,然后

---

[①]　原载东方网2007年6月15日,记者杜丽华。

关掉手电,躺在炕上反复琢磨、回忆,在心里默默解题。早晨出工前,把重要的数学、物理公式写在手上,歇息时打开掌心看看,加深记忆。我就在这样的环境下,以这种方式复习迎考。

1978年,我先以黑河地区初考第一名的成绩取得了当年高考的资格。正式全国高考是在北安农场的一所学校里。记得那天一大早,我们一群参加考试的知青坐着卡车颠了2个小时赶到考场,一路颠簸得头晕脑涨,还没等缓过来就开始答卷了。中午,一碗井水就着两个馒头就算是午餐了,一天下来感觉很疲惫。几个知青一合计,觉得不能再坐大卡车来回折腾了,不然肚子里的"学问"都会被颠出去了。于是我们就借住在一户老乡家里,一张小炕空空如也,兄弟几个把穿在身上的棉大衣一裹,并排挤在炕上,就过夜了。

报考的是华东师范大学,当时在我眼里,她就是一所最好的学校。考完最后一门课,我深深地舒了一口气,我知道自己一定能考上。我还清楚地记得1978年9月的一天,我正在地里干农活,一起参加高考的一位朋友坐着拖拉机匆匆赶到麦田找我,神秘兮兮地问我,"如果考上华东师大,你高兴吗?""那还用问嘛,当然高兴了。"我不假思索地说。"那我告诉你,你考上了。"这位朋友用非常低沉、非常平静、非常严肃的语气向我传递了这个改变我人生的喜讯。我明白,他的刻意是怕我落了"范进中举"的套。

就这样,近而立之年的我终于如愿地踏进了梦想中的大学校园,回到了我的故乡上海。回想自己的高考历程,真的很难,很不容易,今天的年轻人恐怕难以想象。当时有一个强烈的信念支撑着我,那就是要把握自己的命运,用知识改变人生。现在想来,曾经走过的那段不平坦的路,让我变得更加坚强,更加刚毅。艰难的高考之路磨炼了我在逆境中前行的能力,增强了我应对困难的信心和勇气,这足以让我受益终生。

# 服务基础教育,辐射优质资源

## ——俞立中校长谈大学附属学校建设①

在我国教育事业的发展历程中,涌现了一批由大学参与管理的附属学校,其中有不少学校依托大学的优质资源,积极进取,勇于开拓,在大学的辐射下成为各地的优质学校。随着教育改革的不断深入,大学特别是师范大学与中小学的教育合作日趋紧密,共建附属学校成为主要的合作方式,但同时也出现了一些中小学盲目傍"大学"之风。因此,如何办好附属学校便成为社会关注的热点话题。为此,本刊记者专访了华东师范大学校长俞立中教授,请他就华东师大如何办好附属学校、如何高水平服务基础教育发表见解。

**记者:** 附属学校历来是华东师范大学的一大亮点,在基础教育改革中,华东师大附属学校得风气之先,引领改革潮流,赢得了社会的广泛赞誉。请问俞校长,华东师大与区县共建附属学校是基于何种思考?

**俞立中:** 在新的时代条件下,基础教育在提高民族素质和培养创新人才的全局性、基础性和先导性的作用上更为突出,基础教育的健康发展关乎国家和民族的未来。为此,我们深感师范大学必须自觉承担起服务基础教育的历史责任。作为部属重点师范大学,我们一贯坚持教师教育的特色与优势,注重为基础教育服务,积极探索、不断加强高等教育与基础教育合作的创新路向。

2006 年,华东师范大学正式进入"985 工程"建设世界知名高水平大学行列,进一步加强为教师教育服务、为基础教育服务,成为师大人的共识。2006 年 6 月,基于上海市基础教育改革与发展的形势,我们向上海市教委提出了"华东师范大学服务上海市基础教育发展的建议"(简称"14 条建议"),得到了上海市教委的高度认可。

---

① 原载《基础教育探索与创新》2007 年第 9 期。

为了有效落实"14 条建议",华东师大积极与上海的多个区县开展了基础教育的全面合作,努力在上海的基础教育事业发展中更好地发挥核心和龙头作用。到目前为止,我校已先后与虹口、普陀、闵行、浦东新区、金山、南汇、松江、宝山以及崇明达成了教育方面的区校全面合作协议。在加强区校教育合作方面,华东师大以共建附属学校为切入点,输出优质教育资源,寻求一条拓展优质教育资源的新途径,在区域内形成优质教育资源的"辐射圈",带动和影响更多的学校不断提升办学层次和办学质量。

我们认为,共建附属学校是师范大学面向基础教育、高水平服务基础教育发展的有效途径,也是办好师范大学的重要举措,这是一种双赢的过程。大学是知识创新的高地,华东师大多年来致力于教育理论创新和实践探索,是我国教育理论创新的策源地、教师教育改革的先行者、教育决策咨询的思想库、优秀师资的培育基地、国际教师教育的交流平台;学校拥有一支精于理论、扎根基层、勇于探索、热心教师教育事业的骨干教师队伍。新形势下的基础教育改革与发展,需要师范大学的理论引领和学术支持;同时,师范大学也必须扎根基础教育,从教育实践中不断吸取养分以办出特色,培养人才,实现自身的可持续发展。师范大学与地方基础教育界之间建立共生共赢的合作伙伴关系,有利于双方的发展。迄今为止,我校积极探索多元的附属学校办学体制,先后与区县合作共建了 11 所附属学校。这些附属学校积极依托华东师大的学科资源和师资资源,把握时代发展的脉搏,以学生的发展为本,不断深化教育教学改革,在学校管理、学生培养、课程建设、教师专业发展、教学方法等方面开展了卓有成效的校本科研,焕发出基础教育的创新活力,在上海乃至全国的基础教育领域发挥着实验性、示范性的作用。

**记者:** 师范大学必须服务国家基础教育的发展战略。我国的《国家教育事业发展"十一五"规划纲要》提出了教育事业持续发展,城乡、区域教育更加协调,义务教育趋于均衡等主要目标,在这一方面,华东师大有哪些新的举措?

**俞立中:** 培养大批具有创新精神和创新能力的优秀人才,是建设创新型国家的战略举措,基础教育是培养创新人才的基石,教师教育承载着支撑基础教育的重任。因此,华东师范大学必须站在新的起点上,努力推进教师教育改革与创新,强化对基础教育的引领与示范作用,自觉地承担起为上海和全国的基础教育服务的历史重任。

进入新世纪，为贯彻落实国家建设和谐发展的社会主义新农村的建设战略，适应新农村教育建设之需，华东师大本着"熟悉基础教育、研究基础教育、服务基础教育"的指导思想，着力为义务教育均衡化服务，为社会主义新农村教育服务。近年来，学校与上海市的松江、普陀、南汇、金山、宝山和浦东新区合作兴办了一批附属（实验）学校，取得了明显的成效。例如，为配合上海市郊区的社会主义新农村建设，学校根据南汇和金山农村地区教育发展的需求，去年分别与两区合作共建华东师范大学附属周浦中学和华东师范大学附属枫泾艺术中学。在华东师大的统一指导和职能部门的组织协调下，大学部有针对性地开展了各种形式的专家诊断与咨询活动，举办各种理论学术讲座，组织专家顾问团深入课堂一线指导等。经过一年多的合作共建，这两所学校呈现出新的发展态势，办学质量得到了实质性的提升，正朝着更高的办学目标迈进。

记者：随着经济、社会的发展，人们生活水平的提高，社会对优质基础教育资源的需求不断增长，对创造了附属学校辉煌的华东师大将有更多的期待。今后，华东师大将如何继续办好附属学校，更好地为地方基础教育发展服务？

俞立中：社会对优质教育的需求是永恒的，群众的教育需求与优质教育资源的供给始终是一个矛盾。为基础教育提供高水平的服务，是我们的责任和义务。今后，华东师大将进一步加强与各级地方政府的合作，努力把附属学校建设成华东师大高水平服务基础教育的窗口，建设成广大中小学校经验分享、交流合作的互动平台，建设成教育理论与实践对话的创新平台。为此，我们将矢志不移，锐意进取，努力推进以下几方面的工作：

一、理论先行，价值引领。从办学理念、发展规划、课程改革、教师专业成长、现代学校制度建设等方面提供理论指导和价值引领，大力支持附属学校建设良好的育人环境。

二、促进教育科学理论与研究成果向实践的转化。没有高水平的科研，就没有高质量的教学。今后，我校将继续发挥附属学校的基地作用，让更多的学科教育专家面向基层，扎根中小学，推进教育教学改革，积极参与基础教育课程改革的实践，促进理论向实践的转化。

三、促进附属学校的可持续发展能力建设。为附属学校输出优秀毕业生，支持附属学校发展自己的校本发展模型，建立和完善一系列校本评价指标及自我改进机制，包括师资培养与培训、校本课程开发。

四、成为附属学校创新发展的思想库。为附属学校的发展规划和重大决策提供咨询与指导，通过问卷调查、观察及访谈等进行数据收集和数据分析，提供科学的测评标准，界定学校发展中不同领域的问题，提出适当的战略和决策参考。

五、完善各种激励机制。为附属学校管理者和教师提供在职培训；提供参加各种学术交流机会；实行附属学校发展奖励办法，如今年的教师节，我校设立了华东师范大学附属学校优秀教师奖、附属学校发展贡献奖，表彰了一批在附属学校发展中有突出贡献的校长和教师。

我们相信，在附属学校建设上永无"最好"，只有"更好"。华东师范大学将在办好附属学校、高水平服务基础教育的道路上不断探索、不断前进！

# 在全球化的视野下推进大学的改革发展①

10月的上海,夏日的热度还未完全褪去。素有"花园学府"美誉的华东师范大学,环境幽美,身处其中,顿觉宁静。一座古色古香的办公楼隐藏在一片绿意后,在二楼的校长办公室里,记者见到了俞立中教授。在近两个小时的交谈中,生长在上海这座国际化大都市,又是留英博士的俞校长多次强调了国际视野对高校发展战略的重要性,并对师德、"教授治学"等热点问题表达了看法。

## 加快推进教师教育改革,适应教育事业的快速发展

**记者:** 为培养优秀的教师和教育家,2007年,教育部在六所直属师范大学实行师范生公费教育。在教师教育已经成为一个开放体系的今天,作为中国师范教育领头羊之一的华东师范大学面临着哪些机遇和挑战?

**俞立中:** 随着我国教育事业的快速发展,教育设施等硬件条件已经有了明显的改善,但在师资队伍方面,尤其是高质量的教师,还远远不能满足现代教育发展的需要。师资队伍的质量已经成为制约教育发展的瓶颈问题。各级政府也意识到了这一点,在六所教育部直属师范大学实行师范生公费教育,就是为了吸引更多优秀青年投身教师队伍。这项政策对今后一个时期,五年、十年乃至几十年以后的教师质量会产生很大的影响。对六所师范大学而言,也是推进教师教育改革的一个契机。

毫无疑问,师范大学面临着前所未有的发展机遇,同时也面临着巨大的挑战。20世纪末逐步开放了教师培养途径,普通高校的毕业生通过国家教师资格认证也能当教师。与此同时,传统师范大学也在向综合性发展。在这些变革过程中,如何保持师范大学在教师培养方面的优势,与清华、北大、复旦培养出来的教师相

---

① 原载《中国社会科学报》2010年4月23日,记者郑巧。

比,华东师大培养的学生是否有自己的优势,是否更有竞争力,这是我们面临的严峻挑战。如果站在更加全局的战略高度看,中国经济快速发展过程中,带来了对教师教育发展的要求,这是更大的挑战。一方面,社会对教育发展的期待与日俱增,教育公平、教育均衡发展、教育质量等问题受到公众高度关注。同时,中国基础教育发展不平衡,即使在东部地区也存在差异。我们培养的教师能否适应这种变化,满足不同类型教育的需要;我们能不能培养出社会需要的优秀教师,无论在师德还是在知识和能力方面都能跟得上教育发展的步伐,这是个很大的挑战。

华东师大一直把推进教师教育发展作为办学的重中之重。作为地处上海的教育部直属师范大学,我们坚持立足上海、服务全国,坚持推进学校国际化进程,在更宽阔的视野上审视教师教育的改革与发展。简单地说,就是适应开放的教师教育体系,适应多元化的教育需求,以国际化的视野推进教师教育的改革和发展。

记者:"北有北师大,南有华师大",这两所高校是中国师范教育的领头羊。华东师大和别的学校培养出的教育者有什么不同?

俞立中:华东师大在人才培养方面有自己的传统特色。2006 年,我们在本科教育评估过程中,回顾总结了学校在人才培养方面的历史经验,对人才培养特色总结出了八个字:"重视基础,强化个性"。华东师大的学生基础很扎实,同时学校又强调个性发展,这是最重要的传统特色。很多校友在回顾母校对自己人生发展的影响时,往往会提到大学期间打下的扎实基础,感谢母校给自己个性发展创造的机会。学校非常鼓励学生的个性发展,华东师大连续多年位列"挑战杯"的前十名,取得了很好的成绩。用人单位对我们毕业生的评价是基础扎实,有责任心,有发展潜力。这和学校的人才培养传统是分不开的。

我觉得"国际视野"也是我们在人才培养上的重要优势。地处一个国际化程度较高的大都市,具有很好的客观条件。学校在办学过程中重视师资队伍建设、人才培养、科学科研等各个方面的国际合作交流,为学生发展提供更多的机会和可能。特别是近年来,我们把推进国际化作为学校发展的战略路径,这对师生、对学校的积极意义已经显现,学生的视野更开阔了,面对未来的挑战更具竞争力。我相信这种影响是整体的、深远的。

## 如果把教育家比作一棵参天大树，
## 那么大学也许就只是一个苗圃

**记者：**您觉得一个优秀教师需要具备哪些素质？

**俞立中：**教师是个很特殊的职业，一位优秀的教师往往会影响学生一辈子。因此，我认为优秀教师首先应该是一个高尚的人。我相信，每个人都可能说出一两个对自己人生起了关键引导作用的老师。在很多情况下，并不是指老师教给了他们什么具体知识，而是教师的人格影响。教师的道德情操、世界观、人生观对学生的影响是非常大的。

培养一大批优秀教师和教育家是国家赋予华东师大的光荣职责。学校不断深化教师教育改革，大力推进教师教育课程体系的改革，着力建设了通识教育、学科教育、教师教育三大课程板块，实施了见习、研习、实习三位一体的实践教育体系，探索了养成教育的新模式。学校在培养模式方面的积极改革，就是为了全面提升师范生的综合素质，以适应教师职业的要求。

学校在选拔公费师范生时，特别关注面试学生是否具有积极向上的人生观。对师范生强化职业养成教育，就是要通过各种活动培养一些基本的职业素养，如积极的人生态度、社会责任感、亲和力和艺术修养等。我们在大学的八个学期里，每个学期都有一个主题，如第一学期的主题是"教师信念"。我们邀请了特级教师来给学生讲他们的成长经历，提高对教师职业的认识，增强从教的荣誉感。

优秀教师的素质包含了理想、情感、知识、能力等各个方面，但我认为最重要的还是社会责任感。对教师来讲，如果意识不到自己的事业对整个社会的影响，对青年一代的影响，就不能成为一名优秀的教师。

**记者：**近些年，师德问题在社会上引起广泛讨论，您曾提出"一个教育家，要有崇高的社会责任感和道德使命感，要有深厚的文化素养、渊博的科学知识和创新的思维能力，还要有磁铁般的亲和力"，一所师范大学该如何培养出优秀的教育家？

**俞立中：**教育家不可能直接在大学教育阶段就培养出来。如果把教育家比作一棵参天大树，那么大学也许就只是一个苗圃。大学教育阶段就是要培育优质的树苗,使学生能够更好地适应社会发展、科技进步和教育实践的需要。真正的教育家是在长期实践中造就形成的。教师职业之所以崇高、伟大,是因为这是一个需要终身学习、不断完善的过程。教师的知识、能力、道德、素养,都是在实践中不断反思总结和不断提升完善的,这是一个与时俱进的过程,只有经历这个过程才会成为优秀的教育家。所以,对华东师大来讲,我们的目标是促进学生的全面发展,激发学生的发展潜力,为成为优秀教师打下坚实的基础。

## 大学需要学术管理和行政管理的相辅相成

**记者:**您不仅是一名高校管理者,也是一位有影响力的学者。您对现在很多人向往的"教授治学"有什么看法?

**俞立中:**现在社会上对高校管理行政化的批评较多。我认为大学管理中确实有行政化的倾向,而大学如何处理好行政管理和学术管理,是个很重要的议题。在一所大学里,学术评价应该更好地发挥"教授共同体"的作用,这远远好于一两个行政领导的决定。

职称评定是高校中最容易产生矛盾的环节之一,华东师大在这方面进行了很多改革。比如在评副教授、教授过程中,先由本人提出申请,所在院系全体教授参与投票,三分之二同意才能进入学校评定这一环节。我们必须相信绝大多数教授有学术良知和学术判断力,能公正对待。到了学校层面,我们组织了文科和理工科两个由资深教授组成的高级评委,获得三分之二票通过才能晋升。由于采取了这种制度,这些年来新上岗教授的质量逐年在上升,没评上的人也不会来找校长个人来论理了。

华东师大正在往"教授治学"方向走。教育部提出,要实行"党委领导,校长负责,专家治学,民主管理",不是说高校不需要行政管理。现代大学同样处在市场经济的大环境中,没有有效的管理是不行的。大学曾长期被称作为"象牙塔",其实英国在20年前就已经提出了经营大学的理念,一些大学还设有CEO,专门负责学校的资产、品牌的运作,管理学校资源,而校长(vice chancellor)则主要负责学校的社会联系、学术发展、人才培养和科学研究。

如果大学真的变成了"教授俱乐部",这所学校也是搞不好的。当然,学术上要更加开放和民主,需要更多专家共同体的声音来引导,而不是通过行政长官的命令。

但在学校管理上,我觉得需要有经营的理念,特别是资源的管理。如何去提升学校的效率和竞争力,包括组织一些大的科研项目,都需要学术和行政两方面的支持,否则很难做到。高校的管理,是学术管理和行政管理相辅相成的,无论是学术管理还是行政管理都要强调服务的理念。关键是不能行政化,不能错位。一旦错位,就会压制学术民主,削弱学术引导地位,影响学术发展;反之,如果绝对自由化,学校的效率会很低。这些都不利于学校的发展。

今天的学校行政管理人员,已经和以前大不一样了。他们绝大多数都是从学术岗位上出来的,缺的不是专业上的研究能力,而是管理和服务能力。当今,时代已经与20世纪大不相同,社会环境、高校规模都已大不一样了,高校职能也在扩大,不能简单地对照当年的治校方式。我们必须加强对高等教育办学规律的研究,真正地学习世界一流大学的办学经验,重视借鉴世界一流大学的管理模式。

**记者:**您对解决高校行政化问题有哪些建议?

**俞立中:**从根本上解决高校行政化倾向的问题,我曾提出过两点建议。第一点,要改变校长的选拔方式。可以成立一个校长遴选委员会,由各方利益代表组成,面向全球选校长。这样,校长的着眼点会更多放在学校、教师、学生的根本利益及学校的长远发展,而不仅仅是对教育部领导负责。第二点,要从立法上规定高校的权利义务。现在高校领导是无限责任制,但也是无限不负责任。据我所知,英国大学是有明确法律责任的,但法律也保证了大学办学的基本权利。他们的校长既不是部级也不是局级,但有很高的社会地位。法律赋予了他权力,同时也规定了他的责任。如果不用法律管,那就是行政部门在管,样样要管、层层要管,行政化怎么可能避免呢?

## 文科要出"传世之作",理科要出"里程碑意义的成果"

**记者:**很多学者质疑现行的"量化"学术评价和管理机制,由于这种评价体系过分注重事前评价(课题申请)和短期成果数量,很多人认为不适合评价人文社科研究,甚至在一定程度上助长了科研的浮躁之风。您如何看待这一问题?华东师大在学术评价机制上又采取了哪些改革措施?

**俞立中：**这确实是一个比较严重的问题。除了上面提到的职称评定问题,我们在教学改革、科研评奖等工作中都做了改进。比如学校在 2008 年年底举行了首届人文社会科学原创优秀成果奖的颁奖大会。"原创奖"这一想法从提出到实施共用了六年,第一批只评出了三个:钱谷融教授的《论文学是人学》、艾周昌教授等的《非洲通史》和陈大康教授的《明代小说史》。其中钱教授的《论文学就是人学》是在他 39 岁时写成的文章,我们在他 91 岁给他颁的奖。

"原创奖"在评定过程中是没有任何行政干预的,全权由校内外专家评选。我们想引导一种氛围,真正把原创性的著作评出来,经得起时间的考验。

学校坚持精品战略,更关注学校的科研和人才培养的质量、社会影响力和在历史发展过程中发挥的作用。我们提出文科要出传世之作,理科要出里程碑意义的成果,对科学发展起实质性推动作用。在职称评审过程中,也更关注文章的质量,强调思想性和原创性。

## 学校实现跨越式发展,更要凸显教师教育特色

**记者：**如今,很多高校都在向综合性发展,华东师大已经是一所综合性大学,应该如何办出自己的特色?

**俞立中：**华东师大已经有 63 个专业、170 个硕士点、126 个博士点,学科专业数量居全国高校前列。但学校不会丢掉教师教育的特色,而是更要强化,要凸显这个优势,在更高层面上增强竞争优势。

经过近 60 年的发展,华东师范大学已经成为一所综合性研究型大学,但教师教育的特色并没有削弱,教育学、心理学、文理基础学科仍是学校的强势学科。今天,学生在校园里有更多机会接触不同学科知识,聆听各类人文、科技、艺术报告会,参加各种学术活动。与传统的师范大学比,学生的知识面和学术视野大大拓宽,科学研究兴趣和能力大大提升,更有利于创新型教师的培养。

有人跟我提到,新一轮的课程改革面临的最大问题是教师的不适应。在基础教育阶段,开设探索性课程,强调教学互动,提升学生对科学的兴趣和研究能力。如果教师没有科学思维和科研能力,如何指导学生去思考问题、研究问题?如果教师本身的知识面很窄,怎么与学生互动,去指导学生的探究?我们在培训教师的过程中,

已经注意到了这些问题。综合性研究型大学对培养创新型教师的重要性是显而易见的。

**记者：**华东师范大学创建于 1951 年，是新中国为"培养百万人民教师"而创办的第一所社会主义师范大学；2006 年，学校又跻身国家"985 工程"高校行列。为建设成为世界知名高水平大学，华东师大做了哪些部署？

**俞立中：**华东师范大学要建成一所拥有若干世界一流学科，多学科协调发展，引领中国教师教育的世界知名的高水平研究型大学。

为实现这个目标，我们提出了"一个中心、两个推进、三大战略"的发展思路，即：以培养创新型人才、提升创新能力为中心；推进学科交叉融合，推进学校国际化进程；培育英才、集聚资源、创造精品。

我们一定要站在国际高等教育发展的平台上思考问题、研究问题，谋划学校未来的发展。要真正成为世界知名的高水平大学，就必须在国际平台上去比较，去学习和竞争。我们在校园里建立了一个国际教育园区，引进纽约大学、里昂商学院等世界一流大学和教育机构，设立他们的海外校区或教学中心。通过这个平台考查和学习一流大学人才培养模式、课程体系、教学方法，促进优质教育资源的共享。

我曾跟教务处提出一个想法，近年要实现四分之一的本科生都有海外游学经历这一目标。这个想法是在我们和纽约大学合作过程中形成的。纽约大学校长告诉我，在全球化的时代，培养学生在跨文化背景下的交际、学习和竞争能力显得越来越重要，纽约大学的目标是三分之二以上的学生要有一个学期以上的海外游学经历。学校要尽可能为本科生创造条件，让他们在大学期间走出去。参加了这些交流项目的学生告诉我，这半年对他们的人生有很大的影响和改变，有些效果远远超出了我们的预期。

这些年来，华东师大积极从海外引进领军人才和优秀团队，使教师队伍的结构不断优化。学校也加快了青年教师的培养，通过各种途径使优秀青年教师脱颖而出，青年教师的海外研修就是其中的一项举措。我们要求青年教师在入职五年内必须到海外合作研究或进修一年。人才队伍的建设成效不是一两年能看到的。华东师大的发展不在于这几年，而应该着眼于未来的五年、十年。办学理念和师资队伍是根本性的建设，这就是我们这届班子的思考。

# 理想、胸怀与激情

## ——与俞立中校长谈高等教育[①]

　　1998 年 5 月 4 日，江泽民同志在庆祝北京大学建校一百周年大会上向全世界宣告："为了实现现代化，我国要有若干所具有世界先进水平的一流大学。"由此，教育部决定在实施《面向 21 世纪教育振兴行动计划》中，重点支持国内部分高校创建世界一流大学和高水平大学，这一创建工程简称"985 工程"。它是我国政府为建设若干所世界一流大学和一批国际知名的高水平研究型大学而实施的建设工程。华东师范大学成立于 1951 年 10 月 16 日，是以大夏大学、光华大学为基础，同时调进复旦大学、同济大学、浙江大学、圣约翰大学等高校的部分系科，在大夏大学原址上创办的。1959 年，学校被中共中央确定为全国 16 所重点院校之一。1978 年，学校再次被确认为全国重点大学。1996 年，学校被列入"211 工程"国家重点建设大学行列。2006 年，教育部和上海市重点共建华东师范大学，学校进入国家"985 工程"高校行列。华东师范大学通过"985 工程"建设有了哪些新的变化？ 在引领中国教师教育发展方面又有哪些新的动向？ 在秉承"求实创造，为人师表"的校训精神，坚持以培养创新型人才、提升创新能力为中心，积极推进学科交叉融合，推进国际化进程，努力建设世界知名的高水平研究型大学的战略进程中，学校又有哪些思考与实践？ 带着这些问题，我们采访了华东师范大学校长俞立中教授。

## 一、"985 工程"是建设世界一流大学和
## 知名大学的巨大推动力

　　**记者：**很高兴在华东师范大学即将迎来 60 周年校庆(1951—2011)的时候采访

---

[①] 　原载《世界教育信息》2010 年第 5 期，记者熊建辉、陈敏。

您。与加入"985 工程"之前相比,学校这些年发生了哪些新的变化?

俞立中:明年是学校 60 周年的校庆,60 年一甲子,这对一所大学来讲是一个很有历史纪念意义的年份。华东师范大学在 2006 年正式进入"985 工程"行列。这对学校发展带来的影响不仅仅是在经费上的投入上,6 个亿的经费对学校确实至关重要;但我想最为重要的一点是通过"985 工程"立项和建设的过程,我们学校上下对坚持学校的办学特色、提高办学质量、建设一所世界知名的高水平研究型大学有了更加清晰的认识、更加明确的定位和更加深刻的理解。从这个意义上来讲,把学校放在一个什么位置上去发展,并思考怎么去坚持华东师大的教师教育特色,可能是学校未来发展的一个根本性的问题。你可能也已经看到,学校进入"985 工程"到现在也就四年左右的时间,在这期间,我们在办学定位上特别强调全校上下凝聚而成的共识:把学校建设成为一所世界知名的高水平研究型大学。在坚持这个定位的前提下,我们花了很大的精力去思考和实践如何才能以培养创新型人才、提升创新能力为中心,推进学科交叉融合,推进国际化进程。可以说,这是过去四年来指导我们工作的战略指导思想。

四年来,"985 工程"建设对学校带来的变化,我个人认为最大且最具有根本性意义的就是师资队伍的变化。首先,学校领军人才与高层次人才队伍规模呈现出快速增长的趋势。华东师范大学在 1998 年之前一个院士都没有,在 1998 年实现了零的突破,到现在学校有 14 个院士,其中 7 个是全职院士。2008—2009 年,学校引进"千人计划"海外学者 10 人,在上海高校中名列第二,紧随上海交大之后,在全国高校的排名也是很靠前的;入选教育部"长江学者计划"9 人,可以说取得了前所未有的进展。在"985 工程"建设期间,学校获得"长江学者"特聘教授、讲座教授以及其他各种基金获得者的数量都翻了一倍还要多。就在这么短短的四年间,和我们之前的 10 年,甚至更长时间比较起来,高层次的领军人才队伍有一个很大的改观。

其次,学校围绕优秀学科带头人培养具有凝聚力的创新团队,积极尝试从海外整体引进优秀学术团队,取得可喜的成绩。我们在生命医学、信息工程、材料科学等领域成梯队、成建制地引进团队,不仅引进领军人才,而且由领军人才去组建队伍。学校这几年入选"国家创新群体"1 个,入选"教育部创新团队"3 个,获批"创新引智基地"2 个,海外整体引进研究团队 3 个。与此同时,我们也在努力加强学校的青年师资队伍建设。学校在师资队伍建设方面提出了一个很明确的目标,就是要让所有的青年教师在入职五年里都要有至少1年海外研修或者是合作研究的经历。学校的目的是希望开拓青年教师的视野，也就是在青年教师入职最初的一段时间，让他们能够站在一个国际的平台上去思考自己未来的发展，而不是固守一种传统的发展模式。我们现在每年大约有60—70名青年教师到国外一流大学研修或开展合作研究。很多青年教师回来以后都觉得受益很大，说对他们自己职业生涯的认识和未来发展的目标更加明确了。

所以，从学校整体发展的角度来讲，最根本的变化还是师资队伍的变化，无论是从整体队伍的素质，还是我们的领军人才和创新团队的建设也好，都是一个长远性、根本性的发展。

此外，我们还做了一些体制机制的改革。比如说对教授的遴选，实际上标准是明显提高了。现在，遴选教授不是由行政领导去决定，而是由教授大会投票决定：候选人首先必须在自己所在院系的全体教授大会上获得投票通过，然后由学校的文科或理工科专家委员会组织专家组对候选人进行面试答辩，有三分之二以上的专家投票通过，候选人才能够晋升为教授。当然，这个过程中会有一些争议，也会伤害到一些人，但从整体上来说，大家都是非常理解的。我一直在讲一句话，之所以这么做，是由学校的定位所决定的。如果我们是建设一所一般的学校，或者说我们没有建设世界知名的高水平研究型大学这样一个明确目标的话，可能就不会对我们的师资队伍提出这样严格的高标准。我们的老师需要去适应学校的这种定位。

师资队伍的素质提高了以后，他们对整个学校的教学、科研和社会服务带来的影响是非常明显的。通过"985工程"建设，学校各个院系的老师对学校发展的目标更加明确了，对人才培养也更加重视了。实际上，过去几年来，我们学校获得的各类教学成果奖，在很多方面都是零的突破。虽然有些奖项学校原来也获得过，但这几年，我们在国家级名师、国家级精品课程、国家级双语课程等方面都有了零的突破，有些翻了六七倍，甚至是十倍的都有。在科研上，学校的国家一级和省部一级研究基地在过去三年里面翻了一番，承担的国家重大项目的数量翻了一番，成果也大幅度地增加。当然，我一直感到，我们华东师范大学真正的爆发和跨越式的前进可能还不是现在，而是在未来的五年时间里，因为任何一所学校都有一个积累的过程。

"985工程"建设对学校发展的推动力是很明显的。在这里，我不去评论其他学校，只举华东师范大学的例子。在学校加入"985工程"之前，从1996年至2006年的十年里,华东师范大学获得的中央和上海市的学科建设专项经费总计 8 200 万元,其中"211 工程"一期获教育部拨款 1 200 万元,二期获中央专项资金 3 500 万元、上海市配套 3 500 万元。换句话说,过去十年来,学校每年获得的经费只有 820 万元,你可以想象这对一所学校的发展压力该有多大。从某种意义上来讲,我们根本就没有能力去实质性地推进学科建设和学校发展。但我们进入"985 工程"以后,国家和上海投入的 6 个亿经费对学校发展产生的推动力、投入所产出的效益是十分明显的。学校无论在师资队伍建设方面也好,在教学科研成果方面也好,还是服务社会的能力也好,都有一个明显的提升。我相信今年、明年,或者再过几年和不远的将来,学校还会产生更多更好的成果,会发生更大的变化。

## 二、建设世界一流大学是一个目标和过程

**记者:**国家一直在大力推动世界一流大学建设,今年启动实施的《国家中长期教育改革与发展规划纲要》对此也有明确要求,最近有媒体报道说北京大学原校长许智宏认为"目前中国没有世界一流大学"。那么,对于世界一流大学建设,您有何看法?

**俞立中:**我觉得许校长的判断是清晰的,也是清醒的。我们正在努力建设若干所世界一流大学和世界知名大学,这并不说明我们已经拥有了一批世界一流大学,而只是我们的一个目标,我们希望把这个距离缩短一些,或者说把步伐迈得更大一些。我觉得建设世界一流大学是一个目标,是一个过程。首先你要有这种决心,要有这种理想,如果一所大学没有理想的话,它谈不上有前途。当然,建设世界一流大学和高水平大学,首先需要扎扎实实地工作,而不是光喊口号。应该说,这些年来中国很多大学都在努力往这个方向走,而且步伐还是很快的。

所以,我个人的观点有两个。第一,大学的发展一定要有目标、有理想。这个理想和目标鼓励你朝着一个正确的方向不断前进,也鼓励我们全体教师为了这样一个目标去共同奋进。第二,有了这个目标以后,关键问题还是要实实在在地按照世界一流大学的水平和标准去思考自己的发展。它不是关起门来自己去想要怎么做,也不是根据现在社会的舆论引导来进行发展,而是要搞清楚真正的高水平大学的内涵是什么,评价标准是什么,所需要的体制机制又是什么,我觉得这些才是更加理性的

做法。我想,中国有一批学校成为世界一流大学,这个目标现在看来实现期限可能还比较远,但也许不像我们想象的那么遥远,为什么? 道理很简单。如果我们回到30年以前,我相信绝大部分的中国人都不会想到30年以后中国会发展到今天这样一个水平,但这就是实现了。很多事情,比如教育和经济的发展确实各有各的不同;但这也并不是说,在教育发展上西方花了多少时间实现现代化,我们也一定要花那么长的时间。没有这样一种必然的联系,关键是看我们怎么做,当然政府对教育的重视也是非常关键的。

## 三、华东师范大学的目标是建设世界知名的
## 高水平研究型大学

**记者:** 华东师范大学旗帜鲜明地提出了自己的发展目标,即"拥有若干一流学科、多学科协调发展、引领中国教师教育发展的世界知名的高水平研究型大学"。可否谈一谈您对这一目标定位的看法?

**俞立中:** 我们学校提出这样一种定位,我认为有几个关键词很重要。一个是要"引领中国教师教育发展",旨在凸显我们华东师范大学在教育学科方面的特色和优势。

第二个关键词,也是"985工程"建设的一个关键词,就是要建设"世界知名的高水平大学",即把这所学校放在国际舞台上去比较,要让它成为世界高等教育界认可的高水平研究型大学。我想,这里面就会涉及很多指标体系。在学校刚刚进入"985工程"时,我和学校的党委书记及其他校领导都反复强调,华东师范大学的发展,或者是跨越式的前进,不是基于我们目前的各种社会或者是国家的评价指标体系,比如说我们现在的科研经费有多少,能够评估的东西有多少。这仅仅是一个方面,我们真正的着眼点,应该是站在一个国际高等教育发展的平台上来评价自己发展的质量。

2008年,我在与密歇根大学校长交流的时候问他:"你们怎么去评估一个教授,怎么去评估一个学科的水平? 怎么去评估一所学校的好坏?"他有一句话让我印象非常深刻:"实际上,我有一个最简单的评价方法:impact,就是影响。"这个教授是不是一流的教授,你就看他的影响,包括学术影响和社会影响。一个学科是不是好,你

也看它的影响。大家都认可你了,大家都觉得你这个学科水平高、影响大,那就是一个高水平的学科,就是一所高水平的大学。但是,impact这个词里面包含了很多的内容,不是简单的一个数字就可以说明的。也许在一个学科里出现了一个诺贝尔奖获得者,他也就只是发了几篇论文,而其他学科里面有几十个教授发表了几百篇文章,但我们却不能对二者简单地进行比较。所以,我觉得我们站在一个国际高等教育发展平台上,很重要的是怎么使我们的教授、我们的学科、我们的学校,在整个高等教育界乃至在整个社会方面有我们的影响,而且这个影响是全方位的。只要是在能够产生影响的地方,学校就应该努力去做。这也是我们的一个理念。

第三个关键词就是"研究型大学"。记得1996年我出任学校科研处处长时,学校开了一次全校科研大会。从当时学校的科研贡献量的角度出发,我提出了"研究型大学"的定位。当时大家提出了质疑,说你的依据在哪里?于是把定位改为"教学科研型大学"。但也有人提出质疑,说你这是不是吹牛?学校符合不符合这个条件?但今天回过头来看,我们把华东师范大学定位为一所研究型大学是完全正确的,也是应该的。我认为,在中国这样的环境里面,一所高水平的研究型大学要想有好的教育,一定要有好的科研。如果脱离了好的科研环境,我们要想发展成为像美国麻省理工学院、赫尔姆斯学院那样很好的学院,是很难做到的。

## 四、一所好的大学应该是行政管理和学术管理的有机结合

**记者:** 现在社会正在热议"高校去行政化""让教育家办学"等问题。华东师范大学作为全国领先的师范大学,过去60年来为国家培养了一大批优秀教师和教育家。您对于高校去行政化、让教育家办学是怎么看的?

**俞立中:** 我想首先要搞清楚的是这个行政化到底体现在什么地方。它实际上包含了几个方面的问题。第一个是政府对高等教育、对大学地位的一个引领、引导性的问题。实际上,政府现在在对大学的管理过程中,还是把它看作一个行政单位来管理,把大学的校长仍然当作某一级的行政干部来管理。所以,这是问题出现的一个根本原因。很多校长,甚至我们一些教育部的行政官员也提到了这个问题,说现在如果真的取消大学的行政级别,对大学反而有不利的影响。因为整个中国是行政化的,我们的官本位思想是很深刻的,就连企业都还有部级企业、副部级企业之分。

所有的单位,都需要按照所谓的官本位体系去对接、对比。所以,在这种情况下,如果我们仅仅是取消了高等学校的行政级别,也许会使高校更加边缘化,更加没有社会地位。我觉得,这就看国家怎么来逐步解决行政化的管理和大学的自主权之间的问题,因为这两者是联系在一起的。

第二个是大学在内部管理过程中怎么处理好学校行政管理和学术管理之间的问题。大学不能没有行政管理,但是大学绝对不能靠行政管理来处理学术问题。实际上,大学需要处理好的是行政管理和学术管理之间的关系。在大学的学术发展过程当中,包括我们教师的晋升、课程的设置、教学的改革、人才培养模式的改革等,都属于学术管理范畴,应该更好地发挥教授的主导作用,让教授能够到第一线通过各种组织形式发挥作用,来做决定,来推动改革和发展,而不是通过简单的行政指令来推动它。但是,对于学校如何能更好地把握资源的配置,发挥学校的资源,扩大学校资源的辐射力,加强和社会的联系,加强同政府的联系,这里又需要一定的行政管理来推动它。所以,我觉得一所成功的大学,应该是行政管理和学术管理的有机结合。现在的问题是行政权力太大了,原本应该通过学术管理和教授主导发挥作用的地方,却变成了由行政指令来影响它,那就往往会影响学术的发展、学术的民主,而且在决策方面可能造成很多武断或者不符合实际情况的做法。所以我觉得,高校一方面要扩大学术管理的权限,另一方面要限制行政管理的权限。

第三个是出现在高校一部分行政领导身上的问题。所谓的行政化,就是有一部分学校或者院系的领导利用自己的行政职位来谋取个人的学术资源或者利益。这个是现在社会上批判很多的问题。因为现在大学或者院系的领导很多本身就是教授或学者。但是,这个角色一定要搞清楚。你是教授,就应该扮演好教授的角色,去思考怎么能够把自己的学术发挥得更好;你在行政岗位上,你就是管理的角色,千万不能够用这个角色来为自己的学术发展谋取学术资源。

总之,在怎么看待高校行政化这个问题上,大家没必要去炒作这个概念,因为我看到有些争论连什么问题都没有搞清楚就在那里乱讲,我们可能更多的是要去看看现在到底存在什么问题。我想,上述三个层面的问题可能都存在。所以,我们现在需要针对这些问题,思考怎么去提出更好的解决办法。也许有些问题,比如第一个问题,我们没有办法立刻去解决,那是需要整个社会共同解决的问题。但是,我们可以弱化对大学校长或者大学干部的行政管理,没有必要依样画葫芦地按照政府官员的那一套东西去进行管理。第二,在我们国家法律健全的过程当中,怎么从法律上给大学更多的权利和义务,使高校能够在法律的框架下面去考虑它自己的发展,它就会慢慢地跳出行政化的思维。在大学自身管理方面,怎么处理好行政管理和学术管理之间的问题,什么问题需要通过学术管理来解决,什么问题需要通过行政管理来解决,都是需要明确的;另外一个问题就是怎么对高校干部的定位和自律来进行管理。我想,这些都可以通过具体的措施来逐步改变。

## 五、中国现在更缺的是人文社会科学大师

**记者:** 前不久去世的钱学森先生在生前曾感慨说,这么多年培养的学生,还没有哪一个的学术成就能够跟民国时期培养的大师相比。他说:"为什么我们的学校总是培养不出杰出人才?"对于钱学森提出的问题,您有何看法?

**俞立中:** 因为没办法跟更早之前的比,所以我们在作比较时都很喜欢跟民国时期相比,不仅仅是比大师,还比校长,经常搬出蔡元培、梅贻琦、蒋梦麟等人来比较。我们要想想这个问题到底出在什么地方?这里我想说一个故事。民国时期,安徽大学有一个校长叫刘文典。当时,蒋介石视察安徽大学,那个校长很不重视,穿得破破烂烂,不把蒋介石当一回事。结果,蒋介石很恼怒,要把他关起来,后来是蔡元培说情,刘文典才没有入狱。

我想,实际上,民国时期的大学具有自己独立的人格,不是行政体系的一部分,所以校长没必要跟总统、委员长套近乎,没有必要来听他的训示。大学是教授的大学,是一个学术的单位,它保持了很多的独立性。所以,如果要从制度上来讲,我们前面讲到的所谓"行政化"的问题,这肯定是一个根源。但是,对于钱学森讲到的民国时期培养的大师,我脑子里面也一直在想,我们民国时期到底培养出了哪些大师?实际上,我们仔细想一想,基本上都是人文社会科学大师,你要说自然科学里面有谁在国际上的地位和影响很大,其实并没有很多人。毋庸置疑,当时我们确实出了一批国学大师,他们文史哲、琴棋书画样样精通,包括我们学校也有很多这样的老先生,像苏渊雷等,现在我们缺少的是这样的大家。这个实际上涉及国学人才培养的问题。正如江泽民同志曾讲过的,哲学社会科学与自然科学同样重要,培养高水平的哲学社会科学家与培养高水平的自然科学家同样重要,提高全民族的哲学社会

科学素质与提高全民族的自然科学素质同样重要,任用好哲学社会科学人才并充分发挥他们的作用与任用好自然科学人才并充分发挥他们的作用同样重要。为什么提"四个同样重要",就说明现在我们还没有做到同样重要。我们国家在经济快速发展的过程当中,在跑步前进的时候,可能更重视理工科方面的人才培养,因为可以直接带动生产力的发展。如果说我们在国学人才培养方面或者是人文社会学科培养方面出现一些差距的话,那是和人文学科在整个学术发展当中的地位有关系,包括对它的重视程度和评价。理工科的发展标准、评价标准、管理模式,特别是那种集团化的管理模式、大课题大平台的建设模式,是不适合人文社会科学发展的。如果从人文社会科学角度来讲,能不能使人的思想更加开放自由,我觉得这是一个大的问题。回过头来,从理工科角度来看,其实民国的时候没有培养出很多伟大的科学家。可能有一些大科学家,但是他们很少真正地能够达到世界水平,也没有什么人获得诺贝尔奖或者其他世界著名奖项。但在这一领域,我们现在已经有很多人能够在国际上争得一定的地位和影响。怎么能说新中国成立以后我们没有培养出杰出人才呢?

所以,这个命题首先要看它主要指的是什么方面的人才。我们一直在反思现在的人才培养模式。我也跟很多国外大学的校长和教授探讨中国和西方国家在人才培养模式方面的差别。我觉得,我们应该看到自己不足的地方,但是也没有必要把我们自己的教育看得过于悲观。中国的教育需要引起特别关注的,很可能是一个时代的问题,一个世界性的问题,不光是中国,大家都认为现在年轻的一代是"垮掉的一代",他们的道德在失落,价值观在失落等。这倒是需要我们搞教育的人高度关注的。但就人才培养模式来讲,我觉得中国和西方模式各有所长,我们要学习别人的长处,但不要觉得自己一无是处。实际上,我听到很多国外搞基础教育的人讲,他们还很欣赏中国在这一领域中有关科学教育和数学教育的做法,当然不完全是说好,但他们承认自己国家在这一方面有一部分是失败的,而中国反倒比较成功。同时我也承认,中国教育最大的一个问题是长期以来通过高考这样一个考试制度选拔学生,束缚了学生的自由想象力和创新能力的发展,特别是在基础教育阶段表现得尤为明显。实际上,大学倒没有限制得那么死。如何能够在我们教育改革的过程当中给学生更多的空间,如何能够做到更加以学生的发展为本,而不是用考试这么一条路径来促进学生的学习,即应该让学生内在的东西能够得到更好的发挥,包括他的想象能力和思维模式的训练,这是我们特别需要正视的问题。

所以，回答钱学森这个问题，我觉得不能简单来看，要把这个问题想得宽一点。首先要想明白，我们在人才培养上的缺陷到底在什么地方，要清楚这不光是一个大师的问题，我们要从整个体制上去考虑这个问题，从我们的培养模式、评价制度等来看这个问题。在这个过程当中，我还是觉得不要把我们已经成功的东西都当成糟粕扔掉，这样可能解决了某一方面的问题，但最后又造成了另外一方面的问题。但不管怎样，钱老讲的这个问题，我们确实应该重视。

## 六、构建教师教育标准体系引领中国教师教育发展

**记者：**目前大家都很关注国家教师教育标准体系的研制情况。您作为世界银行与教育部的合作项目"中国教师教育标准体系研究"的总负责人，可否介绍一下这一项目的情况？您心中理想的教师应该是什么样的？请您结合个人的体验和学校的实践谈一谈您的看法。

**俞立中：**"教师教育标准体系研究"是过去几年来华东师范大学执行的一个由世界银行和教育部共同支持的项目，由中小学教师专业标准、教师教育课程标准、教师教育机构标准、教师教育评价标准等构成。首先，要弄清楚教师应该具备哪些品质，从幼儿园到小学再到中学等不同教育阶段（不包括高等教育）的教师应该是怎么样的，这就涉及教师专业标准问题；其次，针对这一标准，你通过一个什么样的课程体系来培养教师，这就涉及教师教育课程标准，它包括实践的课程，而不仅仅局限在课堂层面；再次，要培养这样的教师，对教师教育机构有什么要求，这就是教师教育机构标准；最后，你怎么去评价这个机构，它的教师教育质量如何，怎么去评价教育的质量，这就需要教师教育评价标准。这四个方面构成一个相对完整的教师教育标准体系。

从整体上看，我们中国的教育发展很快，用了大约 10 年时间就把高等教育从精英化阶段推进到大众化阶段，现在发达地区应该是普及化的高等教育阶段；义务教育已经完全普及，高中教育现在的入学比例也很高。这从一个侧面反映了我们国家的发展速度，说明我们国家和政府的战略考虑非常明智，认识到国家的发展首先是人的发展，是人力资源的发展。最近，我到非洲考查，在和非洲一些国家的教育部官员和大学校长交流时，很强烈地感受到非洲现在发展最大的瓶颈是人力资源问题。

这并不一定是指高层次的人力资源,非洲一些国家的老百姓连在最起码的知识和技能方面都根本不适应现在社会的发展。现在外资过去,比如中国很多企业到非洲去,他们碰到的一大问题是招聘不到熟练工人,连技术工人都招不到。据了解,乌干达、坦桑尼亚等非洲国家这些年年均 GDP 都在 7% 以上,但它们人力资源发展严重滞后,现在已经使国家的发展面临大问题。所以,非洲一些国家的教育官员就说,看到中国取得巨大成就后,他们希望中国能够在教育方面多给他们提供支持。相较而言,我们国家在教育战略上的考虑确实很明智。实际上,整个改革开放第一步带动的就是教育,比如 1978 年恢复高考,然后大批地送人到国外去培养。现在回过头来想想,这真的是很明智的战略决策。对一个国家的发展而言,教育的推动力,人对社会的发展,实在是太重要了。但是,在我国教育快速发展的进程中,我们现在也越来越看到瓶颈,特别是在基础教育领域的一大瓶颈就是高质量的师资问题。虽然在一些欠发达地区可能还存在教师数量的问题,但从整体上来看,主要还是实施高质量教育所面临的高质量师资问题。所以,针对如何加快教师队伍建设、提高教师教育质量,国家也十分重视。实际上,这里面涉及很多问题,包括开展免费师范生教育,吸引最优秀的学生来读师范等。我现在不去评价免费师范生政策具体效果如何,但它至少表明国家很重视这件事情。与此同时,因为现在的教师教育已经成为一个开放的体系,我们必然要去考虑怎么去规范这种培养培训体系? 这就需要有标准去引导。所以,教师教育标准体系的构建就自然而然提上议程。

对教师发展来说,标准是一个引领性和制约性的东西。在标准研制过程中,最主要的是用什么样的理念来制定这个标准。我自己感到,在所有的理念里最核心的就是要"以学生为本",整个教育发展的着眼点应该是人。对于一个教师的专业标准来讲,很重要的一点是教师能看到的不仅仅是知识,不仅仅是能力,可能最重要的是他眼睛里面要有学生,他能够去引领一个学生从无知到有知的转变,去引领学生的发展。所以,以人为本、以学生发展为本是我们在标准研制过程中最核心的理念。这次我们在制定《上海市中长期教育改革与发展规划纲要》时提出的核心理念就是"为了每一位学生的发展"。我校叶澜老师就提出:"我们一定要回到教育的本质,教育的本质是要看到人,要看到人的发展。所以,我们不要把教育说成是工具,教育是为了社会发展,为了经济发展,首先是人发展了,才有经济发展,才有社会发展。你不能跳开人去讲事业发展,而首先是要把落脚点落在人的身上,通过人的发展才能带动事业发展。"我们的标准里面也基本上体现了这个理念。

所以,怎样的教师才是理想的教师?在这个问题上很多学校都会有一点争议。但是,我现在越来越体会到,绝大部分的学生喜欢的老师不仅科研做得好,而且教学也教得好。其中,很多科研搞得好的老师,他们对学生有一种责任心。这个是我体会最深刻的。

与此同时,我最近接触到很多中学校长和一些优秀的老师,比如上海的于漪老师,我觉得现在我们大家的想法真的很一致。教师需要各方面的素养和能力,但是最重要的一点就是教师的责任心,即把学生放在一个很高的位置看待,有一种强烈的社会责任感,使每一个孩子都能获得健康发展。如果一个教师能够立足这样一个角度去考虑问题的话,很多知识、能力方面的问题,在他的发展过程当中是完全可以逐步提高的。

还有一些问题我觉得特别需要引起关注。比如,一个老师在学校里之所以受到学生喜欢,除了这个教师的性格和能力,还有他各方面的素养和技能。如果一个老师跳舞跳得好,唱歌唱得好,这些因素都会影响他在学生当中的威信和是否让学生对他爱戴和崇拜。所以,这也是我们觉得很需要去培养的一个方面。

所以,我们在师范生培养过程中,现在特别注重学生德育的发展,也就是怎么去培养他们的责任感、对教师职业的认同感,同时怎样去激发他们对教育事业的爱,对学生的爱,这是一个要贯穿在整个教师培养过程当中的灵魂。当然,现在的教师在各种能力和综合素养发展方面都是需要考虑的。我们针对这些问题在教师发展中主要抓了三个环节的教育。第一个是课堂教育,主要抓课堂改革,就是把我们教师的通识课程、专业课程和教师教育课程,特别是教师教育课程,作为提高教师职业的认识和教师能力方面的发展。第二个是实践教育,就是让教师能够在实践当中不断去反思,提高自己对课堂教学的认识。第三个是职业养成教育,就是要加强教师各方面的职业素养。

总之,教师教育实际上是一个内涵非常丰富的概念,而且大学阶段是不可能培养出优秀教师和教育家的。我只能讲种出一棵树苗吧,能够让他长得正一点,基础打得好一点,而真正要成为一棵大树,能够去影响一代人、几代人的话,那还是要靠他在以后的发展。作为大学,我们怎么能够在这个过程当中施加适合的肥料,创造更好的环境,让他能够长得壮实一点,这是大学的责任。

## 七、大力推进国际化进程是建设世界知名大学的重大战略

**记者：** 我们了解到，大力推进国际化已上升为华东师范大学建设世界知名高水平大学的战略举措之一。请您结合学校国际化的现状，谈谈您对国际化的认识。在新的历史时期，学校将采取哪些重要举措加速推进国际化进程？

**俞立中：** 我们在选择自己的战略发展路径时，有两条很重要的路线。第一条是加强学科交叉融合，即通过不同学科之间的交叉融合，能够产生一些新的增长点，做到在与世界同时起步的情况下去争取优势，因为很多新兴学科群的发展都是在学科交叉融合的土壤中发展起来的。第二条就是大力推进国际化进程。要建设一所世界知名的高水平研究型大学，必须将高等教育的理念和实践融入国际发展的平台上，其中很重要的一点就是怎么提高国际化水平。

去年年底，华东师范大学召开了学校有史以来第一次国际化工作会议而不是外事工作会议，我们在会上形成了 12 条措施。从发展的观点来看，一个学校的发展一定要站在国际的舞台上审视自己。我们不能老是把自己放在国内的视角上去比较，老是去和复旦、上海交大、北师大比较，而应该从国际视野上去看，包括和哈佛、牛津、剑桥比较。尽管我们的差距还很远，但是你看得到将来应该是一个什么样子。把学校放在一个国际的舞台去思考，我觉得这样一种战略眼光和战略高度对学校的发展会起实质性的影响。

在具体实施的过程中，我们鼓励院系加强一些重要的国际合作伙伴关系，提出从全球招聘教师。我们必须把这个门向世界打开，让优秀教师特别是发达国家的教授进入我们的"千人计划"。

如何能够加快将青年教师送到国外深造的步伐？实际上，青年教师出去一年能干什么？他的水平能提高多少？我觉得这是第二位的事情，更重要的是要让他了解高等教育应该是什么样的，不是他所在的那所大学的高等教育就是理想的高等教育，而是要让他去看看不同国家好的高校，它的教育理念、人才培养模式、课堂教学、科学研究等。这个对教师将来发展也有视野和起点的影响。你要是处在低起点上，永远只能是低水平；你要是处在高起点上，就能获得高水平的发展。

现在，我们也在组建一支兼职的外籍教师队伍，这支队伍目前大概有 100 人。

我们想让他们成为学校的一部分,能够认同学校,但是他们不可能全职在我们学校工作。我们接下来的工作是要做得更加正规化,让他们开发课程,即使他们只来一个月,且一个月里面就上一门课,也要把他们的课程作为我们课程体系的一部分。

在人才培养方面,我们也在不断加大学校内部的双语课程建设,加强本科生和研究生的海外研修机会。我们近5年的一个目标就是让四分之一的本科生有海外游学的经历。也就是说,我们以后每年要把800—1 000名本科生送到海外的优秀的学校学习一年。当然,我们也采取了各种各样的联合培养方式,鼓励研究生出去。为什么要这样做?我们的想法就是要让学生在成长过程中适应全球化发展。

与此同时,学校建立了一个国际教育园区,目的是吸引国外的一流大学,把它们的学生、课程引到我们校园里来。现在,法国里昂商学院、美国的纽约大学、弗吉尼亚大学、科罗拉多州立大学、教育交流协会、海外文化体验中心、加拿大的维尔福大学等,已经在我们这里正式成立了海外校区。每个学校每年大概会派几百个学生来学习我们的课程,我们现在的目标是开发100门用英语授课的课程。同时,它们的教师也过来开设一部分课程,让我们的学生不出校门就可以享受一些国际的优质资源,获得更多不同的文化经历。

此外,我们也在管理层面进行改革,努力改进服务,适应国际化进程。学校的建设、发展、管理等方方面面的问题,我们都有一套体系使其去适应国际化进程,包括将来技术人员出国培训、管理人员到国外挂职培训,都是想开拓大家的视野,瞄准世界一流大学或者高水平大学的建设目标,来真正改造这所大学。

## 八、加强与国际组织的合作是高水平大学的新使命

记者:华东师范大学不久前提出加强与联合国教科文组织等国际组织的合作是高水平大学的新使命。可否结合华东师范大学的实践谈一谈您对这一新使命的认识?

俞立中:在学校实施国际化战略进程中,一个重要的环节和措施就是加强与国际组织的合作。我们现在也在引进一些国际组织办公室,例如有一个河口海岸的国际组织办公室就设在我们学校,通过这个办公室,我们可以让各国科学家来共同研究太平洋。同样,我们建立了联合国教科文组织"亚太地区教育创新为发展服务计

划"(UNESCIO - APEID)联系点,设立了中国唯一的"联合国教科文组织教师教育教席"(UNESCO Chair in Teacher Education),学校通过这个网络来不断加强与联合国教科文组织的交流与合作。

我们感到,中国教育要走出去,要在国际教育领域发挥好自己的角色,加强与联合国教科文组织等国际组织的合作就是高水平大学的一个很重要的使命。随着国家的发展,我们的教育应该走向世界,这是毫无疑义的。一方面,我们要在高等教育、基础教育领域有自己的话语权和显示度,而且要让世界听到我们的声音,同时声音还要能够引领国际教育的发展。中国现在的很多声音大家都很愿意听到,比如我们高等教育怎么在这么短的时间内从精英教育走向大众教育,虽然我们一直在反思自己的发展。所以,我觉得我们完全需要这么一个交流和合作的平台。另一方面,对大学本身来讲,一个大学除了在学术上的影响力,它对社会服务的影响力也应该体现在与国际组织的合作方面。我们能够充当一个什么样的角色,我们能够提出什么样的观点,我们能够怎样去帮助世界教育发展,我们能够怎样体现中国的角色,这些都是高水平大学需要思考的新课题。

## 九、大学校长要以学生为本,致力于塑造大学文化

记者:我们知道,每一所大学校训的形成,其背后都有一个漫长的历史发展过程和诸多生动的人物和故事。请您结合华东师范大学的校训"求实创造,为人师表",谈一谈应该如何让学生切身体察先辈们构筑的这种大学精神,并生生不息地传承下去?

俞立中:华东师范大学的校训是"求实创造,为人师表",这是这所学校的一个历史传统。因为华东师大从建校之初开始,它的一个侧重点就是教师教育,教师的一个重要素质就是为人师表。此外,更重要的是做到实事求是,讲求创新创造,这都是我们心目中的教师形象。所谓"为人师表",就是指教师的责任心和道德精神;所谓"求实创造",就是教师本身要有一种探索、创新的精神,并把这种精神感染给学生。尽管现在学校已经发展成为一所综合性大学,而且是一所研究型大学,但是作为这所学校的灵魂——校训,我觉得我们还是要保留下去,而且还要发挥好它对社会的影响。

很多人对华东师大的评价就是华东师范大学很老实、很踏实。所谓"老实",如果从好的角度来讲,就是无论社会有多烦躁或者功利,华东师大始终按照我们的理念、设想在一步一步走,而没有去走歪门邪道或者是别的捷径;而从贬义的角度来讲,就是我们可能不适应现在这个社会的发展。当然,我觉得学校最后还是要回归到文化上来。我们学校确实需要开拓,这是没有异议的,但是开拓并不是要放弃我们的文化。

将近60年来,这所学校培养了一批又一批学生。我们的学生让我觉得最欣慰的一点是:无论他在什么岗位,都非常认真,发展的后劲很足、潜力很大。不管经商也好,从政也好,学校的烙印在学生身上还是很深刻的。华东师范大学的学生并不是很张扬,而是在不声不响当中稳步发展,我们已经看到很多这样的例子。我想,这就是我们学校的文化吧,我们的校训也很好地归纳了这一方面的学校精神。

**记者:** 自从您担任华东师范大学校长以来,采取了一系列深得学生之心的做法,如在新生入学之前您亲自给他们写信,教育他们要学会感恩;到食堂与学生共进午餐,了解他们对学校各个方面的看法等。由此,不少学生喜欢亲切地称您为"儒雅的学者型校长"。对这一称呼,您有何看法?您认为一名优秀的大学校长应该是什么样的?他在学校发展中扮演着怎样的角色?

**俞立中:** 我先从后面的问题谈起。因为我前面讲到差别,有不同的侧重点,但是很重要的一点是,作为一个大学校长,他把学生放在什么样的位置,这是最根本的问题。社会之所以需要这样一所高等学府,需要这样一个精神殿堂,就是要通过这样一种教育体制培养学生的社会责任感。对于一个大学校长来讲,我觉得他必须具备这种社会责任感。如果他没有这种意识,就失去了他的灵魂。大学校长的工作很多,好像什么都要管,但是我想,再多的事情、再忙的工作都是一个大学校长必须要做到的,包括怎么加强和学校老师以及班子成员的沟通,通过这样一种沟通来提炼学校的发展理念,推进学校的发展。

当然,我们在努力的过程中也会听到个别人发出的不同声音。比如我在上海师范大学担任校长的时候,我们也做了很多学生工作,总的来讲大家都很认可,但是我也听到一点议论。例如,针对获得各种奖项的学生,我们学校校长和最资深的教授陪着这批最优秀的学生走红地毯——我们称之为"奥斯卡红地毯",授予这些学生

"师大之星"的称号,目的就是激励学生去努力和创造。但也有个别人提出了异议。我当时讲,形式是为内容服务的,包括毕业典礼、开学典礼、和学生之间的沟通等。你要说形式,你都可以把它形式化,就是为了这个形式去做这件事情,或者是为了表现一下自己,或者是为了作作秀。但是,如果你考虑的是一个核心的问题,也就是怎么促进学生发展,建立一种以学生为本的文化环境的话,形式是不重要的,而它所体现出来的是更重要的。所以,我对开学典礼、毕业典礼等任何一种形式都非常关注。我对我们办公室的人一直在讲,你不要把它想象成一种形式,你要把它看成一种文化建设的过程。

我们一直在讲大学的文化建设、大学的精神文化。但这个精神、这个文化是什么地方来的呢? 实际上就是在一种潜移默化的过程当中,慢慢地让人感觉到这所学校将学生放在一个什么位置上面,这所学校对学生来讲是一种什么样的精神支柱,这是最关键的事情。所以,我致力于通过做各种各样的事情让学生去感受到这种以人为本的精神。这对学生的未来发展是一个很大的精神支柱,他会知道将来自己应该怎么对待别人,怎么对待他的学生。

但是说实在的,现在也并不是那么顺利,大家的认识并不完全一致。我现在比较纳闷的一点是,所有的大学领导都非常清楚大学的根本建设在文化建设。但是大学的精神、大学的文化到底从哪里来? 不是你做报告就能做出来的,也不是你讲就能讲出来的。我想,如果是一种没有血肉的报告,最后起到的效果不仅不能宣扬一种学校的文化精神,而且可能起到反作用。

我举一个开学典礼的例子。我们讲好上午 8 点举办开学典礼,结果学校通知院系提前 15 分钟入场,院系通知辅导员提前半小时入场,辅导员通知学生提前一个小时集合。同学们 7 点就集合了,都在太阳底下晒着,要知道 9 月份的太阳是很厉害的。在这种情况下,校长再跑到台上去讲话,哪个学生会愿意听? 他们是要骂你的! 你讲再漂亮的话,学生也很难听进去,他们可能还要撑着遮阳伞,有的可能还会被晒晕。

此外,我们经常给学生说一些空洞的话,而实际上谁会去听你讲这些? 所以,我们现在都在一步一步地改,每年开学典礼、毕业典礼的致辞都在做变化,希望让它跟随时代的脉搏走,更加贴近学生。我希望学生在这种潜移默化的过程中体验到一种文化的力量,能够感受到学校是贴近他的,是在他身边的,而不是一种空洞、教条的东西。这是我做大学校长很看重的一点。

## 十、理想、胸怀与激情：迈向幸福人生的关键词

**记者：**我们了解到，在30多年前您还是黑龙江长水河农场的一名农民，今天回过来头来看看过去走的路，您一定有很多感触。可否评价一下您自己的职业生涯？您对目前正处在学习、就业等激烈竞争环境中的青年大学生，有何希望和建议？

**俞立中：**任何一个人在他童年、少年，甚至青年的时候，都会有很多梦想和期待，但是对我们这一代人来讲，因为当时的社会背景、时代原因，我们很少有这种梦想和期待，更多的只是艰苦、努力、拼搏。但是，我觉得支撑一个人发展的因素当中，有六个字很关键：理想、胸怀、激情。第一个是"理想"，也可以说是梦想，实际上就是讲一个人要有抱负，在人生的每一个阶段都可能会提出一些发展目标。第二个是"胸怀"，要能够容得下任何事情，哪怕在最艰难的阶段。第三个是要焕发出自己的"激情"。当然，也有人跟我讲这应该叫热情，而不是激情。我想，我的一生实际上就是伴随着这六个字在往前走的，不管碰到什么逆境，碰到什么困难，这六个字可以帮你解决很多问题。我觉得，理想是一个高度，它使你永远都能够站在一个很高的起点去看待事情；胸怀是一个宽度，它可以让你接纳各种各样的事情，公平的、不公平的、好的、坏的，都能够接纳进来；激情是一种速度，它可以永远把你往前推动，去争取、去拼搏。

这是我从青年时代一直保持下来的信念，也是我一直对学校干部和教师的要求。我想，一个人如果一生坚持做到这六个字，他会活得很累很累，但是也一定会很幸福，会永远往前走。所以，我对现在青年大学生的希望也是如此。我最担心的是年轻人没有一个长远的理想，任何一件事情你如果只看到眼前这一点，而不往长远想，不去树立一个远大的理想目标，那么我觉得很难成功。同样的，一个人一生会经历各种不同的事情，要真正能容得下任何事情，经历本身也是对自己的一种锻炼，要能够随时消化掉各种各样的问题。激情是很重要的，如果没有激情，一个人就不会有强烈的冲动去推动自己努力。无论是对我的学生还是同事，我都希望大家能够这样做。我相信这六个字能够真正使一个人成为有造诣的人，以上算是我的一点体会吧。

# 城市想象事关人类未来[①]

截至目前,中国 2010 年上海世博会入园人数已逾 2 400 万。两千多万双眼睛,看到了不同的世博会。在探讨人类城市生活的这场盛会上,哪些东西是现代人应该去思考的? 城市化是人类文明发展的必然趋势,城市的发展和越来越多的人有关。面对城市化发展趋势,人们能从世博会上得到什么启示? 大学发展能从中得到什么启示? 为此,我们采访了华东师范大学校长俞立中教授。

## 未来发展,世博会的启示

**记者:**中国 2010 年上海世博会开幕已近两个月,社会各界都在结合社会发展中的各种热点、难点问题讨论世博会的影响。您认为,我们对这场盛会应该持什么态度?

**俞立中:**世博会第一次在第三世界国家举办,中国作为第三世界国家的代表举办这次世博会,具有十分重要的历史意义。我国正处在一个快速发展的阶段,如何能展示和借鉴世界文明的最新成果和发展理念,促进社会经济的可持续发展? 对我们来说,上海世博会是一个重要的节点。中国经历了改革开放 30 年以来的快速发展,当前特别需要强调增长方式的转变、经济结构的调整、发展理念的提升。在这个时候,如果能够集中地把世界上一些好的发展理念、实践经验吸纳过来,加以比较和借鉴,将是非常有意义的。所以,我们不要把世博会仅看成是一场活动,一场持续半年就结束的展示。我们对上海世博会的态度应该是怎么能够充分利用好世博效应,特别是后世博效应。

**记者:**也有不少人觉得世博会是大千世界,虽然丰富多彩,却也有茫无头绪的感

---

① 原载《中国教育报》2010 年 7 月 13 日,记者杨桂青。

觉。我们看世博会应该看什么？

俞立中：要把世博会效应真正发挥出来，首先在于我们要从世博会中看什么？有人说，看世博，一看文化，二看科技，三看理念，四看发展。一看文化，文化是最能直接看到的东西，各国都在世博会上展示自己独特的文化和传统。二看科技，世博会上的确展示了很多具有高科技含量的内容和手段，反映了现代科技的发展趋势。三看理念，上海世博会特别强调低碳、环保、和谐、可持续发展等方面的理念，体现了人类对现代文明的追求。四看发展，城市未来馆、最佳城市实践区以及很多国家的国家馆都提出了未来城市发展的不同选择，给予了人们更多的想象空间和期待。我同意这些"看法"，这些文化、科技、理念、发展的内涵是上海世博会的长远影响。

上海世博会选择"城市，让生活更美好"这样一个主题，是和全球城市化进程联系在一起的，对上海，对长三角，乃至对整个中国未来的选择，都很重要。上海世博会让我们以更宽阔的视野认真审视城市发展的理念、模式和方法，更好地相互借鉴各国城市发展的经验和教训，反思城市化进程中的问题，形成符合科学发展的新理念和新实践。这对中国未来新一轮的城市发展会产生很重要的推动作用。

记者：您在参观上海世博会的过程中有什么体会？

俞立中：我参观了一些展馆，感受到上海世博会对解决未来城市发展问题的高度关注。其中一个重要的关注点，就是未来城市怎么实现低碳化，这也体现了政府、企业、公众对全球气候变暖、能源短缺、城市弊病的忧虑。在传统的发展模式下，随着城市经济增长、生活水平提高，能源需求不断增加，碳排放也在增加。低碳城市和低碳经济的发展模式就必须考虑合理的经济结构、能源结构，涉及清洁能源的有效利用。各个国家都在根据自己的特点选择清洁能源的有效解决方案，给我留下了非常深刻的印象。如葡萄牙馆特别强调了国家丰富的水力资源，水电作为清洁能源将成为葡萄牙的主要能源；俄罗斯馆则用各种数据比较来说明核能是重要的清洁能源之一，着力介绍了俄罗斯在核能开发利用技术上的考虑；而中东国家更关注太阳能和风能的开发和利用，尽管很多中东国家有着丰富的石油资源。

世博会这个主题也启发世界各国如何因地制宜，根据自己的自然资源条件来选择最有效的能源政策和城市发展政策。

低碳城市的另一个热点是节能建筑。城市的重要组成部分是建筑，什么样的建筑可以实现低碳化、低能化，包括使用什么样的建筑材料，秉持什么样的建设理念，以什么方式解决能源问题等。多少年来，我们很少考虑到这些问题。每个地方的自然环境不一样，采用的理念和办法也会不一样，需要因地制宜。我曾参加过一个中德城市建筑研讨会，听了德国专家介绍德国建筑的节能理念。这次世博会上也有很多类似的展示，比如强调建筑的密封性，立面能高效接受太阳能并使之转化成热能等。这在德国是很好的理念，但我想如果用到上海，也许会很糟糕，上海建筑的节能可能更需要解决夏天的降温问题。因地制宜是科学发展观的重要准则。

## 城市，未来生活的选择

**记者**：上海世博会的主题是"城市，让生活更美好"，怎么从地理学意义上来理解呢？

**俞立中**：城市化是世界潮流，也是历史进程。随着时代发展，人口越来越往城市集中，全世界已有一半以上的人居住在城市区域。在过去的30年里，中国城市化发展迅速，城镇人口在1980年只有19％，而到2010年已经达到47％。

为什么会有这样一个城市化的过程呢？这是现代文明发展的必然趋势。从地理学角度讲，城市化是一种集约型的生产、生活格局，也是现代社会资源效益最高的居住方式。毋庸置疑，现代城市存在诸多类似交通、环境、资源、社会等问题。但是如果把现在居住在城市的人口散布开来，无论对土地资源还是水资源、能源等，都将会产生更加低效、浪费的影响。

**记者**：这个主题对现代社会的发展有什么适切性？

**俞立中**：从城市发展历史来看，城市最早是作为政治权力中心出现的，体现了统治和防卫功能。随着农耕经济的发达，城市成为物质交换的集散地，又成为经济中心，体现了经济、贸易、服务等经济功能。到了工业化时代，城市作为工业文明的标志而存在，体现了工业生产和社会文化集聚的功能。在近代社会，城市是人们居住、学习、工作、旅游、休闲、娱乐等具有综合功能的场所。比如，在城市里生活更加便利、有更多的精神生活等。当然，并不是所有的人都这样认为。西方社会曾有过这样一个阶段，随着城市化的进展，一些城市弊病越来越显现，出现了城市人群回归乡村的趋势。但现在又有很多人住到中心城市来了，在美国、欧洲都有这种情况出现。

所以，我想城市化是现代文明进步的表现，而城市也是人类未来生活的重要选择。世博会的主题，英语是"Better City, Better Life"，字面意思是"好的城市，好的生活"。什么样的城市，才会让生活更美好？这是我们要考虑的问题。世博会的这个主题，直接面对了现代社会的发展。当然，城市化以后也会面临很多问题，我们应该思考怎样去应对、解决，使城市真正成为一个人们乐于安居、能够获得好的生活的地方。

## 自然与艺术城市的两维

**记者：**城市的这种资源特点是不是决定了城市难以与自然和谐相处？

**俞立中：**实际上，资源与环境是矛盾的两个方面，资源开发使用得越多、使用效益越低，环境问题就会越多。

城市是资源集约型的区域。如果人口分散在农村，也许自然界的环境功能会得到好的体现，但资源效益会很低。人类活动高度集中在城市，资源使用效率提高了，但资源使用总量和污染排放密度也增强了，环境问题就显现了。所以，解决一个城市的生态环境问题，首先是要考虑怎么规划好城市的发展模式，更加节约地使用资源，提高资源的使用效益。减少资源的使用，涉及城市的经济结构、能源结构和生活方式等方面的选择。

**记者：**世博会上，环保是很多参展国的主题，很多展馆展示了森林、海洋等元素，体现出回归自然的倾向。城市还能够回归自然吗？

**俞立中：**理想的城市，是一个可以和自然和谐相处的城市，而不是简单地回归到原生态，或者恢复乡村环境。未来城市应该与自然更加协调，既能体现城市的通达便捷、文化多元、资源集约、经济运作高效，又有一个舒适的居住环境，使人们更能享受与自然和谐相处的乐趣。当今世界人口与几十年前相比，已经不是一个概念了。地球就这么小，人类是集聚在适宜居住的地方呢，还是散居？这是对未来的选择。现在，人们选择的是城市、城市化，这已经是明显的趋势了。

**记者：** 世博会自第一届开始，主题不断变化，从工农业产品、艺术作品等的展览，到科技文明的内涵、人类对自然的探索利用，基本与人类文明的进程是相符的。为什么会有这种变化？

**俞立中：** 从社会发展的轨迹来看，人类从开始认识自然，到逐渐产生了要战胜自然的野心，最后又回复到一种理性，即人和自然必须和谐相处。大学应该更理性地认识人和自然的关系，既有理论的指导，又有文化的引领。如果连大学都做不到这一点，社会就会失去方向。

**记者：** 这次世博会上，各国的展示都不同程度地体现了艺术性，比如场馆建筑、产品设计等，您怎么看这个特点？

**俞立中：** 科技和人文的结合，科技和艺术的结合，这是非常重要的，形式和内容一定要有很好的结合。

比如，现代工业设计中的"包豪斯风格"产生于大约 100 年前的德国，因包豪斯设计学院而得名。一战后，德国的科学技术有了很大推进，但是由于技术工人和工厂主往往只关注产品的生产流程和利润，并不顾及产品美学品位。而艺术家不屑于关注平民百姓使用的工业产品。包豪斯设计学院课程包括新产品设计、平面设计、展览设计等方面，改变了艺术家，特别是造型艺术家游离于社会生活的局面，让艺术家参与到工业设计中来。"包豪斯风格"带动了德国工业化的发展，使它的工业能够很好地发展起来。今天的中国，大概也处于这样的状况，工业发展很快，但是设计产业落后，这时就面临这样的问题——怎么通过设计产业的革命，跟上工业化的精神。

这里很重要的一点是，内容和形式、科技和人文要很好地结合起来，不要使技术成为纯技术的东西，而要变成一种人能够接受的东西，这是技术与人和谐相处、技术和人文艺术融为一体的结果，也是社会进步的一个很重要的标记。如果社会沦为一个纯技术化、纯工业化的社会，这是一种倒退。

## 大学，一种城市艺术

**记者：** 大学对一个城市来说，具有什么意义？大学是不是城市中一个比较艺术化的表达？

俞立中：我觉得，很多大学校区实际上是城市的一个绿肺。如果从卫星相片上看，大学校区在整个城市土地利用格局中，就是一片绿地。我们的前辈在规划大学发展的过程中，已经充分考虑到大学是这样一个教书育人的环境，让学生在一个比较安宁的环境里学习、生活。尽管大学是在都市里，但它是都市中比较安宁的一个地方。这也体现了大学的一个特点，既需要与社会接触，但又要避免城市烦躁、商业化气氛的影响。

相对来说，大学是一个人文和自然融合的空间。大学的未来仍然会坚持这个理念。美国有一类 campus university（大学城），一个城市就是一所大学，也许有些大学可以这样。不过从中国的文化传统来看，我认为中国的大学和城市联系在一起，更有它有利的方面，特别是对于像华东师范大学这样文理兼重、人文气息比较浓厚的一所学校而言，它与城市的融合，与城市环境的融合，更有利于大学文化的辐射，更有利于大学文化的发展。

记者：世博会对大学文化建设有什么启发？

俞立中：今年五月，在南京举行的中外大学校长论坛上有一个主题就是关于绿色校园的建设，不是讨论种树种草的绿化问题，而是关于大学的可持续发展理念，大学的文化建设。如何实现环保节能的低碳校园？如何把社会、经济、环境协调发展的理念融入大学的教学、科研、社会服务？世博会的主题同样可以指导绿色校园建设。

活跃在世博园区的"小白菜"，90后这一代人，他们所表现出来的社会责任感、志愿服务意识、对祖国的热爱，给我们留下了深刻的印象。志愿者精神也许是上海世博会留下的最宝贵的财富。这代年轻人很幸运地参与了这个世博盛会，如何把这种精神延续下去，发扬光大，这也是大学文化建设的重要内涵。

记者：中国的知识界对世博会这一文化实践持什么态度？

俞立中：引领文化发展也是大学的责任之一。关于世博会，有些市民也许关注了多元文化，但不一定能懂科技；能看懂科技，也不一定能准确把握好发展理念。知识界要真正从世博会上体验和提炼出一些精神内涵。从世博会筹备，到世博服务、后世博效应的讨论，华东师大很多专家和学生都直接参与了各项工作，包括主题演绎、场馆设计、科技服务、论坛组织策划等,如城市足迹馆中城市发展馆的设计、中国馆的特供礼品设计、世博会论坛策划、饮水与食品安全快速检查技术、大屏幕 3D 电视、电子互动教室等。另外,有关专家已经对后世博效应开始了系统的研究。

# 培养未来的教育家[①]

## 通过大运会推动市民成长

**记者：**第 26 届世界大学生运动会将于 2011 年 8 月 12—22 日在深圳举行，目前深圳市正举全市之力推进大运会筹备工作，请问华东师大届时是否前来参加？

**俞立中：**华东师大肯定会参加，在田径、健美操等项目中，华东师大的学生还将冲击奖牌甚至金牌。国家健美操队的主教练就是我校的周燕教授，华东师大校队也占据了国家健美操队的半壁江山。2005 年，周燕教授带领的男子六人操队伍在德国世界运动会上获得了中国健美操历史上的第一个世界冠军。从此，中国男子六人操就一直占据着世界第一的宝座直到今天，在深圳大运会上这个项目也是我国的一个夺金点。另外，华东师大的田径训练水平在国内也名列前茅，奥运冠军刘翔目前还是我校社会体育学专业的研究生。如果身体条件允许，相信刘翔也会出现在深圳大运会的跑道上。

华东师大一贯重视学生的体育教育，早在新中国成立前，华东师范大学的前身之一光华大学就曾多次获得江南八大学校网球、足球、越野等体育竞赛的冠军。华东师大建校时还合并了东亚体育专科学校的体育系和体育专修科，成立体育系，并逐步调整、发展成为目前的体育与健康学院。除了北京体育大学和上海体育学院两所专门院校外，华东师大体育学院的教学、科研水平在全国也是名列前茅的。

除了专业的体育教育之外，华东师大同样在普通学生中倡导德智体美的全面发展。大学培养的学生，不仅要掌握知识和能力，还要有健全的人格。而体育对人格培养的作用是显而易见的。

**记者：**去年北京成功地举办了奥运会，今年世博会在上海召开，而明年深圳则将

---

① 　原载《深圳特区报》2010 年 10 月。

举办大运会,预计将有来自180个国家的学子欢聚深圳。您认为举办此次大运会对深圳有何意义?

**俞立中:**举办大运会的正面影响是多方面的,最直接的作用就是增强学生体魄、推动全民体育发展。健康的身体是承担社会责任的先决条件,但总的来讲我们对体育教育重要性的认识还是很不够的。我们常会夸一个小孩聪明,却很少夸奖小孩强壮。举办大学生运动会,首先会推动学生自觉地参与体育锻炼。

另外,大运会对开拓大学生视野、增强国际交流等都有非常积极的作用。这些作用不仅仅体现在参赛的运动员、教练员、工作人员身上,也更广泛地作用于所有参与甚至感受这项盛事的学生与市民之中。

举个例子,从北京奥运会开始,志愿者这个词开始被广大的中国人所熟悉,其中有很多就是各个高校的青年学生,我们华东师大的志愿者也参与了北京奥运会的志愿服务。到今年世博会在上海召开,华东师大的学生们更广泛地参与志愿服务。根据我们的统计,有4 000多名华东师大的学生参与了世博园区内外的志愿服务。尽管大多数同学正式上岗的时间只有短短的半个月,和大运会的会期相当,但很多学生回来之后告诉我,这是他们人生中难忘的一段经历。这些学生大部分是"90后"的独生子女,没有吃过什么苦、受过什么委屈,但当世博志愿者每天很早就要奔赴世博园,会遇到各种各样的难题、挫折甚至委屈。有些情况他们在家里甚至在学校里可能都不能忍受;但作为志愿者,他们知道自己代表了国家的形象,要以更成熟的态度来面对问题。

作为第二批进入世博园区的志愿者,华东师大的学生们已经圆满完成了任务。作为校长,我能深切地体会到他们所经历的人格锻炼,他们的主人翁意识、社会责任感、志愿服务精神有了显著的成长。我相信通过举办大运会,深圳的学生和市民也能有这样的成长。如果深圳大运会面向全国招募志愿者,我们华东师大的学生将很愿意参加。

## 情商对个人成功的影响很大

**记者:**您刚刚提到了举办大型国际活动对学生的积极影响,可否请您谈谈对大学人才培养的看法?钱学森曾提出"我们的教育为什么培养不出顶尖帅才"的忧思,您对此怎么看？

俞立中："钱学森之问"，指出了我国教育发展过程中遇到的问题，但我认为现在还不到下结论的时候。从学校教育的角度来说，我认为建国60年来，无论是基础教育还是高等教育，我们都取得了很大的成就，培养出了大批优秀人才，我们不必妄自菲薄。

所谓培养不出帅才的问题，从狭义的教育角度看，主要是人才培养理念和模式的缺陷：重课程、轻实践，重知识、轻素养，重传授、轻批判。我们的教育教学没有真正体现以学生为本。我的研究生中也有人跑过来跟我说："老师，我想跟您从事某某领域的研究。"错了，这不是研究生阶段应该有的学习方法。到这个阶段，学生应该有自己的兴趣、自己的目标，进行独创性的研究，而不是盲从前人走过的路。但这个习惯是从小教育一路延续下来的，到大学里再纠正就很困难。

进一步说，教育是社会体系的一部分，教育中出现的许多问题，其实是社会问题在教育系统中的反映。大家都说现在缺少创新型人才，为什么？就拿深圳很发达的电子技术做个例子，国内许多企业就是靠模仿、山寨也能赚钱，那要创新型的人才干什么？

所以说，人才培养理念需要的是社会各方面的共识。从目前各大高校的情况看，改革意识都非常强，也出现了很多新思路、新方法。我估计在未来的5到10年内，我国的人才培养理念和模式会有一个大的改变，到那时候再来讨论"钱学森之问"可能更加合适。

记者：您说培养帅才需要整个教育体系和全社会的努力，其中很重要的一环是基础教育。作为一所师范大学，华东师大在培养下一代教师方面有什么举措吗？我国在教师培养方面现状如何？

俞立中：首先要纠正一个概念，尽管华东师范大学以"师范"命名，但目前已发展成为一所综合性的研究型大学，师范生只占全校学生的三分之一左右。华东师大的师范教育与北京师范大学齐名，在全国处于领先位置。对于师范生，华东师大的目标是培养优秀的教师、未来的教育家。教师是个特殊的职业，因此从选拔开始，师范生就不同于普通学生，要遵循乐教、适教、善教的标准，一些个人修养比学习成绩更为重要，比如有爱心、耐心、沟通能力强等，学生对教师职业的认同感也是非常重要的。

在培养过程中,除了教育专门课程外,师范生与非师范生的专业课程是一样的。概括来说,华东师大对学生的要求可以概括为"重视基础,关注个性",也就是强调学生掌握基础知识和基本素养,同时要形成自己的风格。尤其是对于要从事教师职业的学生来说,"关注个性"尤为重要。让他们发扬自己的个性,也让他们容许自己的学生发扬个性,而不是一味强调学习成绩,这是符合现代教育观念的。

我国非常重视教师培养工作。国际上普遍认为,政府有责任培养教育和农业人才,我国目前也是这样做的。师范生采取定向委培的方式,由国家全额资助就读费用,在毕业后必须回原籍任教,这对改变偏远贫困地区教师少、师资力量差的问题作用较大。对现有教师的进修培训也有相应的政策措施,应该说教师整体素质也在稳步提高。

记者:除了师范生之外,华东师大对于人才的选拔有何标准?对于有意报考华东师大的深圳学子,您有何建议?

俞立中:对于非师范生的选拔并没有固定的标准。大致上讲,综合能力比成绩更重要。这些综合能力包括社会责任感、团队精神、事业心等。华东师大从来不把高考状元当宝贝,而是强调先要学会做人,关注学生未来的发展潜力,把他们真正塑造成对社会有用的人才。从长期的实践来看,大学生未来的成就与高考成绩的相关性不大,相反情商可能是成功的主要原因。华东师大也会给学生创造一个宽松的氛围,让他们尽可能地自由发挥才华。譬如我们的校友、分众传媒创始人江南春,20世纪90年代初在学校的时候他就成立了自己的广告公司,这在其他高校恐怕是很少见的。他曾经对我说:"如果不是学校给了一个比较宽松的环境,也许就没有今天的分众传媒了。"

对于尚未踏进大学校门的学生,我建议应更多地关注个性发展,而不要一味地强调学习成绩。多读书,尤其是人文社科类的图书,多在实践中历练,无论对于接受高等教育还是日后的工作、生活,都是大有裨益的。

## 建议青年学生进行国际交流开阔视野

记者:当今世界,大学生越来越多地参与到国际交流之中,中国大学的国际化办学氛围也日渐浓郁。华东师大在这方面有什么探索与成绩？

**俞立中：**刚才我们提到过我国人才培养理念的问题，国际化办学正是推动改革的一股强大力量。我认为，高校的国际化不仅包括与国外高校的合作与交流，其最终意义是将国内的高校放到国际高校平台上进行考量、评价，从而真正推动国内高等教育的发展。

近年来，华东师大一直把国际化作为学校发展的主要路径，先后与美国宾夕法尼亚大学、纽约大学、日本东京大学等世界著名大学建立了战略合作伙伴关系，建立校际合作关系的高校有 100 多所。去年，我校召开了推进国际化进程大会，决定从 12 个方面入手，全面推进华东师大的国际化进程。华东师大与美国纽约大学合作举办的上海纽约大学，目前已经签订了框架性合作办学协议，今年下半年将启动上海纽约大学的基建设计及施工准备。

合作办学的目的，在于贴近了解国际先进的高等教育理念。与华东师大有密切合作关系的纽约大学，近年来在美国大学排行榜中蹿升速度很快。纽约大学校长塞克斯通有一个观点，认为现在的高校发展趋势是"全球网络大学"（Global Network University）。一所高校不能简单地被称为中国的大学或美国的大学，而是有不同文化的交融，其培养的人才才能适应时代的发展。我认为这个观点非常具有说服力，也是华东师大的发展方向。目前，华东师大四分之一的学生有海外游学机会，而我们的目标是三分之二的学生能有跨文化的背景或经历。

上海和深圳一样，都在建设金融中心和国际化都市。两地的高校进行国际化办学，有需求也有条件。但我同时想指出一点，国际化是中国高校发展的重要路径，但并不是唯一选择。据我了解，位于长沙的中南大学，主要的发展方向是校企合作，也取得了非常好的效果。对于教育的改革发展来说，国际化是手段而不是目的。

**记者：**那么对于学生来说，国际化的交流有什么好处呢？

**俞立中：**我们常说，"读万卷书，行万里路"。对于当代的大学生来说，出国游学的好处是非常明显的。首先是阅历的增长、见识的增长，跨文化的交流与碰撞能激发学生认识和创新能力提升。其次是独立生活能力和个人性格的塑造。我有个本科学生，原来比较沉默寡言，出国交换半年回来以后，大家明显感觉到她话多得停不下来，沟通交流能力有了很大提升，人也比以前乐观开朗了。所以我认为，如果有出国游学的机会,当代大学生还是应该把握住。当然除了直接出国之外,现在还有很多途径进行跨文化的交流,比如通过网络或者与留学生交流等,都是可以利用的。

## 建设一流大学不能急功近利

**记者**:深圳计划进一步跨越式发展高等教育,目前正在积极筹建南方科技大学,您对此有何建议?

**俞立中**:筹办南方科技大学,体现了深圳政府的魄力。高等学校的数量和水平是衡量一座城市地位的重要指标,几乎所有的国际化大都市都有一所甚至多所高水平的大学。深圳作为一座新兴城市,经济发展很快,已经跻身国际化都市行列。现在兴办南方科技大学,发展高等教育,是一个非常正确的决定。

但是从另一方面来说,建设一流大学不能急功近利,高校的内涵建设不是一天两天就可以速成的,而是要遵循教育规律。我听到有人说,香港用钱砸出了香港科技大学,在较短时间内迅速发展成为世界一流的高校,深圳可能也有这个想法,花钱办名校。但我认为,香港科技大学的飞速发展,不能简单地归结为砸钱。即使我们承认,大规模的资金投入确实极大地促进了香港科技大学的发展,但全球也就这么一个案例,这个经验是否一定适合深圳,应该有个慎重的思考。我知道原中国科技大学朱清时校长已经受邀担任南方科技大学校长,我相信他会做出正确的决策。

另外,我认为南方科技大学的筹建应该和深圳包括珠三角区域的经济社会发展紧密结合。深圳是最早进行改革开放的城市,产业发达,正在建设国际金融中心,这些都给南方科技大学的教学和科研提供了丰富的课题。而南方科技大学的成果也将推动深圳的进一步发展。

**记者**:华东师大与深圳现有哪些交流合作项目?以后是否会加强与深圳的合作?

**俞立中**:华东师大与深圳的合作,主要集中在基础教育领域。深圳有多所中小学校是华东师大的试点学校,华东师大推行的互动教育、启发教育等均有开展,并取得了不错的成绩。因为自身地理位置的关系,华东师大产业合作主要集中在长三角一带,与深圳企业的合作较少。当然如果有机会,我们非常愿意与深圳的企业进行广泛、深入的合作。

另外,华东师大一直鼓励毕业生赴深圳参与生产建设。早在20世纪五六十年代,就有一些华东师大的学子来到深圳市的前身——宝安县工作。目前,在深圳的华东师大校友有近千人,活跃在教育、经济界。

# 俞立中校长印象记[①]

短短一个小时与俞立中校长的对话转眼就结束了,记者依然很难把眼前这位儒雅型校长与人人网上那个和"80后""90后"学生打成一片的亲民型校长联系起来。作为一名校长,他有十余年管理高等教育学校的经历;作为一名学者,他所做的"环境磁学应用基础研究"获教育部提名国家科学技术奖自然科学奖一等奖……他是学生眼中亲切的良师,他是教师眼中严格督促的益友;他温文尔雅却又热情似火,他励精图治且又细致入微;他说学生最高层次的幸福感来自参与校园治理的各个环节,他说学校在校期间没见过校长是校长失职……

## 无心插柳开启"人人"校长时代

"想与校长对话? 那就上人人网吧。"这是华东师大很多学生的一句口头禅。为更好地与"80后""90后"学生交流,俞校长在人人网上开设实名制社交圈,目前好友已经达到2 000人的上限,但依然还有源源不断的学生想要加他为好友。刚开始的时候,还有不少学生质疑其接近"80后""90后"的语言风格,究竟是否为俞校长本人。为彻底消除学生的将信将疑,俞校长特意在新生见面会上声明人人网上有他的个人主页,学生有什么问题可以通过此方式进行互动交流。

开启"人人"校长时代,俞校长说纯属无心插柳,无意中发现有人以他的名义在人人网注册。俞校长觉得与其让"假校长"在线,不如让"真校长"开启与学生网络"零距离"沟通的新方式。

同学们在人人网上的留言涉及人生、学习、发展、就业、生活等方方面面,有对学校发展的思考,对学校管理的问题和建议,也有学习上的请教,还有一些是鸡毛蒜皮

① 原载《家庭教育时报》2010年11月20日,记者荀澄敏。

的"小事"或抱怨,甚至连在寝室发现了一只老鼠都会有人向俞校长发发牢骚。俞校长说,其实很多学生只是想让自己的想法被倾听,自己的言行被关注。作为校长他也一一回帖道:"校长家里发现了老鼠,我们能否一起想办法解决?"俞校长也会虚心向学生请教网络语言:"沙发是什么?""板凳是什么?"……"俞校长很有爱!""谢谢俞校长,理解万岁!"越来越多师大学子大声地说出了对俞校长的爱。

## 忙碌而幸福着的"大家长"

自 2006 年 1 月起担任华东师大校长,俞立中一心为学校谋发展,把建设一所世界知名的高水平研究型大学作为自己的使命。他经常说的一句话是"学校是每个师大人的家,是每个师大人的发展平台,我们都要为学校的发展负责,当好主人公"。他认为,师生员工的归属感和幸福感是与学校的成长紧密联系在一起的。

作为华东师大的"大家长",俞校长觉得,"大学文化建设,人与人之间的平等沟通交流是基础",应该让同学们明白这个道理。言传不如身教,他积极推行和参与"师生午餐会""学生参议会""学生媒体新闻发布会"等活动,在学校管理层和学生之间架起了一座座沟通的桥梁。

不仅关心学生,俞校长还特别关心青年教师,重视青年教师的发展。2007 年,华东师大召开了"青年教师大会",提出了促进青年教师发展的 13 条意见。对一些青年教师只为"延长租房补贴年限"叫好,而对海外研修计划无动于衷的现象,俞校长当头棒喝"没出息"! 他通过各种途经激励青年教师的积极性,加大对青年教师的培养。今天,大家越来越体会到,学校支持青年教师的学术发展是多么深远的思考啊。

俞校长也注意与媒体的沟通交流,对媒体采访则是有求必应。他说自己其实是个比较内向的人,并不喜欢出头露面,但校长有责任向公众阐述学校的理念和发展,有责任提升大学的公众形象和社会影响。这就是一个校长的使命感。

这些年来,俞校长总是忙碌着,因为深深热爱华东师大这个"大家庭",他也一直是幸福着的……

# 高水平研究型大学从"人"起步①

全国教育工作会议和上海市教育工作会议的相继召开,为高等教育的发展开创了新的契机。在"十二五"规划中,作为"985 工程"和"211 工程"重点建设的大学,华东师大未来的发展蓝图是怎样的呢? 日前,记者就此话题采访了俞立中校长,听他讲华东师大建设高水平研究型大学的思路。

**《家庭教育时报》**:在落实"两会两纲"精神、编制"十二五"规划的过程中,华东师大关注的重点是什么? 聚焦在哪几个方面?

**俞立中**:我们关注的重点始终是"人"。一方面关注学生,聚焦于努力将学生培养成为优秀人才和拔尖创新人才,将学校建设成为孕育各行各业精英乃至领袖人物的摇篮,这既是实现国家和上海人才发展战略目标的需要,也是学生及其家庭的强烈愿望;另一方面关注教师,聚焦于建设一支世界一流人才领军的高水平教师队伍,努力为每一位教师充分展现个人才华和自身价值提供自由探索的制度环境,为每一位教师服务国家、服务上海提供有力的资源保障和支持体系。

**《家庭教育时报》**:华东师大改革创新的核心是什么? 如何突破发展瓶颈?

**俞立中**:学校提出了以培养创新人才、提升创新能力为中心,推进学科交叉融合,推进学校国际化进程的发展思路。围绕将学生培养成为优秀人才和拔尖创新人才的目标,全面深入地推进人才培养体制机制的创新。我们正在努力完善优秀学生选拔的自主、多元招生录取机制;面向全体学生,为每一个学生的终身发展夯实基础,形成"个性化培养、多种发展途径"的人才培养模式;实行更加开放的选课制,大幅度增加学生跨校、跨国学习的机会,大力推进国际合作培养;实行开放式、多元化的英才教育战略,贯通研究生与本科生课程体系,形成有利于各学科领域人才培养

---

① 原载《家庭教育时报》2010 年 11 月 24 日,记者荀澄敏。

的支撑体系,提升学生的综合素养。

围绕建设一支世界一流人才领军的高水平教师队伍的目标,全面深入地推进学校管理体制机制的创新。我们正在积极探索人事制度的改革,加快推行教师岗位的全球公开招聘,提高教师队伍的国际化程度和国际竞争力;坚持培养和引进并重的原则,实施"领军人才引进与培育工程";努力培养优秀青年人才,在实施英才培育计划的同时,招聘一批有潜力的海外优秀青年人才;建立科学的人才评价机制、竞争机制和激励机制,制定不同岗位不同学科领域的人才评价标准,实行综合素质评价与特殊才能评价相结合、近期绩效与长期绩效相结合,鼓励教师潜心教学和科研创新。

**《家庭教育时报》:**"十二五"期间,华东师大在发挥自身优势,服务经济、社会发展方面将提出哪些具体目标和措施?

**俞立中:**大学的三大任务就是人才培养、科研创新和服务社会。我们在制定学校"十二五"规划时,特别关注高等教育发展的国际趋势和中国高等教育的未来使命,特别关注国家和上海市社会经济发展的迫切需求,充分发挥自身特色优势,通过优化学科结构,主动适应社会对大学创新和服务的要求。

一是要巩固和提升学校在教育学科、基础学科、资源环境学科领域的国内优势,扩大学科的国际影响力,加快形成若干世界一流学科;争取在精密谱学、软件科学、绿色化学、古文字信息化、冷战史研究等领域的若干研究方向上居于世界领先地位。

二是瞄准和对接国家尤其是上海经济发展的重点领域,加强学科交叉融合,努力在信息科学、材料科学、生物医药、认知科学、能源科学等领域催生一批具备冲击世界先进水平的新的学科生长点,建设若干新兴交叉学科和应用学科,产生一批国内领先的科研成果,拥有一批关键核心技术;积极探索与企业的深度合作,加快科技成果孵化,加大科技应用开发的成效,促进国家大学科技产业园的建设。

三是积极引导人文社会科学以问题为导向,主动服务改革开放和社会发展,充分发挥学科综合优势,推进文理跨学科研究,开拓新视野、新方向,在城市化与区域科学、人口与社会发展、基础教育改革、特殊教育与康复、文化传播、金融数学、国际关系、创意设计、城市生态与可持续发展等领域形成一批有国际影响的、适应中国社会发展需要的学科生长点,为改革发展提供理论和实践的支持,特别要为上海国际金融、经济、贸易、航运中心和国际化大都市建设服务。

《家庭教育时报》：为了实现"十二五"期间的大发展，上海的高等教育呼唤更理想的政策环境和社会环境，对此您怎么看？

俞立中：落实高校的办学自主权，完善高等教育的法制环境，以及营造宽容健康的社会舆论，对上海高等教育的发展都能起到很重要的作用。真正落实高校的办学自主权，以避免大学趋同发展的弊病，多样化的高等教育体系才能落到实处。教育是为了促进每一个人的终身发展，不仅仅是学校的责任，也是全社会的责任。社会公众对教育的期待很高，但千万不能把一切社会问题都归咎到学校教育。教育改革和内涵发展不能急功近利，必须遵循规律，需要时间，也需要宽容。不要让大学承担无限责任，给高校一个宽松的舆论环境，真正使高校能把更多的精力投到内涵建设之中。

# 推进"数字大学"教学改革①

华东师范大学是教育部直属全国首批 16 所重点大学之一,被列入国家"985 工程"和"211 工程"。在今年初教育部学位中心公布的全国一级学科评估排名中,华东师范大学教育学、地理学、系统科学等 7 个一级学科位列前十。在这一过程中,信息化起到了重要的推动作用,而华东师范大学信息化建设取得卓著的成效,与校长俞立中是密不可分的。

《中国教育网络》:全球信息化突飞猛进,大学是人才培养的重要基地,这几年"211""985"都加大了信息化的进程,您认为目前的首要问题是什么?

俞立中:信息化不是一个技术,也不是一个技术的推广,而是一种管理理念。如果学校的教学、科研与管理能够建立在一个信息平台上,这表明管理的理念、管理的手段、管理的意识都发生了变化。信息化难在哪里? 不是技术,而是要转变观念。

人口地理学、人文地理学的扛鼎者——华东师范大学胡焕庸先生于 1935 年提出了中国人口分布疏密的对比线:北起黑龙江的瑷珲县,向西南延伸直至云南的腾冲,这条线把我国分为西北和东南两部分。而现在,我们不需要告诉学生这条线在哪里,要让学生自己分析,通过网络了解地理、水文、人口、资源环境等,他们就能自己画出这一格局来。这就是现在互联网的作用。

原来的中学地理教学只是把大学地理系的教学进行浓缩,体系完全一样。我曾经提出"重建信息化时代的中学地理教学"。我希望把学生的地理知识需求和信息化时代结合起来。比如目前谷歌地图(Google Earth)能提供丰富的地理信息,地理教学为什么不能与之结合? 可以利用 GIS 工具、计算机技术、遥感技术等,让丰富的网络资源服务于地理教学。

---

① 原载《中国教育网络》2011 年第 1 期,记者袁成琛、周晓娟。

信息化正在改变教学的手段,简单地认为信息化就是做点 PPT,这是对信息化理解的误区。在教学改革中,更多的还是观念的转变:怎么与学生互动,怎么更多地利用网络资源、多媒体课件。同时,对教师自身的素质有越来越高的要求。为此,这些年华东师范大学试着引导教师用信息手段推进信息化。以学生为本,把学生作为教学的主体,实现教与学的对等关系,而不是传统的教与授。

《中国教育网络》:华东师范大学的信息化建设重点发展哪些工作?

俞立中:信息化是个大课题,但是只有放到解决现实问题的环境下才能凸显其需求和效果。华东师范大学引入信息化的目的是"管理扁平化"。

信息化能够使管理扁平化,部门间水平沟通,所有的信息透明化。学校要求数据唯一和准确,且不能随意上传。

早在 1997 年,华东师范大学就提出建立专门的信息化办公室,进而华东师范大学成为最早成立具有校园信息化性质的信息化办公室的学校之一。学校专门制定信息化建设计划,通过开展具体的项目推动学校教学和科研的发展。所以,早在 20 世纪 90 年代,学校就开始全面进入信息化建设阶段。

首先是一卡通的引入。华东师范大学可能是第一个实现一卡通的学校。通过一卡通工程,学生在图书馆、食堂、缴纳水电费处等学习和生活场所可以一卡通行。

其次是"一个库"工程。全校建立统一的数据库,采用 Oace 方案,分部门更新和管理,形成唯一的数据,实现数据共享,没有重复与冲突,也避免了人工同步数据。随着数据库越来越庞大,效率成为最大的挑战之一,目前学校正在攻关这一难题。

第三是无纸化办公。华东师范大学是最早实现真正无纸化办公的学校之一。从 20 世纪 90 年代开始,学校开始电子办公,在学校内部全部实现网上办公。

现在,通过多年来建立的数据库,我可以清楚知道文件的流程进展,避免文件积压的情况,通过分析每个文件的批注细节,能够判断和了解各部门的管理水平。比如,当有部门反映出国审批流程缓慢时,通过个案分析,马上能查出流程中出现状况的环节,找出管理出现的问题。

所以,总体上看,华东师范大学在校园信息化建设上有三个特点,第一是起步早;第二是起点高,效益高;第三是,随着信息化的进程,不断地提出一些新的目标。从最早搭建平台,到现在从学科发展、教学科研管理等方面建立数据资源、信息资源,利用数据资源的分析推进教学科研。

《中国教育网络》：这几年华东师范大学的信息化工作取得了哪些成效?

俞立中：目前,华东师范大学的信息化建设已经取得较好的成绩,除了有线网络与服务外,无线网也开始逐步覆盖学生宿舍、办公楼、教学楼等各个角落。

在"985工程"二期建设过程中,我们把数据资源的建设作为一个重点工作,特别是人文社会学科,除了部分属于原有资源的转化,更多的都是通过收集第一手数据资料建立各级各类数据平台和数据库,这为常年的科学研究奠定了基础。还有如理工科会建立一些长期的观测站、野外的站点等,其收集的数据资源都是将来信息化过程中最核心的部分。

除了引进国际上优质的资源、结合学科的发展,学校还需要建设更加广泛的数字资源,特别重视建设对教学和科研产生影响的资源。

在国家大力投资发展下一代互联网的背景下,华东师范大学与北京师范大学、华中师范大学、东北师范大学、华南师范大学、南京师范大学等5所部属师范院校共同承担下一代互联网教师教育创新支持系统的项目。

教师教育创新支持系统是一个整合共享各院校优势资源、服务于一体化的教师终身教育的项目。在此系统下,可以实现多个学校之间的资源高速共享,通过对数据层各类资源的组织管理以及应用层各类系统及门户的调用,项目学校的教师教育学习者有望经由统一用户认证实现单点登录,并获得系统内各项应用所提供的学习服务。

通过相关机制,华东师范大学将逐步建立基于下一代网络的开放资源大学。到目前为止,学校和北京师范大学、华中师范大学、东北师范大学之间已经实现互联,有80门课程(共100个案例)在网上实现共享。学校还与华中师范大学进行交互,协同开设了2门课程。

《中国教育网络》:"十二五"还有哪些发展的设想?

俞立中：可以说,目前华东师范大学在信息化建设最关注三个方向,包括数字资源的建设、教育资源的共享和为基础教育服务。在这些工作上我们已有了一些起步,但在未来的发展中仍然是工作重点。

第一,数字资源的建设。

技术是在不断发展的,但如果没有建立一套数据采集系统和数据库的话,信息化仅仅只是一个技术的应用,而不能真正地改变我们的科研和教学。所以,数据的采集和数据库的整理,以及长效地积累数据、建设数据库,对我们非常重要。

第二,教育资源的共享。

如何跳出时间、空间的限制,来推进教育资源的共享?如何根据教学管理的需要把距离缩短?这是我们现在要重点发展的。

信息技术促进教育区域化、国际化已成为新时期学校发展的一个显著特点。日新月异的技术手段是教育合作化的物质基础。华东师范大学在快速实现信息化的同时,将信息技术手段应用在教育资源的开放共享,促进了高等学校跨校交流以及教育产业的发展。

这几年,学校国际交流的数量明显增加。2009年,华东师范大学与日本奈良教育大学、法国南特大学、德国美因茨大学、澳大利亚天主教大学、美国密西根州立大学、华盛顿大学等40所海外大学和研究机构签署了学术交流、学生交流及联合培养等实质性的合作协议。

建立一些远程互动的教室以及远程的会议室,这不仅仅缩短了校区之间的距离,更重要的是缩短了国际之间交流的距离。

通过"教育科研基础设施IPv6技术升级和应用示范"项目——"下一代互联网教师教育创新支持系统",华东师范大学已经与日本横滨大学、美国纽约大学进行了基于IPv6的远程教学方面的课程合作。通过网络,日本横滨大学的教师对华东师范大学的学生进行了三次网络教学。华东师范大学还积极与纽约大学、浦东新区合作筹建中国上海纽约大学,通过远程网络会议,三方共同探索国际合作建设高水平大学的新模式。

此外,学校还承担上海教科网IPv6实验室研发中心的工作,建立下一代互联网技术研发团队。通过上海教科网跨校认证架构研究项目的应用,学校对上海的14所高校进行了互联,每年外校有6 000人次来华东师范大学选择跨校辅修。

第三,为基础教育服务。

为响应教育部"以教育信息化带动教育现代化,促进基础教育跨越式发展"战略,积极发展中小学现代远程教育,推动教育信息化,为优秀教育资源的共享提供必要的条件,实现优秀教育资源的"班班通,堂堂用",华东师范大学与教育部教学仪器研究所、中央电化教育馆、上海华师京城高新技术股份有限公司("华师京城")联合实验室等一起研发了"绿色班班通"教育信息化整体解决方案。

这一方案整合了电脑、交互式电子白板、投影机等整套教学设备,并通过独创的协同教学软件系统,整合优秀的教学设备和丰富的教学资源,可以使师生通过交互式电子白板和学习终端笔记本电脑,形成班内即时互动网络学习环境,达到"堂堂清"的教学效果,实现局域型的"班内通"无线协同教学,从而实现把信息化的技术应用到中学教育过程中。

2009年,学校与青岛第二十四中学合作建设华东师范大学青岛实验中学。学校的教师通过网络视频对现场的课堂情况进行即时点评,对于该中学教学质量的提升有了很大的促进作用。

总的来说,信息化给我们带来的变化是不可估量的,对教育本身、对教育手段、对我们的管理来说是个挑战。

# 上海纽约大学将启动筹建，
# 中美名校联袂探索全球化创新人才培养[①]

不久的将来，内地第一所由中国一流高校华东师范大学与美国一流高校纽约大学合作筹建的国际化大学会在上海陆家嘴落成，并面向全球招收优秀学生，中国学生比例将至少占到5成。

上海华东师范大学校长俞立中在11日接受记者专访时透露，预计3月下旬纽约大学校长将率代表团来沪共同启动上海纽约大学的筹建工作。而在2013年校园竣工前，上海纽约大学会在华师大校园开展研究生联合培养和高端培训等项目。

据悉，美国纽约大学始建于1831年，是美国最大的私立大学，由14个院系构成，在全球超过25个国家和地区设有海外留学项目。

俞立中告诉记者，华东师范大学与美国纽约大学的交流由来已久，除了双方教授的科研合作、对外汉语教师联合培养等项目外，2006年起纽约大学开始在华东师范大学设立上海中心，每年选送优秀本科生来上海进行为期一学期的学习。华东师大为纽约大学学生开设中文、中国文化以及相关的专业课程；纽约大学的教师也会到上海中心为双方学生教授部分课程。双方学分可以互认、互转。

据介绍，由第一批18名学生到如今每批100多名学生，来沪学习的纽约大学学生逐年增多。截至目前，已有700多名纽约大学学生到华东师大学习。

据了解，经过一年多的商谈，2010年已有两份关于成立上海纽约大学的协议成功签署。俞立中认为，上海纽约大学是对中外合作办学模式的一次新探讨，其目标是建设一所世界一流的研究型大学，具有示范意义。据知，上海纽约大学将在全球范围内招聘一流的教师，华东师范大学和纽约大学的教授也会承担部分课程的教学工作。

---

① 原载中新社2011年2月14日，记者陈静。

俞校长指出,中国高等教育的改革与发展需要积极探索多元化的办学模式和人才培养机制,而不是在数量上重复。华东师范大学努力推进与纽约大学的深度合作,意在借鉴世界一流大学的办学理念和实践经验,在人才培养、科学研究和社会服务、大学管理等方面有突破和创新。

根据双方的协议,上海纽约大学在人才培养方面会充分考虑浦东及上海的未来发展对金融和经济管理人才的需求,也会引进纽约大学最具竞争优势的学科专业,还将致力探索全球化背景下的创新人才培养模式。学校会重视学生的国际视野、知识拓展,培养学生跨文化交流、学习、竞争和发展能力。这也表明,上海纽约大学将尝试把创新人才培养置于一个国际大平台,对学生的选拔也会有高要求。

不过俞校长亦透露,中国学生将会在招生中具有一定优势,所占比例至少高于50%。

俞立中认为,上海乃至中国的高等教育应该强调多元化,以不拘一格的培养适应各种需求的优秀人才。他寄望上海纽约大学的人才培养模式成为"多元化"中的"一元",或对国内部分高校具有借鉴意义。

# 俞立中：织自己的毛衣，不要去想别人怎样[①]

《东方早报》：在去行政化这一方面，上海纽约大学会有什么举措，比如理事会的运行等？

俞立中：上海纽约大学的整个决策过程是以八人理事会代表的形式呈现，他们的构成包括美国纽约大学、上海市教委、浦东新区和华东师大，但并不牵涉"行政化"或者"去行政化"等概念，因为上海纽约大学运行的根基是基于充分发挥两个母体学校的资源，加之政府和社会的支持，该校决策的目标很清晰：按照世界一流大学的目标来吸引人才、培养人才。

《东方早报》：现在国内的合作办学很活跃，那上海纽约大学与南方科技大学、宁波诺丁汉大学、西交利物浦大学有什么区别吗？

俞立中：我们不要总是习惯于去比较，这点我很赞同美国纽约大学校长的一句话，他是在美国的爱尔兰移民，他说爱尔兰有一句俚语，意思是：你就织你自己的毛衣，不要去想人家织得怎么样……我很赞同。当一所学校已经到了追求卓越的层面，谈和其他学校的比较意义不大，我们只说我们办学是出于什么宗旨。作为上海纽约大学，这点我们想得很明白：创办世界一流大学，在国际视野中实现跨文化的沟通、交流、竞争。所以，区别只能由大家自己去找。

《东方早报》：上海纽约大学的奠基对上海甚至全国教育界来讲，代表一种怎样的尝试或者新思维？

俞立中：上海纽约大学是目前唯一一所提出"全球网络大学"概念的学校，即在全球化背景下调动所有资源，比如一流的教师队伍可以共享，优秀学生可以注册在某一所大学，但同时可以体验不同文化。中美这次的合作，是绝对有意义的尝试。

---

[①]　原载《东方早报》2011 年 3 月 29 日，记者卢雁。

再看中国高等教育改革已经到了探索新模式的阶段,而非简单的模仿,我们并不期待效仿。高教改革已经出现多元化改革的趋势,即要求大学要有自己的竞争优势。所以对于上海纽约大学来说,我们并不是把它作为一所大学在办,而是作为一种办学新模式、合作新模式在探索。让学生在不同文化背景下成长,是我们的愿望。

《东方早报》:听说学生还要参加全国统一高考,那录取是按照华东师大分数线还是一本分数线呢?

俞立中:这个还要经教育部批准,我们会积极探索新模式,目前我只能说,高考是选拔的一种形式,但不会拘泥于这一种形式。

《东方早报》:谈判和筹办的过程应该已历时数年,这个过程中你最大的感受是什么?

俞立中:可以说整个过程没有发生一件双方没办法商量的事件,谈判就是双方互相理解和探讨的过程,每个参与者的心态都很开放,一切以坚持办学质量是否有利于或影响学校高水平发展为考量,这是不容妥协的。

《东方早报》:开始全球招聘教师了吗?

俞立中:当然,而且反响热烈,很多人通过各个方面在打听上海纽约大学的情况,来自国外的咨询者居多。现在很多教师都很享受找到一个立足点,然后共享全球资源这种新模式。

《东方早报》:你能否用一句话来概括上海纽约大学最吸引考生的地方?

俞立中:如果你接受"全球网络大学"这样的理念,上海纽约大学是一个选择。

# "教育国际化，不存在西风压倒东风"[①]

改革开放30多年，中外合资企业早已司空见惯，中外合办高校也风生水起。然而，首座中美合作大学——上海纽约大学依然成为舆论关注的焦点。

**记者：** 华东师大与纽约大学共建一所全新的、独立的大学，无疑有利于中国高等教育扩大开放，有利于引入国际先进教育资源。不过也有人担心，中美合办高校会不会使"西风"压倒"东风"？

**俞立中：** 没有任何一种教育模式是完美的。来自两种不同教育体制的中美大学，在合作中必然各有诉求，甚至产生不同意见和一定矛盾。我与美方校长已达成共识，双方将上海纽约大学视为共同的事业，凡事多加沟通探讨，相互尊重与谅解。在上海纽约大学跨文化交融的教育环境中，不存在"西风"压倒"东风"，或者"东风"压倒"西风"的状况。我们只有在比较、反思以及理性批判中，才能形成真正的文化价值趋向，并扎根于师生心中。

**记者：** 纽约大学是一所倡导通识教育的学校，上海纽约大学由美方承担学术管理的主要职责，那么在通识教育中，政治课上不上？

**俞立中：** 政治课当然上。但上海纽约大学的政治课程是作为一门科学来开展教学的，政治体制、政治人物、政治历史等均有涉及，均是客观讲授，而非简单灌输。

**记者：** 许多高校把国际交流合作看作是提升学校实力的一种路径，国内一些大学也希望与纽约大学合作办学，是什么促成了华东师大与纽约大学的合作？

**俞立中：** 当今世界已出现全球化趋势，大学必须顺应这一趋势，培养应对这一挑战的国际化人才，我们的学生应该具有国际视野，能在文化包容、交流、理解中与人

---

① 原载《解放日报》2011年4月6日，记者傅贤伟、徐瑞哲。

合作。在这一点上，我们与纽约大学理念一致，这是双方合作的重要基础。

对于国际化，大学理应思考在社会之前。早在 2006 年，纽约大学就在华东师大设立纽大上海中心，作为其海外教学点。从最初二三十名学生来华，发展到如今每年两三百名纽大学生与华东师大学生同校学习。此外，巴黎高师、里昂商学院等世界名校也与华东师大结为合作伙伴，丽娃河畔已设立国际教育园区。

**记者：** 您从华东师大本科毕业，在英国利物浦大学获得博士，2006 年出任华东师大校长，您是怎样推动学校的国际化进程的？

**俞立中：** 大学教师培养学生，当然自身也要具备国际化素质，勇于打破单一文化的隔阂与界限。近年来，华东师大 2 000 名教师中已有 300 多名教师赴海外从事教研至少一年，其中青年教师在任教 5 年内必须去一次。只有这样，在校教师才能跳出国内导师圈，跻身国际学术圈。甚至行政人员也被外派，比如去纽约大学对应岗位挂职，从财务到教学管理岗位皆有。华东师大近五年的目标是让四分之一的本科生都有海外游学经历，每年把 800—1 000 名本科生送到国外高水平大学学习一学期。

**记者：** 上海纽约大学与华东师范大学如何共享资源？

**俞立中：** 上海纽约大学在成立初期将充分利用华东师大在沪教学及科研设施。另一方面，华东师大也可能在上海纽约大学全球招聘的高水平师资中双聘一部分教授，强化提升师大师资队伍，同时上海纽约大学部分课程也有望向华东师大学生开放，这一切都有助于华东师大的办学水平迈上新台阶。

# "眼界决定境界"

## ——俞立中校长专访[①]

　　2006年1月,怀着华东师大学子的一份责任感,57岁的俞立中离开任期未满的上海师范大学,走进了华东师范大学的校长办公室。望着红色窗棂外静静流淌着的丽娃河,他并没有感到荣膺这所"花园学府"第六任校长的风光和兴奋,浮现在脑海里的却是20世纪70年代的激情和辉煌场景。回首往昔,这个因工作调动离开后又重返并成为华东师大一校之长的他眉宇间问号不断:如何让华东师大跻身国家"985工程"重点建设高校之列? 如何提升华东师大的竞争力和影响力? 如何推进华东师大与国际知名大学对话的能力⋯⋯那个时候,用他自己的话说,真的是"一连几天都没有睡好觉"。

　　如今五年过去了,校长办公室的木制窗棂红色一如从前,华东师大的"履历表"却悄然丰实了不少⋯⋯在接受校研究生会会刊《华实》记者专访的时候,这位素来平易近人的校长身着驼色大衣,平和地坐在自己办公室的黑色沙发上,将这些年来的全力付出幽默地调侃成"在交账",笑语间是不断强调未来任务依旧艰巨的谦逊和自勉。"华东师大在进'985工程'之前那么艰苦的条件下还一直勤奋努力,什么事情都不肯落下,现在有这么好的机会,我们应该使华师大获得更快的发展,提升内涵,扩大社会影响力,实实在在地朝着世界知名的高水平研究型大学的方向去努力。"

## 校长的心气：最希望华东师大是一所大气的大学

　　"还有什么开场白的话吗? 随便你们怎么问好了。"隔着茶几上成堆的书籍和杂

---

[①]　原载《华实》2011年6月3日。《华实》为华东师范大学研究生会会刊。

志，俞校长一边和我们开着玩笑，一边摊开了自己特地打印出来的采访提纲，刚刚和同事交代完上海纽约大学筹建工作的他还没来得及坐下喝一口茶。"蛮有意思的，我在上师大也是第六任校长，到了华东师大也是。但说实在的，我当时回华东师大压力是很大的，因为谁也没有把握让华东师大进入'985'。如果不能进'985'，这所学校的发展会很艰难。"当年全校上下努力争取成为"985工程"高校的日子俞校长仍然历历在目。"这个账是可以交了。"谈笑中略去的是这个时刻不忘自己是"华东师大培养的"校长很多很多个孜孜不倦带领师生们为进入"985工程"奋斗的日子。"不光是作为一个校长，而且作为一个教师与学生，不论在什么时候，都要对自己的母校有责任感与自豪感。学校的发展会碰到很多问题，在不同的阶段都会出现困难和波折，但作为学校的一员，重要的是要始终保持信心，不应埋怨它，而应去改变它，使它得到发展。"

对于1978年考入华东师大地理系并留校任教多年，担任过华东师大副校长兼研究生院院长六年，又以华东师大校长为业五年的俞校长而言，这个学校的一草一木都是他再熟悉不过的。谈到华东师大的大学精神，他有自己的独到理解："一所大学的特色，可以从不同层面去讲。"在俞校长看来，大学特色既可以通过其文化精神彰显，也同时渗透在她的学科特色和人才培养特色中。"从大学的精神层面去讲，是社会对这所大学文化的认同。比如很多人认为'低调、踏实'是华东师大的特色，'低调'是褒义还是贬义？两方面的意思可能都有。当年的评价是指华师人不张扬，做事踏实认真，这一点到现在都被社会认可；而另一方面，一所大学在市场经济背景下要敢于开拓、积极进取，需要有自我表现的意识，大家可能又觉得华东师大太老实，不会去争。但现在社会都在批评大学的浮躁，华东师大相对的不浮躁又成为了一大优点。"与此同时，华东师大基础学科和教育学科的优势和"强化基础，重视个性"的人才培养理念亦反复为俞校长津津乐道。"我们的校训'求实创造，为人师表'把学生发展和学校发展的理念都体现出来了。就是始终保持谦虚谨慎的态度，踏踏实实做事，同时始终坚持崇高的信念，不断追求创新发展。我想这就是华东师大的品位、华东师大的精神。"

在我们交流"认真、踏实"的话题之余，俞校长再次表达了他对学校文化建设的期待。"我最希望华东师大具有大气的文化精神，一所高水平大学在心态、胸怀、视野、理想等各个方面都应该有这样的气势。所谓的'胸怀全球、放眼世界'，'兼容并包'就蕴含了这种大气。推进学科交叉融合,需要大气魄;推进学校国际化进程,也需要大气魄。我们应该有大视野、大胸怀、大理想。"

## 导师的诤言:独立思考是研究生培养的要义

十多平方米的校长办公室里,从书橱到茶几再到办公桌上,满满当当的都是各类书籍和办公文件,颇可见一校之长的劳碌和繁忙。面对校长和教师的双重身份,俞校长显得很坦率,"如果让我选择,我喜欢学生叫我老师。我喜欢我当一个老师,这更符合我自己的身份。校长只是一个责任,是一个阶段的责任,不能做一辈子,但我的职业是教师,是一辈子的身份。"

作为研究生导师,他最看重的是学生独立思考和独立工作的能力。"我最忌讳的就是学生来要求我系统地讲授学科知识,希望老师完整地教会他们什么。"俞老师说,"研究生阶段的训练主要是通过参与研究来实现的,重在培养学生的研究能力,特别是发现问题、分析问题和解决问题的能力,这是培养研究生最重要的内容。研究生要有广泛的知识积累,但主要是研究问题,要围绕发现问题、分析问题、解决问题这条线去探索。"俞校长在英国利物浦大学留学的经历对他的教学理念产生了很深的影响。"我在研究生阶段没有被要求上过一门课。我经常主动找导师,主要是和他讨论研究思路和研究成果。如果我没有新的想法,提不出新的问题,没有阶段性结果,我根本就不能去找他。曾有一个英国同学对我说,她有一个学期没见导师了,就是因为拿不出东西,提不出问题。所以我也希望自己的学生带着问题来,带着他们自己的思考来,而不是单纯要求导师讲。我跟英国导师讨论时,他经常会说这个他不懂,超出了他的知识,这就是一种表扬。只有学生讲出老师不懂的东西,学生才能超越导师。"

在俞校长看来,增强独立思考能力是培养创新人才的关键。"每个人的天资、勤奋、途径和机遇不尽相同,但创新人才的培养应该有一些共性的东西,重在提升独立思考、自主学习和独立研究的能力,而知识面以及对学科前沿的把握是不可或缺的基础。"为此,他也要求学生去多看书籍资料。"从事一个领域的研究,就要尽可能多地浏览本领域的文献资料。阅读基础材料对文理科学生同样重要。只有全面了解前人的工作和前沿动向,才会有学术视野,才知道研究的问题和突破点,才会有创新思路。"

## 教育家的气魄：大学发展要放在
## 国际高等教育的平台上去考量

"什么是好的大学？好的大学怎么评价自己，教学怎么做，科研怎么做，管理怎么做？我觉得我们应该从国际高等教育发展的视角来看。"在说到"国际视角"这四个字的时候，俞校长眼睛里满是坚定和欣慰。在他看来，"国际化"更多的是一个过程，"是一个把我们的眼界打开的过程，是反思自己的过程"。

"我觉得国际化对华东师大来说，是我们选择的战略路径和推动力。通过国际合作交流和联合办学的过程，我们在不断反思自己，也在不断体验别人。我并不认为外国的东西都是好的，都比我们强，包括国人抱怨的基础教育。实际上，国外的专家和民众也看到了中国教育的快速发展，也在关注我们的成功之处。我们有自己的优点，也有不足的地方。把中国的大学教育坦然地放到国际高等教育的平台上去考量和审视，不仅会更多地吸引国际学界和社会公众的关注，而且也是我们借鉴和体验世界一流大学的经验，认真反思自己的发展理念和办学实践的过程。"

短短几年里，华东师大已派出了 300 多名青年教师去国外研修，从海外引进了 200 多位教授、副教授。"仅在去年，学校就接待了 40 多个国际著名大学的校长，副校长以上带队的国外高校访问交流团有一百多个。"……这一串数字在俞校长的记忆里尤为清晰，脱口而出时颇有一种如数家珍的意味。"这五年来，我觉得最满意的是我们全校上下在'国际化'这个理念上的高度一致。没有其他任何其他一件事情像在推进学校国际化这件事情上达成如此之共识。眼界决定境界，没有宽广的国际视野，就没有高水平之说。"这个一直谦虚地将自己的所作所为用"还算称职""还可以"来概括的校长，终于"满意"了。

从丽娃河畔的匆匆步履，到人人网上的亲切日志；从幽默诙谐的语言，到严谨求是的品格，每每谈到俞校长的平易和执着，师大学子总是敬意满怀。采访结束的当晚，记者很意外地收到了一条短信："《华实》记者：经袁运开校长核实，校训于 1990 年下半年至 1991 年上半年间提出，1991 年 10 月揭牌。之前没有对外发布过。俞立中"。在之前的采访过程中，坚持"碰到问题就要搞清楚"的俞校长为印证记忆中的校训使用时间是否正确,当场打电话询问学校档案馆。没想到他还在百忙之中把得到的答复用短信告诉了我们。感动之余当即回复校长:"铭记在心"。

让我们师大学子铭记在心的,远远不止闪烁在手机屏幕上的那条简短的讯息。

# 拓展国际视野，创新人才培养模式[①]

在全球化背景下，大学人才培养的质量与国际化水平之间的关系越来越密切。通过实施国际化发展战略提升办学水平和能力，推进人才培养模式的改革，是加快中国高等教育发展的一条重要路径。而推进国际化更意味着我们要站在国际高等教育发展的大平台上去考量自己、思考发展、谋划未来。

**《大学》**：俞校长，您好！感谢您在百忙中接受我们的采访。《国家中长期教育改革和发展规划纲要（2010—2020 年）》提出要"开展多层次、宽领域的教育交流与合作，提高我国教育国际化水平"，从人才培养角度，高等学校应该如何理解国际化的发展要求？

**俞立中**：《规划纲要》指出，高等教育发展的战略重心是全面提升高等教育质量，重中之重是提高人才培养质量。这意味着，大学一定要把培养创新人才、培养符合社会经济发展需要的各类人才放在首位。如何有效地推进人才培养模式改革呢？我们选择了两条战略路径：一是推进学科交叉融合，在跨学科平台上改革人才培养模式；二是推进国际化进程，在国际高等教育发展的平台上思考人才培养目标、课程体系、培养模式、教学方法，推进改革创新。高等教育国际化是各国高校共同关注的趋势性问题。面对全球化背景下日益激烈的国际人才竞争，高校探索人才培养模式的改革不能够闭门造车，也不能自说自话，必须有国际视野。

**《大学》**：一说到国际化，我们会立刻想到交流互访、外籍师生、合作办学等具象化的画面，那您所提的国际化是否也可以这样来理解呢？

**俞立中**：准确地讲，这样的理解是不完整的。国际合作、学生交流、留学生比例、外籍教师比例，这些都是外显化的国际化，或者说这些是推进国际化的手段与措施，

---

① 　原载《大学》2011 年第 9 期，记者张男星、桂庆平。

但不是真正的内涵。我认为，国际化更为重要的是一种办学理念、视野、战略，也是大学人才培养的思想和思维方式。国际化意味着我们要站在国际高等教育发展的平台上去思考问题、考量事物、评价活动。

提高教育国际化水平有着很丰富的内涵。教育国际化进程是一个全方位的概念，不能把国际化简单地看作国际间的迎来送往，也不只是国际学生的进进出出，而是从学校自身的办学思想、队伍建设、教育目标、培养模式、教学方法和管理服务等出发，把握世界高等教育发展的基本规律，学习和借鉴世界一流大学的办学经验，从国际高等教育发展的视角来思考和审视学校的发展。建设一所高水平大学，一定要站在国际高等教育的大平台上审视自己、谋划自己。尽管我们和世界一流大学的差距还很大，但是要看清将来应该是什么样的。有没有用国际视野来指引学校发展，其结果是大相径庭的。

《大学》：您反复强调的国际化视野，是否是要在国际坐标系中找到自己所处的位置？

俞立中：是的。国际化视野就是要在世界高等教育这个大坐标系上给自身定位。通过与世界高等教育中的参照目标进行对比，我国高等教育的问题和差距就一目了然了。如果没有主动要比较的意识，没有可以比较的参照平台，我们就不能较早地发现问题。我觉得，我们有必要对世界一流大学对大学精神的思考、对自身发展的策略以及在学校发展过程中采取的措施进行研究，也许我们会把自己的办学思路更打开一些，而不仅仅是狭窄追求一些外显的热闹和具体的数据。

《大学》：您认为在国际化进程中，这样的国际化视野会引发哪些新的思考？

俞立中：在推进国际化战略的进程中，一些错误和保守的理念和做法必然会受到冲击。例如当前对教师的评价方式，对比世界一流大学的做法就会发现问题。我们有些评价太过注重数量，而弱化了对质量内涵的考量。要全面地评价一个教师的专业水平，应该充分考虑他在学界的影响、在国际上的影响、学生的认可、对学科发展的推动等。华东师范大学已经在关注以下三个层面的评价。

一是国际能见度，主要反映教师在国际学术界的活跃程度，包括参加国际会议、学术演讲，国际同行的学术评价、学术认同等。如果一个教师得到国际学术界的广泛认同,即使文章不多也不用担心考评不合格的问题。

二是社会影响力,包括对学术界和社会公众的影响力,以及被学术界和公众的认可度。有些学者在自己的专业领域很有影响力,但并没有把自己的学术影响力转换为社会影响力,去引领社会的发展。相反,有些知识分子则积极地投身到社会活动中,如果仅从学术角度给他们打分,可能很难被评为一流学者。但是鉴于他们的社会影响力,至少他以自己的行为方式体现了作为一个学者的社会价值。所以我们也没有理由否定这样的教师,这也是我们评价时要考虑的要素之一。

三是学术活跃度。在科研上,应该更注重论文和成果的学术影响和认可度。所谓文科出传世之作,理科出具有里程碑意义的成果,当然还有解决重大科技难题,服务国家、地方、企业发展的贡献等。在教学上,不应该光看上了多少课,更应该关注在教学上的投入,特别在教学思想更新、教学模式改革、科研反哺教学等方面的活跃度,也应该从学生的评价方面去考查。

我曾经问过密歇根大学校长关于教师评价的问题。她坦言,中国教师评价中的一些问题美国大学也曾经历过,但是现在已经走过了这个阶段。她认为评价教师,关键看他的影响力,包括学术影响力和社会影响力。

多样化的国际合作平台建设是实现高等教育与国际接轨的重要途径。不少留学生对我们的课程是有兴趣的。但必须要承认,中国现阶段的高等教育并没有很强的竞争力。到这里来攻读学位的留学生,尽管也有一些是很优秀的,但总体而言并不是生源所在国中最优秀的那部分。

**《大学》**:您觉得在追求教育国际化的过程中,高校可以怎样去搭建国际合作平台?

**俞立中**:多年来,国际合作平台建设一直是许多高校发展规划的重点之一。华东师大也在积极推进国际合作平台的发展。从某种意义上讲,把推进国际化进程作为学校发展的主要战略路径之一,已经为全校师生高度认可,各项举措得到了有效推进。

首先,在教师层面上要保持与国际学术界的紧密联系。除了鼓励教师主办或参与国际会议、参与国际重大研究计划、出国讲学或合作研究、邀请著名教授来讲学、青年教师海外研修等,我们更注重建立教授间长期的、有规划目标的科研与人才培养联合体，联合申请课题、联合发表论文、联合培养学生、建立联合实验室或研究中心。我们的教授已经出现在国际学术组织、国际学术期刊、国际重大项目计划的重要位置上，有了更多的话语权，承担了更多的责任，如学术杂志的编委、主编，学术组织或项目组的委员、召集人，学术会议的主席等。要体现学术影响力，一定要在国际学术界找到自己的位置，发表学术见解，发挥学术作用。

其次，在学生层面上积极推进跨境、跨校交流访学，发展联合培养项目。通过学生交流、海外访学、学分互认、联合培养等方式为学生发展提供更多的机会和途径，拓宽学生的学术视野和国际视野，培养学生跨文化交流、沟通、理解、合作和竞争的能力。在中国高等教育目前的发展阶段，与国外著名大学实现学分互认，尤其是与世界一流大学之间的学分互认，是非常重要而且实际的教育合作内容，是人才培养国际化的一个有效通道。

再次，在组织层面上建立形式多样的合作平台，比如搭建多边或双边的联合实验室、联合研究院、联合研究生院等组织架构。当然我们还探索成立了国际教育园区，吸引海外著名大学、教育机构到园区设立海外教学中心和海外校区，成为一流大学的海外留学交流基地，使华东师大校园成为各国学生学习中国文化、体验中国高等教育、了解中国改革开放、感受上海国际大都市建设发展、结交中国朋友的一个窗口。同时也通过引进这些优质教育资源，使我们的学生有机会在校园内选修国外著名大学的课程，感受不同的教育文化和教学模式。国际教育园区的前提是学分互认。这个过程也推动了学校国际教育课程的建设，成为了我校人才培养模式改革和管理体制改革的推进器。

《大学》：您把国际化人才培养平台建设的重点放在本科生教育阶段还是研究生教育阶段？

俞立中：我们的平台建设涵盖了本科生和研究生教育这两个阶段，但具体做法有所不同。本科阶段的重点是以拓宽视野、海外学习体验为主的一个学期海外游学。我们希望25％左右的本科生能有这样的经历。当然，我们也在扩大中外合作的双学位本科教育。研究生教育方面则更多强调的是联合培养和双学位。例如我校与以巴黎高师为首的法国高师集团合作成立的中法联合研究生院已经运作了近十年，取得了很好的成效，有几百名学生受益，培养了一批高质量的双博士学位人才。

在此基础上,我们又成立了中法联合研究院,加强科研合作和人才培养合作的结合。我想,再过十年,这些项目的效果会更显现出来。

《大学》:在类似教育园区这些国际化教育平台里,您认为我们有能力为外国留学生开设有质量的课程吗?

俞立中:当然有,但不是所有课程。除了提供汉语和中国文化课程的选择,学校还规划了100门用英语授课的各类课程,以适应不同学科背景的留学生的学习需求。目前已经开设的课程涉及了很多学科领域,包括政治、经济、社会、教育、环境、艺术等。可以肯定地说,留学生对我们开设的课程是很感兴趣的,留学生数量的快速增长也说明了这点,而且生源质量有了明显提高。按照教育部现有的统计口径,2010年我校长期留学生达到4 300人,而且不乏来自各国名校的学生,涵盖各个学历层次。来自美国的留学生数量占首位,当然不少学生只是在我们这里选择一个学期的课程。我们很看重这些来自世界名校的学生,他们是影响未来的群体,在华东师大的这段学习经历肯定会有实际作用的。

《大学》:但我们的理工科专业的学位留学生似乎还不多,这是不是我们在国际化进程中的一个缺陷?

俞立中:从我校留学生选择的专业看,文科专业相对较多,诸如语言、历史、教育、政治、文化等,选择理工科的学生少多了。必须要承认,中国现阶段的高等教育并没有很强的竞争力。到这里来攻读学位的留学生,尽管也有一些是很优秀的,但总体而言并不是生源所在国中最优秀的那部分。一部分优秀学生是被中国悠久的文化所吸引,比如中国的历史、文学、戏曲、中医等。更多的学生是因为中国社会经济的快速发展,因为中国已经成为世界第二大经济体的大势,或出于对发展机会的考虑,或希望研究学习一些问题。我们必须很清醒地看到这一点。但我相信,随着中国高等教育的发展和国际化程度的提高,中国的大学会对留学生有越来越大的吸引力和竞争力。

我们现在最大的输出优势就是中国持续30年的快速发展,体现在高等教育领域就是有越来越多的科研成果在国际社会上崭露头角。中国在基础研究方面有自己领先的地方,但是毕竟基础研究的发展需要积累,现在社会对大学的要求太急功近利了。

《大学》：有一种观点认为，我国教育在国际化进程中更多的是输入，而缺乏输出，造成了一种单向度的国际化。您觉得我们有输出的能力和优势吗？

俞立中：我觉得中国持续30多年的快速发展就是最大的输出优势。为什么呢？中国社会经济的快速发展带来了很多问题，也有很多成功的经验，无法不引起世界的重视，这些都是世界级的课题。作为一个曾经贫穷落后、人口众多的发展中国家，中国为什么可以持续30年的经济快速增长，成为世界第二大经济体？用西方经济学理论很难解释。中国的经济发展方式究竟有哪些值得借鉴的地方，这是国际社会都很关注的问题。可以说，改革开放30多年中国经济社会发展的成就是我们对世界所作的贡献。

随着经济社会的发展，中国的国际地位正逐步提高，在国际舞台上扮演的角色日益重要，中国的高等教育也必然引起国际社会的广泛关注。去年我访问了非洲三个国家6所大学，这三个国家的教育部部长都问了我同一个问题：中国经济持续快速发展的原因。作为一名教育工作者，我深切体会到教育优先发展对一个国家的持续发展有多么重要。其实，中国改革开放就是从教育开始的。恢复高考，把一大批优秀青年重新拉回了大学课堂；出国留学，向发达国家送出了一大批留学生。邓小平同志高瞻远瞩，提出教育先行，优先发展教育，把教育放在一个重要位置，使得我国社会经济发展有了人力资源的持续保障。中国在经济发展水平还不是很富裕的情况下，实现了高等教育的快速发展，满足了公众接受高等教育的需求。尽管高等教育扩招存在一些问题，招致一些非议，但总体上是利大于弊的。作为人口众多的发展中国家，我们为广大的第三世界国家做出了榜样。

我相信，中国作为一个客观存在的经济大国，必然会吸引世界更多地关注中国的高等教育。中国的教育正在走出国门，我已经看到了这种苗头，世界高等教育领域广阔的舞台上会有中国大学的角色。

多样化的参与形式会让越来越多的学生在国际化进程中受惠。要从长远角度来考查国际化的效果，不能急功近利。国际化不会造成人才外流，相反可以使学生加深对西方社会的理解，并且更理性地认清中国和外国的发展形势。

《大学》：在教育国际化的进程中，如何让越来越多的学生受惠？

俞立中：要让更多的学生受惠，必须建立多样化的参与形式，扩大学生参与国际教育的机会。通过各类国际学术会议、访学计划、互选课程、暑期班、志愿者活动、国际文化节等组织形式，送出去、请进来，分享教育国际的盛宴，增强国际理解。

学校在搭建教育国际化平台时，不仅考虑为一部分经济上有条件的学生创造机会，也积极引进国际优质教育资源，营造校园教育国际化的氛围，让更多的同学能参与国际合作和交流活动，在校园内仍然有机会体验世界一流大学的课程和教学文化，拓展国际视野，提升在跨文化环境下交流、沟通、理解、合作、竞争的能力。

《大学》：对于参与国际交流合作项目的人员，您对他们有什么成果要求吗？或者说您对出国人员有哪些预期？

俞立中：千万不要急功近利，有些事情需要长时间才能看得到效果。比如出国留学或外派访学，不要期待马上就发生什么。一个好的政策或措施，其成效有时往往是潜移默化的、长久持续的。想想改革开放初期邓小平同志对公派留学生问题的一段讲话，在今天看来是多么有远见。最近几年里，华东师范大学通过各种留学基金或校内资助，派出了300多名青年教师到一流大学访学或合作研究。我相信会对整个学校的学术氛围，对教学、科研和管理产生深刻的影响。

我们不指望青年教师出去一年能够学到多少东西，更重要的是拓宽视野、改变观念。虽然我们现在做不到一流大学的水平，但是至少看到和体验到一流大学的教学、科研、管理是怎么运行的，这些都是宝贵的经验。我们不能要求青年教师出国一年就都能讲一口流利的英语，但希望通过这个过程提升青年教师与国外教授沟通交流的自信和能力，表达自己的学术观点和研究思想。我们更希望通过这样一个过程，使青年教师在学术生涯之初就结交一批国际学术界的朋友，融入国际学术圈，和一流大学的教授建立起长期合作的渠道。我们看到了这些成效。

《大学》：有一种观点认为国际化会造成人才外流，您是怎么看的？

俞立中：从我们目前的情况来看，并没有出现这种情况。我想大概有两个主要原因：第一，受金融危机的影响，现在外国就业压力很大，失业率高，往回流的还要多一些。例如英国的大学因经济状况很紧张都在收缩编制。这点是外因，而更重要的内因在于，随着中国综合国力的提升，我们对西方的看法正在悄然发生变化。改革开放之初，我们看西方是仰视，认为国外什么都是好的；现在我们更多的是平视，更理性地看待西方社会。大学生有批判意识，他们有自己的分析和判断。比如，我们出国访学回来的学生在做总结时，不是简单地认为国外教育样样都好，我们一无是处。很多同学会比较客观地分析西方国家有什么优势值得我们学习，同时也指出不足；我们国家有什么优势以及有待改进的地方。

绝大多数老师和学生都很珍惜国外交流和访学的机会，他们的努力对教育国际化起到了很好的推动作用。他们的学习交流过程也是在传播中国文化，让世界全面了解中国青年。这是教育国际化发展的主流，也是教育国际化最振奋人心的地方。

在全球化的背景下，高等教育一定要打破文化隔阂。中国高等教育发展的整体水平在国际上还算不上是先进的，更称不上世界一流。这是一个基本判断，必须正视。上海纽约大学是中外合作办学、建设一流大学的一项探索，是建立在共赢的基础上。合作办学肯定是一个磨合的过程，要形成一种良性的互动，加深彼此的理解。

《大学》：上海纽约大学是目前中国唯一一所中美联合办学的高等学校，也是唯一一所取得法人资格的办学实体。请问是谁先提出合作意愿的？在达成合作的过程中，有没有遇到什么困难？

俞立中：准确地讲，现在还在筹建阶段。上海纽约大学是中外合作办学、建设一流大学的一项探索，是建立在共赢的基础上。华东师范大学和纽约大学合作筹办上海纽约大学，应该说是天时、地利、人和。《国家中长期教育改革和发展规划纲要》的发布，提出了高等教育国际合作的目标，可谓恰逢其时。教育部、上海市政府、浦东新区政府都高度重视，支持这项尝试，鼓励我们积极探索中外合作办学的新模式。纽约大学发展全球网络大学的理念和华东师大推进国际化的战略，促成了我们达成共识。有了这些基础，就可以突破一些大家原本以为很难做到的事情。

从根本上讲，我们之所以能走到一起，是基于对全球化背景下大学发展的共同认识。大学的首要责任是人才培养，而人才培养的目标和方法必须与时俱进，适应时代的特征。应对全球化挑战，高等教育要打破文化隔阂。实现跨文化背景下的学生培养、教师发展，以增进他们对这个世界的完整认识，学会理解、沟通、竞争和合作。

当然，在具体运作过程中，我们还是遇到了一些因制度差异而造成的操作难题。纽约大学校长要面对董事会和教授群体，如果这项合作不能得到董事会的同意，得不到教授们的认可,校长的想法也是很难实现的。华东师范大学要遵照教育部中外合作办学条例的要求,也要得到上海市和浦东新区政府的认可和支持。两国文化和政治体制有差异,在协商具体问题时肯定会产生不同意见。双方在协商中开诚布公,充分沟通,坦诚交流想法和问题,增强彼此的了解和信任,共同面对可能出现的难题。

《大学》:在合作的过程中,如果都是按照别人的标准来建构行动准则,我们会不会被"文化殖民"?

俞立中:我们的协商是基于充分理解对方的意见和感受,并不是只考虑一方的意愿。合作办学肯定是一个磨合的过程,要形成一种良性的互动,加深彼此的理解。

实事求是地讲,中国高等教育发展的整体水平在国际上还算不上是先进的,更称不上世界一流。这是一个基本判断,必须正视。我们既不能自视过高,也不能过度贬低自己;既要理性地看待自己的发展,也要清醒地认识国际趋势。在对我国高等教育现状有基本认识的基础上,多听听人家的意见,多看看人家的做法,多思考一下,我想这种态度是很重要的。在理性批判的前提下,思考和分析世界一流大学的发展思路是合作办学的重要内涵。

去年,30名出国访学回来的师范生做了一个总结汇报,我特别注意听听他们出国学习的感受是什么。听了他们的汇报,我更有信心了。比如他们去观察小学和幼儿园的教育,小孩在地上乱爬,老师也不管。对于这种教育现象他们展开了激烈的讨论,西方教育强调自由,但是自由式教育是不是放任式教育,是不是怎样都行的教育?中国的教育观念正好与之背道而驰,中国自古就有"子不教,父之过。教不严,师之惰"的古训,可见中国的教育是主张约束的,但约束到什么程度合适?过于约束会不会影响学生的创造力?围绕着教育理念、教育方式的大讨论,使同学们更全面地认识和把握教育规律和教育方式。可见,通过比较和反思,促使同学们更深入的思考,分析不同教育模式的优劣。我认为,所谓"文化殖民"之说杞人忧天了。

# 华师大校长讲述"校庆不设主席台"背后[①]

母校是什么？根叔(李培根)说："就是那个你一天骂他八遍却不许别人骂的地方。"俞立中说："你可以骂校长，但母校是无辜的，是我们这些子女在打扮她，母校是我们大家的，怎么可以骂属于我们大家的母校呢？"

此时此刻，华东师范大学老校长、著名教育家孟宪承先生的铜像"站"在华东师大闵行校区人文学院旁的草坪上，有身后那一片浓密的香樟树衬托，略显清冷，却有一种庄严、静谧⋯⋯

这是刚过完甲子生日的华东师大校园，深秋的阳光打在或步履匆匆或闲庭漫步的学子身上。

"我没想到社会有如此强烈的反响，我只想说，学生真好，老师真好，校友真好⋯⋯"华东师范大学校长俞立中明显很感动，只能用最简单的"好"字来表达自己的心情。

10月17日，华东师大校庆的第二天，诸多媒体的报道都注意到一个细节：校庆不设主席台⋯⋯于是乎，好评如潮。

可在俞立中看来，这是外界看到校庆外显的一面，"60周年校庆是学校的大日子，一开始就有这样一个理念，要办一个有内涵的校庆，大学就应该用自己的'清新'去影响社会。"

日前，早报记者专访俞立中，听他详解这个不一样的校庆。

## 小举动反映大学本质

**《东方早报》**：还是从"不设主席台"开始吧，微博上也在热议，16日校庆晚会当

---

① 原载《东方早报》2011年10月20日，记者卢雁。

日,华东师大著名学者许纪霖教授在自己的微博写道:"大学就应该有自己的文化和尊严,而不是官文化和官气。"这是学校刻意想到的吗?

俞立中:我真的没想到媒体后来关注到这个。这次来参加学校庆典的有很多来自中央和上海的领导、明星,但都是以校友身份出席的。今年"五一"颁奖,我们这些校领导坐在主席台上,获奖者站在台下……我们感觉很不好,大学的舞台应该留给学术和优秀的师生,而不应该去强化行政。我们领导班子商定,以后尽量不设主席台。这次校庆是我们的一次实践,也是我们一些理念的兑现。

《东方早报》:有一个校友后来在给本报的一篇时评中说:"这是这所学校本来的常态:有大师的日子,谁能坐到主席台上去?"真没想到一个小动作的改变却有如此蝴蝶效应。

俞立中:形式变化的背后恰恰反映一所大学的本质,大学应该追求什么?淡化官本位、淡化行政色彩,强调学生和教师的主体地位,感觉就完全不一样了。

## 一线校友是师大财富

《东方早报》:你似乎并不觉得"不设主席台"是你们这次校庆的主要亮点,那你希望外界看到什么呢?

俞立中:对学校来讲,60周年校庆是一件大事,但归根结底是要有内涵,而非简单的表面上的热闹。我们需要思考的是通过校庆达到什么目的,且绝非一个功利的目的。为此,我们反复听取全校师生意见后达成共识:希望能够在校庆过程中更加凸显大学的学术价值和社会价值,通过校庆来总结和反思60年的办学经验,希望坚守大学该有的"清新"以影响社会。

《东方早报》:确定理念之后,得通过一件件事具体去做,你觉得这次校庆最让你高兴的是什么?

俞立中:我们设计了3个"60"的活动,包括为社会做60件实事,采访60位校友,其中特别要提的是,我们请了60位在全国基础教育一线工作的校友回到母校。之前,我们让所有学生推荐影响他们人生的从华东师大毕业的教师,由学校邀请他们回校,他们也许没有显赫的成就,也没特别的头衔和光环,但学生认可他们。校庆期间,这 60 位一线教师组织了 17 场报告会,以自己的亲身经历给将为人师表的学生讲述这个平凡岗位上的不平凡。我们想要传达学校的一种价值观:无论你是明星还是普通教师,只要你为社会作出贡献,就应该向你表示敬意。

《东方早报》:这个创意不错。

俞立中:这里我要感谢清华的一位学生,是他给了我灵感。今年我去参加清华百年庆典时,接待我的志愿者来自云南。他当时对我说,"我主动要求来当你的志愿者,因为我的老师是华东师大毕业的,我想看看他母校的校长,也想为他的母校做点事情。"我问为什么? 他说:"我的老师对我的人生影响太大了,我很感激他。"我回来后就说,基础教育一线的校友也是华东师大的财富,我们要请基础教育一线的校友回来,这是对他们服务基础教育贡献的认同。那位云南的老师最后也来了。

《东方早报》:听说 15 日当晚的校庆晚会被网友们称为"春晚提前来了",有刘翔、董卿这样的明星校友,也有校领导向老教师献花……场面热烈、感人,那晚你最感动的是什么?

俞立中:学校为了让更多的师生能够参与这个庆典,第一次组织这种万人晚会,而且很多校友都在百忙中回来,但最感动我的还是我们的学生,我们会场已经摆了 11 000 把椅子,但还是有很多学生在当晚站了几个小时,我原先最担心秩序,可整个晚上秩序井然,而且晚会结束后完全没有一地狼藉的景象,这就很好地体现了师大人的素质和一所大学的精神。

《东方早报》:最近在微博上搜索关于你的消息,其中好多是同学们在炫耀自己穿着学位服跟校长的合影……

俞立中:我们考虑到有不少校友当年没拍过穿学位服的照片,就想到在校庆时增加一个补拍穿学位服照片的项目,这是人生中的重要时刻,也是一种对自己责任的认同。那天的校园里,白发苍苍的校友们互相帮衬着穿学位服拍照的景象比比皆是,是一道独特的风景。

## 学术为魂，师生为本

**《东方早报》**：感觉这次校庆来的领导和校长都不多？

**俞立中**：我们只是想尽量把校庆的重点放在内涵上，而不是去追求很多领导，包括兄弟院校的领导，尽可能不去惊动他们。我们从一开始就明确要做成一次有内涵的校庆，我们追求的是让更多的师生能够参与进来，而不是刻意地去邀请兄弟院校的领导来参加，而且10月份他们都会比较忙，我们不要因为自己的校庆去劳烦大家，只希望他们在精神上与我们共享庆祝的喜悦。

**《东方早报》**：这样做是想低调一些吗？

**俞立中**：高校之间的沟通交流是很必要的，我们也很希望能够和兄弟院校有沟通交往，但校庆期间人来人往，没有充裕的时间让大家坐下来谈学校发展与合作。这次只来了三所大学，但是他们的到来也不是为了校庆，而是带着工作来的，不过知道我们校庆，他们还是带来了特殊的礼物，都是和大学的人才培养和合作交流有关，比如维多利亚大学这次给我们的交流生送来了奖学金，给交流的教师免去很多费用。

**《东方早报》**：您在校庆报告中多次强调大学的本质是学术组织，且要永葆理想，怎么去理解这句话呢？

**俞立中**：得透过一件件事去呈现一所大学的价值观。这次校庆期间，抓斗大王包起帆正式加盟我校，与小木匠出身的郑伟安同为院长，成立了国际航运物流研究院。这次合作是郑伟安提议的，他对我说："改革开放之初，当时我还是一个普通的小木匠，由于我的数学特长，刘佛年校长破格录取我为华东师大的研究生。30多年后的今天，华东师大应该让包起帆这样有影响力的、工人出身且自学成才的人才加盟进来，推进产学研结合，为上海国际航运中心建设作贡献。"于是，我们就把它作为校庆期间的一个活动。

**《东方早报》**：总之，这次校庆给外界一种不一样的感觉。

**俞立中**：60周年校庆的理念很明晰：学术为魂，师生校友为本，体现大学的社会价值。在我那么多年与世界一流大学接触中,我深深地感受到学术追求是一所大学的价值取向,它在大学文化中占据突出地位。大学的社会价值不仅体现在产学研结合,为社会经济发展服务,也需要用大学的清纯和文化去影响社会风气,不庸俗,不跟风……用清新的面孔去引领文化的进步。大学的校长要学会与政府、企业沟通,但是大学有自己的原则和尊严。一所大学必须充满历史感,这不是为了宣扬我们有多辉煌,而是要表达一种理念:问渠那得清如许,为有源头活水来。大学在任何情况下都不应该缺少思考的精神、反思的勇气。

# 上海师资力量需全市师范院校共建①

　　国内目前封闭、单一的教师教育体系已被多元开放的竞争格局所取代,师范院校不能再垄断中小学教师的培养、培训市场。面对格局的调整、资源的重组,上海师范大学于本周五召开"教师教育工作会议",聚焦提高师范生的培养质量。

　　得悉上海师大正酝酿教师教育改革与发展,教育部直属的师范院校华东师范大学校长俞立中也欣然加入了这个话题的讨论。同时,记者还请来上海中学校长唐盛昌,与俞立中和上海师大校长张民选畅谈当下教师教育的状况。

　　**《东方早报》**:以前似乎一直是说师范教育,如今讲教师教育,提法上有差异,两者有何区别?

　　**俞立中**:传统上讲师范教育,主要是指面向培养未来教师的教育,针对的是职前教育。但西方发达国家在 20 世纪 60 年代就提出了教师教育(teacher education)这个概念,涵盖了职前和职后的教育,倡导"教师终身发展"的理念。

　　**《东方早报》**:当下中国教师教育的主要矛盾在哪里?

　　**俞立中**:有数量和质量上的矛盾,但质量是主要矛盾。数量的矛盾主要体现在结构上,比如农村、边远地区的本科学历教师依然十分匮乏。

　　**《东方早报》**:如今有很多综合性大学的学生也愿意去做教师,有意思的是,师范院校也正在往综合性大学发展……

　　**俞立中**:我对这个趋势是乐观其成。师范大学往综合性方向发展,是有利于教师培养的。一个多学科的学术文化环境更有利于师范生的全面成长。高水平师范大学往研究型发展,也有利于创新型教师的培养,师范生能在本科阶段就参与课题

---

①　原载《东方早报》2011 年 11 月 27 日,记者卢雁。

研究,提升研究能力,更适合中学课改的发展趋势。不要认为教师培养就是低水平的。在欧美发达国家,要成为教师就必须经历本科阶段的通识教育,以及研究生阶段的教师专业训练,对教师的要求非常高。

《东方早报》:近年来感觉国家对教师教育非常重视?

俞立中:国家选择六所全国重点师范大学作为首批改革试点学校,推行免费师范生教育政策,就是希望有更多优秀的学生从事教师职业,显示了对教师教育的高度重视,表达了尊师重教的理念。今年7月,首届免费师范生毕业了,走向基础教育岗位。这批毕业生在基础教育一线的表现,也是对我们这几年来推进教师教育改革的检验。

《东方早报》:免费师范生政策对华东师大最直接的助益是什么?

俞立中:这个政策有利于提高师范专业的生源质量,鼓励真正有志从教的优秀学子报考师范专业,通过重点培养成为未来的优秀教师和教育家。华东师大在选拔乐教、适教的高中毕业生,并把他们培养成乐教、适教、善教的未来优秀教师方面花了很大的工夫。我们已经在上海及周边地区采取了免费师范生自主招生政策,通过自主测试和面试来考查学生从事教师职业的理想信念,判断考生在心理素质、表达能力、人格素养等方面是否适合教师这个特殊的职业。当然学生在中学的学习能力和学习成绩,以及中学校长和老师的推荐也是重要的参考要素。一大批有志的优秀高中生报考华东师大,对提高生源质量确实起到了重要影响。

《东方早报》:同城两所师范大学可以有怎样的合作?

俞立中:教师的终身发展是未来上海基础教育的关键问题之一。上海有得天独厚的优势,同城有两所师范大学,在教师教育方面可以优势互补、大有作为。上海的教师发展应该在市教委的领导下有更系统的考虑、更长远的规划。我觉得两所师范大学和区县教师进修学院以及在教师实践能力培养方面有经验的中小学、幼儿园可以联手建立一个"上海教师发展联盟",打破学校之间的界限,在明确定位的基础上互补有无、联手分工,实现信息、资源和师资等方面的互通共享,发挥更大的集聚效益。

# 愿听中学意见并尝试相关调整[①]

　　自主招生从单校招生到"结盟",考期"撞车"变身"生源大战",被拖到"应试"路上后,相应地也增加了中学、学生和老师的负担;高校在给中学校长充分举荐英才的空间上尚且有限……连日来,本报围绕自主招生发展现状进行的连续报道引起各界关注。华东师范大学校长俞立中在接受记者采访时明确表态说,华东师大应该充分体现教育学科的优势,愿意在这个问题上作出表率,积极思考和探索有利于推动基础教育改革的自主招生模式。

　　在上月召开的"上海两会"上,同时作为市人大代表的俞立中在一次分组会场上听到一名中学副校长激昂陈述高校自主招生过程中的诸多"罪状",感触良多。据了解,由于推荐学生、组织学生参考等工作都是通过高中开展,让不少学校在管理上负担加重,学生离校参加考试,教学秩序也受到影响。现场一位家长身份的市人大代表也认为,还是高考"最公平"。俞立中当即意识到,一方面大家都对高校自主招生有着很多"误解",另一方面则说明大学自主招生在发展中确实出现了一些值得警惕的问题,因此,确实有必要把中学和大学请到一起,共同研究。

　　虽然"上海两会"后紧接着就是寒假、春节,但在陆靖副校长召集的招生工作讨论会上,俞立中已经将这一想法与大家交底,有关专家进行了认真的讨论,希望更好地确立华东师大自主招生理念。俞立中坦率地说:"自主招生是对现行高考制度的一种补充,要有利于中学从'应试教育'向'素质教育'的转变。如何改革,应该倾听各方面的声音。比如,中学觉得怎样一种人才选拔方式可以真正促进中学教育改革,这样的声音很重要。我们的改革是否正确,也希望得到中学的认同,这是一个互动的改革过程,目的是引导素质教育的健康发展。如果大学关起门来考虑自主招生改革,而中学只是被动地跟着转,没有形成思想上的共识,结果很可能变成另一种

①　原载《青年报》2012 年 2 月 14 日,记者刘昕璐。

'应试'。因此,我们欢迎中学校长畅所欲言。"

俞立中强调,华东师大有从事基础教育研究与改革的专家,也有高等教育、教育学原理、教育管理、教育评价方面的专家,应该充分发挥教育学科的整体优势,愿在这方面作出表率。我们要把中学校长请进来,共同商讨改革方向,并推出一些可行的调整措施,以使我们的自主招生既有利于高校招收到适合其培养目标的学生,又有利于中学的教学改革,摆脱应试教育的模式。

# 俞立中：将招收一批世界最优秀学生①

《东方早报》：上海纽约大学是一所怎样的大学？

俞立中：可以说，上海纽约大学是 1949 年后第一所中美合作的高等教育学校，是中国国际化合作办学的试验田。这样一所学校我们对它的期待是什么？它肯定是一所国际化的一流大学，同时它还有一个非常重要的个性——是全球网络大学的一个组成部分。

《东方早报》：人才培养的目标是什么？

俞立中：在快速全球化的文化背景下，未来的年轻一代必须有国际理念和全球化的视野，能够理解不同文化，并且能与不同文化背景的人沟通、合作，而现在非常欠缺这方面的培养，我觉得这里不仅仅是一个语言的问题。

《东方早报》：那学校会如何培养学生？

俞立中：我们选择的是博雅教育，也叫通识教育。通过我们的教育，学生能够有对不同文化的世界文明的理解，打下人文基础，同时能够有很好的批判精神和人文精神，又有一些最基本的能力培养，比如阅读能力、写作能力还有分析能力，在人文、科学、技术之间能够融会贯通，有一个更加宽泛的知识面和视野。当然，这些都是为他们的将来打下基础。

《东方早报》：那你认为学生为什么要选择上海纽约大学呢？

俞立中：学生选择上海纽约大学，实际上是选择了一条人生道路，希望成为一个国际化的人才，将来能够在不同的文化背景下合作交流，甚至能够起一个领导作用。这是我们国家对人才的需求，也是这个世界对未来新一代所提的要求，我觉得这是

---

① 原载《东方早报》2012 年 4 月 6 日，记者卢雁。

一个非常重要的高等教育理念和模式。

《东方早报》：上海纽约大学要招什么样的学生？

俞立中：上海纽约大学的招生是面向全球的，有 51% 的名额是在中国内地招生，其余在海外招生。海外的学生是按照美国纽约大学的招生标准和方法，由他们负责，最后授予学生上海纽约大学学位。

在中国内地招生，我们会通过各种综合评价，高考成绩是一个要素，还有中学期间的情况以及外语水平，以及其他各种素养的表现，把这些综合因素放在一起确定谁能够被录取。但是有一点是很明确的，上海纽约大学要招收的肯定是世界上最优秀的一批学生，纽约大学的校长就说："能够被纽约大学录取，就能够被其他任何一流大学录取。"当然，我依然想强调，绝不是简单地按照中国考分高低来决定，高考成绩只是其中一个评价指标。

《东方早报》：究竟什么样的学生能够到上海纽约大学来学习？

俞立中：他必须对自己人生的发展已经有了一个清醒的认识，对未来的发展有一个目标，明确自己想要成为什么样的人。当然，他的知识结构、素养和能力等各方面都得接受考评。

《东方早报》：中国内地和海外两地分别招生，准入标准上有差异吗？

俞立中：评价标准没什么不同，应该是一样的。

《东方早报》：在上海纽约大学学习的这 4 年会给予学生什么？

俞立中：我们首先强调的就是学生在不同文化背景和环境下一起学习，在大学 4 年里，可能会有 5 个学期在上海，3 个学期在纽约、伦敦、巴黎……课程体系是兼容贯通的，但是学生可以在不同的文化环境下学习和体验，对他的视野和能力的拓展很重要。

# "新"校长俞立中[①]

"领导一所全新模式的大学,并且要将其建设成为一流的大学,对我来说不只是一项职业性的工作,而是一项全新的事业、全新的挑战。"

国内第一所获得教育部批准、具有独立法人资格的中美合作举办的大学——上海纽约大学已于2011年3月28日奠基,并一直处于紧张的筹备之中。今年4月5日,筹建方宣布由现任华东师范大学校长俞立中担任上海纽约大学首任校长。这位在教育界摸爬滚打30年的"老"校长再一次开始了一段新的征程——重新学习做一名"新"校长。

俞立中说,"不同而和"是大学精神的应有之义,也是我们对这个世界的理解和愿望。上海纽约大学将是多语言、多种族、多元文化汇聚的国际化大学,需要我们相互尊重、相互理解、相互学习。他将致力于把上海纽约大学建设成一流的综合性研究型大学,努力成为中国高等教育国际合作示范改革的试验田。

## 上"人人"、发微博,校长很亲民

很长一段时间以来,华东师大的学生们都知道这样一回事:"想与校长对话?那就上人人网吧。"最近他们发现俞校长又有了新"动向",他在微博上也活跃起来,于是大家在网上"奔走"相告——想与校长亲密接触?上微博吧。

为更好地与"80后""90后"学生交流,俞立中在人人网上开设实名制社交圈,虽然好友已经达到2 000人的极限,但依然还有源源不断的学生想要加他为好友。开始时大家质疑这个说话很"潮"的人究竟是不是校长。俞立中特意在新生见面会上声明,人人网上有他的个人主页,有什么问题可以通过此方式进行交流,彻底打消了

---

① 原载《中国教育报》2012年4月27日,记者董少校、沈祖芸。

学生们的疑虑。

早在 2010 年 5 月，微博兴起不久，俞立中就开设了微博，为世博会志愿者"小白菜"们加油助威。此后有一段时间的沉寂，直到今年 4 月重新活跃起来，并通过了身份认证，粉丝数猛增到 4 万多，与师生网友的互动也更加密切。

"有同学反映，中北校区后门至同普路宿舍途中发生跟踪骚扰的情况。学校已经和警方联系，会采取加强巡逻等措施。还请同学们提高警惕，尽可能结伴而行。"4 月 23 日晚，俞立中发出这样一条微博。他的温馨提示很快就有上百条转发，大家纷纷赞赏校长的亲民举动。

和俞立中在一起，会强烈地感觉到他有一种浓重的乡土情怀，说话、做事都非常淳朴，发乎本真。他早年的基层经历为他一生的学习工作打下了深刻的烙印。

俞立中是共和国的同龄人，1969 年 7 月，他随着"知识青年上山下乡"的洪流来到黑龙江省黑河地区的长水河农场，开始了"战天斗地"的生活。无论盛夏寒冬，天天下地干农活儿、上山伐木采石。知青们对未来一片茫然，但俞立中内心深处有个强烈的信念：要学习，争取上大学。这成了他挥之不去的梦。

1977 年，中国恢复高考制度。为了抓住这个机会，俞立中在短短几个月时间里自学了高二、高三的各门课程。夜深人静时，他就在蚊帐里打着手电筒翻看书本。经常是打着亮一会儿，赶紧把知识点和习题记在心上，然后关掉手电，躺在炕上反复琢磨、回忆，在心里默默解题。早晨出工前，他把重要的数学、物理公式写在手上，歇息时打开掌心看看，加深记忆。1978 年，俞立中以黑河地区初考第一名的成绩取得了当年高考的资格，并在高考后如愿进入华东师范大学。

俞立中的研究领域主要包括环境过程、环境演变和可持续发展。他创建了国内第一个环境磁学实验室，主持参加了 7 项国家自然科学基金项目，他的研究成果获上海市科学技术进步奖、教育部提名国家科学技术奖自然科学奖等。

由于吃过苦、能吃苦，俞立中的为人处事带着一种扎根大地的品格。在那片黑土地上的经历成就了他冷静坚韧、乐观豁达与从容大度的性格，让他无惧挑战、勇于创新，甚至可以毫不气馁地说"吃苦也是一种本钱"。

前不久，俞立中在微博上发布了一张图片，是他身穿短裤、怀抱潮滩沉积物样品走在泥地上的情景，图片说明是"科研工作，也会是苦力活"，表现出一种自嘲和乐观的情调，引起网友会心的微笑和共鸣。

## 国际化是反思自己的过程

自华东师范大学地理系毕业后,俞立中留校任教多年,2003—2006 年出任上海师范大学校长,此后一直任华东师范大学校长,他熟悉那里的一草一木。俞立中任校长期间,华东师大进入了"985 工程"高校的行列。

"什么是好的大学? 我觉得我们应该从国际高等教育发展的视角来看。"在说到"国际视角"的时候,俞立中眼睛里满是坚定和欣慰。在他看来,"国际化"更多的是一个过程,"是一个把我们的眼界打开的过程,是反思自己的过程"。在办学中,他牢牢抓住国际化这个法宝,带领华东师范大学进入发展的新境地。

俞立中说,"把中国的大学教育坦然地放到国际高等教育平台上去考量和审视,不仅会更多地吸引国际学界和社会公众的关注,而且也有助于借鉴和体验世界一流大学的经验,认真反思自己的发展理念和办学实践。"

短短几年里,华东师大 2 000 名专任教师中已派出 300 多名青年教师去国外研修,从海外引进了 200 多位教授、副教授。

让俞立中引以为傲的是,近 5 年来全校上下在国际化这个理念上高度一致,没有任何其他事情像推进学校国际化一样达成如此共识。"眼界决定境界,没有宽广的国际视野,就没有高水平之说。"俞立中坚定地说。学校近期的目标是让四分之一的本科生都有海外游学经历。

作为实施国际化办学的一个项目,华东师大早已与美国纽约大学展开合作,在华东师大校园里成立纽约大学上海中心,有了促进教师、学生和课程发展的教学点。协商筹建上海纽约大学,成了双方进一步深化合作的新开端。即将担任上海纽大首任校长的俞立中站到了全新的起点上,他的国际化学术背景和推进国际化办学的经验,都成了他开始新岗位的基础和储备。

## 在新起点上开辟一条新路

"国家之所以大力推进中外合作办学,就是为了吸收借鉴世界一流大学的教学科研经验,希望在师资队伍引进、学生培养和科研等方面更充分发挥美方的优势和力量。"对于上海纽约大学的创新意义,俞立中这样说。

未来学生所要面临的更多是来自国际的竞争,特别强调不同文化背景下人和人的相互沟通,共同发展。俞立中告诉记者,上海纽约大学将把国际化作为学科发展的基本战略,在人才培养的质量和模式、专业课程建设、教学方法等方面走出一条新路。

比如在课程体系建设方面,以纽约大学为主设计全新的课程体系,核心课程板块将由语言、写作、社会与文化基础、数学和科学五个方面组成。上海纽约大学将实行全面的文理通识(博雅)教育,所有的学生都需要完成核心课程的学习。

上海纽约大学的学生在就读期间可以有 1—3 个学期的时间到纽约大学全球系统中的其他门户校园和海外学习中心进行学习,如纽约、阿布扎比、伦敦、巴黎等十几个城市。

在招生方面,上海纽约大学在遵循高考制度的基础上借鉴纽约大学的经验,拟订以综合考核学生能力为特点的招生方案,即结合学生高考成绩、高中学业水平考试和综合素质评价情况,进行三位一体的综合评价选拔。上海纽约大学将于明年起招收第一届本科生 300 人,其中在中国大陆招生 51%,通过纽约大学招收 49% 的国际学生。

在师资方面,上海纽约大学着眼建设一流大学,确定以与纽约大学相同或更高的标准面向全球招聘教授。目前已有上百位教授表达了到上海纽约大学任教的意愿,其中包括诺贝尔奖获得者在内的国际一流学者。目前,纽约大学和华东师大已确定在若干领域建立联合科研平台,以筑巢引凤,吸引更多高水平人才加盟。

俞立中满怀热情地说:"我们把建设上海纽约大学当作一项事业。为了探索全球化背景下人才培养的改革路径,我们要一门心思想着把最优秀的学生吸引到上海纽约大学来。这条路任重道远,我有信心好好走下去。"

## 学生的位置是他心中最根本的问题

俞立中与新中国同龄,作为"68 届"高中毕业生,他曾在"上山下乡"的洪流中来到黑龙江长水河农场务农。他说,理想是一个高度,使你永远站在一个制高点上看待事情;胸怀是一种宽度,让你坦荡地面对各种是非与困难;激情是一种速度,可以永远推动你向前，去争取、去拼搏。

也许是黑土地的经历成就了他冷静坚韧、乐观豁达、从容大度的性格；也许和他研究的环境过程、环境演变和可持续发展等领域有关，他对环境、生态对人类发展的影响特别敏感。执掌大学帅印之后，俞立中始终坚信有一点：一所不断孕育"思想"、孵化"人才"的大学，一定是"空气养人，环境育人"，因此学生是这块土壤中的"活力源"。俞立中认为，大学校长可以有不同风格，但"把学生放在什么位置"却是共通的最根本的问题。"失去了学生意识，也就失去了灵魂"。因此，担任上海师范大学校长期间，他设立了"学生校长助理"岗位；他陪着每一位获得各种奖项的"师大之星"走红地毯，面对种种异议坚持在开学典礼和毕业典礼上说站在学生立场的话；在担任华东师大校长期间，他善于倾听，主动征询学生对学校发展规划的意见……所有这些都让俞立中成为学生心目中"最有魅力的校长"。

如今，俞立中又将开始他人生中又一段充满理想和激情的旅程，我相信并祝福他："心中有学生，旅程一定幸福而精彩。"

# 一位大学校长的微博经①

　　刚刚过去的毕业季,成了大学生们的秀场。他们把青春荷尔蒙统统挥洒在了如何令自己的毕业照更弹眼落睛这件事儿上。大江南北的高校里,有的拍婚纱照,有的拍红色娘子军的集体照,有的拍清宫穿越照……或赞或弹,引来网友无数惊叹。

　　而在华东师范大学,刚刚卸任校长的俞立中早早就在自己的微博上贴出了和同学们单独拍毕业照的预告,"对同学们来说,我在照片里的意义其实和校园里的一草一木是一样的,只不过植物是无机的,我是有机的而已。将来他们回想起来,会记得有个人微笑着和自己拍了毕业照,他们会觉得母校很慈祥!"在红色小楼的办公室里,俞立中笑着告诉《IT时报》记者。而以这样拍毕业照的方式告别大学生活,在上海的高校里仅此一家。

## 关于"人肉背景板":拍了四天还没拍完,脸都笑僵了

　　如果你是10年前的大学毕业生,翻出的毕业照上总是乌泱泱一堆人,广角镜头扫过的画面,校长的人头小得几乎看不见。10年后再拍毕业照,华师大的毕业生们已经和校长"一对一"合影了,照片中校长成了人肉背景板。

　　**《IT时报》**:怎么会想到让学生单独和您合影这种方式来拍毕业照?

　　**俞立中**:其实这个计划我们已经想了好几年了,但时机一直不成熟。今年,也有很多同学在我的微博上反映自己的想法,我觉得可以做。学校花钱做了3 000多套学士服,都是设计学院的学生自己设计的,很有品位。在西方,年轻人的毕业典礼是一件非常隆重的事情,学校会邀请全家人一起参加,校长会一一合影留念,这是大学

① 原载《IT时报》2012年7月9日,记者沈艳燕。

文化内涵的一种体现。这次拍照我整整排了四天时间,提前一周就在微博上发通知,因为同学们都很关注我的微博,我把详细的时间安排都发上去了。

《IT时报》:当背景板累不累?

俞立中:站得很累,但心里很高兴。一点都不夸张,连续四天,除了毕业典礼,我都是从早笑到晚,晚上回到家里,太太说我的脸都笑僵啦!同学们太热情了,到后来都前拥后挤,维持秩序的老师也急了。我说没事,千万别把好事办成了坏事。但即使这样,也还有一些同学的愿望没能满足,很遗憾。

《IT时报》:别的大学校长都没有这样做,您不怕别人说您爱出风头吗?

俞立中:这的确是个很现实的问题。如果我刚到一个大学任校长,比如说复旦、交大,就说要跟大家毕业合影什么的,确实会有这样的情况出现,人家想这个人怎么这么爱出风头,瞎显摆什么呀?但我在华师大已经当了6年多校长,大家对我都非常熟悉了,学生们有这个要求也是很合理的。在他们心里,校长就是学校的代名词,他们看待你不是具体的某个人,而是在和学校的风景拍照一样。校长要去个人化,我很认同。

## 关于"微博吐槽":在网上聊不下去的,就直接面谈

大学四年,谁没对食堂里的排骨太小提过意见?谁没对公共浴室的地面太滑发过牢骚?象牙塔就是个小社会,学生们的喜怒哀乐都与这座校园有关。现在,校长的微博成了他们一吐为快的好地方。

《IT时报》:您在微博上和学生们的互动很频密,您是怎么来区分哪些问题该回复,哪些不回复的?

俞立中:我最早是玩人人网的,真正写微博才两个多月,一下子有近40万个粉丝是我完全没料到的。说句实话,写微博属于"骑虎难下",既然开通还加"V"了,那就要认认真真打理。我知道同学们把我的微博当成了解决问题的一个捷径,有什么不满直接向校长投诉,他还能不解决吗?寝室的门坏了、灯不亮了,食堂哪个窗口的打菜阿姨态度恶劣,强烈要求解聘她之类的,甚至今年华师大的录取分数线、哪里能

买到辅导教材,都会发到我的微博上。对于这些问题,我能当场回答的就尽量回复,需要核实的就去向学校教务处、后勤处问询清楚,至于一些我确实不了解的情况我也会及时说明。但是我奉劝学生们不要把我的微博当成问讯处,作为成年人,一些最基本的判断能力、逻辑思维能力、处理问题的能力都应该具备,有时候有些问题我明明知道,但我也故意不回答,让他们自己去了解、去解决。

《IT 时报》:微博上的网友们大多是通情达理的,还是也有难缠的?

俞立中:我始终有一个原则,就是在网络上聊不下去的,就直接面谈。接受过这种"待遇"的学生还不少。有一次,有个中文系的同学在网上骂四六级考试制度,他连考两次都没通过,说自己根本就不需要这张证书,但为什么学校要规定不通过就不发毕业证?几个回合下来,他始终听不进劝,我就约他在学校附近的咖啡馆见面。那次我们聊了两个多小时,我告诉他应该把这种规定看成是一种激励,让自己跨过这道关,相信会对人生有新的认识,以后再大的困难都不害怕了。后来这位学生果然通过了测试,他很感谢我和他的那次谈话。这件事更加坚定了我的想法,那就是沟通是最最重要的,学生们都是很善良的,很多误会都是信息不对称造成的。

## 关于"网络很危险":写微博一定要心甘情愿

网络很好玩,也很危险,一不留神就会摔得鼻青脸肿。但这里也是"以正视听"的最快通道,最难能可贵的还是透明透明再透明。

《IT 时报》:怎么看待微博带给您的正面和负面的东西?

俞立中:微博是好东西,但也是很危险的。任何舆论包括学生的情绪,都是需要引导的。我举一个最简单的例子,有个学生偶然在学校食堂的后门拍到有人在挖阴沟,他把三张照片发到微博上,同时@我,图片说明是"看啊,我们食堂的地沟油就是这么出炉的!"这是个非常敏感的话题,很快转发、评论就上千条了,各种各样的声音都来了。我是早上 9 点多看到微博,事态已经有点失控了。我赶紧打电话给后勤处,弄清楚是怎么回事。原来当天阴沟堵塞,食堂工作人员在清淤,我第一时间把调查结果传到微博上,同时还附上学校关于地沟油的管理方法,是非常严格的。最后我现身说法,"只要我在学校就从来不在教工食堂吃,一直都在学生食堂,我和大家吃的是一样的伙食!"很快,这场风波就平息下来了。

《IT时报》:您每天花多少时间管理微博?它对您意味着什么?

俞立中:这真的很费时间,平常吃过晚饭,花一两个小时看微博是正常的。有时会议中间有10分钟的休息,我也见缝插针,到了周末,更是大半天都耗在上面了。太太总是笑话我,怎么又在织围脖啦?

我上微博的目的不是参与社会大讨论,也不是发表什么领袖型的意见,更不是扮演公共知识分子的角色,这里只是一个沟通交流的平台。写微博,度量要大,把自己当成垃圾筒,好的坏的统统消化掉。美国不是有种会说话的垃圾筒嘛,吃到好吃的垃圾会说"真美味!"吃到不好的也会说"谢谢你!"

我的原则是,写微博一定要是自愿去做的,发自内心地喜欢,如果是被迫无奈才开微博,那劳民伤神,大可不必。

# 别说我是"亲民校长"，我不是官，是民[①]

　　白色的墙面有些斑驳，暗红色的房门和地板已漆面剥落，在这间简朴甚至有些破旧的十余平方米办公室里，刚刚卸任的俞立中笑着告诉早报记者，这次专访是他在华东师范大学校长办公室里干的最后一单活儿。此时他旁边的书柜已空空荡荡，一侧沙发上两个无纺布袋、一个小纸箱和一个公文包已装好他所有的物品。

　　俞立中在这里工作了六年零六个月，与新中国同龄的他自2006年起担任华东师大第六任校长，此前他担任过华东师大副校长、上海师大校长。在大学领导岗位上工作了16年的他被学生誉为"最亲民校长"。由于任期和年龄的原因，从华东师大校长岗位上卸任的他则被誉为"最优秀毕业校长"。

　　这位"最优秀毕业校长"带领华东师大进入了"985工程"高校行列，在他心中，"把学生放在什么位置"是最根本的问题。担任上海师大校长期间，他设立"学生校长助理"岗位，在BBS上开通"校长在线"，陪同获得各种奖项的"师大之星"走红地毯，坚持在开学典礼和毕业典礼的讲话中为学生说话。回到华东师大，为开拓与学生沟通交流的渠道，他上"人人"、发微博，两年前就在人人网个人主页的基础上申请了公共主页，今年4月又开通微博认证，至今已有44万多个粉丝。在这些网络空间里，他与师生频繁互动，了解同学们的想法，表述自己的意见，回复网友的提问，也转发学校发展的理念、举措和公告。刚刚过去的毕业季，他提前一周在网络上公布与毕业生单独合影留念的时间和地点，在毕业典礼的4天时间里安排了6个"档期"与毕业生一一合影，还在深夜上传合影供学生下载。就在早报记者专访前的一小时，他接受了一对从江西赶回母校拍婚纱照的校友的邀请，在校园里和这对毕业5年的恋人合影留念。

　　对于这位"最优秀毕业校长"来说，现在是才"解甲归田"又得"戎装上阵"，他拟

---

① 　原载《东方早报》2012年7月19日，记者田波澜。

任即将"开张"的国内第一所获得教育部批准筹建、具有独立法人资格的中美合作大学——上海纽约大学首任校长，这位在教育界摸爬滚打30年的"老"校长又将开始他人生中一段新的征程。他说，"领导一所全新模式的大学，并且要将其建设成为一流的大学，对我来说不只是一项职业性的工作，而是一项全新的事业、全新的挑战。"

## 毕业致辞，不是学校或个人作秀

**《东方早报》**：如今大学校长毕业致辞成了大学毕业季的压轴剧目，有人说这是校长为即将步入社会的毕业生上最后一课，也有人认为现在的大学流行"拼校长"，这是校长们的集体作秀，其实质是暗拼学校声誉和理念。对此你怎么看待？

**俞立中**：2006年我回华东师大担任校长时，我们就觉得必须高度重视开学典礼和毕业典礼，这是大学文化建设的重要载体，不仅仅是一个形式。校长作为大学的人格形象，毕业典礼上的讲话不应该是说教型或程式型的，应该用学生喜欢的话语，但也不是一味迎合，而应该是一种心灵和情感的交流。交流的一方是即将离开学校、走向社会的毕业生，另一方是已有社会和人生经历的前辈师长、过来人。因为毕业典礼是大学学业的结束、职业生涯的开始，希望这种交流能引发学生对过去和未来的思考，激发学生对母校的认同和情感。这不是学校或个人的"作秀"。

说教是不会有共鸣的，只有用同学们熟悉的语言讲大家关注的问题，才会形成思想和情感上的互动。但如果仅仅为了迎合时尚潮流，刻意去用网络语言，甚至把太多的网络流行语串起来讲，也许很有趣，却无真正的意义。我们的讲话非常用心，花了很多工夫，也凝聚了不少人的心血。往往在毕业季前的一两个月，我就要和校办的老师们一起讨论讲话的思路和要点，也会听听一些学生的意见和建议。讲话稿出来后会反复修改，在不同场次也要根据对象作些调整。我当然希望有能力在毕业典礼上随性而讲，但还是缺乏这个勇气，毕竟对同学们来讲毕业典礼是唯一的，不能讲"砸"了。总而言之，就是用同学们喜欢的语言，而不是哗众取宠；表露真情、讲心里话，而不是"指指点点"。如果能打动同学们的心，激发同学们的情感，引发同学们的思考，那就起到了效果。讲大学文化建设不是一句空话，是需要通过一个个具体的载体显现的，是一个潜移默化的过程。

《东方早报》：你在今年的毕业致辞中谈到大学生应该具有"感恩心情"，说"在一个市场化的社会，人与人之间的关系通常被解读为契约关系，但人生不只是契约关系。我们所经历的各种生活共同体，不仅是利益共同体，也是价值共同体和情感共同体。"现在似乎很多人将大学教育理解为一种契约关系，一些师生之间甚至成了老板与雇员的关系，你如何看待这种功利性的文化对大学教育的影响？

俞立中：这是大学文化建设所面对的问题之一。大学应该最富有人文气息，大学教育绝对不是简单的契约关系，这里有很多误区。你提到的问题，可能是指有很多研究生将自己的导师称为老板。这里面既有戏说的味道，也有现实的因素，因为有些老师有意无意地把学生推到了一个打工的位置。其实参与科研实践是学生发展的一个重要途径，对一些应用性学科而言尤为重要。但有些导师并没有把学生参与科研项目看成是学生学习研究的过程，只是让学生去做课题，而没有很好地去帮助和指导学生，所以会让学生产生一种感觉：我是在帮老板干活。

有些人也会把上学看成是一种教育的购买。我曾看到一个学生因学习成绩不合格而不能毕业，就问学校：我付了学费，凭什么不给我毕业证书。看来很可笑，但确实在一些人的认识上有这个误区。大学教育不是买卖，而是智慧的创获、品性的陶熔，大学和社会上很多组织形态是不一样的。如果把大学教育仅仅看成是契约关系，甚至是简单的买卖关系，这样的大学文化就糟透了。

大学是价值和情感的共同体。追求真理、崇尚学术、鼓励创造、陶冶品性应该是大学这个群体，无论教师、学生还是管理人员的共同价值取向。一进入我们办公楼就能看到孟宪承校长的三句话——"智慧的创获，品性的陶熔，民族和社会的发展"，他这话是在 20 世纪 30 年代讲的，但我觉得今天更需要说这个话。所谓大学文化建设，实际上就是怎么去彰显大学本质，大学教育的价值取向在学生离校时更应该强调。

## 把大学灵魂丢了，那就真的出问题了

《东方早报》：华东师大可以追溯到光华大学、大夏大学的传统，但它同时又是新中国第一所社会主义师范大学，是 1959 年就确定的全国首批 16 所重点大学之一。这两种传统是如何融合在一起的？在你的理解中，大学精神与其学术传统、精神传统之间应该形成怎样的关系？

**俞立中：**华东师大的文化传统是多元的，大夏、光华是两个主体，圣约翰大学的理学院和教育学科也都归并到了华东师大。所以说，华东师大从建校之初就是一种多元文化的融合体，在融合的过程中又和"为人师表"的特点结合起来了。

这几年里，我们也在不断总结华东师大的文化内涵，有适合时代潮流的，也有不适合时代潮流的。华东师大的文化传统，一直坚持下来而且比较突出的一点是她的人文情怀和人文积淀，不管处于什么发展阶段，这所学校总是很实在、很稳重，沉得住气。我听到许多用人单位评价我们的学生，往往提到"有责任心""有后劲""踏实""认真"。华东师大深厚的人文底蕴，在师大人身上体现出来就是有理想，踏实而不张扬。

当然，我们的文化也有不合时宜的一面——太低调了。当今时代，大学也需要积极争取各种社会资源，如果太书生气，会错失很多机会，学校也曾因此遭遇过一些波折。我们处在一个很幸运的时代，中国社会经济的高速发展给高等教育的发展带来了很多机会；我们也是不幸的，在一个社会转型期，社会上的浮躁和急功近利难免会影响到学校。也许，为了追求一些机会，我们不得不做一些本不是大学应该做的或大家都不愿意去做的事情。但是不管怎样，心中的那盏灯要始终亮着，如果迷失了方向，把大学的灵魂丢失了，把不对的事情认为是对的，把不应该做的事情认为是应该做的，那就真的出问题了。

# 如果是为师生服务，校长助理多也无妨[①]

俞立中堪称人人网达人，也是上海第一位开通微博认证的大学校长，在这些网络空间和学生频繁互动，尤其让人印象深刻的是在毕业季还抽出很多时间和毕业生单独合影，甘当毕业照"道具"。"说实话，我上'人人'也好，开通微博也好，都是很偶然的。只有一点是很清晰的，我在大学管理中一直都在主动寻找、开拓与学生直接沟通交流的渠道。"俞立中说。

对于高校"行政化"的话题，他也有自己的见解，"中国的大学的确需要一支职业化的行政管理队伍。现代大学和社会的关系越来越密切，很多复杂的事物需要专门的人才来处理和管理。不能简单地说校长助理多了就是行政化，我认为这些议论只是反映了公众对高校行政化趋势的不满。"

## 网络有利于解决"信息不对称"问题

**《东方早报》**：是什么样的理由让你肯花费这么多时间在学生身上？

**俞立中**：在信息技术发达的今天，由于网络传播的广度和速度，产生了信息的不对称。大学是一个学术共同体，往往因为沟通不够难以形成共识，还造成了不少矛盾。我感到人人网、微博都是很多学生喜欢光顾的地方，网络上的直接沟通有利于解决"信息不对称"的问题。一方面，我们可以知道同学们的关注、要求和困惑，发现学校管理上的一些不足和问题；另一方面，学生也能直接接触和了解学校管理层，理解学校的考虑和努力。我有意将学校的一些工作理念、措施以及有关通知在人人网、微博上发布或转发，包括一些与学生直接相关的会议上的讲话。当然，也有很多个性化的交流，如考试的叮嘱、节日的问候、活动的感言、问题的解答等。去年是学

---

① 原载《东方早报》2012 年 7 月 19 日，记者田波澜。

校 60 周年大庆,围绕要不要办校庆、办怎样的校庆,同学们在我的留言板上展开了热烈的讨论。通过这样的沟通交流,不仅大家取得了共识,学校也从中得到了不少启发。

微博是两年前在世博会期间开通的,因为已经有了人人网主页,我只在微博上发过一两条消息。直到今年 4 月,有同学说起在我微博上留言都没有回应,我去看了才知道上面有好多留言了,于是开始一一回复,并加了"V",认认真真打理。短短 3 个月集聚了几十万个网友,这个传播力是很厉害的。

## 注重能力的发展而不是职业培养

**《东方早报》:**据我接触的一些学生反映,一些学生到了大学以后,因为外在的强制性学习动力衰退或消失,变成了"放羊"的懒散状态,没有自主学习能力,而另外一些大学生则觉得课程繁重,几乎没有多少自由阅读和思考的时间,他们调侃今天的大学生活成了"高四、高五"。你如何看待大学生的这些分化? 有什么经验来化解吗?

**俞立中:**首先,我认为目前中国高校在"教"和"学"两方面都存在问题,这也是大学教育需要推动改革的重要原因。中学教育的改革已经推进多年了,如研究型学习、互动式教学等,大学倒反而走得慢了。

不要指望在一所好的大学里学生会过得很轻松。去哈佛、耶鲁这样的学校看看,他们的学生都非常勤奋,也很辛苦。若真想成为一个优秀的人才,必须要更多地付出,没有什么可以投机取巧的。

大学的"教"与"学"和中学有很大的差异,大学生的自主选择和自觉学习是非常重要的环节。我们看到有不少大学生对大学的学习生活没有很好的预期,这也就是为什么我们在开学典礼上要启发学生去思考过去和未来,引导他们规划设计好自己的人生。一些学生进大学后还是习惯于听从学校和老师的安排,实际上就失去了很多机会,没有自觉学习的习惯,会走更多的弯路。

之所以出现这些问题,一是学生对大学学习需要艰苦努力缺少思想准备,二是学生缺乏规划和选择的意识和能力。大学教育应该是个性化的,学生必须对自己的选择负责。理想的大学教育应是给予学生更多的选择机会,让学生懂得选择,提升选择和学习的能力。其实人生就是一个选择的过程，是一个需要不断学习的过程。不要指望在大学里就能学会各种专业知识和技能，特别对一流大学而言，到那里不是去学一门职业手艺的。一讲到高等教育，我们往往会把各类高等教育混为一谈。尽管中国的高等教育已经进入大众化阶段，高等教育的培养目标还是不同类型的。精英教育仍是一些大学的核心，大学教育对这些学生而言更多的是能力的发展，而不是职业培养。

《东方早报》：华东师大第一任校长孟宪承提出大学的使命应该是"智慧的创获，品性的陶熔，民族和社会的发展"，可以说大学既应该传递创造知识的能力，同时也应该熏陶和养成学生高洁的人格。请问今天的大学面对消费主义和官僚化的压力，如何做到像孟宪承等前辈的教导？

俞立中：智慧的创获包含了传承和创造。品性的陶熔涉及品格和修养，用今天流行的概念来讲，也许就是"情商"的养成吧。人才培养是大学最重要的职责，这就是我们这么强调大学文化陶冶的一个重要缘由。学生在大学里的主要任务是什么？价值取向应该是什么？大学文化建设的基础就是价值取向。学校应该是一个比较清静的地方，如果学校这个阵地都守不住的话，大家都非常功利，就只知道向钱看，那我们的教育肯定是失败的。今天再把老校长的话拿出来看一看，让我们更清醒地思考大学应该办成什么样？学生应该培养成什么样？在社会大环境下，学校不受影响是不可能的，但我们心里一定要明白，大学的职责是什么，大学应该引领社会文化，而不是随波逐流。

公众对教育有很多批评，我们应该看到中国教育的问题，但我还是比较乐观的。这是社会发展的一个阶段，在经济快速发展、社会急剧转型的过程中，人们的眼界开阔了，期望值提高了，加之地区差异、贫富差距的拉大，会影响到大的教育环境，影响不同社会人群的心态，"浮躁""愤青"也许是一个阶段性特征。如果我们保持在正常轨道上运行，随着社会的发展，这些问题会逐步解决，社会也会更加有序，情绪会回归稳定。很多国家都经历过这样的阶段。

## 中国大学需要职业化的行政管理队伍

《东方早报》：社会上对高校的批评除了前面谈到的过度市场化，很多关系利益化和产业化之外,同时也对高校的行政化等有颇多批评,比如最近微博上热议北大有11位校长助理,共计27位校领导。对此你怎么看待?

**俞立中**:我不了解北大设置这些校长助理的原因和具体性质,北大已经有所解释了吧(北京大学已经回应,编者注)。我觉得,社会对高校去行政化的呼声来自不同角度。但所谓的"行政化"和有多少行政人员并没有直接的关系。其实,很多世界一流大学的行政人员与教师人数之比要远远高于中国的大学。大学的有效管理,需要有经验的行政管理人员,如纽约大学的基金会、财务管理以及学生事务管理的队伍是非常庞大的,它对大学的管理和发展有重要的支撑作用。

当今,对中国高校"行政化"的批评可能有两个重要方面:一是批评有些高校领导利用行政职权谋己利,获取或把持学术资源,把一个理应为教师和学生服务的角色变成了滥用权力、发号施令的利己角色;二是批评有些高校管理中弱化了学术管理的功能,忽视了学术管理和行政管理的互补性,以行政管理替代了学术管理,损害了大学的学术文化。当然,大学各级领导的行政级别也是社会批评的一个话题。

上次接受媒体采访时我就说过,千万不要说我是什么"亲民校长",弄得我好像是个"官"一样,其实我也是"民"啊,我从不认为大学校长是官员。另外,中国的大学的确需要一支职业化的行政管理队伍。现代大学和社会的关系越来越密切,很多复杂的事物需要专门化的人才来处理和管理。不能简单地说校长助理多了就是行政化,我认为这些议论只是反映了公众对高校行政化趋势的不满。如果校长助理都是为师生服务的,有什么不好呢? 我们在和纽约大学的合作中觉得他们有很多副校长、副教务长、校长助理,五花八门,都搞不清了。但是他们是没有行政级别的,就是一个工作岗位,很多人都是有经验的管理人才。

**《东方早报》**:今年4月,上海纽约大学筹建工作新闻发布会上宣布你将担任该校首任校长,因此可以说你是才"解甲归田"又得"戎装上阵",或许将面临更具有挑战性的高等教育实验。你自己是如何预期这一新教育模式的探索的?

**俞立中**:上海纽约大学是《国家中长期教育改革和发展规划纲要》出台以后批准的第一个国际合作办学项目,是第一所中美合作的高等教育机构,大家都寄予了很大希望,不仅是我们中国人关注,世界各国也非常关注。所以上海纽约大学走得怎么样? 我确实觉得压力很大。要在短时间里确立起它为社会所认可的高起点、高品质、高水平大学的公众形象，不是那么容易的。一所大学都是通过很多年的慢慢积累才形成这种影响力的，上海纽约大学有美国纽约大学和华东师范大学两所学校的支撑，可以走得稍微快一点。

我想更多地把它看作是中国高等教育改革的试验田，它将是一所多语言、多种族、多元文化汇聚的国际化大学，既不同于我们现在的中国高等教育的一般模式，也不同于国际上一些大学的传统模式，将会有更多的积极探索。在人才培养方面，我们将努力培养具有全球视野、多元文化理解，能与不同文化背景的人沟通、交流、合作、竞争的国际化人才，以适应快速全球化进程的需要。

# 从城市里的大学走向属于世界的大学①

上海首例"中美混血"大学——由华东师范大学和美国纽约大学"联姻"的上海纽约大学终于结束了人们长长的好奇与等待,在浦东新区陆家嘴金融核心区启动筹建。3月28日下午,在教育部、上海市、浦东新区的领导和社会各界的共同见证下,双方校长在这片热土上联手为新学校奠基。从此,坐落于中国上海陆家嘴的上海纽约大学将与美国曼哈顿华尔街上的纽约大学遥相辉映,开启一个中外合作办学的新时代。

上海纽约大学的筹建既是落实《国家中长期教育改革和发展规划纲要》中所提出的"探索高水平中外合作办学模式"的重要举措之一,也是自去年教育部与上海市共建综合教育改革试验区以来的第一项实质性工作,更是教育部近年来批准筹建的第一所中外合作办学的大学,具有重要的突破意义。在上海纽约大学奠基之际,华东师范大学校长俞立中走进"高端视点",接受本报的专访。

## 用胸怀和境界办一所高水平大学

**记者:**《国家中长期教育改革和发展规划纲要》中提出"探索高水平中外合作办学模式",作为近年来获批的第一所中外合作办学的大学,上海纽约大学的筹建是否就是一种"高水平"的探索?双方学校是如何进行顶层设计的?

**俞立中:**探索中外合作办学的一个重要目的,就是要引进优质教育资源,推动中国教育的改革和发展,并不是为了多办几所大学、多招收几千个学生,其关键词就是高质量、有特色。高等教育的开放和中外合作办学的探索只有在正确定位的前提下才能走向高水平,才会有显示度和示范意义。华东师范大学和美国纽约大学依据中

---

① 原载《中国教育报》2012年7月,记者沈祖芸、董少校。

外合作办学条例共同创办具有独立法人资格的上海纽约大学,我们希望能建成一所按现代大学制度运行的一流研究型大学,用胸怀和境界办一所高水平大学。

美国纽约大学建校已 180 周年,坐落于曼哈顿,邻近华尔街,是一座典型的都市型高等学府,国际公认的一流大学。其金融、法学、经济学、数学、城市研究、社会心理学、艺术史等专业在全美名列前茅。特别在 21 世纪,纽约大学积极推进全球网络大学(Global Network University)的探索,得到高等教育界的高度关注。

双方在推进通识教育,培养具有国际视野、通晓国际规则、能够参与国际事务、适应跨文化合作和竞争的国际化人才方面有高度共识。在充分考虑纽约大学的优势学科和上海及浦东新区经济社会发展需求的基础上,上海纽约大学将有可能首先推出金融、经济、数学、心理学等本科专业,招收国际商法等学科的研究生,并提供在职 MBA 教育。在完成校区建设并招收本科生之前,上海纽约大学会依托两个母体学校,先行启动合作研究和联合培养研究生。双方也从一开始就明确了上海纽约大学是一个非营利的学术组织,要全面实现大学人才培养、科学研究和社会服务功能。

上海纽约大学实行理事会制,由中美双方各 4 人组成。校长将由华东师大提名,执行副校长由纽约大学提名,负责学术管理。学校将采用全英语教学,引进纽约大学的培养模式和课程体系,并加入中国元素。学生在校期间可利用纽约大学在纽约、阿布扎比等地所建立的全球教学网络,进行最多三个学期的游学,毕业后可拿到上海纽约大学和美国纽约大学的双文凭。

上海与纽约同为国际化大都市,浦东陆家嘴与曼哈顿华尔街同属金融贸易区,彼此存在高度契合。上海纽约大学之所以选址于此,正是直接服务于上海建设国际金融中心以及贸易与经济中心的战略需求,尤其是对高端国际人才的战略需求。纽约大学是一座没有围墙的大学,与纽约市金融中心区域在教育和研究上的日常交往频繁。这一特点与上海纽约大学所在区位优势十分相似,上海纽约大学也将充分融合来自上海金融中心的人才资源,甚至共用其他公共资源,比如图书馆、体育馆等,师生校舍也将利用当地人才公寓。因此,这是一所与城市社区相互滋养的大学。

按规划,上海纽约大学将面向全球招聘一流师资,美国纽约大学已有不少学者表达了来沪从教意愿,大家都意识到中国尤其是上海的经济社会发展是一个极有价值的研究对象。上海纽约大学在全球范围招生,不仅会吸引国内优秀的学生,也将大大增加上海对国际学生,特别是来自亚太地区学生的吸引力,对上海成为留学目的地具有重要的意义。

　　**记者：**华东师大是教育部直属的全国首批 16 所重点大学之一，纽约大学则是美国最大的私立大学之一。早在 2006 年，华东师大就已经与美国纽约大学展开合作，成立了中心，有了促进教师、学生和课程发展的教学点。从局部合作到整体建立一所学校，这个过程是如何实现的？

　　**俞立中：**我们两所学校就像"谈恋爱、结婚"，不是传统的"门当户对"或是谁"高攀"谁的问题，而完全是志趣相同。我认为大学之间的深度合作一定是理念对接，立足共赢，要寻找到发展理念上的共同点，才可能坦诚对话、持续合作，内涵是最重要的，形式可以多样。

　　我们两校的合作，还要追溯到近 10 年之前。最早，纽约大学比较文学系教授张旭东代表纽约大学在上海选择合作高校，在被第一所洽谈合作的国内高校婉拒后，华东师范大学的教授许纪霖介绍张旭东与华东师大接洽，双方很快达成合作协议。2003 年，纽约大学派学生到华东师大交流，然后开始互访，双方合作一步步加深。在双方教授科研合作、学生互访、对外汉语教师联合培养等项目展开的基础上，2006 年起纽约大学开始在华东师范大学设立纽约大学上海中心，每年选送两批本科生来华东师大进行为期一学期的学习。华东师大为美国大学生开设中文、中国文化以及相关的专业课程；纽约大学的教师也会到上海中心为双方大学生教授部分课程。双方学分可以互认、互转。这个项目由第一批 18 名学生到如今一年 250 名学生，来上海中心学习的纽约大学学生逐年增多，截至目前已有 700 多名纽约大学学生到华东师大学习。

　　在多年的合作中，我们感受到纽约大学之所以成为近年来美国最具成长性的一所私立大学，一个重要的原因就在于它能积极应对全球化发展趋势，高度重视教育的国际化，重视学生的海外学习经历。目前，纽约大学已在世界上一些重要的城市设立了 10 多个海外教育中心，包括巴黎、伦敦、佛罗伦萨等。去年 9 月，纽约大学阿布扎比分校率先开学。在派送赴海外学习的在校生数量上，纽约大学已连续多年在全美所有高校中排名第一，接受国际学生的排名也在前 5、6 名。

　　经过一年多的协商，筹建上海纽约大学成了我们双方进一步深化合作的新开端。对华东师大而言，这也是我们借鉴国际一流大学的办学理念和实践经验，促进学校在人才培养、科学研究、社会服务、大学管理等方面改革的积极探索。

## 高等教育国际化要在世界版图中找到参照系

**记者：**请您再概括地提炼一下筹建上海纽约大学的战略意义？

**俞立中：**第一，上海纽约大学的建设是中美两个大国在高等教育领域的一项高层次的全面合作，对于中国高等教育改革发展具有突破性意义。筹办这所大学也对上海高等教育国际化具有标志性意义，是提高上海高等教育国际化水平和城市综合竞争力的一项重要举措。第二，上海纽约大学将是上海和纽约这两个国际大都市间的一项高品位合作，对提升上海特别是浦东的国际形象具有积极意义。第三，上海纽约大学会增强上海对国际学生的吸引力，这对中国成为留学目的国有很好的推动作用。第四，学校的筹建将大大增加上海特别是浦东地区对高端人才，尤其是高端金融人才的吸引力，有助于吸引更多国际一流的专家学者来华从事教学、科研和管理工作。第五，上海纽约大学将是高校管理体制机制改革和人才培养模式创新的一种尝试，其运作管理、课程设置和人才培养模式会有一定的借鉴和示范作用。第六，华东师大将通过近距离合作，体验和借鉴纽约大学教学、科研和管理经验，并逐步引进对方的课程体系，通过双聘方式更好地吸引优秀人才来校服务，通过合作研究和学生的联合培养提高科研水平和人才培养质量，从而开拓一条通过国际合作而实现自身跨越发展的道路。

**记者：**您已非常清晰地呈现了这次合作的图景，这是否就是您理解的高等教育国际化？在许多媒体的报道中都会提到这样一句话，"两校合作筹建的动因是都有同样的改革共识——国际化"，但我想同样是字面上的"国际化"，但两所学校对这三个字本身的理解、期待通过国际化所要达到的目的，以及各自的利益或共赢的诉求点都是不同的。您能否再详细地谈一下华东师大追求的"国际化"的内涵要义是什么？

**俞立中：**加强学科交叉融合、推进学校国际化进程是我们在改革发展中选择的两条重要的战略路径。加强学科交叉融合，即通过学科间的交叉融合，探索新的增长点，争取在同步情况下参与国际竞争，取得优势，很多新兴学科的发展都是在学科交叉的土壤中发展起来的。大力推进学校国际化进程,就是要把学校的发展融入国际高等教育发展的大背景中,提升国际化水平,不断用新的理念来审视自身的发展。这是建设一所世界知名的高水平研究型大学的重要路径。

去年年底,我们召开了学校有史以来第一次"推进国际化"工作会议,推出了十个方面的具体举措。我们感到,建设一所高水平大学一定要站在国际大舞台上审视自己、考量自己、规划自己,在世界版图中寻找参照系。尽管我们和国际一流大学的差距还很大,但是你要看清将来应该是什么样的。有没有国际视野和高度,效果是完全不一样的。战略眼光和战略高度对学校发展会起实质性的影响。

我们鼓励院系加强与国际一流实验室、研究机构建立长期合作关系,实现重点突破。学校提出了从全球招聘教师,把教师队伍这扇门向世界打开。我们也把大批青年教师送到国际一流大学去研修、合作研究,这几年里已有 300 多名青年教师在国家留学基金或学校的支持下在高水平大学研修。我觉得青年教师出国一年在学术上能提高多少是第二位考虑的问题,更重要的是要让他们了解一流大学是什么样的,了解多元化的教育,看看不同的教育理念、培养模式、教学方法和科学研究,结识知名教授,建立国际合作等。这对青年教师的未来发展很重要,有比较才有反思,能反思才有改革。站在低起点上,看到的是低水平;站在高起点上,至少知道高水平是什么样的。

目前,学校还在完善一支兼职的外籍教师队伍。尽管这些高水平的教师不可能全职到学校工作,我们希望他们认同学校,成为华东师范大学的一部分,参与课程开发,哪怕每年来一个月上一门课,但他们的课程应该成为学校课程体系的一部分。

在人才培养方面,我们也在不断加大学校双语课程建设的力度,增加本科生和研究生的海外研修机会。学校近五年的目标就是,争取让四分之一的本科生在四年学习期间有机会去海外游学,以适应跨文化的学习、沟通和合作。当然,也要有更多的研究生出去研修,我们在积极探索各种联合培养方式,鼓励研究生出去。为什么要这样做?就是为了让学生有机会深入了解世界,体验不同的大学文化和教学理念与方式,也让世界了解中国的年轻一代。这是应对全球化发展的一个很重要的方面,培养学生具有国际视野、国际理解和合作竞争的能力。

与此同时,学校建立了一个国际教育园区,吸引国外一流大学和教育机构在华东师范大学设立海外校区和教学中心,把学生、优质课程资源引到我们校园里来。

美国纽约大学、弗吉尼亚大学、科罗拉多州立大学、美国国际教育交流协会、美国海外文化体验中心、法国里昂商学院、加拿大贵尔富大学等已经进入,每所学校每年大概有几十至几百个学生过来选修华东师范大学的学分课程。我们在开发 100 门用英语授课的课程,为留学生提供更多的选择。同时,外国大学的教授也过来开设一部分课程,让我们的学生不出校门就可以共享一些国际优质教学资源,获得不同的文化经历。

此外,我们在管理和服务层面上也积极推进改革,努力适应国际化进程。我们已把国际化这条线纳入华东师大管理的方方面面,包括技术人员的出国培训、管理人员国外挂职等,通过拓宽视野瞄准世界高水平大学的建设目标,推进学校的改革和发展。

**记者:** 华东师大在推进国际化进程中的力度是很大的,您也说过"眼界决定境界"。近年来,学校与国际组织的合作交往也日益频繁,是吗?

**俞立中:** 学校国际化的一个重要环节和措施就是加强与国际组织的合作。我们现在也引进了一些国际学术组织的办公室。例如,河口海岸国家重点实验室引入的国际项目办公室,可以组织国际科学家共同参与近海环境项目研究。我们建立了联合国教科文组织"亚太地区教育创新为发展服务计划"(UNECO - APEID)联系点,也拥有中国唯一的"联合国教科文组织教师教育教席"(UNESCO Chair in Teacher Education),学校通过这个平台来不断加强与联合国教科文组织的交流与合作。

我们感到,中国教育要走出去,要在国际教育领域发挥好作用,加强与联合国教科文组织等国际组织的合作是高水平大学的一个很重要的使命。我们需要这些平台来了解和学习世界的先进经验,也需要通过这些渠道让国际社会正确地了解和理解我们。随着国家经济社会的发展,中国教育应该走向世界,这是毫无疑义的。一方面,我们在国际教育领域要有话语权,要让别人听到我们的声音,同时我们的声音还要能够影响国际社会。中国改革和发展的成就,吸引了世界的目光,世界也都愿意听听中国的经验,比如我国高等教育怎么在这么短的时间内从精英化阶段走到大众化阶段。我国高等教育的改革大家都很感兴趣,都很想学习,尽管我们还一直在反思和批评自己。所以,我觉得我们很需要这样一个交流与合作的平台。另外,对大学本身而言,一所大学除了在学术方面的影响力,它对社会服务的影响力也应该体现在国际组织方面。我们能够充当什么样的角色,提出什么样的观点,怎样去促进世界教育的发展,怎样体现中国特色,这些都是高水平大学需要思考的新课题。

## 让更多的"一元"带来"多元"的气象

**记者:** 近一段时间以来,谈起上海纽约大学的筹建,总是会让人将她与南方科技大学和自主招生等热点现象"捆绑"在一起讨论,这样的热议在您看来说明了什么?

**俞立中:** 对南方科大和上海纽大的关注,说明了社会对中国高等教育多元化的期待。中国高校趋同化现象还是比较严重的,不管什么类型的大学,往往追求一样的目标,用一样的评价标准,缺少各自的特色。大家盼望多样化,希望有更多不同的选择,上海纽约大学也许会形成"鲶鱼效应"。在我理解,南方科大参照的是香港科大模式,借鉴一流大学的经验,在比较短的时间里建设高水平大学。上海纽约大学则是采用中外合作办学的方式,以纽约大学和华东师大两所大学为母体,建设一所具有独立法人资格的高水平大学,这是一项很有挑战性的尝试。中国高等教育改革的出路在于多元化。这些探索对大一统模式是一种颠覆,为高等教育发展带来了新的可能,所以受到了广泛的关注。

我始终认为,上海乃至中国的高等教育发展应该强调多元化,以不拘一格培养适应各种需求的优秀人才。我希望上海纽约大学的人才培养模式能成为"多元化"中的"一元",对我们中国高校建设产生一定的借鉴意义。

**记者:** 高校间的中外合作办学将对中国国内高等教育的改革与发展产生哪些影响?质量是办学的生命线,对于完善中外合作办学质量保障机制,您有何建议?

**俞立中:** 高等教育国际化是当今世界的潮流,也是经济全球化的必然要求。大学需要以全球的视野来审视自身的价值,需要以世界的目光来谋划未来发展。中国需要了解世界,促进多元文化理解;世界也需要了解中国,共享中国文化传统。高校间的中外合作办学是能够对我国高等教育的自身改革起到促进作用的。对于中外合作办学,我始终认为目的是引进优质教育资源,也始终坚持"理念对接,立足共赢;内涵为先,形式多样;搭建平台,持续发展"的原则。

办学质量的保障首先取决于办学定位的明确。为什么要办?要办成什么样的学校？同时,我感到要办成高水平大学必须要有高质量的师资保障,并且在学校架构中充分体现以学生为本,保证学校的管理架构、课程设置和教学计划很好地促进学生的发展。比如上海纽约大学1∶8的师生比例对于外方学校来说是必须确保的,没有商量的余地。因此,从学校管理角度看,我们也很想通过上海纽约大学的筹建,能在严格的质量保障机制上加以借鉴,从而在自身学校发展上推行真正的"高质量,高水平,有特色"。

记者:您曾一再强调,上海纽约大学的筹建不是多一所大学的问题,也不是完全代表了一种合作办学的趋势,而是"多元"中的"一元",同时让这"一元"能带来更大的"多元",这就是一所新学校对中国高等教育的影响吗?

俞立中:上海纽约大学是中国高等教育改革的一块试验田,我们正在探路。从一般道理上来说,它的牵涉面很小,不管成功还是失败,对总体的局势不会有太大的影响;但是办好上海纽约大学是我们肩负的重要责任,我们给自己施加了很大的压力,只能成功不能失败。如果因为运作不好而没有实现理想,我们就会把中外合作办学的一条路堵了。也许有人会说中外合作办大学是不成功的,那样的话就会延迟中国高等教育进一步改革与发展的进程与时机,对中国高等教育发展将是很大的损失。华东师大积极推动上海纽约大学的建设,在一定程度上是先行者,这是在为整个高等教育改革探路,积累经验。如果探索成功了,就将成为中国高等教育改革与发展的财富。办好上海纽约大学责任重大,创办过程很艰苦,而这又是先行者所必须面对的,不管怎样我们都将全力以赴。

# 高校应从扩张转向内涵发展①

十年间,俞立中相继出任三所大学校长,他认为高校应从扩张转向内涵发展。

**记者:** 10 年来,这个城市、国家发生了巨大变化,请您谈谈发生在您身上的具体变化,您怎样评价这个变化?

**俞立中:** 10 年里,我换了三个岗位,先后担当了三所不同类型大学的校长。每一次工作的变动对我都是一次新的挑战。十年间,国家发展了,教育发展了,我也跟着中国社会经济的发展在不断更新理念,不断迎接挑战,不断投入新的改革实践。

**记者:** 您在为过去 10 年的工作成绩、事业发展欣慰时,还有怎样的遗憾?

**俞立中:** 其实有很多遗憾。许多想做的事尚未实践,已做的事并未达到期望目标。中国教育发展的速度很快,社会对教育的期待很高,问题是积累起来的,改革也不会是一帆风顺的。教育发展要有理想,但要做到完美,在实践上还是有很大难度的。

**记者:** 新的 10 年即将开启,能否谈一下您或家人的心愿?

**俞立中:** 我已经到了应该享受人生的年纪,但现在仍需继续努力,迎接新的挑战,参与上海纽约大学的建设,为中国教育改革与发展积累新的经验,赢得新的突破。

口述人:

俞立中,63 岁,教授,现任上海纽约大学(筹)校长,10 年来相继担任过上海师范

① 原载《新民晚报》2012 年 8 月 29 日,记者王蔚。

大学校长和华东师范大学校长,主要研究领域包括环境磁学、环境工程、环境演变与可持续发展、地理信息系统应用等。中共党员,党龄 38 年。

## 浮躁之风影响教育

2003 年 2 月我从华东师大副校长岗位调任上海师大校长,2006 年 1 月又调回华东师大任校长,今年 4 月被聘为正在筹建的上海纽约大学校长。10 年间经历了三个不同类型大学的校长职位。

我觉得过去的 10 年正是中国高等教育大发展、大调整的 10 年,这是与中国社会经济的高速发展紧密相关的。从一个校长的眼光来看,中国高等教育的规模、硬件与世界高水平的差距已大为缩小,甚至可以说比较接近了。经历了持续多年的大学扩招,我国高等教育的毛入学率已经超过了 26%,因而人才培养模式改革、办学质量提升的问题就越来越凸显了。记得 10 年前我就任上海师大校长时,和同事们讨论的第一件事就是如何加强学校的内涵建设。中国大学扩张的高潮已经过去,学校应该把精力更集中在提升人才培养、学术发展、社会服务的质量和能力上。

如今大家对教育的期望很高,这是件好事。但浮躁、急功近利等社会风气也不免影响到教育。通过几年努力,我国制定并颁布了《国家中长期教育改革和发展规划纲要(2010—2020 年)》。令我感到欣慰的是,上海在编制《上海市中长期教育改革和发展规划纲要》时组织了三个独立版本的调研和编写,最后定稿时吸纳了各版本之所长。由华东师大负责的版本提出了"为了每一个学生的终身发展",这也成为后来正式公布的《上海纲要》的核心理念。作为一个教育工作者,我们不能忘记教育的根本目的,还是要回归到人的终身发展上,是为了人的成长和幸福,为了让每个人的潜能得到充分发挥。

## 科学评价学校差异

现在许多家长都想把孩子送进"好"的大学。那么,什么才算是"好"的大学? 怎么评价一所大学的教学、科研、管理? 我觉得我们应该真正打开眼界,从世界高等教育发展的视角来看待这些问题。

华东师大把专业建设作为推行教学改革的基础,强调不同学科专业的特点及其在人才培养目标和方法上的差异。比如,基础学科要重视通识教育,在拓宽学生知识面的同时,强调学科知识和能力的贯通,重视培养批评思维的能力。而应用学科专业的人才培养模式则更要关注行业发展的需要。曾有几个软件工程专业的学生抱怨,说他们从大三开始就在企业实践,担心课堂教学时间不够,会影响知识的学习。我很理解学院的考虑,强调学生的企业实习,就是为了让他们在实践中更好地体验到行业对知识和能力的要求,得到更好的实际训练。因为软件业是个发展非常迅速的行业,只有进入企业实际工作才能了解行业实时的发展动态,而这些新知识光在课堂里是学不到的。

## 引进一流大学经验

又一个 10 年到来之际,我迎来了一个新的挑战。华东师范大学和纽约大学合作举办的上海纽约大学,是我国第一所中美合作的高等教育机构,也是《国家中长期教育改革和发展规划纲要》颁布后批准的第一个中外教育合作项目。能够亲身参加这个教育改革试点项目很有意义,也是全新的体验。我们要用好这块试验田,通过与世界一流大学的紧密合作,积极探索全球化时代的人才培养模式,借鉴一流大学的管理经验。

今天,中国高等教育并不在乎再多一所大学,更不在乎多招一些大学生,而需要的是高质量的教育、高水平的大学,需要的是改革的勇气和路径。作为纽约大学全球教育体系的组成部分,应该说上海纽约大学代表了全球化时代高等教育发展的一个新阶段,通过转变与调整传统教育模式,帮助学生拓宽视野、适应环境、提升素质、走向世界。

## 校长微博服务师生

网上说我是上海第一个通过实名认证、开通微博的大学校长。其实,无论是上人人网还是开通微博,对我而言都有偶然性,但开拓与学生平等交流的通道确实是我刻意追求的。两年前我就开通了微博,用得不多。数月前在微博上看到几百条评论或留言，我便意识到微博是学生乐于接受的公共平台。没想到短短几个月，关注我的博友已经超过了 60 万人，微博成了我和学生、校友、家长、教职工沟通交流的一条有效通道。通过微博我也发现了学校管理上的一些问题，也解决了由于信息不对称而造成的"危机"。将来，我也会利用微博发布上海纽约大学的信息，认真经营好这个平台。

# 万物复苏的时代，我们在补回失去的年华①

很多人问：时代变了，大学有没有变？当然，今天的大学硬件条件已不能与当年同日而语，社会经济的发展对大学责任和义务的要求也在不断提升。但有些东西是不应该变的，如大学精神、学术追求、人才培养的责任。

## 下乡：最难忍受未卜的前程

我清楚记得1969年7月的一天，行了三天三夜的列车把我们送到黑龙江二井子站，这个在地图上也找不到的寂静小站顿时沸腾起来。呼吸到了北大荒的气息，眺望着无边无际的田野，我没有欢欣和激动，心绪就如同这茫茫的大草甸，平静而茫然。就这样，在祖国的北疆，我开始了长达9年多的"知识青年上山下乡"的"战天斗地"生活。

那是一个叫长水河的农场，位于黑河地区。农场的工作和生活条件是艰苦的，没有亲身经历过的人根本无法感受那种艰辛。盛夏严冬，不是下地锄草收割就是上山伐木采石，过着日出而作、日落而息的日子。对于年轻人来说，生活上的煎熬、体力上的劳累都是可以坚持下来的，最让人难以忍受的则是那思乡之苦，那未卜的前程。年月流逝，这种痛苦与日俱增。

去黑龙江之前，我是上海市西中学的高中生。"文革"中断了我们的学习，"上山下乡"改变了我们的命运。但在艰苦和迷茫中，我内心深处一直有个强烈的信念，就是要继续学习。上大学始终是我挥之不去的梦。

20世纪70年代初，农场开始推荐工农兵大学生。由于我吃苦耐劳、表现突出，每年都被知青们推荐上去，但是每次都由于种种原因被挤了下来。1973年，当得知

---

① 原载《东方早报》2012年9月4日。

在选拔大学生的程序中加上了文化考试环节，这让我喜出望外，我自认为凭真才实学是不会比别人差的。可是命运偏偏爱跟我开玩笑，竟出了个张铁生"白卷事件"。这位老兄在考试中交了白卷，还在试卷背后写了一封表示对文化考试不满的信，给"文革派"提供了一发重型"炮弹"。就因为这封信，当年的考试作废，我的大学梦再次破灭。

直到1977年，"文革"后拨乱反正，中国走上改革开放的道路，国家宣布恢复高考制度，也彻底改变了我们这代人的命运。为了抓住这个机会，我在短短几个月时间里自学高二、高三的各门课程。白天必须努力劳作，只有在夜深人静之时，我才可以放心地在蚊帐里打着手电筒翻看书本。经常是打着亮一会儿，赶紧把知识点和习题记在心上，然后关掉手电，躺在炕上反复琢磨、回忆，在心里默默解题。清晨出工前，我把重要的数学公式、物理公式写在手心上，歇息时打开掌心看看，加深记忆。总之，任何支离破碎、分分秒秒的间隙都成了我复习迎考的宝贵时间，但又不能影响工作，不能让劳动表现不好成为不准我报考的口实。说来也怪，那个时候真有过目不忘的本领，我想可能是因为我太想上大学了吧。

1978年，我以黑河地区初试第一名的成绩取得了参加当年全国高考的资格。最后，我被华东师大地理系录取，这恰是我喜欢的专业之一。就这样，近而立之年的我终于如愿以偿地踏进了梦想中的大学校园，回到了阔别已久的故乡上海。回想自己从自学、复习到考试的高考历程，真的很难，很不容易，今天的年轻人恐怕难以想象。当时有一个强烈的信念支撑着我，那就是要把握自己的命运，用知识改变人生。现在想来，曾经走过的那段不平坦的路，让我变得更加坚强、更加刚毅。艰难的高考之路磨炼了我在逆境中前行的能力，增强了我应对困难的信心和勇气，这足以让我受益终生。

## 求知：憋着一股劲玩命学习

后来有人问我，当你考上一所理想的大学，回到上海，是否觉得梦想已实现，感到很满足了？我很干脆地回答，怎么可能呢！尽管我们那个时代还没有人生规划这个概念，但对知识的渴望、对理想的追求，却是实实在在的。记得我还在黑龙江农场时，每逢回上海探亲，新华书店是必去的地方。那个年代，没有太多可选的书籍，有什么书就看什么书，文学、历史、政治、地理、农业、机械、英语，甚至连厨师读物我都认真地看。憋了十年，进了大学，求知欲爆发，就好像"老鼠掉到米缸里"，用它来形容我当时的心情一点不过分。在我眼里，大学是知识的殿堂，这里有很多学习机会。我并没有考虑自己将来会去从事什么职业，而是想怎么用好这些机会，学习更多知识，提高能力，将来可以服务社会，实现人生价值。"文化大革命"磨蚀了我们这代人的青春年华，十年里我们不知道未来在哪里、该往哪个方向努力，因为一切都是不可控的。进了大学，发现有那么多感兴趣的东西，有那么多可以利用的资源，更觉得一定要把握好人生机会，充实自己，确立未来的发展目标。

进入大学后，大家都是憋着一股劲在玩命学习。怎么玩命？每天早晨 6 点多起床，拿着英语书找个校园角落去背英文单词和课文，然后到操场跑步锻炼、做广播操，再去食堂吃"老三样"——稀饭、咸菜、馒头。早饭后，很多同学就会直奔教室抢前排座位。

去自修教室是我们班上大多数人的不二之选，晚上的教室也如同白天上课一样坐得满满的。任课老师经常会在教室里给我们答疑解惑。有一位老师我至今记得——金祖孟教授，已近花甲的老先生亲自给我们上《地球概论》这门课，当时全国高校地理系的《地球概论》课程都是用他编的教材，不能不让人肃然起敬。在那个特殊的年代，像金祖孟老师这样的教师比比皆是，他们同样被"文革"耽误了十年，英雄无用武之地，所以看到我们这些对知识如饥似渴的学生，他们也特别投入，一心想着怎么把自己的满腹经纶传授给我们。

然而，我们这群学生也不好对付，除了上课提问多、下课缠着老师外，对任课老师还有自己的评价标准。大学恢复高考招生不久，教师的学术水平、教学能力差别很大，面对这么较真的学生，老师的压力也是大的。我还记得，当年给我们讲授《政治经济学》这门课的老师，面对改革开放形势下的很多新变化，在讲解原理、分析现实问题上显得力不从心，大家意见很大。同学们联名向学校提出意见，要求调换教师。有的同学就在课堂上堂而皇之看报纸表示抗议。后来校领导来听了一节课，觉得是有问题，就换了教研室主任来给我们上课，确实水平不一样，大家听得津津有味。结果我们还不"满足"，硬要求这位教研室主任给我们连续几个晚上重新补上之前的课程。

晚自修结束还不意味着一天学习的结束。熄灯后，宿舍走廊、厕所都会有一些看书的学生。此情此景，今日的大学生也许只会在考试前夜"临时抱佛脚"时才会出现吧。只能说那个年代的我们太想读书了，真的是想把全部的时间都用来学习。20世纪七八十年代是一周六天工作制，但很多人周日回家也看书、写笔记，不少人干脆不回家。其实大家都明白一个道理，无论学习方法如何高效，要想进步快，必须有付出，我们是在补回失去的年华呀。

整整十年，国人压抑着对文化的饥渴。"文革"结束，那真正是万物复苏的时代。人人都怀着拨云见日的欣喜在重新审视周遭的一切，所以一切都是新奇、美好的，这种对生活的眷恋同样是今天的年轻人无法体验的。我们这代人或许在对人生的感悟上要比今天的青年人早熟也丰富许多。

## 在好奇和兴趣中发现生命的价值

过去的十多年里，我们的大学得到了前所未有的快速发展，中国的高等教育进入了大众化的阶段，毛入学率已经超过了 26%。对当今这代年轻人来说应该是多大的幸运啊！我真想说，同学们要珍惜这份幸运。

在浮躁、功利的社会大环境下，这代年轻人如何坚持理想、把握自己、懂得选择，越来越重要。作为一个有志向的青年学生，应有长远的人生目标，在好奇和兴趣中发现生命的价值。事业的满足、兴趣的满足、于人生有意义，这就是一种值得追求的价值。

我们不得不承认环境对人的影响很大，当你身边的人都在讨论房子、车子、票子的时候，你还会如你所想的淡定吗？然而，在社会发展的每一个阶段，总会有这么一批人，当别人在急匆匆地想要得到或已得到什么时，你的淡定会让你的现在及将来跟别人大为不同。时代发展本身就是一个不完美和追求完美的过程。当我看到那些热血青年踊跃地支教西部，甚至在西藏支教一待就是多年；当我看到那些有为青年坚持理想，不畏艰险，积极投身国家与社会事业的发展……我会深深被这代年轻人的追求和担当所感动，这就是明天的希望。

在大学高度关注内涵发展的今天，大学教育的理念、内容和方法都在发生变化。教和学的关系应该得到根本的改变，逐步形成以学生为主体的主动学习、互动学习、研讨式学习的教学模式。这就更需要同学们规划学习，增强选择意识和能力。这些年,我在校长岗位上有个理念,学校要努力为广大学生创造和提供更多的选择和机会,联合培养、海外访学、社会实践等。如果同学们能把握好这些机会,可以体现多元化的人才培养模式,实现不同的人生追求。可惜的是,我在与学生的交流中多次发现,不少学生最后幡然醒悟却是在毕业时刻,才觉得很遗憾,当时没有注意到这些机会。这就是选择意识和选择能力。

大学一年级往往是一些大学生的"遗憾",也是不当选择的开始。高考的压力使得不少学生从初中到高中都处于一种亢奋状态,考上了大学,一部分学生就认为人生目标已实现,可以放松了,沉溺于网络游戏,不好好学习,自然而然就被淘汰了。还有部分学生进了大学没有及时改变学习观念和方法,不去主动适应大学的学习生活,懵懵懂懂度过了四年,当然就收获甚少。如何让大学四年过得更充实,让同样的四年得到更多的收获,有没有目标,会不会选择,结果大不一样。

大学生活是丰富多彩的,大学学习更需要刻苦努力。看看世界一流大学学生的学习态度和取向,不得不说一句话:没有辛勤付出,哪有精彩收获。这也是大学生活给我的人生启迪。

# "我不是一个悲观主义者"①

俞立中几乎没有提及他就任华东师大校长时在推进学校国际化进程、推进学科交叉融合两大发展战略方面的建树。相比之下，卸任的他更愿意谈谈在微博、人人网上和学生沟通交流的感受。在网上，他可以得到学生的建议、意见、呼唤，甚至是举报爆料；在网上，他可以畅谈发展理念、阐述学校举措、交流个人感想。在他的编织、耕耘下，网络成了连接学校管理层和学生群体的一个特殊平台。

他坚持去做这些看似琐碎的事情。在他看来，网络沟通的重要性在于能够营造一种平等交流的大学文化环境。而学生们步入社会，又能够继续影响周围的人。这是他认为的大学教育要达到的目的之一。

出任新中国第一所中美合作办学的高等教育机构——上海纽约大学的校长，俞立中又开始了在中国高等教育大环境下的新探索，对这位声称"不喜欢张扬个性"的校长，任务才刚刚开始。

## "平等沟通是大学文化的内涵之一"

记者：两个多月前，您从华东师大校长岗位上卸任。从上海师大校长到华东师大校长将近 10 年的任职期间，您从 BBS 到人人网又到微博，不断开拓与学生、老师、校友沟通的渠道，也花去了您不少休息时间。在收获学生"最优秀毕业校长"称赞的同时，也可能受人质疑，这些是否是大学校长该做的工作？

俞立中：大学是一个学术共同体，也是一个价值共同体，平等的沟通交流本身就是大学文化的内涵之一，当然是校长应该做的工作。作为一校之长，认真倾听、耐心解释不仅是工作职责的需要，也是文化建设的需要，沟通交流更是化解矛盾、形成共

---

① 原载《齐鲁晚报》2012 年 9 月，记者任鹏。

识的重要方法。在网络信息技术快速发展并广泛得到应用的今天，信息不对称却成了治理和管理中的一个突出问题，因此我们需要不断探索有效的沟通渠道。我感到BBS、人人网、微博是不同阶段学生喜欢的网络交流平台。网络上的沟通，是解决信息不对称的可能途径。通过这些平台，我们可以了解同学们的关注热点、诉求和困惑，发现学校管理服务的不足和问题；学生也能直接接触和了解学校管理层，理解我们的思考和努力。当然，网络交流只是沟通的一种方式，老师和学生要见我或要求我参加他们的活动，我都会尽可能安排时间。我认为这也是校长的工作和职责。

记者：作为国内为数不多的通过认证开通微博的大学校长，您的微博粉丝数已经超过70万了。您认为这种交流的效果如何？

俞立中：网络是一个互动的平台。学生上网发微博，有提问题的、有提建议的、有交流思想的、有反映意见的，也有举报爆料的，还有发泄情绪的。当然，同学们大多都是通情达理的。有些看似牢骚、意见或情绪，其实也就是一时不满的宣泄，他们需要得到的只是学校的回应和态度。但有些微博的确是反映了学校管理和服务上的问题，我会马上打电话给相关部门，请他们关注，或马上解决，或作出解释，或化解矛盾。到后来，学校的一些领导和部门也关注了我的人人网和微博，主动帮助解答同学们的疑问，落实解决办法。新媒体的传播广度和速度太厉害了，我会有意将学校的一些工作理念、措施及有关通知在人人网、微博上发布或转发，听取学生的意见和建议；也会努力解释或回答学生提出的各种问题，及时化解同学们的困惑。我觉得是有成效的。

记者：网上聊不下去怎么办？

俞立中：那我就约这些同学面谈。他们愿意来，也很通情达理。我有诚意，只要大家把道理说清楚了，就能取得共识，至少相互理解吧。

记者：想通过这种沟通、交流传达什么样的想法？

俞立中：独立思考、学术自由是现代大学的重要取向，这是在平等相处、平等沟通的前提下的。而善于倾听、懂得包容、理性批判、平等交流，这些都是大学应该提倡的。至少我们是在倡导这样的大学文化理念。

记者：这种文化和理念，其实是可以通过学生的认同再一次传递的。

俞立中：对的，这也是对未来一代人潜移默化的影响。以这样的沟通方式与同学们交流，他们中的很多人会理解到，人和人之间应该怎么去交往，怎么去相互理解。同学们进入社会后，将成为人师或成为各行各业的社会精英，他们会明白应该怎么对待别人，继而影响周围的人或下一代人。这就是大学教育所要达到的一个目的，也是文化传承的力量。

## "也许就是鲶鱼效应"

记者：上海纽约大学理事会选中您担任第一任校长，看中的是您的哪一点？

俞立中：也许我的优势就在于沟通吧。华东师大和纽约大学的合作是基于我们双方对全球化背景下高等教育发展理念的共识。我们是在多年的沟通交流基础上，对接办学理念，达成合作意向。今后这样的沟通交流还要不断深入。

记者：作为中外合作办学体制，上海纽约大学选择学生是否会区别于国内高校唯分数论的招生标准？

俞立中：其实，国内高校的招生标准和办法也在不断改革。上海纽约大学尚在筹建过程中，明年将招收第一批300名本科生，其中51％在内地招生，49％在海外招生。我们会在招生标准和招生方式上作积极的探索。在和教育部的积极沟通中，我们逐渐形成了高中学业成绩、学生综合素质和高考成绩相结合的综合选拔方式。因为上海纽约大学从一开始就实行全球招生，而且招生规模不大，当然要招收国内最优秀的一批学生，对考生的素质要求也会是多方面的，如创新动力，理性的好奇和探索精神，向往国际大都市的竞争、活力和节奏，适应多元文化与环境，热爱尝试新事物、具有批判性思维能力等。

记者：上海纽约大学在人才培养模式上有什么特色？

俞立中：来自世界各地的教授和学生群体、多元化的学习与生活环境，有利于培养学生对不同文化的理解和尊重，以及在多元文化背景下沟通合作的能力。上海纽约大学将推行本科通识教育模式，并根据学生的特点和自身发展需求，制定个性化的培养方案,为学生配备导师,提供学业咨询和指导;将充分利用纽约大学全球体系的教育资源,为学生提供一到三个学期的海外学习机会;为学生提供与专业相关的科研机会,增强学生的学习体验。学校还将引进纽约大学的学生服务体系,为学生提供生活、课外活动、职业规划等全方位的服务。以培养多元文化背景下的国际化人才为目标,上海纽约大学的学生事务将参照纽约大学的标准,结合上海实际情况,努力丰富学生在跨文化环境中的生活体验,促进与专业教学的有机结合,提高学生的综合素质和能力。

记者:您曾说希望通过上海纽约大学的合作办学尝试,给中国高等教育的改革和发展带来一些启示和借鉴。对于体制内的国内高校,这样的作用是否有限?

俞立中:我并不认为中国高校都要去学上海纽约大学的办学模式,没有必要也不应该。所以,它不是一个典范,而是一个案例。华东师大在和纽约大学的合作过程中不断比较和反思自己在学校管理、课程设置、师资建设、人才培养和科研模式等方面的问题,找到了不少可以学习借鉴的东西,这也是我们希望在合作办学过程中得到的收获。我认为,中国高等教育的繁荣需要在多元化的培养目标、多样化的办学模式下追求高水平、高质量。从这个意义出发,上海纽约大学的探索和尝试也许就是鲶鱼效应。

## "我不是一个喜欢张扬个性的校长"

记者:您最近做的一件有个性的事,是在毕业季允许学生们单独和您拍毕业合影。这样的事情似乎有别于人们想象中的传统大学校长的形象。

俞立中:6年多前我刚到华东师大任校长时就有这个想法。今年,我提前在微博上公布了时间和地点,在毕业季安排了6个时段和毕业生自由合影留念。大学毕业是每个同学人生经历的重要时刻。在同学们的心里,校长应该是学校的人格形象,和校长合影就是留下一份对学校的念想。我没有理由不满足同学们的要求。

记者:类似的事情还有不少,您是否承认自己是一个有个性或者特立独行的校长?

**俞立中：**我并不认为自己是一个喜欢张扬个性的校长。我有自己的理念，只是不愿意一味遵照传统的模式和方法行事，不喜欢"官样文章"。我觉得大学有大学的文化，应该做师生能认可的事，才能凝聚人气、追求卓越。

**记者：**虽然您这么想，但毕竟校长的行政级别脱离不开官场的环境。以这种风格和态度，你会在那个环境里感觉到压力和异样吗？

**俞立中：**在中国现行的大学体制下，校长是有行政级别的，但我从来不认为这就是所谓的"官"，更不能把"官场习气"带到这个岗位上来。在老师和同学们的心目中树立一个什么样的校长形象，不仅是个人的好恶，也是一个大学文化的体现。我相信，大家更愿意接受一个能够倾听师生声音、关心师生发展、和师生平等相处的校长。我更愿意向这个方向去努力，而不是做一个高高在上的"官"校长。我很享受这样的风格和态度。

**记者：**华师大 60 年校庆不设主席台也是您在这种风格促使下作出的决定？

**俞立中：**为什么要搞校庆纪念？举办一个什么样的校庆？关键在于我们的指导思想，在于我们的办学理念。社会对大学校庆的浮夸、豪华之风颇有微词。我们听取了广大师生员工的意见和建议，提出了以学术研讨、师生同庆、校友联谊、服务社会为指导思想，以实实在在的学术研讨、实实在在的服务社会、实实在在的联谊活动，凝聚师生和校友。通过这样的途径使大家认识自己的学校，反思自己的文化，推动学校的发展。校庆典礼不设主席台只是一个现象，这是班子集体作出的决定，体现了华东师大的文化追求。校友和领导都非常认可这种方式。我们真正想体现的理念，大家都是能看懂的。

**记者：**种种经历有没有让你产生一种跳不出这个环境的感觉？

**俞立中：**事在人为，我只是按照自己的理念和原则去做人做事而已。从根本上讲，我始终就端着一个老师的心态，校长是有任期的，而教师的责任是一辈子的。我有幸担任过两所大学的校长，在工作中切实感受到广大师生员工的支持和帮助。人生苦短，宏伟的理想必然也会受到时代条件的约束。真正做一些有意义的事，奉献自己的智慧和力量，这就体现了人生的价值。

## "做抱怨的愤青是没有意思的"

**记者**：从华东师范大学校长到上海纽约大学校长，在两个角色的转换中，你对中西方大学的区别，最直接、直观的感觉是什么？

**俞立中**：学生是教育的主体，如何体现在教学、科研、管理、服务的方方面面？这是中国高校需要认真面对的一个大问题。无论在思想观念上还是在方法举措上，我们都还没有真正实现以学生发展为本的转换。现代大学的四大功能：人才培养、科学研究、社会服务、文化传承，如何立足在人的发展上，需要有更深刻的认识、更切实的措施。我觉得，这一点就和西方一流大学的差距非常大。我们在人才培养上花的心思和工夫还是太少。今天，我们已经在很多方面与世界一流大学比较，但对人才培养的关注还远远不够，尤其是学生的兴趣发展、思维方式、学习动力、知识和能力结构等。

**记者**：对比中西方教育，在对高等教育的众多诟病中，高校行政化是否是诸多问题的根源之一？

**俞立中**：公众对大学行政化的批评，可能出于不同的认识。如，领导滥用行政权力谋一己私利，这是大家非常反感、无法容忍的现象。又如，用行政权力来处理学术问题，使学术权力形同虚设。大学既是个学术共同体，也是社会的组成部分，需要通过学术管理和行政管理的互补来实现自身的价值。我们应该充分重视学术共同体对一所大学管理的意义，这也是学校民主管理的一个重要方面。

**记者**：我们关注到，近年来不少校长在毕业典礼上的讲话，越来越多地运用学生的流行语或网络语言。您如何看待？

**俞立中**：开学典礼和毕业典礼不仅是一个形式，而是大学文化建设的重要载体。在这些场合，校长能用学生喜欢的语言，谈学生关注的问题，是对八股式说教的突破，受到了学生的欢迎，这是值得欣喜的变化。我认为，毕业典礼是师长和学生的心灵交流。校长的讲话如果能用学生熟悉和喜欢的话语，给学生更多的人生智慧和经验，打动同学们的心，激发同学们的情感，引发同学们的思考，那才真正起到了效果。

而如果仅仅是因为迎合社会时尚而博得掌声和笑声，没有深度、经不起推敲，那就成了哗众取宠，是不可取的。大学应该引领社会文化的发展，而不是随波逐流。

记者：教育界并不乏对教育现状的严厉批判声音，您很少有这种措辞严厉的不满，这是你表达和关注的方式吗？

俞立中：我不是一个悲观主义者。改革开放 30 多年来，中国教育界取得的进步是有目共睹的，当然也有很多严峻的问题。在社会转型的历史阶段，教育领域出现这些问题一点也不奇怪，关键是要正视问题，而更重要的是要尽每个人自己的努力，从身边做起，去解决问题。我经常会提醒学生："不希望年轻人一味怨天尤人，抱怨只会坏了自己情绪，只能失去机会，只是在耽误自己，于人生幸福毫无益处。希望看到年轻人的阳光、奋发、豪气。"作为校长，再当个"愤青"就更没有意思了。我认为，在当一个批评者的同时，也要做好一个建设者，这才是积极的人生态度。

# 上海纽约大学：也许会成为池里的"鲶鱼"①

新学年开始，在纽约大学的招生主页上，有意报考纽约大学的学生们发现他们增加了一个新的选择——前往上海纽约大学学习。而在中国，上海纽约大学的教学大楼已经在繁华的浦东陆家嘴金融中心悄然露出地面。上海纽约大学正在等待教育部的最终审批，一旦去"筹"，招生将全面启动。

从2006年2月纽约大学在华东师范大学设立上海中心，到2011年1月17日教育部下发了《关于批准华东师范大学与美国纽约大学合作筹备设立上海纽约大学的函》，经过一段时间的磨合，如今上海纽约大学各项筹建工作正在快速推进。上海纽约大学的设立将成为上海高等教育国际化进程中最重要的事件之一。

"与其他大学相比，上海纽约大学的独特之处在于，来自中国和世界各地的学生汇聚在这座世界上伟大的城市之一，并共同构成世界上最有活力的学生群体之一。"这是纽约大学校长约翰·塞克斯通（John Sexton）在上海纽约大学的奠基仪式上说的话。

"今天，中国高等教育的发展并不在乎再多一所大学，更不在乎再多招一些大学生，我们需要的是高质量的教育、高水平的大学、有特色的办学，需要的是改革的勇气和路径。"这是上海纽约大学（筹）校长俞立中在不久前的教育论坛上说的话。

## 建设一个国际化的校园

直面经济全球化的浪潮，高等教育何以应对？越来越多的大学都在积极探索。21世纪以来，纽约大学提出了全球教育体系（Global Network University）的理念，并逐步在伦敦、巴黎、布拉格、佛罗伦萨、柏林、安卡拉、马德里、上海、布宜诺斯艾利斯等世界各地的大都市设立了12个海外教学点；2007年，在新加坡设立了艺术学院；

---

① 原载《文汇报》2012年9月。

2010年，在阿拉伯联合酋长国的阿布扎比成立了海外门户校区。

同样，去"筹"后的上海纽约大学的学生也可以有一至三个学期的时间选择不同教学点完成学业。在一个教育体系的框架下，通过学生和教师的流动，体验不同文化和社会环境，拓展全球视野，加强跨文化沟通、交流、理解、合作的能力。事实上，纽约大学在上海的合作方华东师范大学把推进国际化进程作为学校发展的主要战略路径之一。通过在校园内设立国际教育园区、加大全球招聘教授的力度、和世界一流大学联合培养学生、拓宽学生海外游学渠道等举措，改革人才培养模式，促进内涵发展。国际化的理念把纽约大学和华东师范大学这两所东西半球的大学联系在一起，促成了上海纽约大学中美合作办学的探索。

2014年，一个国际化的校园会出现在陆家嘴地区金融机构的环抱中。这将是一所没有围墙、真正融入社区的学校，与其目标定位和人才培养理念一致。国际化的校园首先体现在学生和教师的国际化。上海纽约大学从一开始就将在全球范围招生，计划在2013年招收约300名本科生，其中海外学生占49%。

## 师资招聘已经悄悄开始

在美国，上海纽约大学的师资招聘也已经悄悄地展开。而一流教授的全球招聘也将开始，约有40%的师资将通过这个途径被吸纳。根据协议，上海纽约大学聘用的教授应相当于或高于纽约大学教授的平均水平。其余40%的教授是由纽约大学派送，20%的教授来自华东师范大学。已有近200名纽约大学教授表达了来上海纽约大学教学的意愿。翻开纽约大学提供的名单，其中不乏学术界的知名人物：托马斯•萨金特（Thomas Sargent），是纽约大学斯特恩商学院经济学系经济和商业教授，2011年诺贝尔经济学奖得主，美国国家科学院院士，2007年任美国经济学会执行委员会主席，2005年任计量经济学委员会主席，1989—1992年担任动态经济学及控制学会主席；杰拉德•本-阿鲁斯（Gérard Ben - Arous），纽约大学库朗数学科学研究所所长，数学教授，国际统计研究所成员……

## 国际化的人才培养理念

国际化的校园更显现在大学人才培养的理念、目标和模式上。上海纽约大学期待这样的学生："具有冒险与创新精神——能够适应多元环境和文化；热爱尝试新事物，具备开拓与创业精神；向往充满活力的国际都市和上海所能赋予的丰富体验；有动力并渴望了解不同事物和观点；具备批判性思考能力，不断丰富精神生活；渴望在中国和纽约大学全球教育体系中建立强大的纽带。"

上海纽约大学也将充分利用纽约大学全球体系的教育资源，为学生提供一到三个学期的海外学习机会。来自世界各地的教师和学生群体、多元化的学习与生活环境，有利于培养学生对不同文化的理解和尊重以及在多元文化背景下沟通合作的能力。上海纽约大学将推行本科通识教育模式，同时根据学生的特点和自身发展需求，制定个性化的人才培养方案，为学生提供学业方面的咨询和指导。在开学时为学生指定一名学术导师；学生在选定专业后，将选择一名教授作为导师。同时，上海纽约大学将秉承教研相长的大学传统，为学生提供与专业相关的科研机会，增强学生的学习体验。

学校还将引进纽约大学的学生服务体系，为学生提供生活、课外活动、职业规划等全方位的服务。以培养多元文化背景下的国际化人才为目标，上海纽约大学的学生事务将参照纽约大学的标准，结合上海实际情况，努力丰富学生在跨文化环境中的生活体验，促进与专业教学的有机结合，提高学生的综合素质和能力。

## 上海纽约大学成功与否看两个标志

上海纽约大学的探索成功与否，要看两个标志：一是这所新型的大学能否成为世界高水平大学；二是中外合作办学的经验能否给中国高等教育的改革和发展带来启示和借鉴。"什么是好的大学？我觉得我们应该从国际高等教育发展的视角来看"。在俞立中教授看来，"国际化"也是一个过程，"是一个把我们的眼界打开的过程，是反思自己的过程。眼界决定境界，没有宽广的国际视野，就没有高水平之说"。

把中国的大学教育坦然地放到国际高等教育平台上去考量和审视，不仅会更多地吸引国际学界和社会公众的关注，而且也有助于借鉴和体验世界一流大学的经验，认真反思自己的发展理念和办学实践。

当下的学子也是未来的建设者，他们将要面对的不只是国内竞争，也有国际竞争。在中国走向世界的今天，强调对不同文化的理解和欣赏，重视具有不同文化背景的人之间的沟通、交流与合作显得越来越重要。俞立中告诉记者，上海纽约大学将把国际化作为学校发展的基础，在人才培养模式、课程体系建设、课堂教学、文化体验、科学实践等方面走出一条新路。塞克斯通校长在接受记者采访时说："上海纽约大学是如此独特，因此并非每个学生都适合这所大学。它需要的不是怯懦者，而是那些敢于冒险、勇于突破的学生。"

"不同而和"是大学精神的应有之义，也是我们对这个世界的理解和愿望。上海纽约大学将是多语言、多种族、多元文化汇聚的国际化大学，需要我们相互尊重、相互理解、相互学习。上海纽约大学将致力于建成一流的研究型大学，成为中国高等教育国际合作的示范。

# "把世界带进课堂,把学生从课堂带进世界"①

经教育部批准,我国第一所具有独立法人资格的中美合作创办的大学——上海纽约大学于 2012 年 10 月 15 日在上海正式成立。中美两国教育家称,上海纽约大学是中美教育领域的"试验田"。

今年 7 月 2 日刚刚卸任华东师范大学校长的俞立中先生担任了上海纽约大学的校长。而学校的班子成员也很国际化,康奈尔大学原校长、北京大学国际法学院创始院长杰弗里·雷蒙(Jeffrey Lehman)任上海纽约大学常务副校长,耶鲁大学神经生物学教授汪小京任上海纽约大学教务长。学校将选址在金融中心陆家嘴。2013 年,将有 300 名来自全球的学生可以就读该校,其中包括 151 名中国内地学生和 149 名国际学生,学生就读期间有机会到纽约大学全球教育体系中的其他校园进行学习,毕业后将获得纽约大学学位证书和上海纽约大学学位证书、毕业证书。

参加高考并被录取的学生学费每年 10 万元,为此有人质疑这是一所"富人大学"。这所中外联合创办的大学是如何诞生的? 学校将会采用怎样的办学模式,怎么培养学生? 学校将会从哪些方面探索高等教育改革? 昨日,《华西都市报》记者专访了上海纽约大学校长俞立中。

## 关于学校——不同国情在这里接轨

**《华西都市报》**:华东师范大学和纽约大学是怎么样"联姻"的,背后经历了什么样的曲折?

**俞立中**:2006 年,我回到华东师范大学当校长,当时纽约大学来到上海寻找合作伙伴,他们的校长提出了一个概念,要在世界各个大都市或主要的经济中心设立

① 原载《华西都市报》2012 年 10 月 10 日,记者李寰。

纽约大学海外教学中心。上海自然是他们的选择之一。他们最初也接触了很多学校,但我们双方沟通之后发现两所学校在发展方向和办学理念方面有很多共识,所以纽约大学就决定在华东师大设立教学中心。

双方学校的学生学分互认,很多资源可以共享。纽约大学派来的学生从最初的18人发展到现在每年三四百人。随着双方的交流越来越多,纽约大学校长就提出来,能不能在上海办一个纽约大学的校区。但是按照中国目前中外合作办学的规定,这是不可能的。后来我就想,是否可以采用联合办学的模式呢?这样可以在教育模式和教育体系方面与纽约大学接轨。

两所不同的大学,出自不同的文化环境、不同的国家制度和不同的法律体系,很多问题的想法、看法、出发点也不一样,中国有教育部,美国有校董事会,很多问题都需要解决。但是说不上曲折,只能说是遇到了问题,比如说美国强调学术自由,但或许外界很多人认为中国没有真正做到这一点。我告诉美方,中国人也讲究学术自由,因此这是一个双方沟通和相互理解的过程。

《华西都市报》:上海纽约大学的优势和发展理念是什么?

俞立中:国际化是上海纽约大学的优势,在师资队伍的培养和学生的教育上,我们都是站在国际高等教育的平台上来思考。我们的人才培养要符合世界的发展。现在中国教育面临的环境,就是把学生局限在一个课堂中。我很赞同纽约大学校长的一句话:"要把世界带进课堂,把学生从课堂带进世界"。

## 关于师资——一位诺贝尔奖获得者要来授课

《华西都市报》:教师如何构成?

俞立中:上海纽约大学的教师实行全球招聘,纽约大学和华东师范大学也有一流的师资投入上海纽约大学。并且有一位诺贝尔经济学奖获得者明确表示,他会到上海纽约大学给学生授课。

《华西都市报》:上海纽约大学的专业设置如何确定,为什么首批开设商业与金融/经济学、信息与通信技术等专业?

**俞立中：**我们有两个原则，第一个是纽约大学最强的学科专业，比如运用数学和神经学专业，第二是中国在社会发展过程中急需的，比如经济学和金融等。

**《华西都市报》：**上海纽约大学如何培养学生？

**俞立中：**教育是多元化的，把课堂教育和文化体验、社会观察结合在一起，很重要的一点是学生可以在不同的文化环境里面学习，他在上海的时候周边更多的可能是中国的学生，他在欧洲的时候也许坐在旁边的更多是欧洲学生，整个学习过程就是在和不同的文化环境、不同的人接触和沟通。

**《华西都市报》：**那学生在一个城市刚刚安顿下来又到另外一个地方，是否会有漂泊感？

**俞立中：**这样的学习环境强调学生的适应能力。所以说不是每一位学生都适合这所学校，我们需要那些愿意去世界各地体验不同文化，接受新事物、新挑战的学生。宅男宅女不是我们需要的。

## 关于学费——这不是一所富人大学

**《华西都市报》：**很多人认为 10 万元的学费太贵，可能会将一些家庭条件不好的优秀学生拒之门外？

**俞立中：**上海纽约大学作为纽约大学全球教育体系的一部分，学费大概每年在 4—6 万美元，但是针对中国高考学生提供专门的助学金，折算下来学费大概 10 万元人民币，因为办学的成本就有这么贵。

上海纽约大学不是富人大学，光是有钱并不能被录取，品学兼优的寒门子弟拥有同样的机会。学校还设立了基金会，在全球筹集资金。

**《华西都市报》：**作为华东师大的校长与作为上海纽约大学的校长，您的工作侧重点有哪些不同？

**俞立中：**这是不同的挑战吧，华东师大是一所成熟的大学，但是上海纽约大学是一所全新的学校，什么事情都是从头开始，招生、招聘、宣传等，要发挥每个人的个性。上海纽约大学就像一个刚刚出生的婴儿，还要扶着她成长，这是一个很艰辛的过程。

《华西都市报》:很多国外的校长经常会到世界各地去找校友募捐,您会吗?

俞立中:我也会这么做。现在学校办学资金主要由三部分构成,学费、政府的支持和社会的募捐,将来学校会越来越多地依赖社会的募集。

另外,我还要去招生,去鼓动适合上海纽约大学的学生来报考,要代表学校去说话,就像美国竞选总统一样,到学生、家长面前说为什么要报考上海纽约大学,什么样的学生适合咱们学校。

《华西都市报》:您的副手都是外国人,怎么样跟他们相处?

俞立中:我们常务副校长是美国人,副校长是在美国出生的华人。我们之间的沟通很单纯,一个原则:坦诚,相互信任。

大家在不同的文化背景成长起来,自然会有认识上的差异,在上海纽约大学发生任何一件事情都不奇怪,因为我们在做以前没有做过的事情,在进行全新的探索和尝试,以一个正常的心态去处理就好了。

## 关于招生——四川是首批招生区

《华西都市报》:四川是否已被列入上海纽约大学 2013 年的招生区域?大概会有多少名额呢?

俞立中:四川已经被列入了首批招生计划中,但还需要等待教育部的最终认可,我们不会把招生名额划分到具体的区域。

《华西都市报》:教育部给了上海纽约大学哪些特权?

俞立中:教育部给予我们的特权就是自主办学。

《华西都市报》:有高校校长说,一到招生季节他们都会关手机,因为无法摆脱人情社会的"关系条",甚至有些校长说宁愿不要自主招生,您如何看待?上海纽约大学的录取除了高考成绩,还看中学生的综合能力,这个如何衡量呢?

俞立中:中国的高考制度存在弊端,但是高考是看学习成绩,是很公平的选拔方式。可完全以成绩来衡量不是绝对公平的办法,因此通过自主招生来弥补。我在做华东师大校长的时候,招生季从不关机,谁给我打电话我都说好,但是我不会去做。

上海纽约大学实行自主招生，肯定也会接到很多"关照电话"，我会说你来考吧，反正录不录取我说了不算。

**《华西都市报》：** 那谁说了算？

**俞立中：** 我们将报名者的材料收集起来，那些获得过竞赛奖励、校长推荐的，在学校担任过学生会干部的等等，会在我们的初选考虑范围内。当然，如果校长推荐的学生不优秀，我们以后自然就不再会信任他了。进入初选的学生，我们会邀请他来参加校园活动日，看他的性格、亲和力、团队精神、表达能力、学习能力、与人沟通交流的能力以及英语水平。总之，录取的事情由中外专家组综合评定，我不会介入招生的。

## 关于改革——和南科大一样都是一种探索

**《华西都市报》：** 有人认为中国大学培养出来的学生没有个性，没有创新思维，您如何看待这个问题，上海纽约大学会如何解决？

**俞立中：** 中国大学现在最大的问题就是趋同化，千校一面。在人才培养方面，大家都在追求一样的东西，拼命地往一个方向去靠，这个是不对的。社会对人才的需求是不一样的，我们需要精英人才，需要白领，也需要灰领，需要管理人才。每个人的个体差异很大，所以他需要适合他自己的教育。一个理想的高等教育体系，就应该是一种多元化的高等教育模式，多元化的人才培养目标。

可以肯定的是，上海纽约大学的学生一定是最优秀的学生。

**《华西都市报》：** 美国大学在中国办学，能够给中国带来什么？

**俞立中：** 中国高等教育的发展一定要放在国际视野下思考。所以我想在中国办一所中外合作的学校，可以让我们和世界先进的学校走得更近，看得更清楚。对于中国高等教育体制来说，上海纽约大学是在进行一种新的模式和探索，包括人才培养，选拔的标准和方式，课程的架构和课程，学生管理和服务，以及学校办学的体制。

现在中国教育存在问题，特别是本科教育，学校和教师对学生的关心和重视不够，培养人才的模式还停留在老师讲、学生记的阶段，缺乏案例式、互动式的教学，这种教育模式肯定不适合培养创新型人才。一个一两百人的课堂，没有给学生提供互动的机会。上海纽约大学在学校建设时就很明确，百分之七八十的教室都只能容纳25名以下的学生，采用小班教学的方式。

**《华西都市报》**：大家现在都容易把上海纽约大学与南方科技大学相提并论，您认为这两所高校是否代表了中国高等教育改革的方向？

**俞立中**：上海纽约大学和南方科大的成立，都说明了中国的高等教育正在进行多元化的探索。中国高等教育的未来，必须是培养目标和办学模式多元化。

# 如何报考上海纽约大学?[①]

上海纽约大学于 10 月 15 日正式成立,记者专访了上海纽约大学校长俞立中。

**记者:**上海纽约大学正式成立后的发展目标是什么?

**俞立中:**作为上海纽约大学的两个母体大学,纽约大学和华东师范大学倾注了大量的心血和资源。上海纽约大学的发展目标是建设一所高水平、国际化的研究型大学。学校正式成立后,将完善学校章程和治理结构,吸纳包括纽约大学在内的世界一流大学的课程体系,形成一支世界一流的教师队伍,凝聚学科专业特色,创新人才培养模式,努力提升教育质量。

**记者:**与其他中外合作办学的个案相比,上海纽约大学在教学内容和办学模式上有哪些独特之处?

**俞立中:**上海纽约大学提供的不是一个单一的学习环境。学校本科教育采用通识教育模式,一、二年级的重点是通识教育核心课程,学生在三、四年级可选择文、理、工等不同专业。学校实施小班化教学,注重研讨式学习,鼓励学生参与科学研究。在校师生比将控制在 1∶8,每个学生都会配有一名导师,指导学业和人生。

除了知识结构和创新能力,学生最大的竞争力在于他们的国际视野,以及跨文化理解、交流、沟通、合作和竞争的能力。上海纽约大学的通识课程特别强调学科知识的交叉贯通,注重"全球化背景下的社会、科学、技术、文化、艺术的发展"和"全球视野下的中国社会演进和中国文化"教学。中国元素将是特色和重要竞争力之一。

**记者:**对于全国各地有兴趣报考上海纽约大学的学生而言,有哪些注意事项?

**俞立中:**上海纽约大学的人才培养目标和人才选拔要求具有鲜明的特色,即培

---

[①] 原载《新华每日电讯》2012 年 10 月 16 日,记者许晓青、仇逸。

养具有国际视野、勇于探索创新的国际化人才。那些适应国际大都市竞争环境、向往走向世界、渴求新知识、勇于挑战新事物的学子，是理想的候选人。

申请上海纽约大学的学生必须参加高考，但学校不是简单根据高考成绩决定是否录取。我们会综合考虑学生的中学学业成绩、高考成绩、综合素质，来决定录取哪些学生。求知欲、亲和力、学习能力、适应能力、交流能力、心理素质、团队精神、表达能力、行为道德、英语能力等都很重要。

至于上海纽约大学的学费标准，目前正在报请物价部门批准，一经批准即会正式公布。根据初步的方案设计，内地学生每年的学费标准约 10 万元人民币。学生毕业后既可以获得世界一流大学纽约大学的学位，又可以获得上海纽约大学的学位和毕业证书。

上海纽约大学的招生计划将于近期正式公布，初步计划于 2013 年秋季招收第一届本科生 300 名，其中中国内地学生超过 150 名。

# 中外合作办学新尝试①

从去年教育部批准筹建到日前教育部正式批准成立,一年半时间,上海纽约大学终于慢慢"成形"。近些年,中外合作办学不断升温。根据教育部数据,国内的联合办学机构和项目已经从十年前的712个增加到现在的1594个。作为中国第一所具有独立法人资格的中美合作大学,上海纽约大学被寄予厚望——成为中国高等教育改革的先锋。然而也有质疑声指出,靠联合办学机构推动内地的大学改革并非"良策",作用也极有限,根本还应从现在的制度入手。

就此,本报专访了上海纽约大学校长、华东师范大学原校长俞立中,他指出,不管是不是倒逼策略,上海纽约大学从理事会管理架构、招生方式、培养模式、课程体系、学生服务到教师选拔机制,都体现了创新的理念,地方政府在启动阶段也给予了大力支持。

## 政府投入、理事会管理

**《21世纪经济报》:** 上海纽约大学的前期投入由谁负责?

**俞立中:** 上海纽约大学的硬件建设,无论是土地还是建筑,都得到了浦东新区的全力支持。市政府通过教委提供了启动经费。学校将来的运行经费有三个主要来源:学费(包括本科生、研究生、高端培训)、社会募集资金和政府支持,前期必须依靠政府的支持,正常运作后,最重要的是向社会募集资金,在全球集资。

对我们来讲,压力最大的是怎么建设成一所国际化、高水平的学校,否则很难吸引社会资金,而如果我们没这个能力,学校就很难成长。因此我们必须要有一流的生源和师资力量,也必须把学校控制在很小的规模。我们办这所学校的初衷并不只

---

① 原载《21世纪经济报》2012年10月31日,记者姚建莉。

是多设立一所大学,而是希望真正能够在高等教育领域进行新的探索。

我们计划第一年招 300 名学生,151 名中国学生,149 名国际学生,未来学生的构成也是按这样的比例。国际学生按纽约大学的收费标准,每年 5 万美金左右;对于内地学生,因为有政府的投入,学费在每年 10 万元人民币左右,差价可以被视为补贴,当然我们还在等物价局批准。

《21 世纪经济报》:但作为具有独立法人资格的中外合作大学,将来是否必须要筹建基金会来募集资金?

俞立中:对,我们已经在筹建基金会,可以提供奖学金支持优秀学生完成学业。目前,已经有社会人士,包括纽约大学的校友,对这种模式有兴趣,明确表示愿意捐赠。

《21 世纪经济报》:在目前的资金来源条件下,上海纽约大学的办学自主权如何体现?

俞立中:上海纽约大学是《国家中长期教育改革和发展规划纲要(2010—2020年)》颁布后获得批准的第一个中外合作办学项目,作为部市共建"国家教育综合改革试验区"的重要内容,办学自主权是其中一项。

首先,我们是理事会领导下的校长负责制,理事会成员由中美双方各四人组成,中方包括华东师大校长等参建各方的代表,美方包括纽约大学校长等。这样的架构要求我们做任何决策时中美双方都必须有高度共识,这也是我们在制度上深入考虑的结果。另外,在学生选拔、培养模式、课程体系、师资招聘、学生服务等各个方面,都有一些改革的思路和措施,借鉴了国际一流大学的经验,也考虑到了中国元素,因为我们的学生和老师来自世界各地,也希望多了解中国社会和文化。

综合这些方面,上海纽约大学的办学自主权主要体现在,校长不是教育部或者上海市政府任命的,而是由华东师范大学推荐,常务副校长由纽约大学推荐,都需要通过理事会讨论确定;办学的重大决策,也是通过理事会确定的。

## 创新"三位一体"招生模式

《21 世纪经济报》:但是现在招生方案要报教育部批准,是纳入现有的高等教育管理体系的,而且"三位一体"招生在中国很多高校都已经存在,上海纽约大学的自主性在哪里?为什么要建立这样一所中外合作大学来体现改革呢?

俞立中:每个学校都有自己的人才培养目标,因而学生评价的标准会是不同的。从形式上看,高中表现、综合素质、高考成绩"三位一体"自主招生方式已经有了,但这只是方式上的相同而已,关键在于招什么样的学生。事实上,尽管对高考的批评很多,但社会公众的认识也不尽一致。还有人觉得,没有高考会堵死一大批农村孩子进城学习的唯一通路。

但不管什么学校,如果只是根据高考成绩高低来选拔学生,就产生了问题。中国高等教育的良性发展,应该是办学模式、人才培养模式的多元化,因为社会需求是多样化的,学生个体特征也是多样化的。应该根据学校的培养目标,有不同的评价标准;通过多元化的培养模式,满足社会的需求,给学生提供更多的选择。上海纽约大学只是为学生提供了更多的选择机会,当然我们也是选择适合学校培养目标和模式的优秀学生。

我们不是用考试的办法,而是根据学生的申请材料来识别,并通过校园日的形式来考查他们的性格、志向、能力等那些考试看不到的东西,这是和一些高校自主招生不同的地方。我们的培养目标是高素质的国际化人才,要求学生有国际视野,有远大的志向,对新事物、新挑战有兴趣,具有跨文化沟通、交流、理解、合作的能力,而不只是简单地考查智商。

《21世纪经济报》:但这样优秀的学生也可以直接出国,上海纽约大学的优势在哪里?

俞立中:当然会有学生选择直接出国留学,招生就是一个双向选择的过程。但我相信有不少优秀学生还是希望选择落脚在上海,又能够有机会到世界各国去学习。这样的学习模式,无论从生活上还是文化上,可能更具吸引力。同时,学生参加了高考,会有更多的选择机会,上不了上海纽约大学,照样可以去其他学校。

《21世纪经济报》:这是属于提前批次招生?

俞立中:也不完全是,我们的形式是多样的。比如说,在校园日中确实各方面表现很优秀的学生,我们可以跟他签订协议,只要他高考成绩上一本线,我们就录取他。这方面的自主招生方案还在等批文下来，但我们前期进行了充分的沟通。

一些学生的中学表现、综合素质我们都基本认可，但通过校园日活动难以确定，就再看最后的高考成绩。总体是以我们的标准为主，再参考高考成绩，而不是以高考成绩来拉线，我们的底线就是高考成绩达到一本线，成绩低于一本线的学生不会招。

## "小班化教学"培养模式

**《21世纪经济报》**：除了招生模式之外，上海纽约大学的培养模式是怎么安排的？

**俞立中**：首先是本科实行通识教育模式，特别强调核心课程构架的跨学科和全球视野；其次，坚持1：8的师生比，采用小班化教学，讨论和探究式的学习；其三，以学生为中心的管理和服务，每个学生都有学业导师，鼓励学生参与科学研究，为学生提供各种实习体验的机会；其四，所有学生都有1至3个学期的海外学习机会，共享纽约大学全球教育体系。

**《21世纪经济报》**：为什么在中国其他大学不能做这样一个创新呢？

**俞立中**：因为我们是一张白纸，容易做尝试。有些课程纽约大学也想推出，但不那么容易，改变传统习惯是痛苦的。

其实，很多先进理念的课程或课程体系都是可以引进的，但如果在教学模式上不作改变，没有真正实现以学生为中心，以学为主，就很难有实质上的进步。这个问题涉及教师、学生、社会、传统观念等各方面的因素。有些事情实际上是社会问题在教育系统中的体现，光靠学校内部的改变是不行的。如中学推进素质教育替代应试教育，也许校长愿意，老师也愿意，但家长未必都愿意。高考指挥棒是一个因素，大众观念也是一个因素，这是个系统性的问题。

从这个意义上讲，上海纽约大学的空间很大，有改革和探索的动力。今天，我们必须正视这个老问题，即中国的高等教育尚未真正把学生放在中心地位，还是以传统的教授方法为主。

**《21世纪经济报》**：上海纽约大学的教师选拔机制是怎么样的？

**俞立中：**按照双方合作协议，我们都赞同上海纽约大学的教师标准要高于纽约大学的平均水平，40％的教师是上海纽约大学向全球招聘的，40％的教师来自纽约大学（已经有 200 名左右的纽约大学教师表达了这个意愿），另外 20％是与华东师大（或者是国内其他高校）兼聘的。教学标准和质量由纽约大学负责。

**《21 世纪经济报》：**纽约大学的老师为什么要过来？动力是什么？

**俞立中：**待遇是一个方面，但最大的动力还是对中国的兴趣。中国是当今世界经济的一个重要增长极，有很多经验和问题可以探索；中国文化是世界多元文化的重要组成部分，很值得亲身体验和观察。上海是一个国际大都市，很多人也会喜欢这里的生活环境。同样重要的是，这里有一批有理想抱负、有学习动力的优秀学生。

从学校角度来讲，两个"母校"，都把自己与上海纽约大学绑在了一起，纽约大学在部署全球教育体系时，将上海纽约大学看成是其一部分，华东师范大学更希望通过这种方式来推动自身的发展和改革，所以这是上海纽约大学得天独厚的条件。

# 国际化与本土化的调整①

**国际教育交流协会(以下简称国教协会)**:请谈谈办学背后的故事,如理念的产生、思想的碰撞、遇到的困难、深刻的小故事。

**俞立中**:华东师范大学与纽约大学之所以能够合作建立上海纽约大学,进行这样一种高等教育国际合作的创新探索,主要是因为两校有着共同的发展理念以及深厚的合作基础。

多年来,华东师范大学把"国际化"作为学校发展的战略路径之一,大力推进与国外一流大学的交流与合作,并且在校园内建立了"国际教育园区",吸引了一批国外知名高校和国际教育机构在此设立海外教学中心或总部办公室。学校还通过拓展内涵、开发全英语授课的课程,积极吸引国际留学生来校学习。去年来华东师范大学学习和交流的留学生人数已超过 5 000 人。同时,学校也特别重视本校学生和教师的国际化培养,努力开拓不同类型的合作模式,除了研究生联合培养和海外交流外,还积极为本科生出国学习创造机会,计划在近期把本科生赴海外高水平大学交流学习的人数比例提高到 25%。近年来,学校从海外引进教师 200 多名,并且要求青年教师在入职 5 年内至少有 1 年时间在海外学习或工作,开阔视野,提升能力。

这样的"国际化"发展战略,与纽约大学近年来建设"全球教育体系"(Global Network University)的理念可以说是如出一辙。纽约大学是美国规模最大的私立大学,也是近年来美国上升最快的大学之一,同时还是第一所提出建设全球教育体系的大学。纽约大学强调教师、学生以及教学资源可以在全球范围内流动和共享。至今,已经在全球十几个大城市建立了海外学习中心或校园,如伦敦、巴黎、佛罗伦萨、悉尼、马德里、阿布扎比等。

在亚洲,纽约大学选择把这个海外中心落在上海,建在华东师范大学。2006 年,

---

① 本文为 2012 年 10 月俞立中接受国际教育交流协会的采访,标题为编者所加。

经过两校的充分协商,纽约大学在华东师范大学设立了纽约大学上海中心,每学期派送一定数量的教师和学生到华东师范大学授课和学习,双方共享教学资源。这些年来,纽约大学来华东师大学习的学生数从最初的每学期18人发展到现在的200人左右。在此基础上,2008年6月,纽约大学提出想要在上海建立纽约大学分校的设想。但根据中国相关的法律规定,国外大学目前不能在中国开设分校。通过双方的积极沟通,形成了通过两校合作办学的方式建立一所中美合作大学的意向。最终,经过与教育部、上海市教委等相关教育主管部门的沟通,我们确立了纽约大学和华东师范大学合作建设一所具有独立法人地位的上海纽约大学的方案。

当然,合作建立一所新的大学比建立一个海外学习中心要复杂得多。就像纽约大学校长约翰·塞克斯通在学校成立仪式讲话中所说,"从某种程度上来说,上海纽约大学就是我们共同的孩子,而这个建立的过程是漫长的,甚至伴随着痛苦"。我们从2008年提出建立上海纽约大学的设想,双方就展开了深入的讨论。2011年1月17日,教育部正式批准筹建上海纽约大学。2012年9月22日,教育部正式批准华东师范大学与美国纽约大学合作设立上海纽约大学。这个过程确实是漫长的,其中也会有因为中美教育观念、文化传统、社会制度的不同导致的相互不理解。更何况,上海纽约大学是一项新的探索,肯定会遇到各种各样新的挑战,需要我们不断地去探索。但是,双方有一个共同的愿望,那就是要把上海纽约大学办起来并且办成功。所以在这个过程中,沟通是关键,包括双方的沟通、与相关教育主管部门的沟通、与社会各界的沟通等。

**国教协会:**请介绍一下上海纽约大学,包括办学理念、招生、人才培养模式、师资、创新性等。

**俞立中:**上海纽约大学的建设是贯彻落实《国家中长期教育改革和发展规划纲要(2010—2020年)》精神,推进高等教育国际化的重大创新举措,也是教育部和上海市共建"国家教育综合改革试验区"的重要内容。作为"高等教育国际合作示范改革的试验田",我们的目标是在较短的时间内建设一所世界级的、多元文化交融、文理工学科兼容的研究型大学,努力成为全球化进程中不同文化交流和教育合作的典范。为了实现这一目标,真正体现上海纽约大学的质量和特色,学校会努力建设一流的师资队伍、一流的课程体系、一流的人才培养模式。

上海纽约大学的师资将由三部分组成：上海纽约大学独立招聘的教师（约占40%），与纽约大学联合聘用的教师（约占40%），来自其他一流大学的兼职、客座教师（约占20%）。目前，上海纽约大学正在面向全球招聘一流的师资，其标准要高于纽约大学的平均水平。同时，已经有近200名纽约大学的知名教授表达了愿意来上海纽约大学任教的意愿，这其中包括诺贝尔奖获得者。

上海纽约大学在本科教育阶段将推行通识教育的模式。学生前两年主要以学习"核心课程"为主，包括科学、数学、写作、语言、社会和文化基础等内容。通过"核心课程"的学习，学生可以打下一个坚实的文理基础，培养跨学科分析和思考的能力，同时更进一步找到自己的兴趣所在，选择适合自己的专业。上海纽约大学的课程设置是以纽约大学的课程体系为基础，吸纳了其他一流大学的精华，并融入了中国社会和文化的元素，体现了课程体系的全球视角、多元文化融合和多学科交叉的特色。

同时，在招生方式和人才培养模式上，上海纽约大学也希望进行一些新的尝试和探索，同时要满足上海纽约大学的人才培养目标，即培养具有全球视野、勇于探索创新的国际化人才。

上海纽约大学将于2013年招收首届本科生300名，其中中国内地学生151名，国际学生149名。国际学生的招生会按照纽约大学的标准和招生方式进行，并且要高于纽约大学的平均水平。面向国内学生的招生方式，将会是对学生综合素质的全面考查，包括高中学业与表现、综合素质、高考成绩等。上海纽约大学希望招收的是那些适应国际大都市节奏和竞争环境、向往走向世界、渴求新知识、勇于挑战新事物、适应能力强、善于和不同文化背景的人沟通交流合作、学业优秀的学生。

在人才培养上，上海纽约大学最大的特色也是"国际化"。除了上面提到的国际化的师资队伍、学生群体、课程体系等，我们还会为学生构建一个国际化的学习环境。就像纽约大学校长约翰·塞克斯通所讲的，"我们要把世界带进课堂，把学生带出教室、带向世界"。我也非常赞同他的这一观点。我们会以纽约大学全球教育体系为依托，为学生提供多元文化和社会体验的机会，拓宽学生的全球视野。在上海纽约大学，本科生在4年学习期间可以有1—3个学期到纽约大学全球教育体系中的其他校园或学习中心学习，这就要求学生可以快速适应新的环境，并且能够在这种多元文化的碰撞中激发自己学习的动力和灵感。同时，上海纽约大学小班化的教学、高师生比、导师制、学生服务体系等也将全面体现以学生为中心的培养理念。

**国教协会：**你对中外合作办学的国际化和本土化有哪些思考？

**俞立中：**高等教育的办学模式应该是多元化的，而中外合作办学只是多元化模式中的一元。一方面，社会对人才的需求是多元化的，不同的行业和岗位需要不同类型、不同层次、不同技能的人才；另一方面，学生的个性、能力、兴趣也不尽相同，有不同的志向和目标，适合不同的培养模式。所以，无论从社会需求还是个人发展的角度来看，高等教育的发展一定要多元化，这种多元化会体现在办学模式、人才培养模式等各方面。为了实现这种多元化的发展，我们应该鼓励对教育改革的不同探索，中外合作办学就是其中一种尝试和探索。

中外合作办学的发展，也是顺应了高等教育国际化的趋势。随着经济全球化进程的不断加快，大学的发展更需要立足于国际高等教育的平台；人才培养的目标更应该考虑如何适应全球化时代的需要。对中国来讲，还有一个重要原因，就是通过引进国外优质教育资源，促进我国高等教育的改革和发展，推动人才培养模式的改革。通过中外合作办学，我们可以学习和借鉴世界一流大学的办学理念和人才培养经验，更好地审视我们自身的发展，推动我们的教育改革。

当然，作为高等教育改革的全新探索，中外合作办学并不是对国外大学的全盘复制。中外合作大学既要是一所国际化的大学，也要是一所中国的大学。除了顺应高等教育国际化的发展趋势和全球化时代对人才培养的需求，中外合作办学也要结合中国的实际情况，在办学模式、人才培养模式、课程体系等方面进行改革，吸收中国高等教育的精华，满足中国社会经济的发展对人才的需求。

**国教协会：**作为一所中外合作建设的大学，上海纽约大学面对的国际化和本土化的主要问题和挑战是什么？有专家指出，引进"原汁原味"应该是合作办学的本意，一开始应暂时抛开本土化，先走国际化。上海纽约大学在这方面如何执行，是国际化与本土化并行呢，还是在不同的阶段两者轻重不同？在第一阶段，选择国际化还是本土化呢？如何去实现两者的平衡？

**俞立中：**上海纽约大学是一所国际化的大学，师资队伍是国际化的，学生群体也是国际化的。当然，课程体系也是国际化的，要吸纳世界各国的先进教学理念和内容。我觉得,所谓的国际化就是要强调全球视野,强调多元文化的融合。本土文化是世界多元文化的组成部分,完全应该融合在国际化的办学理念中。作为一所立足中国土地和文化背景的国际化大学,应该成为中国学生乃至公众了解世界、了解教育国际化的窗口,也应该成为世界各国的学生和教师了解中国、理解中国社会和文化的窗口。

上海纽约大学就是要引进国际优质教育资源,培养国际化的创新人才,助推中国高等教育改革。无论我们做什么、怎么做,都不能忘记这个宗旨。优质教育资源扎根中国的土壤,尽管在这个过程中必定会有适应、补充和调整的机制,但绝不是去迎合现有的办学体制和教育环境,这不是改革的愿望。我们需要的是耐心观察和体验,更需要冷静地思考,而不是急于去本土化。优质教育资源在中国扎根,当然会加入中国元素,这也是世界各国学生要到上海纽约大学来学习的重要原因之一。但我认为,本土元素和本土化不是一个概念。教育和文化都是一个潜移默化的过程,来不得急功近利。如果都没有真正看明白、想清楚"利"和"弊",急于实现所谓的"本土化",很可能会本末倒置了。

**国教协会:**俞校长,可否分享一下您现在的心情,从筹备建学到如今正式揭牌并即将迎来第一届学生,这个过程中也许有质疑的声音,更有支持的声音,最让您难忘或感动的是什么? 从华东师范大学这个中国的综合性大学的"旧校长"到上海纽约大学中外合作的国际性大学的"新校长",您如何体验这种角色转换? 从一名校长或者一个领导者的角度,您觉得在国际化与本土化上需要作怎样的调整? 您对这个新身份的期待是怎样的?

**俞立中:**对于一个新生事物,肯定会有不同的理解或意见,听到不同的声音是正常的,包括质疑。但事实上,我们听到的大多是鼓励和期待。我想,高等教育改革和发展是大家的愿望,而中外合作办学可能会起到特殊的作用。筹建一所新型体制的新大学,是一个各方沟通、相互理解、取得共识的过程。最让我感动和难忘的是,无论我们碰到什么困难和分歧,中美双方的理想和愿望始终没有动摇,一直充满激情地在努力着。教育部和上海市领导高度重视和大力支持上海纽约大学的建设,对办学体制和培养模式的创新给予了积极的鼓励。浦东新区更是付出了实质性的支持和帮助。我充分意识到,所有的鼓励和支持是基于对上海纽约大学这项探索的认识,这是推进高等教育体制创新的尝试,也是服务上海经济社会发展战略需要的举措。建设上海纽约大学,对引进优质高等教育资源,进一步完善高等教育结构布局,提升上海高等教育的国际化水平和国际竞争力,具有重要意义;建设上海纽约大学,对扩大教育开放,吸引更多全球高端人才和优秀青年,打造上海国际人才高地,具有重要意义;建设上海纽约大学,对利用纽约大学等世界一流大学的学科优势,构建教育科研等合作平台,服务上海建设国际化大都市和"四个中心"的战略目标,具有重要意义。

角色转换对我而言是一个很大的挑战。上海纽约大学不是一所现成的大学,也不是一所传统体制的大学,需要我们勇敢地探索,很多事情对我们来讲也是全新的,每前进一步都要大家努力推动。我对我们团队说,上海纽约大学的建设过程中发生的任何事情大家都不要觉得奇怪。因为我们是在做一项新的探索,会遇到很多意想不到的挑战和问题。我们必须以好的心态去面对各种各样的挑战。我们的责任就是解决问题。

想想 30 多年前中国经济改革开放之初,哪一件事是顺顺当当的? 对哪个新事物一开始就有共识的? 应该理解有不同的意见,尽管我们要努力说明真相,当然更重要的是用结果来证明。我们需要社会公众真正理解创办上海纽约大学的意义,了解实现改革目标的艰难;让考生真正了解学校的培养目标,明确他们的努力方向。面对教育部和上海市政府,我们要让领导相信这所大学能达到高质量,不让大家失望。在发展进程中,肯定会有与现有制度冲突的地方,随时可能发生一些新的问题,需要我们去积极应对。

建校之初,作为一所中外合作的国际化大学的校长,除了有责任让社会各界理解这所大学的目标和宗旨外,更重要的是确保国际优质教育资源的引进和扎根,包括办学理念、师资队伍、培养模式、课程体系、管理体制等;同时,又需要认真审视和思考这些内涵在本土环境下的成长和发展。也许这就是所谓的国际化和本土化的关系。这些都需要我认真去学习和体验,需要我努力与来自世界各国的教师、学生、管理者去沟通、交流、理解、合作。任重道远……

# 高等教育的多元化发展[①]

**《教育观察》：**俞校长曾多次提到高等教育的多元化发展，我们也很关注上海纽约大学面向国际化的多元人才体系的建设，期待您能进一步说明。

**俞立中：**中国高等教育未来的发展趋势一定是多元化的，这是社会对人才需求的多元化所决定的，也是学生个性、追求、兴趣的多元化所决定的。首先，社会经济发展需要不同层次、不同类型、不同专业特长的各类人才，要求高等教育在办学模式和人才培养上体现多元化，满足不同需求。其次，由于学生个体的差异，追求目标的不同，需要有适应不同类型人群的培养模式，给学生更多的选择。

随着全球化进程的加快，高等教育要积极应对全球化时代的挑战，努力培养具有全球视野，具有跨文化沟通、交流、理解和合作的意识和能力的创新人才。

上海纽约大学作为我国第一所中美合作的国际化大学，是对新的办学模式的探索，也是中国高等教育多元化发展中的一项尝试。作为纽约大学全球教育体系的组成部分，上海纽约大学的一个重要特色就是"国际化"。我们的目标是要建设一所世界级的、国际化的研究型大学，培养国际化的创新型人才。国际化将体现在学校的办学理念、师资队伍、学生群体、课程体系、培养模式、管理体制等各方面。师资招聘和学生招收都是面向全球展开的，并且是以不低于美国纽约大学平均水平的标准。在课程体系上，我们在纽约大学课程体系的基础上进行了设计和改进，着重体现全球化背景下多元文化的融合，也融入了中国社会与文化的元素。人才培养也是放在国际教育的背景中，学生在四年学习期间有 1 到 3 个学期的机会到纽约大学全球教育体系分布在世界各个大都市的其他校园或学习中心学习，与纽约大学分布全球各地的师生进行互动和交流，在获取海外体验的同时，树立国际化的视野，培养跨文化沟通合作的能力。这也是应对全球化时代挑战所必须具备的能力。

---

[①] 原载《教育观察》2012 年第 9 期，记者黄竞。标题为编者所加。

《教育观察》：上海纽约大学录取学生的中外专家评委会面临着中外学者教育观点的差异，那么学校将如何降低这一差异带来的影响？

俞立中：在收到学生提交的入学申请材料后，学校会对材料进行审核和评估。我们会成立一个专家委员会，由上海纽约大学、华东师范大学和美国纽约大学三方人员组成，评价和选拔适合到上海纽约大学来学习的学生。对于符合上海纽约大学招生理念和基本条件的学生，我们将组织校园日活动，通过多种形式全面考查学生的综合素质。虽然这个委员会有来自中外不同文化和教育背景的专家，但是大家的目标是一致的，那就是招收最适合上海纽约大学的学生。而且正是因为有着不同的文化和背景，所以他们可以从不同的角度对学生进行考查和全面的评估，选择真正适合上海纽约大学培养目标和培养模式的学生。这也是为什么我们会组成这样一个国际化的专家委员会。

《教育观察》：您之前提到上海纽约大学的办学原则是设置纽约大学最强的学科专业去培养中国急需的人才，您觉得如何平衡国外一流大学的专业培养理念与国内急需的社会人才要求的差异？

俞立中：上海纽约大学在专业设置上有这样两个基本原则：一是要选择纽约大学在国际领先的优势学科；二是要适应中国和上海经济社会发展的人才需要。目前已经决定设置的专业基本符合这些原则。因为上海纽约大学的本科教育将实行通识教育模式，学生在三、四年级可以选择自己喜欢的专业。从国际化创新型人才培养的目标来讲，我认为这两者可以是一致的。中国正在走向世界，在这个进程中需要大批具有全球视野，善于与不同文化背景的人群沟通、交流、合作的国际化人才。很多一流大学都考虑了这个趋势，但纽约大学作为第一个尝试建立全球教育体系的大学，在这方面走得更快一点。所以在学科发展和人才培养上具有明显的国际化特征。当然，我们对纽约大学优势学科的引进也不是简单的复制，而是根据上海纽约大学的人才培养目标，进一步完善了课程体系和培养模式。

《教育观察》：据报道，诺贝尔奖得主极有可能来上海纽约大学任教，那么学校主要是希望其带来前沿的理念还是培养创新型人才？

俞立中：上海纽约大学会以高于纽约大学平均水平的标准面向全球招聘优秀师

资,也会以与纽约大学联合聘用的形式,聘请纽约大学的教授来上海纽约大学任教,这其中包括诺贝尔奖的得主,也包括美国国家科学院院士、美国艺术与科学院院士等知名教授。除此之外,上海纽约大学的学生也可以通过各种平台与纽约大学全球教育体系中的师生进行交流和互动。

通过这样的方式,我们首先是希望给学生带来学术上的熏陶和激励。能够与诺贝尔奖获得者近距离交流和学习,对学生来说是非常难得的经历,相信这样的交流和学习也可以最大限度地激发学生学习的灵感和动力。同时,我们希望把学生的视野打开,让他们走出教室,与来自世界各地的不同文化背景的人群交流与合作,站在世界的平台上去思考和学习。

《教育观察》:已有专家明确表示期待上海纽约大学的"辐射效应"和"鲶鱼效应",您如何看待上海纽约大学对中国高校的学术共同体的推动作用?

俞立中:上海纽约大学是国家教育体制改革的试点项目之一,也是教育部和上海市共建"国家教育综合改革试验区"的重要内容,是"高等教育国际合作示范改革的试验田",对于中国高等教育的改革以及高等教育的国际化合作会有一定的借鉴意义。但正如我前面所讲的,中国高等教育的改革和发展需要新的探索,需要多元化的模式,而上海纽约大学只是其中的一种探索和尝试。对专家和媒体提到的"辐射效应"或者"鲶鱼效应",这一点我是认可的。我们希望在我们的探索过程中,不管是遇到问题也好,还是总结经验也好,至少能够为中国的高等教育改革带来一些启示。

# 高水平、国际化、创新型大学①

《科技日报》："上海纽约大学是教育部批准的独立设置的第一所中美合作的大学"，请问这个如何理解？

俞立中：我想这句话包含了三个概念：一是"教育部批准"，上海纽约大学是教育部批准设立的一所中外合作办学机构，是一所依法设立的大学；二是"独立设置"，上海纽约大学具有独立法人资格，具有学位授予权，可以颁发自己的学位证书和毕业证书；三是"第一所中美合作大学"，上海纽约大学是第一所由中美两国的高等教育机构合作成立的大学，也是中国"985 工程"院校和美国一流大学的首次合作办学。同时，作为《国家中长期教育改革和发展规划纲要（2010—2020 年）》颁布后教育部正式批准的第一所中外合作办学机构，上海纽约大学也是国家教育体制改革试点项目之一，是教育部和上海市共建"国家教育综合改革试验区"的重要内容。

《科技日报》：有网友说，"每年十万元的学费还不如直接选择出国读书"，请问您怎么看？您觉得贵校的优势是什么？

俞立中：首先，作为纽约大学全球教育体系的一部分，上海纽约大学的学费标准与美国纽约大学是一致的，即每年 4—6 万美元。但上海纽约大学会为中国高考考生提供专门的助学金，获得该助学金后，中国高考考生的学费初步确定为每年 10 万元人民币（待市物价局批准）。另外，学校还会提供奖学金，支持优秀学子完成学业。学校已经开始了全球范围内的募捐筹款工作。

在上海纽约大学，学生得到的是独一无二的教育机会。这样一种机会可以用几个关键词来概括，即"高水平""国际化""创新型"。上海纽约大学的目标是建设一所世界级、高水平的研究型大学，培养更多的国际化创新型人才。为了达到这一建设

---

① 原载《科技日报》2012 年 10 月 19 日，标题为编者所加。

目标,首先我们会建设一流的师资队伍、一流的课程体系、一流的人才培养模式。我们会面向全球以高于美国纽约大学平均水平的标准招聘师资,也会以联合聘用的形式请纽约大学的知名教授来学校执教,其中包括诺贝尔奖获得者。我们的课程体系以纽约大学的课程体系为基础,是一种文理兼容的博雅教育课程体系,同时体现了上海纽约大学的特色以及多元文化的融合。我们在人才培养方面将以纽约大学全球教育体系为依托,构建全球化的教育环境,培养学生的国际视野。另外,学校的师资队伍、学生群体、学习环境是非常国际化的,我们希望站在国际高等教育这个大的平台上去思考和探索。因为未来社会是一个高度全球化的社会,我们的人才培养也要适应这样一种全球化的趋势。所以上海纽约大学的学生需要有国际化的视野,需要具备与来自不同文化背景的人交流、沟通、合作的能力。同时,上海纽约大学作为"高等教育国际合作示范改革的试验田",会在课程体系、人才培养模式等方面进行有益的创新和改革,并着重培养学生的创新能力。

《科技日报》:现在中外合作办学的形式已经不算新鲜,请问您认为这种教育模式会给从小接受传统教育的中国青少年带来哪些影响?

俞立中:与传统的教育模式相比,中外合作办学是一种新的办学模式,也是一种新的探索和尝试。首先,这样的模式对于引进国外优质教育资源、推进我国高等教育的改革和发展是有益的,可以把我们的高等教育放在一个国际化的平台上去更好地审视自己,学习国外先进的办学经验,推动自身的发展。同时,这样的办学模式也为学生提供了更多的选择和机会。不同的学生适合不同的培养方式和学习环境,中外合作办学的模式会特别适合那些希望走向世界、勇于接受挑战的学生,可以让他们获取更多的国际体验,更好地适应当今日益全球化的社会。比如在上海纽约大学,学生可以与纽约大学全球教育体系中的师生交流与合作,可以到纽约大学遍布全球的其他校园和学习中心学习和生活,这样的国际体验将会是他们教育经历中很重要的一部分。就像纽约大学校长约翰·塞克斯通所讲的,"现代社会要求教育把世界带进课堂,把学生带出教室、带向世界"。我也非常赞同他的这一观点。我想,这也是中外合作办学可以给年轻一代带来的最重要的东西。

《科技日报》:中外合作办学有很多优势,但学生和家长能否接受这样的教育可能是未来发展会遇到的问题,请问您觉得我们对这种新的教育模式报以信心的同时,还应该有何思考? 未来的中国教育模式会是怎样的? 这种模式会不会依旧小众?

俞立中: 中国高等教育的未来发展应该是多元化的,这种多元化会体现在办学模式、人才培养模式、课程体系建设等各个方面。而中外合作办学只是中国高等教育多元化办学模式中的一元,也是一种新的探索和尝试。因为社会对人才的需求是多元化的,高等教育的发展需要满足社会对不同类型人才的需求;而学生的性格、能力、兴趣、追求是多样化的,高等教育应该提供适合不同人群的培养模式和培养目标,体现其多样性。但是,无论是什么模式、什么探索,中国高等教育的发展都应该有国际视野,这是由当今世界日益全球化的发展趋势决定的。

# 在多元文化的碰撞中激发学习的动力和灵感[①]

《金融时报》：上海纽约大学是由华东师范大学与纽约大学合作建立的，这种合作关系是如何慢慢发展起来的，您能介绍下具体的来龙去脉吗？

俞立中：2006 年 2 月，经过双方的充分沟通、协商，纽约大学在华东师范大学校园设立海外学习中心，每学期派送一定数量的教师和学生到华东师范大学授课和学习，共享教学资源。这个项目得到纽约大学学生的青睐，从最初的每学期 18 人发展到现在的 150 至 200 人。在此基础上，2008 年 6 月，纽约大学提出了合作设立上海纽约大学的意向，得到华东师范大学的积极响应。基于两校合作的基础，特别是两校共同的发展理念，即华东师范大学"推进国际化进程"的发展战略与纽约大学建设"全球教育体系"(Global Network University)的理念，双方就合作举办上海纽约大学展开了积极的交流和沟通，并于 2011 年 1 月 17 日获教育部正式批准筹建上海纽约大学。双方继而组建了专门的联合工作团队，建立了有效的工作机制，扎实推进各项筹建工作。2012 年 9 月 22 日，教育部正式批准华东师范大学与美国纽约大学合作设立上海纽约大学。2012 年 10 月 15 日，上海纽约大学成立仪式举行。

《金融时报》：您在与纽约大学方面的合作中，有没有感受到一些东西方办学理念上的差异？具体体现在哪些方面？

俞立中：华东师范大学和纽约大学之所以能够达成合作，主要是因为双方有着共同的理念，那就是高等教育的发展要顺应当今全球化的趋势，培养国际化的人才。对上海纽约大学来说也是如此。所以从办学理念上讲，东西方大学都意识到了全球化给高等教育的发展带来的机遇和挑战，也都在积极地探索如何应对这些挑战的措施。当然，中美两国在文化、教育传统、国情等许多方面都存在着差异，所以对一些

---

① 原载《金融时报》2012 年 10 月 23 日，标题为编者所加。

具体问题的认识也会不同。比如在人才培养模式上，国外的大学更注重发展学生的个性；在教学模式上更强调以学生为中心，倾向于互动式和讨论式的学习；在课程设置上更重视文理通识课程，体现学科交叉融合。而这些也正是中国高等教育需要借鉴和学习的。

《金融时报》：同样是中外合作，上海纽约大学与其他高校的中外合作项目，如上海交大密西根学院、西交利物浦大学等，在合作方式上有什么异同？

俞立中：中外合作办学是高等教育多元化办学模式中的一种，也顺应了高等教育国际化发展的趋势。不同模式的中外合作办学或中外合作项目，都是在各自的办学理念和目标推动下进行的探索和尝试。在学校定位、培养目标、培养模式、课程体系和合作方式等各方面都会有不同的地方。上海纽约大学依托华东师范大学和纽约大学这两所高水平大学，而两所母体大学给予了实实在在的、全方位的、强有力的支持。正如前面所提到的，两所学校有着深厚的合作基础和共同的发展理念，并且都希望通过上海纽约大学这个平台对高等教育的改革和发展进行一些有益的探索。

《金融时报》：上海纽约大学的官方微博公布了对中国学生的招生要求，那么针对剩下 49％ 的国际学生，招生标准与美国纽约大学的标准有什么区别？具体体现在哪些细节上？

俞立中：上海纽约大学对中国学生的招生方案还没有最终公布，你提到的招生要求只是我们希望招收的学生应该具有的一些品质或特质。那些适应国际大都市节奏和竞争环境、向往走向世界的人生、渴求新知识、勇于挑战新事物、适应能力强、善于和不同文化背景的人沟通交流合作、学业优秀的学生是上海纽约大学理想的候选人。

对于国际学生，我们也希望他们拥有同样的特质并且渴望探索中国的社会和文化。在国际学生的招生程序上，基本按照纽约大学的招生方式，但是会以高于纽约大学平均水平的标准进行。另外，我们的国际学生是面向全球招收的，不会特别倾向于某一个国家，所以在学生组成上会比纽约大学的学生群体更国际化。

《金融时报》：上海纽约大学在吸引国际学生方面有没有进行什么具体的宣传方式？

俞立中：目前，上海纽约大学针对国际学生的招生宣传也是与纽约大学同步进行的。我们与美国纽约大学以及纽约大学阿布扎比校园共同组建了一支专门的招生团队，负责纽约大学全球教育体系在美国及美国以外地区的招生工作，其中有专人担任上海纽约大学的全球招生顾问。同时，我们上海纽约大学的招生部门也有负责国际学生招生工作的同事。在宣传方式上是多种多样的，比如实地的高中学校拜访及宣讲、参加国际教育展、网站宣传等。

《金融时报》：上海纽约大学的课程设置，与您所熟知的华东师范大学的课程设置相比，有什么区别？

俞立中：每所学校的课程设置都要与其人才培养的目标相一致，满足其人才培养的需求。上海纽约大学目标培养具有国际视野、能够在多元文化背景下交流与合作的创新型人才。为此，上海纽约大学充分借鉴了美国一流大学特别是纽约大学开展博雅教育的经验，在纽约大学课程体系的基础上进行了改进，并融入了一些中国元素，建立了体现上海纽约大学特色的多元文化融合的课程体系。

这个课程体系由"核心课程"和"专业课程"组成。学生在前两年以学习"核心课程"为主，包括科学、数学、语言、写作、社会和文化基础五个模块。在第二学年结束时选择专业，然后进行"专业课程"的学习。通过"核心课程"的学习，学生可以打下一个坚实的文理基础，培养跨学科分析和思考的能力，同时进一步找到自己的兴趣所在，选择适合自己的专业。在具体课程设置上，也体现了全球化、跨学科、多元化的特点，并且开设了有关中国社会和文化的课程。

《金融时报》：虽然提供助学金，但一年10万人民币左右的学费，对大部分中国家庭来说还是比较昂贵的。网络上出现了一些质疑的声音，有人称上海纽约大学为"富人学校"，对此您怎么看？

俞立中：作为纽约大学全球教育体系的一部分，上海纽约大学的学费标准与美国纽约大学是一致的，即每年4—6万美元。但上海纽约大学会为中国高考考生提供专门的助学金，获得该助学金后，中国高考考生的学费初步确定为每年10万元人民币（待市物价局批准）。另外，我们绝对不会是一所"富人大学"，因为我们选拔的是学生，而不是家庭。只要学生被上海纽约大学录取，我们会对家庭贫困的优秀学生予以支持。学校已经开始了在全球范围内的募捐筹款工作,希望通过社会的支持,保证优秀学生能够有更多的奖学金机会。

《金融时报》:常规交流项目的录取比例很低,尤其是去国外名校的交流项目,整个学校只有几个名额。而上海纽约大学能为学生提供最多三学期的全球交流,这是针对全部学生还是个别优秀学生的?

俞立中:上海纽约大学的所有学生都会有 1 到 3 个学期的机会到纽约大学全球教育体系中的其他校园和海外学习中心进行学习。因为上海纽约大学也是这个全球教育体系的一部分,所以学生可以充分利用这个体系中的所有资源,包括纽约大学遍布全球十几个城市的校园和学习中心。而且学生可以根据自己的专业和兴趣选择适合自己的地点。比如,对文艺复兴或者中世纪文化艺术感兴趣的同学可以到意大利的佛罗伦萨,对非洲社会和文化感兴趣的同学可以到加纳的阿克拉,学习金融和经济学的同学可以选择纽约大学的斯特恩商学院等。这样的机会可以说是独一无二的。我们希望学生可以快速适应各种不同的环境,并且能够在这种多元文化的碰撞中激发自己学习的动力和灵感。

# 上海纽约大学的治理模式[①]

《新世纪周刊》：作为一所非营利的大学，贵校的出资结构是怎样的？上海市政府和纽约大学分别占多大的比例？考虑到上海市可能给上海纽约大学提供的支持，上海纽约大学是否会对上海本地考生给予一定的录取倾斜？

俞立中：上海纽约大学的办学经费有三个来源：社会捐赠、学费、政府资助。纽约大学和华东师范大学作为合作方，对上海纽约大学并没有资金上直接的投入，而是其他形式的投入。在经费来源中，很重要的一部分是社会捐赠，我们也确定了一个比较高的资金筹募目标，希望可以为学校的办学提供保障。学费的部分包括本科生学费，也包括一些高端培训项目，以及未来要开展的研究生和专业学位项目的学费。同时，我们在筹建阶段以及建设初期也得到了政府的部分资助。所以总体来说，上海纽约大学会吸取社会力量的支持，建立自己的资金保障体系。在国内学生的录取上，我们第一年会在部分省市进行试点招生，这主要是因为我们的招生规模较小，同时在招生方式上也是一种新的探索，所以希望在取得招生经验后再逐步推广，并不是因为地域上的倾斜。

《新世纪周刊》：贵校在学校管理上将会采用何种模式，是否将完全按照美国大学的模式，坚持学术独立的原则，不受中国高等教育行政化的影响？上海纽约大学会不会有行政级别？贵校将如何尊重教授权利，保障学术独立？

俞立中：上海纽约大学的管理模式是理事会领导下的校长负责制。在这一点上，上海纽约大学并不算是首创，此前也有其他的中外办学机构已经采取了这样的管理模式。理事会由中美双方成员组成，各占二分之一。上海纽约大学的校长任命、发展规划、重大决策等都要经过理事会决议通过。在上海纽约大学，不管是校长

---

① 原载《新世纪周刊》2012 年 10 月 25 日，标题为编者所加。

还是其他工作人员,都有自己的职务,但这个职务不是行政级别,只是岗位和职责。上海纽约大学的教授同时也是纽约大学全球教育体系的一部分,他们跟纽约大学的其他教授一样,可以在这个全球体系自由流动,进行教学和研究。

**《新世纪周刊》**:贵校是否会像国内高校那样设置中共党委并开设思想政治教育课程?

**俞立中**:在课程设置上,上海纽约大学充分借鉴了美国一流大学特别是纽约大学开展博雅教育的经验,并在此基础上进行了改进,建立了体现上海纽约大学特色、全球化、跨学科、多元文化融合的课程体系。

**《新世纪周刊》**:贵校决定将高考作为入学的基础是出于何种考虑?贵校是否认为高考能够较好地甄别申请就读者的学习水平,还是受到中国教育部相关规定的限制?

**俞立中**:上海纽约大学是一所中美合作举办的中国大学,具有独立颁发学位证书和毕业证书的资格。所以,对中国学生来讲,我们的招生方式要符合相关法律法规的规定,要得到教育主管部门的同意。当然,我们的招生并不是仅仅基于高考成绩的高低来进行录取。我们还会考查学生的中学学业成绩和综合素质等多方面,综合评判学生是否优秀,是否适合上海纽约大学的人才培养目标和模式。另外,学生和学校之间是一个双向选择的关系,所以通过参加高考,学生也不会失去报考国内其他高校的机会。

**《新世纪周刊》**:你们如何保证通过国内外两种不同方式招收的学生都能适应上海纽约大学的教育?怎样保证上海纽约大学对海外学生具有吸引力?

**俞立中**:虽然内地学生和海外学生的招生方式有所不同,但我们的招生标准和目标是一致的,那就是招收适合上海纽约大学培养目标和培养模式的优秀学生。具体来说,我们希望招收的学生是那些适应国际大都市节奏和竞争环境、向往走向世界、渴求新知识、勇于挑战新事物、适应能力强、善于和不同文化背景的人沟通交流合作、学业优秀的学生。另外,上海纽约大学提供的是真正国际化的教育,我们的课程体系、师资构成、学习环境都是具有全球视野、体现多元文化融合的,而不是只针对某个国家或者某种文化背景的学生。所以,不管学生来自哪里,只要他是符合我们招生标准的学生,他们一定都会非常适应上海纽约大学的教育。

对海外学生来说,我认为最大的吸引力应该有两个,一是与纽约大学相同甚至更高水平的教育,二是在中国上海。纽约大学是一所世界一流的大学,不仅连续数年被评为"美国高中生最向往的大学",也吸引了非常多的国际学生。而上海纽约大学提供的教育是具有同样品质,甚至更高水平的。就像纽约大学校长说的,如果把纽约大学的全球教育体系比作一个完整的大学,那么上海纽约大学就是这所大学里的荣誉学院。同时,中国在当今全球化的社会中扮演着重要的角色,也受到越来越多人的关注。而上海作为中国的经济中心,也是很多留学生向往的地方。他们可以在这里学习中国的语言和文化,研究中国的社会和经济,获取中国体验,为自己未来的职业发展打开一扇通往中国的大门。

**《新世纪周刊》**:贵校招生面对的主要群体是什么?是否主要满足中国内地富裕的中产阶层子女的就学需要?是否会针对农民子弟等群体采取专门的招生计划,以增进学生的多元性?

**俞立中**:就像前面提到的,我们招生的原则是招收适合上海纽约大学培养目标和培养模式的优秀学生。我们选拔的是学生,而不是家庭。所以不会特别针对某一社会群体或阶层。有人说上海纽约大学是一所"富人大学",其实不然。作为纽约大学全球教育体系的一部分,上海纽约大学的学费标准与美国纽约大学是一致的,即每年 4—6 万美元。但中国高考考生会获得专门的助学金,获得该助学金后学费初步确定为每年 10 万元人民币(待市物价局批准)。而且为了保证一流的师资和教育品质,上海纽约大学的办学成本远远高于中国内地学生的学费。同时,我们还会提供奖学金,支持优秀学子顺利完成学业。我们现在也在积极地面向社会开展资金筹募的工作,也是希望可以给更多优秀的学生提供奖学金。

因为上海纽约大学招生规模较小(2013 年仅招收 151 名内地学生),所以不考虑针对任何群体制定专门的招生计划。而且我们第一年也只能在部分省市进行试点招生,等取得足够的招生经验后再逐步推广。

# 上海纽约大学招生计划与办学理念[①]

**中国国际广播电台**：请您介绍一下上海纽约大学的招生计划，目前有多少人表现出对入学贵校的兴趣？

**俞立中**：上海纽约大学将于 2013 年开始面向全球招生，首届计划招收本科生300 名，其中中国内地学生 151 名，海外学生（包括港澳台地区）149 名。因为招生规模较小，中国内地学生将首先在部分省市进行试点招生，具体范围将于近期公布。目前，我们已经收到了很多学生和家长的邮件和电话咨询，对上海纽约大学表示出了极大的兴趣。同时，国际学生的招生申请工作已经开始。

**中国国际广播电台**：贵校的办学理念是什么？将采取什么样的区别于内地高校的教学方式与课程安排？

**俞立中**：上海纽约大学的目标是建设一所世界级的、国际化的研究型大学，培养具有国际视野、能够在多元文化背景下交流与合作的国际化、创新型人才。我们会建设一流的师资队伍、一流的课程体系、一流的人才培养模式，以满足我们的人才培养目标。我们会鼓励小班化、研讨式、高师生比、导师制的教学方式，让学生与学生之间、学生与老师之间有充分的交流和互动。我们也会把纽约大学的全球教育体系作为大的教育环境，让学生与世界各地的、来自不同文化背景的师生交流，或者到海外纽约大学的其他校园或者学习中心学习，获取多元文化的国际体验。另外，上海纽约大学的课程设置以纽约大学的课程体系为基础，吸纳了其他世界一流大学的精华，体现了课程体系的全球视角、多元文化融合和多学科交叉的特色。同时也开设了有关中国文化和社会的课程。

**中国国际广播电台**：贵校的管理将采取什么模式？

---

① 本文为 2012 年 10 月 26 日俞立中接受中国国际广播电台记者陈梅的采访，标题为编者所加。

俞立中：上海纽约大学实行理事会领导下的校长负责制。理事会由中美双方成员组成，各占二分之一。中方校长由中方提名，外方校长由外方提名，均需由理事会决议通过。

**中国国际广播电台**：现在有这样的声音，期待上海纽约大学引发内地高等教育改革，您怎么看？

俞立中：高等教育的办学模式应该是多元化的。因为社会对人才的需求是多元化的，不同的行业和岗位需要不同类型、不同技能的人才；而且每个学生的个性、能力、兴趣也不尽相同，有不同的志向和目标，适合不同的培养模式。所以，不管从社会需求还是个人发展的角度来看，高等教育的发展一定要多元化，这种多元化会体现在办学模式、人才培养模式等各方面。为了实现这种多元化的发展，我们应该鼓励对教育改革的不同探索，上海纽约大学就是其中一种尝试和探索。我们当然希望通过引进国外优质教育资源，学习和借鉴世界一流大学的办学理念和人才培养经验，推动人才培养模式的改革，促进我国高等教育的改革和发展。但是正如高等教育应该呈现多元化的发展趋势，每一所学校都应该积极探索最适合自己的发展道路。

# 把世界带进课堂,把学生带出教室,带向世界[①]

经过近两年的筹备,由华东师范大学与美国纽约大学合作设立的上海纽约大学于 10 月 15 日正式成立。作为国家教育体制改革试点项目之一,上海纽约大学是国内第一所中美合作成立的国际化大学。这所大学的筹建过程怎样,都有哪些不一样的地方?

## 筹建提议:驻美大使发函牵线

**《新京报》**:为什么要创办上海纽约大学呢?

**俞立中**:讲到底,是纽约大学和华东师范大学理念上的一致,而不是利益上的一致。我们没有考虑什么切身的利益,而是大家都觉得有共同的理想想做一件事情。纽约大学校长的一句话我很欣赏,"把世界带进课堂,把学生带出教室、带向世界"。在今天,这种理念对高等教育非常重要。高等教育有责任来推动学生对世界的了解。

**《新京报》**:当初是怎么动议的?

**俞立中**:2006 年 1 月,我回到华东师范大学当校长。当时纽约大学想在上海找一个合作伙伴建立海外教学中心,并最终选在华师大。双方合作比较顺利,来华师大学习的学生不断增加。到 2008 年,纽约大学校长约翰·塞克斯通跟我讲,能不能在现在合作的基础上再向前走一步。

我问他,"再向前走一步"是什么意思? 他说,想在上海设立一个校园(portal campus),类似于纽约大学的一个分校。我跟他说,这是不可能的。按照中国的《中外合作办学条例》,中国政府不允许国外大学在中国内地设立分校。

---

① 原载《新京报》2012 年 10 月 30 日,标题为编者所加。

**《新京报》**：您跟他说不可能之后，他是不是很失望？

**俞立中**：他是很想做成这件事情，希望借此机会扩大与华东师大的合作，也能使更多的学生来这里学习。听了我的话后，他问我该怎么做。我就跟他说，如果在中国办学，就只能通过中外合作办学的方式来实现，但这所大学必须是中国的大学，可以引进纽约大学的教育体系。我简单地跟他讲了这个基本规则后，他说就朝这个方向做。

其实那时审批中外合作办学的门已经关了一段时间了，从批准宁波诺丁汉大学（2005年教育部正式批准设立的第一所中外合作办学机构，由浙江万里教育集团出资建设，英国诺丁汉大学负责日常教学）和西交利物浦大学（2006年建校，由西安交通大学和英国利物浦大学合作创立）后，就没再批准新的中外合作办学项目了。但我说可以试一下，因为法规是有的，理论上是可以做的。

**《新京报》**：由想建分校到合作办学，纽约大学校长在态度上是不是退了一步？

**俞立中**：也不是退，因为他原来不知道中国的相关规定。实际上整个过程都是一个相互理解的过程，我当时跟他讲的是大原则，后面还涉及很多细节。比如办学必须经过教育部批准，还有筹建评价的过程，必须由中国国籍人士担任校长。

**《新京报》**：你们之后开始了哪些努力？

**俞立中**：随后我们着手考虑这个问题并进行了很多沟通。2009年，约翰·塞克斯通给时任驻美大使周文重讲了自己的想法。周大使很认真，专门给教育部和华师大发函说明纽约大学的意思。在函件里，他介绍纽约大学是在美国排名比较靠前的世界一流大学，在推进国际化进程方面很有影响。

**《新京报》**：在筹建这所大学时，没定位成应用型人才的培养基地？

**俞立中**：不是的。上海纽约大学是培养社会精英，培养国际化、创新型的社会精英，不是培养应用型人才。我们办这所大学的目标很明确，就是要办一所世界级的、国际化的研究型大学。

我们不是要办一所一般的大学，因为中国大学太多了，再增加一所大学没有什么意义，再多招几个大学生也没有什么意义。我们要做的就是探索怎么培养国际化的精英人才，是一个小众化教育，这在理念上是非常清楚的。

《新京报》：这点和一些大学的培养定位不太一样。

俞立中：实际上现在中国的一些大学在定位上并不是很清楚，又想提高自己大学的层次，培养社会精英，又想跟着市场走，培养应用型人才。这二者不能说完全是矛盾的，但在培养路径、培养模式和课程设置上肯定不一样。上海纽约大学是一所规模很小的大学，教育部批准的招满四届本科生也就是 1 600 名学生。之所以把学生规模控制在这个水平，就是想集中精力培养社会精英。我们的目标是要拓宽学生的视野，增强他们面对全球化时代挑战的竞争能力，培养他们对新生事物的好奇和兴趣。

## 筹办：漫长过程伴随着幸福与痛苦

《新京报》：在成立仪式上，纽约大学校长约翰·塞克斯通说，"从某种程度上来说，上海纽约大学就是我们共同的孩子，这个建立的过程是漫长的，甚至伴随着痛苦。"您怎么理解他的这段话？

俞立中：相对于建一个海外学习中心，建设一所大学要复杂得多。设立纽约大学海外学习中心，两个学校签一个协议就成立了。2006 年上半年开始谈判，9 月就来了第一批学生，这个过程很快！而上海纽约大学的成立，从 2008 年开始讨论，2009 年由上海市政府介入，一直到 2011 年获得批准筹建，到 2012 年正式成立，这个过程相对于半年来讲，肯定是漫长的。在这个过程中还会有相互不理解的问题。

在纽约大学那边，除了校长的态度，还有美国高等教育评估和认证委员会的态度，他们要评估海外办学能不能保证质量，校长也要面对校董事会的质疑、征询法律顾问的意见，还要看教师和院长愿不愿意这么做，不少问题要靠校长去做工作，这也是一个漫长的过程。实际上我们大家都在经历这个过程。

《新京报》：您的经历是什么样的？

俞立中：办这所学校肯定要得政府的支持，要符合中外合作办学的基本要求。同时，还要在全球募集资金，迄今我们已经和很多企业家沟通，希望他们对这所大学提供支持。当然，还要对社会公众和媒体解释，让大家理解为什么要办上海纽约大学，上海纽约大学要办成什么样的大学。所以我很理解他所讲的这个过程是"漫长的，甚至伴随着痛苦"。

但是更多的是快乐，因为上海纽约大学诞生了。如果说要回忆的话，有痛苦也有幸福，最幸福的回忆就是大家充满激情地工作以及付出得到回报。

**《新京报》**：您的幸福感来自哪里？

**俞立中**：就是大家都有一个共同的愿望，想把这件事情做成。从筹建开始就成立了学校理事会，理事会成员不光包括纽约大学校长、教务长，还有华东师大成员，浦东新区政府和上海市教委的代表，一年开了四次理事会，大家为了做好这件事可以说是召之即来。

**《新京报》**：除了幸福的回忆，您有没有像约翰·塞克斯通所讲的伴随着"痛苦的感觉"？

**俞立中**：也一样啊。如果一个月可以解决的事情，却要花两三个月去解决，你肯定觉得很痛苦，不是每件事情都会在预期时间里得到解决。

很多事情对我们来讲也是全新的。我对我们团队说，上海纽约大学建设过程中发生的任何事情，大家都不要觉得奇怪。没有什么好奇怪的，因为我们在做一件基本上是全新的事情，会遇到很多意想不到的回应和问题。我们要以好的心态去面对各种各样的问题，我们的责任就是解决问题。这种思想准备是很充分的。

今后还有很多问题等待我们去解决。这不是一所现成的大学，能按照惯性去运作。新的学校，又是新的模式，前进每一步都要大家推动，而且有可能出现一些问题，谁也无法预测下一个挑战是什么。

## "家人并不希望我做上海纽约大学校长"

**《新京报》**：您此前曾做过华东师范大学的校长，而现在成了上海纽约大学首任校长。您当时是怎么当上这所大学的校长的？

**俞立中**：根据现有的规定，中外合作办学的校长必须由中国国籍的人担任。根据我们制定的学校章程，法人代表、中方校长由华东师大推荐，美方校长由纽约大学推荐，都需要由理事会讨论通过。我是华东师大推荐的，中美双方也有共识。

《新京报》：这两个大学校长的角色有什么不同？

俞立中：很不一样。华东师大是一所成熟的大学。说绝对了，这样一所大学就是校长不在学校一年，至少在运行上是不会有问题的：学生的课程学习、教师的教学科研，各项工作还可以是井井有条的。校长的责任则更多是要完善管理、推进改革、提升质量、不断提高办学水平，是从发展角度讲的。

而上海纽约大学是一个新生婴儿，是一个新生事物。可以说，有些事我可以管得宏观，有些事我要管得很具体。如需要与政府沟通的事，我必须管得很具体，不能不出面。但在招聘教师、招收学生方面我只要宏观考虑，采取过问原则，应该放手让有关部门去实现。凡是涉及质量的问题，我希望纽约大学能承担更多的责任，这对学校的发展是有利的。

当然，我要承担这所学校的所有责任，如果搞坏了就是我的责任，没有第二个人能承担这个责任；如果这个学校搞好了，绝对不是我的荣誉，是大家的荣誉。我很清楚我的角色。

《新京报》：怎么想着到了退休的年龄，仍来担任这样一所全新学校的校长？这是不是自找麻烦？

俞立中：我今年已经 63 岁了，到了退休的年龄，应该早点让年轻人来干事业。今年 7 月我从华东师大校长岗位上退下后，说实在话，我并不想再担任上海纽约大学校长。我的人生态度可能与老一辈有点不一样。人生应该是丰富多彩的，不能一生都扑在事业上。只有事业需要我时，我的付出才有价值；如果事业不需要你，你却硬要去折腾，就适得其反了。年轻人有年轻人的思维方式和工作方式，新老更替是自然规律。退休了可以有更多时间享受生活，做自己感兴趣的事。

《新京报》：但最终还是由您来担任这所学校的校长。

俞立中：我曾向我们的书记、校长以及市领导都表达了这个态度，我准备彻底退休了，不是光嘴上说说。但最后大家坚持要我担当，也只有义不容辞了。

我认为，既然担当了就一定要尽到责任，中国高等教育确实也需要有人去做些探索。如果周围的人认为我有这个能力、有这个价值，我应该承担这份责任，并且把事情做好，为中国教育改革和发展探索一条新路。

《新京报》：您要做多长时间？

俞立中：做多长时间我也不知道。哪一天觉得我是绊脚石了，在这里不合适了，我会马上退出。尽管对这个孩子是有感情的，但我不会像父母一样把住不放。关键是要有利于学校的发展，这才是最根本的问题。

《新京报》：跟当华东师大校长比哪个累？

俞立中：从华东师大校长位置上退下来已经三个多月了，我一点都没觉得轻松，反而觉得更累。

在华东师大时，七八月是暑假，在学校的人少多了，会议和活动也少了，我至少可以放松一点，不需要天天正儿八经地上班，可以穿着 T 恤、西短、凉鞋来学校。

但到上海纽约大学就没有暑假了，天天有事，包括大多数周末。现在正是各项工作的启动期，大家都很忙。

《新京报》：您的家人支持您做上海纽约大学校长吗？

俞立中：家人当然不希望我太累。但是也没办法，我的事情我做主。

## 单位属性："没有事业单位的概念"

《新京报》：现在上海纽约大学也是独立法人单位，合作方是华东师范大学，这所新成立的学校是不是传统意义上的所谓事业单位？

俞立中：不是事业单位，也不是企业，我们现在注册的是民办非营利组织。实际上也不是完全的"民非"。上海纽约大学应该是一种新的体制，就是中外合作创办的大学。说是公立大学吧？不是；说是私立大学吧？也不是。因为我们的启动，包括将来的发展和运行，也得到了政府的支持。

《新京报》：那学校领导体制跟现在内地公办大学不一样了吧？

俞立中：不一样。我们是理事会领导下的校长负责制。这倒不是我们的新创举。中外合作办学体制的宁波诺丁汉大学和西交利物浦大学都已经做了。

《新京报》：那这里的老师和行政人员都没有所谓的"事业单位编制"了？

俞立中：是的，这个大学不存在事业编制的问题。从华东师大和纽约大学来的教师和管理人员关系还在原来的大学。上海纽约大学招聘的人员，大部分是来自世界各地的教授，也没有编制这个概念。

《新京报》：上海纽约大学的教职岗位不是所谓的"事业单位编制"，会不会影响人员招聘？

俞立中：不会的，我们没有这个概念。学校实行年薪制，也会考虑医疗保险、退休养老金等福利待遇。上海纽约大学是有吸引力的。上海是一个国际化的、开放的城市，很多人喜欢这个有活力的城市，愿意在这里工作。不仅上海有吸引力，浦东有吸引力，上海纽约大学的优秀学生群体也是一个吸引力。哪个教师不喜欢教那些目标明确、有学习动力的优秀学生？

《新京报》：校方领导也没有所谓的行政级别了吧？

俞立中：我们的团队成员有职务，但不是行政级别。上海纽约大学聘用人员只有合同，校方领导也没有行政级别。

《新京报》：您的行政级别还是要保持的吧？

俞立中：从岗位上退下来了，还有什么级别？从大学的性质讲，校长根本不是一些人概念中的"官"，无非是套了一个行政级别，按照一级干部来管理。在上海纽约大学都是岗位责任，没有行政级别。

《新京报》：现在师资力量的到位情况怎么样了？

俞立中：纽约大学已经有约两百位教授表示了想来上海纽约大学教学、科研的意向。我们会根据学生和课程情况，实现教师的逐步到位。上海纽约大学教授的招聘工作也在进行中。

《新京报》：兼职教师多还是全职教师多？

俞立中：上海纽约大学是华东师范大学和纽约大学合作举办的一所国际化大学，也是纽约大学全球教育体系的组成部分。所以，教师队伍组成中有40％将直接来自美国纽约大学；40％是在全球招聘的一流教授，还有20％是来自华东师大或其他国内一流大学的兼职教师。

因为我们有两个强壮的"父母",华东师范大学和纽约大学,可以实现纽约大学和华东师大的教师资源共享,在用人上是比较灵活的。目前计划联合聘用的教师占40%,实际上可以做到更多。然而,我们要考虑上海纽约大学自身的发展,全球招聘的教师要占40%。

**《新京报》:** 招聘教师是什么样的标准?

**俞立中:** 建设一流的大学一定要有一流的教师,纽约大学要花很大的精力来帮我们招聘教师。教师的标准很明确,就是高于纽约大学的平均水平。按照纽约大学招聘程序,由各个院系根据标准进行选拔。当然,最后要经过我们的同意。

**《新京报》:** 为什么要让他们做?

**俞立中:** 我们还是希望请纽约大学的教授帮我们把关,他们有一些成熟的经验。根据双方的协议,为了保证上海纽约大学的高标准,纽约大学有责任把好质量关。应该放手让他们做,以更好地把握标准,我们不希望在一流教师队伍建设中受人情因素的影响。

现在国家有"千人计划",上海也有自己的"千人计划"。我们设想考虑,上海纽约大学的教师群体应该是一个"千人计划"群体。一流的师资队伍才能建成一流的大学。

## 招生:上海纽约大学不是按高考分数排名录取

**《新京报》:** 明年上海纽约大学就要招生了,而且实行的是对海外和内地均有本科招生计划。这两套招生方式有哪些不同?

**俞立中:** 上海纽约大学是国际化的教师队伍,国际化的学生群体,因为我们对海外学生和内地学生招生的方法是不一样的。内地学生必须要参加高考,海外学生则按纽约大学的录取程序和标准来招生,上海纽约大学有专人跟纽约大学的招生部门一起工作。

**《新京报》:** 为什么这样一所学校的本科生招生要实行"一所学校,两种制度"?

**俞立中:** 上海纽约大学是一所中国注册的、中国法人的高校,国内招生的方案必须要得到教育部的同意,海外学生可以作为留学生。

《新京报》：对内地学生是怎样的招生方式？

俞立中：我们已向教育部上报了我们的方案，教育部也已经原则上同意了。实行的是不同类型的自主招生模式，在招生的不同阶段选择适合上海纽约大学的优秀学生。

我们会综合三方面的情况，确定录取哪些学生。一是学生必须参加高考，高考成绩肯定是考虑的一个方面，但不是简单地按照高考成绩的高低来选拔学生；二是中学学业成绩和综合表现，包括老师和校长的推荐；三是个人素养，学生的兴趣、追求、抱负以及各方面的素养和能力等都是需要考查的方面。一旦这个方案批准了，我们就会公布。

《新京报》：为什么还让学生参加高考？

俞立中：学校和学生是双向选择的。报考上海纽约大学的学生，也许同时选择了复旦、上海交大、北大、清华、华东师大等其他高校。上海纽约大学可以录取的学生数量很有限，但学生参加了高考，如果没有被上海纽约大学录取，他们仍然可以被其他高校录取，不影响他们的其他选择。这对考生而言，只是多了一个选择，能保证他们的根本利益。

上海纽约大学作为一所具有独立法人资质的中国大学，学生完成学业后除了获得纽约大学学位，也获得中国大学的学位和毕业证书，享受国民待遇。这就必须符合教育部和国务院学位委员会的规定，学生必须要参加高考才会有注册信息。

《新京报》：是不是因为南方科技大学第一届学生尝试不通过高考而受挫有关？

俞立中：学生要参加高考不等于说用高考成绩作为唯一的衡量指标。我们要招收最优秀的学生，高考成绩也是值得参考的，也是自主招生的一个考量指标。

招生改革是高等教育改革的一个组成部分，但需要有个过程。我们希望把事情做成，也许明智的选择是最小阻力下的循序渐进。

《新京报》：招收的内地学生要参加高考，这要与纽约大学沟通吗？

俞立中：需要的，他们也理解。这所学校在中国，要尊重中国的法律法规。纽约大学是一所非常国际化的大学，在教育学生国际理解的同时，学校也明白国际理解的重要性。

**《新京报》**：既然对上海纽约大学的前景非常看好，为什么只招300人，规模那么小呢？

**俞立中**：上海纽约大学的建设并不是为中国高等教育的大众化再加一把火。我觉得中国高等教育的规模、学校数量、学生数量并没有达到建成一所就业大学的需求。再建一所大学、再多招几个大学生都不是很重要的事情，而中国高等教育的发展是需要新的教育模式的探索，中国高等教育发展的前景就是我们能有多样化的办学模式和多样化的人才培养模式，这才能够使高等教育满足社会的需要，满足每一个个体发展的需要。因为社会对人才的需求是多样化、多层次的，个体的特征需求和兴趣也是多样化的，只有多样化的办学模式和多样化的培养模式才能真正满足社会和个体的要求。上海纽约大学建设的宗旨不是要扩大大众化的教育，而是为了中国高等教育发展到现在这个阶段探索一种新的模式。

规模小是为了保证我们能有足够多精力来维持学校的发展。当初到教育部去跟袁部长汇报时，我们问的是"教育部允许我们最少招多少学生"。袁部长说，我只听到别的学校会说，"教育部允许我们最多招多少学生"。其实如果教育部同意我们最少招一百个学生，我们就会招一百个学生。纽约大学校长跟我说，如果招收学生不理想就可以少招，我们是按标准做事，不是按数量做事。

## 学费：学费标准最高不等于是富人学校

**《新京报》**：现在上海纽约大学的资金来源都有哪些？合作方华东师范大学和纽约大学分别出资多少？

**俞立中**：华东师范大学和纽约大学都没有资金的投入，我们就是人力资源的投入，不是投钱，是投人、投智慧。学校资金有三个来源：社会募捐、学费和政府支持。

学费当然不仅仅是本科生的学费，也包括高端培训和MBA的费用，还有研究生和专业学位的学费。学校的启动经费是政府出的，土地是政府给的，房子是浦东政府盖的。

但我们知道，这所有的支持不是支持这几个学生，而是支持一种探索，要不然政府为什么要出钱，上海的大学有的是，为什么投给上海纽约大学？新的探索当然要政府支持。我们是上海改革的试点，也是教育部改革的试点。

《新京报》：后续资金怎么保证？

俞立中：就是增强社会筹资能力，我们提了一个很高的集资目标，但我不能讲这个目标。如果能做得到，那这个学校的资金就有保障了，纽约大学就是这样走过来的。政府这边的支持当然还是要争取，我们希望获得政府更多的支持，但不能依赖政府，还是要形成自己的社会支撑群体。

《新京报》：你们的内地学费高达 10 万元左右，有没有注意到这是目前内地最高的学费标准了？

俞立中：实际上每年十万元的收费标准是内地大学收费标准最高的，但对这所大学的办学成本来讲是微不足道的。而且这部分学费里，很多钱都会通过奖学金的形式交给学生，我们也在努力地在全球去募集资金，希望能给更多优秀的学生，特别是家庭贫困的学生提供奖学金，让他们能够完成学业。

《新京报》：与国际学生每年几十万元相比，内地学生的学费标准还算是低的。为什么在学费问题上也是"一所学校，两种制度"？

俞立中：国际学生的学费标准是按照纽约大学的同等标准，理论上内地学生也是按照这个标准，我们不能跟外国人说我们是两种收费标准。

但因为这所学校有政府投入，我们认为这是对内地学生的一个补贴。美国也有这样的情况，州立大学对州内学生的收费标准跟州外学生不一样，实际上是因为州政府有补贴。

《新京报》：大学学费标准的确定都考虑了哪些因素？

俞立中：其实这个学费标准还包括学生到国外学习的成本，不会因为到纽约去学习另加学费的。实际上所有预算中最主要的是考虑教师队伍，大概有 60%—70% 的预算都是在聘任教师上。浦东政府免费为我们提供房子，我们不用考虑建校成本。

《新京报》：有人担心你们的学费太高，会影响生源来报考，因为能达到条件的学生，也可以选择到海外留学。

俞立中：可以啊，其实这是双向的选择，我们不是唯一的选择，上海纽约大学选择学生的同时，学生也在选择上海纽约大学。学生选择这所大学肯定有他特殊的理由，如果他觉得上海纽约大学更适合他，他肯定会选择；如果他认为留学、去港校或者清华、北大更适合他，那就选择这些学校好了。

学生选择大学应该做点分析，不要盲目跟着名声走，他们选北大，选清华，选港校，或者出国留学，或者选上海纽约大学，这都是很正常的选择，关键问题是他们是不是选择了最该选择的学校。

不是说你报了上海纽约大学，就把你其他的路堵死了。学生也要学会多元化的选择，选大学不要跟风。没有一所大学应成为大家都要追求的学校，再好的学校也是对某些人是合适的，对某些人是不合适的。如果现在出现了所有学生都认为某所大学是最好的，那就肯定出问题了。这要么说明所有学校都没特色，要么说明学生不会选择。学生要学会根据自己的兴趣、特长和特点，选择合适类型的教育。

《新京报》：就不担心好的生源流失吗？

俞立中：我不会担心，也没什么好担心的。现在来咨询的人很多，我都应付不过来，光是在我的微博上就有上百人在询问。

我们在内地就招一百多名学生，每年中国有多少考生？我们不可能满足所有人的要求。只有那些愿意选择上海纽约大学这样一种学习方式，而且学校认为符合自己录取条件和培养目标的学生才能到上海纽约大学学习。

我们是一个规模非常小的学校，只能满足很小一部分人的愿望。学生可以根据自己的兴趣和发展的志向来选择学校，学校也会根据人才培养的目标和要求来选择学生。最终不可能有大量的学生进入这个学校。

《新京报》：有人批评说，这么高的学费会使得一些家庭贫困的学生对这所学校望而却步。

俞立中：我还要说，学生报上海纽约大学不影响他报其他学校。这是一种平行的、而不是先后的录取方式。如果他报了这所学校并有机会被录取，学校不给他提供奖学金，那他可以选择不读这所学校，仍可以去读北大、清华。如果他确实很优秀，学校很想要他，当然要为他提供奖学金来留住他，这种说法就不成立了。

如果学生足够优秀，但家庭经济困难，我们跟他承诺过了一本线分数线就录取他。结果北大或清华也同意录取他，他可以跟我们讲愿意到上海纽约大学，但付不起学费。我们评估后觉得，愿意给奖学金，他就可以进来了。或者经过评估后认为不能给奖学金，那他就去读北大或清华好了，一点问题也没有。

## 前景：我们没有退路

**《新京报》：**您在成立仪式上说，"一切刚刚开始，我们还不敢说得太多"。为什么"不敢说得太多"？

**俞立中：**我觉得最重要的是在做任何事情的时候，一定要明确想得到什么，目标是什么。说不重要，做更重要。说得太多，如果做不到的话，对不起大家；没有说却做到了，就是给大家一个惊喜，这是更好的事情。我觉得还是低调一点，更有利于学校的发展。

**《新京报》：**会不会跟南方科技大学校长朱清时在筹办过程中遇到很多困难的"前车之鉴"有关？

**俞立中：**我想不是的，这是跟我们处事的态度和方法差异有关。朱校长是一个大牌的人物，大家都很尊重他，他愿意怎么说都可以。我们则认为，把事情做好更重要。

**《新京报》：**您还说，"改革创新不会一帆风顺，我们有心理准备"，会有哪些可预期的困难？

**俞立中：**很多困难我们要先预计，像在招生中怎么让学生真正了解这所学校的培养目标，怎么让社会理解上海纽约大学的努力方向。面对教育部和上海市政府，我们要让他们相信我们能高质量地发展，不会成为一所烂大学。在前进的过程中，在体制机制方面跟现有的制度会不会有冲突？这也很难讲，随时都有可能发生一些新的问题，都需要我们去应对。但上海纽约大学从筹建到成立得到了很多人的支持，我们一定要做好，没有退路。如果办不好，无颜面对江东父老。

**《新京报》：**朱清时在南科大改革上的艰辛之路给您本人有哪些启发？

**俞立中：**如果要给我启示的话，就是要把理想变成现实，重要的是我们的目标，而不是实现这个目标的路径，路径是可以有选择的。还有就是怎么去跟不同的人沟通，需要发挥群体的力量，很多事情都不是一个人能做到的。

《新京报》：南方科技大学给人的感觉是改革遇到了很大的阻力，而不得不往后退了一步。如果将来上海纽约大学的改革遇到了很多的阻力，往后退一步会不会是一个策略？

俞立中：我觉得我们没什么可以往后退了，要退就是把我们的目标降低。唯一不能变的就是要有一流的教师、一流的教育模式、一流的学生，这个不能退，这个如果要退后的话，我们的初衷就不一样了。

《新京报》：与南方科技大学筹建期给人感觉比较艰难相比，上海纽约大学的筹建感觉倒是比较顺利。哪些因素保证了这一点的实现？

俞立中：你说我们很顺利，我们不也筹建了一年半吗？只是他们把很多问题都讲出来了，我们不去讲。

# 多元化立校，寻找目标一致的学生[①]

上海纽约大学的办公室在华东师范大学物理楼的 3 楼，与其他机构共用一层。本刊记者到访办公室时，3 位工作人员连珠式的语速尽显这里的忙碌。"我们暂时没有把办公电话直接公布在网站上，不然我们一天到晚只接电话也接不完。"上海纽约大学的工作人员说。

10 月 15 日，上海纽约大学正式成立。这是我国第一所中美合作成立的国际化大学，也是《国家中长期教育改革和发展规划纲要（2010—2020 年）》颁布后教育部正式批准的第一个独立设置的中外合作办学机构。

## 新 探 索

俞立中不停地喝水。连日紧张工作和频繁接受采访，他的嗓子有些沙哑。"我在国庆节前知道的消息，几天都睡不着，只好靠安眠药，才能保证工作状态。"眼前的上海纽约大学校长亲切和善，身穿衬衫和休闲鞋。他笑称："你们不说拍照，我不会准备这么正式的外套的。"

俞立中喜欢探索新鲜事物，他是"985 工程"高校当中第一个开通微博的校长。这一次，他将探索在国际合作模式下推进高等教育改革试点。

上海纽约大学位于陆家嘴金融贸易区"黄金地段"的教学楼尚未完工，还在"一天天地长高"。其教室将使学生能够通过高科技手段与纽约大学纽约校园、阿联酋阿布扎比校园以及全球 15 个学习中心的其他师生进行交流。

纽约大学是典型的都市型大学，激情、挑战、快节奏、全球化融入了这所紧邻华尔街学府的血脉。"纽约大学坚持要把上海纽约大学放在上海的金融中心，这是他们的传统。"

---

① 原载《三联生活周刊》2012 年 11 月 2 日，记者王珑锟。

尽管略显疲惫，谈起即将在 2013 年面向全球招收 300 名学生时，俞立中依然滔滔不绝。

"小班化教育，1：8 的师生比，每个学生都有 1 名导师，1—3 学期的海外交流。这种教学条件国内哪个大学有？纽约大学本部也没有做到 1：8。"

1999 年《中共中央国务院关于深化教育改革全面推进素质教育的决定》颁布后，中国高校扩招拉开大幕。20 世纪 80 年代，我国大学的师生比仅在 1：5 左右，而进入 21 世纪后，部分大学的师生比高达 1：30 以上。

上海纽约大学是纽约大学全球教育体系的一部分。之前的纽约大学阿布扎比校园以 1：3 的师生比、每年只招 100 多名学生以及高额奖学金的办学条件，成功吸引各国学子抛弃哈佛、普林斯顿这些顶尖名校的全奖录取通知。"一位诺贝尔奖获得者和你一起吃饭、聊天，这种熏陶是什么概念？"

虽然上海纽约大学与阿布扎比校园不尽相同，但相较于中国高等教育刚刚将"政校分家""管办分离"提上日程，其改革锐意呼之欲出。

我国高等教育改革一路走来，磕磕绊绊。南方科技大学等待"准生证"用了 3 年多，一心"自主招生，自授文凭"的朱清时最终没能绕开高考，从"4＋3＋3"到"6＋1＋3"的招生方案也备受争议。改革浪潮中，"去行政化"的呐喊渐弱，继而官方定调："走以提高质量为核心的内涵式发展道路"。

"我们设定了目标，就是办学水平要高于纽约大学。"俞立中说。纽约大学校长约翰·塞克斯通也表达了类似观点，假如把纽约大学的全球教育体系看作一个大学，那么上海纽约大学（实际上独立于纽约大学）就是这个大学的荣誉学院。

按照博雅教育模式，上海纽约大学的学生在一、二年级主要学习"核心课程"，包括科学、数学、写作、语言、社会和文化基础五个模块。第二学年结束时选择专业，之后学习"专业课程"。这些课程由纽约大学高级副教务长马修·桑迪诺克（Matthew Santirocco）带领团队设置。

"我们的课程体系会优于纽约大学，因为我们在其基础上做了改进，增加了新的东西，比如常春藤大学好的方面。"俞立中告诉我们。

## 全 球 化

除俞立中外，管理团队的其他 3 人分别由康奈尔大学原校长、北京大学国际法学院创始院长杰弗里·雷蒙(Jeffrey Lehman)任常务副校长,纽约大学副校长李玫和耶鲁大学神经生物学教授汪小京担任副校长。

师资方面,上海纽约大学面向全球招聘的教师将占40%,与纽约大学、华东师范大学联合聘用的教师占40%,其他一流大学的兼职及客座教师占20%。

在高等教育改革的进程中,我国的第一所中外合作大学是2004年成立的宁波诺丁汉大学,其后还有西交利物浦大学,以及仍在筹办的昆山杜克大学。但这些学校的背景都没有上海纽约大学这般显赫,其身后挺立着一中一外两所知名高校。

牛津大学校长安德鲁·汉密尔顿(Andrew Hamilton)对此评价"具有历史意义",并说对两所学校走到一起并不吃惊。这是中美两所最具改革创新意识高校之间的联合。

纽约大学可谓近年来美国上升最快的大学。根据《美国新闻与世界报道》最新发布的美国国家大学排名,纽约大学位列全美第32位,其本科商科专业排名第5。

纽约大学最近十多年在推动"全球教育体系"(Global Network University)计划,他们提出高等教育培养的对象应该怎样适应全球化的课题。在保证教育质量的前提下,纽约大学在世界上15个国家建立了海外学习中心。其目的就是希望学生在四年的学习过程中可以在不同的文化环境里进行更丰富的文化体验和社会观察。

曾任美国5所大学校长的俄亥俄州立大学校长高登·基(Gordon Gee)曾说,中国很多大学喜欢讲自己有多少博士点、硕士点,有几个国家重点学科,有几位院士。但是他真正感兴趣的是类似"创新、跨学科、国际化"(Innovation, Interdiscipline, Internationalization)这样的办学理念,以及中国大学有哪些学科最希望加强国际合作。

华东师范大学就是这样一所与国际院校更具共同语言的国内高校。在其校园里的国际教育园区(Global Education Park),现在设有十几所世界著名大学和教育机构的海外中心或者办公室。中午走在校园里,外国学生比中国学生还多。华东师范大学国际教育中心工作人员孙琦告诉本刊记者,去年全年在华师大学习的海外学生达到4 600多人。

同时,华师大不断增加选派学生出国的比例,四分之一的本科生在海外学习1个学期以上。学校近年从海外引进的教师大约200多名,并且要求青年教师在入职5年内至少有1年到海外学习或工作。

2006年，纽约大学在华东师范大学设立海外学习中心。第一批派送来的学生只有18名，而现在每年有300多名纽约大学的学生来这里学习。"这样一个从上至下，从理念、措施到实施的全面推进国际化，使得我们接下来的合作有了基础。"俞立中告诉我们。

**《三联生活周刊》：** 就您个人而言，筹建上海纽约大学是出于怎样的念头？

**俞立中：** 先说一下我对中国高等教育发展的思考。

第一，如果想要中国高等教育出现良好的生态，那就是多元化。因为这个社会对人才的需求是多元化的，它要求我们培养出不同层次、适合不同角色的人。培养的都是领袖，那肯定会混乱，要打架的，培养的都是科学家，那么谁来管理？第二，每个人的兴趣和个性不同，那么他的发展目标也不同。任何一个趋同的模式，都不可能满足所有的人。

从这两个角度的社会需求和人类发展需求来讲，高等教育的发展一定要多元化。

所以，在中国这片土地上，我们应该鼓励对教育改革各种各样的探索，这会形成中国教育的繁荣景象。而目前，我们的发展太趋同，各个大学都奔一个目标去，这怎么能够让高等教育满足我们这个社会的需要？

**《三联生活周刊》：** 您怎么来概括这样趋同的目标？

**俞立中：** 整体上都想办成综合型的、研究型的，博士点、硕士点要增加。专业设置上也值得反思。今天社会上什么热门了，就开设什么专业。计算机热门了，都开设计算机专业，金融热门了，都开设金融专业。但是十年、二十年以后呢？如果高等教育这样跟风的话，怎么能够可持续发展？

**《三联生活周刊》：** 那么上海纽约大学的模式，与这样的趋同相比有自己的特色。您怎么来评价这种办学模式的价值？

**俞立中：** 我在网上看到，有人讲"上海纽约大学是中国高等教育发展的方向"，也有人讲"上海纽约大学是中国高等教育发展的方向？"我认为这种问题本身就很可怕。上海纽约大学绝对不会是中国高等教育发展的方向，它会是中国高等教育改革发展的一个试点，一种类型。

我们只是去探索,怎样的人才培养能更适合将来这个社会的需要。我们不是故意要跟人家不一样,也不是故意跟人家一样,而是基于我们自己所想,应该怎么样去做。这是我要强调的。

**《三联生活周刊》:** 按照您之前所说的,纽约大学与华东师范大学共同来建立上海纽约大学的初衷是为了应对全球化对高等教育带来的挑战。不过,这样的初衷还没有完全被理解。

**俞立中:** 对,我们是共同探索。不像有些人所讲的,我们共同办学是来赚钱,把学费收得高一点。不是的,我们这个学校从一开始就是非营利性的。我们的确在想钱,不过我们是想怎么争取钱来支持这个学校的发展。

我注意到网上有一种说法,10万块钱的学费太高了。而按照我们目前不完全的成本核算,1个学生1年的学习成本就是30多万元,外国学生学费就是按这个收的,他们是5万美金左右。我们现在的工作就是到社会上募集资金,帮学生顺利完成学业,很多时间都花在这部分工作上。我们要争取非常优秀的学生,也会给贫困的学生提供奖学金。有的家庭付不起学费,有的家庭付得起学费,只要你被这所大学选中了,我们都要保证你能来这所大学学习。

我希望能够通过《三联生活周刊》发出这样一个声音:我们不是所谓的"富人大学",我们在选拔学生,不是选拔家庭。

**《三联生活周刊》:** 我们知道,师资这方面主要由纽约大学负责,约翰·塞克斯通校长也以招募顶级学者著称。我们能聘请到什么样的教学队伍?

**俞立中:** 目前这部分工作正在进行,名单还不方便透露。我们要在中国办一流的大学,就要把世界一流的学者吸引到这里来上课,这个成本肯定是很高的。你付的薪酬如果比国外低,那人家为什么跑那么远来中国?除非他不是一流的教授。

香港科技大学仅用了15年的时间就跻身世界大学百强,我们都说是奇迹,他们是怎么做到的?他们是以几乎世界上最高的待遇吸引学者为前提的。所以,我们说一定要"一流的教师、一流的学生、一流的培养模式"才能够真正成就这所学校。

我希望大家能够看到我们的这份好意。无论是纽约大学还是华东师范大学,我们都希望能够为中国探索一种新的国际合作模式,人才培养模式。

《三联生活周刊》：您讲到"一流的学生"，那么什么样的学生适合上海纽约大学？

俞立中：我们的招生数量是非常少量的，一年招300人，并不是大规模生产，就是想搞探索。有人说，那你岂不把大部分学生都挡在门外？这是肯定的。这里有一定的淘汰率。但是，我们衡量学生不是看他的家庭条件，是看他适不适合这种教育，他是不是有这样的抱负和基础，成为我们要培养的、可以应对全球化的、具有跨文化交际能力的人才。

我们要招收的学生必须是优秀的，同时也是适合我们的。什么样的人适合上海纽约大学？有国际视野、愿意跨文化沟通、对新事物敏感，也有勇气去追求。

之前有人问我，你们在培养方式里说，大学4年间可能有3个学期去国外，到不同的地方交流，那这个地方还没适应呢，又要换一个环境了，这对培养学生有利吗？我说，这就是啊，如果一个学生因循守旧、不能快速适应这样的新环境，那他就不要来读上海纽约大学。有些学生比较"宅"，他就喜欢关在实验室里做研究，这种人也很优秀，有可能成为科学家，但是他不适合我们的培养模式。

我希望招收的学生有探索世界的兴趣，他永远充满好奇，跑到这里来非常兴奋，跑到那里去也非常兴奋，而且每一次兴奋都激发他学习的动力和灵感，那他就是我们需要培养的人。将来世界需要有一批这样的人来应对全球化。

我曾经在意大利碰到一位澳大利亚的学生，她是在纽约大学阿布扎比校园入学的。她的第一次海外中心学习就选择了上海，来到华师大。那次她见到我非常兴奋，跟我讲打算到英国去学历史学。这个学生表达非常成熟，思维也很活跃，这就是我们想要的学生。

回到我强调的中国高等教育应该"多元化"发展，我不希望看到今天清华、北大最好，所有的学生都挤着进去，明天香港的大学最好了，又都削尖脑袋到香港上大学。我希望看到的是，学生喜欢某个方面或者能够证明这方面的潜质，那么他就来报考相对应的学校。这才是真正有意义的高等教育。

《三联生活周刊》：上海纽约大学选拔学生是"三位一体"的标准，中学学业成绩、高考成绩、综合素质，您怎么解释这样的招生方式？

俞立中：我们为什么要求他还要参加高考，就是不希望影响学生的选择面。他可以报考我们学校，也可以报考复旦、交大，互相不影响。想报考上海纽约大学的学生，他们本身就倾向于出国读书。如果他同时被哈佛和我们选中了,他可以自己选择。当然哈佛的学费要高得多,也没有像我们学校离父母这么近。所以,这是非常灵活的选择机会。

首先,你在我们网站上填申请表,报名了以后我们会对你的材料进行审核。由上海纽约大学、华东师范大学和美国纽约大学三方人员组成的专家委员会对你的材料进行评估,看这个学生适不适合这所学校。这取决于他中学的学习进步趋势、各个学科之间的成绩结构、社会实践的活跃程度、各种竞赛获奖,只要能证明他优秀,他都可以把这个材料报上来。

如果材料符合要求的话,我们会邀请他们来参加校园日活动。这不是传统意义上的自主招生考试、面试。我们组织各种活动让学生来表现自己,看他的个性是不是合群,亲和力和表达怎么样,还有英语沟通能力。

所以我跟学生讲,不要准备。我们跟学生的目标一致就行,我们没有选择你,并不代表你不优秀。校园日之后,我们会给学生一个明确的说法,比如你高考达到怎样的分数我们就录取你,如果你不适合,也不影响你选择其他学校。

我们认为上海纽约大学的自主招生跟之前的自主招生不同。我很反对用一种新的考试来代替另一种考试,那就完全背离了自主招生的目的了。学校在选择学生,学生也在选择学校。

《三联生活周刊》:我们怎么来保证上海纽约大学的办学质量?

俞立中:我们的教学体系、招生和教师招聘是按照纽约大学的标准来建立的,而且比纽约大学的标准还要高。我们的教务长、美方校长、文理学院的院长都是纽约大学甚至是美国常青藤大学过来的,我的责任就是能够保证上海纽约大学的人能够按照纽约大学甚至超过纽约大学的标准来进行招生、科研和教学工作。如果我没能保证,那么就是我没有尽到责任。

另外,不是说中外合作办学,我们就全部听美国的。我们双方一开始就想明白了,纽约大学的教学模式是我们当前中国高等教育需要思考、推进的东西,那当然要引进它。我作为校长,就要保证这种教学标准和办学水平。我们的出发点都是要探索一种更高质量的办学模式,而不仅仅是维持目前的水平。

《三联生活周刊》:香港科技大学的建立是香港城市转型的需要,借助一所研究型大学推动科技经济增长，那么上海纽约大学建立的时代需求是什么？哪些政府层面的因素推动了它的建立？

俞立中：中国高等教育的改革需要新的探索，需要多元的模式，我认为这是政府层面的考虑。现在媒体上提到的"鲶鱼效应"，这一点我是认可的。像上海纽约大学也好，昆山杜克大学也好，我希望这些模式都不一样。而且在这些多元化的尝试过程中，我们所遇到的问题、总结的经验，至少能够给我们中国的大学改革带来启示。

另外一点，中国正在走向世界。你看，非洲有多少我们的企业和员工。中国现在最缺少的是什么样的人才？跨文化交流的人才，而且要适应跨文化的环境。我们不可能只依靠翻译就达到彼此理解，所以这种人才对于中国发展而言是非常缺乏的。

再有，在政治意义上，上海纽约大学会成为中美两国的沟通桥梁、两国高等教育合作的桥梁、连接纽约和上海两座城市的桥梁、华尔街与陆家嘴这两个金融中心的桥梁。将来纽约会有很多东西通过上海纽约大学这个平台来到上海，彼此都是如此。

# 让世界成为你的课堂[①]

2012 年 10 月 15 日，上海纽约大学在上海陆家嘴揭牌成立。这是中国第一所中美合作的高等教育机构，因此从 2011 年 1 月 19 日筹建开始就备受瞩目，各界人士呼声极高。显然，上海纽约大学在众多传统大学与中外合作办学机构中有着自身独特的一面。"中国不在乎再多一所大学，也不在乎多招一些大学生，需要的是改革的勇气，是高质量、有特色的教育模式，为学生提供更多的不同选择。"在刚刚结束的 2012 中国国际教育年会中外合作办学圆桌会议上，俞立中校长用这句话概括了上海纽约大学的办学理念。会上，俞校长就上海纽约大学的办学背景、办学经过、课程设置的改革和创新的探索等方面做了简单的介绍。会后，《国际教育交流》采访了俞立中校长。本文将从办学理念、特色教育、国际化与本土化的挑战等方面进行全面和深入的解读与报道。

## 共识是办国际合作大学的基础

**《国际教育交流》**：为什么纽约大学会选择与华东师范大学联手打造上海纽约大学？两者的共同理念是如何形成的？

**俞立中**：华东师范大学与纽约大学进行这样一种高等教育国际合作的创新探索，主要是因为两校有着共同的发展理念以及深厚的合作基础。

共识，这是办一所国际合作大学非常重要的基础。在过去的 10 年里，不管是纽约大学还是华东师范大学，我们都在积极地思考在全球化背景下，我们大学之间，尤其是存在着文化差异的东西方大学之间，应该怎样紧密合作；同时我们也在积极思考在全球化背景下，如何改变人才培养的模式，才能使更多的学生，我们年轻的一

---

① 原载《国际教育交流》2012 年第 12 期，记者陶静婵。

代,能够适应这样的时代变化,能够更好地在一个跨文化的环境里相互理解、相互沟通、相互合作,甚至竞争。

多年来,华东师范大学把"国际化"作为学校发展的战略路径之一,大力推进与国外一流大学的交流与合作,并且在校园内建立了"国际教育园区"(Global Education Park),吸引了一批国外知名高校和国际教育机构在此设立海外教学中心或总部办公室。

学校还通过拓展内涵、开发全英语授课的课程,积极吸引国际留学生来校学习。去年,来华东师范大学学习和交流的留学生人数已超过 5 000 人。同时,学校也特别重视本校学生和教师的国际化培养,努力开拓不同类型的合作模式。除了研究生联合培养和海外交流之外,学校还积极为本科生出国学习创造机会,计划在近期内把本科生赴海外高水平大学交流学习的人数提高到 23%。近年来,学校从海外引进教师 200 多名,并且要求青年教师在入职 5 年内至少有 1 年时间在海外学习或工作,开阔视野,提升能力。

这样的"国际化"发展战略,与纽约大学近年来建设"全球教育体系"(Global Network University)的理念可以说是如出一辙。纽约大学是美国规模最大的私立大学,也是近年来美国上升最快的大学之一,同时还是第一所提出建设全球教育体系的大学。早在 10 年前,纽约大学就提出建立"全球教育体系",强调教师、学生以及教学资源可以在全球范围内流动和共享,并且在世界上 16 个大城市设立了他们的海外教学点,包括伦敦、巴黎、悉尼等城市,还包括在上海与华东师范师范大学合作。他们建立"全球教育体系"的目的就是希望学生在课堂学习的同时,又能够通过其文化体验、社会观察来提高自身的国际化、全球化的视野,同时又能够使学生更好地理解我们这个多元文化的世界。当然这个前提是课程体系的一致化。

如果学生在不同的地方学习,却不是一个共同的课程体系的话,可能也会对他的学业和质量保证带来一定的影响。

2006 年,经过两校的充分协商,纽约大学在华东师范大学设立了纽约大学上海中心,每学期派送一定数量的教师和学生到华东师范大学授课和学习,双方共享教学资源。这些年来,纽约大学来华东师大学习的学生数从最初的每学期 18 人发展到 200 人左右。在此基础上,2008 年 6 月,纽约大学提出想要在上海建立纽约大学分校的设想。但根据中国相关的法律规定,国外大学目前不能在中国开设分校。通过双方的积极沟通,形成了通过两校合作办学的方式建立一所中美合作大学的意向。最终,经过与教育部、上海市教委等相关教育主管部门的沟通,我们确立了纽约大学和华东师范大学合作建设一所具有独立法人地位的上海纽约大学的方案。

## 把世界带进课堂,把学生带向世界

**《国际教育交流》**:上海纽约大学的目标是要建成世界一流的大学,吸引一流的生源。上海纽约大学有什么独特之处可以吸引一流的生源,挑选出最优秀学生并且保证能保持发展学生的优秀性,将他们培养成更优秀的人才?

**俞立中**:上海纽约大学的建设是贯彻落实《国家中长期教育改革和发展规划纲要(2010—2020年)》精神,推进高等教育国际化的重大创新举措,也是教育部和上海市共建"国家教育综合改革试验区"的重要内容。作为"高等教育国际合作示范改革的试验田",我们的目标是在较短时间内建设一所世界级的、多元文化交融、文理工学科兼容的研究型大学,努力成为全球化进程中不同文化交流和教育合作的典范。为了实现这一目标,真正体现上海纽约大学的质量和特色,学校会努力建设一流的师资队伍、一流的课程体系、一流的人才培养模式。

从师资力量来看,上海纽约大学的师资将由三部分组成:上海纽约大学独立招聘的教师(约占40%),与纽约大学联合聘用的教师(约占40%),来自其他一流大学的兼职、客座教师(约占20%)。目前,上海纽约大学正在面向全球招聘一流的师资,其标准要高于纽约大学的平均水平。同时,已经有近200名纽约大学的知名教授表达了愿意来上海纽约大学任教的意愿,这其中包括诺贝尔奖获得者。

从课程体系来看,上海纽约大学在本科教育阶段将推行通识教育的模式。学生前两年主要以学习"核心课程"为主,包括科学、数学、写作、语言、社会和文化基础等内容。通过"核心课程"的学习,学生可以打下一个坚实的文理基础,培养跨学科分析和思考的能力,同时更进一步找到自己的兴趣所在,进而选择适合自己的专业。上海纽约大学的课程设置以纽约大学的课程体系为基础,吸纳其他一流大学的精华,并融入中国社会和文化的元素,将体现课程体系的全球视角、多元文化融合和多学科交叉的特色。

关于专业的设置,上海纽约大学有三大学习领域,一个是现在国际很流行的科学技术、工程和数学;另一个是社会科学,主要是商业和金融,还有经济学,这是纽约大学最强的,也是上海现在最急需的学科;另外还有一个人文科学,也叫作综合科学,我们想在人文科学方面做一些探索。在 12 个专业里,有些名称可能和中国现在的课程体系不完全一致,我们尽可能把它调整到一致。现在已经有 10 个专业的名称调整到一致了,并且得到教育部批准了。另外 2 个专业也将要调整。

在招生方式和人才培养模式上,上海纽约大学也希望进行一些新的尝试和探索,同时要满足上海纽约大学的人才培养目标,即培养具有全球视野、勇于探索创新的国际化人才。我们将于 2013 年招收首届本科生 300 名,其中中国内地学生 151 名,国际学生 149 名。国际学生的招生会按照纽约大学的标准和招生方式进行,并且要高于纽约大学的平均水平。面向国内学生的招生方式将会是对学生综合素质的全面考查,包括高中学业与表现、综合素质、高考成绩等。对国内学生的要求,我们跟教育部进行了充分的沟通。高考必须要参加,但不是以高考作为衡量是否录取学生的唯一标准,它只是一个参考的体系。我们会审核学生的申请表,他的申请陈述(statement)是很重要的,他对在上海纽约大学学习的意愿,以及他为什么要选择这所大学,以及他自己的人生抱负,能反映他的思维和追求。同时我们会组织校园日的活动,通过组织一系列的活动来观察学生。因为我们是一个非常小规模的招生活动,所以有这样的条件去对每个学生进行更加深入的观察和接触,甚至会有些美国来的教授跟他们个别沟通,看看他的理解能力和表述思维的方式。从主观和客观的角度来判断一个学生的学习能力。当然也要看他中学的学习成绩,如果他是优秀的,他的高考成绩也是不错的,这样的学生一般来讲应该是优秀的。

我们要选择最优秀的学生,若用最量化的标准去衡量的话,那就永远评不出一个优秀的学生,这是我个人的观点。因此,上海纽约大学希望招收的是那些适应国际大都市节奏和竞争环境,向往走向世界、渴求新知识、善于跟不同文化背景的人沟通、交流、合作,且学业优秀的学生。

在人才培养上,上海纽约大学最大的特色也是"国际化"。除了上面提到的国际化的师资队伍、学生群体、课程体系等,我们还会为学生构建一个国际化的学习环境。在上海纽约大学,本科生 4 年学习期间可以有 1 到 3 个学期到纽约大学全球教育体系中的其他校园或学习中心学习,这就要求学生可以快速适应新的环境,并且能够在这种多元文化的碰撞中激发自己学习的动力和灵感。同时,上海纽约大学小班化的教学、高师生比、导师制、学生服务体系等也将全面体现以学生为中心的培养理念。我们将英语作为授课语言，引进纽约大学的学生服务体系，为学生提供生活、课外活动、职业规划等全方位的服务，以培养多元文化背景下的国际化人才为目标。上海纽约大学的学生事务将参照纽约大学的标准，结合上海实际情况，建设一支专业化的学生事务管理团队，为学生提供全球化、多元化、个性化的服务，努力丰富学生在跨文化环境中的生活体验，促进与专业教学的有机结合，提高学生的综合素质和能力。同时，我们会根据学生的特点和自身发展需求，制定个性化人才培养方案，为学生提供学业方面的咨询和指导。在开学时会为学生指定一名学术导师，学生在选定专业后将选择一名教授作为导师。还会为学生提供汉语学习课程，包括暑期的正规密集强化课程、语言实验室、在线学习以及情景体验式的联课语言辅导。

正如纽约大学校长约翰·塞克斯通所讲的，"我们要把世界带进课堂，把学生带出教室、带向世界"。我也非常赞同他的这一观点。我们会以纽约大学全球教育体系为依托，为学生提供多元文化和社会体验的机会，拓宽学生的全球视野，让世界成为学生的课堂。

## 教育是一个潜移默化的过程

《国际教育交流》：您如何理解中外合作办学的国际化和本土化问题？上海纽约大学如何面对这个挑战？有专家指出，引进"原汁原味"应该是合作办学的本意，一开始应暂时抛开本土化，先走国际化。上海纽约大学在这方面如何执行，如何去实现两者的平衡？

俞立中：高等教育的办学模式应该是多元化的，而中外合作办学只是多元化模式中的一元。一方面，社会对人的需求是多元化的，不同的行业和岗位需要不同类型、不同层次、不同技能的人才；另一方面，学生的个性能力、兴趣也不尽相同，有不同的志向和目标，适合不同的培养模式。所以，无论从社会需求还是个人发展的角度来看，高等教育的发展一定要多元化。这种多元化会体现在办学模式、人才培养模式等各方面。为了实现这种多元化的发展，我们应该鼓励对教育改革的不同探索，中外合作办学就是其中的一种尝试和探索。

中外合作办学的发展，也是顺应了高等教育国际化的趋势。随着经济全球化进程的不断加快,大学的发展更需要立足于国际高等教育的平台,人才培养的目标更应该考虑如何适应全球化时代的需要。对中国来讲,还有一个重要原因,就是通过引进国外优质教育资源,促进我国高等教育的改革和发展,推动人才培养模式的改革。通过中外合作办学,我们可以学习和借鉴世界一流大学的办学理念和人才培养经验,更好地审视自身的发展,推动教育改革。

当然,作为高等教育改革的全新探索,中外合作办学并不是对国外大学的全盘复制。中外合作大学既要是一所国际化的大学,又要是一所中国的大学。除了顺应高等教育国际化的发展趋势和全球化时代对人才培养的需求以外,中外合作办学还要结合中国的实际情况,在办学模式、人才培养模式、课程体系等方面进行改革,吸收中国高等教育的精华,满足中国社会经济的发展对人的需求。

上海纽约大学是一所国际化的大学,师资队伍是国际化的,学生群体也是国际化的。当然,课程体系也是国际化的,要吸纳世界各国的先进教学理念和内容。我觉得,所谓的国际化就是要强调全球的视野,强调多元文化的融合。本土文化是世界多元文化的组成部分,完全应该融合到国际化的办学理念中。作为一所立足中国土地和文化背景的国际化大学,应该成为中国学生乃至公众了解世界、了解教育国际化的窗口,也应该成为世界各国的学生和教师了解中国、理解中国社会和文化的窗口。

上海纽约大学就是要引进国际优质教育资源,培养国际化的创新人才,助推中国高等教育改革。无论我们做什么、怎么做,都不能忘记这个宗旨。优质教育资源扎根中国的土壤,尽管在这个过程中必定会有适应、补充和调整的机制,但绝不是去迎合现有的办学体制和教育环境,这不是改革的愿望。我们需要的是耐心观察和体验,更需要冷静的思考,而不是急于去本土化。优质教育资源在中国扎根,当然会加入中国元素,这也是世界各国学生要到上海纽约大学来学习的重要原因之一。但我认为,本土元素和本土化不是一个概念。教育和文化都是一个潜移默化的过程,来不得急功近利。如果都没有真正看明白、想清楚"利"和"弊",急于实现所谓的"本土化",很可能会本末倒置了。

## 我们的责任就是解决问题

**《国际教育交流》:** 俞校长,可否分享一下您现在的心情,从筹备建学到如今正式揭牌并即将迎来第一届学生,这个过程也许有质疑的声音,更有支持的声音,最让您难忘或感动的是什么事情?从华东师范大学这个中国综合性大学的"旧校长"到上海纽约大学这个国际性大学的"新校长",您如何体验这种角色转换?您对这个角色有着怎样的期待?

**俞立中:**合作建立一所新的大学,比建立一个海外学习中心要复杂得多。就像纽约大学校长约翰·塞克斯通在成立仪式上的讲话中所说,"从某种程度上来说,上海纽约大学就是我们共同的孩子,而这个建立的过程是漫长的,甚至伴随着痛苦。"

我们在 2008 年提出建立上海纽约大学的设想,双方就展开了深入的讨论。2011 年 1 月 17 日,教育部正式批准筹建上海纽约大学。2012 年 9 月 22 日,教育部正式批准华东师范大学与美国纽约大学合作设立上海纽约大学。这个过程确实是漫长的,其中也曾有因为中美教育观念、文化传统、社会制度的不同而导致的相互不理解。更何况,上海纽约大学是一项新的探索,肯定会遇到各种各样新的挑战,需要我们不断地去探索。但是双方有一个共同的愿望,那就是要把上海纽约大学办起来,并且办成功。所以在这个过程中,沟通是关键,包括双方之间的沟通、与相关教育主管部门的沟通、与社会各界的沟通等。

作为一个新生事物,肯定会有不同的理解或意见,听到不同的声音是正常的,包括质疑。但事实上,我们听到的大多是鼓励和期待。我想,高等教育改革和发展是大家的愿望,而中外合作办学可能会起到特殊的作用。筹建一所新型体制的新大学,是一个各方沟通、相互理解、取得共识的过程。最让我感动和难忘的是,无论我们碰到什么困难和分歧,中美双方的理想和愿望始终没有动摇,大家都一直充满激情地在努力着。教育部和上海市领导高度重视和大力支持上海纽约大学的建设,对办学体制和培养模式的创新给予了积极的肯定。浦东新区更是付出了实质性的支持和帮助。我充分意识到,所有的鼓励和支持是基于对上海纽约大学这项探索的认识,这是推进高等教育体制创新的尝试,也是服务上海经济社会发展战略需要的举措。建设上海纽约大学,对引进优质高等教育资源,进一步完善高等教育结构布局,提升上海高等教育的国际化水平和国际竞争力,具有重要意义;建设上海纽约大学,对扩大教育开放,吸引更多全球高端人才和优秀青年,打造上海国际人才高地,具有重要意义;建设上海纽约大学,对利用纽约大学等世界一流大学的学科优势,构建教育科研等合作平台,服务上海建设国际化大都市和"四个中心"的战略目标,具有重要意义。角色转换对我而言是一个很大的挑战。上海纽约大学不是一所现成的大学，也不是一所传统体制的大学，需要我们勇敢探索。很多事情对我们来讲也是全新的，每前进一步都要大家努力推动。我对我们团队说，上海纽约大学建设过程中发生了任何事情，大家都不要觉得奇怪。因为我们是在做一项新的探索，会遇到很多意想不到的挑战和问题。我们的责任就是解决问题。

想想 30 多年前中国经济改革开放之初，哪一件事是顺顺当当的？对哪个新事物一开始就有共识的？应该理解不同的意见，尽我们的努力去说明真相，当然更重要的是用结果来证明。我们需要社会公众真正理解建立上海纽约大学的意义，了解实现改革目标的艰难，让考生真正了解学校的培养目标，明确他们的努力方向。面对教育部和上海市政府，我们要让领导相信这所大学能达到高质量，不让大家失望。在发展进程中，肯定会有与现有制度冲突的地方，随时可能发生一些新的问题需要我们去积极应对。

# 我们需要怎样的高中教育？[①]

## 一、从学生的角度去描述他们应有的素养

**胡惠闵**：一直以来，高中阶段的教育都是人们争论的焦点，各种各样的声音时有出现。其中，也有不少声音带有明显的情绪，因而缺乏对高中阶段教育的理性思考。这种声音显然对改进高中教育的助益不多。俞校长，您对当前高中教育的总体感觉如何？

**俞立中**：从高中教育的培养目标来看，我认为有一些观念性的问题还是没有得到解决，一些需要强调的东西实际上并没有得到关注。我们高中教育的培养目标看似很全，涵盖了青少年成长的方方面面，但如果我们认真去审视，就会发现这些目标大多数都是从成人的角度提出来的，而缺少从学生的立场去描述他们应有的素养。比如，目标强调的"创新精神""实践能力""社会责任感"等，这些其实都是从成人的角度提出来的，而不是站在学生角度来说的。对学生而言，更重要的、更接近他们特征的描述，这里恰恰都看不出来。正因为我们对目标进行了拔高，反而虚化了。也就是说，这些表述没有真正立足学生，没有考虑到学生的年龄阶段，成为了形式化的东西，在某种程度上使得高中教育与我们的预期有出入。

**胡惠闵**：从学生的角度去描述他们的素养，这是一个非常有意思的命题。那么在您看来，从学生的角度描述的素养大致包括哪些方面呢？

**俞立中**：首先应该是学习的兴趣，教育的一个重要意义就是培养学生的兴趣。我觉得我们高中教育的一个很大的弊病就是不但没有注意去拓展学生的兴趣，反而束缚了他们的兴趣。所以我觉得培养目标更应该强调拓展学生的兴趣。高中教育

---

① 原载《全球教育展望》2013 年第 1 期，记者胡惠闵。

中的创新能力培养应该分解成几个符合学生年龄特征的具体目标，未必需要拔得那么高。

另外，我觉得对学生很重要的是培养洞察力，用更加贴近学生的语言来表述，就是学生的观察能力。比起那些审美情趣之类的表述，这个更适合描述学生的素养。学生的观察能力、思维方式等，都是高中教育里特别需要强调的。从这个角度来说，我认为"探究""好奇心""兴趣""洞察力""想象力""思维方式"这类词语可能更适合表述我们高中教育要培养的目标。

还应该涉及的一点是跨文化交流的素养，或者说是国际视野的问题。以前这个问题可能不是很突出，但今天迫切需要我们予以关注。中国正在走向世界，融入世界。在经济全球化的趋势下，教育也要走出去，学生跨文化交流的能力和素养就成为时代的需要了。我们强调爱国主义，同时也要培养学生的国际视野。未来几代人的合作和竞争，会是国际的合作和竞争。今天的学生将来需要和不同社会、文化背景的人沟通、交流、共事。所以很有必要培养学生对不同文化的理解、欣赏，培养学生跨文化沟通、交流的意识和能力。我认为在高中教育阶段培养学生跨文化交流的素养，培养学生的国际视野，是非常值得关注的。

## 二、高中教育课程体系需要进行有机整合

**胡惠闵**：从学生的角度去描述他们应有的素养，这是从目标的层面对高中教育提出的大胆革新。与此相配套，您觉得我们现有的高中教育课程体系应该做出怎样的调整呢？

**俞立中**：总体而言，今天人类所面临的问题没有一个是单一学科可以来解决的，所以跨学科的意识需要加强，综合分析的能力需要培养。我有一个感觉，就是我们一些中学在组织安排课外活动时目标引导的意识不强，不少事情是因为要做而做的，包括综合实践活动、课外兴趣小组之类的，没有真正地把这些作为教育体系里的一个有机组成部分。我是上海市青少年科普促进会的理事长，经常会和各个学校的科学教师和少科站的辅导员坐在一起交流，在交流中听到不少议论，这种体会特别强烈。

实际上，这个世界上很多的问题都不是某一个独立的学科可以解决的，必须综

合起来思考。现在,高中课程的这种划分往往不利于培养学生解决问题的能力,因为如果仅仅从一个学科的角度去看问题,眼界就这么一点,解决问题的办法也就十分有限。我们往往没有能力去打通各个学科,并把不同的学科、方法等都凝聚在一个问题上去面对。这就是我们把学科越分越细而且割裂学科之间的联系所造成的结果。这也是大家质疑为什么国人创造力不强的一个原因。

我是研究地理的,我一直都强调不要把中学地理讲成大学地理学科的浓缩版。而实际上,这确实是当今的普遍现象。问题在于,我们培养的学生将来有多少人会去从事这个科学呢? 我们的中学地理教育不是要把学生培养成为地理学家,而是要着眼于这门学科在学生成长的这个阶段对他们的知识、能力、情感能够产生什么样的影响。我们应该从这个角度去思考问题,而不是从学科的角度去思考,我们学科本位的想法太多了。

所以,我们在课程体系中特别要考虑到面对问题的不同解决方法,不同学科领域的思想怎么能够统一起来解决实际问题。如果要我来分领域的话,大概就是这么几个领域,一个是把数学、科学、技术等在一个学科领域里结合起来。在上海纽约大学的学科专业设计中是把科学、技术、工程、数学作为一个学科领域(STEM)。当然,这是大学的考虑。

**胡惠闵:** 除了将数学、科学、技术等归为一个领域之外,您认为大致还应该有哪些领域呢?

**俞立中:** 体育和健康可以作为一个领域。不过需要强调的是,我们侧重的不是体育、健康等方面的知识,而是强调体育锻炼的能力,培养运动兴趣和习惯以及健康的生活方式。

除此之外,人文、社会、艺术应该是属于一个学习领域的。人文、社会、艺术是联系在一起的,比如艺术就是社会的,它不可能脱离社会,讲到历史也必然讲到艺术,必然会讲到社会学、宗教什么的,这些怎么脱离得开呢? 我觉得把这些作为一个领域,当然下面可以再分科目,这样至少知识相互是有联系的。语文和文学可以放在人文、社会、艺术领域里,但我觉得这个领域应该特别强调读写与思维训练的关系。

**胡惠闵:** 您认为语文和文学应该强调读写与思维训练的结合,让人很受启发。

您是怎么看待这个问题的呢?

**俞立中**：中国学生缺少思维方式的训练。实际上，读和写不仅是一种识字的方式，也不仅限于写出一篇文章，还是一种思维方式的训练。比方说，你关注某个问题，在阅读了与这个问题相关的资料后写出一篇文章，其实这个写作过程就应该是训练和体现思维能力的过程。我们往往忽视了读写和思维发展的关系，所以阅读往往就变成了要么是背课文，要么是博览群书，但是背后缺少想法；写作也成了按照某种既定的模式、范式来套，而和思维训练、独立想法的关系不大。写作其实是一种非常有价值的思维训练方式。最近，我看了上海纽约大学的课程体系。借鉴世界一流大学的培养模式，上海纽约大学的课程体系中也特别强调写作的重要性——每一门课都把写作作为一个重要的部分，学生要写很多很多东西。写就是思维，就是思考。所以，我觉得在高中教育中亟须凸显读写中思维训练的意涵。否则，我们很难跳出传统教育的窠臼。

## 三、尤其应该重视兴趣在学生个性发展中的作用

**胡惠闵**：我们也都认为高中教育是基础教育，应该更关注的是成为一个合格公民所共同拥有的那些东西，但这并不意味着在学生成长的这个特定阶段要忽视他们个性。实际上，教育的复杂性就在于人和人都是不一样的。因此，凸显学生的个性一直是困扰高中教育的一个问题。俞校长，就我们在高中教育培养方面应该怎么样凸显学生的个性，您是怎么看的呢?

**俞立中**：我觉得在高中教育阶段，我们强调的诸如互动式教学、研究型学习，这些举措的提出和实施，其出发点可能更多的就是指向培养学生的个性。不过，我还是坚信学生的个性发展和他们的兴趣是密不可分的。这也是为什么我一直特别强调兴趣的原因。兴趣的驱动对学生的发展太重要了，尤其是对学生的个性发展来说。正如同我们通常所说的，近三十多年来中国的崛起，"改革""开放""发展"这几个环节是息息相关的，"兴趣""能力""个性"在学生发展中的作用也是紧密相连的。首先，我们要拓展他们的兴趣。教育从最根本的意义上说就是从小应该要启发、挖掘、开拓学生对这个世界内在的好奇和兴趣。可能我们并没有意识到"兴趣"在学生个性发展中的作用，应试教育就是抑制学生对世界的好奇，一切围着考试转，和考试

无关的内容甚至不让学生接触,好像除此之外的其他事情都是没有用的,客观上就扼杀了学生的兴趣。而家长在课外安排学生参加的一些学习往往也带有功利性,不是真正强调兴趣培养。其次,我们要在充分挖掘兴趣的基础上培养学生的能力。对学生的能力有了充分的培养,发展学生的个性就水到渠成了。

我之所以强调中学教育培养兴趣的重要性,是因为如果到大学再来讲培养学生的兴趣已经太晚了。他们这个时候已经很难谈什么兴趣了,思维都基本定型了。我觉得中学教育特别要关注学生的兴趣,这就是为什么我一开始就说这个问题的原因。实际上,我觉得这是中国教育的一个弊病:给学生以紧箍咒,说起来层次很高、很伟大,但是你仔细想想,这些东西没有具体的体现,把最基本的东西抹杀掉了,世界观、人生观、价值观之类的都变成了概念,没有内涵了。

**胡惠闵:**俞校长,您刚才特别提及能力的培养。那么您是怎么样看待培养学生研究能力这件事情的?

**俞立中:**我还是先说说一些现状吧。如果从功利性目的出发,去引导学生参加科研,培养学生的研究能力,这不是我们希望看到的。当下,有些同学参加一些竞赛,包括奥数等各种科技竞赛,是冲着高考加分,这就把本意异化了。当然,也许目前教育体制不得不这样做,也是没办法的。

就说奥数吧,它本身根本没错。但由于导向错了,为了高考加分,家长逼着学生去学,使得学生没有学习的兴趣了。没有了兴趣的学习是很可怕的。人的行为背后一定要有动力,而人的最根本动力在哪里呢? 我认为,好奇是一个方面,另一个方面就是兴趣。只有对事情感兴趣,觉得这个事情很有意思,发现这个事情的价值,我们才会去追随它,去做这件事。若高中教育把人最本质的动力抛弃了,全部变成了功利的东西,学生就会做得很辛苦,也不会开心。

**胡惠闵:**正如俞校长刚才提到的,回过头来看,现在的很多做法我也不能说它有什么错,做总比不做要好,但问题是都有点走偏掉了,目的不纯粹了。那么,您认为究竟是什么导致这种"走偏掉"的现象呢?

**俞立中:**现在社会的批评都集中在高考这一指挥棒上,大家都在说高考,但是现在中国不实行高考也不行,取消了高考就可能社会大乱。其实,我觉得高考也不是问题的最终症结所在,而是一个显性的、大家都看得到的症结,但它不是最终的那个瓶颈。我们不要都把所有的教育问题都归结到学校教育上,这是一个社会问题。社会问题的根本是价值取向,就是追求的趋同,价值取向太单一了。

在一个多元化的社会,需要有多样的价值追求。如果一个国家的人所追求的东西都是一样的,那就有问题了。所以会出现一些很有意思的现象,全民炒股、全民跳舞,大家好像都跟着风气走。实际上,社会构成是多元化的,社会对人才的需求也是多元化的,要引导社会公众多元化选择的意识和能力。我们这个社会应该给不同追求的人以足够的尊重,一个好的技师有手艺,同样应该很骄傲,社会要承认他的地位。"条条大路通罗马",在每个领域、每个行业里都有卓越的人,每个人都可以追求卓越,社会应该认同。而且社会要引导大家:一个高水平技师的贡献不一定比教授差,也不一定比老板差。今天的社会公众舆论太向钱看了,弄得有钱人就不得了一样。好像我们社会发展的每一个阶段都会有这种主流的价值导向,曾经有过知识分子"吃香"、解放军"吃香"、工人"吃香"等,都是把价值引导到一个方向上。实际上,今天教育的问题、社会的问题讲到底就是我们没有去引导形成一种多元化的价值取向。这个社会缺乏平衡,所以大家都往一条路上走。比如说,在很多人的意识里,必须成绩好才能上好学校;读了好学校才能找到好工作,才能有钱、过好日子,最后就是有钱人了。大家都往这条路上走,就会表现在孩子要读好学校,就要考分考得高,就变成了高考的竞争;高考要考好,首先中学要上得好,就要选个好的高中,当然初中也要选好。实际上问题就是这么一串串出来的,我想明眼人一看就看得很清楚,但是大家都在批评学校,这是没道理的。从这里就不难看出,学校想做事情,但是它是做不了的。说实在,如果一个中学校长很有魄力,真的完全实行素质教育,他可以去做。但一旦高考成绩不好,家长骂他,学生骂他,甚至将来老师也会骂他。

## 四、用一种更宽阔的视野来看待学生的学习

**胡惠闵**:俞校长,和培养学生的个性类似,学生的实践能力、动手能力也是高中教育非常关注的一个方面。您觉得如果要培养学生的实践能力,有什么好的方法?

**俞立中**:我比较赞同的一个做法,就是我们不要把学校教育单纯地理解为课堂教学,我认为这是现代教育出现后被异化了的一个认识。现代教育是强调标准化、

正规化。但如果我们对此理解偏了，也就把人的学习方式狭窄化了。实际上，学习形式和学习环境可以是多种多样、丰富多彩的。对一个有心人来讲，学习无所不在，讨论是学习，观察是学习，体验也是学习。上海纽约大学的培养模式中强调了学生在本科学习阶段可以有1—3个学期选择到纽约大学全球教育体系分布在世界各大都市的教学中心学习。有人认为，这不就是世界各地跑来跑去嘛。这样思考问题的角度真是误人子弟。其实，这种独特的社会观察和文化体验本身就是一种潜移默化的学习。就我自己而言，我去英国留学，首先学到的东西并不是课堂上的知识，而是在一个全新的社会环境和文化氛围里的独特体验，感知了很多以前不知道的东西，思考了以前没有想过的问题，真正拓宽了自己的视野。

**胡惠闵**：俞校长的这番言论让人非常赞同。如今，我们把学习理解为课堂教学，把学习的结果理解为考试成绩。大学有这个问题，中学也有。那么，如何解决这样一种狭隘地理解学习的问题呢？

**俞立中**：首先是思想观念上的变化，就是要认识到学习形式是多样化的，课堂教学只是学习的一种方式。我记得在开人代会时，有人在议论上海孩子现在不会讲上海话了，原因是课堂里大家都讲普通话。结果有人提议，学校里应该开设学习上海话的课程。我说我绝对不会提这个意见。现在都在讲减负，但中学生压力却被越弄越大。社会发展需要什么就开什么课，这样怎么可能减负呢？当今世界，知识爆炸，要学的东西越来越多，缺失的东西也越来越多。如果都靠学校的课堂教学来学习，学生负担不重才怪。所以我认为要解决学生社会实践的问题，首先要改变思想观念，不要认为仅仅只有上课才是学习，各种各样的社会体验、参观、观摩、讨论、阅读、活动都可以是学习。上海纽约大学的宣传广告语"让世界成为你的课堂"，强调的也是"行万里路，读万卷书"。

我曾向市教委分管终身学习的领导建议，真正要培养终身学习的理念，就要让每个人从小有一张学习卡，进博物馆盖个章，进画廊盖个章，进科技馆盖个章，最后都累计下来，当用人单位评价这个学生时，就可以看他经常去什么地方，对什么东西感兴趣，可以对孩子的各方面素养有全面的了解，也可以是选拔优秀学生的一个参考。这是培养终身学习理念和习惯的价值所在。学生肯定都去过这些场所，但是没有学习的意识，也没有把这个过程当成是学习的过程。学校应该多组织学生活动，可以是学生自己组织团队活动,也可以是学校根据课程的需要组织活动,就是要让学生打开眼界。中外学生之间的交流也是培养学生跨文化交流能力的学习活动。这些是不需要上课的,而且学生也会蛮感兴趣,大家一起包饺子,一起做蛋糕,那又是一种动手能力的培养。实际上,学习的方式是可以丰富多彩的。当然,我理解有很多原因使我们不得不把学习活动缩得很窄。有些学习形式一下子难以看到可考量的实际效果,但却是切切实实的潜移默化的教育。

**胡惠闵:** 正因为我们把学习理解为课堂教学,把学习的结果理解为考试成绩,我们希望学生要实践、要研究,就顺理成章将它们通通课程化了。俞校长,顺着您的思路,我突然想到一个很有意思的问题,那就是有没有这样一种问题存在,中国学生是在这种绝对课程化的单一学习方式下培养出来的,但上海纽约大学现有的课程体系强调多元、跨文化、实践、综合等,中国的学生会有不适应吗?

**俞立中:** 我最近曾引用过纽约大学校长的一段话:"上海纽约大学是如此独特,因此并非每个学生都适合这所大学,她需要的不是怯懦者,而是那些敢于冒险、敢于突破的学生。"也就是说,上海纽约大学的学习模式并不适合每一个学生,只有那些符合我们培养目标和招生标准的学生才会是我们的选择对象。所以,有这种追求的学生,就来报考上海纽约大学;如果没有这样的追求,可以选择其他大学。我肯定,这样的培养模式对某些类型的中国学生会有不适应的。但我相信,会有一批最优秀的学生喜欢这种学习模式,当然学校还要看他们中学的学业情况和高考成绩。这些学生一定是智商、情商都比较高,同时有追求和抱负,勇于追求新事物,希望有走向世界的人生,愿意与不同文化的人群沟通、交流和合作。

**胡惠闵:** 你们是怎么选拔的呢?

**俞立中:** 对内地学生,我们的选拔方式是三个方面的结合。一是高考成绩,但并不是按高考成绩的高低来录取;二是中学的学业成绩和表现,包括各种佐证材料、校长和老师的推荐信、个人的陈述等;三是个人的综合素养,从个人的陈述里也可以看到学生的志向、爱好、思维方式、表达能力等。综合素质的考查会通过校园日活动设计一系列的活动让考生表现,在过程中观察学生的性格、素养、能力等。

# 着力培养"走遍天下都不怕"的精英人才①

"上海的教育还有很大的改善空间!"当记者刚把采访意图讲完,市人大代表、上海纽约大学校长俞立中用这样一句话作为"开场白"。而在完成采访后,记者意识到,俞立中眼里的上海教育不仅是"不足",更多的是"值得期待"。

经过近两年的筹备,由华东师范大学与美国纽约大学合作设立的上海纽约大学于去年 10 月 15 日正式成立。作为国家教育体制改革试点项目之一,上海纽约大学是国内第一所中美合作成立的国际化大学。今年 9 月,首批 300 名本科新生将正式踏入上海纽约大学的校门。

"我们的目标很明确,就是要培养具有全球视野的精英人才。"谈到自己的学校,气质儒雅的俞立中显得很有底气。他告诉记者,在上海纽约大学,除了全球化视野下的文理通识教育外,学生将会有更多的机会接触到多元文化,培养批判性思维能力,和不同文化思想交融互动。而这正是俞立中希望借以打破目前高等教育"千人一面"问题的重要尝试。

俞立中进一步展开,上海纽约大学特别强调学科知识的交叉贯通,特别关注全球化时代的跨文化体验和合作,特别注重能力培养和学习方式变革。"我们希望学生放飞思想,拥抱挑战,希望学生理解大学是接近梦想的地方,希望学生以独立思考去质疑、研究、分享过去和今天的伟大思想,增强头脑和心灵的力量。"

在谈及基础教育改革时,俞立中表示,"不同学校之间肯定会有差异,但不是升学率高低上的差异。示范性高中的根本意义不是在升学率,而是在于其教育特色,而且不仅仅是传统意义上的如体育、音乐等特色。"在他看来,特色更应该体现在人才培养的方式上。上海的基础教育需要关注学校的特色发展。

俞立中认为,随着全球化进程的加快,不同文化间的交流、冲突、合作已实实在

---

① 原载《青年报》2013 年 1 月。

在影响着每个群体。上海纽约大学在创办过程中也曾遇到因文化差异导致的"小误会"。俞立中告诉记者,在考虑学费标准时曾发生这样一段插曲。"学费需要物价局批准,这在美国人的概念里是没有的。美方起初并不在意,还一个劲儿表示1年约10万元人民币的学费已经很便宜了。"直到要公布招生方案时,经过一再协调后,学费标准才上报物价部门。"物价部门很惊讶,你们怎么那么晚才来报批。"俞立中笑谈道。

当国内一家跨国企业需要到非洲拓展业务时,却发现一时还真找不到合适的人选,这正反映了我们在人才培养模式上的弱项。"不是语言问题,国际视野、文化差异、跨文化沟通能力才是主要瓶颈。"有一部电视剧给俞立中留下了深刻的印象,故事讲的是一家日本汽车企业在美国建厂,管理层将日本本土的管理模式直接搬到美国工厂,产生了企业管理文化的冲突,美国工人强烈不满,生产效率很低,严重影响了企业正常运转。"这样的例子不胜枚举,我们希望通过实践能够帮助来自不同国家的学生们互相理解对方的文化,拓宽学生的视野,培养跨文化沟通、交流和合作的能力。"

# 中外合作办学模式不能一窝蜂①

今年的政府工作报告回顾申城过去5年软实力明显增强,提及成立不久的上海纽约大学。这块中外合作办学和高教改革的"试验田",由纽约大学和华东师范大学合办,能为上海乃至全国教育界带来哪些"鲇鱼效应"? 记者昨天专访市人大代表、上海纽约大学校长俞立中。

## 不挑高分只选合适

"有个上海女孩申请哈佛大学,首轮即遭拒,后被麻省理工学院录取。分析原因,哈佛看重领导力和社会责任,希望学生活泼开朗,善沟通;麻省理工注重科学研究,要求学生沉下心做学问。"俞立中喜欢这个故事,更欣赏两所名校的鲜明特色。"国外许多大学选择学生时都有各自的期待和追求。而我们大学招生趋同,从高考到自主招生考试,在分数面前总是先掐尖子生,不太在乎学生是否适合学校。"

俞立中认为,明确学生选拔标准,大学才能有特色。成立上海纽约大学,迈出了第一步探索。"什么样的人适合我们学校? 充满好奇并勇于尝新,有国际视野,愿意跨文化沟通。我们不挑最高分,只选最合适。录不录取,与是否优秀无关。"他说,有些学生喜欢宅在实验室。"他们非常优秀,可能成为科学家,但并不适合本校的培养模式。"

## 主观标准无碍选才

关于"合适",俞立中给出了诸多描述,但招生时如何量化? 他回应,主观标准无碍选才。"考分只隔几分,学习能力其实差不多。分数看似客观公平,却不能完全展

---

① 原载《新民晚报》2013年2月1日,记者曹刚。

现能力。"

考试之外，如何选才？这是对学校的考验。除了参考中学学业和高考成绩，上海纽约大学特别看重综合素质，体现在其自主招生方式上——学生在线申请，提交多篇小论文，材料通过审核后，学生将受邀参加校园日活动。"这不是传统意义的自主招生考试。我们组织多种活动，让学生充分表现自己。观察他们是否合群，亲和力怎样，英语沟通能力如何。"

俞立中反对用一种考试代替另一种考试。"中国学生很厉害，凡是笔试都有应试技巧，能做针对性准备。"他强调说，校园日无须准备，强化训练也没用。"学校看重的特质，渗透在学生的待人处事和言行举止中。中学阶段不只有学习和考试，还应多接触社会，拓宽视野。"

## 高等教育期待多元化

采访时，俞立中反复提到"多元化"，"这事关中国高等教育的生态问题"。

"社会需要各类人才，高校不可能全培养领袖或科学家。学生个性、兴趣和发展目标都不同，如果千校一面，肯定无法满足需求。"俞立中说，这要求更多高校确立各有特色的学生选拔和评价方式，并设置相应的课程体系和培养模式。

探索高教多元化，上海纽约大学才刚起步。首届本科生招生上月报名截止，俞立中透露，学校吸引了众多优质学生。

"像我们这种中外合作办学模式，不是中国高等教育发展的模板。适合上海，但不一定适合别处，不能一窝蜂效仿。"俞立中指出，应鼓励更多有地方特色的探索。如上海科技大学和南方科技大学等，办学模式和目标不同，也已作了不少有益尝试。

学生明白自己喜欢什么，就去报考对应学校，而非只看名气大小；高校明白自己需要什么，就去挑选对应学生，而非只顾分数高低——这是俞立中理想中真正有意义的高等教育。

# 成功的教育是一种选择①

　　他是华东师范大学的第六任校长,他对这个曾为之奋斗了 35 年的学校饱含深情,这里记录了他兢兢业业、辛勤劳作的点点滴滴,他带领华东师大全体师生在中外合作项目上取得了瞩目的成就,在他获得"法国荣誉军团骑士勋章"之时,他把这份荣誉归于华东师大;他也是上海纽约大学的首任校长,他对这所中美合作的"混血新生儿"满怀期待,从筹建、成立到招生历程三年,如今上海纽约大学已在夏日的骄阳中迎来了首届新生,在欣赏这些优秀的年轻人的同时,他更像一位慈爱的大家长无微不至地叮咛他们的方方面面。他就是引领中外合作办学的先锋,俞立中校长。本期《国际教育交流》,俞校长将带我们一起感受一名校长对教育国际化的经验和体会。

## 国际教育交流需要共同合力

　　**《国际教育交流》**：首先恭喜您获得"法国荣誉军团骑士勋章"。您觉得这个荣誉对您意味着什么?

　　**俞立中**：我是代表华东师范大学去接受这份荣誉的。法国驻上海总领事卢力捷(Emmanuel Lenain)先生在颁发勋章时介绍了我个人的经历,包括在推动中法高等教育合作方面所做的工作,但是所有这些工作实际上是华东师范大学的同事和同学们的共同努力,是学校历任领导的努力,我只是代表大家来接受这个勋章。

　　Lenain 先生在介绍中强调了华东师范大学与法国高校的合作,特别提到了与法国高师集团(巴黎高师、加香高师、里昂高师和人文高师)的合作。这是我们十多年以前就开始的合作项目,从早期的联合培养研究生到成立联合研究生院,再到成立

① 原载《国际教育交流》2013 年第 8 期。

联合研究院，这个合作项目把学生培养、科学研究、推动高校服务社会等很好地联系在一起，中法双方都觉得做得非常成功。我曾接待过法国的一位资深官员，他高度肯定了华东师大和法国高师的这个合作项目，认为是中法高等教育合作中最成功的案例之一。通过这个项目，有几百个学生直接受益，包括硕士生和博士生。到目前为止，我们已经培养了近百名中法双学位博士生，这些学生在读期间有很出色的研究成果，发表了高水平的论文，毕业后大多都在"985 工程"高校当老师。这个项目的影响力也越来越大，我们实际上是构建了一个合作模式，使这个项目可以长期深入地推进下去。

另一个项目是与法国罗阿大区的高等教育合作。我们与这个地区的很多高等教育机构都有交流合作，并从学校间的合作变成学校与一个区域间的高等教育合作，而这个过程也促进了法国高校之间的交流与合作，他们在与华东师大的合作中彼此越走越近。其中，包括里昂商学院在华东师大校园内设立海外校区。通过这个合作项目，每年有几百个攻读 MBA 的欧洲学生在上海学习一个学期，也吸纳了华东师大的学生同堂学习，一起做团队项目。这个项目吸引了越来越多的欧洲 MBA 学生。

这些中法合作项目凝聚了许多人的心血和努力，包括几届校领导、教授、学生、各个职能部门等。这么多人积极参与，才取得今天的进展。所以，我实实在在是代表华东师范大学接受这份荣誉的。

《国际教育交流》：您认为在推动教育的国际交流与合作上，个人、机构以及政府都分别起着什么样的作用？

俞立中：所有这些因素共同起作用，才能有效推动教育的国际合作交流。任何一个国际合作项目，都需要有这样的合力。

对领导者来讲，最重要的是发展理念。国际合作交流可以看成一件事、一个项目，但也可以看作为一条战略路径、发展理念。放在不同的位置，给出不同的定位，最后的结果会是不一样的。如何去定位？我想这是领导者所起的关键作用。在中国教育体制里，这应该体现为领导班子的理念。

领导者要有远见卓识，要能坚持正确的理念，并有能力使之成为大家的共识。如果只有领导的一厢情愿，没有老师、学生和部门的共识，形成不了合力，就没有实践的推动力,什么事情都做不好。因为这不是靠一个人能做的事情,所以学校的上下共识、共同努力和付出是极其关键的。

同样,政府的支持也很重要。与法国高师集团的合作项目得到了中法教育部的支持。在项目初期,每年提供的 12 个双学位博士名额中,华东师大、法国高师、法国政府各为四名学生提供奖学金。随着规模的扩大,这个项目也得到了中国留学基金委的支持。如果没有双方政府的积极支持,这个合作项目很难持续发展。

所以,我认为一项成功的国际教育合作,个人、机构和政府这些因素都是分不开的。

## 好的服务是提供更多选择

**《国际教育交流》**:到目前为止,上海纽约大学第一届新生已经顺利招录完毕,在整个选拔过程中,包括校园日的活动,您对学生最深刻的印象是什么?

**俞立中**:年轻学子的可塑性给我留下了深刻的印象。社会舆论往往对不同年代的青年有一些模式化的描述,如 80 后、90 后独生子女的特征。我原先也有些印象上的偏差,以为中国的基础教育偏重应试,导致了学生只善于考试,视野不开阔,知识面较窄,思维不活跃。但是在校园日活动中,我看到的学生大多不是这样的,他们思维活跃,很能展现自己。我在接触这批学生的过程中,发现这些年轻人的可塑性其实是很强的,甚至看到了合适的教育会对这一代人产生什么样的效果。我讲的可塑性是指他们还有很多变化的空间,关键是我们提供什么样的环境、什么样的教育,也许他们将来就会成为什么样的人。这也让我更感受到大学的责任和使命。我们能为学生提供什么样的发展环境,什么样的教育模式? 这关系到培育什么样的人才,我们要有这样的意识。现在出现的一些问题并不完全是学生的问题,而是教育体制和方法的问题。如果我们能积极推进改革,给学生更多的选择机会,可以激发学生更多的发展潜力。

**《国际教育交流》**:正如您刚才所说,提供怎样的教育环境,学生将来就有可能成为什么样的人。要达到高质量的教育成果,培养出优秀的学生,您认为需要从哪些方面去提高教育服务?

**俞立中**：教育服务也是大学内涵的一个方面。我理解的服务其实就是教育的组成部分，大学教育是由各方面组成的。一说到学校教育，大家通常就想到课堂教育，比如课堂上讲的是什么内容，教师用什么方法来讲课等。我认为，学校教育的范围应该更广泛。举个例子，全日制大学与夜大、网络大学对学生产生的教育效果是不完全一样的。对全日制大学的学生而言，大学生活的重要性绝不比课堂教育小。社团活动、集体生活、社会实践、科研经历、文化环境等都是大学教育的载体；在学校里还有各种机会接触到方方面面的信息，如国际会议、学术论坛、研讨会、专家报告等，这些都是大学教育的内涵和组成部分。如果将之排除，就无法形成完整的大学教育。

中国大学的学生管理，即国外大学更强调的学生服务（student service），也是大学教育的一个重要内涵。上海纽约大学的学生服务也引入了纽约大学的一些特色。例如，我们为新生安排了三周的入学教育，主要有五方面的内容：1. 介绍办学理念、培养目标和学习生活的基本情况，如学术事务部介绍课程及专业选择、选课系统、学业指导等；学生事务部介绍课外活动、学生社团组织、住宿生活、健康咨询等；信息技术部介绍网络使用、信息技术支持等；公共安全部介绍校园安全、消防安全等。2. 举行学术研讨及讲座，帮助学生了解和适应上海纽约大学的教学和培养模式，包括时间管理、学术规范、阅读技巧等不同主题；教授们还开设多场学术讲座，涉及学术成功、创造思想、科学研究、人际交流等内容。3. 强化语言培训，针对中国学生的英语会话、写作、阅读等强化课程，帮助学生适应全英语教学环境；针对国际学生的汉语基础课程，帮助学生掌握日常用语，适应生活环境。4. 安排师生交流活动，以讨论会、午餐会等形式促进师生间的沟通交流，相互熟悉。5. 组织丰富多彩的课外活动，促进中外学生的跨文化交流与融合，引导学生建设多元化的校园社团活动，包括瑜伽、保龄球、篮球等体育活动；才艺展示、电影、歌舞等娱乐活动；浦江夜游、城市观光、外滩游览等休闲活动；还有以宿舍主题区域或楼层为单位的其他活动。其中，让新生尽快适应大学生活以及学会选择是很重要的方面。

在某种意义上，人生就是一个选择的过程。怎么让学生真正发现自己的兴趣所在，挖掘自己的潜力所在，根据自己的兴趣选择专业、选择课程、选择参与各种活动等。学生服务要帮助学生在大学生活中学会选择。我觉得，学会选择对中国学生更为重要，一方面，他们经历的选择机会太少；另一方面，他们不太会选择，在机会面前不知该怎么选。在很多情况下，学生的选择其实是家长的选择，而家长的选择很多是跟着社会潮流在走。在整个教育过程中，我们给学生的选择机会太少，帮助他们学会选择的指导也太少了。

所以，大学教育有两点是很重要的：一是让学生有更多的选择机会，比如在构建学科专业、培养模式、课程体系、教学方法等各个方面，应该充分考虑学生兴趣、特长和个性方面的差异，提供多样化的教育服务。有越多的选择机会，学生就越有可能选择到适合他的学习模式，符合他兴趣的学科方向。二是学校要指导学生学会选择，让他懂得在实践过程中选择是非常重要的，发现自己的兴趣所在、内在的动力、潜力和优势。我认为，如果学生懂得如何选择，成功的机会就会更多。

## 成功 = 诚信 + 努力 + 沟通

《国际教育交流》：盛夏过去，即将迎来开学季，上海纽约大学的领导、教师和学生是如何做好开学的准备工作的？您对新生的期待是什么？他们都很优秀，有没有什么担忧？

俞立中：从现在开始的三周入学教育是大学教育的重要环节，重点是帮助学生认识大学生活的基本要素，主动思考人生。

新生入学前，我就在微博上提醒同学们，请大家思考三个问题，也是我担忧的问题。

一是要做一个诚信的人。为什么特别要讲诚信？我真的很担心，有学生会走歪了路。社会的浮躁之风也在影响教育，大家已经看到了学术不正之风甚至学术腐败。在这样的大环境下，更要明辨是非。大学应该允许学生犯错误，但有些错误是不能宽容的，特别是作弊、造假。如果在这些基本是非观上都有误区，很可能会影响学生的一生。据我了解，在大学里相当一部分考试作弊的学生并不是学习成绩差的学生，而恰恰是那些学习成绩优秀的学生。为了更优秀、更高分就不择手段了，这是非常令人遗憾的情况。对学术不正的现象，包括抄袭和作弊，必须要把握好道德底线，不能找理由来为自己解释，必须意识到这种行为的可耻。上海纽约大学的学生必须清楚这个禁区。

二是成功必须要付出。大学学习生活是很辛苦的，无论是在脑力还是体力上。有一些舆论的误导，认为美国教育重视素质培养，学习是轻松的，不需要很努力。我看到已经有人出来纠正这种误解了。事实上，美国一流大学的学生在学习上也是很花时间的，当然首先是掌握正确的思维方式和学习方法。上海纽约大学的目标定位是培养一批未来的世界精英。因此要想成功，就必须努力探索，改变学习方法，积极思维、拓宽视野、勇于实践。我希望同学们有迎接艰苦的思想准备，不要误解了上海纽约大学的人才培养模式。毋庸置疑，海外学生更适应上海纽约大学的教学语言环境和互动学习方式。对中国学生来讲，如果把努力学习的优势都扔掉的话，实在太不明智了。

三是尽快适应多元文化环境。上海纽约大学是个国际化的大学，教师和学生来自世界各地，文化传统、思维方式、生活习惯等都会有很大的差异。同学们要尽快适应多元化的教学和生活环境。学校刻意在一个寝室里安排不同国家、不同语言、不同文化背景的学生，为文化理解、文化融合创造条件。但学生要把握这个学习机会，培养跨文化思维的能力，不要以为自然而然地就能相处好。如果不把多元文化环境看成是机会，就会变成一种负担；相反，如果认识到机会难得，就会充分利用这个机会，培养跨文化素养和沟通交流的能力，也能帮助开阔胸怀、扩大视野。

微博语录：

第一件事是，做一个诚信的人，这对上海纽约大学的学生来讲真的太重要了。在入学教育中会讲学术规范，希望大家从大学生活第一天起就牢固确立这个道德底线。因为社会的浮躁之风把一些基本理念和行为搞乱了。真不希望同学们有意或无意地走错了，因为这是不可宽容的错误。

第二件事是，我们需要改变中学的学习方式，养成自我规划、主动学习的习惯，多阅读、多思考、多实践，积极互动、积极讨论，但这并不意味着不需要刻苦努力学习。希望同学们享受学习过程，更希望同学们做好艰苦奋斗的思想准备。成功的人生，一定需要加倍的付出。

第三件事是，上纽大是一所国际化大学，教授们来自世界各地，首届学生也来自35个国家，跨文化交流、沟通和合作能力的培养是一个重要方面。因为不同的文化和教育背景，同学们的思想方法、生活习惯和交流方式有差异，需要更多的理解、沟通和宽容。同学们不要忘了中华传统，尽地主之谊。

# 让世界成为你的课堂[①]

**《上海教育》**：您在上海纽约大学的开学典礼上说到了自己的大学梦，并希望学生们"为实现梦想而努力""把个人的梦和社会的梦、世界的梦联系起来"。那您的教育梦又是什么，您对这所学校寄托着怎样的理想？

**俞立中**：中美合作创办上海纽约大学，其真正的意义不在于多了一所大学，也不在于多招了几名大学生，而在于探索。

首先是探索如何将国外的优质教育资源与我国的教育实践相结合，通过国际合作办学的模式来推进高等教育的发展。其次，办学特色和办学质量是中国高等教育目前面临的两大问题。希望通过上海纽约大学的实践，为中国高等教育的改革和发展提供一些借鉴，在办学模式、人才培养、课程体系、教学方法、学生服务等方面做一些探索。我的教育梦是期待中国高等教育的办学模式和人才培养模式的多样化。因为学生是千差万别的，没有一种教育模式适用于所有人，高等教育只有提供更多的选择，才能让每个学生找到适合自己的学习模式和发展模式。

同时，各个行业对人才的需求也是多样化的，不同层次、不同类型的岗位对人才的要求也会很不一样。只有教育的多样化才能够满足经济社会发展的要求，才能够满足人的发展要求。这个跟自然环境一样，越是单一越是不健康。

上海纽约大学的定位很明确——希望为这个时代培养一批有全球视野，具有跨文化理解、交流和合作能力的国际化创新人才，以迎接未来的挑战。这是符合时代发展、世界需要的探索。这也是所有上海纽约大学的创建者、参与者的梦，是我们大家的梦。

我曾经担任过三所大学的校长，最让我累心、压力最大的还是上海纽约大学校长的岗位。在学校的筹建过程中，有一段时间我晚上根本睡不好觉，甚至半夜里会

---

① 原载《上海教育》2013 年第 25 期，记者计琳、陈韬。

突然醒来,脑子像风车一样在转。因为上海纽约大学没有现成的经验可以复制,每一件事都要重新去思考,而且要站在不同文化的角度去思考。但是办上海纽约大学是一件非常有意义的事,所以不管多难,再苦再累,我也会勇往直前。

《上海教育》:上海纽约大学承载着很多第一,而且也已经在招生选拔、师资招聘、课程设置等方面开始了率先的探索。特别是招生选拔,从目前情况看是否达到了我们原先的预期,是否招到了我们所需要的学生?

俞立中:8 月 11 号是上海纽约大学的新生报到日。一大早我就迫不及待地来到学校。一是真心欢迎新同学的到来,二是急于想看看我们选出来的学生会是什么样的。

让我非常兴奋的是,每一个学生都非常自信,很阳光,跨文化交流的意识和人际沟通能力很强。尽管未曾谋面,但很多人早已通过网络建立了联系,所以见面时室友间彼此都能叫出对方的名字。一些中国学生还主动陪着外国学生办手续、当向导。学生们所表现出的特质正是上海纽约大学所期待的,所以我认为我们的招生选拔达到了原先的预期。

《上海教育》:作为高教改革的一块试验田,上海纽约大学被很多人称为中国高等教育改革的"鲶鱼",希望通过这种"鲶鱼效应"辐射、推动更多的高校开展全方位的改革。您觉得除了中外合作办学方面的探索,上海纽约大学哪些发展理念和改革探索可能会对其他高校的改革提供借鉴?

俞立中:我非常赞同上海纽约大学将发挥"鲶鱼效应"的说法,它能搅动起高等教育改革的活水,让各高校都动起来。我认为,每所学校的情况不一样、资源条件不一样、教师现状不一样、管理体制也不一样,简单的模仿或照搬他人的做法都不可取。如果说上海纽约大学的探索可能会给其他高校一些启发的话,应该主要是在发展理念上。

一是学校教育怎么真正地以学生发展为中心,以学生为本。我自认为是很关注学生的那一类校长,但是在与纽约大学的合作中,我还是能够深深地体会到我们为学生做得太少了。如果我们真正以学生为本、考虑他们的发展,其实有很多事情可以去做。

二是在办学中怎么紧紧地依靠教授治学。有一大批教授直接参与了上海纽约大学的筹建。我认为，要将教师对学校发展、学生发展的责任感、使命感充分激发出来，才能更富创造性地开展工作。

在上海纽约大学的自主招生过程中，以学生为本的理念已经很好地渗透了进去。比如，校园日活动中有一个环节叫个别交谈，有别于我们一般意义上的面试。不是若干考官对一个学生的面试，而更像自由聊天。老师可以在这种轻松的氛围中了解学生对问题的看法，了解他的语言表达能力，了解他的逻辑思维能力等。又比如，学校在活动现场为学生准备了一些饮料、茶水、糕点，让学生饿了有东西吃，渴了有茶水喝。其实花费不多，但让人感觉很贴心，好像不是来参加一次考试，而是参加一个活动。

记者在采访学生时问，"参加校园日活动有何感受?"学生不假思索地回答说，"我感到自己被尊重了!"

形式只是载体，重要的是我们心里是否真正装着学生。如果把学生看成是请来的客人，他们选择这个学校，我们应该觉得很荣幸，更要善待他们。

**《上海教育》**：俞校长，您觉得像办上海纽约大学这样一所学校，遇到的最大的挑战和困难在哪里？您内心最大的压力又来自哪里？

**俞立中**：实际上，不同的阶段会有不同的压力。在筹办初期，最大的挑战和压力也许是公众对这所大学、对这样的办学理念和办学模式是否认同。上海纽约大学还算是比较幸运的，得到了社会较大的认同，但还是会有些不同的声音。比如，是否有必要去办这所大学？有没有成功的可能？会不会成为富二代的学校？我们必须很清晰地阐述学校的理念、使命和策略，让大家觉得既可信也可行。

我们不仅是在办一所学校，更是在做一项探索。为了吸引适合上海纽约大学培养目标和培养模式的优秀学生，学校通过各种途径努力将公众不太熟悉的招生理念和选拔方式传播开来。针对办一所高水平大学的成本高、学费贵的现实，我们再三强调了学校是在选学生而不是选家庭，鼓励有志向、有勇气的优秀学生报考上海纽约大学，承诺不会让选拔出的优秀学生因家庭经济困难而辍学。从录取新生的情况看，学生基本都来自工薪家庭，有些家境还比较困难，但是孩子和家长都有教育理想，有追求新事物的勇气。学校会给予特别优秀的学生以适当的奖学金，也为家庭困难的学生提供助学金。

随着上海纽约大学的发展,将来我们还会遇到很多新问题,比如办学经费、文化融合等,但我们有勇气、有信心接受这些挑战。

《上海教育》:您觉得我们上海教育国际化的发展应该追求的内涵是什么?上海纽约大学的一个理念"让世界成为你的课堂",您如何看待全球范围内越来越多的跨国界教育合作?

俞立中:我想,对中国的大学来讲,国际化最根本的内涵就是要把教育行为或教育模式的构建放在世界版图中思考,将中国大学教育放在国际高等教育的平台上去考量和审视。只有这样,才会有更广阔的视野,认识自己的不足、优势和努力方向。每个国家的教育都有自己的特色和理念,但是把它放在不同的框架里去设计、去思考,最后的效果是不一样的。今天,上海需要培养能够参与国际竞争的未来一代人。如果教育不能放在这么一个高度上去规划考虑的话,怎么可能培养这样的人?

《上海教育》:2014 年即将竣工的上海纽约大学新校舍建在了上海陆家嘴,并提出了"垂直校园"的概念,即教室、图书馆、公共区域均在一幢楼宇内,深入城市腹地。这样的校园在中国很少见,它体现了怎样的设想和理念?

俞立中:其实这是纽约大学的想法。在讨论上海纽约大学建设时,纽约大学就提了这么一个要求,要把学校建在上海的经济文化中心。纽约大学就是这样,生于城市、长于城市、服务城市、融入城市发展。纽约大学的快速发展很多便是得益于纽约的发展,以及纽约这个城市的活力带给学校的创新生机。而这种"活力"正是我们希望带给上海纽约大学和学生们的,希望他们能充分感受这座城市的节奏、氛围、创造力,感受全球化时代的城市经济和社会的发展。上海纽约大学是个有着双重身份的学校,对于中国来讲它是中国教育部正式批准的具有独立法人和学位授予权的中外合作办学的国际化大学。对于纽约大学来讲,它是纽约大学全球教育体系的组成部分。上海纽约大学可以充分利用纽约大学的全球教育资源,我们的学生也可以充分享受到双重的教育优惠。

《上海教育》:上海纽约大学充分借鉴美国一流大学特别是纽约大学的经验,紧密结合中国实际,制定了独特的"通识+专业"的课程体系,对于通识教育的探索可以说是前所未有，能介绍下吗？

俞立中：借鉴纽约大学通识教育模式和课程体系，上海纽约大学的课程体系还吸纳了其他世界一流大学的经验，融入了中国元素。我们感到，通识教育的魅力在于为学生的终身发展打下厚实的基础，让学生在学习过程中学会思考、学会学习，发现自己，了解自己的兴趣所在、潜力所在。通过本科阶段的学习扩宽学生的视野，使之对世界有一个比较完整的认识，包括科学、社会、经济、文化等，在比较和批判的思维训练中提升创新意识和创新能力。通识教育并不是让文科学生学点理科知识、让理科学生学文科知识那么简单，而是要从学生全面发展的角度去设置课程体系。

上海纽约大学的通识教育课程特别关注了几个要素，一是全球视野，二是学科融合，三是多元文化，四是中国元素。以全球的视野、多元文化的视角，分析与思考人类的社会变革、历史演进、文化传统、现实问题；在多学科知识和技能的基础上，研究科学和社会的问题，提出解决问题的办法和路径；建立中国和世界的联系纽带。这些都是上海纽约大学的教学模式希望带给中外学生的智慧。课堂教学的形式也是多样化的，有讲授课、研讨课、写作课、实验课等。我们希望给予学生高质量、有特色的教育。

# 建一所世界级研究型大学[①]

经过近三年的筹备，由华东师范大学与美国纽约大学合作设立的上海纽约大学在今年秋季正式开学。作为国家教育体制改革试点项目，上海纽约大学是国内第一所中美合作成立的国际化大学。今年招收第一届 300 名本科生，其中一半是中国学生，一半是国际学生。"这是一所没有先例的大学。如果成功了，也许就打开了一扇门；如果失败了，很可能会把这扇门给关上了。"上海纽约大学校长俞立中在接受《外滩画报》专访时这样说。

## "中外合作办学的探索试验"

烈日当空，一位满身是泥，头发随风飘逸的中年男子，在潮滩上捧着一堆采集来的泥巴样品，满脸欢喜。

2012 年 4 月 19 日，时任华东师范大学校长的俞立中发布了他的第一张微博照片，那是他 20 世纪 90 年代在南汇东滩的野外工作照，题为"科研工作，也会是苦力活"。没想到，这张照片受到学生粉丝的强烈追捧："校长潮爆了！""当年的校长好小清新！""校长太萌了！"俞立中在微博上回复学生："别再说我卖萌了，不然都有些不好意思上微博了。"

去年毕业季，他在微博上公布与毕业生自由合影的档期和地点。他在深夜发布合影，供学生下载，人气指数再度飙升。

他也是上海第一个开设微博认证的高校校长，如今拥有超过 150 万粉丝。在此之前，他早早通过 BBS 和人人网与学生交流。

被学生誉为"最亲民校长"的俞立中早年也曾经历过"上山下乡"，恢复高考后才

---

① 原载《外滩画报》2013 年 8 月 15 日，记者周一妍。

成为华东师大地理系 1978 级本科生，毕业留校后又去英国利物浦大学攻读博士学位，在环境磁学创始人弗兰克·奥德菲尔德(Frank Oldfield)教授的指导下完成了博士和博士后研究。1990 年，他回国后在华东师大任教，被聘为副教授、教授。他曾先后担任了上海师范大学和华东师范大学校长。

63 岁的俞立中谦虚地说"我太 out 了，永远在学习年轻人的'方言'。"

一年前，俞立中从任职六年半的华东师大校长岗位上退下，全身心投入上海纽约大学的筹建工作中。他评价自己和纽约大学校长约翰·塞克斯通都是"有激情的理想主义者"。

"他的学术背景是宗教学和法学，长期从事大学管理，内心力量非常强大，对待事业具有传教士般的激情。在某些方面我跟他有点像，不管多困难，只要觉得方向是对的，我就会竭尽全力，属于有理想、有激情的那类。"

上海纽约大学的建立过程并非一帆风顺，塞克斯通校长甚至用"漫长，伴随着痛苦"来形容。

2006 年，纽约大学选择华东师大作为合作伙伴，在华东师大校园里建立了纽约大学上海中心。2008 年，随着纽约大学到上海学习的学生数量激增，塞克斯通校长提出"能不能更进一步，在上海设立纽约大学的分校?"他得到的回答是："目前不可能，只有通过中外合作办学来探索新的办学模式。"

2009 年，塞克斯通在会见时任中国驻美大使周文重时再次表达了这个意愿。周大使专门给教育部和上海市政府发函，及时转达了纽约大学的意向。经过三年的努力，2012 年 9 月 22 日，教育部正式批准设立上海纽约大学。

作为一所有双重身份的中外合作大学，上海纽约大学是在中国注册的具有独立法人资格和学位授予权的中美合作的国际化大学，也是纽约大学全球教育体系的组成部分。学生申请入学，必须同时走美国大学和中国大学两条入学通道；毕业后将得到纽约大学(美国)和上海纽约大学(中国)两张学位证书。从筹建之初起，上海纽约大学就得到了上海市和浦东新区的高度关注和大力支持，成为上海教育改革综合试验区的一个重要项目。

在上海纽约大学之前，中外合作办学已经有了一些"实践者"，比如宁波诺丁汉大学和西交利物浦大学，在办学体制和培养模式上作了积极的探索。"我们的目标定位，是办一所规模小、起点高的精品学校，重在探索实践。"俞立中再三强调："数量不是我们的追求,质量才是关键,首批学生才 300 名,宁可不招满也不会降低录取标准。"上海纽约大学的本科生四年总规模会控制在 1 600 人左右。

今年,报名上海纽约大学的内地学生近 2 000 人。通过审阅申请材料,学校选拔了 500 名学生并邀请他们参加校园日活动。根据校园日活动的评价,结合高考成绩,实际录取了 150 人,录取率仅为 7.5%。俞立中对于这些千挑万选出来的学生如数家珍。近一年来,为了找到适合的优秀学生,他去了很多省市,走访了几十所示范性高中作宣讲。建校初期,他既是学校的校长,也是代言人,为一场全新的中外合作办学实践摇旗呐喊。

上海纽约大学的官方网站公布了首批 38 位教授名单,包括纽约大学人文学院教授、美国国家科学院院士托马斯·班德,纽约大学历史系原系主任卫周安,美国艺术与科学研究院院士、耶鲁大学神经生物学教授汪小京等。而担任上海纽约大学的美方校长杰弗里·雷曼曾任"常春藤"名校康奈尔大学校长和中国北京大学国际法学院院长。"大学之大,在于大师",俞校长对这个"明星级"阵容十分满意。

"我们的目的不是再创建一所复旦或交大,也不是简单地引进现有的美国教育模式。"俞立中对《外滩画报》如是说,"这是中外合作办学的探索试验,目的是把美国高水平的教育资源引进来并扎根中国,对中国的高等教育改革有所借鉴。"

## "中国学生最大的弱点就是不会选择"

《外滩画报》:纽约大学阿布扎比分校的校长说,他们的目标是要建立全世界前五或前十名的文理学院,上海纽约大学的目标是什么?

俞立中:我们要建一所世界级的研究型大学。除了研究型大学的一般概念,这个学校更强调全球视野和多元文化。和阿布扎比的情况不太一样,上海纽约大学是由美国的一流大学和中国的一流大学合作创建的。在积极探索人才培养模式的同时,我们已在筹建若干个联合研究所,包括神经科学、应用数学、社会发展、计算化学等,为双方教授的科研合作及研究生培养创造良好的条件。

另外,"数据科学"和"城市研究"两大联合研究平台也已经提上议事日程。这些都是世界热点研究领域,也是我国很需要的,具有引领性。

**《外滩画报》**：为什么不像阿布扎比分校一样，全身心做一所四年本科制的"文理学院"？

**俞立中**：上海纽约大学的人才培养涵盖了本科、硕士、博士，包括 MBA、EMBA 等。在中国的环境下，如果没有科研平台支撑，就不能吸引高水平的教授，很难办成一所有影响力的文理学院。但是，现阶段我们会把重点放在本科教育，采用的是美国文理学院的"通识教育"（又称博雅教育）模式。

**《外滩画报》**：与传统高校相比，"通识教育"课程体系有何创新？

**俞立中**：上海纽约大学的本科教育课程由三块组成，通识教育课程、专业课程、加强专业课程或第二专业课程，差不多各占三分之一。学生可以选择一个专业，也可以选两个专业，或一个主修专业、一个辅修专业。我们希望给学生最大的选择权，通识教育使学生有更多的机会接触到方方面面的知识和技能，真正发现自己的内在兴趣和潜力。

**《外滩画报》**：人人都有选择专业的权利，那么就不会产生学生被分配到不喜欢的专业的情况了？

**俞立中**：对的，所以我们不要求学生很早就选择，就算选择了还可以改变。当然，老师会指导学生怎么去选。我觉得中国学生最大的弱点就是不会选择，一是因为我们给学生的选择机会太少了，二是因为家长太包揽了。在很多情况下，是家长在替学生选择前途。所以，我希望家长一定要放开手，让孩子们学会独立生活，独立学习，独立选择自己的人生。这是一件非常有意义的事情。

**《外滩画报》**：现在中国有没有其他高校也采用这种教育模式？

**俞立中**：据我所知，至少复旦大学有这样的尝试，招生时不分专业，在复旦学院就读，一年以后再选专业。但学生是不是可以任意选专业，我不是很清楚。

我曾有过这个担心，问雷曼校长，如果学生最后都选了金融专业怎么办。他的回答很干脆，我们要尊重学生的选择。如果学生都选金融，我们就调整教师队伍。但他觉得不太可能发生这种情况，通识教育有这样的魅力，能够让学生真正找到兴趣所在，不会盲目跟风。他认为，如果所有学生都去选一个专业，只能说明通识教育没有成功。因为通识教育的目的之一，就是帮助学生拓宽视野，发现自己的兴趣和所长。

《外滩画报》：上海纽约大学的强势专业有哪些？

俞立中：我们在考虑专业设置时有两个原则：一是要选纽约大学的强势专业，二是要符合中国、上海，尤其是浦东未来发展的需要。目前，教育部已正式批准了 12 个专业，其中人文科学 1 个、社会科学 2 个、理科 6 个、工科 3 个。综合人文专业，融合了文史哲，甚至包括社会学、政治学的部分内容。这也是我的一个梦想，经常听到人文学科的教授讲文史哲不分家，文史哲的很多内容可以融通。学科分得太细，对培养学生整体人文素养是有一定限制的。社会科学的两个专业是纽约大学的强项，商业与金融学、经济学。6 个理科专业也是纽约大学的传统优势学科，数学、物理、化学、生物学、计算机科学、神经科学；3 个工科专业是计算机工程、电子工程和互动媒体技术。

学校还在考虑申报一个新的专业：全球中国学(Global China)，因为很多外国学生很感兴趣。这个专业涉及中国的社会、经济、历史、文化、自然等各个方面，强调全球化对中国发展的影响，以及中国对世界的影响，对外国学生很有吸引力。

《外滩画报》：以后我们的课堂有多少人上课？

俞立中：上海纽约大学的课程基本是小班化教学。浦东陆家嘴校区的教学楼里只有一个 300 人的大会堂，还有几个 100 多人的教室，其余都是 20—30 人的小教室。课堂教学的基本模式是小班化、互动式、讨论式。

## "纽约大学的培养模式更自由开放"

《外滩画报》：你一直强调，将把上海纽约大学办成一所精英大学。我曾采访过在美国纽约大学就读的学生，他们感觉如果常春藤是培养精英的摇篮的话，纽约大学的文化更加多元，更像是一所平民大学。你怎么看？

俞立中：我觉得从纽约大学的地位和学生层次来看，它应该是一所精英大学。由于纽约大学地处国际大都市的中心区域，城市的多元文化和创新活力对学校、对学生的影响更大。"在大都市，服务大都市"成了这所大学的特点之一。约 60% 的纽约大学本科生在大学四年里都有海外学习的经历，学生有更多机会体验不同文化，促进跨文化的沟通和交流。这对学生的世界观形成和能力培养而言，超越了一般课堂教育的意义,适合这个时代发展的要求。

从培养模式来讲,也许常春藤大学更经典,而纽约大学更自由开放,更强调学生自己的选择。纽约这座城市吸引学生的地方太多了。试想,一个在国际大都市中心城区度过四年大学生活的学生,对世界经济、文化、科技、社会的变化是否会有更多的实际感受?

**《外滩画报》:** 今年五月,你亲自去美国纽约大学接了一批教授到中国。根据你的观察,纽约大学教授的气质和美国其他大学的教授相比,有没有一些特质性的东西?

**俞立中:** 前几天,我看到一个世界大学排行榜,纽约大学排在第 19 位,在六七项评价指标中,纽约大学有些指标排名很一般,但在师资队伍上得分很高。这些年,纽约大学在吸引高水平教授上花了很大工夫。除了学校的发展理念外,可能还有一个原因,不少教授希望回归城市,而纽约大学给教授们提供了在曼哈顿下城区的公寓。要知道在曼哈顿,无论买房或是租房,价钱都是不得了的,这个居住因素也是很有吸引力的。

我和哈佛、耶鲁、宾大等学校的教授们也有一些接触,很难去作比较。我只是感觉到生活在纽约的教授们,是比较具有挑战精神的,对新事物很敏感。

**《外滩画报》:** 上海纽约大学的教师构成是怎样的?有多少教师来自美国纽约大学?

**俞立中:** 在上海纽约大学任教的教师中,40％是来自纽约大学的联聘教授,40％是以纽约大学的标准在全球招聘的教授,20％为华东师大或国内其他高校的兼聘教授。在第一学年,来自纽约大学的教师比例会更高一些。学校已聘用了 90 多名教师,包括辅导学生写作和指导科学作业的助教等,大多来自美国。

**《外滩画报》:** 纽约大学阿布扎比分校规定,所有授课教授必须在纽约大学先待上一年,但上海纽约大学好像没有这个规定。

**俞立中:** 目前,上海纽约大学的教授基本是从纽约大学过来的,也有少数是来自美国、法国、以色列其他大学的教授。有 200 多位纽约大学的教授表示愿意来上海任教,包括诺贝尔奖获得者、美国国家科学院院士、艺术与科学院院士、数学学会和物理学会会士等，我们的选择空间很大，当然尽可能聘用学术影响力大、教学经验丰富的教授，以确保上海纽约大学的教学质量。

## "如果成功了，它将打开一扇门"

《外滩画报》：你能否预见一下四年之后，上海纽约大学的毕业生跟国内其他高校的毕业生相比，会学到什么不一样的东西？

俞立中：每所大学在人才培养上都会有自己的特色。对上海纽约大学的学生来讲，发现自己的兴趣，学会如何去选择，将是很重要的一个方面。不仅是选择课程，选择专业，而且选择自己的未来，我相信上海纽约大学的教育应该能达到这个目的。从知识和能力方面讲，学校重视拓展学生的视野，理解学科间的联系。我们的课程体系非常强调学科交叉融合，鼓励学生从不同学科角度去看问题，提升解决问题的能力。当然，四年的学习生涯也是学生经历多元文化熏陶的过程。与不同文化背景的同学在一起上课、共同生活，有在多种文化环境里学习的机会，不仅有利于增进文化理解，提升跨文化沟通、交流、合作的能力，而且可以培养多元文化的分析视角和思维方式。如果学生在这四年里把握好这些机会，真正用心去体验的话，将来会有很大的竞争优势，尤其是在这个全球化时代。

《外滩画报》：什么样的学生适合上海纽约大学？

俞立中：除了优秀学生的一般素养外，上海纽约大学也许更适合那些有学术抱负，追求真才实学，渴望了解不同的事物和观点，热爱尝试新事物，具有开拓与创新精神，具备批判性思考能力的学生。当然，由于是全英语授课，学生的英语应用能力也是非常重要的。

《外滩画报》：创办一所全新的学校，你的压力有多大？

俞立中：我认为，上海纽约大学会在教育史上留下一笔。我们在探索一条中外办学的改革之路，如果成功了，也许就打开了一扇门；如果失败了，很可能会把这扇门给关上了。这是我的压力来源。

《外滩画报》：那你在上海纽约大学做校长，有没有规划过做多长的时间？

**俞立中：**我没有想过这个问题，现在只是考虑怎么把这项事业做好。无论是干几年，我都会认认真真，勇往直前，承担好这份责任。什么时候让我放手了，我才能松口气。

# 我们选拔的是学生，而不是家庭①

18 岁丹尼尔的大学梦，从上海的西北部启航。

8 月 11 日早上 7 点 20 分，丹尼尔抵达上海纽约大学的报到处——中山北路的华师大地理楼，和他一起抵达的还有他的母亲。大包小包，从佛罗里达到上海的远行，让这趟出门行李有点儿多。清晨，灼热的阳光跟随着他一路进了学校。

这时，一个身材魁梧的男子走到了他们的跟前，"欢迎你们来到上海纽约大学"，声音洪亮而宽厚。就在英文问候间，他顺手拉起行李箱，引导这对母子走进报到大厅。

在第二天的开学典礼上，丹尼尔和他的母亲在思群堂，发现这个为他们拉行李箱的人，着紫色 T 恤，站在演讲台上："我叫俞立中，上海纽约大学校长。同学们可以按照英语习惯，叫我 Lee；或者按照中国传统，叫我俞老师。"

8 月 12 日，上海纽约大学——国内第一所中美合作成立的国际化大学，举行了她的首届新生入学仪式。这是《国家中长期教育改革和发展规划纲要（2010—2020年）》颁布后，教育部批准的第一个独立设置的中外合作高等办学机构，培养国际化创新人才。这所大学，也被纳入为上海高等教育国际化办学的试点项目。

俞立中，这位在教育界摸爬滚打了 30 年的老校长，在这所赋予中国高等教育改革试验田色彩的中美合作大学，开启全新征程，担任首任校长。

## 亲民——魅力校长最重要的事

俞立中，共和国的同龄人。"最亲民校长""最有魅力的校长"，是学生们对他的美誉。

---

① 原载《新闻晨报》2013 年 8 月 21 日，记者樊巍、董川峰。

早在世博会期间,俞立中就开通微博为志愿者"小白菜"们加油,成为"985 工程"高校中开通微博的第一位校长。华师大的学生都知道,想与校长对话,就上"人人"发微博,网聊解决不了的就面谈。他给新生写信,主动征询学生对学校发展规划的意见。华师大 60 周年校庆时不设主席台,"大学的舞台应该留给师生、校友,而不应该去强化行政"。毕业季他邀请毕业生合影,连续 4 天拍照,从早到晚,"站得很累,但心里很高兴"。

俞立中认为,大学校长可以有不同风格,但"把学生放在什么位置"是最根本的问题。因此,早在他担任上师大校长时,就坚持在学校食堂与学生共进午餐,设立"学生校长助理"岗位,陪每位"师大之星"走红地毯……

所有这些,都让俞立中成为学生心目中"最有魅力的校长"。了解了这些,丹尼尔和他的母亲就不难理解俞立中为新生拖行李的举动。

在上海纽约大学,俞立中将把魅力进行到底。只要在学校,他都坚持在学生食堂吃饭,和学生聊天。"实在太累了,我才会躲在角落埋头吃饭"。

俞立中坦言,一开始他也曾有点顾忌。"后来,我想明白一个道理,'我不是我'。从某种意义上讲,学生眼中的校长也许是学校的某种象征。""也许你给学生一个微笑,一个鼓励,会影响他的人生。""只要对学生的成长有利,就应该去做,这才是问题的根本。"

尽管是魅力校长,俞立中在 9 月开始的新学期不会为学生开课。他把自己放在一个学习者的位置上,观察和理解通识教育的内涵。今后一段时间,俞立中最重要的工作,一是和学生交朋友,二是跟老师做朋友。他希望记住每个人的名字,和每个教师和学生沟通、交流。9 月,他需要挑战的数字是 500,近 300 名学生、200 名上课及工作的老师。

"特别是要让那些知名的教授能够感受上海纽约大学的人文氛围,愿意来上海,愿意长期在上海从事教学科研。这是很重要的工作。"

上海纽约大学的教师,40％和纽约大学联合聘用,40％在全球招聘。开学前后,教授们正陆续到位,包括美国国家科学院院士、美国艺术与科学院院士、有著名法学专家、原康奈尔大学校长杰夫·雷蒙,美国艺术与科学院院士、原耶鲁大学神经科学教授汪小京,原纽约大学历史系主任卫周安,纽约大学斯特恩商学院副院长、讲席教授伊坦,原美国西北大学商学院讲席教授陈宇新等。他们都会在上海纽约大学长期任教。"人已经来了，怎么把他们留住，把他们的心也要留住。"

## 国际化——两个非"常春藤"校长的一拍即合

"之所以举办上海纽约大学，是想做一项探索，通过引进国际优质教育资源，在办学理念、办学模式、人才培养、课程体系等各方面进行改革，使之更符合这个时代的需要，对中国高等教育改革起到一定的促进和示范作用。"俞立中这样阐释上海纽约大学的意义。"最关键的词是探索。"

为什么会是俞立中？

牛津大学校长安德鲁·汉密尔顿（Andrew Hamilton）这样评价华师大与纽约大学的"联姻"："是中美两所具有改革创新意识高校之间的联合"。

华师大推进学校国际化进程的战略，纽约大学建设"全球教育体系"（Global Network University）。两个非"常春藤"名校校长的"国际化"理念，让他们一拍即合。

事实是，俞立中担任华师大校长后，把推进国际化进程、学科交叉融合作为学校发展的两条战略路线：增加本科生海外学习、研究生出国研习比例；全球招聘教师，从海外引进 200 名教师；派送大批青年教师到海外学习或工作；开创华东师大国际教育园区等。上纽大开学前，俞立中被授予"法国荣誉军团骑士勋章"，主要表彰其在担任华师大校长期间推进与法国高师、法国卢阿大区高等教育机构的合作。俞立中说，"华师大不能跟在其他学校后面走。办学的模式可以不一样，我们一定要走自己的路。"

而塞克斯通，来自布鲁克林的爱尔兰移民后代，2001 年担任纽约大学校长以来，十多年推动"全球教育体系"计划，通过建立纽约大学全球化的教学网络来抗衡常春藤名校。根据《美国新闻与世界报道》2012 年发布的美国国家大学排名，纽约大学位列第 32 位，成为美国近年来发展最快的大学之一。

共同的理念，类似的境遇，让两所学校惺惺相惜。有意思的是，两位校长的气场也很相投。在俞立中的眼里，"塞克斯通是一个很有理想、很有激情的校长。""他是一个有梦的人。为了梦，他充满激情去努力实现。而且，他又是那种非常放得下身架的校长。"谈纽约，谈太太，谈窗外的两只老鹰，从 2006 年相识起，俞立中和塞克斯通一见如故，时常像老朋友那样唠家常。

俞立中最欣赏的六个字是，"理想，胸怀和激情"。也许，在塞克斯通身上，俞立中看到了自己的另一个身影。

"我想我的一生实际上就是伴随着这六个字在往前走。""理想是一个高度，它使你永远都能够站在一个制高点上去看待事情；胸怀是一个宽度，它可以让你坦荡地面对各种是非和困难；激情是一种速度，它可以永远推动你往前，去争取、去拼搏。"

1969 年 7 月，俞立中"上山下乡"来到黑龙江长水河农场，在那里一待就近 10 年。如果说生活上的煎熬、体力上的劳累都可以坚持，那么最让人难以忍受的，是无法看到的前途。"上大学，成为一个真正有知识的青年"，成为俞立中挥之不去的梦。

1977 年恢复高考。为了改变命运，在短短几个月时间里，俞立中自学了高中的各门课程。白天努力劳作，夜深人静之时，在蚊帐里打着手电筒翻看书本。经常是打亮一会儿，赶紧把知识点和习题记在心上，然后关掉手电筒，躺在炕上反复琢磨。1978 年，俞立中以黑河地区初考第一名的成绩取得高考资格，并如愿考上华东师范大学。

时隔 30 年，创办一所新型的中外合作大学，成为俞立中新的梦想。从 2006 年纽约大学上海中心的设立，到 2011 年上海纽约大学筹建，到 2012 年 10 月获得教育部的批准，每一步都走得艰难。

"两种不同的政治体制，两种不同的教育体制，两种不同的文化，要在一起做一件事情，你说哪一件事情是顺顺利利可以对得上的？"庆幸的是，"整个谈判中大家心态非常好，都想把事情做成，美方和中方都有灵活性，都想把事情做好，都有很大的智慧。"

但最终能获得准生证，靠的不仅仅只是华师大。"上海市领导通过各种机会与教育部领导沟通。"俞立中说，"作为一个国际大都市、国家教育改革实验区，探索高等教育国际合作办学模式一直是上海感兴趣的事。"

《国家中长期教育改革和发展规划纲要（2010—2020 年）》发布，提出高等教育国际合作的目标，正逢其时。"上海纽约大学成为创办和参与建设的所有人的一个梦，而这个梦，与时代、与世界的要求又连接在一起。"

2011 年，美国纽约。上海纽约大学获准进入筹建阶段。坐在纽约大学警卫部布满铁丝网的警车上，塞克斯通兴奋地告诉俞立中，"告诉你一个好消息，我们董事会已经正式通过再聘用我 7 年的决定。所以，你不用担心，我有决心办好上海纽约大学。"俞立中回答，"我也很坦率地告诉你，我不可能再做 7 年华师大校长。但办上海纽约大学，不是我一个人的决定。我们一定会做成这件事。"

2012 年 10 月 15 日，上海纽约大学宣告成立的那一天，两个理想型校长紧紧地拥抱在一起。

## 开学一周——当上海遇见曼哈顿

再回到 10 天前，首届上海纽约大学学生开启他们大学梦的那一天。

295 名学生当中，中国学生 150 名，分别来自北京、上海、浙江、江苏等 10 个省市；国际学生 145 名，来自美国、巴基斯坦、印度、波兰、俄罗斯、德国等 35 个国家。

由于在浦东陆家嘴的校区尚未装修完工，学校第一年暂借华师大中山北路校区办学。开学时间比一般大学提前了三周，学生加入新生训练营。

杜冰凌，18 岁的上海男生。从兴趣爱好出发，他选择入住的宿舍区为"流行文化区"。根据校方一中一外学生混寝的原则，马克（Mark），一个美国人，成为他的室友。"他很真诚、和善，有礼貌，中文很好。"

过去的第一周，他们除了语言强化分开进行，多数活动都一起参加。杜冰凌上英文对话课、写作课，帮助提高英语水平，而 Mark 则在中文对话课中加强中文口语水平，适应在中国的生活。他们共同聆听了一些讲座，如网络信息系统、安全教育等，还参加一些团队协作游戏。

8 月 12 日，周一，入学典礼的当天晚上，学校附近"龙之梦"购物中心的避风塘餐厅，成了晚餐专场。上午才见过校长，没想到晚上又见到了。杜冰凌看见校长俞立中从第一桌走到里面最后一桌。当俞立中发现中外学生没有混坐，立即分别问学生："你为什么不跟室友在一起？"俞立中理解的国际化人才，首先是积极和不同文化背景的人沟通。当了解到造成的原因是，下午的新生训练营最后一场活动是语言导入，中外学生分开，俞立中脸色舒缓不少。晚饭结束，不少中国学生带着外国学生去家乐福、宜家买东西，俞立中带着欣赏的口吻大声赞扬学生。有许多学生大声回应，"俞先生，你在微博上面跟我们说，'同学们不要忘了中华传统，尽地主之谊'。我们记住了。"

上周三晚上华师大附近的上海城市景观观赏、周四晚上的外滩跑步，杜冰凌、

Mark 这两个孩子都同进同出，甚至熄灯后也要开卧谈会。卧谈会上，Mark 听说杜冰凌和中国学生一起玩"真心话大冒险"，好奇心顿起，"这究竟是怎样的游戏？从来没有玩过。"他立即受到杜冰凌的热情邀请，参加周五晚饭后的"真心话大冒险"。这一天，去了 10 多个中国学生，也有其他中国学生带来了外国室友。一群年轻人把一个宿舍挤得满满当当，语言不通时，"我们就打手势沟通"。

宿舍的活动刚结束，杜冰凌和 Mark 又一起参加 8 点档的"中国最强音"演唱会。为了这场晚会，杜冰凌事先和另外 4 位男同学组队，把要唱的歌反复练习了好几天。比赛前一天，团队中一个同学嗓子哑了，"你们换人吧"。同学们不愿丢下队友，"学校活动很多，以后还有机会"。尽管无缘周日的颁奖晚会，队友们却并不后悔。

一位美国女生和她的母亲，提前两个星期抵达中国，先到北京看望了自己的中国室友；有一位中国学生报到完毕又去了注册处，为的是帮助来自埃及的室友。尽管许多室友第一次见面，但通过此前社交网络的交流，相见时已热络得像一家人。来自美国的萨拉说，文化交融和上海的魅力是她从 10 个录取通知中选择上海纽约大学的原因。

"这一周，我最深的体会是中外文化不同。"杜冰凌觉得外国同学很开朗，愿意认识其他朋友；中国同学也很阳光。多元文化，多元选择，在开学的第一周，让杜冰凌时常感到新鲜而兴奋。

"上海纽约大学要帮助学生学会对不同文化的欣赏和理解，与不同文化背景的人沟通、交流、合作。这也是国际化人才的素养和能力之一。"俞立中说。而他理解的大学教育，绝不仅仅是课堂教学，还应该包括社会实践、文化体验等。即便同一门课，在上海学，与在美国或法国学，效果不一样。因此，中外学生混合寝室，小班化教育，1∶8 的师生比，每个学生都有 1 位导师，1—3 学期的海外学习等，都是全方位教育中的一部分。

295 位学生，295 颗梦想之心。

一年多前，在上海寸土寸金的陆家嘴，围起一座学校的施工护栏，如同埋下一颗种子。在环球金融中心与上海中心之侧，与上海证交所、期交所比邻，有各国金融机构作伴。

这颗种子会长得多高，结出多少果实，现在不得而知。但我们能看到它在生长，以及生长带来的力量。从愿意来到上海的知名教授身上，从中国校长和美国校长紧紧的拥抱里，从在学校度过第一周的学生眼中，我们见识到这种力量里包含的东西——包容、创新、多元……这都是这座城市最为前端的力量。

我们有幸见到这颗种子的成长，我们有幸期待更多种子的发芽。

采访对话：

校区在陆家嘴金融中心，没有围墙；首批招生 295 名，来自 40 多个国家与地区；不设辅导员，自治管理；教师 80％全球招聘，没有事业编制；学校是理事会领导下的校长负责制，校长没有行政级别……上海纽约大学开学典礼的次日，《晨报》记者采访了校长俞立中，以下是部分对话。

**《新闻晨报》**：明年上海纽约大学将地处陆家嘴金融中心。有人说，这增强的只是上海纽约大学的硬件。硬件上去了，软件怎么办？

**俞立中**：把上海纽约大学的校园建在浦东陆家嘴，这是纽约大学提出的要求。他们希望把这所学校建在上海的经济和文化中心。

纽约大学本身的办学理念是"在城市，服务城市"，十几年来快速发展，得益于城市的快速发展，城市的创新和活力。他们希望能够在上海合作办一所学校，同样不断地吸收城市的活力，同时又能够增强这个城市的活力。上海纽约大学设在浦东，恰恰相反，增强的不是硬件，增强的是软件。

**《新闻晨报》**：上海纽约大学的人才培养到底有什么不一样？

**俞立中**：大学教育是全方位的，包括课堂教学、科学实践、社会观察、文化体验、社团活动等，学校的文化熏陶也是一个方面。

学生是大学教育的主体，但目前的大学管理体制在学生教育方面还是"两张皮"，教务部门管学生的课堂教学，学生部门管课堂以外的教育。上海纽约大学也是两个部门，但是从一个培养体系来考虑。

**《新闻晨报》**：近年来，留学尤其是低龄留学愈演愈烈。有人说，上海纽约大学是"不出国门的留学"。这所大学能否留住出国的孩子们？

**俞立中**：上海纽约大学的探索，根本目的不是为了在中国再办一所大学，也不是为了多培养几个大学生。中国高等教育的毛入学率已经很高了，这个意义已经不大。

之所以举办上海纽约大学，是想做一项探索，推进办学理念、办学模式、人才培养、课程体系等各方面的改革，使之更符合这个时代的需要。

办这所大学，不是为了解决某一个具体的问题，比如说小孩都出国了，通过这所大学把他们留住。我觉得最关键的是探索，尤其是人才培养的理念和方法、高等教育国际合作的模式。真正把国际优质教育资源引进来，同时促进自身的改革。

《新闻晨报》：上海纽约大学喜欢活泼外向、情商高的孩子，有培训机构提供突击"包装"，您怎么看？

俞立中：我们不需要一个被包装过的人。大家把真实的自我展现出来，你选择学校，学校选择你。那么最后，你是选择了一个最适合自己的学习方式，学校也选择了最适合自己培养模式和培养目标的学生，皆大欢喜。

如果我们中国的大学都持这种开放的心态，是给大学提供了一个最好的文化，给学生提供了一个最好的机会，让大家能够很自由地选自己喜欢的，也让自己被选择。

《新闻晨报》：上海纽约大学一年学费10万元，会不会招收的学生都是"富二代"？

俞立中：相对于上海纽约大学提供的优质教育资源，这个学费标准只是办学成本的很小一部分，是纽约大学学费标准的三分之一。我们也考虑到上海纽约大学应该提供平等的教育机会，这个学费标准对于贫困家庭而言是昂贵的，所以学校从一开始就明确表示，会为选中的贫困家庭学生提供助学金，帮助他们完成学业。

优秀学生的选拔标准和选拔方法也是上海纽约大学探索的一个方面，其核心是"选择最适合的优秀学生"，而所有的决定都是由以纽约大学专家为主的招生团队集体讨论的，中美方校长都没有参与招生工作。从申请材料审阅到校园日活动再到最终录取，招生人员只看学生本人的情况，不会考虑学生的家庭背景，其实学校也根本不了解学生的家庭信息。

《新闻晨报》：现在小学报名都要写家长单位、职务，你们的学生资料里没有家长信息？

俞立中：报名材料里没有这些内容。就是在校园日活动时，招生人员也不知道每个学生的家庭背景。现在，上海纽约大学首届学生已经正式入学，我们会逐步了解每个学生的家庭情况。在入学仪式后的家长聚会中，我曾侧面了解了一些情况。我接触到的很多家长都是工薪阶层，也有家庭是比较贫困的，学校会给予经济支持。

《新闻晨报》：家里很穷的，怎么敢来报你们这个学校？

俞立中：我们在学校网站、官方微博、招生宣讲、媒体采访中反复强调，上海纽约大学选拔学生只看其本人是否优秀、是否适合，不会考虑家庭贫富。只要是被上海纽约大学选中的优秀学生，如果家庭有实际困难，学校会通过助学金等途径帮助学生。我在个人微博上也一而再、再而三地重申了学校的这些理念和原则。在这种情况下，如果还没有自信，还觉得有风险，不敢来报名，那只能说明这些学生不具备上海纽约大学所期望的挑战精神。何况，报名上海纽约大学并不会影响报考其他国内高校，只是多一个选择和被选择的机会。

我感受到，有志于报考上海纽约大学的学生和支持孩子选择的家长，大多数是有教育理想，敢于追求新事物，愿意接受挑战的那类。那些希望一切都四平八稳、不愿意冒风险的学生，可能更适合其他类型的学校。

# 没有"围墙"的大学[①]

    俞立中在高等教育人才培养模式上勇于探索,敢为人先。在他身上充分体现了上海这座城市的开放与包容,完美地结合了上海纽约大学的创新精神。他认为,上海纽约大学是中国高等教育发展一次有益的尝试,21世纪的大学就是要为世界融合发展与全球化进程承担起应有的责任。

    上海纽约大学于2011年3月28日在浦东陆家嘴奠基,俞立中教授任首任校长。2012年10月15日,学校正式挂牌成立,开启了中国高等教育的全新尝试之旅,2013年8月,记者走进俞校长的办公室,有幸采访到这位融合世界教育发展与全球化进程的探索者。

    **记者:** 上海纽约大学是最年轻的中外合作大学,作为第一所中美合作成立的国际化大学,您认为有什么特色?

    **俞立中:** 上海纽约大学是中国"985工程"院校和美国一流大学首次合作办学的高校,是中国高等教育改革开放的一项新探索。我们的目标是办好一所高质量、有特色的大学。

    上海纽约大学的师资是一流的,其中有很多来自美国纽约大学的教授,他们非常高兴能有机会来到上海纽约大学执教。学生就读期间将有机会赴纽约大学全球教育体系中的其他校园或学习中心进行一到三个学期的海外学习,毕业后将获得纽约大学学位证书和上海纽约大学学位证书及毕业证书。

    **记者:** 据了解,上海纽约大学第一批入学的中国学生与外国学生比例大概是各50%,外国学生入学的平均SAT成绩甚至高于美国本土的纽约大学,您认为外国学生为什么会选择上海海纽约大学?

---

① 原载中国香港《文汇报》2013年9月。

**俞立中**：一方面,这些外国学生更渴望了解中国,他们来上海纽约大学看重的是中国在未来世界经济发展中的重要地位,他们希望与未来的中国建立联系,在全球化进程中获得更好的发展与自我实现,他们选择了上海纽约大学,就是选择了上海,选择了中国;另一方面,也是他们对于纽约大学教育理念的认同,作为纽约大学全球教育体系的组成部分,上海纽约大学重视在跨文化背景之下培养具有全球化视野、前卫创新理念的国际化精英。

**记者**：这些外国学生来到上海读书,会不会有一些文化上的隔膜,上海纽约大学在课程设置上是否也会融入一些中国文化与中国元素?

**俞立中**：上海纽约大学的第一学生共 295 人,来自 30 多个国家。我原本预想外国学生来中国读书,从语言到生活习惯可能都会有一些障碍,但是后来与他们的交往中我发现这些顾虑是多余的。比如,在上海纽约大学的第一批学生中,有一个来自美国的阳光男孩儿,他不仅中国话讲得好,上海话说得比现在很多上海的年轻人都地道。当然,无论这些学生的中文基础如何,他们在上海纽约大学都会学习汉语,在毕业时要达到一定的水平。从他们现有的功底和对于中国文化的热爱程度看来,应该没有问题。

在课程设置上,我们也注重了多文化的融合,一方面我们设置了有关中国社会、经济、文化的选修课,另一方面我们也开设了学生们最感兴趣的中国艺术课程,譬如电影、小说、戏剧等。上海纽约大学是全英语授课,有一流的师资进行教学,两者并行的收效一定会更好。

**记者**：学生们共同学习生活、彼此交往,以及他们与上海这座城市的融入,您觉得怎么样? 会不会有一种我们一般所说的"去国外读书"的距离感和陌生感? 会不会形成各自的小团体?

**俞立中**：这是我们特别关注的问题。为此,我们在宿舍安排上采取了不同文化背景的学生混住的方式,意在打破这种文化间的距离感,让他们更多地彼此交流。学生们需要学会对于不同文化的理解、包容、欣赏与共存,在交往过程中增强对不同文化的了解,促进文化的融合。外国学生与中国学生住在一起,也可以从更多的生活细节处了解中国孩子的价值理念和文化特质,这种切实生活中的感受要远比课堂上对于中国文化的讲解更为生动,也更易获得认同,深入人心。

记者:上海纽约大学在中国教育领域可以说是一个突破性的创举,作为首任校长,您认为上海纽约大学的办学意义是什么?未来上海纽约大学的新校区会有什么特色?

俞立中:大学作为高等教育的平台,其社会功能一直在发展,从培养精英的象牙塔,到洪堡大学创导的学术研究,再到威斯康星大学提出的服务社会的使命,现代大学的意义是在不断被深化的。

而举办上海纽约大学,在我看来其真正意义并不在于建设一所学校,而在于探索,探索适应全球化时代发展的人才培养模式,探索高等教育多样化的办学模式。上海纽约大学的理念是,大学要为世界的发展和融合承担起自己的责任,培养具有全球视野的世界精英。在这个理念下,纽约大学走出了可喜的第一步,我觉得很有意义。而来自世界各国的上海纽约大学学生们,都是有理想、有抱负的,他们愿意一起探索并践行这个教育理念。我非常感谢他们选择了上海纽约大学,并且将竭力为他们提供最好的教育和机会。

而在校园区位选择上,和美国纽约大学一样,上海纽约大学建在了上海的经济文化中心区域,浦东世纪大道的一侧。学校不设围墙,陆家嘴的金融、商贸、文化机构就在步行距离内。我们之所以这么做,就是希望让学校更好地融入这座城市,吸取并激发城市的活力,让上海纽约大学与上海这座世界金融中心共同发展。

# 创新：识自己，破传统，担风险[①]

　　"作为一个人，只要他真正找到了自己的才能或兴趣，将自己擅长的事情做到极致，就可以说是人才。每个人都有机会成为人才。"日前本刊专访上海纽约大学校长俞立中教授，他如此定义"人才"。而他对"成才"的建议，和 2013 年美国总统奥巴马在俄亥俄州立大学毕业典礼上对学生的鼓励一样，那就是"无论你们自己创业，或谋求公职，或致力于扶贫济困，没有什么有价值的事能一蹴而就。通常饱受争议，历尽艰险，奋斗几年，有时甚至要经历一生的奉献，他们一直默默无闻，但是他们改变了世界。"

## "人才"的定义不能太功利化

　　人才不是特定给哪一类人群的，每个人都有机会并可能成为他所在领域的人才，关键是在受教育过程以及接受完教育后的阶段，他能不能发现自己的才能，找到自己感兴趣的发展路径。

　　从这个角度出发，俞教授认为衡量"人才"要从个人成长和发展轨迹来看，而当今社会对"人才"的定义过于狭窄、过于功利化。"某个人经商有成，就是商业人才，学术上有成就就被认为是学术人才，从政成功就是政治精英。这是人才吗？应该是的，但人才的定义肯定要比这宽泛得多，人才的种类也应该更多样化。"

　　俞教授举例称，不同的行业、岗位、责任，需要的人才特质不同，人才不能一概而论。数控机床领域的专家李斌原来只是一个普通工人，靠个人兴趣和刻苦钻研成为专家。比尔·盖茨、乔布斯大学都没有毕业，但他们在信息技术领域里的创新改变了世界，成为对社会经济发展有重要贡献的人。因此，学历、资产不能成为人才的简单"标签"。

---

① 　原载《精英时代》2013 年 10 月 17 日，记者易娜。

## 社会需要承担风险的创新人才

说起颇受争议的名校毕业生择业现象，俞教授认为，无论是"北大毕业生卖猪肉"，还是"清华毕业生当城管"，社会要尊重个人选择，而非质疑和指责。北大才子陈生"卖猪肉"采用精细化营销，最终开成 100 家连锁店，这不存在大材小用和教育浪费的问题，恰是个人不受世俗选择"成才"的体现。

"我们需要一批人能跳出传统发展模式，真正发现自己'爱干什么''能干什么'，敢于'认清自己'并承担风险。如果大家都按部就班地去走人生道路，这个社会的活力和创造力就会大大降低。"俞教授认为，创新有风险，越是创新的东西，风险越大，创新的结果也越能体现一个人的风采。

谈及此处，他引用最近美国总统奥巴马在俄亥俄州立大学毕业演讲上的一段话，英国发明家迪森报废了 5 000 台原型机后才获得第一个实用的真空吸尘器，奥巴马本人当上总统前也曾经竞选国会议员失利。"美国一直鼓励年轻人创新，相比之下，我们的创新能力比较弱，就更需要这样的人。"

## 成才，需要突破世俗限制

"这个社会绝大多数人都摆脱不了社会舆论、世俗眼光的约束，也许不管读了多少书，有多少光环，最终都变成了平庸的一分子。即使在这个大浪潮中，仍然有人走了一条不寻常的路，并且成功了，还有更多的人选择不同的道路却被淹没了。"如果没有顶住家庭的反对，社会的怪异眼光，陈生的"生态猪头"不会开成连锁店。

俞教授认为，相比较在三十年前能否上学或出国、读什么专业、进什么企业，都是被安排的；今天，学生和家庭面临的选择机会很多，将来可能会更多。而成为什么样的人才还是取决于自己。年轻学子应该学会选择，跳出世俗功利的束缚，更好地发挥自己的所长。而家长则不能太热衷于分享成功人士的经验，别人的路不一定适合自己的孩子。

采访对话：

《精英时代》：与国内高等院校相比，上海纽约大学在人才培养模式上有何创新？

俞立中：其实，上海纽约大学的本科教育就是对通识教育模式的探索，其最大魅力在于让学生在本科教育阶段涉猎更宽泛的知识和技能，培养学生的思维能力，帮助学生真正发现他们内心深处的兴趣和潜力。学生是学习的主体，有很大的选择权。不仅可以选择自己感兴趣的课程，也可以在高年级自愿选择专业。可以选择一个专业，也可以选两个专业，或一个主修专业、一个辅修专业。各个专业都不会限制学生人数，尽可能满足每位学生"发现自我"的需求。学业导师、专业导师会给学生的选择提供指导帮助。

同时，学校特别关注学生的全球视野、学科融合以及跨文化理解、交流和合作能力的培养，把课堂教学、文化体验、社会实践、科学研究都作为学习的载体，四年期间学生可以有1—3个学期到纽约大学全球教育体系的14个校区或教学点去学习。同样的一门课，可以选择在不同的城市和文化环境下学习，他们得到的收获也许会很不一样。

《精英时代》：上海纽约大学的人才培养目标是什么？课程体系如何构成？

俞立中：培养国际化的创新人才。上海纽约大学的课程体系是建立在纽约大学通识教育课程的基础上，吸纳了其他世界一流大学的成功经验，同时融入了中国元素。整个课程体系有几个明显的特色：全球视野、跨学科融合、多元文化、中国元素。

在全球化的时代背景下，需要培养学生的全球视野，学会从多元文化角度分析问题；强调学科交叉融合，鼓励学生从多学科角度去认识问题，培养批判性思维的能力，为解决复杂问题打好基础。同时，四年的学习生涯也是学生经历多元文化熏陶的过程，与不同文化背景的同学一起上课、共同生活，在多种文化环境里学习等，有利于增进文化理解，加强跨文化沟通、交流、合作的能力，培养多元文化的分析视角和思维方式。

很多外国学生选择来上海纽约大学学习，也因为他们对中国文化、对当代中国的社会经济发展感兴趣，希望建立与中国的纽带。上海纽约大学的课程涉及了中国的社会、经济、科技、文化和艺术等各方面。这些课程体现了中国对世界的影响以及世界对中国的影响，有利于学生对中国的全面理解。

# 让纽约大学优质教育资源落地上海[①]

## 这是怎样的一所"牛"校

这是第一所具有独立法人资格的中美合作举办的大学,既不是"985",也不是"211";既非公办,也非私立;既要看高考成绩,又不只凭分数录取;既是扎根中国的大学,又授予中美两个学位。那么,这所内行眼中的"牛"校,到底"牛"在哪里?

**学校素描:**上海纽约大学是《国家中长期教育改革和发展规划纲要(2010—2020年)》颁布后,教育部批准的第一个中外合作办学机构,是上海市引进世界优质教育,由纽约大学和华东师范大学合作创办的非营利性国际化大学,也是纽约大学全球教育体系的组成部分。学校采用全英文授课,小班化教学,师生比高于纽约大学自身,为1:8。本科阶段,学生至少要有一个学期,最多可有三个学期选择到纽约大学全球教育体系的其他14个校区或教学点学习。与纽约大学的学费标准相同,一年学费为4.5万美元,但上海纽约大学的中国学生只需10万人民币,在海外学习期间的学费不变。这所规模小、起点高的精品学校,面向全球招收优秀学生,中国学生和国际学生各一半,培养具有创新能力的世界公民。2013年首届295名学生中,有150名中国学生来自中国的10个省市,另外145名国际学生则来自美国、德国、俄罗斯等35个国家。

**区位优势:**当城区的大学纷纷走向城郊的时候,上海纽约大学却选址陆家嘴的世纪大道,如同纽约大学之于曼哈顿的第五大道。建于1831年的纽约大学,引以为豪的就是立足纽约、融入纽约的特质。同样,立足上海、融入上海也是上海纽约大学的特质。当然,这是要有足够实力作后盾的,在寸土寸金的陆家嘴金融贸易区黄金地段,由浦东新区提供的65 000平方米的教学楼,如果用作商业出租,每年的租金都

---

[①] 原载《贵州都市报》2013年11月7日,记者范觉文。

是很可观的。上海纽约大学将是上海、纽约两座国际大都市、两个国际金融区的联动,因此不仅是国际人才的培养基地,也可促进双方在金融、科技等领域的合作。

**管理团队:**单看两个"掌门人",就知道这所大学的档次。学校采取理事会领导下的校长负责制,理事会成员中美双方各四人,做任何决策中美双方都必须有高度共识。中方校长俞立中,英国利物浦大学博士,"法国荣誉军团骑士勋章"获得者,上海市人大代表,先后担任过上海师范大学校长、华东师范大学校长。美方校长杰弗里·雷蒙担任常务副校长,曾任美国康奈尔大学第 11 任校长,中国政府"友谊奖"获得者。原耶鲁大学计算神经科学教授、美国艺术与科学院院士汪小京担任副校长兼教务长。这显然是一个十分豪华的阵容。

**师资构成:**上海纽约大学的教学标准和质量由纽约大学负责,师资的整体水准要高于纽约大学的平均水平,教师中 40%直接来自纽约大学,40%是按纽约大学标准从全球招聘的,另外 20%是当地聘用的兼职教授。在给首届学生授课的教授中,有 7 名美国国家科学院院士或艺术与科学院院士。

**专业设置:**上海纽约大学的本科教育采用通识教育模式,学生入学时不确定专业,前两年是以通识教育的核心课程学习为主,二年级下学期才明确专业。学生可以选一个专业,也可以选两个专业,或一个主修专业加一个辅修专业。学校首批设置了数学、物理学、化学、生物科学、神经科学、计算机科学、计算机工程、电子信息工程、互动创意技术、商业与金融、经济学、综合人文等 12 个专业。在专业的设置上有三个原则:一是纽约大学的强势专业,二是符合中国尤其是上海未来发展的需求,三是尽可能与研究生阶段教育的更多学科建立通道。本科教育的课程是由三部分组成:通识教育课程、专业课程、加强专业课程或第二专业课程。通识教育课程强调全球视野、学科融合、多元文化,也体现了中国元素,鼓励学生从不同文化视角去思考问题,提升解决问题的能力。学校希望给学生最大的选择权,经过两年的通识教育,不仅拓宽学生的学术视野、打好文理基础,而且让学生真正发现自己的兴趣和潜力所在,选择自己有兴趣的专业。学生毕业时可同时获得纽约大学、上海纽约大学两校的学位证,以及上海纽约大学的毕业证。

**录取程序:**中国学生的申请和选拔分为三步:第一步,学生必须在 2014 年 1 月 1 日前在网上填写并递交美国大学通用申请表;同时根据上海纽约大学的招生方案,将校园日活动申请表发邮件到学校招办,并按要求寄送高中成绩单等相关材料。学校招生团队会在 1 月 30 日前完成对申请材料的审核与评估,公布受邀参加校园日活动的学生名单(约 500 到 600 人)。第二步,校园日活动安排在春节后,分多批举行,每个应邀参加校园日活动的学生将经历整整一天的全英语环境的各种活动,表现真实的自我,美方教授和招生团队会在活动中综合考查和评价学生各方面素养和能力,选拔一部分同学(A 档)作为条件录取,一部分同学(B 档)作为候补录取。第三步,参加高考,A 档学生的高考成绩达到生源地的一本分数线即可被录取;B 档学生高考成绩出来后,学校将结合中学学业、校园日活动的评价,综合考虑、择优录取。上海纽约大学是在提前批或自主招生批次录取的。

**招生规模**:2014 年招生 300 名,其中中国学生 151 名,国际学生 149 名。2015 年将招收 500 名学生,之后每年本科生招生人数将不超过 500 人。招生没有省份名额规定。

# 校 长 印 象

高大、和蔼、儒雅,即便是从现在年轻人的眼光看,与新中国同龄的俞立中仍然风度翩翩。

一个先后担任过上海师范大学和华东师范大学校长,而今又出任上海纽约大学校长的资深"老校长",会不会有居高临下的傲慢?这种担心显然是多余的。那日,深秋的暖阳中,我在约定的时间之前来到冠洲宾馆 2 号楼时,俞校长已出现在一楼大厅。上海纽约大学建立的消息一经传出,就受到业界和媒体的广泛关注,人们对这个"中美混血"的大学充满好奇,从前采访俞校长的多是较为知名的全国性媒体,没想到一家地方媒体的约访同样得到了俞校长的尊重。

新浪微博粉丝 159 万,在微博界这是一个令人羡慕的数字,而在高校校长中这几乎就是一个天文数字。不错,全国的"985 工程"高校中,第一个开微博的校长便是俞立中。打开俞校长的微博,会看到一张与"大学校长"这一概念相去甚远的头像,开心的笑脸和张大的嘴,亲切、自然,没有严肃刻板,没有距离感。单从这一点看,俞立中已经是学生眼中的新潮校长、平民校长。作为一校之长,俞立中很重视与学生直接交流,早在 2003 年就通过学校 BBS 与学生互动,人人网、QQ 群都是他与学生互动的载体。2010 年,他在同学们的呼吁下开通了微博,2012 年加 V 认证。随手打开俞校长的微博便看到这样两条文字:"哈哈,祝贺艾米丽(Emily)!"(Emily是上海纽约大学大一新生,在"新上海人歌手大赛"中进入半决赛);"衷心祝贺当选的同学们! 谢谢你们为同学们服务的热情。"——学校首届学生会诞生,学生会主席刚取得"上海创客马拉松大赛"第一名,俞校长立刻在微博上表示了祝贺。此外,一些学术活动、作品展之类的通知,也会出现在俞校长的微博上。对一个繁忙的高校校长来说,坚持"玩"微博,"玩"好微博,让微博成为与师生沟通交流的平台,俞立中显然走在了校长们的前列。

当然,让俞立中走在前列的更应该是他的国际化办学探索。而这种探索,正好与纽约大学校长碰出了火花。

本该享受离任后的悠闲,却过上了比从前更为忙碌的日子,对于上海纽约大学校长这一重任,俞立中笑着说:"没办法,这是我惹出来的事。"2001年,能力非凡的约翰·塞克斯通出任纽约大学第15任校长,他积极推进纽约大学"全球教育体系"(Global Network University)的建设,探索全球化背景下的人才培养模式。在保证教育质量的前提下,纽约大学在全球五大洲建立了14个海外学习中心,给学生更多的机会接触不同文化环境,拓宽全球视野。通过学生、教师在全球教育体系中的流动,将课堂学习、文化体验、社会观察和研究实践融为一体。而上海,则是塞克斯通非常看重的国际大都市。

2006年初,纽约大学来上海寻找合作伙伴,俞立中正好调任华东师范大学校长,双方当年签订了合作协议,在华东师范大学校园里设立纽约大学上海中心。纽约大学的学生在这里学习,可以选修华东师范大学的一些课程;纽约大学的教师来这里授课,华东师范大学的学生也可以选修,双方学分互认。2006年秋季,第一批18位纽约大学的学生来上海中心学习,以后人数逐年上升,每年有三四百名学生。于是,美方产生了合作创办上海纽约大学的想法,也正符合华东师大推进学校国际化进程的战略路径。

2009年,纽约大学与华东师范大学合作举办上海纽约大学的意向进入了实质性的议事日程。2010年,《上海纽约大学的框架性合作办学备忘录》签订。2012年9月,教育部下发《教育部关于批准设立上海纽约大学的函》,正式批准华东师范大学与美国纽约大学合作设立上海纽约大学。按照教育部的要求,校长必须由中国人担任,由华东师大提名,常务副校长由纽大提名。这样,具有两所重点高校掌舵经验的俞立中便成为上海纽约大学校长的最佳人选。从尝试教学合作到新校成立,再到新校管理,俞立中就这样给自己"惹"来了一连串的事。

这段时间,俞立中和他的招生团队正马不停蹄地在全国各地举办招生宣讲会。今年的首届招生就有2 000多名学生报名申请,最后录取的150人中,高考分数都高出当地一本分数线七八十分。明年的国内招生人数为151名,国际学生149名(这被学生笑称为"中主控股")。从今年首届招生的高起点看,明年的招生应该会更加火爆。仅仅为150个招生名额,用得着校长亲自出马四处宣讲吗?这也许正是上海纽约大学的又一个独特之处,学校要招的是优秀学生,而这个优秀的概念又与传统的评判方式不尽相同。大概在俞校长看来,好学生没有最好,只有更好,恨不能把所有出色的、适合学校的学生统统"一网打尽"。

这不,就是这周二晚上,俞校长又出现在云南的招生宣讲会上。为学校乐此不疲。

# 对 话 校 长

《贵州都市报》:您从两所传统大学校长走向国际大学校长,面临的最大挑战是什么?两类校长的角色有什么不同?

俞立中:担当上海纽约大学校长,最大的挑战在于这是一项新的探索,没有现成的模板可以简单复制,包括校长的角色。上海纽约大学需要探索的方面很多,既是中美合作办学模式的探索,也是评价标准、评价方式、课程体系、培养模式、教学方式、师资队伍、学生服务等各方面的探索。毕竟是不同的文化、不同的教育体制的合作,必然会有一个碰撞、理解、磨合的过程,包括社会对这所大学的认识。所以,在合作办学的历程中,没有一件事可以简单处理,都需要有充分的沟通交流以相互理解,达成基于理解的共识,成为有共识的合作。

《贵州都市报》:纽约大学为什么看中上海?

俞立中:纽约大学校长塞克斯通认为,21世纪的高等教育要不断跟随世界变化,纽约大学在建校之初敢于打破传统,为城市建一所大学,而如今要为世界建一所大学,因为纽约大学培养的学生展现才华的舞台早已不再局限于一个城市,而是整个世界。上海和阿联酋的阿布扎比一样,就城市发展来说,是全球最耀眼的明日之星和机会之都,在这样的地方建立分校,能更好地把学生培养成未来世界舞台上需要的人才。目前,纽约大学已成立了 14 个海外学术中心。2009 年,纽约大学阿布扎比分校成立,师生比例为 1∶3。现在,纽约、阿布扎比、上海,已构成纽约大学全球教育体系的三大核心部分。

**《贵州都市报》:** 上海纽约大学的精英教育如何体现?

**俞立中:** 首先是本科实行通识教育模式,一、二年级的重点是通识教育核心课程,学生在三、四年级可选择文、理、工等不同专业,通识教育特别强调核心课程构架的跨学科和全球视野;其次,坚持 1∶8 的师生比例,小班化教学,讨论和探究式的学习方式;其三,以学生为中心的管理和服务,每个学生都有学业导师,鼓励学生参与科学研究,为学生提供各种实习体验的机会;其四,所有学生都有 1—3 个学期可以选择在遍布世界各大都市的纽约大学"全球教育体系"的 14 个教学中心学习,包括纽约、阿联酋阿布扎比等地的校区。通过这样的学习方式,学生可以得到很好的文化和社会体验。

另外,在学生的层面上,学校招收的是优秀学生,对国际学生 SAT 的要求高于纽约大学,而国内学生除了要取得当地一本分数线以上的高考成绩,还要具备较好的英语能力和综合素质。

**《贵州都市报》:** 从师生比、招生人数、课程设置等方面,上海纽约大学与美国专注本科精英教育的文理学院非常相似,为什么不建成一所文理学院?

**俞立中:** 上海纽约大学的人才培养涵盖了本科、硕士、博士教育,包括 MBA、EMBA,在中国的环境条件下,如果没有科研平台支撑,就不能吸引高水平的教授,很难办成一所有影响力的文理学院。不过现阶段的重点在本科教育,采用的是美国文理学院的"通识教育"(又称博雅教育)模式,强调学科知识的交叉贯通,注重"全球化背景下的社会、科学、技术、文化、艺术的发展"和"全球视野下的中国社会演进和中国文化"教学。中国元素将是特色和重要竞争力之一。

**《贵州都市报》:** 校长的眼光对一所学校意味着什么?您认为高校的校长应该具备什么样的眼光?

**俞立中**：如果把校长理解为一个学校的领导集体，那么领导集体的视野、理想和决心会决定一所学校的走向。高校领导不仅要懂教育，理解教育的本质和规律，也要了解时代的特征、世界发展的趋势、科技发展的趋势，更要思考社会发展的大背景下高等教育的未来。教育会引领未来，办教育的人应该有宽阔的视野、前瞻的眼光。高校的领导不能只看着眼前的琐事，更不能随波逐流，需要有理想色彩。我很喜欢用这三个词来激励大家："理想""胸怀""激情"，它们决定了事业的高度、宽度、速度。

**《贵州都市报》**：上海纽约大学所进行的新型大学探索，对中国高校的改革有什么意义？

**俞立中**：上海纽约大学的真正意义不在于办成一所大学，而在于积极的改革探索，希望能对高等教育国际合作、人才培养模式改革起到一定的示范作用。当然，上海纽约大学能否实现预期目标，需要各方面的不懈努力。可以肯定的是，这个模式也不能简单地被复制。但是，上海纽约大学建设过程中的经验教训、得失成败，一定会有很多可借鉴的意义。就像媒体所说的，上海纽约大学会对中国高校的改革起到"鲶鱼效应"。

**《贵州都市报》**：一些中外合作项目千方百计想让教育部多批点招生名额，上海纽约大学为什么不设法增加招生人数呢？

**俞立中**：相反，我们向教育部请求的是能不能少招点学生。扩大招生规模并不是我们的目的所在，我们坚持做小规模的精品教育，培养适合我们、选择我们的优等生。我们是按标准做事，不是按数量做事。我们做的是一种事业，是想通过中外合作办学来推动我们自身大学的变革。

**《贵州都市报》**：既然是自主招生，为什么还要参考高考成绩？

**俞立中**：首先，我们是在中国注册的高校，按教育部的规定，内地学生要通过高考的程序才能进入学校体系；其次，单从考试的角度说，高考不失为一种能体现学生学习能力的权威考试；第三，参加高考可以让学生有多种选择，没被我们学校录取，或者学生发现不适合我们学校，也不影响他报考其他学校。

**《贵州都市报》**：按照学校的录取方式，有可能把高考状元拦在门外，学校不想招些状元来装门面?

俞立中:我们不会像其他高校那样争抢状元。学生如果能顺利通过我们的校园日活动选拔,又是高考状元,我们当然很欢迎,但如果没通过或没参加我们的前期选拔,我们不会仅仅因为是状元而录取他。我们认定一个学生优秀的标准中,高考成绩只是其中一部分。

《贵州都市报》:学校对学生的选拔方式,不是以高考成绩为唯一标准,更注重学生的综合能力。这样的录取方式会对现行的中学教育产生什么样的影响?这种影响会不会带来一些中学课堂的变化?

俞立中:变应试教育为素质教育,是中国教育界高度关注的问题,也是难度很大的事情,但这个改变必须实现,因为它关系到整个中华民族的素养和教育的未来。仅是上海纽约大学在学生选拔标准和选拔模式上的改革,不足以对现行的中学教育产生很大的影响,但如果高校对改变学生选拔方式逐步形成了共识,一定会带动中学教育的变化。

《贵州都市报》:您认为什么样的中学教学模式培养出的学生更有可能被上海纽约大学录取?

俞立中:我只能讲上海纽约大学希望吸纳什么样的学生,至于通过什么途径来培养这样的学生,也许可以是多样化模式吧。适合上海纽约大学培养目标和培养模式的学生应该有较强的学习兴趣、学习动力和学习能力,乐于尝试新事物,能够适应主动学习模式。我们也希望学生有较好的人文素养、团队意识、合作能力、探索和创新精神、沟通交流能力等。当然,英语实际应用能力非常重要,因为上海纽约大学是全英语教学。

《贵州都市报》:听说学校培养一个学生的成本一年是 30 多万元,而中国学生的学费是一年 10 万元,不足的部分怎么填补?作为一所非营利民办高校,学校的资金来源有哪些?

俞立中:学校在办学初期得到了政府的支持,也得到了一些社会捐赠。但从长远讲,我们需要学习美国私立大学的集资办学模式,积极争取社会的支持。所以,我们一定要办成一所高水平、有特色的大学,对社会、对教育发展有特殊意义的大学,才能争取更多有识之士和企业的帮助和支持。学校已经在筹建教育发展基金会，我们要争取非常优秀的学生，也会给贫困的学生提供奖学金。只要你被这所大学选中了，我们都要保证你能来这所大学学习。

**《贵州都市报》：** 上海纽约大学有什么吸引老师的地方？

**俞立中：** 来到上海纽约大学的教师，待遇将会高于纽约大学。另一方面，中国是当今世界经济的一个重要增长极，有很多经验和问题可以探索，这会使教授们感兴趣。再则，上海是一个国际大都市，很多人也会喜欢这里的生活环境。还有一个重要的原因，这里有一批优秀的学生。

从学校角度来讲，两个"母校"都把自己与上海纽约大学绑在了一起，纽约大学在部署全球教育体系时，将上海纽约大学看成是其一部分，华东师范大学更希望通过这种方式来推动自身的发展和改革，所以这是上海纽约大学得天独厚的条件。

**《贵州都市报》：** 上海纽约大学的毕业生在今后将可能具备哪些方面的竞争力？与普通高校的毕业生相比，他们会有哪些明显的优势？

**俞立中：** 上海纽约大学的人才培养目标是具有全球视野的国际化创新人才。这个目标适应了全球化时代的人才需要，也适应了中国走向世界的人才需要。通过大学四年的培养，学生的全球视野、学习能力、多元文化的理解和包容、跨文化沟通交流和合作的能力、跨学科分析问题和解决问题的能力都会得到明显的提高。在国际化的学习和生活环境下，通过在纽约大学全球教育体系中的流动，学生对这个世界的全面认识、对人生价值的深度认识，也会成为他们的未来优势。

## 中美双方校长的开学致辞

**中方校长俞立中：** 今天，同学们面对的是"全球化时代""知识经济时代""信息化时代""生命科学时代"，上海纽约大学希望为这个时代培养一大批有全球视野，跨文化理解、交流和合作能力的国际化创新人才，以迎接未来的挑战。这是符合时代发展、世界需要的探索。当我们把个人的"梦"和社会的"梦"、世界的"梦"联系在一起的时候，个人的"梦"也变得更有意义，更伟大了。

  **美方校长杰弗里·雷蒙：** 我们的目的不是要把我们的智慧给你们，不是要把我们的知识给你们，也不是要告诉你们某个正确答案。创造者、发明者和领导者不可能靠背诵和记忆别人的答案来创造、发明和领导。我们要教你们如何去判断问题的重要性、表达的准确性，教你们辨别答案的对与错，让你们了解选择某一种答案所产生的结果，最终让你们学会如何去作选择并承担后果。

# 俞校长眼中的这群孩子们①

坐在我面前的这个人已经被采访过太多次，以至于拿出水笔、采访本，打开录音笔，这一连串动作显得那么程式化，让彼此倍感疏离。

"说吧，这次想聊些什么？"一如既往的爽快，洪亮的嗓音也消弭了最初的距离。还是我熟悉的俞立中，上海纽约大学校长，原华东师大校长，在上海乃至全国，他可称得上是位"明星校长"。

"这次咱不聊教育理念、教育改革这些大问题，上海纽约大学第一学期结束了，聊聊你和这群学生之间发生的故事吧，最好结合以往接触的学生，谈谈他们之间的不同。"我做足了倾听故事的准备。

"我不想做这样的比较，差异可能是因为不同地域的社会文化、教育环境造成的，也可能是个性化割裂这些因素，简单地作比较很牵强，也没有意义。但我可以和你说说我们学校这些孩子们。"近两年勤于走路运动、显得愈加清减的俞立中倏地从沙发上站起来，走向他的电脑。

从他那拥有近160万粉丝的微博上，俞立中轻车熟路地翻出几张照片，指给我看：这是学生拍的凌晨时分的上纽大学习室。照片上灯光敞亮，书本、电脑全部打开着，这可是通宵达旦的架势啊。

"怎么没有学生？"我问。

"据贴主说，这些'学霸'不想露出真容。"俞立中眼里满是纵容的笑意。

在这条微博的最后，发帖的学生豪言："我们都是学术狂魔。"还附上五个夸张的表情符号。

已经不止一次有学生向俞立中说"学习和高三一样忙，但很愉快"，甚至有学生家长在自己的博客里写道：我自己都奇怪，为什么孩子到了上纽大就喜欢读书了呢？

---

① 原载《东方早报》2014 年 1 月。

是的,为什么呢?

经历了令人崩溃的高三备考,进入大学生活对很多中国学生来说简直是一场自由的盛宴,没有了老师和家长随时随地的督促监管,放松、玩乐成了一些学生反叛性的自我放逐。俞立中早前专门撰文谈过"大一现象"——大学一年级往往是一些大学生的"遗憾",也是不当选择的开始。高考的压力使得不少学生从初中到高中都处于一种亢奋状态,考上大学后,一部分学生就认为人生目标已实现,可以放松了,便沉溺于网络游戏,不好好学习,自然而然就被淘汰了。还有部分学生进了大学后没有及时改变学习观念和方法,不去主动适应大学的学习生活,懵懵懂懂度过了四年,当然就收获甚少。如何让大学四年过得更充实,让同样的四年得到更多的收获,有没有目标、会不会选择,结果大不一样。

但在上海纽约大学,恐怕没有机会让你有偷懒的理由。

通识教育模式让学生接触到非常宽泛的知识和技能,经历严格的思维和写作训练。虽然第一学期只需选择四门课程,但仅仅《全球视角下的社会》(Global Perspective on Society,简称GPS)这一门课,其要求的阅读量和写作量就可能相当于国内不少大学生几年的量。

GPS课程融合了哲学、政治学、社会学等多学科内容,教材内容节选自孔子、孟子、墨子、荀子、孙子、司马迁、柏拉图、亚里士多德、孟德斯鸠、罗素、康德、马克思、恩格斯、邓小平、梁启超、康有为、亚当·斯密、霍布斯、甘地等众多古今中外先贤的思想精髓。"要应对教授开放又严苛的课堂讨论和作业,学生不认真读原著是过不了关的。"俞立中说,"在上海纽约大学,学生自己的课后阅读和参与课堂讨论是重要的学习过程。"

"有一次,路上遇到一位中国学生和我打招呼,我关照她要劳逸结合,她毫不在意地对我说,'请校长放心,我们很早就睡觉的,一般一两点钟。'我当时都听懵了。"俞立中哈哈大笑。

"但是学校还是在考虑,下学期的课程安排可能会做适当调整,不能衔接得太紧张,我经常看到有些学生快下午一点了才吃午饭,这样对身体不好。"在一个校长的眼里,即便学生享受这样的学习模式和节奏,但学校仍有责任尽力保障学生的身心健康。

作为一位有留学经历的学者,俞立中对上海纽约大学主动学习模式和严格学术规范的推崇自然不用言说。他在英国攻读研究生时曾问导师需要听什么课程,导师很干脆地回答说没有这个要求,但可以去听任何有兴趣的课。导师更建议他自己去图书馆看书、查资料,多与老师和同学们讨论,多参加研究实践和学术会议。这段经历使他对学习有了更深刻、更全面的认识和体会。俞立中在国外发表第一篇学术论文时,在成稿后导师还与他针对各种学术规范细节修改了6个来回才发出。这篇论文的撰写过程就是一个严谨的学术规范训练。

在上海纽约大学第二年招生宣讲会上,有两位首届入学的学长向中国学弟学妹们讲述了自己的经历和体会,其中一位学生提到自己在作业小论文中有段话漏引用了出处,结果教授不仅要她改正,而且还让她写了保证书……俞立中认为这样严谨的学术规范培养正是中国学生普遍缺少的,"不能等大学毕业做论文时才讲究这些",也正因为上海纽约大学特别在意这方面的培养,学生们的每一次作业展示都"颇像那么回事儿"。

这短短第一学期里,俞立中多次观摩学生各门课程的作业、作品展示,他乐此不疲地把自己的感受和照片晒在微博上。如互动媒体创意技术课程的展示现场,摆出了学生设计制作的很多小创意作品:用手接触一根电线的线头,就可以让纸上的小猫发出叫声或者弹奏出好听的曲子;五个同学们自编自导自演的循环播放电影;对着话筒吹气,受感应的电脑屏幕上就会飘浮起不同颜色和不同大小的圆点;可以实时监测天气情况的软件,温度、时间、空气质量、晴雨状况一目了然……这些小作品,不仅是技术和艺术的结合,也在不同角度充满了对社会的关注,你在现场看就会被它们震撼。尽管同学们是第一次尝试这样的课程,但他们的作品真是很有创意。科学基础课程的实践作业之一是科研小课题,同学们用图板展示了他们的成果,涉及PM2.5、绿色节能建筑、城市绿化等与现实生活直接相关的领域,往往融合了物理、化学、生物等多学科知识和技能。和正规国际学术会议的展板完全一样,不仅很生动、清晰地展示了课题的研究目的、背景、方法和结果,还体现了研究小组的团队合作和学术规范。

在上海纽约大学,俞立中几乎没有见过很害羞的学生,一个个都特别乐于也善于社交。他会经常在行走的路上被学生拦着说上几句,甚至被美国学生拉住侃侃上海话;他也会在食堂里和学生聊天,坐在楼梯上和同学们一起啃比萨。

俞立中的办公室门旁没有校长室的标记,只有中英文姓名,经常会有不同肤色的学生敲门进来,熟识的会坐上一阵,谈点建议或请求帮助,不认识的也进来毛遂自荐和校长聊上几句。

这绝非传统意义上的校长室,访客求见校长大人需要先向校办报备,再由校办根据校长的日程作出安排,多数情况下还是听到"抱歉"的回复。

不过俞立中从来不是传统意义上的校长,这点从我的个人经验就能证明。那还得从2003年俞立中初到上海师范大学就任校长说起。记得那时刚开学,我是校广播台《对话》栏目的主持人,听说来了位新校长,当时就萌生出邀请这位新校长作为开学第一期节目的访谈嘉宾的想法。当时的我初生牛犊不怕虎,根本不懂规矩,也不知道所谓规矩。一个午后,我直接冲到校长室门口敲门,没想到俞立中在,我说明来意后,他欣然接受,我至今依然记得他答应后马上就说:"要不就今天吧,半小时后我来录音棚。"那天,我们聊了近2个小时。

所以我一点不奇怪近几年俞立中被媒体、师生公认为"明星校长""魅力校长",媒体报道他最乐意去学生食堂吃饭,最喜欢参加学生组织的活动,毕业典礼可以站台几天供学生合影……联想起他那间关不住门的办公室,一切难道不顺理成章吗?

再回到这群活跃、爱展示自己的来自地球村的孩子们。我们平日从俞立中的新浪大V微博上就能获悉他们的动态:朱华同学获得第19届中国日报社全国英语演讲比赛上海赛区决赛一等奖、宋逸舟(Kenny Song)和迈克尔·拉克曼(Michael Lukiman)在上海创客设计马拉松大赛中赢得第一名……还可以看到开学以来同学们的身影出现在学生会成立、社区公益服务、新上海人歌手大奖赛、辩论赛、社团活动、名人讲坛等不同场景。

面对这群个性十足又干劲充沛的学生,俞立中仿佛看到1977、1978届那代学生的影子。1978年,几近而立之年的俞立中通过自身努力,从黑龙江长水河农场考入了华东师大。

那是一个今天的青年人无法想象的时代,我们可以闭上眼睛试图感知那个年代:"文革"十年,正值一生最好时光的青年男女,没有书念,没有学上,没有轻松自如的人际交往,伴随暮鼓晨钟的只有繁重的劳动。"那十年,我们不知道未来在哪里,该往哪个方向努力,因为一切都是不可控的。"所谓"生而彷徨"不过如是。

所以有书读之后的俞立中们,迎来了属于他们的"万物复苏的时代","进了大学,发现有那么多感兴趣的东西,有那么多可以利用的资源,更觉得一定要把握好人生机会,充实自己,确立未来的发展目标。"当然,今天上海纽约大学的学生要幸福多了,他们得到的是最优质的教育资源,但这些学生身上展现的"能量"是俞立中所熟悉的。

所以即便俞立中先前有两所国内高校校长的任职经历,他依然不愿意机械地去比较自己这代人和今天这代年轻人,以及中外大学生之间的差异。他只想再次强调,一如他曾在回忆自己大学生活的文章最后写道:"看看世界一流大学学生的学习态度和取向,不得不说一句话:没有辛勤付出,哪有精彩收获。这也是大学生活给我的人生启迪。"

如今,上纽大的学生正沉浸在主动学习、互动学习、研讨式学习的教学模式中,"这些年,我在校长的岗位上有个理念,学校要努力为广大学生创造和提供更多的选择和机会,联合培养、海外访学、社会实践等。"这是我和俞立中在以往的访谈中他多次提及的,现在我感觉到俞立中离他理想中的自己越来越近。

# 履职人大代表第七年①

《新闻晨报》：如果给 2013 年上海政府的工作打个分，百分制的，在你看来大概是多少分？为什么？

俞立中：我还是很认同市政府的工作成绩，可以打 90 分。这个评价的前提是上海的改革发展进入了深水区，各方面困难很大，许多社会矛盾凸显出来了。上海在创新驱动、转型发展的路上跨出了艰难的一步，取得了一定的成效，社会经济持续发展，政府是有作为的，尤其是自由贸易区的设立，给上海带来了新一轮的机遇。

《新闻晨报》：还有 10 分你觉得扣在哪里？

俞立中：上海需要有更大的改革与创新的勇气和动力，这是我扣掉的 10 分所在。20 世纪 90 年代初，上海浦东开发开放，整个城市的活力和改革的动力是非常强劲的，每个人都可以感受到。当然，今天和 20 世纪 90 年代的时代背景和发展阶段是不一样的，当年上海是在长期积压下的能量大爆发。今天，上海发展到一定高度，面对的问题也不一样了。但我个人觉得，勇于承担风险，积极探索，努力推进改革的劲头确实不如当年，有待进一步提高。如何进一步释放市场的活力，激发城市发展的动力，需要有更多的理念、方法和勇气。

《新闻晨报》：在你关注的一些领域中，你觉得 2014 年改革可以从哪些方面继续深入下去？

俞立中：首先，从上海社会经济发展的大局看，自由贸易区的设立和探索是最大的改革机遇。有了自贸区这个改革平台和探索机制，上海在改变政府职能、发挥市场的主导作用方面，可以有更积极、更快的推进，先行先试，起到示范作用。在我熟悉的教育领域，今年政府工作报告中对高等教育改革的重点很明确，政府的着力点

---

① 原载《新闻晨报》2014 年 1 月 19 日。

在高等教育布局结构的规划、学科布局的规划、投入机制的改革、大学办学自主权的扩大,从而激发大学的改革动力,在人才培养、协同创新、现代大学制度建设等方面积极探索,提升办学质量。准确定位,发挥好政府、大学、社会三者各自应有的作用,才能有效推进高等教育的深入改革和进一步发展。政府的重点在宏观规划、调整机制、创造条件,而高校的内涵发展要靠高校自身的动力,政府不可能具体指挥,更不可能替代。政府做政府应该做的事,高校做高校应该做的事,社会做社会应该做的事,大家都能很好地发力。在新的一年里,高等教育面临很好的改革和发展机遇,作为在高校工作的代表,一定要明确自己的责任。我会在上海纽约大学这个平台上,积极探索新的办学机制,努力推进评价标准、选拔方法、培养模式、课程体系、教学方法、师资建设等各方面的改革,为高等教育改革开拓一条新路,培养全球化时代需要的优秀创新人才,更好地服务上海社会经济建设与发展。

# 做全球式教育[①]

　　上海纽约大学校长俞立中的办公室在华东师大地理楼三楼。办公室正对楼梯口，二十平方米，狭长，空阔。

　　我进去时，他正坐在最里侧的办公桌后面，魁梧的身形让办公桌显得低矮和狭窄。门边，正对办公桌，一套棕黑色皮沙发围出了会客区。他招呼我们就座。采访从闲聊开始。墙壁上挂着一副对联："广树新人善行立本，力兴教育砥柱中流"，巧妙地嵌入了他的名字。

　　这是他第三次出任校长。2012年7月，俞立中就任上海纽约大学校长时，大学仍在筹办之中。此前，他在上海师范大学做校长，又回到他的母校华东师范大学做了6年校长。

　　教学管理之外，他的另外一个身份是地理学家。俞立中在英国利物浦大学留学期间，师从环境磁学的创始人弗兰克·奥德菲尔德（Frank Oldfield）教授。回国后，他创建了国内第一个环境磁学实验室。

　　2013年8月11日，上海纽约大学正式开学。

　　作为中美第一所合办大学，上海纽约大学不仅仅是一所新办的学校，它探索高等教育国际合作改革，被称为中国高等教育改革的"试验田"。校长俞立中因"带领团队投身教育国际化的改革创新，为上海引入了国际一流的教育资源"而入选"2013年上海教育年度新闻人物"。

　　俞立中出生在上海，与共和国同龄。1967年夏天，18岁的俞立中响应"知识青年上山下乡"的号召，前往黑龙江省黑河市长水河农场，成为了一名下乡知青。"白天在地里干活，有时候就把数学公式写在手心上，干歇的时候打开手掌看看。"俞立中说。

---

① 原载《教育家》2014年2月，记者安然。

1978 年,我国恢复高考制度,已经 29 岁的俞立中考取了华东师范大学地理系。1982 年毕业后他留校任教。1985 年,赴英国利物浦大学留学。

俞立中任华东师范大学校长时,学生亲切地称他为"最亲民校长"。他离任时,学生又称他为"最优秀毕业校长"。他是上海众多大学校长中第一个开微博的校长,粉丝数量达 159 万。他把开学典礼和毕业典礼视为大学文化建设的载体。每年毕业季,他会专门为想跟他合拍毕业照的学生腾出时间。

经过近 8 年的酝酿和筹备,2013 年 8 月 11 日,上海纽约大学开学。首批学生295 人中,150 名中国学生,145 名国际学生,来自全球 35 个不同的国家和地区。在开学典礼上,俞立中告诉同学,"你们可以按照英文习惯,叫我 Lee,也可以叫我俞老师。"这一天,为迎接新生,他站了 10 个钟头。

他的办公室与教室只隔着薄薄的隔断。采访时,学生的欢声笑语不时传进来。这栋楼仍在装修和改造,电钻声和工人们杂乱的脚步声,接近两个小时的采访中,几乎一刻未停。

与其说是在办一所大学,更不如说是在做一场探索。

俞立中这样说。"实际上,我们只是在做一所大学应该做的事情;我们为之努力的,只是一所大学应该有的模样。"

《教育家》:上海纽约大学是基于什么原因创立的?那是怎样一个过程?

俞立中:很多年以前,美国纽约大学校长约翰·塞克斯通就在考虑,高等教育如何适应全球化的要求。在大学期间,如何培养我们的未来一代人——如何能够具有全球化的视野,如何更适应全球化时代的挑战,如何使不同文化之间的沟通、交流和合作得心应手,他就提出一个概念,构建"全球教育体系"。希望在大学期间,不同文化与不同背景的同学在同一个课堂学习,从而增进大家对不同文化的理解,与不同文化背景的人沟通、交流、合作。

当时,纽约大学在世界各大都市设立海外教学点。上海是中国改革开放的前沿,中国又处于经济快速增长期,约翰·塞克斯通认为,一定要在上海设置一个学习中心。当时就由教务长带领一队人马到上海来寻找合作伙伴。2005、2006 年,他们一直在跟上海的高校沟通,最后他们把这个教学点设在了华东师大。

2008 年,纽约大学跟我们商量,能不能在上海办一个分校,在这里招生、授予学位。中外合作办学条例不许国外大学在中国办分校。我们建议可以合办一所具有独立法人资格的国际化学校，它可以是纽约大学全球化合作体系的一个组成部分，具有双重意义。2009年，中国驻美大使周文重访问纽约大学，合作的步伐加快了。2010年，教育部派专家组到上海纽约大学来，对中外合作办学项目进行评审。2011年1月，教育部正式发文，同意筹建上海纽约大学，华师大与纽约大学联合成立的"上海纽约大学筹建中心"正式挂牌。2012年9月22日，教育部正式批准成立上海纽约大学。这是非常快的进程。

上海纽约大学建设的过程，天时，地利，人和。正好《国家中长期教育改革和发展规划纲要》颁布，其中特别强调"推进教育国际化"。国家需要这样的中外教育实践。我们是《纲要》颁布后第一个宣布成立的中外办学机构。

上海在国际化进程中，需要引进优质的教育资源，特别是浦东新区。当他们听说华东师大和纽约大学的合作后，积极争取我们到浦东去，拿出一块"钻石地段"给了上海纽约大学。

《教育家》：上海纽约大学筹建的资金从哪里来？

俞立中：上海很支持这个项目，市政府答应支持上海纽约大学的发展，拨付启动经费，不是非常多的钱，但是可以保证开始时的运行。

运行初期，政府也许诺每年会有一些补贴，钱不是很多，但是不会让我们在运行中感到非常困难。开始时我们学生很少，为了吸引优秀的学生，我们还提供很多奖学金，如果没有政府的支持，我们很难做这个事情。

上海纽约大学最终的运行模式是学习纽约大学这种美国一流私立大学的做法，希望通过社会的集资来解决办学经费的问题。学校刚刚启动，我们已经得到了一些比较可观的捐赠，这些捐赠会用来支持我们第一年的奖学金。

我们必须建设一所一流的、知名的大学，有特殊意义的大学。只有这样，社会各界的有识之士、有意要支持教育的企业家才愿意给我们帮助。

《教育家》：上海纽约大学的培养目标是什么？

俞立中：我们的培养目标是"有全球视野的国际化创新人才"。这是一句大话。具体讲，我们希望为这个时代的发展培养这样一批人才：他能够站在不同的文化、视角上去看问题、思考问题,而且能够在这个时代背景下理解、包容和欣赏不同的文化,能够和不同文化背景的人沟通、交流、合作。

**《教育家》**:上海纽约大学具有什么样的大学精神?

**俞立中**:上海纽约大学的大学精神就是,让世界成为你的课堂。内涵就是我们要把课堂教学、文化体验、社会观察、研究实践作为一个融合的载体,为学生的学习发展提供一个平台。

**《教育家》**:上海纽约大学作为华东师范大学和纽约大学的合办学校,它与两者有什么不同?

**俞立中**:上海纽约大学是中国户口,但它是中美两所高水平大学合作的产物。尽管我说它是一所中外合作办学的学校,但纽约大学把它当成自己全球教育体系的组成部分。上海纽约大学的学术标准、学术质量全权交给纽约大学来负责,并由纽约大学授予学位。

**《教育家》**:上海纽约大学和纽约大学、华东师范大学,有什么不同?它又有什么特别之处?

**俞立中**:纽约大学是美国国家体制下、美国文化环境下的一所大学。华东师范大学是中国国家体制下、中国文化环境下的一所大学。上海纽约大学的教学,融合了多元文化和中美两种体制。它和两所大学都很不一样。

上海纽约大学有一半中国学生,一半外国学生,世界上没有第二所大学是这样的模式——除了纽约大学阿布扎比分校,它的国际学生比我们还多。

我们的教师队伍来自世界各地,美国,欧洲,其他国家和地区,当然还有我们中国的教师。在这样的文化背景下,我们需要更多的融合,包括我们的课程体系。我们的课程以纽约大学文理通识教育为主体。同时,因为大学在上海,有很多中国元素,国际学生希望学到中国元素的东西,而且我们的教学强调以多元文化的视角去看问题。我们不是在做美国式的教育,我们也不是在做中国式的教育,我们是做全球式的教育。它强调能站在多种文化的视角上去看问题、分析问题,培养学生的思维能力。

《教育家》：上海纽约大学采用的是理事会领导下的校长负责制，这是什么样的制度？

俞立中：我们最大的决策是由理事会讨论决定的，具体由中美双方的校长来实施。

《教育家》：中美双方的校长在职责上又是如何分工的？

俞立中：大学的章程写得很明确，校长是法人代表，对学校的发展负全部责任。常务副校长——就是我们的美方校长雷蒙先生，对这所学校的学术标准、学术质量承担全部的责任，与教学和学术质量有关的事务、学校的日常运作，都由他来负责，如教师的招聘、教学模式的思考、学生的招生，都是由他来实施。很多事情，都是我们两个人一起在商量。

《教育家》：你还有行政级别吗？

俞立中：我们这里所有的聘用人员，在这所学校没有行政级别，也没有编制。这就是一所新型的中外合办大学。

《教学家》：你如何看待行政办学和教授治学？

俞立中：国内的大学并非都是行政办学。国内的大学中，很多人都是学术背景的，后来到领导岗位上去了。学校也有各种各样的委员会，学术委员会、学位委员会、教学委员会，都是以教授为主体来组成的，学术上面的决策大部分都是这些委员在讨论，他们都是教授的群体，并不是像社会上认为的，中国大学都是行政领导在管。当然，这个现象也是有的，不同的学校不一样，国家部属的大学相对好一点。这些学校的领导本身层次就好，很少有完全从行政干部转过来的。

我认为，现在大学的行政化问题，不仅仅是行政级别的问题，社会对大学的批评最根本的，是我们往往在大学管理里把行政权力和学术权力混淆了。今天世界上任何一所大学，它必须是由行政权力和学术权力组合来运行的。大学必须面对社会，必须要有行政的运作，才能与社会接轨。

大学自身有它的规律，它的学术问题应该交由学术权力来行使决策权，比如教授的晋升、课程体系的问题、学位的授予、教授的聘用等。谁来评价？并不是由几个行政领导来决定，而是由教授群体来评价。学术和行政两者互补，形成了一个大学管理和运行的机器。在一些学校里,把两个权力混淆了。本该由学术权力来讨论的事情却由行政权力来决定,比如教师的晋升,在有些学校里由校长或其他行政人员起了主导作用。第二个批评比较多的就是我们的行政领导,校长、院长。因为他们有行政权力为自己的学术去争取资源。因为我是校长,就多招几个博士生,多拿一些学校的房间,多拿一些科研经费。这些是大家很痛恨的。

在上海纽约大学,不存在这些问题。学术的事情都由教授群体来评定,包括校长、院长,在学术的会议里,大家都是个体在发表意见。

《教育家》:上海纽约大学的教师是如何构成的?

俞立中:行政人员,都是上海纽约大学专职的行政人员。

教师有联聘教授,就是纽约大学和上海纽约大学联合聘任的教授,他既是纽约大学的教授,也是上海纽约大学的教授。为了保证学校的质量,这类教授比较多,是上海纽约大学教授的主体。第一年,我们有 7 名美国艺术与科学院院士、2 名美国国家科学院院士,给一年级学生上基础课。这是世界上最豪华的教师队伍。他们在这里上课,我们承担他们的工资。

在我们一百多名教师中,有二三十名助教,他们不是纽约大学也不是上海纽约大学长期聘用的,是按一年或两年来聘任的,他们的主要工作是辅导学生作业。

另外,还有一批从世界各地招来的客座教授。比如这里就有两个以色列海法大学的教授,一个搞微观经济学,一个搞统计学,他们这学期在这里上课,下学期就回海法大学,再下学期又会来。对这些教师的评价标准,都由纽约大学相同学科的老师来评。

我们也招了一批 Standing Professor(常驻专家),就是上海纽约大学稳定的教师。到目前为止,我们聘的都是美国各大名校的教师,如美国西北大学、耶鲁大学、康奈尔大学的教授,他们将来主要的工作地点就是在上海纽约大学。还有一批兼职教授,比如华东师大、复旦大学的教授。

我们的教师队伍非常多元化。对师资队伍的要求高于纽约大学师资的平均水平。

《教育家》:《中外合作办学条例》自 2003 年颁布,现在已经过去 11 年。随着社会的发展,《条例》有没有修订的必要？哪些部分可以修订？

俞立中：我是觉得很有必要修订。《条例》出台时中外办学比较不规范,需要出台一个政策来规范化。既然要规范化,就要提出各种各样的高要求。包括投资的主体,现在中外办学不仅仅成为民间资本投入的通道,很多地方政府也在接洽,他们觉得需要在人才培养方面探索新的模式。政府有投入,要有人去代表发言,当然也要参与到理事会中,但《条例》是不允许的。

《教育家》：现在,中外合办大学应该如何发展？

俞立中：现在中外合作办学机构已经有 2 000 多个,良莠不齐。今天的教育不需要办一所一般的大学,这在中国已经没有太多的需要。大学毛入学率已经达到 30％,我们需要的是高质量的教育,高水平的大学,有特色的大学,要符合这三个条件,才是我们中外办学需要的。为了达到这个目标,合作的形式应该是多元化的。理论和实践都要探索,使中外办学成为中国高等教育多元化的组成部分。

《教育家》：建国以来,中国高等教育的发展有哪些变化？有人说,这是从学"苏式教育"到学"美式教育"的过程。

俞立中：20 世纪 50 年代强调学苏联,学校的形态也发生变化,很多变成专门化学校,出现一大批师范大学,农业、纺织、财经、外国语大学,这是学习苏联的结果。改革开放以后——其实在改革开放前,大家已经意识到专业化的教育使我们高等教育很不发达。对于只有少数精英才能上大学的年代,甚至高中生都可以称为知识分子的年代来说,专业化教育也许起到了一定作用。通过大学教育,在比较短的时间内就培养了一批专业人才。但是一个国家到了一定的发展阶段,到了需要更多的人进入大学教育的时代,专门化的教育模式实际上阻碍了人才的发展潜力。改革开放后,我们更多地向西方看,很多专业化的大学又转型成为综合性或者多学科大学,认为这样的学校才能培养知识面更加宽广、更有创新潜力的人才。中国高等教育良性的生态环境是多元化的,只有培养的模式、办学的模式多元化以后,社会的各行各业才能找到所需要的人才。

《教育家》：十八届三中全会提到教育改革,其中涉及很多中国高等教育的内容。你觉得中国高等教育的改革应该怎么走？

**俞立中**：我觉得，中国高等教育改革的方向和趋势，就是要回到教育的本质。教育的本质含义就是一个人的发展。从这个意义上讲，就是要给学生更多选择的机会，而不是我们让他怎么做。让每个学生发挥自己的优势，发现自己的兴趣，给学生更多不同的机会。我想，这是改革的一个目标。改革的另外一个目标，就是提供优质教育。什么是更优质的教育，就是要更多地关注教育的意义在什么地方，比如对高考的改革，也正是希望改革把应试教育变成由学生兴趣驱动的、主动的学习，而不是为了应试而学习。

# 上海纽大为教育改革"蹚路"[①]

继宁波诺丁汉大学、西交利物浦大学、昆山杜克大学等中外合资大学之后,由华东师范大学和美国纽约大学联合创办的上海纽约大学也在 2013 年正式对外招生,300 人的招生名额很快吸引了国内外 5 000 多名学生的踊跃报考。在校长俞立中看来,创办上海纽约大学与其说是在办一所中美合作大学,不如说是在探索中外教育体系如何融合以及国内高等教育如何改革。

## 三轮"淘汰制"选拔优等生

**《侨报》:**上海纽约大学 2014 年预计招收多少学生?

**俞立中:**2014 年的招生名额基本与 2013 年持平,国内和国际学生总共 300 名,其中,内地学生 151 名,国际学生 149 名。

**《侨报》:**作为一所中外合作大学,上海纽约大学是如何挑选学生的?

**俞立中:**我们的选拔采取三轮淘汰制。第一轮是提交申请材料,填写纽约大学国际通用的申请表,提交高中学业情况、考试成绩和该生在学校的排名等材料,还有各种领域的特长,如参加过的竞赛名次、艺术领域获得的奖项等。根据这些材料,我们会从中选拔出 500 名优秀的学生参加校园日活动。2013 年共有 5 000 名内推学生报名,第一轮淘汰了四分之三的学生,能剩下的 500 名学生一定是在学习成绩或者某些领域有突出表现的。第二轮是校园日活动,主要看的是学生的素养,包括世界观、人生观、价值观、对未来的志向,以及学生的亲和力、表达思维方法、英语实际应用能力(听说读)等。通过第二轮的筛选,我们会淘汰一半的学生。最后一轮,我们

---

① 原载《侨报》2014 年 3 月,记者张璐文。

把剩下的 250 名学生根据之前的表现分为 A、B 两档，A 档的学生被称为 conditional offer(有条件录取)，即学生参加高考并达到一本分数线就可以被录取，B 档学生被称为 waiting list(候补名单)，学生达到一本分数线未必能被录取，还要结合高考成绩、校园活动日的表现情况等综合评定，最终我们选出 160 名出类拔萃的学生成为上海纽大的新生。

**《侨报》**：这些学生大多来自哪些高中，高考成绩如何？

**俞立中**：根据最后被录取的学生情况来看，他们都来自排名靠前的几所中学，成绩也自然不会令人失望，各省市的录取分数线不同，这些学生的高考成绩平均都在一本分数线以上 70 分，其中不乏各省市高考成绩排名前十的学生。

## "豪华"师资成为纽大支柱

**《侨报》**：国内已经有西交利物浦大学、宁波诺丁汉大学等中外合资大学，上海纽大如何与他们竞争？

**俞立中**：我从来不去跟内地其他中外合作的大学比较。每所大学的优势不同，有自己的培养理念，包括招收学生的标准都是不一样的。我认为上海纽大的特色在于两个方面，一方面是上纽大真的吸引了一批非常优秀的学生，在我们招收的国内学生中，他们完全具备报考复旦、清华、北大的资格，国际学生也非常优秀，有一个学生拿到十所大学的 offer，但最终选择来我们这里；第二个方面是我们有一流的教师团队，第一年我们就有 7 位美国国家科学院院士、艺术与科学院院士，国内没有一所大学有这么豪华的团队，其中还有几位是双院士。他们的职责不是讲一堂讲座，而是对学生进行系统授课。从师资力量上就可以看出这是美国纽约大学对上海分支最大的投入。美国纽约大学校长这样说过：如果把上海纽约大学看成是纽约大学的一个学校的话，那么上海纽约大学就是 Honor School(荣誉学校)。可以看出，上海纽约大学无论在师资力量还是学生的招收方面都有很高的标准，在这些教授中，很多都是美国的 chair professor(讲席教授)。他们提供了非常好的课程体系、助教体系以及全英语教学。对于学生来说，在上纽大也有很多选择，他们将有 3 个学期可以选择去遍布在世界各大都市的纽约大学"全球教育体系"中学习，可供选择的包括纽约、阿布扎比等在内的16个教学中心。除了相互贯通的课程学习,学生还可以得到好的文化和社会体验。在上纽大,所有的学分都是可以通用累计的,纽约大学讲究的是全球教育体系,学生和老师都可以在这个体系里流动。同一门课程在不同的地方,由于文化、社会资源不同,学习的感受是不一样的。

## 谁也别想从纽大牟私利

**《侨报》**:作为一所世界一流的大学,上海纽约大学的办学目的是什么?

**俞立中**:与其说上海纽约大学是在办学,不如说是在探索,目的是探索中外办学模式、人才培养模式、教学模式的改革,办好上海纽约大学承担的更多的是教学体制改革的责任。在中、美两种不同的教育体系、文化背景下,怎样办好一所国际性大学,这是我们的命题也是使命。首先,上海纽约大学在中国注册,是中国"户口",但同时也是纽约大学全球教育体系的组成部分。通过上海纽约大学的办学探索,对中国高等教育人才培养模式、通识教育的课程体系,以及高等教育的改革起到一定示范作用。

教育部部长章贵仁找我谈话时说,别的学校都来问每年最多可以招收多少学生,而上海纽大问的则是每年最少可以招收多少学生。在保证最少的数字下,国家认同我们办的是一所 university,而不是 school,不是 college。上海纽约大学的目的不是建一所庞大的学校,通过扩大规模获取经济利益,上海纽约大学是一个公益性的学术组织,没有经济利益,谁也别想从中牟取私利。上海纽约大学立志成为一所世界一流的学校,必然是一个办学成果很高的学校,涉及师资队伍的构成,吸引最优秀的学生,收取高昂学费的同时也必须提供高额的奖学金。所以,规模越小,经济压力越小。

**《侨报》**:学费是上海纽约大学主要的办学经费来源吗?

**俞立中**:学费对于学校的预算来说是忽略不计的。这些钱都是取之于学生,用之于学生。国内的学生学费是 10 万元人民币/年,国际学生是 4.5 万美元/年(折合人民币约 50 万元/年)。国际学生大部分都有奖学金,国内的学生也有一部分能获得奖学金和助学金。学费的收入对于学校的运行来说只是很小的一块。我们的办学经费来源,一方面是政府支持,另一方面是社会有识之士给予学校的赞助。

《侨报》:你认为中外大学在高等教育阶段最大的不同是什么?

俞立中:从学生的表现情况来看,在学习主动性、积极性方面差距很大。在担任华师大校长时,我一直提醒学生,大学一年级是"危险期"。学生由被动学习转为主动学习,很多学生不能适应学习方式的改变,有个别甚至只能退学。而我们发现,在国外越是好的大学,学生学习的积极性就越高。他们对于自身的定位非常准确,知道自己现在要干什么、毕业后要干什么、通过什么方式完成。当然,这与大学选拔学生的方式有关。中国的大学招生基本以"一考定终身"为主,而上海纽约大学更看重学生的人生态度、价值取向,更青睐于有追求、有志向的学生。另外,团队精神、亲和力、沟通能力、外语能力等都是我们考虑的方面。开学第一天,我见了每位学生,与他们一一握手,从见到他们的第一天到现在,我觉得美国人的这套选拔方法的确有他的道理,学生各方面素质非常高,当然这套选拔方法的背后有一个几十人组成的教授团队,能通过他们的"法眼"选拔出的学生个个出类拔萃。

## 研究自贸给政府当"参谋"

《侨报》:上海的发展离不开人才。你认为留住人才的关键是什么?

俞立中:无论是上海的发展还是上海纽约大学的办学与招生都需要人才。而留住人才需要我们在软环境上多下功夫。例如,在生态环境上,我们应该有自上而下的顶层设计,各部门的责任明确,各项法律制度执行,所有部门联动,凡是跟生态城市相违背的事情都要说 no。另外,我们也应该自上而下地保护环境,作为公众,不要一味抱怨指责政府。每个人都是监督员,更是执行者。

《侨报》:对于上海建设自贸区,你认为最大的瓶颈是什么?

俞立中:上海新一轮发展离不开自贸区的建设。20 世纪 90 年代以来,上海飞速发展 20 年。土地等方面的红利已经用完,不客气地说一句,上海现在只有劣势没有优势,但自贸区带来了上海制度红利最好的机会。上海自贸区的建设也是一种探索。在制度上怎么与国际通用的贸易投资法规对接,如何让改革开放走得更快一些,这些都是我们探索的问题。其实,不仅仅是上海以及长三角地区,我国东部、西部都想做自贸区。如果我们对于制度创新不能走出一条顺应中国发展的道路,我们将失去这个机会。

在今年上海"两会"上,一些企业家提到优惠政策还不到位的问题,我认为现在不应该一味地要优惠政策,而是要制度创新,自贸区已经规定什么不能做。换言之,除此之外其他都能做,我们不能一直等政府给优惠政策,等的结果往往就是放弃了发展的机会。现在已经到了自己设计和制定游戏规则的时候了,我们学校的教授也在研究上海自贸区的建设,把上海自贸区和阿联酋自贸区作一个比较,我们很希望这一领域的研究能给政府提供新的思路和意见。

# 以学生发展为根本立足点
# 构建校内学术共同体①

**《21 世纪英语教育》：**您作为上海纽约大学的校长，要管理这种多元化的全新模式的高校，您觉得最大的挑战在哪里？

**俞立中：**我一直强调，我们不是在简单地办一所大学，而是在探索一种新的国际化教育模式。中美合作创办高水平大学涉及不同文化、不同的教育体制的融合，需要积极面对各种问题。例如，如何创新中外合作办学模式？如何改革学生评价标准和选拔方式？如何改革人才培养模式？其中包含了课程体系、教师队伍、教学方法、学生服务等方方面面的问题。可以说，没有一个现成的模板可以让我们去照搬，需要去闯一条路。上海纽约大学给了我们很多的机遇去尝试新的模式，这对我来讲真的是个很大的挑战。我觉得这是一项事业，而不仅仅是一份工作，确实有很大的压力。这条路怎么去走，能不能冲破一些文化或体制上的障碍，都需要很大的勇气和智慧。

**《21 世纪英语教育》：**从上海纽约大学创办至今，您觉得最困难的或者最令您头疼的问题有哪些？您又是怎么解决的？

**俞立中：**实际上，对于上海纽约大学这样的合作办学模式，我们会碰到各种意想不到的问题。从起草合作协议到制定大学章程，从学校制度建设到具体管理运作都会涉及因教育体制、文化理解、思维方式的差异而产生的误解和困惑，需要耐心和直率的沟通，需要换位思考。因此，有效沟通和相互理解是最重要的。

上海纽约大学的创办得到了政府的支持，但是它的性质又不是一所公办大学。由于办学资金来源的不同，中国的大学有公办大学和民办大学之分。我认为在公办

---

① 原载《21 世纪英语教育》2014 年 4 月，记者王昕。

大学和民办大学之外,需要加上中外合作大学这一类别,不能简单地用公办或民办大学的管理模式来套用在中外合作举办的大学。因为,这类学校和现有的大学体制有差异,应该是在更高层面上的一类补充,具有探索意义。创建一所国际水准的高水平大学,一定需要社会或政府的支持。特别是在初创期,在没有一定的社会声誉和学术积淀的情况下,学校很难获得企业和慈善家的支持,也不可能靠学费来维持学校的运行,并保证高质量的教育。现在有些地方把中外合作大学列入民办大学的范畴里,既不符合实际情况,也不利于创建高水平的中外合作大学,失去了其探索意义。

**《21世纪英语教育》**:除了文化和体制上的问题,上海纽约大学在实际运作中还有哪些具体操作层面的问题?

**俞立中**:《中外合作办学条例》规定,中外合作办学机构的法人必须是中国国籍的公民,而中外合作办学的一个重要因素是要引进国外优质教育资源。上海纽约大学必须达到纽约大学的学术水准和质量要求,方能有权授予纽约大学的学位。怎么来保证呢?这就涉及管理模式和责任问题了,需要中美双方的共识。校长是法人,是由华东师范大学推荐的;常务副校长负责学校日常运作,是由纽约大学推荐的,当然都要通过学校理事会的认同批准。我认为,在一所大学里如果中美双方的领导在一些问题上不能有共识的话,很难办事,就是做了也会走样。我经常对常务副校长讲,我们俩一个是中方校长,一个是美方校长,虽然是两个身体但必须是一个脑袋,需要经常沟通,共同承担责任和风险。我们需要强调的不是谁领导谁,而是相互尊重和理解。在涉及办学水平和学术质量的问题上,我充分尊重美方校长的意见,也会根据中国的实际情况提出自己的意见和建议。如果双方有不同意见,就尽可能去说服对方或被对方说服。在工作中,相互尊重是前提,有效沟通是基础,取得共识是保证。做到这一点很不容易,但我们都在努力。

有关上海纽约大学的体制,《中外合作办学条例》里讲得很清楚,这是一所教育部正式批准的,由中美两所高水平大学合作举办的中外合作大学,它的身份是中国的大学。那么纽约大学为什么要给予这所学校全力支持?当然不会是简单地来支援中国的高等教育发展。为了更好地引进纽约大学的优质教育资源,我们强调上海纽约大学是一个具有双重身份的大学,就像一个硬币的两面,一方面是在中国注册的，中国政府正式批准的中外合作大学；另一方面是纽约大学全球教育体系的组成部分。这样就把双方的愿望融合在一起了。纽约大学全球教育体系的优质资源就是上海纽约大学的办学资源，不仅可以有世界一流大学的办学理念和培养模式，也可以共享学术声誉和资源，以确保这所大学的质量和水准。而对我们来说，这也就是中外合作举办的国际化大学，是按照《中外合作条例》去做的。

《21世纪英语教育》：您曾经提到管理上海纽约大学就是要努力实现"不同而合"？作为校长，要实现"合"需要处理好哪些问题？

俞立中：世界是一个多元文化的共同体，我们必须树立这个概念。纽约大学校长说过，要让美国的孩子们知道，今天这个世界不是由美国人为主导的，需要认同世界的多元文化，要学会与不同文化背景的人相互沟通、理解和合作。我觉得不同文化背景下成长起来的学生们需要有更多的交流和合作机会，更多地去发现人性的共同点，当然也能意识到不同文化带来的差异，但关键是要懂得相互欣赏、相互理解、愿意合作。不要因为文化的差异造成人和人之间交流与合作的障碍，而应该在不同文化中找到共同之处。这样，人类社会才会和谐，世界才会和平。大学教育要促进文化间的理解、欣赏和包容，给学生更多的机会接触不同的文化，与不同文化背景的人群交流和合作。

上海纽约大学的培养目标是：具有全球视野的国际化创新人才。我们的教育有四个特点：一是全球视野，二是多元文化，三是学科交叉，四是中国元素。这些特色不仅体现在课程体系、教学方式和教学内容上，而且融入培养模式和学生服务等方方面面，如国际化的师资队伍和学生群体，强调多元文化的学生社团活动和社会服务，中外学生混合居住的寝室安排，多达三个学期的在纽约大学全球教育体系的校园或教学点选课学习等，努力构建融课堂教学、文化体验、社会观察、研究实践为一体的学生发展平台。这些都是我们积极探索的"不同而合"。

《21世纪英语教育》：您提到国际化本身也是为了丰富自己，那么在您和纽约大学的合作当中，中国高校和国外高校在国际化方面存在哪些比较大的差距？

俞立中：我们要把视野打开，国际化不是简单地用一个数量标准去衡量，如国际学生人数、外籍教师人数、出国交流学生人数、来访的国外教授人数等，这些都是显性的东西。我觉得国际化更体现在办学视野和办学理念上，要把学校的发展放在国际高等教育的平台上去谋划和考量。我们应当了解当今时代对教育的要求，思考我们的教育该怎么去适应这种需求，引领社会的发展。这样的视野会让我们跳脱出一些功利性的考虑。在和纽约大学的合作中，我也一直在思考中国大学能从中借鉴什么。我们很容易看到的是在做什么，怎么做的。但应该思考的是为什么这样做，内在的理念是什么。我感到中国大学需要关注两个基本理念，一是"以学生为中心"，二是"学术共同体"。学校在制度设计或者调整时首先想到的应该是学生，是否有利于学生的发展。然而我们习惯的思考角度往往是如何便于管理和操作。中国大学的改革可能会面对很多问题，核心还是要回归教育本质，最基本的落脚点还是学生的发展。教育的本质是激发每个人的发展潜力，让学生学会做人、做事、合作共事，才能有幸福的人生。大学是一个"学术共同体"，学术发展应该通过"学术共同体"来实现。在人才引进、职务晋升、考核评价、培养方案、课程建设、实验室发展等学校内涵建设的问题上都应该充分发挥"学术共同体"的作用。只有这样，学校的每个成员才能真正明确自己的学术责任，学校的学术管理和行政管理的互补才能真正得到实现，而不是用行政管理来替代学术管理，让教师们处在一个被行政管理的地位上。所以，高等教育改革的一个重要方面就是构建"学术共同体"，让教授们通过"学术共同体"发挥更多的作用，体现更多的学术民主。

**《21世纪英语教育》**：2014年被称为"高考改革年"。十八届三中全会《决定》中提及"推进考试招生制度改革，探索招生和考试相对分离"。您如何理解"招考分离"这一政策？您认为怎样的高考选拔机制是高效、自主而且公平的？

**俞立中**：学生报考大学，学校录取学生，这是一个双向选择的过程。对大学来讲，就是要选拔适合自己培养目标和培养模式的优秀学生；对学生而言，是选择其感兴趣的，符合自己个人特点和能力水平的专业和学校。所以整个招生的过程就是一个双向选择的过程。上海纽约大学国内学生的招生录取有三个环节。第一个环节是学生填写并提交申请表，寄送中学学业成绩等申请材料；学校通过审阅申请表和中学学业材料选拔一部分优秀学生进入校园日活动。第二个环节就是在校园日活动中对学生的素养、能力和个性进行综合考查，包括英语的应用能力；通过各种活动，如模拟课堂、团队活动、交谈、演讲、写作等，了解学生的人生志向和态度、学术抱负和动力、个性特征和价值取向、团队精神和交流能力等,选择那些特别适合学校培养目标和培养模式的优秀学生。第三个环节就是高考,一部分学生只要高考成绩达到一本分数线,学校就给予录取;另外一部分学生则在学校综合高考成绩、高中学业、能力素养的基础上决定是否录取。实际上,学生也在这些过程中了解学校的培养理念和培养模式,看看是否是他们心仪的那类,是否适合他们。所以在这个过程中既是我们在选学生,也是学生在选我们,这就是我说的双向选择。

至于考核的方法可以不一样,每所学校都可以选择不同的评价方式,学生的高中学业成绩、高考成绩、参与社会活动等都可以作为评价指标之一。至于哪个权重更大一点,用什么方法去组合,每一所学校可以根据自己的培养目标、专业特点来考虑。我认为,任何一种选拔方式都只是在一些条件下的公平,很多人认为根据高考成绩的高低划线是公平的,其实这个公平是加引号的,那是在分数面前人人平等。这是真正的公平吗?但是,我们一定要做到公正,特别在评价设计和评价程序上的公正。

《21世纪英语教育》:上海纽约大学的国外师资构成如何?

俞立中:上海纽约大学的师资目前是以纽约大学的教授为主。第一学期,纽约大学派出了最强的师资阵容为首届新生上基础课,其中包括七个美国国家科学院院士或艺术与科学院院士。还有一部分是通过纽约大学的各个院系在世界各地帮我们招聘的知名教授,也有一些访问教授,都是非常优秀的。

# 教育是一辈子的事

## "早点知道人生的坎坷是件好事"

去年夏天,在上海纽约大学首届新生入学典礼上,校长俞立中向同学们讲述了自己 30 年前的大学梦。从躲在蚊帐里打着手电看书做习题,出工歇息时复习写在掌心上的公式;到坐着卡车颠簸一个多小时,头昏脑涨地进到考场答题;再到考入华东师范大学后,每天早上 6 点多起床背英文单词和课文,晚上熄灯后站在宿舍的走廊里看书学习……讲这些不是让年轻的学生和他过一样的日子,而是想表达三点:"第一,人应该有梦想,上大学是我在'上山下乡'经历中从未放弃过的梦想;第二,有梦想就应该有付出,有人认为重视能力培养和素质发展的教育会是轻松的学习,其实这是误解,世界一流大学的学生非常用功,只是他们的学习方法、着力角度不一样而已,不会有轻轻松松的成功;第三,上海纽约大学是一个美丽的梦,当个人的梦和时代的梦、世界的梦联系在一起时,这样的梦才会更有意义。"

回忆在黑龙江农场的十年岁月,俞立中这么说道:"生活上的煎熬、体力上的劳累都是可以坚持下来的,但最让人难以忍受的是那无法看到的前途。"对于他们那代人来说,经历了三年自然灾害、"文化大革命",人生就好像行进在蜿蜒曲折的盘山路上,漫长而惆怅。然而,越是百转千回的路,越是蕴藏着命运的良苦用心。

农场生活是艰苦的,下雪天封了路、断了粮,往往只能靠煮个土豆果腹。食物的匮乏使他深知"粒粒皆辛苦"的珍贵。直到现在,不管口味如何,他每顿都不会剩饭。每当学生在网上吐槽食堂伙食难吃时,他会回复:"还是蛮好吃的嘛。"这话他说得有底气。经历过那个吃不饱的年代,吃过那些真正难吃的,在好吃还是难吃的问题上,他最有发言权。

生活在宣扬劳动最光荣的年代,担任班级劳动委员的他主动联系环卫所。大年初一凌晨,这些初中生就在漆黑冷清的弄堂里,和环卫工人一起推着粪车,挨家挨户收夜香。中学时代正儿八经地下乡劳动，翻地、锄草、挑稻、割麦，挑猪塯、撒猪塯的味道更让人终生难忘，但他也因此更懂得了劳动者的艰辛，体会到劳动的成就感。

在务农的十年里，他更清楚地认识到心底强烈的信念："上大学，成为一个真正有知识的青年"。奋斗改变人生是他的人生经验，也是他的人生信条。所以，有一次王石到学校作演讲，说到自己"最钦佩的是从谷底爬起来的人"时，他深有感触。

人生经历决定了一个人的人生态度和处世方式。他常对年轻人说：多些经历，早点知道人生并非一帆风顺是件好事。有学生问：我们今天已经没有这样的机会了，怎么做？"学会找苦吃，比如主动承担一些家务、参加支教等各种社会公益活动，多接触一些自己不了解的事物，你的抗挫能力就会变强。"他如此回答。

## 家庭会把价值观"遗传"给孩子

如今，俞立中所经历的那个为知识而狂热、痴迷的时代渐渐远去，取而代之的是对分数的崇拜与执念。"唯分独尊"的潮流在社会的各个阶层蔓延，撩拨着浮躁的人心，将整个时代引向迷茫。正因此，当今的教育制度被推到了批判的风口浪尖。尤其在去年发生了令人震惊的复旦大学投毒案后，人们纷纷指责当今的教育体系培养出了只会考试却丧失人性的"怪物"。

在晨间新闻看到该案的一审判决时，俞立中深感震惊："那个孩子竟然没有一丝愧疚感。"但面对人们对教育界的种种质疑，他说："不能把所有的错都归给教育界。每个人在家庭中完成了最重要的启蒙教育。正如父母毫无保留地把 DNA 遗传给了孩子一样，家庭在潜移默化中把'三观'刻在了孩子的思想深处。"

回想自己小时候，由于父母工作太忙，他更多接触的是祖父母。老人最在乎的不是成绩而是做人，这倒让他明白了学习是自己的事。他们说的道理很简单，如：吃饭不能挑食，碗里、桌上不能留下米粒；吃要有吃相，坐要有坐相；不能说谎，不能说脏话；要爱清洁、讲卫生，饭前必须洗手；要做家务，小孩轮流洗碗，不能偷懒；要与他人友好相处，懂得谦让等。和小朋友一起出去玩，老人关心的是和谁在一起玩，玩什么，他们总会旁敲侧击地打听；带同学回家玩或一起做作业，他们必定会在一旁细心观察，因为孩子交什么样的朋友是他们最在意的。

家里做饭菜，祖母是一把手，姐姐是二把手，他就是三把手。经常打下手，每道菜的做法就了然于胸。在英国留学时,一手好厨艺也派上了大用处。为了感谢大家的关心、帮助和款待,他回请了五六十个老师和同学,主厨只有他一人,却游刃有余地完成了八道菜、三道点心、一道汤,整整齐齐摆上餐桌,色香味俱全,让大家赞不绝口。祖母教他的东西没有一样与分数相关,却让大家对他刮目相看,也深交了一批朋友。

俞立中说:情商是成功的重要因素,而情商说大了就是世界观、人生观、价值观,讲具体了就藏在懂事、识人、待人、待物之中,藏在听上去最寻常的做人道理之中。

作为家长,分数上的成功也并不是俞立中的唯一追求。他在孩子两岁多时出国留学,回来的时候儿子刚念小学,对他来说,第一要务是消除分离五年的生疏感。因此,他很少会对孩子提要求。儿子玩的时间总比别家的孩子更多,常常放学时别人的孩子都忙着回家做功课,可儿子还在小树林里流连忘返……就这样,他由着孩子顺其自然地长大。

或许在别人的眼里,他的儿子颇为普通,但在他的眼中,儿子虽然做着普通的工作,但对工作有负责的态度,人缘好,容易和他人合作;很独立,既不希望活在父亲的光环下,也从不希望靠着爸爸走捷径;看到别人有升迁机会,他不会眼红,不会抱怨,心态平和而阳光,这些都是作为父亲的他所欣赏的地方。父子俩曾讨论过成功与失败的话题,儿子直言不讳地对他表示:你整天那么忙,我不觉得你的人生很幸福。而他答道:你能享受生活,过一个让自己满意的人生,那么我不会有任何不满。他说:每个人的人生都是不一样的,没有标准答案,作为父母应该给孩子充分的自由,没必要也无权去干涉他的人生。

## 对孩子来说,思考力比知识更重要

作为恢复高考后的第一批大学生,俞立中无疑对"知识改变命运"这句话有着深切的体会。那时,戴着大学校徽上街能引来一路的艳羡与嫉妒,在大家眼里,进了大学的门就是领了通往锦绣前程的通行证。然而,受近年来严峻的就业形势的影响,不少大学生毕业便面临着失业。这让新一代的大学生和家长们困惑不已:上大学到底是为了什么? 大学里该学些什么?

"如果现在还认为进大学是为了用知识改变命运就太落伍了。现代的大学是一个积累知识、能力、素养的综合平台。知识是学不完的,而且知识更新得那么快,一个人能在大学里学到多少可以用一辈子的知识真的很难回答。因此更重要的是能力与素养的积累。"

有一次，一位学生在学校博士生宿舍的 ATM 机前取款时，拿到了一张一百元的假钞。发现后，气愤不已的他在人人网上发了条微博，要求学校相关负责人"站出来说说清楚"。一时间，围观学生纷纷义愤填膺地跟帖，要求学校有所交代。俞立中看到这条微博后，没有给予直接答复，而是留下了两个问题：你有没有想过是什么原因导致了事情的发生？有没有想过如何处理它？学校只是提供了 ATM 机放置的场地，在 ATM 机中放钱的是银行，所有权也属于银行，假钞的问题自然该由银行负责。一桩小小的事故折射出的是学生思考能力和解决能力的缺乏。"怎么去判别事物的好坏？面对问题该如何做选择？现在的孩子遇到问题只会直线思考，教会他们用理性的思维方式做判断、做选择是现代高等教育最重要的部分。从小处说，理性的思维方式能帮你正确应对这样一件突发的小事故；从大处说，它能帮你找到自己的人生定位。一个人在世界的位置是由他时空的交点决定的，在纵轴上我们需要和历史比较，在横轴上我们则要和同时代的人比较。每个选择都有自己的前提条件，综合方方面面的因素做判断，这才是现代的理性思维方式……"

冷静下来后，大部分的围观学生悄悄地散了，留下一两个固执的仍在网上抱怨。俞立中决定把对方约出来，好好聊聊。见面后再三询问下，对方告诉他自己是因为不开心才在网上发泄，没想到校长会真的约他面谈。"用不着不开心，把问题说出来……"俞立中和他谈了很久，从毕业后的去向到政策层面的问题……最后，对方终于想通了。

这不是俞立中第一次在网上约学生面谈。在他看来，网络是一面镜子，折射出当下学生的各种心态，也是一个让他与学生直接对话的窗口。因此，对于这块阵地，他从不敢懈怠。打开他的微博，首先映入眼帘的是一张开口大笑的照片，零距离的亲切感迎面扑来。即使公务缠身，他一天仍会发好几条微博和学生互动；网上解决不了的就约出来面谈，是他的一贯方针。

"校长是一段时间内职务赋予我的责任，而老师则是我的终身事业。"他设想过卸下校长之职的那天：看电影、拍照、写点东西、探望老友……但最想做的一件事是去自然博物馆做志愿者，跟孩子谈谈科学，启发他们学会思考。

# 中国教育改革应鼓励多样化的探索[①]

　　上海纽约大学，第一所中美合作创办的大学，自 2012 年正式挂牌便在探索中向前走。正如俞立中校长所说："没有现成的模式去复制，出现任何问题都是很正常的，我们的责任就是解决问题，就是探讨在这个模式下怎么能把好事做好。"当《留学生》记者拨通俞立中校长的电话时，他正在忙碌地"解决着各种问题"，通话不时被打断。

　　俞立中，共和国的同龄人。读高中的时候遇上"文革"，在黑龙江长水河农场度过了自己的十年青春。正是这十年青春的流失，使得俞立中在以后的日子里格外地珍惜时间、把握机遇。当他在华东师范大学本科毕业的时候，正好有学校推选出国学习的机会，俞立中以优异的学习成绩和表现，赢得了出国深造的飞来横"福"，成为新中国第一个到利物浦大学地理系学习的学生。

　　由于世界银行贷款只提供一年的留学经费，为了能够完成博士学位的研究，俞立中一直在努力争取奖学金。所幸，在一次茶歇时间，他结识了时任利物浦大学地理系主任的环境磁学创始人弗兰克·奥德菲尔德(Frank Oldfield)教授。在交谈中，俞立中的专业思考和素养打动了 Oldfield 教授。他主动提出让俞立中转到他的门下作研究，并且帮助俞立中顺利申请到了英国海外留学生奖学金和利物浦大学奖学金。

　　"出国前，我就是打算在国外真正学到点东西，增强自己的知识和技能，希望回国后能够更好地工作，为科学和教育事业作些贡献。我绝对不是说漂亮话，也不是说大话，当时就是那么想的，很简单、很单纯的想法。因为我们这一代人的经历，从原来没有学习机会，到有了学习机会，而且又有那么好的出国深造机会，总会希望能够成就自己，成就自己的学问，能够为国家发展做些事情。"俞立中告诉《留学生》记

---

① 原载《留学生》2014 年第 8 期，记者张明艳。

者,他当时迫切想把环境磁学这门新兴学科引到中国,对中国的环境问题进行研究。1990年,已拿到利物浦大学博士学位的俞立中回到国内,创建了我国第一个环境磁学实验室。此后,磁性测量作为一种研究手段被应用到很多领域。

不过,在学术界颇有建树的俞立中,在事业上并没有被科学研究所限制。"本来我一直想做一名教授、一名科学家,但不知道怎么回事,就走到了学校的管理岗位,而且就走不出来了。"俞立中曾先后担任过华东师范大学副校长、上海师范大学校长、华东师范大学校长,现在又成了上海纽约大学校长。身为学校的掌舵者,俞立中认为,大学校长可以有不同风格,但"把学生放在什么位置"是最根本的问题,他一直坚持"以学生为本",从没有让学生产生距离感,从"亲民校长"这个学生们给出的美誉中便可感受到他的魅力。

从"飞"来的留学机会,到师从 Frank Oldfield 教授,再到执掌高校,俞立中多次向《留学生》记者表示"我觉得还是蛮幸运的"。其实,我们知道机会永远不会垂青于等待者,正如俞立中所说的,"这些机会确实与自己积极思考、勇于面对挑战是有关系的。如果没有这些的话,我是不可能有这个机会的,他(编者注:指 Frank Oldfield 教授)也不会欣赏我。"

## 研究生,我不是找你来打工的

《留学生》:回国后,你曾先后担任过上海师范大学和华东师范大学的校长。你是如何将西方的教育理念应用到中国高校的?

俞立中:单是从学习方法、思维方式来看,中西方的大学教育存在着很多差异。我一直跟我的研究生讲,学习主要靠你自己,别指望导师一步一步来教你,别指望导师给你讲系统的理论知识,你只要认真听、被动接受就可以了,这是不行的。大学教育给了你们一个机会,特别是在研究生阶段,给了你一个从事科学研究的机会。这个机会包括时间、设备、学习环境、实验室、图书文献、科研项目等,老师和同学都是你的学习资源,关键看你怎么用好这些资源,要自己去思考和安排。研究什么问题,应该由自己提出,而不是导师要你研究什么。只有自己提出问题,才会有思考、有兴趣、有动力。导师可以告诉你,这个思路基本正确或是有缺陷,或建议需要完善的地方。

刚回国时,有研究生问我,"老师,我要做什么题目? 你有什么题目让我做?"我就非常纳闷,又不是找你来打工的,培养研究生需要从头开始把整个科研的过程走一遍。这个过程的第一步就是怎么发现问题,就是在大量阅读的基础上,在实践的过程中发现这个学科不完善的地方,或者发现一个需要解决的实际问题。然后才能提出假设,用学到的知识、技能、方法来研究和解决这个问题。发现问题也许比解决问题更难。所以,一定要确立起主动学习的理念和方法,学会利用各种资源,学会思考问题,学会设计解决问题的途径。我觉得这正是当前研究生培养的一个大问题。

至于讲到当校长,那是一个完全偶然的因素让我走上了学校的管理岗位,而且走进去就出不来了(笑)。不过,我在国外的经历以及思考问题的视角和方法,对我作为一个大学管理者来讲是起到一定作用的,例如对学校发展战略、国际化进程、学术民主、学生的主体地位、管理中的沟通交流等问题的关注,这些都涉及大学的本质。国外的学习经历,通过自己的体验和观察,会慢慢形成一些想法,会不知不觉地在管理工作中体现出来。我会把自己认为比较好的东西,或者比较适合的东西,运用到我的教学、科研和管理中。

《留学生》:在你看来,促进中外合作办学的关键因素是什么?

俞立中:我个人认为,最重要的是理念和目标,那就是我们为什么要办这样一所中外合作的大学,我们希望达到什么样的目标。如果我们合作办学的双方或多方不能够形成一些共同的理念和目标的话,很难把这件事情做成或者做好。当然,有了共同的理念和目标,更需要的是沟通和包容,一定要充分沟通、换位思考、互相理解、互相包容。因为毕竟中外是有差异的,文化的差异、制度的差异是放在那里的,如果我们不充分沟通,不能相互理解,不能用包容的心态去接受不同或取得共识的话,是没法运作的。

## 通识教育是人的教育

《留学生》:上海纽约大学作为一所由中美合作举办的大学,你担任校长与之前在其他高校担任校长时的教育理念有何不同?

俞立中:很不一样。它的办学模式、管理模式、学校的教学科研活动,跟我们传统高校是很不一样的。办这么一所学校，本身就是一项探索，没有现成的模式。多元文化、不同的教育体制，甚至不同的政治体制汇聚在一起办一所学校，出现任何问题都是很正常的，因为之前从没发生过嘛。所以，大家碰到问题不要觉得奇怪，我们的责任就是解决问题，就是探讨在这个模式下怎么能把好事做好。我们每一个人，包括领导、管理人员、教师，首先都必须是一个 good learner，是一个好的学习者，我们不能把自己过去的经验简单地用到今天的这个学校里来，因为它不一定可行。所以，第一，我们每个人都必须是一个好的学习者，把自己放到一个学习者的角度去思考问题、去做工作。第二，我们每个人都必须是一个好的交流者。如果我们不能够经常地、很好地交流、沟通，任何一件事情，哪怕一句话，都会造成误会。因为我们思考问题的方法和角度，我们的行为方式都有差异，不同的文化有差异，所以一定要交流，只有交流才能相互理解、取得共识。第三，我们每个人都必须是一个好的合作者，就是要学会包容，学会妥协，互相习惯，包容不同意见，做大家都能接受的事。我们是在办一所新的环境、新的体制下的大学，大家都必须是好的学习者、好的交流者、好的合作者，才能够让这所学校平稳、健康地发展。这是基本前提。

另外，我们学校的定位目标很高，要建成世界一流的大学。这样的目标给学校的架构和各方面工作增加了很多压力。实际上，建一所学校相对是容易的，但建世界一流的研究型大学，就不是那么简单的事情。所以，确实有很多困难的地方，但应该说我们的起步还是相当不错的，各方面工作都做得比较顺利。可以这么讲，上海纽约大学从一开始就实现了一流的学生、一流的师资、一流的课程体系的预先设计，这是构成一流大学的最基本要素。这个基础是不错的，一所大学刚开始就能做成这样，很值得欣慰。

《留学生》：上海纽约大学在教育模式方面有着什么样的创新？

俞立中：与国内高校相比，上海纽约大学至少有六个方面是和现有的一般模式不同的。

首先是主动学习模式。就是我刚才讲的，我们给学生充分的自主权，包括专业选择、课程选择、活动选择、校园选择，都是由学生自己来决定的。当然，指导教师会给予学生一定的指导和帮助，但最后是由学生自己选择的。上海纽约大学的小班化教学、课堂讨论、教学互动也对学生和教师提出了很高的要求。如果学生上课前没有足够的阅读和思考，做好充分的准备，是没有办法跟上课堂教学的。

二是全英语教学环境。学校实行全英语授课；同时，所有外国学生都要学中文。

三是通识教育的核心课程。上海纽约大学的本科教育采用通识教育模式，学生在一、二年级以核心课程学习为主。有人把通识教育仅仅理解为拓宽学生的知识面，工科、理科、人文、社会都要学一点，我觉得这只是表象。实际上，通识教育更关注培养学生的思维能力，怎么去思考问题？从什么角度思考问题？如何去比较和借鉴？让学生接触不同的知识、不同的学科，目的在于拓宽视野、打好基础，从而可以从不同角度、更深层次去思考问题，这才是通识教育的核心。所以，从某种角度来讲，通识教育是人的教育，学生在向专业人才发展的进程中，首先学习怎么做人，学会应该懂的东西，掌握应该有的能力，而人最重要的能力就是思考。

四是推迟选择专业。学生在进学校时是不需要选择专业的，一年级下学期就可以开始选择专业，二年级结束时最后确定专业。通过通识教育的核心课程，让学生真正发现自己的兴趣所在，真正地发现自己想要什么、适合什么，才选择专业，这样的学习会更有动力。

五是科学基础。物理、化学、生命科学融合在一起的《基础科学》是上海纽约大学通识教育的一门核心课程，其目的是要打通不同学科间的界限，提高学生跨学科解决问题、处理问题的能力。

六是在全球教育体系中的流动。学生在大学四年里，至少要有一个学期最多可以有三个学期的时间，在纽约大学全球教育体系里流动。目前，纽约大学的全球教育体系有三个所谓的"门户校园"——纽约、上海、阿布扎比，可以招收学生、授予学位；另外还有11个海外学习中心。教师和学生都可以在这个体系里流动，真正把课堂学习、文化体验、社会观察、研究实践有机地结合在一起。

我们现在的模式，跟纽约大学也有不一样的地方。

首先是更重视多元文化教育。在上海纽约大学，中国学生和国际学生的比例差不多是一半对一半。我们特意安排不同文化背景的学生同住一个寝室，让同学们有更多的机会理解和欣赏不同的文化，在平时的生活中学习跨文化沟通、交流、合作的能力。学校努力营造多元文化的环境，重视跨文化的理解和合作。

其次，上海纽约大学有更多的中国元素。国际学生到上海来学习，更想了解中国，包括经济、文化、社会、历史、政治等各方面，他们也希望通过这段学习经历建立起与中国的纽带。因此,与纽约大学相比,上海纽约大学课程体系的中国元素肯定要更凸显出来。

再次,是对国际学生的中文要求。所有国际学生都必须学习汉语,计入学分。

所以,上海纽约大学的体制架构和教育模式,对于中国高等教育是一种创新,对于纽约大学来讲也有很多创新点,有自己的特色。

## 探索全球化教育

《留学生》:你们选拔、录取学生的标准是什么?

俞立中:两个关键词:优秀、适合。首先,学生一定是优秀的。那么,优秀是什么概念? 它是一个大的概念,成绩优秀当然是必不可少的,我们选拔的学生一定是优秀的高中生,这是从学习成绩角度来讲的;但只看学习成绩是不够的,还有其他方面。所以,我们还有一个很重要的选拔程序,选拔那些适合我们培养目标和培养模式的学生。上海纽约大学要培养具有全球视野的国际化创新人才,采用的是主动学习模式。学生是否能适应? 学校会综合学生的中学表现、申请材料以及校园日活动的评价,全面考查学生的人生态度、价值取向、探究意识、冒险精神、追求新事物的意愿、英语应用能力、沟通交流能力、亲和力、团队精神等各方面素养,选拔那些适合上海纽约大学的优秀中学生。

《留学生》:是否可以将其视为"家门口的留学"?

俞立中:我觉得更合适的说法是:我们在探索全球化教育。上海纽约大学现在就是全球化教育,它有美国的元素,也有欧洲、澳洲的元素,还有中国的元素,而更多的是全球视野、跨文化的学习环境和学习模式。我们讲 Global Education,就是从这个角度。

培养国际化人才,是全球化时代的需要。年轻一代人更需要具有全球视野,能够理解和欣赏不同的文化,能够和不同文化背景的人沟通、交流、合作。培养国际化人才,也是国家发展的需要。中国正在走向世界,我们的企业、资本、文化、教育等都在走出国门。面对这个进程,必然需要一大批具有全球视野、善于跨文化沟通、进行国际合作的人才,高等教育要适应这样的趋势。如果没有这样一批人才资源的话,中国怎么走向世界？所以，上海纽约大学的探索是对中国高等教育发展的一项非常有意义的尝试。

《留学生》：上海纽约大学作为中国高等教育模式的全新尝试，是否代表着中国高等教育改革的方向？

俞立中：我不认同这个观点，中国高等教育的改革应该是多样化的。因为社会各行各业对不同层次的人才需求是不一样的，包括知识结构、能力和素养。只有多样化的教育模式，才能够培养出不同类型的人，适应不同行业、不同岗位的人才需求。而从人的发展角度讲，学生个体的特征和潜力也不尽相同，没有一种学习模式会适合所有学生的。只有多样化的培养模式，才能满足不同学生的发展需求，才能让每个学生都找到适合自己的学习模式，发挥自己的潜能。所以，我认为中国高等教育改革应该鼓励多样化的探索。大学应该积极尝试不同的办学模式，在正确定位的基础上探索不同的培养目标和培养模式，这样才能形成高等教育的良性生态环境，既符合社会对人才的需求，又符合人的发展需求。上海纽约大学只是多元化模式中的一元。

《留学生》：在 2012 年 10 月的上海纽约大学成立仪式上，你说，"一切还刚刚开始，我们不敢说得太多；改革创新不会一帆风顺，我们有思想准备。"现在已过去了一年半的时间，你是否有一些想说的？

俞立中：是的，改革创新不会一帆风顺。上海纽约大学从成立到现在快两年了，我们第一届学生入学差不多是一年，时间还非常短。我觉得到目前为止还是不错的，应该说比预期的还要好。但是困难仍然很大，毕竟是一所新的学校、一种新的模式，会碰到各种各样的困难。很难预料哪天又会冒出什么新问题来。我刚才已经讲过了，我们的责任就是解决问题。我相信，上海纽约大学会在更多的挑战中不断完善、不断突破。一步一个脚印，踏踏实实地往前走，这就是我们的未来。

# 探索全球化时代的大学教育[①]

**《上海教育》**：在介绍上海纽约大学位于陆家嘴的"垂直校园"时,您多次强调不仅要从物理空间上打破大学的围墙,更要打破办学理念上的围墙,那么上海纽约大学办学一年来,这个围墙是如何打破的,您能否举些例子?

**俞立中**：没有围墙,不仅仅指的是物理空间上的围墙,更是教育理念上的围墙,这层围墙不但更难被打破,而且更需要被打破。我们第一届的学生,从在学校学习的时间上来讲,正规学期是14周,一学年两个学期共28周。但是,这只是他们学习时间的一部分,暑假和寒假都有短学期的学习,而更多时间在参加各类社会实践活动。比如,今年暑假有学生到纽约大学伦敦教学点学习暑期课程,也有学生去纽约大学参加暑期活动,还有学生去了以色列特拉维夫大学学习。当然,还有很多学生在公司实习,到西部去做志愿者,比如到贵州、云南和四川的贫困地区支教……暑假里的活动非常丰富。

其实,这一年来很多学生都在利用节假日参加各种各样的活动,包括学生之间的交流。所以我真正体会到上海纽约大学给大家树立了一个理念：学习是无处不在的,学习资源是多样化的,课堂只是其中一部分,更多资源来自社会。如果我们懂得从社会中获得各种各样的资源,这对自己未来的发展会很有意义。

所以,从这个意义上讲打破围墙,就要把大学教育和整个社会融合在一起,学生才能更全面地了解社会,了解世界,有社会责任感,懂得爱人爱己。我想这样的教育体现了人的教育,体现了人和社会的联系。

**《上海教育》**：您曾在不同场合提到高校"以学生为中心"的重要性,一年以来,您认为上海纽约大学践行这一理念体现在哪些方面?

---

① 原载《上海教育》2014年第25期,记者徐晶晶。

俞立中：学生的感受应该更能体现这些理念。在上海纽约大学，无论是课程、设施，还是各类活动，学校都会从如何有利于学生发展的角度来考虑。这一年里学校召开过多次学生、家长座谈会，和大家沟通交流。无论是学习还是生活方面的问题，学生有什么想法都可以提出，学校会及时讨论、解决，特别是遇到中外学生在学习、生活安排方面有不理解的，学校一定要主动解释或处理。只有这样，学校教育才能真正发挥效应。

对于学生提出的要求，无论是中方还是美方管理人员，我们都非常重视。如果学生的要求是合理的，我们会尊重他们的想法。但这并不是说学生想要怎么样就怎么样，而是要看怎样做才更有利于学生的发展。

今年暑假，上海纽约大学有十多名学生报名参加了以色列特拉维夫大学的暑期学习项目，由特拉维夫大学提供奖学金。他们在当地学习了一个多星期后，巴以冲突爆发，学校非常担心学生的安全，想尽快让学生安全撤离。但学生不愿意，他们没有感觉不太安全，还想继续学习。然而，事态发展很难预料，学生的安全最重要。考虑到学生的学习愿望，学校决定由学生部门出面帮助办理签证，出资订机票和旅馆，把大家转移到了土耳其伊斯坦布尔，在那里继续学习。学校还派了老师从纽约、上海、特拉维夫赶到伊斯坦布尔，为这些学生上课、安排生活，保证他们顺利完成三个星期的学习，学生为之非常感动。

《上海教育》：在开展通识教育方面，上海纽约大学进行了前所未有的探索，走出了一条不同于国内国外、特色鲜明的道路。在您看来，这一年学校通识教育开展的实际情况如何，其意义到底体现在何处？

俞立中：学校在本科阶段实施文理通识教育。学生在前两年以核心课程学习为主，就是通识教育课程，也有一部分专业课程；在第三、四年以学习专业课程为主。学生进校时不需要明确专业，可以在学习过程中考虑专业选择，在二年级结束前必须选定专业。核心课程包括五个板块：社会与文化基础、科学基础、写作、数学，以及针对国际学生的汉语；其强调四个关键词：全球视野、多元文化、学科融合、中国元素。各个板块有一些课程是必修的，如《全球视野下的社会》和《全球视野下的艺术》是所有学生都要学习的。写作是核心课程中很重要的一个内容，它不是一门课，但在很多课程中都有写作要求，由专门教授写作的老师给学生上课，辅导学生写作。

写作课的重点是训练阅读能力、思维能力和表达能力，与相关课程相结合。数学也是核心课程的重要板块，但不是就数学讲数学，而是更强调应用，把数学用到不同学科、不同领域，解决不同问题。

上海纽约大学实行小班化教学、互动式学习、全英语授课。课堂教学包含了大量的原著阅读、自由讨论和写作训练，培养学生阅读、表达和思维能力，特别是批判性思维。我和几位学生交流过，他们说一个学期的阅读量可能比有些大学本科四年的阅读量都要多，而且都是古今中外伟大思想家、哲学家的英文论著，如孔子、孟子、老子、邓小平、马克思等。只有阅读了大量原著，他们才能在课堂里参加讨论，才可能进入写作思考。我在微博上看到学生发的一个帖子，说这个学期结束后他整理东西一看，才意识到这个学期里他写了这么厚一沓东西。实际上，这一学期这门课的写作要求是四篇作业论文作为考评的一个方面，但是学生每篇文章至少要修改五到六次，每一次修改就仿佛是重写一遍，所以最后就是厚厚的一沓。

课堂教学方式也是多样化的，一门课程可以有不同类型的授课方式组合在一起，有主讲课、研讨课、实验课、写作课等。例如《科学基础》这门课，每周有四节主讲课，每节课是七十五分钟；有两节研讨课，每节课也是七十五分钟；还有一节实验课，每节课九十分钟。再如《全球视野下的社会》这门课，每周只有一节主讲课，是由美方校长 Jeffery Lehman 和 Paul Roman 两位教授主讲的，一位是经济学家，一位是法学家。他们在课堂上从不同角度启发同学们思考古往今来的伟大思想家对各类社会问题的论述，和学生一起讨论这些哲学家的观点。此外，每周还有一节研讨课、两节写作课。这样的教学组合形式，不仅能够促进教和学的结合，也可以让学生对课堂内容进行深入的分析和思考，并学会充分利用各种资源。

**《上海教育》**：您认为"垂直校园"最值得讲的有哪几个方面？

**俞立中**：这幢大楼的功能、格局、标准、用材、设施等体现了各方的理念和意愿，包括纽约大学基建部门的参与。因此，在建设过程中彼此需要很多沟通和交流。

不同于校园大学，上海纽约大学垂向 65 000 平方米的空间，让学校变得更加紧凑，学生会有更多机会和教授、同学接触交流，共享学术氛围，共建学习共同体。学校布局最突出的特点就是给学生和老师充分的公共空间，让大家有很多机会进行交流、思想碰撞，这是国内大学比较缺乏的。我们看到很多人在网上发布上海纽约大学的照片,将其评价为"高大上"。但是这种评价并没有反映出我们核心的理念,所谓"高大上"可能更多的是指外观。如果仔细看看学校的设施,一定会感觉简洁、实用。钱花在什么地方很重要,我们的桌椅强调环保、实用,并不豪华。

其实,学校空间格局的核心理念就是要以学生为中心,利用一切可以利用的面积乃至边角,为师生、学生之间的交流和讨论创建环境,营造自然和谐的学习氛围。同时,我们并不想把学生局限在这个小天地里。上海纽约大学选址在浦东的经济和文化中心,就是希望有一个类似于纽约大学的区位,真正接触国际大都市社会、经济、文化的地气,继承纽约大学"立足城市、融入城市"的传统,并从这里出发,实现纽约大学全球教育体系"立足世界、融入世界"的伟大理想。在浦东这个大校园里,我们能直接感受到都市发展的活力,也能看到城市化带来的问题,更会有大量的实习实践机会……贴近社会的学习环境,会对学生未来的学业、职业发展有重要的影响。

《上海教育》:从这个意义上说,学校是试图给学生创造更多的可能性?

俞立中:对,而且让学生懂得怎么去选择,如果我们的大学教育没有给学生更多的选择机会,只是让学生按部就班地去过每一天,那么学生毕业以后还是不知道该怎么学习,还是不会选择。上海纽约大学的学生有什么不一样的地方?在我看来,这是学生自己选择的人生挑战。纽约大学校长多次和学生、家长讲,如果你们还有一点怀疑和犹豫的话,我建议你不要选择上海纽约大学,因为这是一条全新的道路,需要学生有足够的思想准备,当然也会有更多的机会。我们的学生都没有犹豫,而是以积极的态度来面对自己的人生挑战,他们认为自己的选择是对的。

《上海教育》:您在上海纽约大学工作的这一年中,最大的感受是什么?

俞立中:在这所国际化大学,我们更需要的是理解、沟通、交流、合作。和其他大学不完全一样,在这个多元文化的环境里,每个人都是学习者,一定要相互学习。上海纽约大学是一所真正意义上的多元文化融合的大学。我们的教师、学生来自世界各地,本届学生来自五大洲40多个不同的国家。跨文化的理解、沟通、交流、合作会渗透在我们学习和生活的每一天,构成上海纽约大学教育的重要内涵。

我们必须认识到,教授在学校的地位非常重要。前几天,我们到上海科技馆商讨馆校合作,谈到了上海科技馆有个互动媒体艺术教室,但没有教师。当时我就和科技馆领导说,我们有这门课,也有很好的教授,科技馆是否有意向合作?雷蒙校长马上就说,这个要先听听我们的教授是不是愿意,如果她不愿意,那是不行的。这就是一个很好的例子,尊重教授的意愿是我们工作中必须着重考虑的。实际上,国内其他大学也存在一样的问题,领导层面谈好了合作,但就是推不动,为什么?因为老师没有积极性,中国老师不一定会表现出不高兴,只是不做而已;但外籍老师就不同了,如果你没征求他们的意见就做决定,那就出现问题了。因此,我一定要做一个好的学习者、沟通者、合作者。

**《上海教育》**:学校外籍教师和中国教师的比例是多少?

**俞立中**:在师资方面,目前大多是外籍教师,包括来自纽约大学的联聘教授,以及按照纽约大学标准和程序面向全球招聘的上海纽约大学专任或客座教授。来自国内的主要是汉语教师,承担国际学生的汉语教学,也有一些担当课程教学的客座教授或兼职教授,包括华东师大的教授。

**《上海教育》**:您曾经说过,更愿意把上海纽约大学看作是中美高等教育合作的试验田,在办学一年的过程中,您认为这种合作和试验对于国内高等教育发展有哪些启示?

**俞立中**:作为第一所中美合作创办的国际化大学和纽约大学全球教育体系的组成部分,上海纽约大学是这个时代的理想,也是一项实践探索。在不同教育体制合作的基础上实现多元文化的融合,积极探索全球化教育,培养未来的世界精英,这在中美教育史上,乃至世界教育史上都是具有非凡意义的。我们欣喜地看到,支持这所大学的发展已经被列入第五轮中美人文交流高层磋商联合成果清单,也成为了中国教育改革的试点项目。这所大学对探索高等教育的国际合作,对探索全球化时代的大学教育,对培养具有全球视野的创新人才,都会起到不同寻常的积极作用。

# 我陶醉于教室课堂上学生的互动喧闹①

前天下午,位于浦东新区陆家嘴金融贸易区的上海纽约大学四楼图书馆人声鼎沸,上海纽约大学2014年秋季实习见面会在此举行,400多名中外学生穿着职业装和名企负责人侃侃而谈。

"我在学生们的眼睛里看到了自信,这是上海纽约大学带给我的最大惊喜,年轻人主动去接触一切,为自己代言,做更好的自己!"上海纽约大学校长俞立中教授说。而陶醉于小班化教学、互动式学习、全英语授课的过程,俞立中自己也觉得很享受,"我办公室隔壁就是教室,上课很少有安静的时候,一会儿有笑声,一会儿有掌声,一会儿在争论,课堂教学有相当多的互动。"

## 上纽大的六大特质

说到上海纽约大学的特质,俞立中总结了6点:

一是主动学习模式。教学以学生为中心,比如,如果学生在课前没有认真阅读大量文献、积极开动脑筋,既没法参与课堂讨论,也没法跟上教学的节奏。

上海纽约大学的课堂教学包含了大量的原著阅读、自由讨论和写作训练,培养学生、阅读、表达和思维能力,特别是批判性思维。"我和几位学生交流过,他们说一个学期的阅读量可能比有些大学本科四年的阅读量都要多,而且都是古今中外伟大思想家、哲学家的英文论著,如孔子、孟子、老子、马克思等。只有阅读了大量原著,他们才能在课堂里参加讨论,才可能进入写作思考。"俞立中说。

二是全英语教学模式。因为上海纽约大学一半是中国学生,一半是国际学生。

三是通识教育的核心课程。核心课程包括五个板块:社会与文化基础、科学基

---

① 原载《东方早报》2014年9月4日,记者韩晓蓉。

础、写作、数学,以及针对国际学生的汉语。其强调四个关键词:全球视野、多元文化、学科融合、中国元素。课堂教学方式也是多样化的,一门课程可以有不同类型的授课方式组合在一起,有主讲课、研讨课、实验课、写作课等。

四是推迟选择专业。学校在本科阶段实施文理通识教育。学生在前两年以核心课程学习为主,就是通识教育课程,也有一部分专业课程;在第三、四年以学习专业课程为主。学生进校时不需要明确专业,在学习过程中考虑专业选择,在二年级结束前必须选定专业,可以选一个专业,也可以选两个专业,或者一个主修专业和一个辅修专业。选专业完全取决于学生的兴趣和意愿,学校不会考虑每个专业的人数比例。学生有选择专业的自由,也有选课的自由,每个学生都有学业导师,他们会指导学生如何考虑专业发展,如何根据专业意向来选修课程,也会帮学生规划自己的学业生涯。

五是跨学科基础。重视学生跨学科思考和解决问题的能力。

六是在纽约大学全球教育体系中的流动。本科四年期间,学生至少有一个学期最多三个学期,可以选择在纽约大学全球教育体系遍布六大洲的 15 个校园或者教学点选课学习,把课堂学习、文化体验、社会观察、研究实践融为一体。

## 美式课堂教育激发讨论

在上海纽约大学招生后的第一学年,华东师范大学派了一批青年教师在上海纽约大学随堂听课,听课教师们感受到了中外教育的巨大差异。

一位教师旁听了《全球视野下的社会》这门课,每周只有一节主讲课,由美方校长 Jeffery Leman 和 Paul Roman 两位教授主讲,一位是经济学家,一位是法学家,他们在课堂上从不同角度启发同学们思考古往今来的伟大思想家对各类社会问题的论述,和学生一起讨论这些哲学家的观点。此外,每周还有一节研讨课、两节写作课。

这样的教学组合形式,不仅能够促进教和学的结合,也可以让学生对课堂内容进行深入的分析和思考,并学会如何充分地利用各种资源。

学生的课程读物不是现成的教材或者读本,而是教师选取一些经典名著章节结集成册,著作中包括一些经典哲学家和启蒙思想家比如柏拉图、马克思、亚当·斯密、卢梭、孟德斯鸠等的作品,以及中国的思想家比如孔子、孟子、梁启超等的作品,这些都是一些最基本的有关价值和伦理探讨的文章。

教师在课堂上给出四个问题，然后全体学生用"表决器"马上形成意见分布（在课程的 PPT 上立即就能显示出结果）。随后老师随机点名，让学生们联系书本，讨论站在作者的角度他会选择什么答案，或者某个现实问题对应书本里的相关论述。

通过这样的上课方式，教师激发学生的问题意识，把学习的主体性给了学生。这门课虽然在课堂上只用几个问题来组织讨论，看似很轻松，但是对学生的课外阅读要求很高。

## 四成教师是全球招募

俞立中介绍，上海纽约大学有畅通的交流与沟通机制。学校每一周或每两周有一次教授午餐会，交流教学心得，沟通相关问题。因为任课教师间的沟通也非常重要，如《科学基础》是一门重要的核心课程，由物理学、化学、生物学三门学科的教授参与授课，还有一位总协调教授。这些教授每两周就要开一次协调会议，沟通内容进度，协调知识衔接。

上海纽约大学拥有豪华的师资团队，40%的师资是上海纽约大学和纽约大学共同聘用的教授；另外 40%的师资是由纽约大学按高于纽约大学教师的平均水准面向全球招聘；还有 20%的师资是从国内或者其他国外一流高校聘用的兼职教授或客座教授。

纽约大学有 200 多位教授表达愿意到上纽大来授课，我们在这 200 多名教授中选择所需的、学术水平高的、教学能力强的教师。

在第一学期，从纽约大学来授课的老师中有 7 位美国国家科学院或者艺术与科学院的院士。第二学期，有 5 位美国国家科学院或者艺术与科学院院士在上海纽约大学上课，包括一批数学、物理、化学学会的会士，很多都是讲师教授（Chair Professer），从一开始就确立了上海纽约大学的质量标准。

"以这样豪华的师资队伍给一年级本科生授课，相信在世界上难以找出第二所大学，即便是纽约大学。"俞立中自豪地称。

在当天的实习见面会上，很多金融、咨询、艺术、教育、传媒等领域的知名企业都前去参加，如迪士尼、美商会等。整场实习见面会持续两个小时，学生可根据兴趣自行推荐。平均每位同学的面试时间约 5 分钟，每家单位的面试官可面试 20 名学生。

# 高中只做记录，让高校来做评价[①]

"如果综合素质评价的结果仍是一个分数，后果将是灾难性的，那会异化成另一种应试。"

——上海纽约大学校长俞立中

"两依据，一参考"，成为此次我国高考制度改革的核心内容。"两依据"已经明确，即依据统一高考和高中学业水平考试成绩；"一参考"所指的综合素质评价，具体的细则还在制定过程中（注：市教委曾通报综合素质评价的细则将于年底前公布）。

综合素质评价如何操作，才能做到客观、真实、公平和透明，且又具有可操作性呢？为此，本报记者专访了上海纽约大学校长俞立中教授。俞校长建言说，综合素质评价只需定性，要避免量化；高中仅作事实性记录，由高校根据培养目标和培养模式进行评价。

**《新闻晨报》**：在全国和上海的招生考试制度出台的过程中，包括您在内的很多教育专家都献计献策。您主要提出了哪些建议？

**俞立中**：我参加过几次市教委咨询会，包括在向中央汇报上海的高考改革制度时，我也参加了。此次改革征询意见的过程比较长，改革草案的文本在今年出台后，也在继续征询我们的意见。

我主要提了两方面的建议。

首先，此次改革方案向前走了很大一步，但主要还是在考试方面，在高校选拔方面的步子还不够大。我一直在想，中国高校的招生要发展到一个学生可以同时得到几所大学的录取，学生的自由度才会更大，大学也才能选拔到适合自己的学生。当

---

[①]　原载《新闻晨报》2014 年 9 月 20 日，记者杨育才。

然，这有很大的难度，改革必须一步步地来，循序渐进。

其次，我建议综合素质的评价要避免打分的形式，定性而不能定量，否则就会导致功利化的灾难性后果，学生会为了分数去参加社会实践活动，背离综合素质评价的初衷，异化成另一种应试。

《新闻晨报》：对此次招生考试制度改革中的综合素质评价，社会关注度非常高。为什么要将综合素质评价引入高校招生过程？

俞立中：过去高校招生评价体系的最大误区，就是用一把尺子来衡量所有的学生，简单且片面。学生各有特长和短处，不同学校甚至不同专业对学生的知识、能力和素质要求也不尽相同，是不能用一把尺子去衡量的。对学生的评价应该是多维度的，用平面的尺子怎么可能衡量多维度的东西呢？

对学校来说，培养目标不同，对学生的要求也不一样。用高考总分来衡量学生，操作上比较简单，可能实现了分数面前人人平等，但不是科学的评价方法。

综合素质评价弥补了考试成绩作为唯一标准的不足。高考成绩可以在一定程度上体现学生的知识水平和学习能力，但考分相同的学生未必就适合同一类大学、同一类专业。

《新闻晨报》：在客观、真实以及可行性等方面，综合素质评价都存在着相当大的难度。如果只是定性而不定量，高校如何参考这个综合素质评价来录取学生呢？

俞立中：综合素质评价的初衷，是为了体现教育的本质，充分激发学生的潜质，促进各方面能力和素养的发展。这个评价体系涉及的维度越多，越重视自然表现，对评价学生的个性特质来说就越具有参考价值。

建立一个综合素质评价公式，设定各类活动或表现的权重，打出一个总分，当然更容易操作，但那有什么意义呢？假设这个学生是 95 分，那个学生是 90 分，高校怎么判断哪个学生更适合自己？

如何操作比较可行呢？中学可以设立一些可记录的活动内容，如社会实践活动，志愿者服务，艺术、体育爱好和特长，参与科技、文化、体育活动或竞赛的情况等，将学生参加这些活动的事实记录下来，但不要做定量的评价。谁来评价呢？由每所大学根据自己的培养目标和培养模式的要求，在参考这些记录的基础上进行分类评价。

《新闻晨报》：过去国内高校习惯根据分数来录取学生，综合素质评价体系的引入，会在多大程度上增加高校招生的负担？

俞立中：选拔适合学校定位和培养目标的学生，是高校工作的重要组成部分。但国内高校过去对这项工作的关注度不够，把更多注意力放在高分上。招生考试制度的改革使评价方法更多元化了，增加了录取程序的复杂性，工作量自然也会更大。但无论是对学校未来的发展，还是对学生未来的成长，这样的付出都是有回报的。

比如物理专业录取学生，过去不需要花心思，只要是理科考生，分数上线，按分数从高到低录取就行。实施改革方案后就不一样了，除了语、数、外的成绩外，学校还要考虑是否对物理成绩提出要求，或者对化学成绩也有要求，等等。

如果高校能根据学习成绩并参考综合素质评价，科学地评价学生，很可能招收到最适合自己培养目标和培养模式的学生。这不仅有利于学校发展，也更有利于学生的成长。

《新闻晨报》：上海纽约大学在国内招收的学生中，上海生源占有相当的比例。上海高考改革的试点是否会影响上海纽约大学今后的招生？

俞立中：就这两年而言，上海纽约大学录取的上海考生比例是比较高的，这是因为上海的学生和家长对这所大学的了解和认同度比较高。但从趋势上看，由于今年学校已经在全国范围招生，上海学生的比例有所下降，这是合理的。

高考制度的改革，更有利于上海纽约大学招生理念的体现。仔细看看招生考试改革的方案，上海纽约大学的招生选拔与这些原则和理念是相一致的。比如上海纽约大学的"校园日活动"更关注学生对新事物的敏感性、创新意识、团队合作能力、社会责任感、价值取向等综合素质的评价。

上海纽约大学是中国高等教育改革探索的一个案例，很多理念和做法可以借鉴，但不是简单复制。从这个意义上来说，上海纽约大学的探索更多的是发挥"鲶鱼作用"，把高等教育改革的热情激发起来。

# 将世界搬进课堂，创新国际化人才培养体系①

上海纽约大学的创办在我国中外合作办学发展进程中具有典型意义，它是国内第一所具有独立法人资格的中美合作办学的国际化大学。上海纽约大学与国内传统大学相比，存在哪些差异？它在本科生选拔录取、人才培养领域进行了哪些方面的借鉴创新？就这些问题，我们于2014年10月17日上午在上海纽约大学校长俞立中教授的办公室对其进行了专访。访谈让我们进一步认识了上海纽约大学的全球化教育体系，其育人理论与实践对提升国内高教品质、建设一流大学具有重要的启发价值。

## 一、创新培养体系，开展全球化教育

**《世界教育信息》**：俞校长，您担任过上海师范大学校长、华东师范大学校长，现在又担任了上海纽约大学校长。我们知道，华东师大是"985工程"高校，做的是精英教育，国际化程度较高。您认为，上海纽约大学与华东师大等国内传统高校相比，在教育理念与实践层面存在哪些差异，又有哪些创新？

**俞立中**：为什么要创办上海纽约大学？我认为就中国高等教育发展的现状，再多建一所大学或再多招一些大学生，没有太大的意义了。我们所需要的是高质量、有特色的教育。上海纽约大学的创立，与其说是在办一所学校，还不如说是在做一项探索。中外合作办学就是要探索一些能够对中国高等教育发展有益的东西，探索一条符合全球化时代需求的国际教育创新之路。与国内高校的传统模式相比，我认为上海纽约大学有如下几方面的差别：

第一，上海纽约大学倡导的是一种主动学习模式，而目前国内大学的教育仍是

---

① 原载《世界教育信息》2014年12月，记者蔡连玉、苏鑫、金华。

以被动学习为主,学生的选择非常有限,大学的课堂学习过程基本上是老师讲、学生听,最后以考试成绩作为学生评价的依据。学生没有大量的阅读,缺少思考,也鲜有课前预习,缺乏课堂上的互动。

第二,上海纽约大学不要求学生在入校时就选择专业,而把专业的确定推迟到大学二年级结束之前。学校为学生配备了学业导师,帮助和指导学生在学习过程中发现自己的兴趣和潜力,并为他们提供选课的建议。在此基础上,让学生选择真正感兴趣的专业,明确未来职业发展的方向。

第三,上海纽约大学的学生来自 50 多个国家,一半是中国学生,一半是国际学生,为多元文化理解和融合提供了特殊的生态环境。英语是教学语言,而国际学生都要学中文。在本科四年期间,学生至少要有 1 个学期,最多可有 3 个学期,选择到纽约大学全球教育体系遍布五大洲的 14 个校区或海外学习中心学习,将课堂学习、文化体验、社会观察、研究实践紧密结合在一起。

第四,上海纽约大学采用通识教育模式,重视跨学科学习。国内高校传统上是按学科体系开设课程,强调系统化,如普通物理学、环境科学、植物学、动物学等,而上海纽约大学中被称为"某某学"的课程不多。我们有一门《城市遇到海洋》课程(Where the City Meets the Sea),涉及了环境、生物、化学、地理、海洋、人口、规划、工程等各方面的知识和技能,针对一系列全球性问题,如城市化、全球化、环境退化、可持续发展等。这样的课程很多,强调将不同学科知识结合起来解决现实问题。

第五,上海纽约大学重视学生的人文素养培养。现在国内一些高校也在推进通识教育,我认为通识教育的目的不仅在于拓宽学生的知识面,更重要的是培养学生的人文素养和思维能力。可以说,拓宽知识面只是过程,思维能力的培养才是着眼点。然而,有些学校并没有关注到这一点,仅仅是在课程和课程内容上做文章,让文科生学点理科的东西,让理科生学点文科的东西,这不是通识教育的核心。此外,上海纽约大学在培养全球视野、促进多元文化理解方面,具有得天独厚的优势。如中外学生混合的宿舍安排,特别是对一年级学生,学校特意让来自不同文化背景的学生住在同一宿舍,为不同文化间的沟通、交流和理解提供更多的机会。

《世界教育信息》:上海纽约大学是中外合作办学,有没有一些本土化的考虑?

俞立中:在上海纽约大学成立之初,我们就考虑到学校在中国上海,对国际学生而言，选择上海纽约大学的目的之一，就是希望对中国传统文化或社会经济发展有更多的了解。我们提供了很多有关中国社会、经济、政治、文化的课程供学生选择。中国元素是上海纽约大学通识教育课程"全球视野""多元文化""跨学科"和"中国元素"四大特色之一。我参加过一些国际教育论坛，很多人谈到了本土化问题。我觉得千万不能把本土化变成一个简单的概念，一定要想清楚哪些方面需要本土化，是管理人员、教师队伍、课程体系、教学方式，还是培养模式？

上海纽约大学借鉴和引进了纽约大学的模式，但不能简单地说这就是美国教育，我们做的是"全球化教育"（Global Education）。当然，我们的教学方法和培养模式是借鉴了纽约大学，这可以说是美国的教学模式，但实际上美国大学也不完全都是这样做的。如果只是用教条化的概念去套，就看不到丰富的内涵了。我认为，本土化就是要让上海纽约大学的办学模式和培养模式更好地适应和融入本地的生态环境，我们已经在探索了，需要一段时间来磨合。如果说要在教育教学中融入本土元素，那我们已经做了，其实一开始就是这么设计的。

在讨论这个话题时，真应该好好思考一下，为什么要做中外合作办学？这是一个核心问题，但不是每个人都想得很明白。华东师大与纽约大学合作创办上海纽约大学，就是希望通过引进纽约大学的优质教育资源，探索高等教育国际合作的新模式，探索高等教育改革的新路径，关键词是"探索""改革""借鉴"。如果这个目的不明确，只是为了赶时髦，为了追求经济利益或扩大招生人数，那中外合作办学就失去了最根本的意义。

## 二、综合评价，选拔优秀且适合的学生

《世界教育信息》：教育部最近出台了高考改革方案，实际上更多的是改革高考方式，而不是改革大学录取方法，其实大学录取制度可能更为关键。那么上海纽约大学是怎样定位自己的理想生源的？

俞立中：简单地说，上海纽约大学是在学生的中学学业表现、综合素质评价和高考成绩三者结合的基础上进行综合评价，选拔优秀且适合的学生。综合评价不是定量的，更没有一个公式。

我们的招生选拔有三个环节。第一个环节是初选，学生必须在网上填写并递交

美国大学通用申请表（Common Application），因为学生毕业要获得纽约大学的学位；同时把高中学习成绩单和高中学业考试成绩及其他材料寄到上海纽约大学。学校会在材料审核基础上选拔 500 名以内的学生来参加校园日活动。这个环节重在评价学生高中阶段的学习表现、人生态度和价值取向，确保学生在学业上是优秀的，学习和生活的态度是积极主动的，有人生追求和社会责任感。申请书也能在一定程度上反映学生的英语书面表达能力。

第二个环节是校园日活动。校园日活动主要考查什么呢？就是通过模拟课堂、写作、团队活动、面谈等方式来考查学生的求知欲、亲和力、学习能力、适应能力、交流能力、心理素质、团队精神、表达能力和道德行为等。整个活动都是在英语环境下进行的，所以英语的实用能力也是考查的一个重要方面，学校希望通过这个环节把握学生能不能适应全英语教学环境。校园日活动分批举行，每批七八十个学生，而参加评估的老师大概有二、三十个。这些老师和学生在一起，从各个角度考查学生的言行举止并进行评价。但这个评价不是打分，而是评语。在每场校园日活动结束后，评估团队会坐在一起，对学生一一讨论，最后选择一部分学生进入 A 档（即条件录取），如果学生高考成绩达到本省一本分数线以上就被录取了；一部分学生进入 B 档（即候补录取），如果高考成绩高于一本分数线，还要结合学生的中学学业成绩及综合素质评价，从中选拔录取。没有进入 A、B 档的学生就没有机会了。校园日活动是选拔学生的重要环节，也是学生和学校双向选择的过程。我们要求进入校园日活动的学生能表现真实的自我，让老师们能客观地了解学生，评价他们是否适合学校的培养目标和模式。

第三个环节是高考。上海纽约大学通过这三个环节来选拔学生，打破了以高考成绩作为唯一评价标准的模式。当然，没有被录取的学生大多数都是很优秀的，不能被录取有各种原因，主要还是适合度。上海纽约大学的学生基本上都是非常优秀的，他们有个性，也有一些共性。相对来讲，这些学生都很有想法，人生目标比较明确，具有尝试新事物的勇气。其实，报考上海纽约大学对他们来讲也是一次冒险，因为还没有历史来证明这所学校。

《世界教育信息》：俞校长，这中间可能有一个问题，就是我们会利用学生的中学表现来评判他们，但是现在中国社会存在诚信问题，我们能够充分采信中学为学生开出的学业与社会活动评价吗？特别是社会活动，怎样来鉴别呢？

**俞立中：** 校园日活动是一个很重要的环节。如果材料上有虚假，在校园日活动中很容易被识别出来。学生的能力和素养在 24 小时的活动中会有全面的展示，包括英语能力。事实证明，上海纽约大学在国内招生，通过申请资料评估、校园日活动评估和高考三个环节，招到了比较理想的学生。需要强调的是，优秀且合适的学生才是我们要录取的。

## 三、引进通识教育，打造通识课程体系

**《世界教育信息》：** 现在国内很多大学都在尝试通识教育。国内对通识教育的理解跟国外还是有差异，我们想具体了解一下上海纽约大学在通识教育方面的具体理念与做法。

**俞立中：** 上海纽约大学旨在培养一批具有全球视野、时代特征的创新人才。我们特别关注培养学生如下的能力和素养：科学视野与好奇心、基于兴趣的主动学习、实践探索精神、人文素养、批判思维能力、跨学科能力、全球视野与跨文化交流与合作的能力。上海纽约大学的本科教育采用通识教育模式，按照纽约大学校长的说法，是 T 字形的教育，即在宽泛的知识基础上培养学生的分析思考能力，使学生在一个方面甚至两个方面都有比较深的专业认识。本科教学课程由三部分组成：1/3 是核心课程，即通识教育课程；1/3 是专业课程；1/3 是加强专业课程或第二专业课程。学生需要修满 128 个学分，32 门课程，这是完成本科教育的基本要求。上海纽约大学的通识教育课程有四个特色：全球视野、多元文化、跨学科、中国元素。本科的前两年以核心课程为主，由社会与文化基础、科学基础、数学、写作和语言等五个板块组成：

社会与文化基础包括社会、人文、艺术方面的课程，其中《全球视野下的社会》和《全球视野下的文化》这两门是必修课，其余都是选修课程。

科学基础的各门课程可供不同专业取向的学生选择。打算修读理科专业的学生必须选《科学基础》(Foundation of Science)这门课程，综合了物理、化学、生物等学科的知识和技能，围绕物质、能量、转换、波动、迁移等问题，探讨物理、化学和生物学的概念和理论。这门课由四位教授主讲，除了物理、化学、生物学的教授外，还有一

位教授负责设计课程和协调课程教学。选修这门课的学生感到压力很大,不仅课程量大,而且教学模式很特别。教授们每两周都要开一次协调会,统筹进度,弥补漏洞。这个板块还有一些其他课程,如科学史(History of Science),文科专业取向的学生可选。这些课程涉及科学对社会发展的影响,在实验中发现科学等内容。

数学在上海纽约大学非常受重视,本科阶段有很多数学课程。上海纽约大学的数学课很强调应用,通过各种案例引导学生理解数学在社会科学和自然科学中的应用,学习怎样用数学方法来解决各种各样的问题。比如统计学,很多概念都是从一个个案例中引出的,针对现实问题,用统计学的方法来解决,然后再归纳为统计学概念。

写作不是单独的课程,是结合在社会与文化基础的各门课程里的。提到写作,我们首先会想到书面表达,而任课老师说,这更是训练学生的思维以及阅读能力。写作必须建立在大量阅读的基础上,对于同一个话题会有不同的观点,因此要看很多文献。美方校长杰弗里·雷蒙在给一年级学生上《全球视野下的社会》(Global Perspective on Society)这门课时,针对人际交往、婚姻、家庭、法律、制度等各种社会问题和现象,要求学生必须阅读古今中外思想家和哲学家的大量论著,找出他们的观点以及他们之间的不同,做深入的分析。学生只有在大量阅读的基础上才会形成自己的认识,才能参与讨论,用书面方式论述自己的观点。所以写作就是一个思维训练的过程。

语言主要是针对外国学生的汉语教育,包括中国文化学习。本学期为新生新增了一门英语课,这是经过反复思考后调整的。中国学生对于自然科学和社会科学的一些概念都是在中文基础上学的,中英词汇一下子转换不过来。这门课是帮助学生更快地适应全英语教学。

## 四、实行"导师制",培育学生领导力

**《世界教育信息》**:本科生导师制源于英国,是牛津大学津津乐道和引以为傲的标志之一。这一制度在国内一些高校已有实行。俞校长,上海纽约大学有没有在尝试本科生"导师制"?

**俞立中**:上海纽约大学实行本科生"导师制",每个新生在入学时都会有学业导

师。学业导师会给予学生各方面的帮助和指导，如专业发展、课程选择，以及学习和生活上的问题。

学生选择专业后还会有一个专业导师帮助他们的专业发展，包括指导学生参与课题研究。除了有学业导师和专业导师外，学校还请了一批"全球学术助理"（Global Academic Fellow，GAF）。他们基本上都是世界名校的研究生或本科优秀毕业生，在正式工作或读研之前到上海纽约大学工作一两年，给学生做面对面、一对一的课外辅导。学生在学习上有问题，可以在网上预约 GAF，到学术资源中心（Academic Resource Center）得到指导和帮助。这样一对一的辅导就像家教一样，对学生帮助很大。学生觉得不仅在学业上能得到及时的指导，而且还可以和 GAF 们交流学习体会、大学生活、人生选择。这对学生的成长实在太重要了，GAF 们的亲身经历对学生规划人生很有借鉴意义。

**《世界教育信息》**：您担任过几所大学的校长，其中您领导的华东师大发展很快，您现在是上海纽约大学的校长，在学术上您也是领袖，所以像您这样既是教育管理实践的领袖，又是学术领袖，对"领导力"肯定有自己的看法。您认为哪些素养铸就了您个人的领导力？上海纽约大学的愿景中强调对学生领导力的培养，那上海纽约大学是怎样培养学生领导力的？

**俞立中**：不谈个人，谈谈学生领导力的培养。哪些因素特别重要？

一是视野。常言道，看得多远，想得多远，才可能走得多远。当然，看得远、想得远，不一定能够走到那么远。但是如果看不到那么远，想不到那么远，那肯定走不到那么远。这说明视野非常重要。上海纽约大学在培养学生的过程中，特别注重培养他们的全球化视野，就是要使学生能够看到今天这个时代在变化，并且看到这个时代对人才素养的要求。有些人在批评今天的教育时，往往喜欢把民国时期的教育搬出来比较，我觉得不是很恰当。我们在尊重传统的基础上，更要看到今天的时代已经发生了很大的变化，不仅是中国，整个世界都发生了巨大的变化。如果我们搞教育的人看不到这种变化，就这么简单地去比较，思维方式是有问题的。所以，一个未来的精英怎样拓宽自己的视野，能够把问题看得更远，想得更远，这是决定他将来能走多远的很重要的一方面。

二是思维方式，需要培养科学的思维方式，善于比较、分析、总结，在比较中形成自己独到的意见，这很重要。当然思维的基础还包括倾听他人的意见，善于沟通、交流。如果不善于听取各方面的声音，固执己见，不善于与人沟通，不能把自己的思想变成大家的想法和行动的话，那是一意孤行，难以成事。

三是胸怀，就是要容得下人，容得下事，不要把个人看得太重要。因为任何事业的发展都需要团队，需要合作，而不是单打独斗。所以一定要有胸怀，哪怕人家对你有不同意见，哪怕你受到委屈了，你都要能够容得下人和事。

四是激情，要有工作激情，热爱自己的工作，想把事情做好。

这是我的体会，也是我跟同事们在交流的时候经常会谈的。上海纽约大学的教育在努力拓宽学生的视野，让学生在学习过程中能够接触到不同的思想观点、文化和知识。这个是他们将来发展的基础，或者是他们在产生、形成思想过程中的平台。如果你有一个很好的知识平台，就像大数据，那么这样分析问题就能够更加全面，能够更多维度地考虑问题。如果一个人的见识很窄，要去培养他的思维方式是很难的，他只是在一个很小的视野中思考问题。

第二个方面，整个上海纽约大学教育的基础是注重培养学生的阅读、思维和表达能力。正如上述，上海纽约大学很多课程里专门安排了写作课，训练学生的阅读能力和思维能力。

第三个方面，我们在培养学生的过程中，注重把课堂教学、文化体验、社会观察和研究实践结合起来，作为一个整体的平台来培养学生。上海纽约大学的学生可以在纽约大学全球教育体系内流动，这不是让学生去游山玩水，实际上是让学生在大学期间能够接触到更多不同的文化，能够直接去观察不同的社会体制和现象，这样的学习环境能够加深学生对不同社会、不同文化的认识。这是提高人的思维能力的一个很重要的方面，和中国古人说"读万卷书，行万里路"是一样的道理。这样的培养模式，对学生来讲会发生的作用无法估量。

第四个方面，上海纽约大学在教育过程中非常关注学生在课堂以外的活动。我们会安排各种各样的社会实践、志愿者活动、访问，还有各种类型的学术报告会。这样的活动一方面拓宽了学生的视野，另一方面让学生在这样的实践过程中学会与人沟通。

# 以不同而"和"刷新历史①

　　杰弗里·雷蒙背对着窗外的陆家嘴楼群,在用树根雕成的茶几前用紫砂壶娴熟地冲泡着工夫茶,青涩的茶香汩汩渗入正午的阳光。办公室满堂的中式家具在他温存的注视下熠熠生辉,那都是他的私人藏品。

　　自从 1998 年他首次走进中国,他就为这个"奇迹"般的国度深深着迷。

　　"有没有人说您很像比尔·盖茨?"当年浦西一家酒店的行李员好奇发问,让他惊讶极了,"我一直以为中国依旧'闭关锁国',在这里却几乎所有人都知道盖茨长什么样。天哪!中国已经向全世界开放,而美国对此却一无所知!"

　　那次访华改变了他的一生。

　　"中国正以这个世界前所未有的速度迅猛发展,简直难以置信我所目睹的这一切。我告诉我的美国同事,所有人都应该去中国看看。"

> "要让明星教授用这里的研究争取诺奖!"
> ——杰弗里·雷蒙的得意与困惑

　　对曾任康奈尔大学校长的雷蒙来说,上海纽约大学外方校长的职位像是为他量身定做的。

　　"上海纽约大学的建立,意味着纽约大学构建全球教育体系的转型成为现实。没有我们,没有中国,绝不能将之称作全球性。"雷蒙自信地笑言:"中国也正在寻求顶尖高等教育的转型,建设真正具有国际水准的高等教育,我们带来了这样的教育。"

　　雷蒙认为,"上海纽约大学对美国纽约大学和中国高等教育都具有冲击性。这

---

①　原载《人民日报》2015 年 2 月 27 日,记者李泓冰、姜泓冰。

里的一切刚刚萌芽,作为第一任美方校长,能亲身参与其中真是激动人心!"

雷蒙双手捧给记者一张纸,仿佛捧着一件稀世珍宝,"这张表上的 28 位教授,都是世界级大牛!"他深知,吸引明星教授要有一个能做出最具有创造力、最重要研究工作的环境。"十余年前,中国资源短缺,教授们会来访问,但不会想移居。现在中国有丰富的资源,可以为世界级教授创造世界级环境。我们拥有获诺贝尔奖的教授,但更希望找到年轻的学者,能以在上海纽约大学的研究成果去争取诺贝尔奖!"

雷蒙也有困惑,比如决定项目投入的评审标准不同。中国不太在意研究团队的良莠不齐,只要领衔教授水平高,就能得到支持。国际标准截然不同,所有申请者必须在同一水平线上。他还有个苦恼:很多教授需要优秀的博士后参与研究,但在中国支付给博士后的薪水非常微薄,远低于国际标准,难以吸引青年才俊。"两个月前我们成立了一个基金,可以补齐他们的薪水。"他顽皮地眨眨眼,"也有好消息,我们能得到中国政府的研究拨款了,上海纽约大学是中国的大学,中国政府也会重视我们的研究成果。"

两个多小时的交谈,雷蒙反复提及,"我们在创造历史!"他供职过的康奈尔大学曾以庚子赔款培养过胡适等中国精英,"康奈尔在 19 世纪创建时,关于大学教育的理念是革命性的。上海纽约大学在 21 世纪的划时代意义正如 19 世纪的康奈尔大学。"

## "全球化时代,我们太缺国际化人才"——俞立中的焦灼与踏实

和杰弗里·雷蒙的办公室风格迥异,俞校长的办公室陈设都是朴素的西式办公桌椅。身材颀长的他喜欢端着盘子和学生坐在一起用餐,听他们的奇思异想。和记者聊天时,他的目光注视着食堂里的学生,"看,那个是内蒙古来的女孩子,招生宣讲会上我就对她印象很深,独立、有闯劲,果然她被录取了!"

曾经在黑龙江当过知青、在英国留过学,辗转在上海师范大学、华东师范大学都做过校长的俞立中,有恂恂君子之风,也时见思想的棱角。年过花甲的他,曾是"985工程"高校的校长中最早开微博的,也喜欢在人人网上和学生对话。12 月 28 日晚,他还忍不住在微博上提醒他未来的学生们:最后几天了,请有意申请的同学们再认真看一下,千万不要在程序上失误。

和雷蒙一样,他年轻得看不出年龄。

俞校长也有创造历史的使命感,是以另一种视角:"中国高等教育并不在乎再多一所大学,我们需要的是高质量的教育、高水平的大学、有特色的办学,需要的是改革的勇气和路径。上海纽约大学的全球化教育模式只是'多元化'中的'一元'。"他讲到几个细节,也许能从侧面诠释全球化教育:一个学生通过电子检索发现美国纽约大学图书馆有她想读的书籍,便在网上借阅,四天后书就到了她手上。而俞校长下学期将与纽约大学阿布扎比校区教授合作课程,两地的教授和学生能在网络视频上同步互动教学。

访问俞校长的那天,恰逢国家宣布新设天津、广东、福建自贸区,而中国(上海)自由贸易区也从不到 30 平方公里扩容了四倍多,浦东金桥、张江高科和陆家嘴都纳入其中。在全球化、信息化的时代,中国最缺什么? 俞校长不无焦虑:"太缺国际化人才——真正具有全球视野,理解和包容不同文化,能与不同文化背景的人沟通、交流和合作的人才。我们的高等教育跟不上时代要求啊!"

"现在讲依法治国,但大学的法律意识并不强,"俞校长说,"现代大学制度,自主办学必须在法律层面自我约束,要有风险意识。"

和其他中国高校不同,上纽大没有叠床架屋的几套班子,却多出了一个"合规与风险管理部门",负责研究中国相关的法律法规和政策制度,以及美国纽约大学的相关管理条例,监督和保证学校合规运行及风险管理。2014 年初的合规审计,发现了68 个不同级别的风险,通过明确责任、完善制度、加强监督等措施,大多数风险问题都得到了解决,若干重大风险都降为低风险。如原来很多部门都有公章,带来颇多隐患,现在统一收归学校保管,盖章必须依法依规。学校还制定了严格的礼品接受和赠予政策等。

一位毕业了的学生来上海看望俞校长,拎了一盒家乡的黑木耳。他赶紧去学校礼品店买了一件棒球服回赠,并和办公室主任"交待"礼物的来龙去脉。"就是老朋友送礼,我都会向对方说清楚,坚决不能收。人家要是扔下就跑,我只能上交。"

"毕竟是一中一西携手,你们有没有吵过架?"记者很好奇。

雷蒙听了哈哈大笑,连连摇头,他用"SWEET(甜蜜)"来形容他的中国同僚。

面对争议,雷蒙说,"我们会讨论怎样既合乎中国国情,又融汇纽约大学精神"。两人曾在课外活动经费的投入上有分歧:中国大学一般不会花太多经费在学生俱乐部、体育活动上,但美国大学在这方面的花费甚巨。俞立中对雷蒙说,谨慎投入为好,要让学生成为领导型人才,意味着让他们更自立和成熟。投入太大,或许会被家长们认为是浪费。最后双方妥协,这笔开销高于中国大学,但又少于美国纽约大学。

俞立中对两个人的合作如同中美的合作办学模式一样感到很踏实,他形容道:"我和雷蒙是'两个身体、一个脑袋',充分沟通,不同而'和'。"

# 融入浦东的高等教育"试验田"[①]

"看起来像一个巨大的、有很多开放空间的苹果商店",这是一名大二学生对学校的第一印象。浦东新区世纪大道 1555 号,这是上海纽约大学的新门牌。此地距浦东标志性建筑东方明珠不到 5 公里,在寸土寸金的陆家嘴占据了黄金位置。

教学和办公都在一栋 15 层高的大楼内,花岗石外墙的单体式建筑,淹没在陆家嘴高密度的办公楼群里,有如披上了一层"保护色"。若非地铁站出口紫底白花的"上海纽约大学"校徽指引,访客很容易在附近白领、金领频繁出没的写字楼群里,将这栋建筑误认作某家外企驻华机构。

走进这个没有围墙的校园,处处可以感受到与传统大学格局的不同。大楼内的 50 多间教室绝大多数是只能容纳 20 位左右学生的小教室,白板环绕四壁,课桌椅则可以根据教学需要随意布局。这儿的课堂可不总是那么安静,常常会爆发出一阵阵"骚动",争论、鼓掌、笑声掺杂在一起。行走在校园内,随处可见各种肤色的外籍人士,恍若置身某国际组织办公机构。只是从那一张张青春洋溢的脸上能读出在一个开放环境里学习的那种特有的兴奋与好奇。

## 前所未有的模式

创建上海纽约大学的想法来自华东师大和纽约大学多年的合作实践。早在 2006 年,纽约大学选择华东师大作为合作伙伴,在华东师大校园里建立了纽约大学上海中心。2008 年,随着纽约大学到上海学习的学生数量激增,纽约大学校长塞克斯通提出,"能不能更进一步,在上海设立纽约大学分校?"他得到的回答是:"目前不可能,只有通过中外合作办学来探索新的办学模式。"

---

① 原载《浦东青年》2015 年 4 月,记者黄洞洞。

迄今为止,纽约大学已在世界五大洲的主要国际大都市设立了 14 个海外校园或学习中心,形成了其独特的全球教育体系。纽约大学位于纽约曼哈顿下城的金融区,在建校初期就有了"在城市、融入城市"的办学传统。因而学校领导从一开始就将与中国合作办学的目光锁定在上海,并希望依托浦东社会、经济、金融和文化的高速发展,建设一所一流的国际化大学。

经过各方的积极努力,曾一度被搁置的在浦东建一所世界级的国际化大学的想法成为现实。用上海纽约大学校长俞立中的话说,"浦东新区对上海纽约大学的建设始终予以高度的关心和支持。在此之前,浦东就很想引入一所世界一流大学,也做了积极的努力,但由于某些原因没有最后实现。在和纽约大学谈判的阶段,当时的区委书记徐麟、区长李逸平、分管副区长张恩迪,继任的区长姜樑都亲自关心这个项目,在整个过程中果断决策,从而很快落实了建校地块和支持方式。今天,浦东新区区委书记沈晓明、区长孙继伟、分管副区长谢毓敏等领导们更是主动关心、积极支持上海纽约大学的发展。没有地方政府的大力支持和帮助,上海纽约大学不可能这么快地成长起来。"

就在如今的校址上,一幢建筑面积 6 万多平方米的大楼于 2011 年开工。大楼的设计融合了中美双方的许多想法,特别在公共空间的设计上颇费心思。主要教学楼层都有很宽敞的讨论、阅读、休息、聚会、储物的公共空间。地下一层有乒乓、台球、手足球等活动场所,二楼设有咖啡吧,七楼是化学、生物学、物理学、电子工程等实验室,八楼除了互动媒体技术与艺术、摄影、美术实习教室外,还开辟了琴房、舞蹈房和健身房等。占据整个四楼的是图书馆,在这里师生们不仅可以共享纽约大学全球教育体系的数字资源,也能借阅纽约大学图书馆的馆藏图书,预订后一般都可以在四天左右空运到达,这也令国内其他高校图书馆叹为观止。

2013 年 8 月 11 日,上海纽约大学迎来了首批本科新生报到,共 295 名中外学生,其中中国学生 150 人,国际学生 145 人。颇有意味的是,就在一百四十年前的 8 月 11 日,经清政府批准,在陈兰彬、容闳的率领下,中国首批留学生梁郭彦、詹天佑等 30 人从上海启程前往美国,开启了此后中国学生大规模留洋、推动中国近代化发展的先河。

上海纽约大学也从奠基之日起就被外界寄予了厚望。上海纽约大学是这个时代的理想,也是一项实践探索。在不同教育体制合作的基础上实现多元文化的融合,积极探索全球化教育,培养未来的世界精英,这在中美教育史上,乃至世界教育史上都是具有非常意义的。支持这所大学的发展已经被列入第五轮中美人文交流高层磋商联合成果清单,也成为中国教育改革的试点项目。这所大学对探索高等教育的国际合作,对探索全球化时代的大学教育,对培养具有全球视野的创新人才,都会起到不同寻常的积极作用。上海纽约大学是一块教育领域的"试验田",为中国深化教育改革播下了希望的种子。

## 没有围墙的"大学"

时至今年,上海纽约大学即将迎来第三届本科生。在全球 5 万多名申请纽约大学的学生中,有超过四分之一的学生愿意来上海纽约大学就读,这一数字已经超越了被誉为全球化程度最高的纽约大学阿布扎比校区。

尽管每年招生不过 300 人,但关注教育的人不会忽视它的存在,这是第一所中美合作举办的大学,也是中国高等教育开放自信、包容发展的一个注脚。"我们有迎接各种挑战的思想准备,毕竟上海纽约大学在做一项全新的试验,没有现成的模式可以参照。"俞立中说。

上海纽约大学打破了传统的专业录取方式,新生在报考和入学时不需要选择专业,而是在第二年结束前才最后确定所选专业,可以选一个专业,也可以选两个专业,或一个主修加一个辅修专业。本科教育采用的是"通识教育"(或称为"博雅教育")模式,三分之一课程是通识教育课程,在头两年以"通识教育"课程为主。在大学本科四年学习期间,学生至少要有一个学期,最多可以有三个学期,选择到遍布世界五大洲的纽约大学全球教育体系的 14 个校园或学习中心选课学习。真正将课堂学习、文化体验、社会观察、研究实践融合在一起。

学校提供的通识课程特别强调学科知识的交叉贯通,比如《全球视角下的社会》(Global Perspective on Society,简称 GPS),打破了哲学、政治、社会等课程的分野,注重"全球化背景下的社会、科学、技术、文化、艺术的发展"和"全球视野下的中国社会演进和中国文化"教学。

而另一门重要的核心课程《科学基础》,由物理学、化学、生物学三门学科的教授参与授课,还有一位总协调教授。这些教授每两周就要开一次协调会议。商学与工程学院院长增莫尔教授曾说过："我们希望计算机科学与互动媒体艺术紧密结合，塑造像乔布斯那样的设计能人。"

上海纽约大学每年都会组织多次实习、见习、志愿者见面会，邀请各类企事业单位来学校设摊，招收志愿者和实习生，特别是依托浦东金融贸易区的优质资源。这所没有围墙的大学，充分利用所在区位的优势，与当地政府、社会力量合作，为学生提供大量的在实践中学习的机会。上海纽约大学的中外学生们穿着职业装，和浦东各大企业的负责人促膝交流、侃侃而谈，他们的态度、见地和能力颇得大家的认可。俞立中校长说，上海纽约大学选址在浦东的经济和文化中心，就是希望有一个类似纽约大学的区位，真正接触国际大都市社会、经济、文化的地气，继承纽约大学"立足城市、融入城市"的传统，并从这里出发，实现纽约大学全球教育体系"立足世界、融入世界"的伟大理想。中国是当今世界经济的增长极，上海是中国改革开放的龙头，而浦东陆家嘴是在成长中的国际金融中心。上海纽约大学是中外学生了解当代中国、建立世界与中国纽带的理想平台。

浦东新区区委书记沈晓明多次强调"浦东就是上海纽约大学的校园"。在浦东这个大校园里，学生能直接感受到都市发展的活力，也能看到城市化带来的问题，更会有大量的实习实践机会。学校也在努力构建支撑学校发展的区域共同体，陆家嘴金融城、源深体育馆、东方艺术中心、上海科技馆、潍坊街道等都是上海纽约大学的拓展空间。贴近社会的学习环境，对学生未来的学业、职业发展有重要的影响。

## 对　　话

《浦东青年》：早在两三年前，您在微博上发布过一张 20 世纪 90 年代在南汇东滩的野外工作照，题为"科研工作，也会是苦力活"。从您个人的角度来说，和浦东这块土地也很有缘分？

俞立中：浦东改革开放是 1990 年开始的，我也是 1990 年学成回国。那年，华东师大有一大批毕业生到浦东新区就业。我有个中学老同学当时就在浦东新区管委会当办公室主任。那时开发办还在浦东大道一所挺简陋的老房子里，我是看着它一点点发展起来的。

**《浦东青年》**：纽约大学全球教育体系在全球有 14 个海外校园或教学点，为什么在中国会选择上海浦东作为合作办学地呢？

**俞立中**：纽约大学从一开始就提出了：不求校园面积有多大，但要建在上海的经济文化中心。这应该是纽约大学的文化特征吧。纽约大学伦敦中心就在大英博物馆旁边；纽约大学巴黎中心就在塞纳河边上。纽约大学校长认为，要让学生真正地、直接地接触大都市的文化，因为国际化大都市就是世界的科技文化创新中心，提供了创新发展的重要驱动力。上海是国际大都市，而浦东是中国改革开放的龙头，所以他们的目标很清楚，就是这里，而不是其他地方。

**《浦东青年》**：上海纽约大学从招生录取、教授聘请到课程设置，都十分强调跨文化背景和全球化视野，这也是新加坡、中国香港等处在中西文化交汇之地学府的吸引力所在。您认为上海纽约大学与地处这些中西文化交汇之所的大学是否有可比性？

**俞立中**：就多元文化而言，就教师和学生组成的国际化程度而言，很少有其他学校能与上海纽约大学相比。纽约大学已经是非常国际化的大学，留学生大概只占到 20%；而在上海纽约大学，这个比例是 50%。学生来自 50 多个国家，将来还会有来自更多不同国家的学生；教师也是来自世界各地的。

**《浦东青年》**：上海纽约大学在选择专业方面给予了学生很大的自由度，有不少家长可能希望孩子既然身处陆家嘴这样的金融商圈，能够近水楼台地从事相关专业的学习直到就业，是否担心学生会因此一窝蜂地选择相关专业呢？

**俞立中**：学校从来没有担心学生一窝蜂去选择金融专业，我们的回答一直是：第一，选专业是自由的，如果所有的学生都选金融经济专业，那是没问题的；第二，我们认为这种情况是不可能的，通识教育的魅力就在于让学生发现自己真正的兴趣和潜力。现在一部分学生已经决定了选什么专业，但是我们不急着让他们做最终决定。确实有比较多学生选择了金融经济专业，但也有不少学生选择的是数学、科学、工程、人文科学、互动媒体技术等。我们的教育是首先培养人，然后才是有专业技能的人。

# 中国聚焦：美国大学中国办学记[①]

上海纽约大学、昆山杜克大学、温州肯恩大学……近年来，越来越多美国高校以合作办学的方式在中国落地，成为搅动中国高等教育领域的"鲶鱼"，也成为中美人文交流的新桥梁。

"我高度重视中美人文交流。"中国国家主席习近平日前在西雅图出席第三届中美省州长论坛时发表讲话指出，双方应该探索形式多样的教育合作，共同培养面向未来的高素质人才。

## "跨文化的共存"

位于上海浦东新区世纪大道的上海纽约大学，就被人们比作"中美教育联姻的果实"。近日，这所大学迎来了第三届新生，使得在校学生总数增加至近 900 人。

上海纽约大学是中国教育部正式批准、具有独立法人资格和学位授予权的第一所中美合作举办的国际化大学，也是纽约大学全球教育体系的组成部分。

"带给各国年轻人更宽阔的国际视野，增进不同文化之间的相互理解，是办学的初衷之一。"上海纽约大学中方校长俞立中对记者表示。

这位校长自称为"校园里英语最不流利的人"，但这不妨碍他和来自世界各地的学生打成一片。中午时分，他与美国学生何力相约在学校二楼的咖啡休息区，边分享冰激凌边聊天。

"我可以和这位中国校长分享我的一切想法，包括对学校和学生会工作的各种建议。来到上海学习一年多，我觉得和他特别谈得来。"何力说。

一年多前，出于对汉语和中国文化的好奇，何力在众多高校中选择了上海纽约

---

① 原载新华社 2015 年 9 月 28 日，记者章利新、刘巍巍、许晓青。

大学。让他没想到的是，这所学校让他在上海接受了地道的美式教育。在这个环境中，何力已经成为数百名国际学生中汉语最流利的学生之一。

何力把这所学校包容各种想法、鼓励多元选择的特点，称为"跨文化的共存"。他认为在这里，无论是中国学生还是外国学生，都能找到各自喜欢的学习环境。

目前，上海纽约大学的学生来自世界 60 多个国家和地区，国际学生占到半数，150 多位教师来自世界各地。

中美建交 36 年来，两国大学从留学互派到合作办学，从学术交流到科研协作，各方面合作呈现出前所未有的良好格局。

"中美大学的交流合作越来越广泛深入，堪称中美交流互鉴、合作共赢的典范。"中国国务院副总理刘延东今年 6 月这样概括中美大学交流。

2013 年，上海纽约大学招收首批本科生时，其基于高中学业、校园日活动表现和高考成绩综合评价的选拔模式，让很多中国家长和教师眼前一亮。

从那时起，很多人就把这所大学视为中国高等教育领域的"鲶鱼"。与中国传统的教育模式相比，美国模式在学生的遴选标准、选拔方式以及基本培养理念、课程设置、教学方法、学生服务和社会实践等方面，都存在着较大的差异。

"恰恰是因为这些差异，可以促使我们思考中美教育的不同和相通之处，思考教育教学改革的方向和途径。"俞立中说。

# 上 纽 大 试 验[①]

饺子、包子、粽子、汤圆……2015 年 11 月 19 日，10 多个在英文中被统称为"dumpling"的中式点心出现在上海纽约大学（以下简称上纽大）的食堂，这天是上纽大一年一度的"饺子节"。

来自世界各地的学生和中国本土学生一起学做各种"dumpling"，中国的学生们操着英语，而"洋面孔"却能道出"小笼包"和"生煎"、"饺子"和"馄饨"的不同。

在这所学校里，中国学生和国际学生各占一半。虽然创办时间不久，上纽大一直向外界展示出自己"混搭"的特色。一方面，其招生标准、培养模式、课程设置和小班教学形式，以及学校各类行政机构和学生组织，都与一般中国内地大学有所不同。另一方面，上纽大则强调这就是纽约大学全球教育体系的一部分，无论是在修读学分取得学位证书的过程中，还是在通讯、图书等各类学术资源完全共享上，自己都与美国本部及阿布扎比分校无异。

在强调自己是纽约大学全球教育体系一部分的同时，上纽大也乐于给自己打上"中国大学"的标签，中国学生的招生方案需要经过教育部批准，中外学生毕业也会得到中国大学的毕业证书和学位证书。

在 2010 年教育部颁布《国家中长期教育改革和发展规划纲要（2010—2020 年）》前后，受到政策鼓励，一批国内院校与国外知名高校洽谈合作办学，纽约大学是当时申请学校中世界排名最高的，合作项目的定位是世界级的研究型大学。2012 年至今，这所学校已正式运营三年有余，虽然尚未有学生毕业，但在中国家长的眼中已然颇具吸引力。

## 招生"中西合璧"

上纽大的"双重身份"，在招生尤其是招录中国学生时最为明显。

---

① 　原载《财经》2015 年 11 月 30 日，记者凌馨。

首先是走"美国式"流程。所有学生需与全美其他高中学生一样,在每年年底之前在线递交美国大学通用申请表,同时寄送高中学习成绩单、校长推荐等证明材料,这与报考美国大学的程序并无二致。

同时也要走"中国式"流程,上纽大的招生方案是经教育部审核通过的。"在我们去教育部汇报时,领导就明确地说了,同意上纽大自主招生,但有两个问题不要再讨论了,一是所有内地学生必须参加高考,二是高考成绩必须高于一本分数线。"上纽大校长俞立中介绍。

上纽大招录学生的程序是:先选拔学生,再参加高考。在上纽大"校园日活动"中被评价为 A 档的学生,高考成绩超过本省一本分数线即可直接录取;如果是 B 档学生,则需要综合考虑高考成绩、"校园日活动"评价以及高中学业表现等,择优录取。

俞立中认为,"教育部考虑到了上纽大在评价标准和评价方式上的改革。据我所知,其他高校也有自主招生,但像上纽大这样的模式还没有。"

与其他高校更加不同的是自主招生过程中的"校园日活动"。在报名的几千名中国学生中,只有近 500 人会受邀分批参与将近 24 小时的"校园日活动"。除了一般自主招生都会有的面试外,校园日还包括模拟课堂、写作和团队活动等,以及一场晚宴——学生们都要带上一件特殊的纪念品,做一段简短的介绍,并与教授们共进晚餐并交流。整个"校园日活动"都必须用英语。

上纽大特有的"校园日活动",是由纽约大学本部与上纽大共同讨论决定的。俞立中透露,招生团队的二三十名教授和工作人员,既有上纽大的教职工,也有不少来自纽约大学本部。在每次校园日活动后,招生团队会就当次考查的七八十名学生的表现进行讨论,然后再给出评价,最终目的是要选择优秀且适合上纽大的学生。

经过层层筛选后,上纽大最终每年会招收约 151 名中国学生,而另外 149 个名额则面向国际招生。历经三届招生后,上纽大目前有约 900 名学生,而教师人数已达到 150 名,师生比为 1∶6,远超国内其他高校,上纽大也将小班教学视作其特色之一。

## "美式"教学方法

进入学校就读后,学生的学习模式几乎就是"美式"的了。俞立中强调:"上纽大在学术上是与纽约大学对接的。我们按世界一流大学的学术标准来考量,包括课程体系、师资质量、课程标准、培养模式和学生服务等模式,大部分都直接对接。"

在上纽大给本科生授课的教授中,有40%来自美国本部,但由上纽大联聘,必须在上纽大承担几门课程;还有40%则由纽约大学相关院系按其标准和程序在全球范围代为招聘;另外20%为来自国内外其他高校的兼职或客座教授。在上纽大的教室里,老师大多是"洋面孔",中国籍的老师们也都有在国外担任教职的经历。

外人看着"洋气",学生和家长们津津乐道的则是"名气"。在上纽大开课的老师,不乏曾在美国康奈尔大学、哥伦比亚大学、普林斯顿大学任职乃至受聘为终身教授的知名学者。"有些学科,比如商科,一时聘不到合适的教授,我们宁可聘一些名牌大学的教授担当客座教授,在教学质量上决不能降低标准。"俞立中介绍。上纽大的一位学生则透露,一些美国本部的学生甚至会因为某知名教授本学期在沪开课,选择在上海度过自己的"海外学期"。

本科生可以有1—3个学期选择在纽约大学全球教育体系遍布世界六大洲的14个校区或学习中心学习。目前,纽约、上海与阿布扎比是所谓的"门户校园"(campus)。曾在纽约大学本部就读的王昊川表示,据她所知,"门户校园"比"学习中心"的规模要大多了,"我曾经在纽约大学伦敦中心学习,同时在那里的大约有100名学生,最初是借用伦敦大学的教学楼和老师,还有几个兼职的行政人员。"

上海纽约大学每学期能提供近100门课程供学生选修。其中会有一些具有中国本地特色的课程,如"中国传统智慧和当代转型"等,也有如"全球化视野下的社会"等上纽大的必修课程,更多的是与纽约大学相类似的课程,确保与纽约大学全球教育体系各校区和学习中心之间的"无缝对接"。上纽大的必修课极少,只有部分通识课程和专业课程。通识课程主要安排在大一、大二修读,而学生的专业选择也会在大二结束前才最终确定。虽然学生在入学时会提供自己倾向修读的专业供学校开设课程时参考,但也就是"仅供参考"。即便到了大二,也可以申请改读其他课程,而不用经历多数内地高校的重重考核。

上纽大的学生选修学分时与纽约大学本部类似,会在各专业"同行顾问"(peer advisor)的建议下进行。包括有些"中国学生特有的"在某学期修读更多学分的申请,也要经过同行顾问的首肯。"这个过程是必须的,他会帮你看一下这样安排修读计划将来能不能毕业,"一位学生说。

相比其他中国内地高校,上纽大的学生每学期修读的学分并不多,一般是 16 个学分,每学期 4 门课左右,每门课的授课时间多在 3 小时左右。但他们却总在忙着阅读各种英文原著、准备小组讨论或撰写小论文,"有时老师还会随堂考,不读根本写不出来"。"逃课"这个词很少出现在上纽大学生的口中,虽然上课点名的教授很少,但一堂课常常只有十几个人,最大的课堂也就四五十人,缺席是十分显眼的行为。

在这种"小班"上,老师们从不照本宣科,反而讲着讲着就要与学生交流两句。学生们阐述自己的观点时如果"嗨"了,还会直接站起身走到其他同学身边甚至讲台上陈词。

至于上纽大的就业指导中心、学生健康服务中心等,也像纽约大学本部一样同时提供开放时间和预约服务。上纽大的健康服务中心不但每周举办健康午餐学习会、研讨会和冥想会,还提供戒烟服务,甚至要求学生必须完成一个关于酒精和其他药物的网上课程。"特别是心理状况",一位学生补充,"我感觉一旦你觉得压力比较大或是有什么不妥,他们很快就会注意到"。

## 各方筹资不盈利

上纽大对学生的"服务性",除了它与纽约大学本部相似的行政体制外,还有相当高的工作人员配比。在这所现有约 900 名学生,未来计划不超过 2 000 名本科生、1 000 名研究生的学校,除了已有的 150 名教师外,还有近 200 名行政人员,大多是上纽大招聘的,有海外学习和工作经历。

这样豪华的人力资源配备,先进的教学理念和模式,现代化的教室和实验室,难免给人一种"贵族学校"之感。其实,大部分上纽大学生都是出自工薪家庭。

俞立中认为,"没有上海市政府和社会各界的大力支持和帮助,就不会有上纽大的设立和发展。"除了启动经费外,上纽大的校园建设和教学科研都得到了上海市政府和浦东新区的支持和帮助,也得到了很多企业和有识之士的赞助。位于陆家嘴黄金地段的教学大楼就是由陆家嘴集团建设,浦东新区通过政府租用的方式为上纽大提供的校园空间。

国际化大都市需要有国际化大学。在浦东建设一所世界一流的国际化大学是大家的心愿。在上纽大之前,浦东新区也曾与其他知名的国外高校深度接触,但未有结果。直到 2010 年《国家中长期教育改革和发展规划纲要(2010—2020 年)》颁布,进一步明确了加强教育国际合作的理念,纽约大学与华东师范大学的合作办学就被推上了快车道。

2011 年 1 月,教育部批准筹建上纽大。同年 3 月,上海市教委、浦东新区政府,以及华师大、纽大正式签订四方合作协议。2012 年 9 月,教育部正式批准设立上纽大。

而作为上纽大的"父母"之一,纽约大学的合作者华师大在纽约大学设立上海中心时就为其提供了办公空间和设施。在上纽大浦东校区建成前,华师大还将中北校区的地理馆修缮一新,给上纽大作为过渡校园。"华师大还用一部分'985 工程'大学的建设经费,支持了设在上纽大的华东师大与纽约大学联合研究中心。"俞立中透露。

在资金问题上,上纽大的另一个"父母"纽约大学并未直接投入,但纽约大学校长积极为上纽大筹款,捐赠者中有很多是纽约大学的校友。"如果学校经费周转有困难,纽约大学也可以提供暂借资金。"俞立中认为,上纽大不会出现经济上的困难,"因为纽约大学有很大的体量"。

俞立中坦言,上纽大因学生规模很小,目前并未实现收支平衡。上纽大的学费标准理论上与纽约大学是一样的,都是 4.9 万美元一年,但中国学生每年学费只需 10 万元人民币。同时,上纽大提供了不菲的奖学金,用以吸引最优秀的中外学生。

"我们的经费有四个来源,学费、社会培训、社会捐赠、政府支持。"俞立中说,"建设一所大学需要时间,建成一所一流的大学更需要时间。目前,上纽大还处在婴儿阶段,离不开政府的扶持。"

在这几个经费来源中,上纽大着力更多的是社会捐赠。"纽约大学校长告诉我,他当上校长后,平均每天可以为学校募款 200 万美元。上纽大现在得到了几亿元的承诺捐赠,应该说还不错,但是跟我们的期待还是有点差距。"俞立中表示,目前上纽大的基金会正致力于在全球范围内募款,主要用于奖学金以及科研、教学发展所需。

"上纽大是一个非营利的学术机构,任何人都不能从上纽大取走一分钱,"这就是当时几方对于这所学校的定位。俞立中强调:"我们都把上纽大看作一项创新的实践。一是探索在全球化背景下高等教育国际合作的创新模式;二是通过上纽大这个'试验田',探索中国高等教育改革和发展的路径。"

# 打造"试验田",重在培养创新人才①

  三年前,上海成为中国第一个开办中美合作大学的城市。上海纽约大学的成立是上海立足创意创新,面向全球化经济需求,打造21世纪高等教育的重要突破。上海纽约大学校长俞立中在接受《青年报》专访时强调,上海纽约大学的意义不在于中国又多了一所大学,而是打造一方高教"试验田",本身就承载着改革、探索和创新之深意。

  纵观世界一流大学,一定都在人才培养和科学研究等领域具备极强的创造和创新能力,这些高校也最能够顺应时代潮流的需求,探索人才培养新模式,服务并引领社会的发展。

  **《青年报》**:国务院此前已正式印发《统筹推进世界一流大学和一流学科建设总体方案》,引发社会各界强烈关注和热议。有人说,世界一流大学究竟什么样子,或许每个人心中都有一把尺子。在俞校长心中,它是什么样的?

  **俞立中**:一所大学的影响力不应该受制于各种大学排行榜,社会认同与否不会因为排行榜上的波动而改变。说到底,世界一流大学还是看其三大功能发挥的效度——人才培养、科学研究和社会服务。

  纵观世界一流大学,一定都在人才培养和科学研究等领域具备极强的创造和创新能力,这些高校也最能够顺应时代潮流的需求,探索人才培养新模式,服务并引领社会的发展。建设世界一流大学,不能只是体现在论文、科研经费等数字上,更要在培育人才、引领社会发展上下真功夫、大功夫。

  **《青年报》**:目前,中国高校在迈向世界一流大学的道路上最需要破解的是什么问题,应该从哪些方面着力?

---

① 原载《青年报》2016年1月27日,记者刘昕璐。

**俞立中：** 中国的教育被诟病最多的一点是功利性太强。从理论上讲，教育应该有一定的超前性，起到引领作用，而不是跟着社会风气跑。同时，教育也会影响社会发展的路径和速度。

要引领社会发展、对社会有大的贡献，一定要有内在价值。这个价值可以是新思想、新发现、新发明，也可以是创新理念，但一定是体现在人的身上，特别是培养的人才。而今天我们用太多的定量指标来衡量一所大学的发展，学校不得不把这些具体指标作为努力的方向。如果科研人员只是为了追求发表论文的数量，那就异化了科研创新的目的，更谈不上质量和水平了。

只有当整个社会心态都开始趋于平静，实事求是地去认识问题的本质，让科研人员也静下来，更专注于他感兴趣的问题，而不是急着被认同和肯定时，这个难题大概也就自然而然被破解了。当然，社会评价体系、政策导向趋向更理性化，也是很重要的因素。道理很多人都知道，但实现还是会有一个过程。

从这个视角来看问题，在建设世界一流大学和一流学科的过程中，我们也不能用这种过于着急的心态去面对。目标是要有的，努力也是必需的，但切忌只做表面的文章，而是要从根本上去推进和鼓励创新。今天我们所作的努力不能只是仅仅为了明天就出成效，也许今天做的努力要五年、十年甚至更长的时间才会取得理想的结果，但这不妨碍我们依然为这个目标而努力。特别是在高等教育上，无论是人才培养还是科学研究，急于出表面成绩，那结果必然是在违背科学规律。

上海纽约大学的意义不在于中国又多了一所大学，而是打造一方高教"试验田"，本身就承载着改革、探索和创新之深意。我也是一个学习者，我努力想在办学的过程中总结一些经验，能够更好地为我们自己本土的高等教育发展和创新服务，我觉得这也是我的责任。

**《青年报》：** 建设世界一流大学需要"鲶鱼效应"，这已然是一种比较明晰的共识。上海纽约大学的建设是否当真能成为一条作用鲜明的"鲶鱼"？

**俞立中：** 上海纽约大学从筹建开始就定位于"世界一流的研究型大学"。"鲶鱼效应"的说法不是我们自己讲的，而是出自媒体。但是我觉得说得挺好，很认同。上海纽约大学的意义不在于中国又多办了一所大学，尤其在上海，多一所大学并没有很大的意义。而是要打造一方高教"试验田"，本身就承载着改革、探索和创新之深意。这是我们办学和发展的关键词，因为上海纽约大学一定要突破传统的办学模式。

首先，它可以不受太多体制束缚，积极探索高等教育国际合作的新模式。其次，上海纽约大学是纽约大学全球教育体系的组成部分，引进世界一流大学的优质教育资源，并与本土教育体系接轨，可以从不同视角探索中国高等教育改革和发展中的一些问题，有利于推动大学的改革和创新。由此可见，上海纽约大学是起到了"鲶鱼"的效应。其实，任何一所大学都不能被复制，每个学校都在探索自己的道路，但是这并不妨碍在探索的过程中吸取其他高校之所长，启发某些方面的思考。

华东师大每学期都会有十几名教师在上海纽约大学全程听课。从教师课堂观摩的心得中可以看到，有这样近距离的学习，大家都觉得受益匪浅。通过比较和思考，他们也对华东师大课程设置和教学方式的改进提出了很多建议，这正是华东师大合作举办上海纽约大学的目的之一。由此，你同样可以感觉到"鲶鱼效应"有多大了。

我们这里的老师大多来自纽约大学以及其他世界一流高校，他们是怎么对待学生、对待教学的，亲历过就会觉得真的不一样。第一学期的中秋节恰逢与周末连休，我碰到一位美国科学院院士、纽约大学资深物理学教授，我问他假日怎么安排，去哪里玩？结果他说就在家里备课。我很诧异，这对大牛教授不是小菜一碟吗？教授说："当然是需要的，我要面对的学生不一样了，因为是一个国际化学生群体，而且中国学生很多，我必须考虑他们的特点，把课上得更有效。"这样的故事难道对我们没有启发吗？

初步估算，在上海纽约大学搬到陆家嘴校区后的一年多时间里，仅校长办公室接待的来访者就将近 10 000 人次。这至少说明，大家意识到上海纽约大学有值得学习借鉴的方面。事实上，美方校长对学校的学术质量和水平负责任，我也是一个学习者。我努力想在上海纽约大学办学过程中总结一些经验，能够更好地为我们自己本土的高等教育发展和创新服务，我觉得这也是我的责任。

大学的创新，最重要的还是培养创新人才。我们通过构建课堂教学、文化体验、社会观察、研究实践相结合的综合学习平台，着重拓展学生的科学视野，激发好奇心，培养学习兴趣，养成主动学习的习惯，并培养学生批判式思维能力。

**《青年报》：**上海纽约大学的人才培养目标是国际化创新人才的培养，那么我们探索和实践的是怎样一种教育模式，从而促使一大批创新人才可以在未来脱颖而出？上海纽约大学在助力上海科创中心建设、融入城市服务社会方面，将有哪些作为？

**俞立中：**大学的创新，最重要的还是培养创新人才。我们在讲创新人才培养时，往往讲了很多理念，但至于怎么能真正落地，通过怎样的载体，用什么样的方法去培养学生，却反而考虑得太少。

上海纽约大学常务副校长雷蒙教授讲，我们沿用了一条科学界公认的理念，那就是优质的创新需要三大要素：专业的素养、原创的精神、求真的渴望。专业的素养是指必须要扎实把握某个领域最新的技术，并具备宽阔的学术视野。原创的精神是指能提供最新的观点和事物的能力。求真的渴望要求学生敢于尝试，不怕犯错，敢于在他人面前表达自己的想法和点子，不怕被别人指出错误。

为了培养学生的创新思想和能力，上海纽约大学学生的专业学习必须同时具备深度和广度。他们既要掌握本专业的知识，又要广泛涉猎其他各个学科，而且能用多学科的知识和技能来分析和解决问题。学校强调人文素养和跨学科能力的培养。例如，在《全球视野下的社会》这门课程里，学生会有大量的阅读，涉及古今中外的思想家、哲学家，有柏拉图、亚里士多德等西方哲人，也有孔子、荀子等中国先贤。

我们通过构建课堂教学、文化体验、社会观察、研究实践相结合的综合学习平台，着重拓展学生的科学视野，激发学生的好奇心，培养学生的学习兴趣，养成主动学习的习惯，并培养学生批判式思维能力。

全球视野和跨文化理解、沟通、交流、合作能力的培养，也是学校培养模式、课程设计和教学过程中特别关注的要点。与传统教育模式有所不同，上海纽约大学强调的是主动学习模式。学校的责任是为学生提供各种各样的机会，选择权是学生的，如果学生不积极主动地选择，这些机会等于零。

在科研方面，学校也结合国家和上海的实际需求，推出了一系列研究计划，特别在脑科学与人工智能、大数据科学、互动媒体技术、金融研究等领域。与此同时，学校、师生与社区也有了越发密切的联动，这同样是在扩大学校对社会的辐射效应。

**《青年报》：**纽约大学拥有独特的全球教育体系，包括三所拥有学位授予资格的门户校园：纽约、上海、阿布扎比，以及11个海外学习中心。按照本身的设定，上纽大的首届学生都已经到了可以"散"出去的时间，能告诉我们一下目前他们的选择比例是怎样的吗？是否达到校方预期的样子？

**俞立中**：上海纽约大学有一句名言：让世界成为你的课堂。在创新人才培养过程中，学校始终坚持一个理念，学习不只是发生在课堂里，社会同样是学习的重要场所。

学生从大三起就可以有不超过三个学期的时间在纽约大学全球教育体系中流动，即在其他13个遍布全球主要城市的校园或学习中心学习、选修课程。首届200多名学生上学期已经奔赴世界各地。其中，近一半的学生选择了纽约，纽约大学毕竟是我们的母体大学，且资源最多；其次是伦敦和布拉格；此外，巴黎、华盛顿、特拉维夫、阿布扎比、马德里、佛罗伦萨等也有不少学生选择。

我们不会对学生选择做出过多的干涉。我非常欣赏这样的模式，文化体验、社会观察和研究实践是很重要的学习过程。我个人的学习经历中也有这样的体会，你会觉得进入了另一类课堂，看到的、听到的、接触到的事物都可以是学习资源。

培养国际化创新人才，多元文化体验亦是很必要的经历。上海纽约大学的学生一半来自中国，另一半来自世界其他62个国家和地区。在寝室安排上，我们特地要求每间房间都有两种以上文化背景的学生，这是其他学校很难实现的。在学习安排上，学生不仅有三个学期可以选择在不同国家学习，也可以利用夏季或冬季短学期在纽约大学全球教育体系遍布世界各大城市的校园或学习中心选课学习。可以说，这比一般留学经历的收获得还要多。

全球化的时代，需要我们年轻一代人有更加宽广的视野，更需要我们年轻一代能够与不同文化背景的人相互理解和沟通合作，这是时代对未来人才提出的要求。

我们致力于把这批孩子培养成出色的学习者，有创造力的世界公民，并能在不同文化不同背景的人群中游刃有余。学习不止于课堂，教育以学生为中心，这大概是这几年来我所感受到的上海纽约大学最具魅力的地方。

**《青年报》**：上海纽约大学正进入第四年的招生季，报名竞争一年比一年激烈，您觉得，究竟是什么在吸引这么多来自世界各地的高中生，愿意奔向一所还没有首届毕业生的年轻院校？人才培养的质量现在通过什么得到外界的检视和认可？

**俞立中**：到中学去做招生宣讲是信息发布的一个途径，但如今学校声誉的传播更多是在校生和家长的口口相传。可以看到，如果一个中学有学生被上海纽约大学录取，第二年便会吸引该校一批优秀学生来报考。学校网站、微博、微信都很好地展示了学校以及学生学习和活动的信息，我的微博也是一个平台，但目的并不在"招揽"学生，而在"提醒"学生。

我更希望让学生想明白，上海纽约大学是不是适合自己的理想学校。为此，我问了学生五个问题：第一，愿不愿意选择主动学习模式，有没有自觉性和把控自己的能力？包括自己选择专业、课程、学习方式和各种活动。第二，愿不愿意接受严格的学术规范，是否能做到自律？因为任何作弊行为在这里是零容忍的，是不能触碰的红线。第三，愿不愿意选择一条不一样甚至是坎坷的人生道路？上海纽约大学的路可以是辉煌的，也许并不如所料，未来怎么样，要靠自己努力。第四，愿不愿意在多元文化环境下成长？与各国学生一起学习、生活，在多元文化下学会选择，文化的差异不是好与坏，要理解和包容。第五，能不能适应全英语教学环境？如果对以上问题的回答都是 YES，那么上海纽约大学应该是你的选择，如果其中有一条的回答是NO，那就不要选择这所学校了，因为它并不适合你。

外界对上海纽约大学的评价是很不错的，但最终还是要靠我们的学生来证明一切。学校从一年级起就对学生进行职业发展教育，让学生积累一定的社会经验，通过对社会和职业的理解，进而明确人生目标和学习选择。在实习、见习和志愿者活动中，企业和机构对我们学生的基本评价是：国际化、有人生目标、积极主动、学习能力强。现在，越来越多的企业会主动上门要我们的学生。

**《青年报》**：一直以来，您和学生甚至家长互动都十分频繁，从他们自身的话语中，您感受到的是怎样的反馈？

**俞立中**：我感受到了学生和家长给予的很多激励，他们真是学校的铁杆粉丝。对外界而言，学生和家长的切身体会和感受比我的话要管用得多。

在招收首届学生时，有位学生家长曾问我，上海纽约大学有什么好？既没有历史，也没有校园，就搞不懂小孩为什么非想进上纽大不可。我当时回答，我们都要尊重孩子自己的意见。上海纽约大学的确有很多不确定的东西，要当先行者很不容易。我不能代表学生，但我可以给出几点感同身受的想法：首先，说明孩子想选择一种不一样的学习方式，按照自己的兴趣去选择。其次，孩子有接受挑战的勇气，愿意选择不一样的人生道路，很有志气，你应该鼓励他。我们致力于把这批孩子培养成出色的学习者，有创造力的世界公民，并能在不同文化不同背景的人群中游刃有余。最后，这位家长还是认同了，孩子也入选了，发展得很不错。

其实，任何一所大学的学生群体都不能用一个标准来衡量，每个学校都会有一批出类拔萃的学生，也会有比较一般的学生。上海纽约大学的学生在发展过程中也是有差异的，只是差异小一点，因为我们是根据适合度的原则选拔学生，而不是单一根据高考成绩录取的。

"学习不止于课堂""教育以学生为中心"，这大概是这几年来我所感受到的上海纽约大学最具魅力的地方，也是与其他高校最大的不同。我希望上海纽约大学在改革、探索和创新的道路上走得更加扎实，从而形成一些可以学习借鉴的办学经验。

# 培养国际化人才，我们有更多的优势[①]

上海纽约大学位于陆家嘴金融贸易区的"黄金地段"，教学楼摩登现代而功能齐全。坚持把校园建在大都市的经济与文化中心，是纽约大学的传统。

这是我国第一所具有独立法人资格的、中美合作创办的大学。也正因为如此，上海纽约大学有着独一无二的双重身份——既是纽约大学全球教育体系的一部分，也是中国高等教育多元化发展中的一项尝试。

校长俞立中高大友善、儒雅幽默，办公桌后挂着一幅遒劲的书法——"格高寿长"。俞立中是新中国的同龄人，1969 年从上海市西中学毕业后，他赴黑龙江省长水河农场务农。1978 年，他顺利考上华东师范大学地理系，本科毕业后留校，并被派送到英国利物浦大学地理系深造，获得博士学位。

俞立中说，十年"上山下乡"、五年英国留学是自己人生中留下深刻烙印的两段时光。前一段让他有机会更完整鲜活地认知自己的祖国，后一段让他了解世界的多元。由此，他学会站在多维度的视角看待每个问题，看得更全面、更清晰。

2012 年 4 月，在教育界从业三十年的俞立中从华东师范大学校长一职上接过人生又一挑战：担任上海纽约大学第一任校长。四年来，他亲历着一切从无到有。他说，领导这样一所全新模式的大学要难得多，因为此前没有任何经验可以参照。

接触过中西方教育的不同理念，这位资深的校长也认同全球教育（Global Education）的理念：在全球化时代，大学应该建立在多元文化的基础上，通过建立一个全球教育体系，让师生们在其中有机流动，学生们有机会接触到不同的文化，观察不同的社会现象，同时接触不同文化背景的人，以这种方式来培养学生的全球化视野以及跨文化沟通、交流、合作的能力。"教会学生正确的思维方法，就是教会他们探索世界的方式"，俞立中说。

---

[①] 原载《虎妈牛娃》2016 年 10 月。

按照博雅教育模式，上海纽约大学的学生在一、二年级主要学习"核心课程"，包括科学、数学、写作、语言、社会和文化基础五个模块。第二学年结束时自由选择专业，之后集中学习"专业课程"。

大学的使命正在于创造新的知识，服务社会的发展。上海纽约大学的目标是建设一所世界级的、国际化的研究型大学，培养国际化的创新型人才。俞立中说，"上海纽约大学的学术标准一定要在纽约大学的平均水平以上，有优秀的国际化学生群体和教师队伍。从这个意义上来讲，体现了纽约大学全球教育体系的精华，同时也体现了全球高等教育发展的趋势。"

《虎妈牛娃》：上海纽约大学的目标是培养高素质的国际化创新人才。在实际中，学校最为注重哪些方面？

俞立中：我一直觉得创新并不是一个空洞的概念，其实最后都会体现在学生的知识结构、素养和能力中。上海纽约大学本科教育的培养模式关注以下几方面：一是拓宽学生科学视野，激发好奇心。这是我们最强调也是最基础的一点。二是培养学生的学习兴趣。学校会努力创造各种丰富的机会，但选择权在学生。有了兴趣，学生就能够真正自主地学习。三是重视实践、探索和试错的能力。我们希望学生明白，除了课堂教学，参与实践、文化体验和社会观察同样是学习的重要组成部分。四是关注人文素养，包括符合时代的价值取向以及目标志向。当然，我们也很注重建立学生的跨学科解决问题的能力以及跨文化交流能力。

《虎妈牛娃》：您认为选择上纽大这种"在家门口探索全球化教育"的模式和出国留学相比，有什么样的优势？

俞立中：首先，上海纽约大学是除了纽约大学阿布扎比分校（学生来自100多个国家）以外最国际化的大学。我们的国际学生占46％，教师也来自世界各地。学校为了促进多元文化交流，还安排中外学生混寝，让学生全天候浸润在不同的文化中。等到大三、大四的近两年里，我们还会组织学生出国学习，加深国际化的体验。这样的环境在国外大学也是没有的，通常在国外的中国留学生也会扎作一堆，因此这是我认为最重要的一点。

其次，上海纽约大学规模很"小"，目标是成为一所21世纪的精品学校。我们师生比的目标是1∶8，现在是1∶4，这样的小班化教育充分保证了师生之间的沟通，学生无时无刻都能找到老师。而在如此精耕细作的教学中，每个学生做任何事情都会被关注着，碰到任何困难也能够获得及时的帮助。

此外，从家长考虑的经济角度，比起美国纽约大学，在上海纽约大学获得纽约大学的学位至少可以省下约100万元人民币。当然，也有不利的方面，比如若希望孩子最终留在美国工作，那上纽大就不是很合适。可以说两者各有利弊，但从培养国际化人才来说，上海纽约大学还是优势更多一些。

《虎妈牛娃》：在您看来，在学校同样接受了国际化教育的中国学生和外国学生，他们的差别主要在哪儿？

俞立中：我觉得更多的是每人个体之间的差异。整体上来说，中国学生学习更努力。他们学习到很晚，经常凌晨一两点钟还在微信上交流。一方面的原因是丰富的活动占用了部分做作业的时间；另一方面，在语言上中国学生需要比国际学生花更多的精力。

而国际学生的优势在于更适应学校的语言环境和学习模式。他们从小就更有锻炼辩论、演讲、张罗的意识，整体来说思路更活跃、更自信。他们热爱参与社会活动，乐于思考，敢于提问，这样就容易花更少的时间取得更佳的效果。

但从学习成绩来看，目前还是中国学生优于国际学生，不过到了后期专业课部分，国际学生的后劲很大，也反映出中外教育的差异。

《虎妈牛娃》：您曾经介绍上海纽约大学选拔录取学生的标准有两个关键词——优秀与适合。您能否为我们解读一下这两个词？

俞立中：实际上，所有一流的大学都会对学生提出"优秀"的要求。所谓的"优秀"是多样化的，但成绩一定是重要的考量标准。此外，学生还需要有一定的学习能力，包括想学和会学。

而"适合"就是适合上纽大的培养目标和模式。我有四条参考标准：你是否愿意选择一条也许更坎坷的人生道路？你是否愿意选择一个不同的学习模式？你是否有自信能在短时间内适应全英语教学环境？你是否愿意建立和世界的纽带？如果以上四条你的回答都是YES，那欢迎报考上海纽约大学，因为你符合我们人才培养的志向。

我们希望学生有自己的人生目标，而不是满足于一帆风顺的道路。他们接受在实现目标的过程中遇到各种坎坷，在失败面前站得起来，最终达成自己想要的人生。这就要求我们的学生有足够的自律和自觉性，更愿意主动学习，也喜欢和善于与他人沟通交往。

《虎妈牛娃》：对"虎妈们"您有什么建议？

俞立中：我想说，请保护好孩子的好奇心，因为这是创新的源泉。孩子的天性中有很多发散性思维，有很多奇思妙想，但中国应试教育最大的弊端就在于扼杀了这种好奇心。很多家长更注重孩子在学业上能不能答对题，能不能拿一百分，但忽视了学习过程中最闪光的思维。而失去好奇心的孩子也会丧失对学习的兴趣，丧失独立思考的机会。

另外，就是要帮助孩子养成良好的学习习惯。比如对于有些孩子来说，与其给他设置 4 个小时的学习时间，还不如半个小时有效，因为这半个小时里思想最集中。

《虎妈牛娃》：作为一名父亲，您对自己的孩子的教育理念可以与我们分享吗？

俞立中：最近我参加一个讲座，发现家长们都很焦虑。如果抱着功利的目的看待教育，那一定是焦虑的。其实一味追求名校的标签而不在意孩子从学校获取的实质，这完全背离了教育的本源。每个小孩都有自己的天分和喜好，不是依靠教育就能完全改变的，家长应该尊重孩子的想法和选择。我们可以给孩子提供各种机会，比如带他去接触不同的事物，但不需要为他们设计人生道路，否则孩子最终会失去方向。

到了 60 多岁，我想明白了，对孩子最看中的不过三件事：第一是身心健康。这是最重要的。如果孩子被逼得心理扭曲或是身体搞砸了，家长谈何幸福？第二要阳光正派。第三，自食其力，能养家糊口，幸福地过好自己生活。

# 上海纽约大学：
## 立足陆家嘴的"中美混血"大学①

三年前，在外企扎堆的上海陆家嘴，摩天高楼林立中，一幢 15 层的传统花岗石墙面的建筑在这里低调驻扎，这就是中国第一所中美合办大学，第一个真正意义上的"中美混血儿"。

## 创新中外合作办学模式

不久前，上海纽约大学校长俞立中刚结束美国之行，考查了几所美国常青藤大学，向这些学校的领导和同行们介绍了上海纽约大学的发展，为上海纽约大学首届毕业生探路。

成立于 2012 年的上海纽约大学，在外界的关注下迅速成长。今年，学校迎来了第四届学子，2013 年秋季入学的第一届本科生也正在面临未来深造或就业的选择。

"上海纽约大学打造的并非仅仅是一所大学。如何在全球化时代创新中外合作办学模式，为中国高等教育的改革探一条路，这才是上海纽约大学建校的初衷。"俞立中不改当年的意气风发，作为共和国同龄人，他依然秉持理想。1989 年，他获得英国利物浦大学博士学位，成为那一个年代罕见的"海归"。2003 年担任上海师范大学校长，2006 年掌舵华东师范大学，2011 年开始筹建上海纽约大学。

"创办这样一所学校，比我想象中要困难得多，但非常有意义。"俞立中谈到创办这所学校的感触，最感慨的一句话就是：走到今天不容易！筹建之初，华东师大团队和纽约大学团队就进行了很多次的深入沟通，解决了不少难点问题。同纽约大学校长深入会谈后，他亲自带队赶赴教育部去申请合作办学的事宜，旋即马不停蹄地转

---

① 原载《陆家嘴》2016 年 10 月 19 日，记者何映霏。

战各地招募优质学生，每每推进一步，他都难掩喜悦和激动。如今，他密切关注学生的毕业去向。作为新成立的陆家嘴金融城常务理事之一，俞立中第一次将"陆家嘴名校直通车"金融专场招聘活动请进校园。他全程参与，绝不马虎，直到每个细节都落实了才放心，这是他做学术养成的习惯。

## 中西融合的能量爆发

上海纽约大学是教育部正式批准的第一所中美合作大学，也是纽约大学全球教育体系的组成部分，与纽约校区、阿布扎比校区共同组成纽约大学全球教育体系中具有学位授予权的三大门户校园。

"学生毕业可以分别获得上海纽约大学和纽约大学两个学位。学习期间能充分利用纽约大学全球教育资源，真正吸取中美两国教育精华。"在俞立中看来，上海纽约大学虽然不及纽约大学的规模和历史，但教育模式、培养方案绝对不亚于纽约大学，本科生教育的师资力量甚至还超过了纽约大学的一般学院。

上海纽约大学注重多元文化的融合。目前，在校学生来自全球 70 多个不同国家，国际学生和中国学生各占了总人数的一半，这样多元化的生源在其他国外名校中也是佼佼者，纽约大学的国际学生人数也只是 20% 左右。

"我们的学生宿舍、社团、师资都体现了多元文化的特点。例如，学生公寓是中外学生混住的。一年级时一定是两种或两种以上文化背景的学生住在一个寝室里，24 小时文化沟通；所有社团也必须是三种以上文化背景的同学组成。汉语是国际学生的必修课，包括听、说、读、写，语言学习也是一种文化学习，国际学生毕业时至少要达到汉语中级水平。在通识课程中，学校设立了一个关于中国的课程模块，涉及中国政治、经济、文化、历史、社会、环境等内容，让学生有充分的机会学习中国的历史文化和当代发展。"

在教师方面，一部分是来自纽约大学的联聘教授；一部分是按纽约大学教师水准面向全球招聘的终身制教授；还有一部分是从世界一流高校和科研机构聘用的客座教授或兼职教授。这样的组成结构保证了教师队伍的质量和数量。而 1：8 的师生比，为实施小班化、互动式的教学模式奠定了基础。因此，这是一座"小而精"的大学。

在教学方面,学校倡导"主动学习"——没有人会告诉你,一定要学什么？做什么？学生必须自己做出决定。在上海纽约大学,每一层楼都随处可见自习室和学生沙龙,供学生课余学习和讨论。俞立中认为,很多中国学生从小到大接受的是应试导向的被动教育,这种方式导致不少学生失去学习兴趣,不知道自己真正想要做什么。"而在上海纽约大学,学生要把握学习的主动权,真正发现自己的兴趣所在,想清楚自己想干什么。学生可以寻求老师或同学的帮助,包括我在内,大家很乐意提供帮助。只要同学有好的想法,我们会尽量从各个方面去支持。"俞立中说。最近,学校组织了一次就业招聘会,很多招聘人员也观察到这所学校培养出来的学生的与众不同——自信、开朗和积极,他们的表现引起了陆家嘴地区企业 HR 们的关注。

在大三期间,学生可以选择在纽约大学全球教育体系遍布世界五大洲的 14 个校园或海外学习中心学习。这些校园或学习中心大多分布在国际大都市,如纽约、伦敦、巴黎、柏林、马德里、悉尼、布拉格、阿布扎比、布宜诺斯艾利斯、特拉维夫、阿克拉、佛罗伦萨、华盛顿等。把课堂教学、文化体验、社会观察、研究实践作为学习的大平台,诠释了"让世界成为你的课堂"的学校理念。走出国门的实地学习,多元文化的思维碰撞,大大激发了学生的创新意识。

## 学霸的天堂

目前,学校已招满四届学生。国际学生的录取是按纽约大学统一的招生标准和程序,在申请纽约大学的通用申请表上需要勾选"门户选择：上海"。在录取的国际学生中,为选择上海纽约大学而拒绝了其他世界名校的优秀国际学生比比皆是。

国内招收的学生,目前除了西藏、青海、澳门三地外,大多数省、市、自治区都涵盖了,包括香港和台湾。学校选择各地的重点高中作为切入口,宣传学校的办学理念和培养模式,吸引优秀且适合的学生。有意思的是,在上海纽约大学就学的同学往往会带动不少母校的学弟学妹们来申请报考,可见这些学霸的"气场"。

对中国学生而言,报考上海纽约大学需要经历提交申请、"校园日活动"、参加高考三个环节。首先,在线填写全英语的通用申请,按要求寄送相关材料,在每年的 1月 1 日前完成提交。学校会对通用申请表的填写内容以及学生高中学业情况进行综合评价,选出 400 到 500 个候选人,邀请他们参加"校园日活动"。其次,历时 24 小时的"校园日活动"其实是一场综合考查,有模拟课堂教学、写作、团队活动、一对一交谈等。整个过程中,教授和招生人员就在身旁左右观察,对学生各方面的能力和素养作评价。"校园日活动"重在考查学生的人生态度、价值取向、亲和力、表达能力、团队合作、领导力等,英语的实际应用能力更是考查的重点。其三,经"校园日活动"综合评价选出的 A 档(条件录取)和 B 档(候补录取)学生都必须参加高考,A 档的学生只要高考成绩达到一本分数线,就一定会被录取。

相对于直接到国外大学读本科,上海纽约大学为中国学生提供了一个"缓冲阶段"。一是能有两年时间在上海的国际化校园里,适应全英语教学环境,适应一流大学的教学模式,提升多元文化沟通、交流、合作的能力,有利于刚成年的孩子实现平和的转换;二是上海纽约大学强调全球教育和本土文化的结合,契合了一些家长不希望下一代完全脱离中国文化体系的愿望,在本土环境下的全球教育有利于学生完成学业后在国内发展;三是相对于纽约大学一年折合人民币 30 多万元的学费,在上海纽约大学接受一流的大学教育可以说是省了一大笔开支。

据悉,上海纽约大学的学生绝大多数出自工薪阶层的家庭,知识分子和公务员家庭居多。这些数据足以说明更多懂得教育的家庭看重看好这种全新的教育模式和学习氛围。

## 立足城市,融入城市

上海纽约大学选址在浦东经济和文化中心,类似于纽约大学在曼哈顿的区位,真正接触国际大都市社会、经济、文化的地气,继承纽约大学"立足城市、融入城市"的传统,并从这里出发,实现纽约大学全球教育体系"立足世界、融入世界"的伟大理想。俞立中认为,中国是当今世界经济的增长极之一;上海是中国改革开放的龙头,正在建设具有全球影响力的科技创新中心;而浦东陆家嘴是在成长中的国际金融中心。因此,上海纽约大学是来自世界各地的学生了解中国、建立世界与中国纽带的理想平台。在浦东这个大校园里,上海纽约大学的学生一定会直接感受到都市发展的活力,看到城市化带来的问题,也会有大量的实践机会。这样的区域环境会对学生未来的学业、职业发展有重要的影响。

# 一个有使命感的老知青[1]

2013 年 8 月 12 日上午,上海纽约大学假座华东师范大学思群堂举行了首届新生入学仪式。面对 295 名来自中国 10 个省市和美国、德国、俄罗斯、巴基斯坦、印度、波兰等 40 个国家的学生及他们的家长,俞立中校长作了感人肺腑的演讲,他没有过多地介绍上海纽约大学的办学特色和宏伟愿景,而是与中外学生分享了他年轻时"上山下乡"的经历和求学之路,传递给弟子们一个追逐梦想的理念,那就是要把个人的理想和社会发展紧紧联系在一起,个人的梦才有实现的可能,才会更有意义。演讲结束后,学生们将校长团团围住,被这位老知青的责任心和使命感所折服。

## 做有知识的"知识青年"

俞立中是新中国的同龄人,68 届高中生。高中才读了一年,1966 年"文化大革命"就开始了,学校停课。1969 年 7 月,随着"知识青年上山下乡"的洪流,他来到了黑龙江省长水河农场。

和所有知青一样,俞立中经历了艰苦生活和繁重劳动的磨炼。盛夏顶着烈日下地锄草收割,严冬冒着风雪上山伐木采石,日出而作、日落而息。望着北大荒无边的原野,俞立中盼望能做一个有知识的"知识青年",对国家建设有所作为。他拼命地劳动,也择机读书,凡是能找到的书他都看,文学、政治、历史、地理、农业、机械、英语……甚至介绍厨艺的书,他也会认真阅读。挨到回上海探亲,新华书店是他的必去之地,尽管那时出版的书籍种类不多,但他仍乐此不疲。

书本给了他知识,也给了他力量。俞立中干得很出色,在连队入了党,还当上了指导员。他希望连队能够科学种田,取得好收成,体现知识的价值。在老连长的支

---

① 原载《知青》2017 年 1 月,记者海哥。

持下,他带领知青和老职工们一起铆足了劲地干。那一年,连队盈利十几万,在农场普遍亏损的情况下能取得这样骄人的成绩是需要付出难以想象的努力的。

实际上,在计划经济的农业政策指导下,中国农村抗拒自然灾害的能力十分有限,盈利是不可持续的。不管你多么努力,想彻底打翻身仗不大可能,这让年轻的俞立中十分迷茫,总有一种前程未卜的感觉,似乎一切都不能被掌控,不知道自己将走向何方。但他内心深处越来越觉得只有多多地掌握知识,才能够找到方向,找到治理贫困的良方。

## 挥之不去的梦

"文化大革命"使中国的教育停顿了好多年,特别是高等教育的缺失严重影响到社会经济的发展。高层既想重新开启大学之门,又怕"资本主义教育路线复辟",于是出现了一个"新事物"——工农兵大学生,就是在工人、农民和解放军战士中推荐学员。在农场务农的俞立中表现突出,处处以身作则,是连队的好带头人,得到大家的认同,所以每每都会被知青和职工们推荐,但每次都因种种原因没被上级批准,或许上级根本就不想放他离开农场。

大学招生实行"群众推荐、领导批准、学校复审相结合的办法",侧重政治觉悟,忽略文化知识,从而造成高校学生的文化程度参差不齐,大部分人没有读过高中,甚至有不少人只有小学文化程度,教师难教,学生难学。为了弥补这个缺陷,1973年,国家决定在选拔大学生时增加文化考试的环节。俞立中得知这个消息后喜出望外,他认为凭真才实学,自己一定不会比别人差。可是命运偏偏又开了个天大的玩笑。那一年发生了"白卷事件",一个叫张铁生的考生非但在考试中交了白卷,还在试卷背后写了一封对文化考试表示异议的信,无疑给"文革派"提供了一发重型"炮弹"。因为这封信,当年的考试全部作废,俞立中的大学梦也再次破灭。

1976年,"四人帮"被粉碎,"文革"闹剧宣告结束。在百废待兴的关键时刻,重新确立了"尊重知识,尊重人才"的价值观。1977年,国家宣布恢复高考,力图迅速扭转人才匮乏的局面。俞立中意识到改变命运的时刻到了,必须抓住这个机会。白天,他必须坚持劳作,夜深人静时才能在蚊帐里学习。他靠着手电光自学了高二、高三的各门课程。怕影响他人休息,他经常是打亮一会儿电筒,赶紧把课本上的知识点和习题记在心上，便关掉手电，躺在炕上反复琢磨、回忆和解题。他把重要的数学公式、物理公式写在手心上或小纸片上，劳动歇息时打开看看，加深记忆。客观条件迫使他只能用这种积少成多的方法把支离破碎的时间用在复习迎考上，意外地练就了过目不忘的本领。

1978年，俞立中以黑河地区初试第一名的成绩，取得了参加全国高考的资格。最后，他被华东师范大学地理系录取，这恰是他喜欢的专业之一。就这样，已近而立之年的俞立中终于如愿以偿地踏进了梦寐以求的大学校园，回到了阔别已久的故乡上海。多少年后，已经成为大学校长的俞立中回忆起那段往事，感慨万千，他说："回想自己的高考历程，真的很不容易，今天的年轻人恐怕难以想象。当时，有一个强烈的信念支撑着我，那就是要把握自己的命运，用知识改变人生。现在想来，曾经走过的那段不平坦的路，让我变得更加坚强，更加刚毅。艰难的高考之路磨炼了我在逆境中前行的能力，增强了我应对困难的信心和勇气，这足以让我受益终生。"

## 做有志向的大学生

进了理想的大学，但俞立中并没有满足。虽然那时还没有人生规划的概念，但他没有忘记在北大荒时对知识的渴望，没有忘记蚊帐里学习的艰难，更没有忘记他"上山下乡"经历中真切体验到的国家贫穷落后。他深知大学是知识的殿堂，一定要把握机会，学到更多知识，提高自己，将来可以服务社会，实现人生价值。

用俞立中自己的话说，那时他和同学们就像老鼠掉进了米缸，大家憋着一股劲玩命地学习：清晨，校园的角角落落就布满了背英语单词的学生；早餐后，同学们一路小跑着冲向教室，为的是抢到前排的座位，上课时能听得更清晰；课堂里，只要有机会，同学们都会争先恐后地提问，课后也会缠着老师求教；晚自习更是大家的不二选择，教室里座无虚席；甚至熄灯后，宿舍的走廊上、厕所里仍然有同学在"借光"读书，学习气氛之浓厚可见一斑。

面对如饥似渴的学生，教师们热情高涨。课堂上认真讲解，课后耐心辅导，主动答疑解惑，让同学们好生感动。国人被"文革"拖累了十年，对文化的渴望也压抑了十年。党的十一届三中全会后，中国迎来了万物复苏的春天，教师和学生都明白一个道理，想要快速进步，必须舍得付出，才能把失去的年华补回来！教师一心要把满腹经纶传授给学生,学生则求知若渴,抓住每一个机会,力图拨云见天。俞立中在给学生演讲时说道:"知青经历给我们这代人的启示,就是要抓住各种机遇来提升自己,实现人生梦想;人家一年做的事情,我们应该用两个月,一个月,甚至更短的时间去做完它,这样才能把'文化大革命'十年失去的时间赶回来。"

## 报效祖国是理想

俞立中很幸运,毕业后留在了学校工作。1985年被选派往英国利物浦大学地理系学习,师从环境磁学的创始人弗兰克·奥德菲尔德教授,1989年获博士学位。留学英国是他拓宽视野和提升专业能力的阶段,而已过不惑之年的他是留在国外还是回国工作,则是人生之路的又一个选择。1990年,俞立中收到华东师大校长的来信,因学校事业发展的需要,希望他尽早回国。

面对祖国的召唤,俞立中没有忘记当年出国时的初衷,就是要学好知识,报效祖国。他说:"这是我的人生的理想。"尽管当时他也有顾虑,不知道回国后会碰到什么困难,科研和教学能不能顺利。但是他有信心,"上山下乡"的艰难都挺过来了,无论碰到什么样的困难,都是能够克服的。他相信自己能够闯过这一关。1990年,俞立中回到母校,被聘为副教授。

环境磁学在当时是一门新兴学科,在中国还没有相关的仪器设备和实验室。俞立中做好了最坏的打算,就是不具备条件,也要从事他的研究。他用自己省下的生活费买了计算机和相关设施,通过承诺和仪器公司的合作获得了一套赠送的仪器设备,并利用科研经费购买了其他仪器。在学校的支持下,很快就建立起了我国第一个环境磁学实验室,成为我国环境磁学研究的奠基人和开拓者。

## 做有使命感的教育工作者

1996年,学校打算把俞立中调到学校行政岗位工作。对一个搞了多年科学研究的学者来说,最痛苦的莫过于让他离开实验室。俞立中说:"我有过各种各样的梦想,梦想过当教授,当科学家,但从来没有梦想过当校长。"直至今天,他还是觉得从事科学研究是一件很幸福的事。当时,他对党委书记说:"我在海外学习花了那么多的时间和精力,就想在这条路上走下去。"书记则很严肃地说:"你们这些知识分子啊,给学校提意见头头是道,这个不好那个不好,应该这么做应该那么做。让你自己来做嘛,又不肯做,那还提什么意见!"俞立中被书记将了一军,他没想到会是这样的谈话,一时无言以对。书记乘胜追击:"我们想改变学校的状况,希望有一批懂业务、懂研究的教授来做学校的管理工作,能够更好地为学校的发展、为广大师生服务。我们觉得你行,能胜任,希望你来做。"末了再将一军:"如果你还是要推脱的话,那你前面讲的初衷也有问题了。"话说到这个份上,俞立中完全没理由了,只好答应下来,无可奈何地走上了学校的领导岗位。

学校领导其实并不好当,甚至很难当。不管是在华师大还是在上师大,不管是当副校长还是校长,俞立中始终把自己定位在教师身份上。他知道,只有保持教师的本色,才能和教授们融合在一起,倾听他们的呼声;只有做好一个教师,才能走进学生中间,了解学生的所思所想;只有保持教师的情感,才能关心学子,关心学术,学校才会充满活力。他知道,教授是学校的生产力,学生是学校的产品,不能发挥生产力的效率,就不可能有好产品。所以,俞校长常会风趣地讲,要心甘情愿地去当"孙子"!

在当副校长的头几年里,俞立中曾想回到他钟情的实验室,但是他的出色管理能力却牢牢地把自己绑在了这个岗位上。既然回不了实验室,他索性调整自己的人生目标,不做则已,要做就做最棒的!多年的大学管理工作,使他意识到我们现有的大学体系已经束缚了自身的发展,要把中国的大学提升到一个新的高度,以符合世界高等教育发展的潮流,我们必须跳出来,把学校放在国际高等教育的平台上去思考自己的未来,制定自己的发展规划。在当华师大校长期间,他就提出学校发展的两条战略路径,一是学科交叉融合,二是推进国际化进程。他希望在学科交叉点上发现一些新的生长点,希望和世界同步探索、推进学校的国际化进程。在这样的战略思想下,他积极开展中外合作办学,努力把国际一流大学的办学理念引入到自己的办学管理中,努力引进国外的优质教育资源,营造国际化学习环境,探索全球化背景下培养人才的模式。2013年,法国政府授予俞立中"法国荣誉军团骑士勋章",以表彰他在中法教育合作方面的卓越贡献。华师大的学生们则赞扬俞校长是"最亲民校长"和"最优秀毕业校长"。

俞立中给自己确定的目标远不止这些,他要做一项重要而有益的探索。2012年

7月,他从华东师大校长岗位上退下,正式担当上海纽约大学的首任校长。

## 再攀教育改革新高峰

2013年8月,上海纽约大学迎来了首批国内外学生。这是我国第一所具有独立法人资格和学位授予权的中美合作大学,是纽约大学全球教育体系的组成部分。学校的目标很明确,就是要建设一所世界级、多元文化融合、文理工学科兼容的研究型大学,成为全球化进程中不同文化交流和教育合作的典范。这是一个非常高的标准。上海纽约大学的建设得到了教育部、上海市、浦东新区政府的大力支持。

俞立中是从知识荒漠中走过来的人,他知道学习的内在动力是人的好奇心和兴趣,因此他充分理解回归教育本质的人才培养模式,通过拓宽视野激发学生的好奇心,让学生在兴趣的驱动下主动学习,而不是跟着考试走。他也十分理解实践探索精神培养的重要性,要让学生懂得,不仅仅只有课堂才是学习场所,社会实践、文化体验、研究探索都是学习的平台,要学会通过实践来提升知识、能力和素养。他更理解人文素质的培养才能使学生完整地认识这个世界,深切地认识人生的价值,更好地建立起自己的价值取向。

经历过高考的俞立中很清楚高考的利弊。他欣喜地看到,上海纽约大学在学生评价标准和选拔方式上的改革,即综合评价、择优录取的模式。上海纽约大学是先选学生,后参加高考,高考成绩只是入门条件之一,而学生在高中的表现以及在校园日活动中的综合素质评价是更重要的。

上海纽约大学正在努力建设成为世界一流的研究型大学。在这所学校里,教师和学生来自世界各地;本科教育采用了世界一流大学的通识教育模式,构建了通识课程和专业课程结合的课程体系;引进了小班化教学、互动学习与讨论的形式;在大学四年里,学生可以根据自己的专业和课程,选择到纽约大学全球教育体系的其他13个校园或教学点学习,把课堂学习、文化体验、社会观察和研究实践融为一体。能参与这样一所创新型大学的建设,俞立中感到荣幸,更觉得责任重大。

上海纽约大学独特的招生方法和教学模式也在教育界引起了高度关注。我们不难看到这是一所全新的大学,不仅在于它是一所新办的大学,更在于它的办学理念和教学方式。

俞立中正在为办一所世界一流大学的新梦想而继续奋斗。

人只有一条命,但优秀的人有两条命,一条是性命,一条是生命;而卓越的人则有三条命,除了性命、生命之外还有使命! 俞立中从知青到教授,再到教育家,在他生命中的每一个阶段都有着令人神往的梦想;在他为之奋斗的崎岖路途上,每一步都有坚定而明确的目标。令人敬佩的是,他的梦想和目标不是小我,而是大“家”,满怀着“国家兴亡、匹夫有责”的责任心和使命感。正是这使命感推动他叩撞大学之门,促使他探索办学新路,现在还是使命感指引他迈向中国高等教育之巅峰。

# 多元姿态放眼世界[①]

"坚持并超越",上海纽约大学的成长史无疑是对纽约大学这句校训最好的践行。十月的申城秋意渐浓,上海纽约大学的教学楼内却人声鼎沸、并无凉意:来自不同国家的学生们或怀抱书籍行色匆匆地穿行于各个教室之间,或意犹未尽地围绕在教授身边进行着激烈的学术探讨。这所年轻的大学正以前所未有的朝气朝着一流名校迈进。

## 校长:面对挑战,实现焕然一新的变革

**《高校招生》**:俞校长您好!非常高兴您接受本刊的专访。担任上海纽约大学的校长,已经是您继上海师范大学、华东师范大学后第三次担任大学校长。上海师范大学和华东师范大学都是纯中国式的大学,而上海纽约大学是一所中外合作举办的大学。担任这所大学的校长,您觉得会给您带来什么样的挑战?

**俞立中**:担任上海纽约大学的校长,可以说是我职业生涯中经历的最大的一次挑战。虽然我担任过上海师范大学、华东师范大学两校的校长,但中美合作办学模式下的上海纽约大学与上海师范大学、华东师范大学等院校存在太多不同,"多元化""国际视野""通识教育"等多种元素构成了学校独一无二的办学特色和教育特色,因而以往的经验仅具有部分借鉴意义。

作为中美高等教育界的一次合作创举,上海纽约大学实现了美国最大的私立研究型大学纽约大学和中国的"985工程"高校华东师范大学以及中国发展最快的中心城市上海的强强联手。不同文化之间的交流必然带来碰撞,中美合作的办学模式要求中方和美方的教育组织者共同努力、不断磨合,继而在同一平台上取得双方共同

---

① 原载《高校招生》2017年第2期,记者田媛、孔惠楠。

的发展。从起草合作协议到制定大学章程，从学校制度建设到具体管理运作，都会涉及因教育体制、文化理解、思维方式的差异而产生的误解和困惑，需要耐心和直率的沟通，需要换位思考。

作为一种全新的办学模式，中外合作办学从一开始就没有被公众准确接受并认可。由于种种原因，大部分的考生和家长在评判一所高校及其教学水平时，往往是依据形形色色的大学排行榜，重点关注的是"211""985"大学。面对这样的舆论压力，上海纽约大学如何能脱颖而出、取得社会公众的认同，继而转变公众对中外合作办学的认知，这无疑是对我们的严峻挑战。

《高校招生》：美国长期处于世界高等教育的前列，作为第一次引入美国教学理念和模式开办的上海纽约大学，将带给学生怎样与众不同的就读体验？学校希望通过中美教育资源的强强联合，培养出什么样的国际化人才？

俞立中：中外合作办学是教育资源优化组合的一种手段，通过中外合作办学以借鉴世界一流大学的办学理念、引进国外优质教育资源、构建国际化的学习环境、探索全球化背景下的人才培养模式，是中国高等教育积极推动改革创新的一个方面。目前，教育部已经正式批准设立了7所具有独立法人资格和学位授予权的中外合作办学高校，包括宁波诺丁汉大学、西交利物浦大学、上海纽约大学、昆山杜克大学、温州肯恩大学、北京师范大学—香港浸会大学国际联合学院、香港中文大学（深圳）等。中外合作的二级学院和合作办学项目则数以千计了。相较于合作办学的学院、专业、项目，中外合作举办的大学为学生提供了更为直接、真实、全面的全球教育体验，使他们在全球视野、跨文化沟通交流和合作的能力、学习理念和学习方式等诸多方面有更大的提升。

上海纽约大学是一所没有围墙的"垂直大学"，首先为学生提供了一种与国内传统高校截然不同的校园体验。或许很多学生和家长会感到疑惑：学校连开放的校园都没有，能不能为学生们创造良好的学习条件呢？上海纽约大学的教学楼可谓"麻雀虽小，五脏俱全"，学校的每一处设计都体现着以学生为本的理念，特别强调为师生的互动与合作创造条件。学校不仅拥有设施完备的高科技教室、实验室、多媒体工作室，还有资源丰富的图书馆、多功能艺术厅、音乐与舞蹈房以及健身房。此外，教学楼里还有相当多的学习空间，满足学生自主学习、集体讨论、社团活动的需求。

在学校的教育理念中,学习不只是在课堂里,更要鼓励学生走进社会,善于在实践中学习。因此,对于上海纽约大学的学生来说,整个陆家嘴区域甚至整个浦东新区乃至上海都是我们的校园。

在学习体验方面,上海纽约大学不同于传统的大学教育模式,要求学生更多地阅读、讨论、思辨、表达和参与,充分展示个人特质,真正成为学习的主体。上海纽约大学的通识教育课程有四个关键词:"全球视野""跨学科""多元化"和"中国元素"。在这里,来自世界各国的学生和教师构成了学术共同体,体现了多元化的校园文化。由于学生规模较小,学生有很多机会与教授沟通互动,甚至参与教授的研究课题。学校积极引进世界一流大学的教学模式,采用小班教学,强调学生在教学过程中的参与和互动。所有学生在就读期间都可以通过学术资源中心、职业发展中心、心理与健康中心等部门获得课堂之外的全方位支持。

## 学生:开阔视野,以此为始走向全球

**《高校招生》**:目前国内很多学校的招生录取都是按照大类招生的模式,上海纽约大学采取的则是"通识教育平台下,学生自主选择专业"。这两种方式是否存在差别?在专业选择方面,学生的选择范围广吗?有什么要求?

**俞立中**:世界一流大学大多提倡"通识教育",兼顾学习的广度与深度,拓展学生的视野,培养兴趣,激活思想,提升学生的人文与科学素养,成为全面发展的人。应该说"通识教育"得到了诸多世界知名大学的认可与推崇。

上海纽约大学强调 21 世纪新通识教育的理念,在兼顾深度和广度的基础上重视学生创新意识、创新思维、创造能力的培养。本科生入学时不分专业,以核心课程学习为主,二年级结束前可根据自己的兴趣确定专业。学校为每位学生配备了学业导师,指导学生科学地选择课程和专业,指导学生制定学业规划,提供职业发展咨询,也会帮助学生解决学习和生活上的困难。在头两年里,学生在自我探索的过程中可以与学业导师充分沟通交流,随时调整自己的专业意向,真正做到自主选择。

不同于大类招生,上海纽约大学赋予了学生更为自由的选择权,不受文、理、工学科的限制,甚至可以跨界选择第二专业或辅修专业。例如,计算机工程专业、商业与金融专业的学生可以选择互动媒体艺术为第二专业或辅修专业,探索技术与艺术的结合、商学与媒体技术的结合。而大类招生则是确定了专业大类,只是在具体专业选择上有一定的空间。"自主选择专业"有利于激发学生的好奇心和探索意识,养成在兴趣驱动下的主动学习,在学习过程中发现自我。我们必须看到,无论学生未来从事什么职业,一定需要通过不断学习来适应变化的世界,因而"学会学习、学会选择"是大学教育的根本。

《高校招生》:与一些中外合作办学的学生可选择本科期间是否出国就读不同,上海纽约大学要求学生在读期间必须有一次出国学习,这是基于怎样的考虑?

俞立中:上海纽约大学是纽约大学全球教育体系的一个重要组成部分,"让世界成为你的课堂"是学校教育的基本理念之一。我们认为,课堂教学、文化体验、社会观察、研究实践的结合是人才发展的大平台,不同的文化环境、不同的社会背景、不同的学生群体都是有效的教育资源。通过学生的亲身体验,才能深切了解世界的多样性,理解和包容文化的差异性。培养具有国际视野的创新型人才,多元化的全球体验是一项有价值的尝试。

多元文化的融合也是一种创新元素。上海纽约大学的学生来自世界 60 多个国家,正是不同文化背景的学生之间的沟通、交流与磨合,带动了思想与文化的碰撞、理解和变革。来上海纽约大学学习的国际学生,有的是出于对中国文化的浓厚兴趣,有些则知之甚少。在上海学习期间,他们有各种机会接触中国文化,了解当代中国的改革发展。同样,中国学生也可以在多元文化的学习和生活环境中了解不同的文化,提升跨文化交流与合作的能力。然而这样还不够,国际化人才的发展需要有更为广阔的天地,应该放眼全球。

正是基于这样的考虑,上海纽约大学的学生在四年本科学习阶段,一般要有两个学期选择在纽约大学全球教育体系遍布世界五大洲各大都市的其他 13 个门户校园或学习中心学习,包括纽约、阿布扎比、阿克拉、柏林、布宜诺斯艾利斯、佛罗伦萨、伦敦、马德里、巴黎、布拉格、悉尼、特拉维夫、华盛顿特区。学生也可以在寒假或暑假的短学期去这些校园和学习中心学习。上海纽约大学学生的海外学习不同于大学间的交流访学,而是在一个教育体系内部的流动。无论学生在哪个校区或学习中心,都能共享纽约大学全球教育体系的教学资源,课程代码和学习成绩都是在同一系统内,更无须转学分。

## 选择：双向互动，慎重选择创造双赢

**《高校招生》：** 对于学校来说，选拔人才的方式也体现着学校的特色，上海纽约大学的校园日活动无疑是学校的独创。通过这种看似不涉及知识的考查方式，学校希望选拔出具备怎样特质的学生？

**俞立中：** 校园日活动是上海纽约大学选拔学生的重要环节，这样的设计很具特色。或许一些学生和家长会把它和自主招生的面试等同起来，而事实上是不一样的。

面试大多采用问答的方式，甚至是一个学生面对几位老师的考试，是学校对于学生的单向"挑选"。但上海纽约大学的校园日活动则不同，它是一种双向选择。一方面是学校在选拔适合自己培养目标和培养模式的学生；同时，学生也通过这个过程进一步了解学校的教育理念和教学方式，继而判断自己是否喜欢并适合这所大学。

全英语交流的校园日活动历时一天，一般安排在春节以后，入选学生分批参加。学校通过模拟课堂、英文写作、团队活动、个别交谈等方式来考查学生的综合能力和素养。我们希望通过这一系列活动，全面了解学生的学习兴趣、个性特长、思维方式、团队精神、人生目标和价值取向等。当然，英语的实际应用能力也是重要的考查内容。有一大批教授和招生人员参与观察学生在各个环节的表现，对他们的反应做出记录性描述，最后由大家共同讨论决定。对于学生的选拔是公平公正、有据可循的。

我曾与几位参加过校园日活动的学生有简短交流。当问及学生对这项活动的看法时，他们非常高兴地告诉我，正是校园日活动让他们真切地感受到了学校给予的关注与尊重。通过参与模拟课堂，让他们对于大学生活有了一次"超前"的体验。而正是这些"预演"让他们更加认可学校推崇的开放的教学模式、自主的学习模式。校园日活动不仅让他们进一步走近了上海纽约大学，更使他们坚定了自己的选择。

**《高校招生》：** 对学生来说，选择了上海纽约大学，就意味着必须要适应中外合作的教学模式，而这种教学模式也必然会给学生带来一些挑战，比如在全英文的教学环境下，是否能听懂专业课、跟上讨论并表达观点。俞校长，您认为有志向选择上海纽约大学的学生应该具备什么样的素养？能否请您给有意向选择上海纽约大学的学生一些建议？

**俞立中：**社会舆论对当下的应试教育有不少批评，仅以高考成绩来评价和选拔学生的弊病大家是有目共睹的。报考上海纽约大学的学生中，很多是重点高中里的佼佼者，他们一般都能在考试中取得极佳的成绩。然而，仅以"学习能力强"作为评判是否适合上海纽约大学的标准显然不够，如果你是一名有意向报考上海纽约大学的学生，而并不知道自己是否适合这里，我建议你不妨先问自己四个问题。

第一，你愿不愿意选择一条不同的、更具挑战的人生道路？一名能以优异的成绩进入传统名校的学生，凭借高中建立起来的学习习惯与学习能力，通常能较为轻松地度过大学四年的时光，继而找到一份较为体面的工作。这样的人生道路平坦顺遂。但假如你选择了上海纽约大学，那就意味着你选择了来自方方面面的挑战：全英文的教学模式，使得一些学霸在刚进入学校时也叫苦不迭；开放的课堂教学，要求学生打破传统、勇于表现，而不仅仅是关注考试；此外，作为一所建校时间尚短的大学，和一些已经得到社会公众普遍认可的名校相比，我们的学生显然更加需要依靠自己的努力来开创全新的历史，为取得社会的认可而努力。

第二，你愿不愿意选择一种不一样的学习模式？目前，国内大多数高校的本科教学还是以讲授为主，老师的讲解占据了绝大部分的学习时间，鲜少有学生参与的环节。而上海纽约大学采用的是"主动学习"模式，学校会提供各种机会，但选择权是学生的，包括课程、专业、实习、实践、学业规划和社会活动等，都需要学生主动选择。"主动学习"模式要求学生自主地参与到教学的各个环节中，发挥学习主体的作用。在课堂上，小班授课要求学生更多参与讨论，表达自己的学术观点，与教授进行专业交流和探讨。在课堂外，学生会有大量的阅读、讨论、思辨、写作、实践的要求，如果做不到这些，则无法参与课程的讨论。

第三，你愿不愿意建立起连接世界的纽带？上海纽约大学旨在培养国际化创新人才，如果学生没有这个意愿，那么多元文化的学习资源就白白浪费了。中外合作办学也是在学校这个平台上为学生搭建一座瞭望世界的灯塔，促进不同文化的交汇与融合。多元文化环境会给一些学生带来一些困难和阻碍。例如，和外国学生同住一个寝室、共同组织社团、共同安排活动等，对刚进入大学的学生来说都可能成为一种"困扰"。但随着时间的推进,绝大部分学生都能逐渐适应甚至是享受多元文化下的学习生活,并且觉得收获巨大。他们或是在语言交流方面有了长足的进步,或是结交了来自不同国家的朋友,又或者是加深了对不同文化的理解。

最后,你有没有自信在较短时间内适应全英语教学的环境?这是非常重要的一点,语言是人类交往的基本工具,是人们进行沟通交流的主要表达方式,和生活、学习的方方面面都息息相关。作为一所国际化大学,在上海纽约大学,无论课堂内外,英语都是最主要的通用语言,如果不具备良好的英语听说能力,生活、学习或许都将举步艰难。需要指出的是,语言的熟练运用需要有一个循序渐进的适应过程,即使是英语非常好的学生在入学初期也要做好面临打击的心理准备。

**《高校招生》:** 对于中外合作开办的大学,许多考生和家长的第一反应就是学费高,对于有意报考上海纽约大学但家庭条件一般的考生,学校有没有什么政策能帮助他们?

**俞立中:** 不少家长和学生往往会因高昂学费而对上海纽约大学望而却步。显然,与公立大学相比,由于体制和资源质量不同,中外合作大学的学费要贵多了,目前上海纽约大学一年10万元人民币的学费对贫困家庭而言的确是很困难的。但这里我想强调的是,上海纽约大学并不是一所富人专属的学校。

在选择学生时,我们不会在乎其家庭条件,只要学生足够优秀且适合学校的培养目标和培养模式,就会被录取。据我了解,学校首届学生中绝大多数都来自普通家庭,甚至有的学生家庭还非常困难。假如我们的学生在完成学业的过程中遇到了经济上的困难,学校将采取多样的资助手段和助学方式来帮助他们完成四年的本科学习。

首先,学校设立了教育发展基金会,争取社会有识之士和慈善家的捐赠,为学生提供奖学金和助学金,帮助学生减轻学费压力。助学金没有固定额度标准,资助金额是根据学生实际的家庭经济情况。另外,勤工助学也是缓解学生经济压力的一种手段。学生每周可以做不超过8小时的校内兼职,学校各部门为学生提供了包括图书管理员、后勤助理、摄影师、视频制作师、IT部门程序员、健身中心管理员等在内的不同职位。学生可以利用课余时间到这些校园岗位一边工作一边学习,既锻炼了实际工作能力,还可以得到一定的经济回报。

## 未来：走向社会，主动好奇持续探索

**《高校招生》**：2017 年，上海纽约大学将迎来学校创办以来的第一届毕业生，您对他们有哪些期望？

**俞立中**：2017 年 5 月，学校将迎来第一届毕业生，标志着上海纽约大学的本科教育成效将接受来自社会的考核。我对首届毕业生充满信心和期待。

就业和深造是毕业生的两个主要选择方向。学校各部门已经给予学生很多帮助，职业发展中心更是做了大量的工作。学生可以通过登录网站预约职业规划师一对一的咨询指导，职业规划师将根据学生的爱好与特长，帮助学生量身定制个人职业发展规划表。职业发展中心还组织了一系列项目和活动，以讲座、研讨会等形式给予学生求职指导，比如纽约大学校友导师项目（NYU Alumni Executive Mentor Program）、职业发展集训营（Career Boot Camp）、招聘会及企业校园招聘项目（Career Fairs and On-Campus Recruitment）等，通过不同的途径开阔学生的眼界、拓展学生的选择。

绝大多数知名企业在进行人才招聘时，往往期望能发掘有潜力成为行业领导者的人才。沟通技巧、团队工作能力和抗压能力作为成为领导者的必备素质，应该是学校教育的一部分。上海纽约大学通识教育模式为学生打下了扎实而广博的专业基础，多元文化的校园氛围培养了学生主动沟通和团队协作的能力，学习过程中不断面临的挑战使他们百折不挠，这些重要的品质都是企业在招聘中格外看重的。

2016 年 9 月，职业发展中心举办的上海纽约大学第一届招聘会吸引了苹果、德勤、群邑中国、普华永道、TOMS 等近 60 家公司和 250 余位学生参加。学生们在招聘会上表现出的自信、坦诚和综合素养，受到了许多企业的好评和青睐。尽管离首届学生毕业还有一个多学期，已有不少学生与企业签约或得到了 offer。社会的认可就是对一所高校最高的赞誉。

# 不想做校长的"最亲民校长"，
# 是这样一位父亲[①]

"我儿子经常开玩笑说：'我知道你一直对我不满意。'但那天回去后，我专门给他打了个电话说：'这三条你都做到了，我很满意。'"

坐在我对面的俞立中头发花白但看起来精力旺盛，时不时露出他标志性的大笑（他的微博、微信头像都是一张笑到快看到后槽牙的照片）。他有很多的社会身份，是上海纽约大学第一任校长，也是上海第一个开通微博并实名认证的大学校长，被学生们誉为"最亲民校长"。但在说前面这句话时，他的身份只有一个——父亲。

时间拨回到去年的 4 月 23 日，俞立中在浦东图书馆参加了一个教育高峰论坛，当主持人提问"你们对自己的孩子有什么要求"时，俞立中接过了话筒。"活到我这把年纪，可能感受更深一些。我觉得孩子的成长，有三点最重要：第一是身心健康；第二是诚信、阳光；第三能自食其力。"俞立中即兴总结了孩子成长要达到的几条标准。论坛结束后，他给儿子打了这个电话说："这三条你都做到了。"

按照世俗对成功的理解，俞立中的儿子并没有达到或者超过父亲，从某市属大学本科毕业后在澳门大学读了硕士，现在是一名银行职工，生活平淡而知足。

与儿子的生活相比，俞立中的人生经历无疑更值得书写。年轻时，他作为上海知青赴黑龙江务农，尝遍艰辛；1978 年通过高考改变了命运，考入华东师范大学地理系，毕业后他公费出国，在英国利物浦大学地理系攻读博士，成为那一年代罕见的"海归"；回国后，他开拓了新的科研领域，而后又从教授成功转型为管理人员，历任上海师范大学校长、华东师范大学校长，花甲之年他又担任上海纽约大学首任校长，迎接人生新的挑战和机遇。在同辈人中，俞立中显然是万里挑一的人生赢家。

很多时候，拥有一位强大的父亲是一种荣耀，但往往也伴随巨大阴影。俞立中

---

① 原载《上观新闻》2017 年 2 月 10 日，记者陈抒怡。

年轻的时候也曾对儿子有过"概念上的期望"。但儿子倒是很早就对他说："你不要让我学你,你觉得你很好,我并不觉得,天天忙成这样有什么好？每个人有自己想要的生活,我要追求自己的生活。"

"我认同这一点,我儿子身心都很健康,人也阳光,工作努力,但不急功近利,更不想出人头地,只想把自己工作做好就行了,我觉得这就是他的生活。"俞立中说,他从没给儿子报过奥数班,也几乎没让儿子补过课,言语之间透着几分从容和沉静。

只是在现在这个竞争无处不在的社会中,焦虑、鸡血是家长们的主旋律,从容和沉静反而显得有些另类。在今年上海"两会"期间,学生减负再次成了热点话题,"越减负担越重"似乎成为一个令人诟病却又无法破解的怪圈。

作为教育工作者,俞立中认为根本是观念问题。"社会价值取向的趋同,促成了不能输在起跑线上的追逐,进好的小学、好的中学、好的大学,最后找一个赚钱多的好工作,似乎就是一个成功者的道路。如果大家都这样认为,社会永远不会平衡,因为所谓好学校只能满足少数学生的需求;如果大家转变观念,认为只要适合自己的就是最好的,不管在什么岗位上都能得到社会的认同,这样矛盾自然而然就解决了。"

俞立中指出了一条解决之道,但要转变社会观念却非易事,幸好某些微小的改变就像冰面上的裂缝一样,让我们知道这并非铁板一块。

在上海纽约大学的校长办公室内,我们的对话从学生减负开始,但不仅限于此。

## 谈个人经历:"到了大学就像老鼠掉在米缸里"

**《上观新闻》**：您刚才一直谈减负,但是听说您当时在准备高考时学习很刻苦。

**俞立中**：我是 1968 届高中毕业生,说是高中生,其实只上了一年的高中,"文革"就开始了。在黑龙江务农,大家心中期盼的就是回家。有些人高调地说要扎根农村一辈子,最后走得比谁都快。我虽然是连队一把手,但我想得很明白,我对知青们说："在这里就好好干,有机会时谁干得好谁就先走。"这样大家反而比较安心。

我喜欢看书。当时农场有个领导说我："这小子,什么书都看!"其实那时候也找不到什么书,有机会得到一本书当然都想看,文学的、科学的、哲学的……有字的都看,即使是学做菜的书。

平时没有学习机会，恢复高考了，大家到处在找教材，后来在上海找到几本，像宝书一样传阅。我看电影《高考1977》里几个人坐在教室里学习、讨论。我们哪有这样的条件？都是自己找时间看书。白天努力劳作，晚上在被窝里打开手电筒看一眼书本，关了手电就躺在炕上反复琢磨、回忆；清晨出工前，我把重要的数学公式、物理公式写在手心上，歇息时打开掌心看看，加深记忆。所以那时候练就了过目不忘的本领，而且可以在脑子里解题。

《上观新闻》：小时候没有这个功能，那时候反而培养出来了？

俞立中：对，"狗急跳墙"嘛！虽然高一的课程我都学过，但忘得差不多了，高二、高三的课程根本没学过，需要在很短的时间里完成自学。当时也没有学习的地方，连队有一间空房，我们几个知青放工后就躲在那里学习。当时连队的老会计说："我把你们扔下的草稿纸全部铺平收集起来，以后告诉我的孩子，这批知青就是这么学习的。"

《上观新闻》：所以后来考上华师大后，您一直都是学霸吧。

俞立中：应该是吧，如果我哪次考试不是名列前茅，一定会觉得奇怪。我也没有学得很累，当时我已经快30岁了，用30岁的智力和积累来学十几岁的人学的东西，学得好也很正常。

关键是那么多年没有读书，我很想读书，到了大学就像老鼠掉在米缸里，拼命啃。

你要我现在回想大学四年里干了什么，我的记忆里就像是一天。大学生活就是两个字——学习，上课、做实验、晚自习、听讲座、参加讨论，不断吸取营养。其实我们也参加了不少科研、社会实践和体育活动，但具体印象都不深了。有同学回忆说，我节假日请他们到家里吃饭，这些我真的都不记得了。

《上观新闻》：因为所有的心思都用在了学习上？

俞立中：是啊，我脑子里留下的大学生活印象就是学习场景，能记得几场精彩的报告会，记得下课时围着老师提问题。我现在还和学生讲："你要问到老师答不出，成绩肯定好。"

## 谈学习方式：“写错一个字有什么关系？
## 但如果把孩子学习兴趣搞没了，那才是大问题”

**《上观新闻》**：那时候学校的学习氛围和现在完全不一样吧，您觉得应该提倡你们那时候的学习方式吗？

**俞立中**：时代不一样了，我不主张今天的学生像我们那样学习，我们那种学习方式也不是可持续的。

其实我们上小学、初中时并没觉得上课有多么愉快，也盼着放假。“文革”一开始“停课闹革命”，还觉得不用上课、不用考试了，蛮开心的。但后来我们知道没有书读是多么痛苦，一旦有了学习机会，动力就全出来了。

**《上观新闻》**：您当时读了大学，改变了自己的命运，您觉得现在读大学与改变命运还有多少关系？

**俞立中**：对我们那代人来说，只有少数人有机会上大学，走上不一样的人生道路，改变了自己的命运。今天城里的孩子有很多学习机会，选择也更多样化了。但真正带着兴趣去学习的学生还是少数，很多情况下是家长为孩子选定目标，并不断施压加码。从而学生负担重，家长很焦虑。

今天，年轻人的想法已经不一样了，学习资源和媒介也不同，可以通过网络平台、社交媒体、实践体验等各种途径来学习，甚至学到很多课堂上学不到的东西。如果还是按苦读的方法去要求他们，让他们死读书、读死书，重复操练，未必会有效果，也没有动力。所以要根据当代年轻人的特点来引导，学习兴趣和习惯是很重要的两个方面。

去年家里添了个可爱的小孙子，关于孩子未来的教育，我和儿子、儿媳交流了两点想法，当然只是理论上的。一是千万不要伤害孩子的学习兴趣。家长目标功利，逼得太紧，反而造成孩子的反感，觉得学习很无聊，而应该让孩子自己探索、求知。二是养成好的学习习惯，人在心在，有效率，不要拖时间。真要能够做到这两点，这个孩子不会太差。

**《上观新闻》**：怎样才能不破坏孩子的学习兴趣？

**俞立中**：每个孩子是不一样的,没有统一的模式让孩子保持学习兴趣,要观察小孩对什么感兴趣,从这个兴趣点着手引导。哈哈,我也只是纸上谈兵,但道理是对的。

另外,父母能不能改变观念?不要认为学习时间越长效果越好,不要随便惩罚,写错一个字要抄一百遍,那孩子肯定没有兴趣了。其实写错一个字有什么关系?但如果把孩子的学习兴趣搞没了,那才是大问题。

**《上观新闻》**：但学习有时候是一开始有兴趣,后来随着越学越难会进入一个倦怠期,这怎么克服?

**俞立中**：每个人在学习过程中都会经过这个阶段,不可能自始至终保持高度兴趣,肯定会有坎,那就要靠坚持。"兴趣"和"坚持"是相辅相成的。如果你对这个事情感兴趣,可以先放一放,迂回一下,换一个角度去思考,有时候就能迈过这个坎。

我在英国做博士论文时,有一段时间非常痛苦。我根据一篇论文上提出的方法做实验,每次到最后一步总有沉淀,文章上说应该全部消化掉的,但我做了好多遍,都是这个结果。于是我就给作者发 e-mail,他让我给他打电话,在电话里教我怎么做,但还是有沉淀。后来我索性跑到外地,在他的实验室由他直接指导做实验,我待了两周,结果还是有沉淀。后来,我们动脑筋改进了办法,才解决了这个问题,前后整整花了三个月的时间。

这件事情给了我一个启发:做任何事情都会碰到坎,碰到坎的时候,一是要懂得求助;二是迂回,换条路走走。不要因为困难就放弃,一旦过了这关,就会觉得很开心,更会有兴趣。

一个人的幸福感,往往就是在克服困难、取得成功后的感受。如果人生很顺利,反而享受不到这个幸福感了。

20 世纪 70 年代初,农场有推荐工农兵大学生的机会。由于我吃苦耐劳、表现突出,每年都被知青们推荐上去,但是每次都由于种种原因被挤了下来。1975 年是我符合推荐年龄的最后一次机会了,农场把我推荐去同济大学。就在我等候入学通知时,我祖父去世了,家里人嘱咐我不用回来,就在农场等通知吧。结果其他人一个个都接到通知了,就是我没有。后来一个同学帮我去问,发现名单里根本没有我。招生办公室的人跟他说,别人要换包第一个换的就是同济这样的名校名额。我同学打电话安慰我别太伤心。那时候你想我有多绝望。

《上观新闻》：每一年都被推荐上大学，每一年都没有成功？

俞立中：对，每一次都是从希望到失望，一次次受挫折。那一次我实在难受极了，挂了电话后就走到农田的尽头，大声吼歌，才感觉轻松一点。

很多年后我还经常会做同样的一个梦：农场领导跟我说，"你别想走，你的墓地我们都给你看好了。"这个梦是我真实的经历，在英国留学时也经常做这个梦，正在绝望之时又突然醒来，恍恍惚惚都不知道自己在哪里，想了一会儿才知道自己已经在英国了。一直到现在，我偶尔还会做这个梦。

成长中总会碰到各种各样的问题，考验的是人的抗挫折能力。要舍得让孩子经受挫折，然后自己去化解。

我有时碰到难题或困惑会难受得晚上睡不着觉，解脱不开，怎么办？就像《音乐之声》里唱的那样，想想阳光，想想鲜花，想想生活中美好的事情……

《上观新闻》：这个经验是怎么得来的？

俞立中：我自己琢磨的。我常说，黑龙江的十年都过来了，如今无论碰到什么困难，都不会成为我的问题。

## 谈如何当校长："我回来后看到国内高校里的行政化管理模式，觉得差距很大"

《上观新闻》：您是英国利物浦大学毕业的博士，回国后被聘为教授，怎么又成了大学校长？

俞立中：我在上大学时，不可能想到将来要当校长，甚至连当教授也没敢奢想。回国后我想当个好老师，成为优秀的科研工作者。

很长一段时间，我打定主意当个专业人士，决不做领导，父亲在"文革"中被批判、进牛棚的遭遇我一直记忆犹新。当上校长完全是偶然的。

《上观新闻》：后来是怎么走上这条路？

俞立中：回国后，我参与了华东师大河口海岸国家重点实验室的筹建。当时学校党委书记想从教师队伍中选一批人来参与学校管理,我就在考查名单中。但我表态说:"我在国外读了博士回来,就是希望投身专业领域,不想做管理工作。"

重点实验室建设评估后,书记又找了我一次,让我再好好考虑,我又一次推托了。

1994年,我被评上了教授,书记很认真地对我说:"你们这些知识分子,平时总说学校管理这个不好、那个不好,那么你们自己来做呀。请你们来做,你们又不愿意。如果这样,以后你就不要再提意见了。"他装出很愤怒的样子。

《上观新闻》:听起来确实也有道理。

俞立中:听到这里,我也没话好讲了,我就说:"好吧,如果你真的觉得我可以,那我做就是了。"我不想放弃业务,就成了一个"双肩挑"干部,走上了管理岗位。我先做了一年的校长助理、科研处处长,第二年就当副校长了。记得我在副校长岗位的第一年,有一次书记来我办公室商量工作,一开门就见我在电脑上修改英文论文,他头一扭就走了。

《上观新闻》:不是可以"双肩挑"吗?

俞立中:事后书记和我说,白天上班时要集中精力做好学校管理工作,晚上、周末或假期有空一样可以搞科研嘛,这就是"双肩挑"。其实,书记对教师队伍里选拔出来的领导干部是寄予蛮大希望的,我很理解,但我确实没有进入角色。我说:"如果您觉得我不合适,就让我回实验室去吧,我不是很喜欢做这些事。"书记回答说:"你不想做就不做啦,哪有这么容易的事?"就这样,我只有勇往直前了。

不过,我后来对学校管理工作是越来越投入了,也找到了其中的乐趣。我是花了很多时间学习各方面的管理知识,也认真思考了现代大学的管理。当自己的一些想法得以实现并得到老师们的认同,还真有点成就感。2003年被任命为上海师大校长后,我就意识到没有回头路了,虽然我还坚持做一点科研,还在申请项目、带研究生,但我清楚地知道自己在学术上不可能走得更远了。

现在想来,要做好每一项工作都需要有兴趣。有些事情是因为有兴趣才去做,有些事情是做了以后才培养出兴趣。如果你一直很厌烦这件事情,一点兴趣都没有,那么硬去做这个事情也是受罪。

《上观新闻》：您当时在英国求学时关注过他们的大学管理吗？

俞立中：在英国学习时，我的主要精力是放在学术研究上，但还真有机会了解英国大学的一些管理机制。我的英国导师是一位国际著名学者，也有一定的管理经验。当时他担任地理系主任，曾邀请我旁听他们的教授会议。

那次教授会议是讨论教师在科研上的精力投入，系主任认为一些教师缺乏科研关注，导致学术水平下降，要求教师在科研上多花点时间。结果会上就炸开锅了，特别是一些老教师，包括前系主任，认为这是地理系的传统，必须要保证教学，强调科研会影响教学。争论了半天没有结果，会议不了了之。

后来我问导师，这个提议是否就算了？他说："要改变人的思想，不是那么容易的事情。过一段时间后，我还会提出这个问题，也许到时候人们会看到更多学术滑坡带来的不利。"过了一段时间，他果然再次提出这个问题，最终得到了大家的支持。

从这个案例我看到两点，一是大学的学术管理不是通过简单的行政命令来实现，而是要改变大家的认识观念。二是可以通过讨论来解决问题，如果一次达不到目标，就下次再讨论。所以我回来后看到国内高校里的一些行政化管理模式，觉得差距很大。

## 谈大学管理："不要太在乎校长的头衔，才能说想说的话，做想做的事"

《上观新闻》：您做了这么多年大学校长，觉得现在我们大学最大的问题是什么？

俞立中：说实在话，当了这么多年校长，我就想坚持一个理念：大学以学生为本。学校应该把更多的关注点放在学生身上，但在很多情况下恰恰是不能围绕学生考虑问题。大学管理确实涉及很多方面，如争取资源、科研开拓、人才引进、校园建设、教学改革、制度建设等，我们在考虑这些重大事项时是否认真讨论过与学生成才的关系？是否在校园文化建设中更多考虑学生的发展？我觉得很缺乏。

记得曾经在一次校长办公会上讨论某建筑的外立面用什么浮雕，有人说用抽象的，有人说用具象的，争了老半天。我实在忍不住说，我们讨论这个问题有什么意思，让专家决定就是了。

不是说这些问题都不重要，但是真正涉及学生的问题我们讨论得很少。

《上观新闻》：您从什么时候开始有这样的想法？

俞立中：很早就有，我刚开始做学校领导时就是这么想的。我曾经当着其他校领导的面说："我们有多少时间在讨论学生的问题？"

在管理层面上，我们还是可以做一些实实在在的文化建设。比如畅通学校管理部门和学生沟通的渠道，多与学生交流，听取学生的想法，说明学校的决策意图等，让学生真正感受到自己是学校里被尊重的一员。这对学生的成长没有价值吗？我觉得这是校长能做的事情。我去上师大工作前看了学校的BBS，各栏目下都有不少对学校管理抱怨的帖子和跟帖，也有一些不负责任的吐槽，当然没有管理部门去搭理，但看了很让人心寒。到学校后，在版主的帮助下，我们在BBS上建了"校长在线"，把同学们对学校工作质疑的帖子全部吸引到"校长在线"上来了。开通后的第一天，各种各样的帖子纷飞而来，每一条我都回复了。有些能当场回答的我就回复了；有些回答不了的我就说明已经关注了，会了解情况后给予答复。随后学生的回应都是"谢谢校长"。不到一个月的时间，BBS上学生说话的语气都改变了。

《上观新闻》：所以您后来还玩人人网和微博。

俞立中：与时俱进嘛，我所用的社交媒体都是在追随学生，学生到哪里，我就跟到哪里。我用社交媒体就是为了和学生沟通。

我在华师大先开通了人人网账号，又开了微博，我想通过这些渠道和学生沟通，听取他们的意见和建议，了解他们的想法，让学生感到校领导就在身边，感受到学校的关心，并让他们参与到学校的建设中来。另一方面，学生对学校的决定有疑惑，可以得到有效的回复或解释。

《上观新闻》：但是听说当时学校里有人跟您说，为什么要浪费这么多时间在这种琐碎的事情上。

俞立中：是的。我在BBS上回复时就有人提出校长不应该做这些事情，我跟他说这是校长最应该做的事情。你要去听学生的声音，让学生理解学校，因为我们的目标是培养学生。

曾经有一段时间，我每天晚上11—12点坐在电脑前看人人网、微博。华师大的很多处室领导都在半夜12点被我骚扰过。比如学生反映浴室没有热水，我晚上12

点钟给后勤处处长打电话。像这种问题，每一次解决后学生们都会很感激。有些学校不能解决的问题，我会向学生解释学校为什么会这么做。

人是感情丰富的动物，年轻人思想情绪不稳定，转变很快，但转变的基点是什么？你要同他产生感情交流，你要让他知道在这个学校里，我们和你坐在一张板凳上。

曾经有一位学生在BBS上表达对学生文明修身活动的不理解，话语比较激烈。我就约她在活动时见面聊聊，我们一边扫马路一边聊天，她态度就很平和。她的意见是每天扫三次马路太影响学生的学习时间，而且有时根本就没有垃圾，成了形式主义。我说："你能和学校领导交流想法是值得鼓励的，如果能理性地提出具体建议，不是更有成效吗？"后来，她真的提了具体建议，学生部也相应做了一些改变。一直到现在，这位同学和我还有联系，这就是交流的价值。

《上观新闻》：那您有没有想过，不应该是您一个人与学生交流，而是应该让更多的人参与进来？

俞立中：我是以自己的行动来带动别人。在上师大，我先聘用了学生助理，后来所有的校领导都聘用了学生助理；我开通BBS"校长在线"，最开始是我一个人在做，后来所有的校领导和各部门都开通了。在华师大也是一样，很多处室的同事在人人网上替我回答问题。

如果我一开始就要求大家都这么做，大家就是做了也很不情愿。一是他们看不到效果，二是他们也没有压力。但是我给他们半夜打电话就带来了压力。后来是学生一反映问题，总有相关处室出来回应。即使解决不了问题，有了这个沟通渠道后，学生也很理解。

我觉得这是很需要做的事情，我的做法可能不是唯一或者最有效的，但是至少已经看到效果。

在上师大的离任会上，上级领导肯定了我各方面的工作成绩。会后，我对领导说："您说的这些我都不觉得是我做得最好的方面，我认为我对这所学校的最大贡献是把学生和学校的距离拉近了。"

《上观新闻》：现在您还和学生直接交流吗？

俞立中：有啊，我们在微信上交流。上次有人跟我说应该写本书，我说我如果要写书，这本书的书名就是《沟通：学校管理之道》。

作为大学校长，两件事最重要：一是思想，如果一个校长对学校没有长远的、战略性的思考，那么这个校长肯定不是个称职的校长。二是沟通，校长要实施他的想法，就是用沟通来实现。

我觉得世界一流大学和我们这些学校最大的差别有两条：第一条是以学生为本，学生的发展是根本问题，在上海纽约大学，我们讨论的问题就是对学生的成长有什么好处；第二条是以教师为本，学校事务的决定权应该在教授，而不在学校的领导。所以在上海纽约大学，开什么课不是由校领导决定，而是教授委员会讨论的问题。

《上观新闻》：上海纽约大学这么做了，有没有其他大学跟进？

俞立中：大家都看到了，但最后说了一句："你们能做，我们没法做。"我想了想，也有道理，我们的规模只相当于其他学校的学院，毕竟现在的大学很大，容易产生矛盾。

大学管理有很多事可以做，但有些人太看重手中的权力。现在的体制上权力过于集中，如果按照办学的规律，主导权应该在学校。

我在华师大的时候几乎接触过全球所有的知名大学校长，很多校长都跟我说了同一句话：华师大不一样。特别是俄亥俄州立大学的老校长 Gee，他说他去了很多中国的高校，总是向他介绍学校有多少院士，有多少长江学者，有多少国家重点实验室和重点学科，"我不知道这些是什么东西，和我们有什么关系。"

《上观新闻》：您为什么不跟他谈学校有多少院士？

俞立中：我们也希望学校有更多的院士，但这不是学校的目标。我们应该把目光放在学校的长远目标和长远路径上，如果把数字作为追求的目标，最后就会走到功利化的路上去。

让一个不想当校长的人当校长，就会这么想。

《上观新闻》：您到现在还不怎么想当校长吗？

俞立中：我是随时都可以不做的。我回去当教授也会很开心。不想当校长，就会说想说的话,不需要去考虑别人的看法;不想当校长,就可以做自己想做的事情,不需要去考虑这样做会不会加分。太想当校长会给自己套上枷锁。

## 谈上海纽约大学:"是学生和家长 对现有教育体制的不满造就了我们"

《上观新闻》:今年上海纽约大学第一批学生即将毕业,现在学生的就业情况怎么样?

俞立中:很好。很多学生在微信上跟我说:"放心,我们一定会为学校争得荣誉。"总的趋势是,企业在这里抢人,我们举办招聘会,来了 60 多家单位,毕业的中国学生一共才 100 多个,其中还有部分是准备考研的。

上次有家和电子商务有关的公司说要来学校设摊招聘。后来我去问了一下,我们学校和这家公司专业对口的毕业生只有一个人,他们来招什么呢?我和他们 CEO 谈,他说他不是要招专业对口的,而是要招人。他们也招过很多名牌大学毕业的学生,进来后只会问要干什么事情,而他们要的是知道自己要干什么事情的人。

我举这个例子是想说明,语言不是最重要的,关键是学生知道自己要干什么事情,他们自己有想法。我们的教育最大的问题是学生没有自己的想法。

有一次,我在食堂遇到一位金融专业的学生,她告诉我准备先工作一段时间再读研。我问她有什么目标,比如薪水多少,在哪个城市。她说:"俞校长,我跟您说句实话,这就是上海纽约大学对我的影响,我根本不会去考虑这些问题,我现在想得最多的一点是:我找的工作一定要感兴趣,一定要对我来说非常有意义。"最后她没有选择高大上的公司,而是去了一家风险投资基金公司,她认为在那个地方更能得到发展。

我们的学生知道自己想要什么,知道哪里更有发展,而且每个人有自己的目标。这就是我们的教育带来的结果,他们会思考问题。

我一直说,在大学阶段,如果不能让学生接触不同的思想,发展他们的思辨能力,那这些学生走向社会后仍然不会思考,那是最糟糕的事情。

《上观新闻》:您对现在的上海纽约大学打几分?

**俞立中**：120 分。超出我们的预期，一所大学在这么短的时间内得到社会各界认同，培养了这么一批学生，确立起我们学校的体系，那真的是远远超出我们的预期。现在要进上海纽约大学还是很难的。我想，是学生和家长对现有教育体制的不满造就了我们。

# 俞立中：苏州河声，一段无字的乡愁①

多少个日夜，俞立中醒来，首先听到的，是不远处苏州河的声音。

夜里河水轻轻拍打堤岸、雨天水滴啪啪落入河流、船只经过时的柴油机轰鸣、码头工人劳作时的喧闹。种种关于苏州河的声响构成一段无字的歌谣，曾在俞立中童年时哄他长大，在他青年时见证他读书，也在花甲之年陪伴他悠悠散步。

苏州河的声音，成了俞立中最熟悉的上海声音之一。而他本人也曾参与苏州河的治理。一条河与一个人的命运彼此呼应，所以即便有时离家千里，俞立中在他乡看到一条河时，蓦然会想起苏州河——这是城市人的乡愁，也是上海的象征。

## 河　边

苏州河横贯上海市中心，自北新泾至黄浦江全长 17 公里，两旁工厂林立，码头栉比，是全市重要内河航道。资料显示，苏州河肩负着百余平方公里流域内的雨水排泄，并承受着每天数十万立方米污水的排入。20 世纪初，苏州河水清质好，鱼虾繁多。当时闸北自来水厂及沿河工厂曾以苏州河水作为水源。

清澈的河流孕育着上海最初的活力，也吸引人们安家立业。早在曾祖父这一辈，俞家就在位于今北京路、成都路的联珠里安顿下来。这是一片石库门里弄住房，离苏州河两三个街区。苏州河水潮起潮落的声响，是这一带居民一切日常起居的背景乐。

由于水路便捷且大量工厂均沿河而建，因此沿着苏州河一路都是纸张、面纱、皮革货运往来装卸的码头。随着码头应运而生的是一溜以处理零散货物为生的小店。如同环聚在犀牛身边、能以大兽齿缝里的食物残渣为生的小鸟一样，这些小店也依

---

① 原载《知沪》2017 年第 2 期，记者沈轶伦。

靠来往苏州河的货运船而生。

少年时代，俞立中经常步行从家里出门到苏州河边，在附近的小街上找寻这些小店铺。

最常去的是棉纱店，俞立中会和小伙伴们相约去店里帮着拆纱头，以此打工赚点小钱。得了几分钱后，少年们转手去纸张铺或者皮革铺买些边角料的纸张，回家装订成草稿本；或者买些边角料的皮革，配上把手，做成弹弓，可以玩很久。

## 粪　船

然而河边的码头带来的并不都是趣味，日日与居民相邻的还有一个粪便码头。这是一个人人避之不及但也习以为常的存在。

晨曦初露，粪便车就被推进了弄堂，收集家家户户马桶存放的粪便。将污秽倒出后，在马桶里放入一些毛蚶壳以增加洗刷时的摩擦力。每天清晨，千家万户的主妇都做着同样的事，一日之计便都是在一片彼此类似的声音中开始。

刷刷刷刷。擦擦擦擦。

似乎是为了固化人们对这件生活琐事的认知一般，学校也会组织孩子们去参与劳动。初中时俞立中担任班级劳动委员，就曾经去联系环卫所，大年初二带领同学们跟着环卫工人收集粪便，然后推着粪车去码头，将之汇入粪船。

每个人都在忍耐，没有人敢想过改变。似乎这一切都是自有就有的，似乎生活就该是这样子。那码头终日散发臭味，但在石库门居民大部分都没独立煤卫设施的时代，谁都明白，必须依靠这恶臭的码头，才能保有自家屋内的洁净。

## 转　折

但其实在这座城市中，没什么是不可改变的。

1978年，俞立中考入华东师范大学地理系。从此离开生活近十年的黑龙江省长水河农场，再次回到上海、回到课堂。华师大的校园也比邻苏州河，这一次这条河流将见证的，是俞立中人生中的一次重要转变。而俞立中也将见证苏州河的一次重要转变。

此时的上海百废待兴,而苏州河也亟待治理。到20世纪80年代,上海每天要向苏州河排入140余万吨的工业污水和生活污水,形成了一条自河口至华漕的长达23公里的常年黑臭污水带。每到雨季,苏州河翻腾出下水道般的气味,且随着污染逐年加重,市区河段终年黑臭,曾清澈得可以作为饮用水的苏州河内已经鱼虾绝迹。沿河的住户一度根本不敢开窗,位于河口处的上海大厦为了隔离苏州河的臭味,甚至动用了外汇急购密闭进口钢窗。

虽然母亲河的难处备受重视,早在1956—1965年间,上海市市政工程局苏州河工作组和上海市政工程设计院为治理苏州河先后进行调查研究,编制了6次污水治理规划;20世纪70年代和80年代,市规划院又编制了上海市污水系统规划方案,但真要根除污染问题,谈何容易。到了20世纪90年代,上海痛下决心,开始实施苏州河环境综合整治工程。这一个分三期、总投资140亿元、耗时20年的工程,被誉为上海生态环境"第一工程"。此时,苏州河边的居民、已经成长为华师大教授的俞立中参与了这一过程,对苏州河的底泥进行研究。

## 底　泥

专家们在苏州河的不同河段打了百余个样孔,显示了河流底泥从基底的土黄本色逐渐变成黝黑色的过程,污染底泥的厚度从20厘米至2米多不等。码头附近的污泥成分里多有麻袋、碎煤渣、塑料等杂物,像一个小型垃圾场,也恰好真实记录了上海发展的痕迹。

这些受到污染的底泥中以由生活垃圾降解、腐烂而成的耗氧性有机物居多,铜、铅、锌、镉等重金属峰值含量严重超标。由于大量耗氧性有机物吞噬河中氧气,让苏州河逐渐丧失自净能力,还促成铁、锰与硫结合,使河水黑臭。经研究,在苏州河治理后期,对污染底泥进行了大规模疏浚。到2012年,疏浚河道全长16.355公里,疏浚黑臭底泥及各类垃圾130万立方米,黑臭底泥清除后,苏州河的水深平均增加了1米以上,河道的防洪调蓄能力明显增强,河道的通航更加通畅。

在当时参与为"母亲河"沿岸发展出谋划策的"头脑风暴"中,俞立中提出了"交融、多元、活力"的设想,希望"未来的苏州河岸线应该有个一气呵成、浑然一体的结构和布局,并且同时能实现商业、办公、住宅和交通等多种功能,最大限度地利用河岸资源”。

曾经留学海外的俞立中补充说，纽约哈德逊河口开发项目总投资 2.8 亿美元，17年后开始盈利；波士顿海军码头再开发工程总投资 1 480 万美元，9 年后才开始盈利，"滨岸带开发是费时费力的工程，因此我们要为未来苏州河的崛起预留时间。"

## 散　步

少年时代，从联珠里走到南苏州河路去玩，码头虽多，河水却是不臭的。等到住在华师大周边时，河水浑浊，黑臭得令人掩鼻。经过截污纳管、底泥清淤，苏州河变了。这种改变，又不啻是一次回归。

如今，俞立中休闲时沿河散步，苏州河已经不臭了。他看到河流正在回归原色，偶然还有鱼儿游过。搬到新闸路后，俞立中再次做了苏州河边的居民。这也是一次回归。

少年时代和中年时代，苏州河上传来的声音总是热闹的，是各种码头上装卸劳作的声音、机器马达的轰鸣声。如今苏州河边是静悄悄的。沿岸 172 处原材料、农产品、垃圾、粪便码头结束了历史使命，危棚简屋大批拆迁，河畔"绿带"不断延伸，原有的厂房变身博物馆或者创意园区，曾经的运货栈道成了人行步道，绿植遍布，景观宜人。

路灯柔和的灯光打下来，照在受潮汐影响而不断波浪拍动的苏州河面上。倘若如俞立中一样包含着感情侧耳去听，就能听见，这是上海脉搏跳动的声音。

# 以人为本，大爱无疆①

2012年10月15日，国内第一所中美合作创办的国际化大学——上海纽约大学成立。作为一所诞生于两种不同文化、不同教育体制和不同国家制度之下的大学，上海纽约大学的创立和发展无疑充满了挑战。而今，这所具有时代意义的"年轻大学"已生机勃勃地成长了近四个年头，今年5月底将迎来首届毕业生。

首届学生毕业在即，上海纽约大学校长俞立中先生在专访中与环球网记者分享了学校成立与发展过程中的酸甜苦辣，谈话中我们不难感受到俞校长用行动所传递出的"以学生为中心，以教授为中心"的教育思想，而这种人性化理念的源泉正出于他对教育事业和每一名学生的理解及关爱。

访谈之前，记者在上海纽约大学教学楼入口见到了这位头发渐显花白却充满活力的校长。"亲切、随和"是俞校长给人的第一印象，他被学生们誉为"最亲民校长"和"最有魅力的校长"。在外人看来，他谦逊有礼，同学们称这位校长"丝毫没有领导架子"。

八年前，时任华东师范大学校长的俞立中先生清楚地认识到，在当今全球化时代，高等教育不应该仅建立在单一文化的基础上，而需要强调多元文化，让学生理解世界是多元化的，培养年轻一代的全球视野和胸怀，能够与不同文化背景的人交流、沟通、合作。从最初构想时的踌躇满志到被聘为上海纽约大学校长后的"心力交瘁"，俞立中校长克服了无数琐碎的困难，见证了上海纽约大学的成立和成长，在日常学习和课余谈笑中与师生建立了深厚的"革命友谊"。

## 寻找接受挑战的优秀生源，在"高压"中迅速成长

当下，中国高校之间的优秀生源竞争异常激烈，北大、清华这类名校吸引了全国

---

① 原载环球网2017年3月2日，记者吴婷、陈全。

最优秀的生源。然而在激烈的竞争面前，上海纽约大学却尤为淡定。俞校长认为上海纽约大学更希望吸纳愿意主动接受挑战的优秀学生；而对于学生来说，寻找到最适合自己的培养目标和培养模式至关重要。

不少曾参与过上海纽约大学校园日活动的学生坦言，在一系列的模拟课堂教学、交谈、讨论、团队活动中，感受最深的就是"自己被尊重了"。的确，就读于上海纽约大学的学生，选择权掌握在自己手里，这也是这所学校真正吸引学生的地方。"学生能够知道自己想要的是什么，能选择自己喜欢的学校，不去一味追求排名，而是反问适合自己的教学模式和自己想要走的人生道路，到那一天中国学生才算获得彻底的解放。"俞校长感叹道，"现在很多学生和家长的传统理念根深蒂固，觉得上了最好的学校就是最好的学生，但实际上那所学校并不一定适合有些学生。"

上海纽约大学的学生首先要有主动迎接挑战的决心和克服困难的信心，新生入学后首先面对的是艰难的适应期。上海纽约大学课程的阅读量超乎想象，有学生感叹道，他们一学期的阅读量比有些大学本科四年的阅读量加起来都要多。从哲学巨著到文学名篇，庞大的英文阅读量无论对中国学生抑或是母语为英语的国际学生来说，都如同"噩梦"一般。学校采用的是全英文教学，来自世界各地的教授口音也不尽相同，但正是在这样的语言环境中，学生才得以快速成长，中国学生在英语水平上也有了质的飞跃。

在办学理念上，上海纽约大学创造了一系列"新玩法"。据了解，上海纽约大学的教师经常会把学生带到上海名目繁多的博物馆、科技馆、艺术画廊、金融机构和企事业单位，让学生在实践和体验中学习成长。"立足城市，融入城市"也真正体现了这所"没有围墙的大学"的独特。

招收第一届学生时上海纽约大学只有 12 个专业，办学一年后学校推出了自主设计荣誉专业(Self-designed Honors Major)：如学生在原有的专业设计中找不到自己的兴趣所在，可以申请"自主设计"专业，选择适合自己的专业课程。上海纽约大学推行的是自主学习模式，如果学生自控能力不够，对学习的渴望不够强烈，所面临的将是残酷的淘汰。上海纽约大学为学生提供了世界一流的学术资源和学习条件，包括海外学习、共享纽大图书馆资源、与顶尖专家的学术交流等，拥有目标、善于自主学习的学生必然能在这里开辟出一片属于自己的天地。"我们的学生很辛苦，经常学习到半夜一两点，但我能感受到他们生活得很充实，他们理解人生真正需要的是什么，这是我觉得最欣慰的地方。"

从管理角度来讲，上海纽约大学与其他学校最大的差别在于真正体现了以学生为中心的理念。从事教育事业以来，俞立中校长始终致力于让学生成为学校的中心，这种理念在上海纽约大学得到了真正的体现。学校事务中的任何事情首先考虑的是对学生成长的影响，只要对学生发展有利，就算需要大投入，学校也会认真考虑。俞校长坦言，"如果从收支角度看，每多招一个学生，学校会多亏一些成本，我们在学生身上的投入和所收的学费是不匹配的。例如，学校采取的是小班化教学，规定的师生比例为1∶8。越是规模小，越强调精英化教育。纽约大学规定，一般选课不足6人的课程即被取消，然而上海纽约大学在只有一名学生选课的情况下，教授也会如期开设此门课程。"俞校长补充道，学校里最"富有"的是学生事务部，只要是学生的合理需求，学校基本都会满足并给予支持。

## 着重师资发展，开展民主讨论

上海纽约大学的中美方校长在办学过程中不断磨合，达到了"你中有我，我中有你；你还是我，我还是你"的高超境界。俞校长认为，在办学理念和学校发展的基本问题上大家没有大的分歧。采用通识教育模式，以学生和教师为本，这就是中外合作办学希望引进的先进办学理念，他会尊重美方校长的意见，而上海纽约大学立足中国，当然要让学生有更多机会了解中国文化和中国社会经济的现代化进程。

上海纽约大学在师资的选择上则一直坚持"国际化思维"，力争让最优秀的人才进入教师体系，鼓励科研带动教学质量的提高。"如果科研不提高，那学科质量就要下降，从而教学质量也会随之下降。"

谈及高校管理，俞校长表示，上海纽约大学注重权力下放与民主讨论的过程，尤其在涉及学术和教学等事务，决定权都在教授手中。上海纽约大学设教授委员会，教授晋升、课程改革、课程目标等问题都由该委员会讨论决定，充分保证了教授在学校的话语权和主观能动性，并且提升了他们的责任感。俞校长强调，"办一所一流大学投入巨大，并不是简单地盖房子，要将自己放在有世界竞争力的水平上，需要以良好的待遇吸引优秀教授。"俞校长还坦言，学校在行政管理中更多的是提供理念而不是指令。"好的想法必须和大家沟通，让大家理解，达成共识后再付诸行动。"

## 学生、家长共同进步，校长坦言：巨大的成就感

"就任上海纽约大学校长，我最早的想法是要对得起华东师范大学和纽约大学，两所学校为创办这所国际化大学付出了很多，不能让大家失望；走到第二步时，我觉得要对得起上海市人民政府、浦东新区政府以及教育部给予的巨大支持，不能辜负他们的期望。而当第一批学生入学后，我的想法就是一定要对得起学生和家长。他们选择了上海纽约大学，我就有责任让他们无怨无悔。"而今，学校履行了自己的承诺，俞校长也放心了。在上海纽约大学家长社交群里，学校先进的教学理念和一流的教学资源得到了家长的一致好评，一些最初对上海纽约大学有疑虑的家长也随着孩子四年的成长而改变了自己的看法，表示选择上海纽约大学绝对是一个正确的决定。俞校长表示，从一定意义上说，选择上海纽约大学意味着家长和孩子一同进步。学校招收的第一届学生有近 300 人，来自 27 个国家，说 34 种语言，其中中国学生占比 51%。俞校长对于第一批"吃螃蟹"的学生赞赏有加，称他们是一群"不安现状，愿意接受挑战，选择与众不同路径，愿意尝试全新教学模式的探路者"。而这些学生也用亲身经历向学弟学妹们证明了上海纽约大学的价值所在。上海纽约大学以学生为核心，从学生的利益出发，让学生在独立自主的学习氛围中成长，学校也在学生的推动下发展壮大。

俞立中校长称，四年以来学校走出的每一步都给大家带来了巨大的成就感，其中最令他骄傲的就是上纽大的学生们。"看到学生从入学时的懵懵懂懂到一步步寻找到自己的人生目标并被社会认可，我感到由衷的欣慰和自豪。现在我可以很自信地讲，上海纽约大学的学生在社会上非常抢手，大致有一半学生准备读研究生，另一半学生准备就业。最近随着世界各大知名学府的研究生录取结果纷纷发布，上纽大首届学生的录取情况也十分理想。如数学专业的龚小月同学就收到了近十所美国顶级大学博士研究生全额奖学金的 offer（录取）。在就业方面，目前已有 40 多名同学收到来自世界名企的录用信。在这样的教育模式下，学生的优势不仅体现在知识和能力上，更重要的是上海纽约大学的学生有想法，不会为了追求眼前的利益而放弃生活和理想的愿景。"

在专访中，俞立中校长表现出的笃定及坚毅或许是让这所高校蓬勃发展的关

键。他曾表示"绝不后悔,绝不放弃",坚持将这所具有划时代意义的大学建设成功。在同学们及业界同仁眼中,俞校长是一位有大智慧的教育家,是一位心怀大爱的思想家,更是一位乐观自信的行动家,他也曾一再强调他的人生轨迹注定"不走寻常路"。"我的人生就是不断向自己挑战的过程。我不愿意按常规出牌,不会选择枯燥的、千篇一律的道路。"而上海纽约大学和每一位学子正是在这种强烈的感召中一步步走向更加绚烂的未来。

# 把握时代脉搏，融合多元文化①

　　独特的育人理念与对学生的深刻理解，形成了上海纽约大学别具一格的教育模式。校长俞立中坦言，自己的工作是让学校的学生和老师都能开心，为他们提供最大的方便。以学生与教师为中心，是一流国际化大学公认的、符合教育发展规律的人性化理念。

　　近日，环球网记者有幸赴上海纽约大学，对这所中美合作创办的大学校长俞立中先生进行专访。访谈过程中，俞校长为我们娓娓道来这所具有时代意义的高校的发展历程，以及支撑其治学办校的理念。

　　俞立中校长担任过三所不同类型大学的校长，他以从容不迫的温润、儒雅和大度与上海纽约大学一起脉动，理解中国与当下，眺望世界和未来。中国大学中向来不乏聪明的教育者，但行动力强的教育家则寥寥无几。按照教学大纲千篇一律地教学并不是教育家，真正的教育家都有自己独特的思想、战略和教学过程、育人方法。上海纽约大学秉承纽约大学全球视野与多元文化融合的宗旨，同时根植于中国优秀的传统文化中，没有简单地成为纽大的翻版，中西文化的融合使这所大学充满了生机。

## 把握时代脉搏，上海纽约大学应运而生

　　按俞校长的话说，上海纽约大学诞生于全球化势头正劲的时期。2009 年前后，中美双方开始讨论筹建这所学校，俞立中时任华东师范大学校长。华东师范大学和纽约大学能达成合作的基石，就在于双方一致认为：在全球化时代，高等教育不应该建立在单一文化的基础上，它需要强调多元文化融合。接受高等教育的学生，要能

---

① 原载环球网 2017 年 3 月 2 日，记者吴婷、陈全。

理解世界的多元化,拥有全球化的视野和胸怀,与不同文化背景的人沟通、交流与合作,这是时代对大学人才培养的新要求。纽约大学和华东师范大学就是在这样的时代背景下"牵起了手"。

时至今日,"逆全球化"思潮在欧洲与北美大陆多地抬头。这是否意味着放弃教育全球化进程的成果,转向闭门造车?俞立中校长的答案是否定的。他认为,当前不同文化实体的民间交流将会扮演更重要的角色,"也就是 People to People,老百姓之间的交流"。而教育本身就承担了这样的角色,今天的上海纽约大学作为正在茁壮成长的平台,恰恰体现了不同文化之间的交融,以及相互沟通、交流与合作的重要性。

对此,俞立中校长信心满满:"自去年以来,我们感觉到上海纽约大学的角色不一样了。如果说我们办学之初是跟着全球化潮流在走,那么今天我们需要担当引领潮流的角色,这是时代变化对教育提出的要求。上纽大这个平台越来越重要,它能够加强中美之间老百姓层面的交流,特别是民间的人文交流和教育交流,传递中国对于全球化进程的声音。"俞校长表示,随着欧美政坛一系列保守主义倾向严重的变动,中国现在成为少有的几个依然能扛起全球化旗帜的国家,而上纽大可以告诉整个世界,人才培养可以在全球化当中获益,也可以对全球化进程作出重要贡献。

对于上海纽约大学四年以来是否实现了当年的办学预期,俞立中校长笑称现在的成绩可以打 120 分。他表示,创办一所大学不是几年就能见效的,建一所具有变革意义的一流大学,通常没有十年、二十年很难看到学校的社会影响力和效果,然而上纽大在短短四年时间里已经运行得非常"平稳、自觉"。俞校长最初的设想是"不被骂就是成功了",而现在的情况是越来越多的优秀高中生选择报考上海纽约大学。俞校长表示,上纽大的学生和家长就是学校最好的传播者,他们四年来与这所学校共同进步,成绩优异。"如果上纽大在某所中学录取了一名优秀学生,第二年就会有很多优秀的学弟学妹接踵而来。"

而另一方面,上海纽约大学也在寻求适合自己的学生,俞校长建议报考上纽大的学生不妨先问自己四个问题:

第一,你愿不愿意选择一条不一样的人生道路?也许不会一帆风顺,需要承受风险,但可以带来更多机会;

第二,你是否愿意接受不一样的学习模式(即主动学习模式)?自控能力差、不会选择的学生可能不适应这样的学习模式；

第三，你愿不愿意建立与世界的纽带？不要浪费了丰富的多元文化资源；

第四，你能不能在较短的时间内适应全英语教学环境？需要有这种自信和能力。

如果学生能够全部做出肯定的回答，那么上海纽约大学欢迎你！此举意在将学生从传统的择校思维中解放出来，让学生反思自己想要的是什么，以此选择适合自己的教学模式和人生道路，而非仅仅追求名校光环。

俞立中校长认为，当下教育的最大问题便是"功利化"。其实教育的原点在于开发人的潜力。"如果想让孩子将来过得更加幸福，就要在教学中挖掘其潜在的长处，弥补缺点，这才是教育的根本"，俞校长说。

## 秉承世界一流，推动教育变革

俞立中校长为记者解析道，上海纽约大学借鉴了世界一流大学的人才培养模式。首先是主动学习模式。今天，很多中国孩子习惯了被动学习的模式，在课堂里听教师解说课程内容，寻找标准答案，然后反复操练和考试；而主动学习（Positive Learning）模式则强调学生的选择权，根据自己的兴趣去考虑学什么、如何学。阅读、思考、讨论和表达训练是重要的学习方法。学习成为学生自己的选择，学校的责任是给学生提供各种各样的机会。

其次是语言学习能力。上海纽约大学是全英文教学，中国学生要提升英语实用能力，而国际学生也要学好中文，并计算学分。上海纽约大学要求国际学生毕业时至少达到汉语中级水平，包括听、说、读、写。

第三是推迟选择专业。上纽大学生入校时不用忙着选择专业，同时也不区分文理科，学生可以有自己的想法，寻求导师的建议，为目标专业打下课程基础。在过程中他们可以改变主意，在大二结束前再确定专业方向。另外，学生还可以修读双专业或是辅修专业。

第四是全球流动的机会。融课堂教学、文化体验、社会实践和科学研究为一体，多元化的学习平台延伸到课堂以外。理论和实践的结合，促进学生在知识、能力和素养各方面的发展。最值得关注的一点是，学生可以在纽约大学全球教育体系流动。纽约大学在全球共有十四个校园或教学点,上海纽约大学的学生可以在第三学年或是暑期在不同校区或教学点选课,体验不同文化。

诚然,以上这些方面和传统培养模式确有不同,而最重要的区别则是宽度和深度相结合的"通识教育模式"。在上海纽约大学获得本科学位的基本要求是修满128个学分,其中三分之一的学分归属于通识课程,三分之一为专业课程,另外三分之一则是专业知识的强化或是第二专业的学习,如此分配学分能保证学生有一定的知识宽度和在某一领域的专业深度。

上海纽约大学的通识教育延续了纽约大学的模式,也是很多世界一流大学所普遍采用的模式,但也有其独特的一面。一是中国元素的引入,设计了中国社会和中国艺术两套课程。有足够的课程资源让中外学生能在通识教育中更多地了解中国的传统文化和当下发展,这是纽约大学所不具备的。二是吸纳其他世界一流大学的课程改革经验,调整通识课程体系。比如《科学基础》这门课将物理、化学、生物知识和技能结合在一起,按照专题讲授。哈佛大学已经开设了类似的课程,纽约大学也想推动这样的变革,但没有实现。此外,上海独有的文化环境也让中外学生受益良多。俞立中校长强调,"本地文化情景是无与伦比的教育资源,在国外课堂上给学生讲中国改革开放三十年需要很复杂的讲述,但如果课堂在上海,大家能感受到真切的变化,尤其在浦东,走出课堂就能看到的陆家嘴金融城三十年前还是一片农田啊。"这些都不是纽约大学教学的简单复制,而是上海纽约大学不断摸索和逐步完善的。

与传统的两学期制不同,上海纽约大学的春季学期和秋季学期分别只有14周,此外还有为期三周的一月短学期和各六周的两个夏季短学期,学生可以根据自己的兴趣和需要考虑短学期的课程。每年的六至八月是上纽大的暑假,不少学生选择去纽约大学全球教育体系遍布世界六大洲的14个校园或学习中心继续学习,或在世界各地从事企业实习、志愿者活动以及科研实践。俞校长说,暑期恰是上海纽约大学学生最忙的阶段,他们在假期中参加各种各样的项目活动,"忙得不亦乐乎"。

## 融合多元文化,参与国际竞争

自创办以来,上海纽约大学被多次推上了时代的风口浪尖,很多状况与问题都是当时无法预期和准备的,势必需要做出全新的探索和创造。

上海纽约大学作为一个出色的教育平台,将中国和世界的优秀学生连接起来。据了解,目前就读于上纽大的国际学生中,很多原本可以选择哈佛、耶鲁等世界名校,而他们选择来中国、来上海,每个人都有一段故事。这是学生的故事,也是上海纽约大学成长的故事。

上海纽约大学的决策机构是理事会,由中美各四名理事组成。学校的重大决策包括制度建设、章程修改以及预算等,都需要理事会通过。学术事务和日常运作由美方校长负责,引进"原汁原味"的世界一流大学的运作模式,保障教学质量和水平。俞立中校长则有批评和建议的权利,共同为学校的健康发展把握方向,让教职员工、学生以及家长都能放心和高兴的任务也落到了俞校长的肩上。这种合作管理模式也许是上海纽约大学的创举。

俞立中校长总结中外合作办学的管理模式要基于三个 C:Communication(沟通),这看起来容易,但毕竟中外观念和制度有很大差别,如果缺乏有效的沟通,任何小事都可能变成大事;Compromise(妥协),大家的想法不完全一样,办学体制和模式不同,这都很正常,但双方的共同目标是学校的发展,所以双方都需要懂得适时退让,达到学校利益最大化的目标;Cooperation(合作),互相支撑、互相配合是一所中外合办大学的基础。如果没有这三个 C,学校的任何目标都无法完成。

俞校长说,"文化融合是上海纽约大学的基点。"在上海纽约大学,中外学生合住一个寝室。不同文化背景的年轻人有着不同的生活习惯,但在一个月的适应期后大家都会成为朋友。俞立中校长认为,这个跨越文化鸿沟的过程是必须过的坎,过了这个坎,文化的理解就能更加深入。"这才是最有意义的,已经超越了一般教育的范畴。"俞校长说,纽约大学的国际化程度很高,但它的留学生比例也只有 20%。而在上纽大,有近半数的国际学生选择来到这个"大家庭",并在这里感受到了 Community(社区)的氛围。他们称,"回到上纽大就像回到了自己的家"。

上海纽约大学的第一届学生即将毕业,俞立中校长对当前的形势也有着自己的思考。"中国目前高等教育规模巨大,而最优秀的人才势必是要参与国际平台上的竞争的。上海纽约大学的学生通过企业实习项目等课外活动磨砺了知识和技能,志愿公益活动拓宽了学生的视野,而科研实践让一部分学有余力的本科生提前进入科研状态,充分利用了国际化大学的研究平台和学术资源,接触到学术前沿,"俞校长表示。

作为第一位开通微博认证的上海高校校长,俞立中校长的"亲民"印象已然深入人心,现在更多学生通过微信等新媒体平台与俞校长成为好友,俞校长也热衷于在朋友圈里转载各种上纽大的新闻与活动。对此,他笑称:"这就是我的工作,让学生开心,也让老师开心。"

# 人生没有标准答案，
# 年轻人要会学习、会选择[①]

从上师大到华师大，再到上海纽约大学，这已是俞立中第三次做大学校长。

相比于之前的两段校长经历，这一次俞立中任职的学校有点不一样——这是一所由华师大与美国纽约大学合办的具有独立法人资格的中美合作大学。

而此前中美合作大学在国内并没有先例，"工作没有成熟的样本可供参考，很多事情都在摸索中前行。"俞立中接受了新的挑战。

## "最亲民校长"

坐在记者面前的俞立中，头发花白但精神矍铄，说起上海纽约大学第一届毕业生的去向，不时发出爽朗的笑声。

"有一位数学系的学生收到了近十所世界顶级大学的博士研究生 offer，都是全额奖学金。"俞立中说，"大概一半的学生打算读研，一半的学生准备先就业，不同专业的学生因为所处行业的不同，毕业选择也不一样，数学、科学、计算机和工程专业的学生大多选择读研，金融、经济类的学生一般需要先工作几年，再考虑读研。"

谈起学生，俞立中滔滔不绝，他不仅可以准确地说出很多学生的名字，知晓他们的学业情况、兴趣爱好和毕业后的打算，还知道哪两个学生是室友、哪些同学去国外交流回来变化比较大，甚至连哪两个同学结婚了的这种"八卦"消息，他也没有错过。

当记者和学校工作人员聊起一位会说普通话、上海话、广东话的美国学生是否可以录视频的时候，俞立中当即告诉工作人员，要注意这个学生本学期选了七门课，日程排得很紧，不要因为这些工作影响他的学习。

---

① 原载人民网 2017 年 3 月 2 日，记者陈晨。

"大学校长还知道哪个学生选了几门课?"

"我的微信好友里,有很多是我们的学生和学生家长,他们有什么事情都会通过微信跟我及时沟通。"俞立中坦言,"也有人质疑我花了很多时间在琐碎的事情上,但是我跟他们说,倾听学生的声音、让学生了解学校的理念和举措,这是校长最应该做的事情,因为培养学生是大学最重要的使命。"

这并不让人意外,俞立中的平易近人早已名声在外,在华师大的时候,他就经常在学校的 BBS 论坛回复学生,为了与学生互动,他先后开通了人人网、微博、微信,头像都是其标志性的大笑(笑起来能看到后槽牙那种)。值得一提的是,他还是上海第一个开通微博并实名认证的大学校长,被学生们誉为"最亲民校长"。

## "教育不能急功近利"

上海纽约大学作为纽约大学全球教育体系的一部分,如果从商业角度来说,尽管学费比国内高校要贵得多,但每多招收一名学生,学校都需要贴钱,亏得越多。

"在纽约大学,一门课最少要有 6 个学生选才会开设。"俞立中向记者介绍说,"而在上海纽约大学,有一门课只有一个学生选修,最后学校还是开了这门课,成了一对一教学。"

"建校之初,曾有一位家长对我说,上海纽约大学有什么好?只有一栋教学楼,但我女儿却非要上你们学校。"俞立中说,"我就跟他说,首先我们要尊重孩子的想法,其次我也可以跟你说说我们学校有什么好。"

充分尊重学生的选择,是俞立中的教育理念之一。俞校长兴致勃勃地说起了一个故事:有一次在午餐时,他问同桌的学生对未来就业单位有什么基本要求。学生回答说:"一定要找一个自己喜欢的、感兴趣的工作,这可能就是上海纽约大学的教育对我的影响吧。"俞校长继续问:"你就不在乎起薪是多少吗?"她说:"这不是我优先考虑的问题,我更希望我的工作将来有较大的发展空间,人生会过得更有意义。"现在,这名学生签了真格基金的就业协议。还有一位学生对俞校长说他想推迟一年毕业,这中间有半年他要去参加一个游学项目,是在游轮上一边学习一边访问 7 个国家的 15 个城市,现在他已经申请到了一半的奖学金 8 000 美元,另外半年他想去上另一所大学的几门课程。这个学生觉得以后再也不会有这样的机会了,所以趁着现在去体验不一样的人生。

"不是所有人都要走同一条路，我觉得我们的学生在观念上真正解放出来了。"俞校长说，"教育不能急功近利，不是进名企、赚高薪才算成功，找到真正喜欢的、适合自己的道路更重要，一定要尊重学生自己的选择。"

包括对自己的孩子，俞校长也并没有做过多的人生设定。"就算孩子按照家长规划好的路线成为我们希望他长成的样子，他自己也不一定会感到幸福。"俞校长这么认为，"孩子们应该多元化地发展"。

交谈中，俞校长跟记者分享了自己博士生导师的故事，他的博士生导师有三个子女，儿子酷爱音乐，在西班牙有自己的音乐作坊，他的工作就是创作音乐、玩音乐，而他的女儿则是一名护士。从世俗的眼光来看，他们都没有赶上或者超越已经成为著名科学家的父亲，然而作为父亲的他却很为几个子女感到骄傲。

"很多人一生都在找标准答案，其实只要学会学习、学会选择，无论做什么工作，答卷都不会太差。"俞立中总结道。

面对有意选择上海纽约大学的学生，俞立中经常会问他们四个问题：你是否愿意选择有很多挑战，不会一帆风顺的人生道路？你是否愿意接受不一样的学习模式？你是不是想建立和世界的纽带？你能不能在较短时间内适应全英语的教学环境？"如果学生都觉得没问题，我就会对他说欢迎来上海纽约大学试试。"

其实这四个问题对四年多前刚刚接受新学校聘用挑战的俞立中也同样适用。或许有人会说，一个"不安分"的校长招了一群"不一样"的学生。

如今四年了，这个"不一样"的上海纽约大学的第一届学生即将毕业。"我给现在的上海纽约大学打120分。"俞立中说，"作为一所大学，能在这么短的时间里得到学生、家长、社会、媒体的认同，培养了一批优秀的学生，建立起有创新内涵的教学和科研体系，它远远超出了预期。"

# 田 埂 尽 头 [①]

这是最后一次机会。他已经等待了四年。

从 1971 年开始,在下乡的黑龙江长水河农场,每年推选工农兵大学生时他都得到连队推举,但到了最后,录取的消息却总也不来。年复一年推送,年复一年落空,整整四年。这一年他已经二十五岁,这是当时推选工农兵大学的年龄上限,最后一次机会了。他已经在这里务农七年。他想上学,他要回去,回上海去。

一早有内部消息传来,说是板上钉钉,这次看到他的名字已经被列在同济大学的录取名单上。在等待通知书的时候,他的祖父在沪去世,和家人通信商量后,长辈们一致同意他不回上海奔丧。他甚至都没有去送祖父最后一程,为了就地等待宣布被录取的消息。1974 年,这是足以改变命运的时刻。

其他人的录取通知书陆续来了。别的获得推送工农兵大学生资格的知青欢天喜地打包行李去各自的大学报到,一个接着一个离开。他还在等待消息。等到实在熬不住了,他拜托一个被另一所大学录取的朋友到招办帮着打听消息。消息来了,对方说:

"俞立中,我找来找去也没有看到你的名字。同济大学太热门了。我们猜测,也许你的推送资格被人替掉了。"

一切都落空了。俞立中说,他在听到消息后独自离开农场大门,"一个人走啊走啊,沿着田埂走了很远很远,然后站在田埂的尽头,我开始放声……"

在上海纽约大学的校长办公室里,陪同我们采访的校方女公关立即接口说,"放声大哭!"

俞立中却像听到了什么匪夷所思的事情那样回头看看这位年轻女士,摇头纠正说:"没有啊,我放声歌唱。"

---

① 　原载《依时》2017 年 3 月。

"歌唱?"

"对呀,我对着天地放声歌唱。"

"唱什么?"

"唱一切我会唱的歌,一首接一首。等到全部唱完了,我想:好了,现在回宿舍吧。"

"就这样?"

"就这样。因为事情过去了,我从头再来。"

窗外暮色降临,我们坐在暗下来的办公室内,谁都没想起来要去开灯。我低头看茶几上垫着印有上纽大 LOGO 的紫色杯垫,再抬头看看对面坐着的上海纽约大学第一任校长俞立中,心想:这差点没能成为一个励志的故事。

只有成功者能这么说吧。过去了,忘记了,不过是从头再来。

在 1974 年的黑龙江长水河农场,风吹过农作物,一切都是荒凉辽阔。四年推送名额落空,回沪读书无望,他满腔情绪无处可去,一口气走到田埂的尽头,眼前曾经看到过什么样的景色呢? 在那一刻,人是命运的棋盘中微小的棋子,看不见丝毫出路。

谁也不会知道,三年后邓小平宣布停滞十一年的高考制度恢复,谁也不会知道"文革"会结束,16 万在黑龙江的上海知青最后都能返城。当命运中所有的转机在那一刻都关上了门的时候,俞立中站在门的外边,面对铁幕一样的未知,没有放声痛哭,而是放声歌唱。

"我绝对不会说那段经历是无悔青春,"俞立中说,"但的的确确,经历过下乡十年后,现在什么困难也打不倒我。"俞立中说,人活着本来就不只是为了享福的,而是为了迎接各种困难。

1977 年,高考制度重启,知青们再一次看到曙光,然而俞立中既不符合报名年龄,又不在 1966、1967 届高中生能被破格录取之列,只能被挤在门外。直到 1978 年高考,他才等来了机遇。俞立中说,当年他在农场一边锄地一边拼命回忆公式,在脑子里解答题目。时任分场会计的老孟头看见知青们这么投入地复习功课,就偷偷把知青用过后扔掉的草稿纸都藏起来。

后来,老会计把这些揉皱的纸条一张一张摊开来,给自己的孩子作为勉励:"知青当年是这么学习的。"几十年后,老会计的外孙到上海工作,俞立中和老会计女儿一家相聚,还吃了一顿饭。这是愉快的、叙旧的一顿饭,也是一顿与往事和解的饭。

人世间的许多事是很奇妙的,但只有跨过这道坎的人才有资格这么说吧。

在1974年推送工农兵大学生落选发生的十多年后,俞立中还经常做梦回到黑龙江农场,梦见农场的负责人来找他谈话,对他说:"俞立中,别想离开,在这里扎根一辈子吧,我们帮你把坟地都选好了。"

然后他挣扎着醒过来,农场消失了,农场负责人不见了,原来已经过去十多年了。"文革"结束,高考恢复,从华东师范大学地理系毕业的高材生俞立中在1985年正在英国利物浦大学地理系攻读博士学位。

原来,一个人的身体已经跨过了大半个地球,但心里的一部分却永远留在过去。似乎在黑龙江的那一个角落里,在田埂的尽头,真的有这么块坟墓,坟冢石块新葺,坟头青草摇曳,的的确确在那下面,他的一部分被永远埋葬。

# 谈高等教育改革的这方"试验田"①

    作为高等教育改革的一方"试验田",上海纽约大学在这个初夏迎来了收获的季节。被称为是与学校一起开始这段"冒险"和"拓荒"旅程的首届本科毕业生将在本月28日迎来盛大而隆重的毕业典礼,东方明珠广播电视塔也将为之亮出标志性的紫罗兰这一"校园色"。那一天之后,年轻的学子们将背上行囊,走向世界各地探寻自己梦想中的"下一站"。

    面对学生们年轻、自信、喜悦的笑脸,上海纽约大学校长俞立中在接受《青年报》记者专访时欣慰地说:"我们的学生富有创造力,适应性强,对于如何打造未来有自己的想法,他们很清楚自己究竟想要什么,该怎么努力,这一点特别的珍贵。"

## 谈对首届学生的评价:
### "学生有自己的想法,他们很清楚自己究竟想要什么"

    **《青年报》**:对于首届近300名毕业生的去向问题,校方有没有做过统计?俞校长怎样看这样一份"成绩单"?

    **俞立中**:无论深造还是就业,不少学生手头都有多个offer,最终的选择要看他们自己了。目前,我们并没有统计的精确数字,大致上有一半学生打算继续读研,一半学生准备就业。

    可以说,录用或接受首届毕业生的企业或大学都是赫赫有名的,显得很高大上,但在我看来,这些结果都是"意料之中"的,也是应该的。这些学生是经过了严格选拔才进入上海纽约大学的,是有追求、敢于挑战的一批年轻人。经过4年的学习和磨砺,他们能得到名企和名校的青睐都是可以被预期到的,我们要祝福这些学子。

---

① 原载《青年报》2017年5月26日,记者刘昕璐。

但如果仅以此去评价他们的收获，我觉得还是太过苍白。

我更想强调的是，从学生们所做的选择，我们可以看到这些孩子真的富有创造力，适应性强，对于如何打造未来有自己的想法，他们很清楚自己究竟想要什么，该怎么努力，这一点特别的珍贵。

**《青年报》：**"有自己的想法，他们很清楚自己究竟想要什么"，这一点怎么理解？

**俞立中：**大部分学生早已从世俗化、功利性的束缚中解脱出来，他们观念更为解放，重要的不再是寻找通常意义上的标准答案，而更愿意尊崇内心深处的呼唤，同时，他们十分有勇气迎接未来更多的挑战。

数学系的龚小月四年前从华师大二附中毕业，选择了上海纽约大学，现在她已经收到十多个名校全额奖学金"攻博"的 offer，涵盖了大部分常青藤大学。她是从学科兴趣考虑，选择了一所更合适她的院校——MIT（麻省理工学院）。

赵泽宇是金融专业的学生，从"实惠"的眼光看，在金融行业工作的机会和薪水应该是不错的。然而，在经历了探索和认真思考后，赵泽宇觉得自己对法律和公共政策更感兴趣，他的梦想将要重新启程。他说，大二时他曾和授课老师、纽约大学前任校长约翰·塞克斯通就《美国宪法第一修正案》进行了辩论，从此就对法律越发感兴趣。在大三赴布拉格海外学习时，他又选修了两门法律课，同时他还在国际非政府组织实习了一段时间。目前他已决定加入一家全球性公益组织，在工作的同时做好继续深造的准备。

类似种种都能反映出这批学生在考虑人生目标和价值时，清楚地知道自己想要什么，打算为这个世界做点什么，无关乎钱财。他们自信、主动、勤奋、勇于探索的表现也获得了社会的认可。"真正发现自己，尊崇内心呼唤"，这种成熟的人生态度才是最值得我们骄傲的。在我看来，这在很大程度上是得益于多元文化环境的浸润和熏陶，得益于在全球视野下的思辨能力和创新能力的培养，得益于四年的学习、实践和试错。

## 谈对这一选择的冒险与探索："我们是在一起共同创造历史"

**《青年报》：**在采访中，我从中外学生口中听到过一句高度雷同的话："进入上海纽约大学学习是我做过最正确的决定"。作为校长,在即将亲自送出首届毕业生的当下,您听闻这样的评价时内心的感触是怎样?

俞立中:如果说四年前这批优秀的学生是因为"敢于冒险""挑战自我"才选择了上海纽约大学,那么四年的学习和生活经历让他们有了真正的获得感,青春年华不曾虚度,精彩而富有活力。他们每个人都在成长,提升了全球胜任力,并很好地展示了自我。这些机会中有些是学校平台提供的,有些是他们自己寻找的,善于抓住机遇也是重要的能力。

可以理解,对于首届学生及他们的家长,当初选择上海纽约大学确实是冒了一定的风险。新的办学体制,新的培养模式,没有历史积淀,没有参照样本,甚至校园还没有建成,教师还没有到位。这一路过来,学生、家长和所有参与学校创建的教职工真的是在一起共同创造历史——学校的历史、全球教育的历史。四年来,上海纽约大学的影响力越来越大,社会声誉越来越好,生源的地域覆盖也在不断拓展。让我很感动的是,学生家长常常会以自家儿女的变化和成长的鲜活例子,用自己的真实感受表达对学校培养理念和培养模式的认同。一所大学的水准和质量体现在学生身上,我们真是在一起共同创造历史。

《青年报》:当生源越来越多,上纽大未来招生发展上将会有哪些坚持?招生规模还会有所扩大吗?

俞立中:上海纽约大学是一所具有双重身份的大学,首先是教育部正式批准的、中美两所高水平大学合作举办的、具有独立法人资格和学位授予权的国际化大学;同时也是纽约大学全球教育体系的组成部分,因此可以共享纽约大学全球教育资源,也要达到与纽约大学相同的质量和水平。

作为高等教育国际合作的"试验田",学校立足"探索""改革""创新",追求高质量,保持"小而精"的特色,不会盲目扩大规模。国际学生录取的标准和程序与纽约大学相同,而中国学生则必须根据教育部的要求参加高考,但有别于仅以高考成绩作为评价标准的录取方式。学校招生部门根据学生的通用申请和高中学业情况,选拔一部分特别优秀的学生参加为时一天的校园日活动,综合考查学生的能力和素养,并从中选拔一部分学生作为条件录取,另有一部分学生列为候补。这些学生都必须参加高考,待成绩公布后,根据不同情况提前录取。高中学业表现、综合能力和素养、高考成绩相结合的综合评价,打破了以高考成绩作为唯一评价标准的模式。

应该看到,学生有各自不同的特质,学校有各自的目标定位和培养模式。我们选择的学生不仅要优秀,而且也要与学校的培养目标和培养模式相匹配。

学生入学后会面临完全不同的评价体系。除了考试,还有课堂表现、创造力、参与互动、社团活动和研究实践等。上海纽约大学选拔的学生,不仅要学业优秀,也要有理想抱负、开拓精神、团队精神、创新意识和批判性思维能力。学校鼓励学生尝试新事物,努力丰富自己的思想,勇于探索和冒险,追求不一样的学习路径,探索不一样的人生道路,而不是一味因循守旧,循规蹈矩。学校也希望学生有强烈的愿望,充分利用上海纽约大学的平台,充分利用纽约大学全球教育体系,建立中国和世界的纽带。这些都是学校在选拔学生时所关注的。

今年,上海纽约大学本科生招生人数从300名提高到350名。按计划,以后招生人数每年增加50名,直到每年招收500名学生,四届本科生总数维持在2 000人。

## 谈高等教育改革的"试验田"

**《青年报》:** 上海纽约大学旨在培养具有全球视野、时代特征的创新型人才,善于跨文化理解、交流、合作的世界公民。这一目标究竟怎么实现?

**俞立中:** 办一流的大学要有一流的师资、一流的学生、一流的培养模式。首先是教师队伍,保证一流的师资是一流大学的基础;二是生源质量,优秀的学生群体是稳定一流教师的重要条件,高水平的老师喜欢有追求的学生;三是培养模式和课程体系,一流的培养模式才能让一流学生在一流的老师培养下,发挥最大的潜能,在知识、技能、素养各方面得到长足的发展。

"学习不止于课堂""教育以学生为中心",这大概是四年来我所感受到的上海纽约大学最具魅力的地方,也是与传统培养模式最大的不同。

**《青年报》:** "让世界成为你的课堂"堪称是学校的一句名言了。历经了这四年,如今再看这一句话,您怎样理解?

**俞立中:** 当今世界正经历着快速变化,我们有义务和责任帮助学生去了解这个变化中的世界,并为将来做好准备。对中国学生而言,这个理念显得尤为重要。学校始终坚持,学习不只发生在课堂,社会同样是学习的重要场所,学生要寻求的不只是信息,更应该浸润其中,亲身体验多元文化,认识世界、探索世界、交流思想、参与行动。

从入学开始,学校有意在每个寝室安排两种以上文化背景的学生,创设全天候的跨文化沟通、交流、理解与合作的环境,这是其他学校很难实现的。

上海纽约大学实行小班化教学、互动式学习、全英语授课。在四年本科学习期间,学生一般有两个学期最多三个学期,甚至还可以搭上冬季、夏季的短学期,选择在纽约大学全球教育体系遍布六大洲的其他13个校园或者教学点选课学习,把课堂学习、文化体验、社会观察和研究实践融为一体。

试想,如果学生选修文艺复兴时期或欧洲中世纪社会和文化的课程,同样的老师、同样的教材,这门课在佛罗伦萨学,在上海学,或在纽约学,最后的实效肯定是不一样的,因为学习环境、文化体验和社会资源是不一样的。同样,如果学生选修中国改革开放以来社会经济变化的课程,同样的老师、同样的教材,在上海学,在纽约学,或在欧洲学,最后的效果也会是不一样的,因为学生感受到的学习环境、学习资源、文化氛围不同。这就是学校所强调的,学习过程是全方位、多通道的。

作为大学的社会责任,学校承诺不会让任何一个孩子因为家庭经济困难而失去机会。因而,学校在招生的过程中根本不看、也不知道学生的家庭背景。一旦被选中,如果家庭确有困难,学校会尽力帮助学生完成学业。除了奖学金,学校也会提供助学金的。

实际上,上海纽约大学的学生大多数来自工薪阶层家庭,来自知识分子家庭的可能更多一点,并不是一所"有钱人才能选择的学校"。

《青年报》:除了多元文化体验,与传统教育模式相比,上海纽约大学还有哪些不同?

俞立中:一是主动学习模式。教学以学生为中心,体现在方方面面。学校的责任是为学生提供更多的选择机会,并给予适当的指导,而选择权是学生的。如果学生在课前没有阅读大量文献,不积极思考,课堂上不主动参与讨论,是不可能达到学习效果的,也没办法跟上教学节奏。

二是全英语教学模式。因为,上海纽约大学的学生中51%是中国学生、49%是国际学生，所以都用英语授课。但是，国际学生要学中文，是有学分的。

三是通识教育的核心课程，包括五大板块：社会与文化基础、科学基础、写作、数学和语言；强调了四个关键词：全球视野、多元文化、学科融合、中国元素。各个板块有一系列选修课，只有几门所有学生都要修的必修课，如《全球视野下的社会》。写作是核心课程中的重要内容，由专门教授写作的老师给学生上课，辅导学生写作，写作课的重点是训练阅读能力、思维能力和表达能力。数学也是核心课程的一个重要板块，不是就数学讲数学，而是强调数学逻辑的思维方式，强调应用，怎么把数学运用到不同学科、不同领域，解决不同问题。

四是推迟选择专业。学生入学时不需要选择专业，在二年级结束前可以根据自己的兴趣和志向，自由选定专业。

五是跨学科基础，重视学生跨学科思考和解决问题的能力。

六则是前面提到的"学生可以在纽约大学全球教育体系中流动"。

《青年报》：您曾在多个场合强调，上海纽约大学的意义不在于中国又多了一所大学，而是打造一方高教"试验田"，本身就承载着改革、探索和创新之深意。4年过去了，您觉得这个"试验田"效应出现了吗？

俞立中：上海纽约大学的目标是：建成一所世界级的、多元文化融合、文理工学科兼有的研究型大学，成为全球化进程中不同文化交流、教育合作的典范。要建一所世界级大学（World Class University），一所研究型大学（Research University），这条路需要一步一步地去走。

为了保证这所大学的办学质量和水平，我们在合作协议里设立了相关条款，例如纽约大学有权确立上海纽约大学的学术标准，以确保能够达到纽约大学的学位要求；常务副校长由纽约大学提名，负责这些学术标准的实施，大学理事会要尊重常务副校长的职权。

我和常务副校长杰弗里·雷蒙（Jeffery Lehman）必须是"两个身体、一个脑袋"，这所学校的发展一定要中美双方充分沟通，相互理解，按照高标准来设立学术目标和培养目标。

从办学的第一个学期开始，华东师大每学期在上海纽约大学全程听课的教师有二十位左右。这样近距离、全过程的观摩学习让大家都觉得受益匪浅。通过比较和思考,他们也对自己学校的课程设置和教学方式的改进提出了很多建议,这正是华东师大合作举办上海纽约大学的目的之一。这项"福利"也从去年开始拓展到上大、上师大、上理工三所上海市属高校。由此,这都算一种推动改革的"鲶鱼效应"吧。

我想,我个人也会继续努力,在上海纽约大学办学过程中总结一些经验,希望能更好地为我们自己本土的高等教育发展和创新服务。

# 俞立中：四年上纽大，一块"试验田"[①]

**《上海教育》**：您曾经说过，作为中国第一所具有独立法人资格的中美合作创办的大学，上海纽约大学建立的真正的意义不在于多了一所大学，也不在于多招了几名大学生，而在于探索。四年中上海纽约大学做了哪些率先之探？

**俞立中**：上海纽约大学是个有着双重身份的学校，对于中国来讲，它是中国教育部正式批准的，具有独立法人资格和学位授予权的中外合作办学的国际化大学。对于纽约大学来讲，它是纽约大学全球教育体系的组成部分。上海纽约大学的建立是这个时代的教育理想，也是一项创新的实践探索。在不同教育体制合作的基础上，实现多元文化的融合，积极探索全球化教育，培养未来的世界精英，这在中美教育史上，乃至世界教育史上都是具有非凡意义的。所以，从筹建之日起，我们就牢固地树立起了这样的理念：我们不是简单地建立一所大学，而是希望对高等教育的改革发展和高等教育国际合作起到一定的示范作用。四年中，上海纽约大学确实做了一些率先之探。

在高等教育国际合作方面，我们就做了比较大胆的尝试。上海纽约大学是中美两所高水平大学合作的结晶，这所学校的发展与两所母体学校的连接是非常紧密的，我至少可以这么讲，在中国所有的中外合作办学机构里，上海纽约大学是一所与母体大学合作最紧密的学校。比如，我们的学生可以充分享受到双重的教育资源，获得丰富的国际学习体验，真正"让世界成为你的课堂"。又比如，我们充分依靠华东师范大学的力量，把上海纽约大学的党组织挂靠在华东师大的党委下面，把团组织挂靠在华东师大的团委下面，充分地保证学校的党团组织更好地发挥作用。华东师大党委书记童世骏到上海纽约大学来上过党课，我们也会把学校发展中遇到的问题和华东师大的领导进行沟通，在高等教育国际合作方面做了新的探索。

---

① 原载《上海教育》2017 年第 16 期，记者徐晶晶、计琳。

我们的目的是希望通过这样的一种合作形式，能够真正地让中美两种教育模式相互合作和借鉴，而不是简单地建立一所大学。

同时，上海纽约大学在整个教育体系和教学体系的构建上不断探索着世界一流大学的发展模式，并充分考虑到中国的特色、上海的特点。特别是在多元文化融合和全球胜任力培养上，上海纽约大学做了很多的探索。所谓全球胜任力，其实包括几个方面：一是对世界的了解，二是对世界的理解，三是对国际事务的参与，这需要课堂内外各种学习方式的结合。我们希望为这个时代培养一批有全球视野，具有跨文化理解、交流和合作能力的国际化创新人才，以迎接未来的挑战。这是符合时代发展、世界需要的探索，这也是所有上海纽约大学的创建者、参与者的梦，是我们大家的梦。

《上海教育》：上海纽约大学被很多人称为中国高等教育改革的"鲶鱼"，希望通过这种"鲶鱼效应"辐射、推动更多的高校开展全方位的改革。您认为上纽大的哪些探索可能对中国高等教育的改革带来宝贵的借鉴？

俞立中：我非常赞同上海纽约大学将发挥"鲶鱼效应"的说法。但每所学校的情况、资源条件、教师现状、管理体制不一样，简单模仿或照搬他人的做法都不可取。如果说上海纽约大学的探索可能会给其他高校一些启发的话，应该主要是在发展理念上。

上海纽约大学的改革首先是从人才选拔标准和方式上着手的，突破了我们传统的"一考定终身"的模式，而采取的是先选拔学生再参加高考这样的模式，给每个学生一个申请的机会。我们提出，招收的学生既要优秀更要适合的理念。除了学业成绩优秀外，我们还考查了学生其他各方面的能力和素养，通过校园日活动的形式全面考查学生的表现。

还有"以学生为本"的理念。在上海纽约大学，无论是课程、设施，还是各类活动，学校都会从如何有利于学生发展的角度来考虑。孵化人才的大学，一定是"空气养人，环境育人"，学生是这块土壤的"活力源"。大学校长可以有不同风格，但"以学生为本"却是共通的、最根本的核心。在上海纽约大学，我们特别强调学科知识的交叉贯通，特别关注全球化背景下的跨文化体验，特别注重核心能力培养和学习方式变革。如果失去了学生意识，我们的大学也就失去了灵魂。

在学生培养模式、课程体系、教学方法、课程的评价模式、本科教学的组织管理、师资队伍建设等方面，我们更多的是借鉴了中美教育的优势。我们希望能为探索优质教育资源的融合发展做些探索。

比如，上海纽约大学从第一个学期开始就对华东师范大学的青年教师开放了部分名额可以随堂听课，每年大概有几十位教师来上海纽约大学听课一直到学期结束。这让他们可以全面了解上海纽约大学的教学过程，甚至参与学校的一些活动，他们回去后会和更多的教师交流心得，让上海纽约大学的教育理念和教学方法被更多的人知道。同时，他们也会对上海纽约大学提出很多改革的建议。这种模式目前已经拓展到上海大学、上海理工大学和上海师范大学三所学校，每年这些学校都会有教师来随堂听课。

纽约大学和华东师大合作，在上海纽约大学成立了 6 个联合研究中心，涉及数学、化学、物理、社会学、数据科学、认知科学等领域，共同培养研究生，联合开展科研，很多博士生都认为这是一种非常前沿的合作模式。

我想这些都会给中国的高等教育带来有益的借鉴。

《上海教育》：作为一所瞄准国际一流，肩负改革之责的大学，上海纽约大学承载着很多第一，比如通识课程的建设，走出了一条不同于国内国外、特色鲜明的道路。经历四年打磨，您能否和我们分享一下其中的收获与思考？

俞立中：我们感到，通识教育的魅力在于为学生的终身发展打下厚实的基础，让学生在学习过程中学会思考、学会学习，发现自己，了解自己的兴趣所在、潜力所在。通识教育并不是让文科学生学点理科知识、理科学生学点文科知识那么简单，而是要从学生全面发展的角度去设置课程体系。

上海纽约大学的通识教育课程特别关注了几个要素：一是全球视野，二是学科融合，三是多元文化，四是中国元素。以全球的视野、从多元文化的视角，以问题导向跨学科分析与思考人类的社会变革、历史演进、文化传统、现实问题；在多学科知识和技能的基础上，研究科学和社会的问题，提出解决问题的办法和路径；建立中国和世界的联系纽带。这些都是上海纽约大学的教学模式希望带给中外学生的智慧。

特别是中国元素，在我们的课程中非常凸显。在我们的通识教育里就有中国社会和中国文化两大板块。让学生们能更客观、深入地了解中国、认识中国。我们培养的学生中不仅有中国学生，还有近一半的国际学生，这些课程也为"一带一路"倡议培养未来的人力资源，这些学生通过在上海纽约大学的学习对中国产生了不一样的情感。

同时，上海纽约大学实行小班化教学、互动式学习、全英语授课。课堂教学包含了大量的原著阅读、自由讨论和写作训练，培养学生阅读、表达和思维能力，特别是批判性思维。我和几位学生交流过，他们说一个学期的阅读量可能比有些大学本科四年的阅读量都要多，而且都是古今中外伟大思想家、哲学家的英文论著，如孔子、孟子、老子、邓小平、马克思等。

课堂教学方式也是多样化的，一门课程可以有不同类型的授课方式组合在一起，有主讲课、研讨课、实验课、写作课等。例如，《科学基础》每周有三次主讲课，每次七十五分钟；有两次研讨课，每次也是七十五分钟；还有一次实验课，每次九十分钟。再如《全球视野下的社会》这门课，每周只有一次主讲课，是由美方校长 Jeffery Lehman 和 Paul Roman 两位教授主讲的，一位是经济学家，一位是法学家。他们在课堂上从不同角度启发同学们思考古往今来伟大思想家对各类社会问题的论述，和学生一起讨论这些哲学家的观点。每周还有一次研讨课、两次写作课。这样的教学组合形式，不仅能够促进教和学的结合，也可以让学生对课堂内容进行深入的分析和思考，并学会充分利用各种资源。

《上海教育》：上海纽约大学的发展没有现成的经验可以复制，所以您当时曾感慨：您曾经担任过三所大学的校长，最累心、压力最大的是上海纽约大学校长的岗位，因为每一件事都要重新去思考，而且要站在不同文化的角度去思考。这四年来，您觉得最难的是什么时候？最开心的又是什么时候？

俞立中：上海纽约大学是一所真正意义上的多元文化融合的大学。我们的管理者、教师、学生来自五大洲几十个不同的国家。在这所国际化大学，我们需要更多的理解、沟通、交流、合作。

跨文化的理解、沟通、交流、合作会渗透在我四年中的每一天，也是让我最为揪心的事。作为一所双重身份的大学，中美双方对学校都有要求，有些要求可以兼容，有些不可以兼容，而我要做的是让不同的要求兼容起来。

和其他大学不同，在一个多元文化的环境里，每个人都是学习者，一定要相互学习。我在上海纽约大学工作，一直把自己放在一个学习者的位置上，与不同国家、不同身份的人沟通、谈判，以"和而不同"的交往建立彼此的信任。我希望借鉴世界一流大学的经验，可以推动中国高等教育的改革。我非常乐意接受这份全新的事业和全新的挑战。

四年中我最开心的时候就是和学生在一起的时候，因为每次和他们交流，看到他们所做的那些有意义的事，分享他们的智慧火花，都会发现他们在成长。他们正在成为支撑世界未来发展的重要力量，而这正是我们最期待看到的。

《上海教育》：上海纽约大学新校舍建在了上海陆家嘴，并提出了"垂直校园"的概念，即教室、图书馆、公共区域均在一幢楼宇内，深入城市腹地。这与纽约大学的校园理念相似，这样的理念和模式在上海实践后效果如何？您也多次强调，不仅要从物理空间上打破大学的围墙，更要打破办学理念上的围墙，那么上海纽约大学办学四年来，这个围墙是如何打破的？

俞立中：上海纽约大学选址在浦东的经济和文化中心，就是希望有一个类似纽约大学的区位，真正接触国际大都市社会、经济、文化的地气，继承纽约大学"立足城市、融入城市"的传统，并从这里出发，实现"立足世界、融入世界"的伟大理想。

我现在愈发地体会到，上海纽约大学这样一种校园形态和学校所处的区位所带来的优势。首先，不同于一般的大学，上海纽约大学紧凑型、小而精的"垂直校园"，让学校变得更加紧凑，学生会有更多机会和教授接触、交流，共享学术氛围，共建学习共同体。学校布局最突出的特点就是给了学生和老师充分的公共空间，让大家有很多机会进行交流、思想碰撞。这是一般国内大学比较缺乏的。你一踏进这栋楼就会有很强烈的上海纽约大学的气息扑面而来，学术的氛围、多元的文化，师生和学生间的互动，让人无时不感受到：这是一所国际化的大学，而且是一所互动性很强的学校。

其次，上海纽约大学位于浦东陆家嘴，学校属于一种开放性的校园，学生生活在一个真实的世界里。在上海浦东这个大校园里，我们能直接感受到都市发展的活力，也能看到城市化带来的问题，更会有大量的实习实践机会……贴近社会的学习环境，会对学生未来的学业、职业发展有重要的影响。

上海纽约大学之所以能够突破这个围墙，和我们最初的设计也是有关系的。从设计之初，上纽大就充分利用社会资源，比如，上纽大球队的训练和体育俱乐部的活动就在周边的源深体育中心进行，我们的毕业典礼放在了东方艺术中心，我们和浦东图书馆合作，在那里开办了上海纽约大学教授论坛，场场爆满，我们的学生担当了浦东图书馆英语角的志愿者。

没有围墙，不仅仅指的是物理空间上的围墙，更是教育理念上的围墙，这层围墙不但更难被打破，而且更需要被打破。我们的第一届学生，从在学校学习的时间上来讲，正规学期是 14 周，一学年两个学期共 28 周。但是，这只是他们学习时间的一部分，暑假和寒假他们都有短学期的学习，而更多的时间是在参加各类社会实践活动。

所以我真正体会到上海纽约大学给大家树立了一个理念：学习是无处不在的，学习资源是多样化的，课堂只是其中一部分，更多资源来自社会。如果我们懂得从社会中获得各种各样的资源，这对自己未来的发展会很有意义。

从这个意义上讲，打破围墙，就要把大学教育和整个社会融合在一起，学生才能更全面地了解社会，了解世界，有社会责任感，懂得爱人爱己。我想这样的教育体现了人的教育，体现了人和社会的联系。

**《上海教育》**：上海纽约大学的首批学生毕业了，对学生们来说上纽大和其他高校相比带给他们最大的不同是什么？四年的改革是否达到了您的预期？

**俞立中**：在上海纽约大学 2017 届的 291 名学生中，267 名学生顺利毕业。目前是近一半学生打算继续读研，一半学生准备就业，有个别学生会推迟一年工作或深造，去关注他们的兴趣所在。

从整体上看，上海纽约大学学生最大的特点，一是他们在观念上真正解放了，因为他们认识到，不是所有人都要走同一条路，他们可以去成为他们想要成为的那个人，做更有意义的事。

比如，现在社会普遍认为北大、清华就是最好的大学，毕业后能够找到一个收入高的职位就是成功的象征。但上海纽约大学的学生，他们却更多地想要去体现自己的价值和责任。有一次午餐时，我问同桌的学生对未来就业单位有什么基本要求，学生回答我说："一定要找一个自己喜欢的、感兴趣的工作，这可能就是上海纽约大学的教育对我的影响吧。"我继续问："你就不在乎起薪多少吗？"她说："这不是我优先考虑的问题,我更希望我的工作将来有较大的发展空间,人生会过得更有意义。"这名学生同时拿到普华永道和真格基金的录用通知,但她选择去了连她在内只有三个人的真格基金驻上海办公室。因为她觉得真格基金在支持很多创业公司,很有挑战性,自己更有兴趣去做这样的工作。还有的学生已经拿到了哈佛的录取通知,但是最后选择了卡内基梅隆大学,因为她喜欢计算机学科,她认为卡内基梅隆大学的计算机专业更强,而不是根据学校的名气大小做选择。

第二个特点就是学生所体现出的全球胜任力。学生们在上海纽约大学这个多元文化的环境中,认识世界的能力增强了,跨文化的沟通、合作、交流、理解的能力也增强了,而且更重要的是在上纽大的四年培养了他们的一种同理心,他们在大学四年中已经参与了很多全球性的事务,开始有了一定的全球意识和社会责任。比如我们的志愿者活动,就是在跨文化的背景下开展的,面对的是全球性的问题。

《上海教育》:您觉得教育国际化的发展,应该追求的内涵是什么?您认为当今世界高等教育人才培养模式的共同追求和全新特征是什么?

俞立中:对中国的大学来讲,国际化最根本的内涵就是要把教育行为或教育模式的构建放在世界版图中思考,将中国大学教育放在国际高等教育的平台上去考量和审视。

高等教育的国际化不仅是看大学人员组成结构的国际化,比如有多少外籍教师,有多少留学生。如果学校的教育不是国际化的教育,那么就不算真正意义上的国际化。

今天的教育是为明天的世界做准备,真正的国际化教育要看教育的理念和培养学生的途径,是不是让他们能够有更多的包容性、有更多的国际视野以及跨文化的理解、沟通和合作能力,这才是一所大学国际化的核心内涵。

我们要重视培养学生的学习能力和选择能力,这个时代越来越需要这样的素质。因为发展的不确定因素太多,世界变化太快。如果我们指望今天大学里教会学生的知识和技能能适应未来社会职业发展的要求,可以说是天方夜谭。大学重在培养学生的学习能力和选择能力,可能还要加一条——坚韧性,让学生对自己的理想信念、价值追求保持坚韧性,这应该是一流大学所要追求的。

# 高考,改变了一代人的人生①

    2017 年的高考是"文化大革命"后恢复高考的第 40 个年头。高考,是选拔人才、培育人才的枢纽,是改变人生、创造人生的契机。正如 40 年前的今天,也有这样一批热血青年为争取到了参加高考的机会而欣喜若狂。

    现任上海纽约大学校长的俞立中就是恢复高考第二年的受益人之一。1969 年,18 岁的俞立中响应国家号召,从上海老家来到黑龙江省黑河市长水河农场,勤勤恳恳地做起了一名农民,一做就是近 10 个年头,而恰恰是这段经历却让他一生都难以忘怀。

## 高考,追逐改变精彩人生路

    高考恢复的第二年,1978 年,俞立中抱着实现自己大学梦的信念参加了高考。"我们身处在一个非常特殊的年代,因为'文革'被迫终止了大学的教育,而 1977 年高考的恢复无疑是为当时一大批积淀在社会上,有着强烈上学愿望的青年人打开了一扇大门,给予了他们改变人生的机会。"俞立中如是说,"如果没有参加高考,我可能还在当农民吧!"

    如今,每当看到现在学生复习迎考和参加考试的场景,俞立中总会不由得想起自己当年高考的情景。他笑称,现在的家长对孩子实在太过于溺爱,高考期间家长在考场附近预订宾馆让他们复习;考试前夕家长预订出租车安稳地护送考生至考场;考试开始后家长都不忘自发地在考场外维护秩序,不让经过的汽车鸣笛;考试结束后家长第一时间递上毛巾,送上饮料、冷饮等。

    谈及自己 40 年前的高考,俞立中既感慨又自豪。他说,1978 年黑龙江省报名参

---

① 原载新华网 2017 年 6 月 7 日,记者许超。

加高考的人非常多,大约有十几万人,因此省里在6月首先进行了初试,从中选取了6万人参加7月的国家考试。而这6万人也非常特殊,他们不单单成绩要好,工作也要得到大家的认同。

夏季的黑龙江白天很长晚上却很短,早上4、5点天刚亮,俞立中便要下地干农活,这一干便到了晚上8、9点,且一日三餐都在地里吃。因此,与其说他很少有时间复习功课,倒不如说几乎没时间学习功课。就是在这样的情况下,他只能在别人晚上睡觉后,打开手电筒看上几眼那些从亲朋好友处借来的课本,重要的习题还全是自己手抄的。俞立中坦言,当年的他白天干农活,会把数学公式、物理公式、化学方程式都写在手心里,一边铲地一边在有空的时候拿出来看一下。

这样的日子一直持续到了正式高考的前一天,当时的考场设立在隔壁北安农场,距离俞立中所在的农场有将近3小时的车程。为此,他和6、7个伙伴提前一天先住到农场,第二天早晨6点再出发赶往考场。"当年的高考一共是三天,六门课程。有政治、语文、数学、物理、化学和英语。"俞立中笑称,"那年我们的英语没有计入总分,因为大家都考得很差,考零分的都有!其实我也只考了30多分。实际上,按照我们准考证上的安排还有英语口语考试,但我记得没考,估计那时候连考官都找不到了吧!"

让人记忆犹新的是,为了在考试三天内不用在路上来回折腾,俞立中在当地村里找了一位老乡,几个人借了间空房。这个房间不是普通的"空",可以说什么东西都没有,没有炕席、没有煤油灯,只有一个土炕,大家就穿着军大衣窝在炕上睡。事实上,不知道是因为紧张的心情还是略显阴冷的天气,大家都没有睡着,轮流着一人出一题互相回答着这么熬了过来。"回望现在的考生,再想想我们那个时候的备考和考试,同现在的学生相比真的是天差地远啊!"俞立中感叹。然而在那个"空房间"度过的两个晚上对俞立中而言,不仅是一个复习的过程,也是学习的过程,更是自学的过程,这段"学习经历"意义不同寻常。

据悉,1978年全国高考人数在560万人左右,录取率在5%左右,总分500分。俞立中以黑河市理科第一名的成绩入选参加国家考试,后又以420多分的优异成绩考入华东师范大学地理系。此时的他腼腆地说:"实际上我还可以考得再高一些。就是那一道数学题,我把符号写反了,以至于后面全都错了。我记得是负的写成了正的。"

# 高考,培育改革开放人才资源

对于俞立中为何对华师大"情有独钟"?他直言,首先是自己的"家乡情结",想回到家乡上海。其次,自己已是 29 岁的理科生,被当时华师大刘佛年校长说的一句话所吸引:"我不管学生多大年龄,只要越线的我就要。"刘校长确实招收了一大批"大龄青年",也正是这一批人组成了现在的"作家群"。俞立中认为,其实这批人中很大一部分本在社会上已经成才,只要大学给他一个机会,给他"镀一层金",效果和成绩就能马上爆发出来。

而为何会就读地理专业,俞立中是这样说的。作为一个理科生,其实自己的第一志愿是化学,第二志愿是地理。早在农场时,俞立中看着地图时常会联想到很多的东西,例如为什么港口、海湾会有这样的变化?为什么城市在这些区域里发展?但最后为什么他以高分被第二志愿录取?因为他右手的一根手指在黑龙江农场农作时被机器给砸伤了,对于做化学实验是有影响的。关于这一点,俞立中丝毫不掩饰地表示,这也是后来自己在体检报告中得知的。然而他却很庆幸自己最终被地理系录取,因为华师大最强的学科就是地理学。

反观现在的高考生和家长,选择学校和专业就相对盲目。考虑的是最知名的大学、最出名的专业,但是否考虑过考生是不是喜欢、是不是适合。对此,俞立中强调,这些都是今天教育中很大的误区,我们要把这个观念扭转过来,可能要花费很大的时间和精力。

考试本身没有什么错,考试就是一种检验的方法。俞立中认为,中国历史上通过科举来选拔人才,这也是选拔的一种方式,但当时的中国长期处于农耕社会状态,因此它肯定有很多不完美的地方。科举,不是强调创新、创造,而是强调先贤训语,所谓的治国理念,虽然它可以在一些传统思想上很完美地解释和阐述,但它不会增长新兴领域,尤其是科学技术方面。而改革开放后的高考有双重目的,一个是检验教和学的效果,另一个是能区分并选拔出对知识掌握的差异人才。但应试教育是违背教育本质的,今天我们正在面对这个问题。

现今,很多高校提出针对不同的学科要求考生考不同的科目,另外将综合素质评价作为参考条件等,这些都是高考的"改革之路"。俞立中举例,学校中文系招生,如果说有学生比较喜欢看书，且经常可以写些东西，那学校就优先考虑。因为这样的学生是喜欢文学的，也是适合学中文的。那么学校就能多一个评价内容，从而抑制了不适合的学生进入这个学科和专业。

最后，俞立中表示，高考的改革、国家大学的培养要有两个层面的考虑。第一个是社会需要有精英，而这部分精英一定要把他们的长处发挥出来，可以在各个岗位上起到引导性的领袖作用。第二个是社会需要有一大批有文化知识和技能的人才，这是大面积的人才，也是广大的劳动者。同时，他强调需要高考这样的评价方式，让每个人都有公平的机会，能真正把适合的、优秀的人才吸引到不同的学科岗位，为社会的创新创造发挥作用。

# "高考改变的，不仅是我的人生"①

　　毕业季，穿着紫色校服棒球衫的俞立中神采奕奕，讲起上纽大首届260多位毕业生，他为他们取得的成绩而无比自豪。四年前，他在开学典礼上致辞，用自己的高考故事和大学梦欢迎和鼓励他们。现在，孩子们即将带上这份励志和坚毅，奔赴世界各地。

　　俞立中是"老三届"，1978年参加高考。他说，高考的经历不仅改变了他的人生，也塑造了他这个人。

## "我的大学梦"

　　1969年，在黑龙江一个叫长水河的农场，20岁的俞立中开始了长达9年多的"知识青年上山下乡"。去黑龙江之前，他是上海市西中学的一名高中生。知青岁月，他一直没有放弃自己的大学梦。

　　参加高考，一波三折。20世纪70年代初，农场开始推荐工农兵大学生。吃苦耐劳、表现突出的他，每年都被知青们推荐上去，但是每次都被挤了下来。

　　直到1977年，国家宣布恢复高考制度，但是当年他没能参加考试，因为不够报名"资格"。"当年规定报名参加考试的年龄限制是25周岁以下，还有一个补充条件是：'1966、1967届高中生中特别优秀的也能破格参加'。很遗憾，我是1968届高中生。尽管我不死心，请母校给我出具了一张优秀学生的证明……但最后还是没有让我报名。"

　　直到1978年，教育部放开了报考年龄，俞立中终于以黑河地区初试理科第一名的成绩，取得了参加当年全国高考的资格。那年，他29岁。

---

① 原载《新闻晨报》2017年6月7日，记者林颖颖。

## 农 忙 与 迎 考

1978 年的全国高考在 7 月举行,但是从 3 月开始便是农忙时节,复习时间相当赶。

俞立中向记者回忆自己的"迎考生活":"每天清晨 5、6 点就下地干活,晚上 8、9 点回来,等大家都睡觉了,我就在帐子里打开手电筒看书"。夜深人静之时,他经常在灯下看一会儿,把知识点记在心中,然后关掉手电,躺在炕上反复琢磨、回忆,在心里默默解题。

清晨出工前,他把重要的物理、数学公式写在手上,有空了就打开手心看看。"总之,任何支离破碎、分分秒秒的间隙都成了我复习迎考的宝贵时间,但绝对不能影响工作,不能让表现不好成为不批准我报考的口舌。说来也怪,那个时候真有过目不忘的本领,我想可能是因为我太想上大学了吧。"

## 改变人生的喜讯

采访中,俞立中拿出了珍藏多年的高考准考证——准考证上他的名字还被写错了。在那张《黑龙江省 1978 年高等学校招生准考证》上,记载着他的个人信息,报考科别,以及考试时间表。

"当时,高考在另一个农场,我们要提前一天到总场集合,在总场招待所住一夜"。第二天,天蒙蒙亮,俞立中和其他参加高考的知识青年坐了 2 个小时的货运卡车,一路颠簸,终于赶到了考点。

还没从头昏脑涨中缓过劲来,考试就开始了。"刚进去的时候很紧张,一看到题目我心就定了",一场场奋笔疾书中,俞立中感觉自己离大学近了一些,又近了一些。

考虑到长途颠簸,应考的两夜他们借住在当地一户老乡家里。晚上,六七个"黑兄黑弟"裹着军大衣挤在一张土炕上睡。"没灯怎么复习? 我们自有绝招,黑暗中轮流提出各种问题,大家一起答题和讨论"。

"考完最后一门课,我深深地松了一口气,我知道自己一定能考上大学"。当年高考满分 500 分,俞立中考了 420 多分。他的第一志愿就是华东师范大学(当时五校合一，被称为上海师范大学），"在我眼里她就是最好的大学"。

俞立中永远记得 1978 年 9 月的一天，"我正在地里干农活，一起参加高考的一位朋友坐着拖拉机匆匆赶到麦田找我，神秘兮兮地问我，'如果考上了师大你高兴吗？'"

"那还用问吗，当然高兴啦。"

"那我告诉你，你考上了。"

## "高考不仅改变了我的人生"

高考对他而言，意味着什么？面对这个问题，俞立中沉思了片刻。

在向记者讲述他的高考故事时，他语气平和，表情淡然。但是，总能感到一股激动和力量在其中涌动着。这段经历尽管过去了近 40 年，却让他成为现在的他。

"大学一直是我心里的梦，恢复高考政策下来后，我有了实现自己人生梦想的机会，而且我也坚定地把握住了，今天想起来，这一步使得我的人生走向不一样了。高考改变了我的人生。"

高考改变的不仅是他的人生，更是他这个人。"高考让我学会了自学，知道怎么学习才能把握关键，实现最高的效率"。没人辅导、四处借书的日子，把他的自学能力推向了一个新的高度。"一直到现在，我跑进一个会议室，可能一开始不知道主题是什么，但是听了几个人的发言之后，我就知道该说些什么了。"

高考还让他知道最难的时候怎么扛下来。"高考让我学会了面对艰苦，包括后来在国外学习，遇到任何困难都知道该怎么办"。

## 寄语高考学子：不管上什么学校，总有精彩人生

俞立中很愿意谈起他的高考故事，从上海纽约大学第一届学生开始，每年开学典礼，他总会和孩子们说说他的大学梦。"我的总结有 3 点：人，要有梦想；为了梦想，你要付出；要把个人的梦想和时代的梦想结合起来"。

记者请他对今年的高考生说几句心里话。

"毕竟现在和我们当年不一样了，现在高考成绩好不好，大部分只是关系到进

什么学校的问题。所以，首先把心态放好，放轻松，全力去考就行。真正有能力的学生，无论进什么学校，都可以把自己的人生过得很精彩，不用为了一时的得失感到忧虑。"

# 种好高等教育改革的"试验田"①

作为中国第一所经教育部批准的具有独立法人资格和学位授予权的中美合作大学,上海纽约大学从一开始就被外界寄予中美教育领域"试验田"的期望。

"我们并不想办一所规模很大的学校,继而通过办学获得经济利益。我们只是想种一块试验田,尝试各种各样可能的改革和创新。所以,可以说上海纽约大学从开创之初就确立了关键词:探索、改革、创新。"在接受《21 世纪经济报道》(以下简称《21 世纪》)记者专访时,上海纽约大学俞立中校长表示,他一直在思考如何引进好的教育理念和教育思想,形成适合国情的高校人才培养模式。

## 全球教育和中国高等教育发展的双重改革探索

《21 世纪》:上海纽约大学被外界寄予中美教育领域"试验田"的期望,请问四年来的实践,都进行了哪些高等教育试验改革? 未来还会在哪些方面进行突破?

俞立中:上海纽约大学成立到现在已有五年时间,距第一届学生入校也已经有四年了。这四年里,我们做了些什么改革,我想从全球高等教育和中国高等教育发展这两个视角来回答。首先,我们在探索全球化时代下全球教育的概念。我们不是讲美国教育还是中国教育,我们希望把世界上不同的先进理念与模式都吸引到这个平台上来。在教育方式上,上海纽约大学引进世界一流大学的模式;但是从教育理念和教育内容上看,我们强调的是全球教育,其中的一个核心问题就是多元文化融合。随着全球化进程,世界需要一大批具有全球视野的年轻人,他们有多元文化的思维,理解从不同文化视角看同一问题会有不同的结论,善于跨文化沟通、交流和合作。上海纽约大学下了很大功夫培养学生跨文化沟通、交流和合作的能力,希望来

---

① 原载《21 世纪经济报道》2017 年 6 月 30 日,记者许阳。

自不同国家的学生能够相互理解和融合。我们的学生通过四年的学习,在跨文化理解上有了很大的进步。

另一方面,针对中国高等教育的改革和发展,我们从学生选拔标准和选拔方法、创新人才培养模式、课程体系、教学方法、社会实践、评价方式等各方面作了一系列的探索。首先,从选拔标准和方法上来看,上纽大完全打破了原来"一考定终生"的模式。我们的招生环节从学生高中学业表现到 24 小时面对面交流的"校园活动日",对学生各方面素养和能力进行考查,在此基础上选拔优秀且适合的学生,待学生参加高考后再予以录取。在多元化的考量标准下,通过综合评价遴选的学生不仅学习成绩优秀、有思想、有追求,而且适合学校的培养目标和培养模式,这才是我们想要的学生。其次,在培养模式上,学校把课程教学、文化体验、社会观察、研究实践作为一个大的学习平台,鼓励学生在实践中学习,鼓励同学间的相互学习。通过各种途径让学生形成主动学习的习惯,对自己的学习生活有负责的规划。在课外,他们必须有大量的阅读和思考,才能积极参与课堂讨论。同时,学生还会通过各种实践活动,认识多样的社会形态,打破了"课堂才是学习场所"的传统认知。学校引进一流大学的通识教育模式,在本科一、二年级设置了社会与文化基础、科学基础、数学、写作和语言五大通识课程板块。在教学方法上,以学生为中心,采用多样化的教学形式,小班化、互动式,并根据需要融合最新教学技术。

从明年开始,上海纽约大学会根据上海社会经济发展的需要,推出一系列研究生培养项目,包括计量金融、数据分析、互动媒体等领域。通过探索不同层次的人才培养、科学研究、社会服务、文化溢出,更好地服务上海国际化大都市建设,为上海建成具有全球影响力的科技创新中心作出更多贡献。

《21世纪》:上海纽约大学是华东师大和纽约大学合作成立的。成立后,和华东师大在哪些方面相互吸收、有所影响呢?

俞立中:上海纽约大学发展到今天得到了两所母体大学的全力支持。首届学生入学的第一年,我们免费使用了华东师大的校园和各种教学条件。如今,六个联合研究中心也是依托华东师大的科研基地。可以说,上纽大充分利用了华东师大丰富的学术资源。此外,包括研究生培养、人才计划和科研项目申请等很多方面都得到了华东师大的全力支持和帮助。

同时,上海纽约大学成立后,我们也致力于更好地回馈母体学校。当年华东师大和纽约大学合作的宗旨,就是希望通过和一所世界一流大学近距离的接触和合作,提高自身教学、科研和管理等方面的水平。上海纽约大学成立之后,华东师大的很多部门和学院都来做过调研,每个学期都有二三十位华东师大的中青年教师在上海纽约大学全程听课。华东师大教务处会补贴听课老师的车费和午餐费,并且要求每位老师完成书面总结,确保听课的成效。可以说,这些前来听课的老师对上海纽约大学老师的教学理念、方法、内容都很有感触,受到不少启发,他们也会据此对华东师大的教育教学改革提出有价值的建议。我认为,这些都是上海纽约大学应该发挥的辐射作用。从去年开始,我们还把类似活动推广到上海的地方高校,比如上海大学、上海师范大学、上海理工大学。现在每个学期会有三十名左右教师前来听课,大约一半来自华师大,一半来自其他三所高校。

除此之外,上海纽约大学还与华东师大合作举办了一系列国际会议和研究生工作坊。上海纽约大学的党团组织都挂靠在华东师大。

## 招收优秀并适合的学生

**《21世纪》:**上海纽约大学一开始就面向全球招生,能否介绍一下前面几届学生的生源情况,国内外学生各占多少比例?

**俞立中:**上海纽约大学前四届学生有1 100多人,其中国际学生527人,来自全球68个国家,占学生总数的46.8%。据我了解,每年都有1万多名国际学生报考上海纽约大学,但录取人数只有149名,按纽约大学的录取标准,竞争也很激烈。这些外国学生都很喜欢中国。

前四年上纽大保持每年招生300人,今年扩大到350人,以后每年递增50名学生,到2020年达到500人后就维持这个规模。

**《21世纪》:**上海纽约大学在内地的招生分数线并不低,请问学校靠什么吸引国内优质的高中毕业生进行报考?

**俞立中:**真诚和坦率。上海纽约大学希望招收优秀且适合的学生,我们会要求学生认真思考以下几个问题:1. 是否愿意走不一样的人生道路,也就是国外所谓的

"走出舒适区(comfortable zone)":我们会给学生提供很多机会,让他们探索、尝试并且享受有挑战性的人生;2. 是否愿意接受不一样的学习模式,具有主动学习的意识和自控能力;3. 是否愿意建立和世界的纽带,愿意与不同文化背景的同学沟通、交流和合作。因此,报考上海纽约大学的考生要具备勇敢的挑战精神;4. 是否有自信在较短时间内适应全英语的教学环境。

《21世纪》:同样是结合高考成绩,参考综合素质评价,上海纽约大学和国内大学自主招生的区别是什么?这一模式目前遇到的挑战是什么?

俞立中:对比国内其他高校的自主招生,我们的选拔标准和方式有所不同。上海纽约大学采用的是"先选后考"的模式。我们会依据学生的高中学业表现和学生的申请材料进行初审,然后择优选择一部分学生参加"校园日活动",学校将通过模拟课堂、英文写作、团队活动、单独面谈等方式,考查考生各方面的素养和能力是否适合上海纽约大学。通过校园日活动,学校会选拔出一部分学生,给予条件录取,如果高考成绩高于当地的一本分数线就可以被录取;我们还会将一部分学生列入候补名单,高考成绩出来后,根据高中学业、校园日活动表现以及高考成绩综合评价,择优录取其中的部分学生。在整个招生过程中,校长只是以观察员身份参与,无权干涉。最后的录取名单由学校招生委员会讨论决定,而委员会成员则以外方为主。

自主招生面临的最大的挑战是公信力和诚信问题。首先,考生和家长往往会对学校招生的公正性担忧;其次,有些学生会刻意迎合评价标准,比如找中介做假材料等,以求得好评。上海纽约大学要求学生表现真实的自我,不赞同中介机构的介入,这是对双方负责的态度。我们强调,能否被上海纽约大学录取只是一个机会,学生在求学过程中还会有其他的机会,无须为成功与否而纠结。

当然,建立信任的有效途径,是可以考虑将"评"和"招"的环节分开,学校不拟提出过于定量的评价标准,评价尽可能客观展现学生,选拔则根据学校或专业的人才培养目标定位及特色,真正选拔适合的学生,才能更体现公正性。

## 培养独立思考和有多元文化沟通能力的全球人才

《21世纪》:在上海纽约大学的招生中,在对申请材料进行审核后,还将邀请其中部分优秀的申请学生参加"校园日活动",请问重点考查的是学生哪方面的能力？通过四年的学习,你们希望培养出的学生应该具备什么样的能力？

俞立中：学校看重学生的能力和素养,用大家熟悉的话语系统讲,首先就是"三观",包括人生态度、价值取向和对世界的认识。我们希望学生有积极的人生态度、开阔的视野,有抱负、有志向,愿意接受挑战,有自己的想法,自信并有同理心。在能力方面,英语实际应用能力是必须的,全英文授课会对学生的听说读写有很高的要求。当然,学生的表达能力、分析能力、亲和力、团队精神、沟通能力等都是考查的方面。

通过四年的学习,我们希望培养出的学生视野开阔,能够理解多元文化,具备跨文化交流的能力。当然,学生的学习能力、选择能力、思辨能力是基础。

《21世纪》：文理交融是上海纽约大学在人才培养模式中的一个特点,请问文理如何交融？这样的人才有什么特点？

俞立中：随着科学技术的发展,学科越分越细,而人类所面对的问题大多是复杂的,往往不是单一学科可以解决的,需要不同的学科知识和方法的集成。所以,在上海纽约大学的课程体系设计中特别注意培养学生打破学科界限,多学科交叉融合,发现问题、解决问题的能力。通识教育的核心课程包含了自然科学、人文科学、社会科学和工程技术等各方面的内容,无论学生最终选择什么专业,都有机会接触不同领域的知识和技能,让学生对这个世界有更全面的认识,同时也发现自己真正的兴趣所在和学习潜力。上海纽约大学的相当一部分课程都体现了跨学科的特点,鼓励学生用不同学科的知识和技能来解决现实问题。在学生的社团活动和科研实践中,也特别关注全球问题和本土解决办法,涉及的不仅是科学问题和技术方法,也必须考虑当地的文化传统和社会因素。

在这样融合的学习环境中培养出的人才,会逐渐养成问题导向思维,遇到困难时能够积极调用多学科的知识储备,寻找好的解决办法。

《21世纪》：今年,上海纽约大学首届本科生毕业,他们的成长和毕业去向如何？和学校成立初对毕业生的预估一致吗？后续可能在就业上还会为毕业生提供什么帮助？

**俞立中**：据我们估计，首届毕业生中大概有一半学生会选择读研深造，另一半学生打算先就业，尤其是商科学生会考虑积累一定的工作经验后再读研。国际学生除了在国外读研和就业外，也有一部分选择在中国继续深造或就业，已有两名美国学生被清华大学苏世民学院录取，一名被清华大学和麻省理工学院合作的 MBA 项目录取，还有几位去国内其他高校读研的。上海去年出台了新政策，允许外国留学生本科毕业后在中国（上海）自由贸易区就业，上海纽约大学有一些国际学生已经在自贸区就业。目前看来，142 名中国毕业生的去向比较明确，47%的学生已经接受了研究生录取，其中有 7 名学生直接攻读博士研究生，录取的学校包括美国的哈佛大学、麻省理工学院、宾夕法尼亚大学、哥伦比亚大学、康奈尔大学、纽约大学、加州大学、杜克大学、卡内基梅隆大学、芝加哥大学、南加州大学、约翰斯·霍普金斯大学、马里兰大学、伊利诺伊大学、罗切斯特大学、波士顿大学、南卫理公会大学、乔治亚理工学院、爱默生学院、华盛顿大学等；欧洲的帝国理工学院、伦敦政治经济学院、爱丁堡大学、华威大学、巴黎高商、日内瓦高级国际关系与发展学院、斯德哥尔摩经济学院；澳洲的墨尔本大学，还有亚洲的阿卜杜拉国王科技大学、香港大学、香港中文大学等，主要学科是数学、科学、计算机、金融、经济等。32%的毕业生已签订了就业协议，包括普华永道、毕马威、德勤、安永、波士顿咨询、尼尔森市场研究、艾杜康（上海）健康咨询、阿迪达斯体育、群邑广告、真格基金、裸心酒店管理、工商银行、招商银行、建设银行等。21%的毕业生还没有做决定，其中大部分已经收到研究生录取通知或单位聘用意向，但还没有做最终决定。可以说，他们的选择面是十分宽广的。

上海纽约大学的毕业生在读研和就业选择上十分理性。大多数学生会根据自己的兴趣和内心呼唤进行选择，不去盲从，这是难能可贵的。

我们后续还会为毕业生在就业上拓宽渠道，希望为他们创造进入国际组织工作的机会，比如联合国、世界银行、联合国教科文组织等。

## 强调"小而精"的办学模式

**《21世纪》**：作为纽约大学全球教育体系的组成部分，请问上海纽约大学的课程体系设置与纽约大学有什么相同和不同？未来可能会针对国内情况做哪些调整？

**俞立中**：作为纽约大学全球教育体系的组成部分，上海纽约大学的课程体系基本上是和纽约大学接轨的,但在课程设置上做了适当的调整,更突出全球视野、多元文化、学科交叉、中国元素的特点。例如:在学校通识教育课程中,有中国社会、中国文化两大课程板块,涉及中国的历史、哲学、文学、艺术、经济、金融、社会、教育、环境等各个方面,充分体现了本土文化的融入。国际学生需修读中文课程,无论起点如何,毕业时必须达到中级或以上水平,包括听、说、读、写,并计入学分;结合课程教学的传统节庆活动,历代服饰秀、非物质文化遗产展、陶艺创作体验等,更增添了学生体验中国文化的激情。上海纽约大学的教授们也会把学生带到上海名目繁多的博物馆、科技馆、艺术画廊、金融机构和企事业单位。它们既是学生了解中国的窗口,也成为课堂教学的实践场所。

上海纽约大学也做了纽约大学尚未推进的专业和课程的改革,如《创新和创造力》项目和课程,"互动媒体艺术(IMA)"专业等。

《21世纪》:外界都很关注中外合作办学的师资情况,请问我们的教师团队是怎样的配置?

俞立中:上海纽约大学的师资队伍组成比较多元化。根据最新统计,上海纽约大学现有182名专任教师,300多名教辅人员、专职科研人员和行政人员。我们的教授大概有三种类型:一部分是纽约大学和上海纽约大学联聘的教授,占比约30%;另外将近50%的教授属于上海纽约大学聘任的教授,是按纽约大学的标准和程序在全球招聘的;其余20%是兼职教授或客座教授,来自世界各地,目前来自美国、以色列和法国的居多,以色列的教授集中在商科和创业方面,法国教授主要集中在数学领域。此外,华东师大也有一些教授在这里开设哲学、社会科学方面的课程。

教授队伍结构的多元化特色会保持下去。根据学校发展的需要,未来与纽约大学联聘教授的比例会逐步减少,学校聘用的教授比例会逐步增加,但一定会坚持一流的标准,学校不会因为课程需要聘任不符合上海纽约大学要求的终身教授。

《21世纪》:据报道,国内的一些中外合作大学要靠政府财政支持才能运转,请问上海纽约大学是怎样解决资金上的问题的?

俞立中:上海纽约大学的财政运行主要是靠四个方面的支撑,包括学费、政府支持、社会捐赠、培训项目。在社会捐赠方面我们这几年做了很多工作,通过在全球范围内的努力,为学校运行和长远发展筹集资金、积累人气;在培训方面学校比较谨慎,前四年的主要精力放在本科教育上,不轻易开设培训项目;作为上海唯一的一所具有独立法人资格的中外合作高等教育机构,上海市政府和浦东新区政府一直把上海纽约大学作为教育改革的"试验田",给予了各方面的关心和支持。在启动办学的前五年,政府的经费支持大概占到了40%,未来的五年里会逐步降低到20%。但是,上海纽约大学的定位目标是成为一所"小而精"的世界一流大学,师资和运行成本很高,一定需要社会各界的支持。建设世界一流大学,不可能单纯依靠学费来支撑,不管是社会捐赠还是政府扶植,都是大学发展的基础。在学校有能力得到更多的社会和校友捐赠前,政府的支持在相当一段时间内还是必要的,这是一流大学建设的前提。

来自60多个国家的优秀国际学生,成为知华、友华的未来世界精英,这或许是首个中美合作大学的最大"隐性"成果。

# 四年前放弃名校机会，
## 选了上海纽约大学的学生，毕业后都去了哪儿？[①]

2017年初夏，上海纽约大学迎来了第一届毕业生。4年前，这些原本有机会上名校的学生，不顾家人疑虑、朋友劝说，选择了上海纽约大学。这批勇敢"吃螃蟹"的人，4年后究竟是感到后悔了，还是觉得做出了正确的人生选择？

《蓝橡树》专访上海纽约大学校长俞立中，听他说着学校成立5年来走过的路，感悟颇深：有些改变，虽然作为一名普通家长的你还无法切身体会，但它确实是在默默发生着……

## "你们津津乐道上纽学生进名校、名企，
## 我更欣慰他们学会了听从内心"

这个夏天，上海纽约大学校长俞立中终于可以松口气了。2012年10月，上海纽约大学，全国第一所具有独立法人资格的中美合作大学正式挂牌；次年8月，上纽大迎来了首批295名本科生。

在体制内公立大学当了近十年校长的俞立中被聘为上海纽约大学首任校长，荣光之下，俞校长心情并不轻松，他知道有很多双眼睛盯着他：官员、同仁、社会和媒体，还有那几百位充满期待和疑虑交织的父母——4年前，他们很难预料上海纽约大学的前景，但自己那个考试成绩原本可以上名校，甚至清华、北大的孩子，就像"中了邪"似的要考上海纽约大学。即便有办一所世界一流大学的雄心，每一步也是走得如履薄冰。

2017年5月，上海纽约大学第一届264名学生毕业，他们是校长俞立中口中勇敢的"开荒者"，他们的毕业去向终于让俞校长如释重负。俞校长或许已经和媒体历数了好几次学生的去向，但这次当我们去他办公室采访时，第一个问题就让他打开

---

① 原载《蓝橡树》2017年7月26日。

了话匣子,兴致勃勃地历数学生的毕业去向:

"据我已了解的信息,有8名国际学生在中国读研,其中2名入选了清华大学'苏世民学者项目',8名国际学生已在中国签约就业,大多在中国(上海)自贸区。中国学生的就业或深造已明朗了,有一半多选择了出国读研,包括麻省理工学院、哈佛大学、纽约大学、普林斯顿大学、哥伦比亚大学、康奈尔大学、杜克大学、帝国理工、伦敦政治经济学院等。"

"36%的中国学生选择了直接就业,主要是金融和经济学的学生,他们觉得先有一段工作经历更好。去向以四大会计师事务所、投资公司、银行等为主。当然也有不少学生去了公益组织、传媒企业等,选择非常多元化。"

其实看到这一串名校和名企,上海纽约大学毕业生的去向也许就已经很光鲜了,但学生选择职业背后的逻辑却是让俞立中校长最惊喜的,这可能就是上海纽约大学毕业生与众不同的地方。

得知小徐同学被哈佛大学研究生项目录取时,俞校长很高兴,但随即徐妈妈就说,孩子不一定会去哈佛大学,因为她同时申请了卡内基梅隆大学,这所学校的计算机专业要比哈佛大学强。最后小徐同学果真去了卡内基梅隆大学,拒绝了哈佛大学。"我从学生的学校选择上看到了他们想要什么,在追求什么,而且他们知道应该通过什么途径去实现自己人生的理想。"

另一位在择业时拒绝了"四大"的同学,有一次在午餐桌上和俞校长深谈时说:"我在上海纽约大学四年学习的收获之一就是知道自己想要什么,该怎么去努力。我不会为了追求在哪里工作或者能拿多少起步工资来选择工作岗位,我一定要选一个有兴趣的,而且是能够为我未来的发展提供很好空间的工作。"

这番话让俞立中校长非常感动,比起一味追求企业的名声,他们更在意自己内心的渴求;比起当下的职业,他们的眼光长远、面向未来。"这是上海纽约大学最有价值的地方,培养学生学会选择。"

## "你们吃惊上纽生源看齐北大、清华,我更惊喜家长的观念在慢慢转变"

Violet 的儿子 2014 年参加了上海纽约大学的开放日,回来会就跟 Violet 撂下一句话：他决定放弃复旦大学的直推机会，要去上海纽约大学，如果上纽大不要他，他就明年再考一次。这句话让全家都懵了。

Violet 焦虑得一个晚上没睡着，和老公一起上网查看上海纽约大学的信息，几乎毫无收获的结果又增加了她的担忧。那一年是上海纽约大学第二次招收本科生，第一届学生还没咂摸出滋味，更没有毕业生起到示范作用。Violet 只能发动身边各种渠道调查，"阻力很大，身边的老师、朋友几乎都叫我们不要去，但拗不过儿子，最后还是听他的。"

现在 Violet 已经成为上海纽约大学家长联盟群的群主了，被人戏称是体制外的招办工作人员。那些慕名报考上纽大的家长会通过微信群和 Violet 打听情况，Violet 理解他们患得患失的心情，有时候即便半夜也会耐心作答。

也许再也找不到上海哪所大学的学生家长与学校如此热烈的互动，也许再也找不到上海哪所大学的学生家长愿意如此自发地向周边人介绍这所学校的各种好。因为作为上海纽约大学学生的父母，没有人比他们更能清楚看到孩子的转变。

Violet 的儿子有一天突然跟妈妈说："毕业后我要去印度 Gap 一年，因为印度的计算机技术比中国强，而我希望改变这个现状。"这番话听上去年少轻狂，但足可见少年志向远大，Violet 相信，孩子的这种见识和胸襟，与上海纽约大学宽容、开放的国际环境分不开。

比起几年前大部分家长眼睛都盯着国内的"985""211"高校或国外的常青藤名校，上海纽约大学确实在转变一部分家长择校的态度，在这一点上，作为群主的Violet 感触可能更深。

以前家长、学生择校时，可能会把学校的排名和名声看得很重，但现在大家经常会问到一些交换机会、住宿条件、师资沟通、学业压力、课程难度等比较细节和软性的问题。同时，学生自己的话语权也更大。就像俞立中校长所言："能进上纽大的都是一些有想法，愿意接受挑战，具有冒险精神的孩子。"

方爸爸的孩子 Andy 在选择上海纽约大学之前做了非常多的调查，也从自己重视的校友人脉、师资力量、校园文化等多个角度进行比对，最后选择了上海纽约大学。作为上海中学年级排名前 30 的"学霸级"学生，Andy 手上有很多张牌，但在未来成为"立足本国文化，同时深入了解世界"的国际化人才努力方向的前提下，方爸爸一家人都看得更超前，认为选择上海纽约大学有利于达到孩子的目标。

我们从内部人士处获得的信息，南京外国语学校本部 2014 级（目前新高一）学生中准备出国的人数有所减少。从南外 2012 级（目前高三）学生中出国人数骤增，到现在回归理想选择，不是一味追求留学、盯着名校，在教育专家眼中无疑是一种巨大的进步。

在择校的问题上，是否契合学生未来的发展方向？学校的气质是否与学生匹配？除了名声之外，学校的教育理念是否与时俱进？这些顶尖学生在理性选择过程中会考虑的问题，也渐渐形成示范作用，渗透到普通家庭中。

## "你们羡慕上纽没有包袱去创新、改革，我更期待它对国内高校的润物无声"

在上纽大成立之初，它的定位就非常明确，它是一块"试验田"，它的成立不是为了让中国增加一所大学，每年增加几百个学生上大学的机会，它成立的目的就是为了探索，为了改革，为了创新。它是教育界的"鲶鱼"，要把水搅起来。俞立中说，上海纽约大学的价值在于促进教育改革，通过探索来为高等教育的国际合作和中国高等教育改革提供示范。

当越来越多的教育界人士在批评教育改革乏力，千校一面、难有特色的当口，以上海纽约大学为代表的国内 9 所中外合作院校，正做着不同的教育改革试验，以真正风格各异的人才培养方式，把"竞争压力"传递给本土大学的同时，也通过宝贵的经验、超前的理念启发着本土高校。

华东师范大学的招办主任全程观摩了上海纽约大学首届学生的招生选拔活动。回去后，他立刻就把上海纽约大学的招生方式融合进华东师大的自主招生之中，把5、6 位老师对一个考生的面试改为一对一的"促膝交谈"；增加了考生间相互介绍和交流的环节。这样不仅可以考查学生的思维方式和表达能力，也让考生放松一些，更有自信。

华东师大的招办老师也注意到了一个细节，面试前考生等在面试室外，十分紧张难熬。他们学习了上海纽约大学的做法，设立了 2 个休息室，放上茶点和饮料，让考生在候场时可以坐着休息，轻松聊天。

"人文关怀"，这是参加了上纽大校园日活动后学生提到最多的一个词。不少学生在校园日活动结束后对记者说，他感觉自己受到了尊重，这是一个平等的双向选择。对学生的态度体现在形式和细节上，实际上就是人文价值取向的不同。

创建上海纽约大学的初衷之一，就是希望能够引进国际优质教育资源，借鉴世界一流大学的人才培养模式。"引进世界一流大学的通识教育模式是一项积极的尝试，其着眼点是学生的长远发展，并非职业目标。激发学生的好奇心和学习兴趣，培养思维能力和学习能力，才会有创新和创造的能力。"俞立中说，上海纽约大学的教学工作是由纽约大学指派的常务副校长负责，但在中国办学，如何把本土文化体现到课程中，用好国内资源，中方团队提出了非常多的建议。俞校长做了一个形象的比喻："中西方教育体制有很多不兼容的地方，中外合作办学就是要把不兼容的部分兼容起来，需要不同的转换插头。"

不过究竟上海纽约大学的经验能多大程度影响本土高等教育？或者说，中外合作办学的种种改革是否能为本土高校借鉴？俞立中校长的观点谨慎而谦虚，他认为已经成立的九所中外合作大学是在中国的不同地方做着不同的实验，到底哪个模式更适合中国国情？或者都适合？现在还无法定论。学生个体差异性很大，不同岗位对人才的需求也是多样化的，因此需要有不同的培养模式。教育改革不是去寻找唯一正确的道路或者唯一的模式，而应该是针对不同的目标，以开放的心态探索不同的模式。通识教育模式侧重于培养领袖型人才，要让学生更多地体验世界不同的文化，吸纳更多的人类智慧，打开创新思路；而培养工程师也许会是另一种模式了。

对于一所中外合作大学而言，它的使命不仅仅是招了多少"牛娃"，开了多少专业，毕业生进了哪些名企、名校。更重要的是，它将多大程度调动本土学校改革的积极性，多大规模辐射到基础教育，又多大范围改变着人们对教育的理解。

# 中外合作办学是多样化办学模式中的一类<sup>①</sup>

**《瞭望东方》**：学校第一届毕业生目前的就业情况，希望您能够提供一份更详细的数据资料，如毕业生多少人，毕业去向都有哪些，哪种方向最受欢迎等？据您观察，中外的学生在就业选择方面有何区别？您认为造成区别的原因有哪些？

**俞立中**：上海纽约大学首届毕业生 260 人，其中 141 名中国学生（54％），119 名国际学生（46％）。截至 6 月，已有 37.3％的毕业生签约就业，32.3％的毕业生确定了读研学校；尚未明确去向的毕业生，有一半以上还在选择中。国际学生就业或深造的信息收集比较滞后，目前已知在中国就业的有 8 人，读研的有 8 人，其余的毕业生在国外就业或读研。相对而言，141 名中国毕业生的去向比较明确。50％以上的学生读研，其中有 8 名学生直接攻读博士学位，63 名学生攻读硕士研究生项目，读研的学校包括美国的哈佛大学、麻省理工学院、宾夕法尼亚大学、哥伦比亚大学、康奈尔大学、纽约大学、加州大学、杜克大学、卡内基梅隆大学、芝加哥大学、南加州大学、约翰斯·霍普金斯大学、马里兰大学、伊利诺伊大学、罗切斯特大学、波士顿大学、南卫理公会大学、乔治亚理工学院、爱默生学院、华盛顿大学等；欧洲的帝国理工学院、伦敦政治经济学院、爱丁堡大学、华威大学、巴黎高商、日内瓦高级国际关系与发展学院、斯德哥尔摩经济学院；澳洲的墨尔本大学，还有亚洲的阿卜杜拉国王科技大学、香港大学、香港中文大学等，主要学科是数学、科学、计算机、金融、经济等。36％的毕业生已签了就业协议，包括普华永道、毕马威、德勤、安永、波士顿咨询、尼尔森市场研究、艾杜康（上海）健康咨询、阿迪达斯体育、群邑广告、真格基金、工商银行、招商银行、建设银行、裸心酒店管理等。14％的毕业生还没有确定去向，其中大部分已经收到研究生录取通知或单位聘用意向，但还没有做最终决定。

学生就业的选择面很广，有各类金融机构、公益组织、企业、学校等。上海纽约

---

① 原载《瞭望东方》2017 年 7 月，标题为编者所加。

大学的毕业生受到用人单位的重视和青睐,主要有几方面的原因:一是善于学习,思想开放;二是具有全球视野及卓越的跨文化沟通交流能力;三是积极的人生态度和价值取向,具有工作激情和专业精神。学生在读研和就业选择上十分理性,大多数学生会根据自己的兴趣和内心呼唤进行选择,不去盲从,这是非常难能可贵的。直接就业的毕业生大多是商科学生,大部分学生在积累一定的工作经验后还会继续读研。

整体而言,我并没感到上海纽约大学的中外学生在就业方向选择上有明显差别。我个人认为,有些国际学生并不那么急于找个稳定的工作,他们还希望多做点自己有兴趣的事,多看看世界,再想想清楚自己想干什么。所以,他们也许会找一份临时工作,积累更多的人生经验;也许会到世界不同的地方待一下,拓宽自己的视野;也许会做一些和自己专业无关的事,探索不同的人生价值,也许会寻找机会,选择自己创业,闯一条新的路。这也是在短时间内很难统计国际学生就业情况的原因之一。不少国际学生对中国有感情,充分意识到在中国学习给他们带来的机会,愿意选择在中国继续深造或就业。

如果这也算是就业选择方面的差别,我认为造成这个差别的原因很多,但从根本上讲是因为人生态度和价值取向的多样化。"条条大路通罗马""行行出状元"也许是最合适的解释。当然,其中包含了每个人对"幸福"的理解,对社会舆论和家庭压力的承受能力,以及社会的包容性等。

《瞭望东方》:华师大当初与纽约大学合作的契机是什么?对于华师大来说,希望通过与纽约大学的合作达到什么样的目的?纽约大学呢?

俞立中:当年,华东师范大学和纽约大学合作创办上海纽约大学,可以说是天时、地利、人和。适逢《国家中长期教育改革和发展规划纲要(2010—2020年)》发布,提出了高等教育国际合作的目标,积极推进教育国际合作的探索,是为"天时"。上海市、浦东新区政府在建设国际化大都市的进程中一直希望引进一所世界一流大学的优质教育资源,地方政府高度重视和支持上海纽约大学的建设发展,鼓励我们探索中外合作办学的新模式,可谓是"地利"。从2006年起,华东师大和纽约大学就有了深度合作,在华东师大中山北路校区设立了纽约大学上海中心,共享华东师大的教育资源,来中心学习的纽约大学学生每学期达到了一二百人,两校管理层和教师之间的沟通、理解与合作也越来越密切。纽约大学发展全球教育体系的理想与实践和华东师大推进国际化的发展战略，促成了两校的共识，建立了共赢的思想基础，可谓是"人和"。

具体故事是：纽约大学是美国学生规模最大的私立大学，是近十多年来美国上升最快的大学之一，也是第一所提出建设全球教育体系的大学。至今，该校已在伦敦、巴黎、柏林、马德里、佛罗伦萨、布拉格、悉尼、安卡拉、布利诺斯艾利斯、特拉维夫、华盛顿、阿布扎比、纽约、上海等十四个大城市建立了海外学习中心或校园。2006 年初，纽约大学代表团到上海来寻找合作伙伴，希望设立纽约大学上海中心，成为纽约大学全球教育体系的海外教学点之一。经过几轮的访问和谈判，他们最终选择了华东师大，当年签订了合作协议，9 月第一批学生就来到上海中心学习。华东师大有偿提供了教学和活动空间，以及中文和中国文化等课程；华东师大学生在资源允许的情况下可以报名选读纽约大学上海中心的课程，获得学分，双方共享不同优势的教学资源。之后，每学期来上海中心学习的学生数量不断增加，成为纽约大学全球教育体系中的热点之一，然而受到了资源条件的约束。2008 年 6 月，纽约大学校长提出了在上海设立纽约大学分校的设想，但在现行政策下显然是行不通的。经过积极沟通，建立一所中美合作大学的意向确立了。对于合作办一所高水平的大学，双方都怀着美好的理想，都想把好事做好。但在实际操作中，这是一条没有人走过的路，更没有现成的参照系统。2009 年，时任中国驻美大使周文重先生访问纽约大学，校长约翰·塞克斯通对他表达了与华东师大合作创建中美合作大学的意愿。周大使专门给教育部、上海市政府和华东师大发传真传递了这个信息，并介绍了纽约大学及其在推进国际化进程方面的建树，得到了各方的重视。上海纽约大学的筹建进入了快车道。

2010 年，教育部专家组来上海评审上海纽约大学的筹建方案，并进行了实地考查；2011 年 1 月，教育部发文同意筹建上海纽约大学。经过一年多时间的筹建，教育部专家组第二次来上海，对筹建工作进行评估和考查。2012 年 9 月 22 日，教育部正式批准华东师范大学与纽约大学合作设立上海纽约大学。这是《国家中长期教育改革和发展规划纲要（2010—2020 年）》颁布后教育部正式批准的第一个具有独立法人资格和学位授予权的中外合作办学机构，也是第一所中美合作创办的国际化大学。

对华东师大而言，这是我们借鉴国际一流大学的办学理念和实践经验，促进学校在人才培养、科学研究、社会服务、大学管理等方面改革的积极探索。在多年的合作中,我们感受到纽约大学之所以成为近年来美国最具成长性的一所私立大学,一个重要的原因就在于它能积极应对全球化发展趋势。我们能走到一起是基于对全球化背景下的大学发展的共同认识。大学的首要责任是人才培养,而人才培养的目标和方法必须与时俱进,适应时代的特征。应对全球化挑战,高等教育要打破文化隔阂,实现跨文化背景下的学生培养、教师发展,以增进对这个世界的完整认识,学会全球理解、沟通、竞争和合作。

《瞭望东方》:目前上海纽约大学的在校生中,中外学生的比例如何?这样设计比例的考量有哪些?

俞立中:根据合作协议,中外学生各占总数的 51% 和 49%。这是考虑到《中外合作办学条例》的基本要求,以中国学生为主;同时尽可能提高国际化程度,使每个中国学生都有外国室友,创造充分的跨文化交流、理解和融合的机会。实际情况是,学校前四届本科学生中共有 527 名外国留学生,占学生总数的 46.8%,来自六大洲 68 个国家,其中亚洲 95 名、欧洲 77 名、北美洲 327 名、南美洲 9 名、非洲 13 名、大洋洲 6 名。

国际学生的录取是按纽约大学的招生标准和程序,经过严格的选拔。通过纽约大学招生系统,每年会有一万多名来自世界各国的学生申请上海纽约大学,他们通过各种途径,对学校有不同程度的了解,相当一部分学生对中国文化和发展机会感兴趣。被录取的学生都有进世界一流大学的机会,很多人同时收到了多所大学的录取通知,包括布朗大学、哥伦比亚大学、哈佛大学、麻省理工学院、普林斯顿大学、康奈尔大学、杜克大学、加州大学、芝加哥大学、耶鲁大学、卡内基梅隆大学、剑桥大学、伦敦帝国理工大学等世界一流名校,但他们首选了上海纽约大学。

上海纽约大学以培养国际化创新人才为己任。学校充分认识到多元文化环境是激发创新理念和创新实践的元素之一,努力营造多元文化的氛围,为学生提供全球化、多元化、个性化的培养方案;同时,也创造各种机会帮助国际学生融入本土文化和社会环境。

课堂教学、文化体验、社会观察、研究实践相结合,构成了上海纽约大学人才培养的大平台。从宿舍安排、学生会组建、课外活动到课程结构、教学模式、科研项目,学校精心设计,鼓励不同文化视角的碰撞,强调多元文化的理解和融合。

每个寝室里一定住有两种或两种以上文化背景的学生,通过文化沟通促进相互理解和相互学习。学生会、学生社团和学生活动都是由学生发起组织的,但必须有两个以上国家的学生共同参与组成,在学生自主管理的过程中体验多元文化。不少同学在沟通交流中建立了互信,毕业班同学中已有中外室友在上海注册公司,创建了自己的"丝绸之路"。例如,有中国和土耳其两位室友,在本科毕业后中国学生去纽约大学读研,土耳其学生去上海交通大学上海高级金融学院深造,但两人都希望在搭建的"丝绸之路"上做更多的尝试,于是毕业前在浦东注册了亚雷(上海)贸易公司,经营中国与土耳其及中东地区间的贸易。

学校通识课程体系中有中国社会、中国文化两大课程板块,涉及中国的历史、哲学、文学、艺术、经济、金融、社会、教育、环境等各个方面内容,包括《中国传统思想与当代转型》《中国的政治制度》《中国历史》等课程,充分体现了本土文化的融入。在全英语教学环境里,也有华东师大教授的身影,还有国内各个领域精英的讲座。

汉语是国际学生的必修课,计入学分,毕业时必须达到中级或以上水平,包括听、说、读、写。实力雄厚的中文教师,小班化、互动式的教学方法,激发了国际学生学习中文和中国文化的兴趣。学校各部门和学生社团共同发起组织的元宵节、中秋节、饺子节等节庆文化活动,潍坊社区团委和学校团委合作带来的中国历代服饰秀,浦东文化部门走进校园带来的浦东非物质文化遗产展示,上海陶瓷科技艺术馆向学生提供的陶艺创作体验,更增添了国际学生认识中国文化的激情。

上海纽约大学的教授们也会把学生带到上海名目繁多的博物馆、科技馆、艺术画廊、金融机构和企事业单位。它们既是国际学生了解中国的窗口,也成为课堂教学的实践场所。"在城市,融入城市"真正体现了这所没有围墙的大学的理念。

通过与社会机构的合作,上海纽约大学的国际学生也和中国学生一样积极参与服务社会的活动。在养老院当义工,在阳光之家引导智障儿童活动,去西部贫困地区学校支教,参与都市农业、乡村学校、环境保护项目的建设。正如同学所讲,他们也在为中国社会经济建设承担一部分责任。

中国在走向世界,需要一大批具有国际视野,愿意并善于跨文化沟通、理解和合作的国际化创新人才,需要更多了解中国、理解多元文化、有志搭建中国与世界纽带的各国优秀青年。"一带一路"的建设,人才是关键,中外合作大学首当其冲,承担了不可推卸的责任。在上海纽约大学,一批有理想、有发展潜力的国际学生已经突显出来,尽管他们成为一代社会精英还有很长的路要走,但中国文化对他们的影响以及他们对中国和中国文化的热爱是显而易见的。

《瞭望东方》:据了解,学校在招生时的评价标准中有报考学生高中学业表现和"校园活动日"的面对面交流,在最终的评定中,这两个部分占的比例有多大? 其中高中表现的考查或标准由谁来控制,怎么避免在这个过程中出现靠关系、走后门的现象?

俞立中:核心理念:优秀且适合才是我们要选的学生。上海纽约大学选拔学生一是强调优秀,二是强调适合,二者中更重要的是适合。学生有各自不同的特质,学校有各自的目标定位和培养模式。因此,我们不仅是选择优秀的学生,也关注学生是不是适合我们的培养目标和培养方式。

因为上海纽约大学学生毕业时,既能得到中国大学的学位和毕业证书,即上海纽约大学的毕业证书和学位证书,也同时能得到美国大学的学位证书,即纽约大学的学位证书,所以中国学生既要走美国大学的申请通道,又要走中国大学的申请通道,需要经过三个考核环节。

第一步:通过申请资料评估。申请者必须在网上填写并递交美国大学通用申请表(Common Application)。同时,向上海纽约大学寄送高中学习成绩、学业考试成绩以及有关材料。中美招生团队在审阅材料的基础上,从几千份申请里选拔 400 到 500 名学生参加校园日活动。

第二步:通过校园日活动评价。校园日活动是综合评价学生的重要环节。在近 24 个小时的各种活动中,一大批教授和招生人员会考查和评价学生各方面的素养和能力。最后,招生委员会在充分讨论的基础上,选择一部分学生进入 A 档(即条件录取),如果学生高考成绩达到本省一本分数线以上就被录取了;一部分学生进入 B 档(即候补录取),如果高考成绩高于一本分数线,还要结合学生的中学学业成绩及综合素质评价,从中选拔录取。没有进入 A、B 档的学生就没有机会了。

校园日活动主要是考查什么呢? 就是通过模拟课堂、写作、团队活动、面谈等方式来考查学生的求知欲、亲和力、适应能力、交流能力、心理素质、团队精神、表达能力、行为道德、人生态度和价值取向等。整个活动都是在英语环境下的,所以英语的实用能力也是考查的一个重要方面。校园日活动分批举行,每批一百名学生左右,而参加评估的老师就有二三十个。老师和学生在一起,从各个角度考查学生的言行举止,进行评价。但这个评价不是打分而是评语。在每场校园日活动结束后,评估团队会坐在一起对学生——讨论,最后确定进入条件录取和候补录取的学生名单。

校园日活动是选拔学生的重要环节,也是学生和学校双向选择的过程。学校要求进入校园日活动的学生能表现真实的自我,让老师们能客观地了解学生,评价他们是否适合学校的培养目标和模式,而知识水平和学习能力的评价主要依据申请材料。因为高中学习成绩和学业考试成绩可以基本体现学生的学业情况和学习能力。

第三步:参加高考,提前录取。被列入条件录取的学生,只要高考成绩高于本省一本录取分数线,学校肯定会录取,双方有签约,当然学生可以不选择我们。对进入B档(候补录取)的学生,学校会在高考成绩出来后、进入一本录取程序前,就确定是否能录取他。

这是上海纽约大学自主招生过程的三个环节,打破了以高考成绩作为唯一评价标准的模式。由此可见,第一个环节主要考查的是学生对自己未来的思考和选择上海纽约大学的目的,以及学生的学习能力和学业水平,能脱颖而出的一般都是各省学业优秀并有理想的学生。第二个环节主要考查的是学生的综合素养和能力,是在学业优秀的基础上选拔与学校培养目标和培养模式相匹配的学生,当然能否适应全英语教学环境也是很重要的方面。在整个招生过程中,中美方校长都不参与,由上海纽约大学和纽约大学招生部门审阅材料,并商讨确定名单。

《瞭望东方》:您认为,目前阶段中国的大学招生为什么没有办法照搬国外的评价标准?

俞立中:大学招生涉及千家万户,中国家庭又特别关注孩子的教育问题,所以招生改革必须考虑公众的承受力、社会大环境、教育发展阶段等不同因素。在满足学生上大学需求的基础上,进行双向选择,实现合理的匹配,也许需要走过一段较长的路。基础教育资源客观上的不均衡、习惯性思维方式、社会公信力的缺失、单一的价值取向等都可能造成对招生标准和选拔方式改革的质疑。

《瞭望东方》:学校的课程体系设置是否更多地学习和参考了纽约大学的课程体

系？您认为国外大学的课程设置优势在哪里？哪些是我们可以学习的？

俞立中：上海纽约大学的课程体系是在筹建期间由纽约大学和华东师大的教授们一起讨论商定的，在实施过程中根据实际情况不断有所调整。课程设置基本是参照纽约大学通识教育体系，但在核心课程部分更强调了全球视野、多元文化、学科交叉，并增加了很多中国元素。

纽约大学本科毕业，要求修满128个学分，包括专业必修课，比国内高校的学分要求低很多，但实际上修读每个学分所需花的时间要多得多，包括大量的课外阅读和写作。

上海纽约大学的本科教育课程体系由两大部分组成——核心课程（也叫作通识教育核心课程）和专业课程。通识教育模式强调的是"广度"和"深度"的结合，学习和思辨能力的培养，着眼点是学生知识、技能、品德的全面发展，以及在全球化时代和多元文化环境下的胜任力。学生在一、二年级以选修核心课程为主，探索不同学科领域以发现自己的兴趣和发展潜力，在大二结束前确定自己的专业。核心课程是通识教育的基石，包括五大课程板块：社会基础、文化基础、数学、科学、语言，各板块都有一系列的选修课程，只有很少数的必修课程。上海纽约大学为学生提供丰富的学习和实践资源，鼓励学生自主选择，去构建自己的学习体系。

国内也有不少高校在探索通识教育模式，包括课程体系的改革。不同的学校有不同的人才培养目标，课程体系也会有各自不同的特色。但在课程设置上如何坚持以学生为中心，正是值得我们深思的。让学生有更多的选择，自主构建自己的学习体系，在学生了解内在兴趣和发展潜力的基础上选择专业，培养学生的学习能力、思辨能力和跨学科解决问题的能力，鼓励学生在实践中利用各种社会资源学习的意识和能力等都是值得我们学习的方面。

《瞭望东方》：可以明显地感觉到，学校的课程非常重视通识教育模式，这是否意味着学校认同"美国大学注重培养学生的人文精神"的教育理念？您认为，中外高教在教育理念方面最大的差别是什么？

俞立中：世界一流大学大多采纳通识教育模式，兼顾学习的广度与深度，拓展学生的视野，培养兴趣，激活思想，提升学生的人文与科学素养，培养全面发展的人。应该说通识教育模式得到了诸多世界知名大学的认可与推崇。

上海纽约大学强调21世纪新通识教育的理念,在兼顾深度和广度的基础上重视学生创新意识、创新思维、创造能力的培养。本科生入学时不分专业,以核心课程学习为主,在二年级结束前可根据自己的兴趣确定专业。学校为每位学生配备了学业导师,指导学生科学地选择课程和专业,指导学生制定学业规划,提供职业发展咨询,也会帮助学生解决学习和生活上的困难。在头两年里,学生在自我探索的过程中可以与学业导师充分沟通交流,随时调整自己的专业意向,真正做到自主选择。

不同于大类招生,学校赋予了学生更为自由的选择权,不受文、理、工学科的限制,甚至可以跨界选择第二专业或辅修专业。例如,计算机工程专业、商业与金融专业的学生可以选择互动媒体艺术为第二专业或辅修专业,探索技术与艺术的结合、商学与媒体技术的结合。而大类招生则是确定了专业大类,只是在具体专业选择上有一定的空间。"自主选择专业"有利于激发学生的好奇心和探索意识,养成在兴趣驱动下的主动学习,在学习过程中发现自我。必须看到,无论学生未来从事什么职业,一定需要通过不断学习来适应变化的世界,因而"学会学习、学会选择"是大学教育的根本。

我觉得有些人对通识教育的内涵有认识上的误区。通识教育并不是简单地要求文科学生学点理工科的课程,或者理工科的学生学点文科的课程。实际上通识教育的要义是培养学生的思辨能力,通过大量的阅读、思考和讨论,学会从不同文化、不同时代的视角去看待现实问题。如果学生有这样的思维方式,就不会对周边的事物或现象作简单的对错评价,更不会一味地吐槽。实际上,在不少情况下并不是对或错的问题,而是合适或不合适的问题,在不同时代背景或者文化背景下,做出比较合适的选择才是重要的。

上海纽约大学的通识教育根本在于培养学生正确的思维方式,通过阅读、思维和表达的训练,让学生学会从不同视角去思考问题,培养各方面的素养,成为一个完整的人。这实际上也恰恰是当下中国教育最缺乏的东西。

**《瞭望东方》**:学校目前开设的专业包括金融学、经济学、生物科学、神经科学、物理学等。在开设专业时,学校主要考虑了哪些因素?

**俞立中**:学校首批设置了数学、物理学、化学、生物科学、神经科学、计算机科学与工程、电子信息工程、互动媒体技术、商业与金融、经济学、世界史等专业。在专业的设置上有三个原则：一是纽约大学的强势专业，二是符合中国尤其是上海未来发展的需求，三是尽可能与研究生阶段教育的更多学科建立通道。

《瞭望东方》：联合办学以来，华师大本身在提升国际化水平等方面有哪些改变？在教育理念和教学方法方面呢？目前学校的运营情况如何？（如学费水平、资金来源等，之前《21世纪》的报道有涉及，如数字无更新，则不用您再提供）

俞立中：自2006年起，华东师大就将推进国际化进程作为学校的发展战略之一，在办学理念、队伍建设、培养模式、教学方法和管理服务等各方面，学习和借鉴世界一流大学的经验，把握高等教育发展的基本规律，站在世界高等教育平台上思考和审视学校的发展。通过海外游学、联合培养、学分互认、双学位、合作办学等多样形式和途径，利用国际一流大学的优质教育资源，为学生提供各种选择的机会，推进学校人才培养模式的改革；通过推进国际联合研究机构的建设，提升科学研究的国际竞争力，推动科研合作与人才培养的结合；通过创办国际教育园区，搭建优质资源共享、多元文化交融的国际教育平台，进而提高人才培养的质量。

上海纽约大学的创建，扩大了华东师大在国际高等教育界的影响力，推动了学校与世界一流大学的交流和合作。华东师大和纽约大学合作，在上海纽约大学的平台上建立了神经科学、数学、物理、计算化学、社会发展、数据科学等六个联合研究中心，促进科研和学科合作，至今已经在SCI期刊上发表了200多篇高质量的论文，举办了一系列的国际研讨会和工作坊。华东师大每学期都有一批中青年教师在上海纽约大学全程听课，学习先进的教学理念和方法，并运用到自身的教学改革之中；听课教师也邀请了不少上海纽约大学的任课教授去华东师大进行讲学和学术交流；华东师大的教授也在上海纽约大学开设了一些课程，用全英语授课，受到了学生的欢迎，积累了多元文化环境下的教学体验。华东师大各个部门和院系多次来上海纽约大学考查，近距离学习，在招生模式、课程设置、课堂教学、学校管理、设施建设等方面有所借鉴。

仅举一例，在2016年US New全球最佳大学排行榜上，华东师大位列中国内地第23位，亚洲第66位，全球第444位，其中国际合作指标位列全球第40位。

《瞭望东方》：目前，中国高校中参与中外联合办学的不在少数，据您了解，目前的合作模式与合作目的有哪几种类型？这种合作对于提升中国高教的国际化水平有哪些作用？

俞立中：目前，中外合作办学有三种不同类型：独立法人的中外合作办学机构、中外合作举办的二级学院、中外合作办学项目。教育部已经批准设立 9 所独立法人的大学，它们的目标定位和办学模式也各不相同、各有特色。中外合作办学还在探索中，需要积累经验，目标定位和办学模式的多样化可以为中国高等教育的国际合作以及高等教育的改革积累更丰富的经验，也有利于改革的多样化。

中外合作办学体现了我国教育领域的对外开放。如果进行积极探索，可以吸纳不同文化、不同教育体制的精华，在促进中国高等教育改革的过程中起到示范或"鲶鱼效应"。

中外合作大学为学生提供了更为直接、真实、全面的全球教育体验，使他们在全球视野、跨文化沟通交流和合作能力、学习理念和学习方式等诸多方面有更大的提升。

《瞭望东方》：您认为未来这种中外合作办学会成为一种潮流吗？是否会有更多的学校参与到联合办学中来，包括中外高校？这种合作模式还有哪些需要改进的地方？

俞立中：中外合作办学是多样化办学模式中的一类，真正的价值在于探索、改革、创新。其优势是可以不局限于已有办学模式，借鉴世界一流大学的办学理念，引进国外优质教育资源，探索全球化时代需要的创新人才培养模式。中外教育交流与合作必然会是不可阻挡的潮流，但中外合作办学不会成为潮流，而只是教育国际合作交流的一种形式。合作办学双方一定要想清楚这些问题：合作办学的目的是什么？能否达到双赢？学校的定位目标是什么？中外合作办学模式还在探索中，需要有积极的态度，更要多想想困难。理性思考谋划，才能得到理想的结果。

# 设计自己的未来，享受世界大课堂[①]

5月27日晚7点，东方明珠广播电视塔上的一抹紫色点亮了上海夜空。

紫色的电视塔下，陈梓青、周鸿宏等260名学生盛装参加了上海纽约大学第一届本科生毕业典礼。作为4年亲身参与并伴随这所新型大学成长的学生，上海纽约大学的校色——紫罗兰色是他们毕业之后挥之不去的记忆。

2017年7月，记者走进上海纽约大学，专访校长俞立中，对话刚毕业的学生们，试图用这个"紫色样本"剖析日益风行的中外合作办学新模式。

## 入学：申请上海纽约大学，属于"意外的收获"

上海纽约大学位于陆家嘴世纪大道，在鳞次栉比的商务楼宇环绕之中。15层高的大楼涵盖了办公室、教室、食堂、图书馆和学生活动中心。从楼前紫色的校名和紫底白花的校徽开始，大楼里随处可见紫罗兰色装点。

周鸿宏现在回想起4年前的那个决定，依然佩服自己当初的冒险精神。在成都四中就读的她，在一大堆高校的宣传资料中注意到了上海纽约大学。因为是第一届招生，网上关于学校的信息并不多，她的父母甚至还拜托了上海的朋友去了解这所学校。最终她还是战战兢兢地提交了申请，并顺利进入面试。随后，在上海一天一夜的校园日活动中，她和500名通过初步筛选的高中生通过模拟课堂、英文写作、团队活动等方式第一次感受到这所学校的"不一样"。

对于来自山东的陈梓青来说，申请上海纽约大学属于"意外的收获"。他本来打算申请纽约大学阿布扎比分校，但是在填写申请时发现多了一个选择：上海纽约大学。通过多方对比，他很快就决定更换目标，申请这所学校。2013年8月，周鸿宏、

---

① 原载《成都商报》2017年8月9日，记者潘俊文。

陈梓青等295名来自全球27个国家的学生成为上海纽约大学的首批学生。

### 挑战：首届学生受高校企业青睐
### 校长称"还面临很多挑战"

今年5月，陈梓青和周鸿宏从学校毕业，离开了这座"紫色城堡"。陈梓青将前往瑞士日内瓦高级国际关系与发展学院读研究生，周鸿宏也将去英国帝国理工大学读研究生。周鸿宏称，她的同学们基本都找到了很好的去处，要么出国读研，要么去很好的单位就业。

俞立中告诉记者，第一届学生受到高校和企业青睐其实"早在预料之中"。截至今年6月，有37.3％的学生签约就业，32.3％的学生确认了读研学校，还没有确定的学生基本还在选择。在外界对上海纽约大学的一片赞誉声中，俞立中依然保持冷静。他认为学校第一阶段的目标完成了，但还面临很多挑战。

这是国内第一所中美合办的大学，也是近年来众多中外合办院校里最受关注的院校之一。

2008年，美国纽约大学校长提出在上海建立纽约大学分校的设想，最终形成了中美合作办学的方案。

2011年，教育部下达批准筹建上海纽约大学的公函，随后华东师范大学和纽约大学签订合作协议，并得到了上海市政府和浦东新区政府的大力支持。2012年10月15日，上海纽约大学宣告成立。次年8月，第一届新生正式入学。

曾有人将它与南方科技大学并称为中国教育改革的"先行者"，但也有人表示并不看好。在第一届学生正式毕业走向社会的时候，来自各方的声音就显得尤为强烈。

### 校长：被认可只是时间问题

毕业生周鸿宏觉得，目前她和同学们面临的最大问题就是在求职中出现学校被一些企业误解的情况，"虽然最后大家都找到不错的归宿，但过程其实很痛苦。"她称，之前申请一个学校时就被校方质疑学校的性质，"到底是中国的还是美国的？"她的同学在求职过程中也经常被某些公司当成"野鸡大学"的学生。

周鸿宏认为，之前大家对中外合办的院校评价不是很好，上海纽约大学的形象也受到了一些影响。在上海及周围的一些城市，学校的知名度很高，但在西部的二三线城市，确实有很多人没听说过上海纽约大学。

但在俞立中看来，被认可只是时间问题，需要一步步地来。他认为现在学校面临的真正的挑战是中西方教育体制存在很多不兼容的地方。"因为要授予中美两个学位，必须符合两国学位授予的基本要求"，中外合作办学的一个重要环节就是要把不兼容的部分兼容起来，需要"不同的转换插头，用多种方式对接"。

"除了兼容还有经费问题"，俞立中对中外办学的困难直言不讳。他介绍，办一所世界一流的精英大学需要很多投入，尤其在起步阶段。上海纽约大学现在的经费主要是由学费、社会捐赠、政府支持等几方面构成。很多世界一流大学都有自己的基金会、校友会以及学校自己的资产运作等，来补充学校发展的资金需求。

## 35名学生为何没能按时毕业？
### 校长：越是好的大学，淘汰率越高

数据显示，上海纽约大学第一届入学学生295名，毕业时却只有260名毕业生，其余35名学生为何没能按时毕业？对此，俞立中回答得很直接，"越是好的大学，淘汰率越高"。他称，学校采用学分制，"严进严出"，35名未毕业的学生大部分是因病休学或学分不够而推迟毕业，也有小部分学生因为不适应或成绩不达标而退学。

周鸿宏刚开始对全英文教学也不适应，但经过一学期的努力后，她很快就喜欢上了这种"开放"的教学模式。虽然顺利毕业了，但她心中还是有一个遗憾，没有享受到"完整的校园生活"——因为学校就是在一栋大楼里，所以她给自己的安慰也只能是提前感受金融中心的气息了。

## 校长说：在学校的教学理念中，
### 整个陆家嘴甚至浦东新区都是大学校园

俞立中说，上海纽约大学选址陆家嘴金融城是希望和位于曼哈顿下城的纽约大学有类似的区位环境,不是把学生放在象牙塔里,而是让他们可以直接感受国际大都市的脉搏,培育具有全球视野的国际化创新人才。从外观看,上海纽约大学是一所只有一栋教学楼的"垂直大学",但在学校的教学理念中,整个陆家嘴,甚至浦东新区都是大学校园。

此前,俞立中在接受媒体采访时曾说过,"实际上,上海纽约大学没有围墙,不仅是物理上的围墙,更是理念上的围墙。上海纽约大学有一句名言:'让世界成为我们的课堂',也就是说任何社会资源都可以是我们的学习载体,都可以被充分利用。"

根据教育部信息,截至 2016 年 9 月 28 日,经教育部审批和复核的本科教育中外合作办学机构达到 68 所,合作项目达到 914 个。俞立中介绍,在这些中外合作办学机构里,具有独立法人资格和学位授予权的大学有 9 所,它们的目标和办学模式各不相同。他希望上海纽约大学像一条"鲶鱼",去调动本土教育改革的积极性,同时也能辐射到基础教育,改变人们对教育的理解。

他认为,中外教育的交流与合作是不可阻挡的历史潮流,而中外合作办学只是其中一种形式。正在中外合作办学道路上探索的俞立中,经常告诉前来讨教经验的办学者们——中外办学需要积极的态度,但更需要多想想困难。"合作办学的目的什么? 能否达到双赢? 学校的目标定位是什么? 怎样在教学中进行改革创新?"

今年 5 月,俞立中看着第一届学生顺利毕业,他紧绷 4 年的神经终于轻松了一下。他告诉记者,希望上海的"这抹紫色"能被更多人了解。

# 要培养学生的全球胜任力①

随着国际化进程的加速，中国有了越来越多的中外合作办学。上海纽约大学是中国第一所中美合作办学的高校，其校长俞立中于 10 月 28 日出席了亚洲教育论坛。中外合作办学，目的是为了培养什么样的学生？对于高校和学生来说可以有哪些收获？在不同政治背景，不同文化背景下，两所高校如何求同存异？《华西都市报》记者对俞立中校长进行了专访。

**《华西都市报》**：目前有越来越多的中外合作办学项目，这说明了一个什么趋势？

**俞立中**：我们要培养的是具有国际视野，善于跨文化沟通的学生，我们也需要有一大批能够真正懂得中国，理解多元文化，愿意搭建世界各国之间桥梁和纽带的学生。

在"一带一路"倡议的大背景下，国际化创新人才的培养，是中国，甚至世界各国的高等教育必须关注的一个问题。因此，中外合作办学就发挥了重要的作用。我们生活在一个快速变化的时代，这个时代的特征对人才提出了很高的要求，需要高等教育能够及时应对这样一种变化。

我们现在所处的时代，可以总结为全球化时代，这要求培养学生的全球胜任力，因为他必须要和不同文化背景的人沟通交流合作；其次是信息化时代，当下大数据的产生，人工智能的发展，都对人们的生活和教育产生了重大的影响，这是今天教育必须要关注的问题；第三个是知识经济的时代，要求学生有很强的学习能力，要学会选择在不同的知识和技能面前掌握自己所需要的那部分。因此，每一个大学在整个高等教育的体系当中只能承担一部分的责任，需要有不同的培养模式。对于一所大学来讲，在人才培养方面的定位决定了这所学校的走向。

---

① 原载《华西都市报》2017 年 10 月 28 日，记者李寰。

以上海纽约大学为例,这是第一所中美合作办学的高校,上海纽约大学的定位是培养具有全球视野的国际化创新人才,我们考虑的不是学生毕业以后五年、十年要做什么工作,而是要考虑他长远的发展,要考虑他在未来世界发展过程中能起到的作用。我们希望培养一批能够连接中美和世界各国的新生代力量,也是为"一带一路"倡议的创立做好人才的储备。

《华西都市报》:中外联合办学对于国外的高校而言有哪些收获?

俞立中:每个大学都有自己不同的想法,比如纽约大学之所以要和华东师范大学合作成立上海纽约大学,是因为十几年前他们的校长就已经意识到,今天高等教育的发展不应该仅仅建立在一种文化的基础上,而应该建立在多元文化的基础之上,我们的学生将来是面向世界的,如果学生只能够认同一种文化,将来没有办法胜任世界公民的角色。纽约大学想搭建一个世界的平台,能够让学生在不同的文化里面流动,能够有更多的机会接触不同的文化,接触不同文化背景的学生,来培养他们的世界观、人生观和价值观。

中国是整个世界不可分隔而且非常重要的一个部分,所以一定要有一个点是在中国,所以纽约大学一直想到中国来办学。我相信世界上很多国家之所以选择到中国办学,是因为中国的社会经济地位在提升,中国在走向世界舞台的中央,中国经济对整个世界的影响越来越大,这个过程让各个国家的高等教育越来越认识到中国是不可缺少的一部分,中国的文化教育和对中国的社会发展的理解,成为他们知识结构或者素养中必不可少的组成部分。

《华西都市报》:中外合作办学是为了培养什么样的学生?

俞立中:我们要培养具有积极的人生态度,能够为这个世界未来的和平合作和进步做出贡献的学生,所以一定要有责任感,够承担历史使命和社会使命。

《华西都市报》:中外合作办学面临哪些困难?

俞立中:中外合作只是多元化办学模式当中的一种类型,它的价值在什么地方?那就是探索、改革和创新,所以可以大胆地借鉴世界一流大学的办学理念,引进国外的优质教育资源来探索今天这个时代背景下所需要的创新人才。实际上,中外合作办学是要把一些不兼容的东西兼容起来,比如在教育体制方面,在文化的差异方面,甚至在不同国家政治制度方面，都存在不兼容的地方，中外合作办学的目的就是让它们兼容，一定要找到基点，这个基点就是要认同这个世界上的多元文化，我们理解不同文化之间是有差异的，没有优劣之分，重要的是去找到文化之间的共同点；第二个很重要的基点就是要培养学生的全球视野，他要理解在不同视角、不同的历史时期看一个问题会有不同的结果，也会有不同的结论，要学会怎么去建构自己的世界观；第三个就是要培养学生的社会责任，因为教育的目的是为了这个人类社会的未来，所以如果学生没有积极的人生态度，不可能承担这样的社会责任。

《华西都市报》：您对中外合作办学的高校或项目有什么建议？

俞立中：我们有一名美国学生说，他认为未来三十年中国和美国之间的关系会影响整个世界的发展，所以他说如果自己能够为这个关系起到作用的话，是他人生最大的价值，这就说明他的价值取向很明确。这是上海纽约大学在整个办学过程当中特别关注的地方。我认为今天无论是中学还是大学之间的合作，可以有很多技术、课程、教材上的合作，但是最根本的是在一些观念上的合作，这个观念不是说百分之多少是美国的教育，百分之多少是中国的教育，而是全世界的教育。我们要跨越文化的局限，把教育建立在全球视野下，所以可以把世界各国好的教育经验搜集起来，这是中外合作办学所需要思考的。

《华西都市报》：上海纽约大学是如何培养学生的全球视野的？

俞立中：上海纽约大学的课程充分体现了四个特点：全球视野，学科融合，多元文化和中国元素。因为世界各国的学生到上海来学习，他们想了解中国，了解中国的传统文化，同时也了解中国现代社会的发展，汉语是学生了解中国的一个重要通道，所以汉语是国际学生的必修课。上海纽约大学 1 200 名在校学生中，有将近46.8%的学生是国际学生，在这样一种全球化的环境氛围中，让学生能够有充分的机会去了解世界不同的文化。我们的学生公寓安排是一个中国学生和一个外国学生住在一个寝室里，或者是三个不同国家的同学住在一起，让他们有充裕的交流时间。首届毕业学生受到了高校和企业的青睐，这些学生思想活跃，善于学习，他们具有全球视野和卓越的跨文化沟通交流的能力，同时他们有积极的人生态度和价值，又有工作激情和专业。

《华西都市报》：上海纽约大学已经成立了五年，作为第一所中美联合办学的高校，您如何评价学校的这五年？

俞立中：上海纽约大学作为国际化改革的试点走过了五年的历程，今年第一届学生毕业，受到了社会各行各业的高度关注和青睐，这也体现了我们人才培养的模式是符合当今时代要求的。

# 创新人才不是教出来的[①]

作为第一所中美合作举办的大学，上海纽约大学俞立中校长认为，他们是把上海纽约大学作为一块试验田来"种植"，然后把结出的"果实"通过各种途径慢慢向外辐射，扩大影响，进而助推中国的教育改革和创新。

在采访俞立中校长的过程中，他向记者展示了一条与中国大多数高校完全不同的发展路径：前四年每年只招收 300 名本科生，师生比高达 1∶6。目前首届学生已经毕业，通过小班化教学、精细化培养，首届毕业生受到了社会的青睐，无论是继续深造还是直接就业，都让大家刮目相看。

俞立中告诉记者，上海纽约大学人才培养模式的特色是，把课堂教学、文化体验、社会观察和研究实践作为整体来培养学生。

## 互动将是未来教育的主流

《在线学习》：在"互联网＋"时代下，教育信息化给高校带来哪些机遇和挑战？在您看来，未来高校应该是怎样的？

俞立中：对高等教育来说，我认为更多的是机遇，有两方面必须考虑：首先是教学理念、教学方法、教学手段的变化。互联网和移动通信技术让学习无时无处不在，学习方法发生很大变化，在线学习确实给学校课堂教学带来补充和便利。所以，未来的教育和知识学习更多的是在网上完成，课堂教学更多的会是讨论、启发、互动。

其次，在信息化时代和知识经济时代，学校所学的知识远远不足以支撑学生未来工作岗位或者人生发展所需要的知识、技能和素养。这就给教学提出了一个很严峻的问题：怎么学会学习和学会选择，包括选择什么样的方法、内容、途径来获得知

---

① 原载《在线学习》2018 年 2 月 4 日，记者薛佳怡。

识和提高能力。面对时代的要求,获取信息和数据,同时利用数据或者平台分析、解决问题,这是学生必须掌握的技能。由此可见,在信息化时代,无论是学习方式还是学习内容都要发生变化,这是时代对教育提出的要求,也是对学习提出的要求。

**《在线学习》:**面对时代对教育、对学习提出的新要求,未来高校应该是怎样的?

**俞立中:**学校的学习模式将是互动型的,而不是简单的知识传授。尽管这些年各高校都在进行课堂教学改革,但总体上讲,学习方式依旧比较被动。将来,因为知识越来越多地被放在网上,学生都可以找到,老师的工作就是在学校教育中更多地进行互动,引导学生提出问题,寻找解决方法。所以,师生间、学生间的互动将成为未来学校教育的主流。

从教学角度讲,怎么把课上学习和课外学习更好地结合起来,也是很重要的一个方面。同时,由于学校的物理空间结构发生变化,大教室的授课形式越来越不合时宜,小且可互动,甚至可动手实践的形式将是未来教育,特别是高等教育的主流。

**《在线学习》:**您曾经提出当今时代三个比较重大的时代特征对教育教学发展和改革有非常重要的意义,能否详细谈一下这三个时代特征?

**俞立中:**首先,全球化时代。世界越来越扁平,联系越来越紧密。学生有更多机会和不同文化背景的人交流和合作,要有全球视野,能理解文化的多样性。全球视野会让学生以不一样的思维方式看待这个世界。在大学期间,学生如果能够更多地接触不同文化背景的人,理解文化的差异,寻找共同点,跨越文化壁垒,他们在未来的工作岗位上可以更得心应手。

其次,信息化时代。随着计算机、网络、通信技术以及大数据和人工智能的发展,对教育产生了重大影响。如何让学生在数字海洋中获取知识,并运用数据解决所面对的问题,是今天的教育必须关注的地方。

第三,知识经济时代。面对知识成倍增长,高校更应该关注学生能力和素养的培养,由原来一直强调把教育基点建立在知识基础上,转移到能力和素养上。时代在变化,教育必须直面这些特征,调整教育模式。

## 强调主动学习培养国际化创新人才

**《在线学习》:**您曾指出,创新人才不是教出来的,但创新素养需要培养。在您看来，这些素养包括哪些方面？

俞立中：上海纽约大学在培养学生创新素养的过程中特别关注以下几点：一是拓宽视野、激发好奇心，创新的原始动力在于好奇，对自然界的好奇，对人类社会的好奇，创新教育必须把学生的好奇心激发起来；二是强调基于学习兴趣的主动学习，学校尽可能提供机会，选择权在学生自己手上，学会主动学习是基础；三是鼓励学生不断实践、探索、试错，敢于犯错误，在实践过程中证明自己的想法；四是批判性思维能力的培养，被动学习的一个很大的问题是缺少科学思维和科学逻辑，不会质疑和挑战，如何在比较、鉴别的基础上培养学生的批判性思维能力，是培养创新素养的重要方面；五是人文素养的培养，不仅是学习社会科学和人文科学，更重要的是培养学生的社会责任感，即家国情怀或天下情怀；六是跨学科能力，今天人类面临的大问题都不是单一学科可以解决的，如何运用不同学科的知识和技能来解决问题，需要有学科交叉的思维方式和能力，这对学生未来的发展至关重要。

针对这些要素，在设计学校本科教育的培养模式和课程体系中，我们特别重视将课堂教学、文化体验、社会观察和研究实践作为整体平台来培养学生，强调学习不仅仅发生在课堂上，课外活动、学生之间的交流、不同文化间的沟通也是学习。

《在线学习》：作为第一所中美合作举办的大学，上海纽约大学的定位是培养具有全球视野的国际化创新人才。为此，学校在教育方式和管理架构上与传统大学有什么不同？

俞立中：与传统模式相比较，上海纽约大学的教育模式更强调主动学习，从专业选择、课程选择、实践活动选择到见习、研习、实习等都是由学生自己决定，老师只是给予指导和帮助；更强调在实践中学习，课堂考核成绩只是学生表现的一部分，互动参与、校内活动、志愿者服务、企业实习等都是评价的重要方面；更强调通识教育和专业教育的结合，学生在确定专业前需要选修社会与文化基础、科学基础、数学、写作、语言等不同课程，拓宽知识面，提升各方面的素养；推迟专业选择，学生在二年级结束时才需要明确自己的专业，可以选一个或两个专业，也可以选一个主修专业和一个辅修专业；重视在全球教育体系中的流动，上海纽约大学是纽约大学全球教育体系的一个组成部分，学生可以有两个学期在遍布全球五大洲的纽约大学全球教育体系的校区或教学点选课学习。

综上所述,上海纽约大学与传统的教育模式有很大的不同。对学生来说,他们选择上海纽约大学是选择了不一样的人生道路、不一样的学习模式。

**《在线学习》**:学校每年招收多少学生?国内和国外学生的比例大概是多少?

**俞立中**:前四年,我们每年招收 300 名本科生。原则上是 151 名中国学生,149 名国际学生。实际上,国际学生占 46.8%,中国学生占 53.2%。国际学生来自世界 68 个国家,美国学生占 60%。从今年开始,招生人数已扩大到 350 人,2018 年将增加到 400 名,最后达到每年招收 500 名本科生。我们主张慢慢发展,先做一些探索。从 2019 年开始,研究生规模开始扩大,所以研究生教育也会成为学校一个重要的部分。

对中国籍学生而言,还需要参加高考,高考成绩高于一本分数线是最基本的要求,但学校不是根据高考分数的高低来录取学生的。我们的做法是先选学生,再参加高考,选拔优秀且适合的学生。每年 1 月 1 日前,学生必须在网上填写并上传通用申请表,并把中学学业情况寄到上海纽约大学,由招生团队对学生申请表和中学学业表现进行综合评价,从中选拔部分优秀学生参加校园日活动。校园日活动是邀请学生到学校参加历时 24 小时的双向选择活动,学校考查学生各方面的能力和素养,选拔适合上海纽约大学培养目标和培养模式的学生;学生考查这所学校的教学模式和文化氛围是否是自己想要的。校园日活动分成四五批,每批 100 多名学生,二三十名老师参与,有模拟课堂教学、写作、一对一师生交流、团队活动等各种形式。通过校园日活动选拔后能进入条件录取的学生,高考成绩只要达到当地一本分数线,学校保证会录取;如果学生被列入候补录取名单,学校则会综合高考成绩、中学学业情况和校园日活动表现,择优录取部分学生。在招生过程中,学校强调的是优秀且适合。

**《在线学习》**:今年,学校送走了第一届毕业生,他们的就业情况怎样?在您看来,建立这所大学的目的是否达到?

**俞立中**:今年,上海纽约大学有 260 名毕业生,中国学生占 140 人。中国学生中,有 70 多人读研深造,包括直接攻博。录取的学校有麻省理工学院、普林斯顿大学、哥伦比亚大学、康奈尔大学、芝加哥大学、加州大学、纽约大学、伦敦政治经济学院、帝国理工大学等。直接就业的中国学生大多被跨国企业所录用,如普华永道、德勤、波士顿投资等,也有一些学生选择了自己感兴趣的非政府组织、投资基金、国有银行等。

事实证明,上海纽约大学的理念和培养模式适合今天时代的要求。我们的目标是建设一所世界一流的研究型大学。建校的头五年,我们花大力气在建设新型的本科教育模式、课程体系、教学方法和师资队伍。对一所大学而言,建校的前四五年只是幼年期,上海纽约大学目前取得的成效是超出预期的。

## "种植"试验田影响中国高教改革

《在线学习》:您提到全球化时代要让学生跨越文化壁垒,中外合作办学是一个不错的选择。联合办学有哪些优势?在合作办学过程中遇到怎样的困难?

**俞立中**:中外合作办学的初衷是引进国外优质教育资源,如课程、教材、教师、教学方法、培养模式、教育理念、教育思想等,但引进的目的是借鉴和创新。

因为是中外合作办学,就容易突破固有的体制和模式,做些不同的探索,尝试不同的改革和创新。我认为应该把它作为一块试验田来"种植",然后把结出的"果实"通过各种途径慢慢向外辐射,扩大影响,进而助推中国的教育改革和创新。从这个意义上讲,中外合作办学更大的意义在于探索、改革和创新,而不是简单地办一所学校,更重要的是探索怎样办好教育、办有特色的学校,满足社会对于不同人才的需求。

中外合作大学的价值在于搭建一个人文交流平台,通过沟通和交流了解文化的差异、教育模式的差异,理解多元文化,探索全球化时代高等教育的国际合作,探索中国高等教育改革和创新,提升教育质量,形成符合中国国情或者中国学生发展的人才培养模式和办学模式。

因为要授予美国学位和中国学位,上海纽约大学面临的最大挑战是如何满足两个不同教育体系对学位授予的要求,在一个平台上兼容起来。这是件很难的事,但第一届学生已经毕业,基本做到了兼容。尽管这个过程花费了很多时间和精力,然而让人们从上海纽约大学的成长中看到了中国高等教育的改革和开放。

其次,我们的师生比是1:6,预定目标是1:8。这样的师生比是实施小班化教学的基础,成本很高。因此,争取政府支持和社会支持也很重要。

《在线学习》:您是中外合作办学的实践者和经验者,结合合作办学高校的优势,您对传统大学的发展有哪些建议?接下来的实践有哪些新想法或计划准备施行?

俞立中:当前,中国高等教育发展的重点是提升质量和水平,同时也要更关注大学各自的办学特色。人才培养是大学的核心任务,本科教育更是办学的基础。中国的高校需要集中更多的注意力来加快本科教育的改革和创新,包括人才培养目标定位。我觉得,大学首先是培养人,在此基础上再是专业的人。人的发展动力和走向取决于他的人生态度和价值取向,以及对于这个世界的认识。这些都是大学教育需要特别关注的地方。由于目前大学的体量都比较大,想真正推动变革需要花费很大力气,需要勇气和路径。

对于上海纽约大学,我们还需进一步完善本科教育,同时会花更多的精力拓展和探索研究生教育,提升科研和服务能力。另外,学校还在考虑空间扩展,规划规模更大的校园。无论是研究生教育、科研,还是发展空间,我们都把它作为改革探索的一部分,希望通过上海纽约大学的实践助推中国高等教育的发展,影响基础教育的改革,改变公众对教育的理解。

# "更喜欢叫我老师而不是校长"①

  2012年4月,俞立中第三次被聘为校长,这次是崭新的办学模式,不同于此前的3年上师大、6年华东师大,是中国的华东师大和美国的纽约大学合办的上海纽约大学。他把手头最后几个博士生安排妥当,自此收了1997年开始做副校长时努力坚持的"管理学术双肩挑"之心。是年8月,上纽大首届学生入学。2017年5月,第一批中外比例近对半开的261名毕业生走出校门,他们读研或就业的去向让学生、家长和社会舆论都交口称赞。俞校长长长地舒了一口气。在和记者的交谈中,他特别强调了中外合作办学的"3C"管理理念——Communication(沟通)、Compromise(妥协)、Cooperation(合作)。"这也可以说是我做高校管理工作21年的深切体会。"3月12日,在到处可见学校标志的浦东上纽大校长办公室里,年近古稀的俞立中面对记者的提问,由衷而言。

  从担任上师大校长起就在学生食堂吃饭,利用BBS、人人网、微博、微信等新媒体和学生交流的俞立中,一直提倡"学校以学生为中心,办学以教师为中心"。在中国高等教育从精英化教育阶段发展到大众化教育阶段并即将进入普及化教育阶段的背景下,俞立中带有个性思考的办学风格无疑开辟了"知行合一"的教育探索,而潜意识中的"去官本位"则来自他年轻时代的"土插队"和"洋插队"经历,尽管看过不少此前的报道,但俞立中讲述的每段故事里,都不自觉地带着一个办学者的视角,给人新的感知。

## 叛逆的少年:跟着兴趣走,我的路我来选

  1965年9月开始,俞立中每天上学要走不少路,因为他从初中就读的时代中学

---

① 原载《文汇讲堂》2018年3月。

461

考入了市西中学,学校在静安区的西端,而他家则在静安区的东端,坐公交车足足 7 站路的距离。家里有 4 个孩子,母亲给他每天 1 角 5 分钱的午餐费加交通费,为了饱口福,他常常走路上下学。这个高个子男生徒步走的时光,如同高中课文《最后一课》里的主人公一般,连接着许多故事的转折。

很多时间,他和一批同学都很早就到学校等着开门,因为那样就可以抢占到场地,打半小时排球过过瘾;上完课,他常常要参加化学兴趣小组;而作为学校排球队一员,每周会有几次训练,市西中学全市中学排球联赛第一名的荣誉也绝对是靠勤练得来的。而走回家后,吃了家里留下的晚饭,他会入迷地看起各类世界名著。他有机会在上海市少儿图书馆服务,双眼"狼吞虎咽"地从书中攫取未知,逐渐成了一种习惯。

"追随兴趣,那是我高中第一年的主色调。"出生于 1949 年 9 月,作为新中国的同龄人,俞立中是 1968 届高中生,有幸读了一年正式的高中,体验了教育改革背景下高中生活的丰富多彩。其实,初中毕业时他心心念念要去考船舶和邮电之类的中专技校。"那时很多成绩好的初中生都愿意去报考中专技校。父母知道我从小就挺有主见,托他们的朋友来规劝,但我很坚持。"最终他由于年龄不够而被拒,只得报考高中,父母才心里一颗石头落地,他们希望长子能考大学。1966 年,"文化大革命"席卷中国,俞立中的父母作为没有改造好的知识分子受到冲击和审查。"那些人格分裂的批斗刺激着每个人的灵魂,只有夜间从学校图书馆'偷'出书来看才是愉快和解脱的时刻。"

回忆在市西中学的三年多时间,俞立中总定格在第一年的丰富多彩,而另外两年多的时光则主动"失忆"了。面对"知识青年上山下乡"运动,他和 1968 届初中生的弟弟主动报名,并走得远远的,"以减轻正在被审查的父母的压力"。

1969 年,弟弟去了黑龙江花园农场,俞立中先报名去军垦农场,因出身不好未被批准,7 月,他随 100 多位上海知青一同去了黑龙江的长水河农场,到了那里才知道,那是隶属于黑龙江劳改局的劳改农场,当时还有很多劳改犯。

## "土插队"10 个年头:付出艰忍后的意外收获

描述初到长水河农场的情景,俨然像一部心理剧:1969 年 7 月,俞立中和同去的知青们坐了三天三夜的火车,到了一个名叫"二井"的小站,换上了农场的卡车又在坑坑洼洼的公路上开了很久,才进入农场。首先看到二分场,大家嘀咕,这里条件不好,可千万别停下来,卡车没有停。"又开了几十分钟,终于到站了,只有两栋草屋,外加一口井,一间厨房,比之前经过的二分场差多了,知青们炸锅了。"

## 难以饱腹到开垦万亩良田

然而,这仅仅是农场生活的开始。这样的反差故事可以讲上几天几夜,俞立中多次在接受采访时重复着这段特殊的记忆。在记者的追问下,一些新的细节又涌现出来了。

首先,是从难以饱腹到小有收获。到农场之初,由于当时黑龙江省革委会主任为了彰显功绩,虚报粮食产量,以至于把口粮和种子都上缴了,知青们只能吃发霉的返销粮。没有菜、没有油水,有时一个煮熟的土豆就是一餐,大家在半饥半饱中承受繁重的体力劳动。几百号人管着几千亩地,春天播种,夏季除草,秋天收割,冬季备料。遇到连绵的雨天,拖拉机和收割机无法下地工作,知青们必须挥刀割麦,白天黑夜咬牙坚持。"我们在农场期间,没有'猫冬'(因天寒地冻在室内休息)的幸运。"经过几年的辛苦开垦,连队有了万亩良田,俞立中所在的十队破例盈利了十几万,有了养猪场、蔬菜地、苗圃、菜窖,还盖起了宿舍、食堂、车库、办公室,期间激发的智慧和付出的血汗难以想象。很不幸的是,在一次制作颗粒肥的过程中,俞立中的右手中指被机器卷入。访谈中,记者注意到俞校长残缺的中指,"还是后来回沪重新动了手术,才有这个样子"。在高考体检时,医生思量了很久,写上了"右手中指末端损伤"几个中性词,以免影响他被大学录取。

其次,面对各种复杂情境锻炼出的工作能力。在"文化大革命"开始的几年里,学校"停课闹革命",一批年轻人在社会上游荡,沾染了不良习气,以至于进了拘留所。随着"知识青年上山下乡"运动的深入,有些人愿意下乡而被释放,加入了知识青年的队伍。刚到农场的那些日子里,情况特别混乱,偷抢斗殴,什么都发生了。时任副连长的俞立中觉得情形凶险,联络了知青中的几位团员,召集老实本分的知青住在一起,相互保护,斗智斗勇。过了很长一段时间,局面才逐步稳定,大家慢慢熟悉起来。"至今,知青们还经常聚会,这段经历难以忘怀。就是当初比较会闹事的几个人,我们也仍然有联系。"随着生活条件的改善,知青们开始有了文娱体育活动,关系也比较正常了。俞立中曾担任十队的指导员兼党支部书记，和老干部、老职工相处融洽，他们对知青也有了更多的理解。2009年，正值下乡40年之际，40多位连队知青一同返乡，他们见到了还健在的部分老干部和老职工，彼此相见，如亲人般激动，往事泉涌。

### 因家庭出身屡失上大学的机会

来到农场时，知青大多不到20岁，最小的才15岁。艰苦的生活条件和繁重的体力劳动对大多数年轻人而言都是能坚持的。而随着年龄的增长，最难以忍受的则是对前途的迷茫。从个人而言，因为家庭出身关系，各方面都表现优秀的俞立中从开始推荐工农兵大学生起，年年被推荐又年年不了了之。"25岁是推荐上大学的年龄上限，恰恰在那年祖父病逝，为了等入学通知，我没能回上海奔丧，但结果依然落榜。"回忆这些往事，俞立中说，自己属于比较想得开的人，意志也坚强，一两天低落后情绪也就过去了。"我会跑到农田尽头放声歌唱缓解情绪。我想，只要努力了，机会总是会有的。"

然而，直到恢复高考，他依然遭挫。1977年10月，国家公布了参加高考的考生年龄是25周岁以下，1966、1967届高中生中学业优秀的也可以报考，但俞立中恰恰是1968届高中生。无奈之下，富有个性的俞立中先后到哈尔滨、北京上访。一位领导和他说：回去好好复习吧，会有机会的。没有获得报名资格的他只能帮报上名的知青复习功课，毕竟他是高中生嘛。果然，半年后的1978年高考报名全面放开了。由于黑龙江报考者众多，省内采取了预考，选出6万人参加全国统考，俞立中是黑河地区理科初试第一名。"我抓紧时间自学了高二、高三的课程"。担心因工作表现不好而影响报考，他只能利用晚上睡觉时间复习功课。在很多报道中，都有俞立中晚上打着手电看书、白天干活间歇偷闲记忆写在手心里的公式的细节。至于赶考的细节，也是经典的电影镜头。借宿在考场附近的农民家中，没有灯，半夜里在大炕上，知青们彼此互相出题进行复习。

### 理解力优势激发了记忆潜力

那年高考总分500分，俞立中考了421分，第一志愿填的是家乡的华东师范大学（当时叫上海师范大学），最终被地理系录取了。"周围的上海知青中，考取大学最多的是市西中学和育才中学的学生。"1978年9月，俞立中刚满29岁，拿到了入学通知书，从此开始了被他形容为"老鼠掉入米缸"般的大学学习。

几乎所有恢复高考后的 1977、1978 级大学生都有"时不我待"的回忆。美丽的丽娃河畔也不例外，因为有中文系作家群，华东师大校园更是特别活跃。"因为一位老师上课太死板，我们集体请愿要调换老师，最后校方核实后请系主任亲自执教。"俞立中回忆起来还颇有内疚。各类讲座更是让封闭了十年的学子们如海绵吸水般享受着新思潮。

记者提起俞立中曾说过的"对于我这个而立之年的人来说，理解这些知识并不困难，倒是记忆力上要和年轻人比一比"，偶见白发的他哈哈一笑，"当然啰，我们在农场时养成了自学或者自己思考解决问题的能力和习惯，比如我总是很有兴趣去搞懂拖拉机等农业机械的工作原理。读了大学后特别想追回时间，所以，突然间自己居然能过目不忘了。"

俞立中的每门功课都优秀，用现在的话来说堪称"学霸"。20 世纪 80 年代初，世界银行给中国贷款支持大学教师出国学习进修。地理系领导选了三名即将毕业的学生去参加外语考试，争取出国深造名额，俞立中是其中一位。"结果，一位去了比利时读博，后来又到了美国，现在是一位著名的人口学家。另一位去了美国学习，我则去了英国利物浦大学。"

1982 年，留校执教的俞立中在经历了签证的"折腾"后，终于在 1985 年远赴利物浦大学地理系。经历了"土插队"艰忍的他，又面临着"洋插队"的开门考验。

## "洋插队"5 年：旁听教授会上了一堂难忘的"民主管理"课

9 年多的农场经历，养成了主动思考设计的习惯，这一直惠泽着俞立中此后人生的各类选择。

### 争取奖学金，有幸结缘前沿学科

俞立中在英国的第一位导师是研究农业生态学的。短短半年里，他阅读了大量文献，制定了所选课题《中国典型农业生态系统的能量效益》的研究框架。在刻苦研究学习的同时，他也在为奖学金操心，因为他得到的世界银行贷款资助只有一年。有一天，俞立中在上午茶歇时正好坐在系主任弗兰克·奥德菲尔德（Frank Oldfield）教授旁边，聊起教授创建的"环境磁学"，他第一次听说这个交叉学科，很有兴趣。教授便说，我给你些资料看看吧，第二天就让他的博士生送了一大摞复印的论文给俞立中。两周后，Oldfield 教授在下午茶时见到俞立中，开口就问他是否看了论文，有什么想法？俞立中如实告诉他，已经看了大部分论文，但有一个疑问，为什么研究所得到的测试数据都是定量的，而结论却是定性的，不可以在数据基础上建立数字模型吗？教授听后立马感兴趣了，说这正是他想探讨的，能否谈谈具体想法。俞立中根据大学期间所学的数学和物理知识讲了他的思考。Oldfield 教授非常惊喜地说："如果你愿意，可以来做我的研究生，这些想法能做一篇很好的博士论文，我来帮你争取奖学金。"按照教授的指点和帮助，俞立中转到了 Oldfield 教授门下，完成了开题报告，申请到了英国海外留学生奖学金和利物浦大学奖学金，并很快成为博士研究生。

"每天我总是第一个到楼里，又最后一个离开。"如当年很多中国留学生一样，俞立中勤奋学习、刻苦研究，在短短三年半时间内就完成了博士论文，直接拿到了博士学位。在毕业酒会上，教授不断地表扬这位中国学生，以至引起了英国同学家长的不快。

在英国同学眼里，教授有些偏心。他带了十几位博士生，但只见俞立中经常和导师一起在讨论问题。有位英国同学问俞立中："为何我们每学期至多有一次约到导师讨论课题，而你能经常见他呢？"俞立中哭笑不得，"其实，我们每次见面时我都是带着自己的研究进展或下一步方案去征求导师的意见。一般情况下，教授只是静静地听我讲，然后就说：Good，very good。当然，他也会给我一些好的建议。"

俞立中说，或许是命运的回报，在大学里所学的数学、物理、化学等基础知识和技能几乎在环境研究的博士论文里都用到了。在英国学习期间，广泛涉猎了不同的研究领域，更拓宽了视野，打开了思路，他的课题设计赢得了英国导师的充分认可。其实，自己提出问题、设计研究方案、完成研究论文，这是国外研究生培养的惯用方法，而他的严谨和刻苦同样赢得了尊重。在不少采访中媒体同行披露过这样的细节：在课题研究中，俞立中按照一篇已发表的论文所描述的方法分步消化样品，实验结果总是有沉淀。他就打电话给论文作者，在电话里听取指导，但结果还是有沉淀。于是，征得导师同意，他去了作者所在的外地研究所，在教授的直接指导下专注地做了两周的实验，还是有瑕疵。最终大家一起商量，改进方法，才获得成功。这项实验前后整整花了三个多月的时间。

### 如约回国，建成国内首个"环境磁学"实验室

一个本科毕业生在三年半完成博士论文，是很不容易的。英国导师非常骄傲自己收了这样一位中国博士，毕业时俞立中已经在核心刊物上有两篇学术论文刊发。1990年，五年签证到期，俞立中给华东师大时任校长袁运开教授写信，询问是否可以延长一段时间，多积累一些成果再回国服务。在得知母校盼归的信息后，俞立中告诉了英国导师，Oldfield教授说："我觉得你回中国工作应该比留在英国更有作为，你回国后可以随时来这个实验室做研究。"得到莫大鼓励的俞立中下定决心回国，首先说服仪器公司赠送他一套磁化率测量仪器，回报是在中国帮公司做应用演示；同时，用自己的积蓄购买了一台当时最新的386电脑以及绘图仪和打印机等。"我的想法是，有了这些仪器设备，即便得不到资助，我也可以独立开展研究。"回国后，在学校的支持下，他申请到了"回国留学人员基金"和"国家自然科学基金"资助项目，并用以购置3台磁学仪器，设立了国内首个环境磁学实验室，成了该学科研究的开拓者。他的实验室帮助了不少相关领域的专家学者。"真的应了导师所言。"

### 旁听教授会，感受"学术共同体的民主"

Oldfield教授的经历不同寻常。他曾在巴布亚新几内亚大学当校长，离任后去新北爱尔兰大学生物与环境学院当院长，再到利物浦大学地理系做系主任。他不仅是一个有科学成就的著名学者，也是一个有经验的学术管理者。在利物浦大学学习期间，Oldfield教授问俞立中是否有兴趣旁听系里的教授会议。于是，俞立中饶有兴趣地参加了一次，他向记者清晰地描述了这次会议的过程。作为系主任，Oldfield教授提议要求教师们保证三分之一的时间和精力用于科研工作，提高整体学术水平。他的提议一出，一位老教授就表示不赞同，认为重视教学是该系的传统，不能轻易改变，科研工作量应该由教授自己决定。两种不同意见，有人附和，也有人反对，双方都很坚持。系主任见状，便说："这个提议非常重要，关系到利物浦大学地理系的学术地位。既然大家有不同意见，今天就不讨论了。"俞立中非常惊讶：系主任的意见不管用啊？事后，导师笑着说，他会和持不同意见的同事交流，因为利物浦大学地理系的排名一直在全国前列，近年来由于科研产出不够，从五星降到了四星，如果教授们再不重视科研，对吸引学生和培养学生都会有影响。在几次沟通后，教授会最后

还是通过了他的提议。

"我第一次感到,这就是学术决策的民主,如何把决议变成共同利益,沟通是如此重要。"

## 师大校长 10 个年头:
## 最大贡献是拉近了管理层和学生的距离

在利物浦大学上的"学术民主的第一课",伴随了俞立中以后的教育管理之路。

对于俞立中博士如何转变为俞立中校长,很多记者十分好奇。采访中,俞立中是这样回答记者的:学校党委领导在找他谈话时的一席话让他无言可对。"做学问固然很重要,学科需要有带头人;但是如果做好大学管理,将让更多学者受益。"

从 1997 年至 2002 年,俞立中在学校的"器重"下做了六年华东师大副校长;2003年到上海师范大学,做了三年的掌门人;2006 年又回到华东师大,做了六年半校长。俞校长的新闻和故事也在坊间广为传播。在学生眼里,这是个也在 BBS、人人网、微博上出现的校长;每年毕业季,还毫无怨言地做道具拍毕业照;在同事眼里,他却是个不按常规出牌的领导,有时要赤脚跟着新理念跑;在上级眼里,俞立中颇有个性,也有闯劲,但有时是个需要"沟通"的管理者。

曾在一些场合上,俞立中开玩笑说过,如果要写书,我就写一本《沟通:大学管理之道》。面对自己整整九年半的师大校长经历,俞立中总结为两句话:大学校长要有想法,大学校长要愿意并善于去沟通。

在俞立中看来,大学校长要积极谋划学校的发展,而工作思路来自学术共同体的内外。"如何有效地采纳学校管理层、教师、学生、校友乃至政府和社会企业的要求和想法,就需要和各方沟通,倾听各种意见,才能形成符合学校实际的想法;如何让学校发展思路为师生员工认同、接受并付诸行动,也需要沟通,并在沟通中改进和完善。"

然而,很多理念需要在实践中慢慢地推广。在上师大,他习惯于在学生食堂吃午饭,多与学生沟通,听听学生的想法;他聘请了一批学生校长助理,促进学校与学生间的沟通;他在学生校长助理的建议和帮助下设立了 BBS"校长在线",利用学生喜爱的公共平台和学生直接沟通交流。他希望通过这些尝试拉近学校管理层和学生的距离,有利于相互理解。所有这一切,他并不要求其他学校领导效仿,更不作为行政管理上的规定。但越来越多的领导也去学生食堂用餐了,也聘请了学生助理,开通了 BBS 在线,因为大家看到了实施的效果。

事实证明,有了这些沟通渠道,学生在 BBS 上的抱怨和吐槽越来越少,在"校长在线"上的理性沟通成为学生提出意见和建议的主要平台。通过各种渠道的信息沟通,学生也更好地理解了学校的发展理念和各项规定的用意。学生校长助理说,原以为校长的工作除了开会、批文件就是一杯茶一张报纸,现在真能理解校长工作的复杂、辛劳。他们不仅为学校工作出了很多好主意,也和同学们交流了学校的发展战略以及工作中的困难。在很多情况下,同学在"校长在线"上提的问题,只要看到校长回复"收到了,我会关注",就马上会说:"您能关注,我们就很感激了。"

在华东师大校长岗位上,俞立中与时俱进,先后在人人网和微博上开通了与师生沟通的渠道,征求师生们对学校发展规划、毕业典礼、校庆活动等的意见和建议,也不断接受或解决学生提出的意见和问题。利用这样的沟通平台,化解了诸如"地沟油事件"这样的疑虑和危机,发现和解决了如"校区地面塌陷导致电力线截断"等重大隐患。"我不会要求学校行政管理部门和我一样,但我经常会看到一些部门的领导主动在人人网和微博上回答学生提出的问题,并积极为大家排忧解难。只有感觉到了沟通的有效性,大家才会自觉地去用好这个平台。"

面对最初有人质疑校长是否要花这么多时间在社交网上去做这些事,俞立中笑了,"每个人都有自己的行事喜好,关键在于是否有以学生为中心的理念。"他的自我评价是"拉近了学校管理层与学生的距离是最大的贡献。"

## 上纽大的成功开启:能否实现中外合作模式的创新?

俞立中由衷感谢不断发展的社交媒体给他工作带来的便利。"我是在追随学生的喜好,他们上到哪里,我就学到哪里。"尽管他在微博上有 150 万粉丝,但当学生的兴趣转移到微信时,俞立中立刻开启了微信。沟通的艺术伴随着校长的管理理念。从 2012 年 7 月开始,他全职担当上海纽约大学校长已近 6 年了。回顾这段经历,俞立中还是充满了危机感,他笑道,"我的沟通智慧已经用完了。"

2017 年 5 月,在东方艺术中心举行了上海纽约大学首届本科生毕业典礼。作为教育部批准的第一所具有独立法人资格和学位授予权的中美合作大学,这是上海纽约大学向社会交出的一份成绩单。261名中外毕业生来自世界33个不同国家,其中141名中国学生,51％去了世界一流大学深造,49％直接就业,受到了名校、名企的青睐。俞立中更是欣喜于学生的理想追求胜过现实考量。一位学生收到了来自哈佛大学、哥伦比亚大学和卡内基梅隆大学等名校的入学通知,但她没有去哈佛大学,而是选择了专业排名更高的卡内基梅隆大学,并希望未来能用自己的所学从事数据可视化与社会科学相关的工作。另一学生放弃了名企的机会,选择入职真格基金在上海新设的华东区办公室,她喜欢初创,就和四年前的上海纽约大学很像,再次成为"吃螃蟹"的人,从无到有的创建过程让她始终向往。"这些学生真正知道自己要追求什么,不是跟风,不是图名,这才是最宝贵的财富。"

如同开首所言的"3C"原则,对俞立中来说,这6年也在体验一种全新的沟通。他向记者讲述了自己的深层思考:全球化时代呼唤多元文化交融的国际化大学,如何在看到文化差异的前提下寻找共同之处,如何在不同文化、不同教育体制下办好一所世界一流大学,培养一批具有全球视野,愿意并善于跨文化沟通、交流、合作的国际化创新人才,"上海纽约大学才刚刚开始。"

记者问:"您当了那么多年的校长,应该为校长的称呼骄傲吧?""不,还是叫我老师,校长就是为老师服务的老师。我更喜欢大家叫我俞老师。"这样的回答让记者想起一篇采访的标题《不要把校长当成官职》。但记者感觉,15年后,三所高校的学子们一定还会亲切地叫他一声——"我们的俞校长"。

# 督促孩子全面发展[①]

新中考引入综合素质评价到底意味着什么？家长、考生及全社会应该如何看待这一改革？如何让"综合素质评价"真正提升青少年的综合素质，而不落入功利心的"陷阱"？一起来听听上海纽约大学校长俞立中的深度解读。

上海纽约大学校长俞立中认为，上海新中考方案引入综合素质评价，这表明了教育主管部门进一步推进基础教育改革的决心，是迈出了具有导向性的一步。"这项改革从入学评价标准入手，让学生的选拔不仅仅是基于文化考试，也融入了对学生综合素养的考量，体现了促进学生全面发展的教育目的。"

"教育是为了激发人的发展潜能，促进学生在知识、技能和素养各方面的健康成长。而我们看到，在今天的学校教育和家庭教育中，大家更多地关注了知识和技能的发展，忽视孩子综合素养的培养和熏陶。而升学选拔标准和评价方式往往起到了'指挥棒'的作用。"

俞立中表示，应试教育把考试成绩作为衡量学生的唯一手段，让学生在被动接受知识、寻求标准答案的训练中弱化了主动思维和积极行动。人文素养和科学精神的缺失对个人乃至整个社会的发展都是极为不利的。

"当然，我们也看到不少中小学希望改变这一现状，除了课堂教学，还通过各种各样的活动提高孩子的阅读能力和思辨能力，增强学生的科学和人文素养，培养学生的兴趣爱好和合作精神等。但如果我们的招生选拔评价机制不变，很多家长依然会从实用的角度出发，让孩子花更多的精力和时间在课业成绩上，而忽视了那些不被评价的能力和素养。"

所以，俞立中认为，这项改革也是在倒逼我们的基础教育，敦促学校和家庭在教育实践中注重孩子全面发展。

---

① 原载《新闻晨报》2018 年 3 月，记者林颖颖。

# 和"一幢楼的大学"一起成长[①]

又见俞校长。依然是富有感染力的亲切笑容,滔滔不绝的健谈,只是,两鬓添了一些斑白。

2012年金秋,中国第一家中美合作、独立法人的研究型大学——上海纽约大学挂牌成立,浦东新校址已选定,新校园尚未动工。在浦西的筹建办里,俞立中一次次向来宾展示厚厚的设计图纸,描绘着上纽大的未来。

"改革不容易,我们愿意一步步往前趋。"时任华师大校长、博士生导师的俞立中在63岁时做了一个决定:受聘担任上纽大的首任校长。他不仅见证了这所国际化大学在浦东从无到有的创办过程,更以身体力行的实践想要为中国高等教育改革"做点什么"。

2018年的春天,从上纽大14楼的校长办公室向外望去,小陆家嘴的林立高楼、车水马龙尽收眼底。聊起这所年轻大学这些年来在浦东的成长,俞立中感到欣慰。这不仅是因为上纽大首批本科毕业生交出了优异的成绩单,学校在短时间里获得了良好的行业口碑和社会美誉度;也是因为上纽大已深深扎根于浦东,创建了一种大学和社区的新型关系。

## 乐于跑上跑下:最重要的工作是沟通

俞立中曾先后担任上师大、华师大的校长,有20多年的高校管理经验。然而,执掌上纽大的6年里,他却坦言自己"一直在学习"。这是因为,上纽大很特别。它由华师大和美国纽约大学共同创办,身负特殊使命:"探索高等教育新模式,致力促进文明交流互鉴,架起中国与美国乃至世界沟通的桥梁。"上纽大的落户,也让浦东

---

① 原载《浦东时报》2018年4月,记者符佳。

圆了拥有一流大学的梦想。

上纽大的师生来自70多个国家和地区,不同的体制机制、文化习俗、思维习惯,让这所"一幢楼的大学"仿佛一个"小小联合国",文化在此激荡,思想在此碰撞。而中美双方在办学方式、课程理念等诸多方面,也都有各自的立场和传统做法。

"这些不同,正是萌发改革和创新的土壤。我们会遇到很多挑战,并无前人的先例可循。这所学校要办好,必须基于三个'C':沟通、妥协、合作。"俞立中坦言,自己在上纽大最重要的工作,是沟通。

无论是在校园餐厅与学生、教授共进午餐,边喝咖啡边聊天;还是克服时差通过电话和邮件与美国纽约大学校长交流、与上纽大美方副校长杰弗里·雷蒙面对面讨论;抑或是在全美做"空中飞人",拜访一流名校推荐上纽大首批毕业生……这一切,都被俞立中视为"重要"的工作。有外籍学生的家长来沪探望孩子,俞立中特意请他到校长室坐一坐,倾听他对学校办学和孩子成长的感受和建议,并乐呵呵地与他们合影留念。因为在他看来,以学生与教师为中心,是被一流国际化大学公认的、符合教育发展规律的人性化发展理念,也是上纽大身体力行的准则。这些沟通和努力,都是为了一个目的:促学校发展,让师生满意。

于是,在这所"一幢楼的大学"里,俞校长就担当起了"信息集成"的工作,传递和接收来自各方的信息和观点。俞立中笑言,和国内高校相比,上纽大的行政会议少了很多,他也不太习惯通过打电话和各部门沟通,而是更乐意"在楼里跑上跑下"。只要身在学校,他几乎每隔几天就会到各部门转一圈,倾听意见,了解需求,带回疑难问题,再和中美校方管理层一同探讨解决方案。"中外合作办学,需要充分的沟通来统一思想。"俞立中说,经过多年的磨合,他和"老搭档"杰弗里·雷蒙已是"两个人,一个脑袋"的紧密合作伙伴。

大雪天拍下校园保安躬身扫雪的背影、"三八"妇女节学校秀出校方为女教师准备的红玫瑰……无论多忙,俞立中坚持亲自打理拥有153万粉丝的实名微博,而他的微信朋友圈,也不断向外传递着上纽大的最新动态。

## 深度融入共生:探索新型大学社区关系

改革、创新,是上纽大和浦东自带的基因。两者的强强结合,诞生了中国第一所没有围墙的城市大学。除了那幢 15 层高的教学楼，整个陆家嘴乃至浦东新区，都是上纽大的校园：源深体育场、东方艺术中心、上海科技馆、浦东图书馆……浦东的诸多优质社会资源都对上纽大开放，而上海市和浦东新区政府给予的大力支持，也令俞立中深为感动。去年，上纽大首批本科毕业生中就有 11 名外籍学生受益于"推进科创中心建设"的自贸区人才新政，留在了浦东工作。今年，俞立中预计这一数据会有进一步增长。

"上纽大落户浦东，也希望回馈浦东。"让俞立中特别高兴的是，从 2014 年迁入浦东新校园开始，上纽大就与浦东建立了深层次、全方位的紧密合作。这些合作，并非几个单位的领导握个手、开个会、签个协议，而是上纽大师生真正深度融入浦东、与之共生的起点。

上纽大的学生走进潍坊社区的阳光之家和敬老院帮助特殊人群；师生在浦东图书馆开设免费英语角和"大家说文"教授讲座，服务公众；诺贝尔奖获得者罗伯特·恩格尔每年来到他创立的上纽大金融波动研究所，发布报告促进学术界和金融业界在研究领域的合作……身为浦东新区人大代表，俞立中也尽力为这片改革热土的发展履职尽责。

"除了办好教育、做好学术发展，上纽大还要在浦东辐射大学文化，探索大学和社区的新型关系。"在俞立中眼里，这样的新型合作关系不仅能实现多方共赢，也是现代大学的价值和意义的体现。

短短 6 年，上纽大迅速成长为一所有口碑、有特色的国际化大学。俞立中透露，他个人早就在考虑退休和平稳交班事宜。而对这所学校而言，一切才刚刚起步：无论是勾画新校园的发展蓝图，还是启动大规模的研究生招生，"上纽大的未来值得期待。"

# "大学之道,在于沟通"①

　　"建设一所大学,不只是靠校长和老师,而是靠师生双方共同的力量。在学校的建设中,校长最重要的工作有两件:一是思考方向,二是沟通。"Ftimes 专访上海纽约大学首任校长俞立中博士,聆听这位特别的校长透露管理秘诀,畅谈他心目中的"大学之道"。

## 在世界课堂里培养不一样的人才

　　上海纽约大学在中国的近 3 000 所高校中显得非常独特——中国第一所具有独立法人资格的中美合作大学,由世界一流大学美国纽约大学携手中国"985 工程"重点大学华东师范大学共同创办,于 2011 年 1 月 19 日起筹建,2012 年 9 月 22 日获教育部正式批文成立。校园位于寸土寸金的上海浦东陆家嘴金融贸易区,与纽约大学阿布扎比分校(NYU Abu Dhabi)、纽约大学纽约校区(NYU New York)共同组成纽约大学全球系统中的三个具有学位授予权的门户校园,面向全球招生。

　　2013 年,上海纽约大学迎来第一批本科生入校。2017 年,除了特殊情况以外,第一届毕业生中有 141 名中国学生,120 名国际学生。其中,56％的毕业生走上了工作岗位。根据学校职业发展中心的调查,就业率和工作单位满意度双双达到满分水平。"企业对我们学生的知识结构和知识水平、沟通交流能力、职业精神和工作的主动性,以及学生的全球化视野,都予以高度肯定。"首届毕业生获得如此优秀的口碑,俞立中非常自豪。

　　在俞立中眼里,上海纽约大学的学生身上体现出三大特点:"第一,他们知道自己内心想要什么,不会简单地跟着所谓热点或潮流走;第二,他们看问题的位置和角

---

① 　原载《上海外服》2018 年 5 月 22 日。

度给他们带来不一样的视野,能看得比较长远;第三,他们的沟通交流能力很强,有同理心,能接纳不同意见,与别人合作得很融洽。"

在 2017 年毕业的这届学生里,有位女生曾被"四大"之一录用,但她最后选择了一家天使投资基金机构,上海办公室当时连她在内只有 3 名员工,但她认为"这里有更大的空间可以做事情"。还有人放弃哈佛大学的录取通知书,转投另一所"名气没那么响但专业更强"的大学;有人毕业后没有立即就职或深造,而是选择先去贫困地区做志愿者……"他们有自己的价值观,有自己的想法和判断,不会人云亦云,考虑更多的是如何长远地体现自己的价值。后来那家基金机构向我反映,你们这位女生很棒,已经独立操作了几个大项目!"俞立中笑道。

不为自己设限,独立思考,视野宽广,能与不同文化背景的人沟通合作……年轻的上海纽约大学培养出这样的学生,其中一大"法宝"是对多元文化的注重。作为一所国际化大学,学校在课程设置、生活管理、校园活动等方面都非常注重不同文化背景的学生的融合。比如每届学生中中国学生和国际学生各占一半,每位新生与至少一名来自不同文化背景的同学成为室友。所有学生可从大三起前往纽约大学全球教育体系中的其他两所校园(纽约校园和阿布扎比校园)和 11 个海外学习中心学习(位于阿克拉、柏林、布宜诺斯艾利斯、佛罗伦萨、伦敦、马德里、巴黎、布拉格、悉尼、特拉维夫、华盛顿特区),大四回到上海完成学业。学生践行"让世界成为你的课堂"的理念,不同国家、不同文化观念在学习生活中碰撞交融,推动着他们认识自我,拓宽视野,也激发他们思考如何通过自己的行动改变世界。

"合作方美国纽约大学一贯主张,要把大学教育建立在多元文化的基础上,要跨越国界。上海纽约大学着眼的是培养将来的全球公民,我们重视通识教育、能力培养,但更强调的是要冲破文化壁垒。"俞立中说,"文化是有差异的,但人性是相通的,这就有了寻求共识的基础。这一点,我认为我们相对于美国纽约大学而言,体现得更加鲜明。"

## "大学之道,在于沟通"

在出任上海纽约大学校长之前,俞立中曾先后担任上海师范大学、华东师范大学校长。他坦言,工作岗位的每次变动对他来说都是一种挑战,而出任上海纽约大学校长则是"最大的挑战"。

"作为第一所中美合作办学的大学，我们的体制是全新的。对外，我们和方方面面都要打交道，争取资源和机会，对方却找不到适用于我们的条款，不知如何处理，需要我们做很多解释和说服工作；对内，学校内部是两种不同的教育体制，两种不同的文化，教职员工也是来自多个国家，就有许多兼容性方面的问题需要解决。"

作为管理者，如何应对挑战，俞立中有一套"3C"支持系统。

"第一个 C 是 Communication，沟通。实际上，在任何机构里，沟通都是非常重要的，而在中外合作办学的国际化大学中，沟通更是至关重要。第二个 C 是 Compromise，妥协。合作双方之间存在着许多差异，如果大家坚持己见，那永远不可能兼容。但我相信中国人有一种妥协和让步的智慧，能在某些问题上将意见汇总起来找到恰当的解决方案。第三个 C 是 Cooperation，合作。上海纽约大学是一个引人注目的合作平台，实际上在中美两国的人文交流中充当着重要角色。"

对于首要的 Communication，俞立中尤为重视。"将来如果我要写一本书，书名就叫《大学之道，在于沟通》。"俞立中笑称。他认为，校长在学校发展中的作用是拿出思路、确定方向，这就离不开前期的深入调研和探讨，通过沟通集思广益。而后，管理者的想法要变成实践，也要通过沟通，变成大家共同的意愿，才能顺利推行。

在学生眼中，俞立中是"最亲民校长"，他将之归功于沟通的力量："我其实是新媒体沟通的得益者。"2003 年，在赴任上海师范大学校长前，他预先登上该校的 BBS 浏览，发现校方与学生之间缺乏沟通平台。学生反应的种种问题，学校管理者知之甚少，而管理者们所做的工作，学生也多有误会。于是，他在上任之后便聘请学生担任助理，在 BBS 上开设"校长在线"专区，集中解答学生提出的疑问，解决双方沟通的难题，效果奇佳。

"一所大学办得是否成功，不只是靠校长和老师，而是靠师生双方共同的力量。如果没有对话的平台，我们开会说一通大道理，学生根本就听不进去。要沟通了才知道学生在想什么，学生提的意见如果有道理，我们就应该改，学生没道理或者有误会，我们要解释。大家在相互理解的基础上达成共识。"俞立中认为，进一步来说，大家有一个平台能够平等沟通，校方能理解学生的诉求和情绪，学生会也感到自己亲身参与学校的建设与成长，对学校会产生强烈的归属感。实际上，这是一种学校的文化。学生即使毕业后走出校园了，仍能受到大学精神和文化的延续性影响。

尝到了新媒体沟通的甜头，俞立中一发而不可收。"我在华东师范大学时在人人网有个账号，然后学生提醒我说：校长你 out 了，我们现在都玩微博了！"于是，俞立中就这样成了上海第一位开通微博并实名认证的大学校长。现在，微信也成了他的"会客厅"，"厅"里坐着 N 个学生群、N 位学生、N 位家长……

## 对话俞校长

**《上海外服》**：大家都很关心上海纽约大学的录取标准，什么样的学生会被录取，是否可以请您介绍一下？

**俞立中**：在上海纽约大学，评价学生的标准不仅仅是优秀，而是优秀且适合——这个说法是我们最早提出来的。国际学生的招收和录取与美国纽约大学标准相同。对于中国学生，我们会在每年年初邀请一批申请者来参加我们的校园日活动，除了考查他们的能力、知识水平，很重要的一点就是要看他们对世界的认知、人生态度、价值取向，是否适合我们学校。他们对这个世界的看法，他们认为人生需要追求些什么，认为什么事情对他们来说是有价值的，这些决定了这个学生能走多远，他的内心动力有多强。最后能被上海纽约大学选中的学生，他们其实有很多机会，进其他一流高校的可能性都很大，而没有被录取的学生也不是不优秀，只是不适合。高考成绩不是唯一的录取标准，甚至不是一个主要的标准，这是我们与其他大学不一样的地方。

**《上海外服》**：您在高校从事学术研究和管理工作数十年，先后担任三所大学的校长。在工作中，什么样的事情能让您最有成就感？

**俞立中**：学生。我觉得，如果学生见到我时还能和我坐在一起聊聊天，那就是一个校长最有成就感的事情。在我身上经常会发生这样的事，比如我去坐飞机，碰到乘务长是上师大的学生，在机场碰到乘客又是华师大的学生，都毕业多少年了，他们见到我还能一眼认出我来，很高兴地和我打招呼，和我说这说那。这时候你就会觉得当老师是一件很自豪的事情，大家都没有把你当外人。而且，大家都认为我们是在一个共同体里成长起来的，都一起参与过学校的建设和发展。这样的感情我认为是非常真诚的。

《上海外服》：可否请您对职场上的年轻人提出一些职业生涯发展方面的建议？如果要送给他们一句话（或几句话），您会说什么？

俞立中：我建议年轻人永远把自己放在一个学习者的位置上。今天的世界变化太快了，千万不要以为自己什么都懂，也不要以为自己的经验可以为你一生所用。永远把自己放在学习者的位置上，才能不断提升自己的认识，不断发展，从而适应变化。拿我自己来说，如果老是觉得自己已经有很丰富的当校长的经验了，那实际上就是一个落伍的表现，说明你已经不想进步了。但如果你永远抱有学习的心态，那你会觉得这个世界永远有很多新东西可以去学，要把工作做好就须永远保持学习，保持进步。即便我将来有一天不工作了，我也会忙着学习新东西。

《上海外服》：能否谈谈工作之余，您的兴趣爱好有哪些？您能保证有一定的时间去从事自己的兴趣爱好吗？

俞立中：我喜欢的东西很多，例如我喜欢摄影，也喜欢旅游。摄影也属于一种交流，我谈不上有多专业吧，不过我知道怎么取景、用光、凸显重心、搭配色彩、拍出层次感……但我现在都没有时间去忙这些兴趣爱好。我也喜欢运动，最近每天走一万步，对减肥很有效。

《上海外服》：如果不做目前的工作，您会选择哪一种职业呢？为什么？

俞立中：当然还是从事教育。我觉得，做教育工作者是很有价值也很有成就感的一项工作，我一生无悔。我不一定当教育家，就当个老师吧。永远跟年轻人在一起，你的心态就会很年轻，也不会落伍。就像微信、微博、滴滴打车、支付宝、微信支付，我就是跟年轻人在一起后自然而然学会了。很多网络语言像"打 call"，我原来都不知道是什么意思，就跑去问年轻人，然后我也会用了。

《上海外服》：您心目中完美的一天是什么样的？您能描述一下吗？

俞立中：如果觉得这一天过得很充实，那就是完美的一天。

# 养成完全人格,培养硕学闳才①

作为上海纽约大学首任校长,无数双眼睛都在看着俞立中。

首先是两所参与合作的中美大学,美国的纽约大学、中国的华东师范大学,他们在看着中美差异很大的大学文化和教育体制能否结出兼容成果。投以关注的还有当初支持设立这所新型大学的教育部、上海市政府、浦东新区政府以及纽约大学董事会等,他们期待着中国高等教育改革开放的成效。当然,还有四年前俞立中在华东师范大学的大礼堂进行首届招生宣讲时慕名而来的家长们,他们在看着这中国第一所中美合作创办的高校会如何改变他们的孩子。

2018年,上海纽约大学(以下简称上纽大)已经培养了两届毕业生。作为中国高等教育改革的"试验田",许多问题都需要俞立中来回答。

## 中国有2 500多所高校,俞立中和上纽大都显得有些特别

1994年,学校党委打算从一线教师队伍里选拔一些合适的教师来参与学校的管理,俞立中就在考查名单中。那时的他刚从英国利物浦大学获得博士学位回国,正在参与筹建华东师范大学河口海岸国家重点实验室。

俞立中喜欢看书,1969年作为知青远赴黑龙江长水河农场务农,艰辛的劳作、困难的环境并没有让他放弃读书的喜好。1978年国家恢复高考,俞立中考上了华东师范大学地理系,毕业后又出国读博士。那个曾经把数学和物理公式写在手心里,在农场出工歇息时就打开手掌仔细研读的青年,当然不愿意放弃这来之不易的专注科研的道路,所以一再婉拒从事管理工作的机会。

国家重点实验室建设评估通过后,党委领导再一次找到俞立中,严肃地告诉他,

———————
① 原载《留学》2018年8月20日,记者孟蕾。

学校事业的发展需要有优秀的管理人才，这也是教师的责任。就这样，已经被评为教授的俞立中接受了学校的任命，带着科研业务走上管理岗位，成为一名"双肩挑"干部，并逐渐向后者倾斜，从校长助理、副校长到上海师范大学校长、华东师范大学校长，并在花甲之年担任上海纽约大学校长。

在中国2 500多所高等院校和众多校长当中，上海纽约大学是中国第一所具有独立法人资格的中美合作创办的大学，而俞立中则是它的第一任校长。

上海纽约大学，由纽约大学和华东师范大学合办，旨在建设一所世界级的多元文化融合的研究型大学。51%的学生来自中国，49%的学生来自五大洲70多个不同国家；教授则是全球招聘，全英语授课。学校借鉴了纽约大学的本科培养模式，积极探索具有时代特征的创新型通识教育。因为要授予中美两个学士学位，所以在课程体系、师资质量、教学资源和学术评估等方面既要与纽约大学接轨，也要满足中国授予学位的基本要求。学生在本科阶段可以有两个学期选择在纽约大学全球教育体系的其他13个校园或海外教学点学习。在招生程序上，中国学生在自主选拔的基础上还必须参加高考，类似于中国大学的自主招生机制。

## 首任校长并不是个"美差"

上海纽约大学不仅是第一所中美合作举办的高校，还是中国高等教育改革的"试验田"。从2012年5月受聘为上海纽约大学首任校长，俞立中就带领团队开始"摸着石子过河"，谓之勇者。没有下过这条河，不知深浅，第一次走都没有经验，当然也存在风险，压力自不必赘述。

"在上海纽约大学成立之初，我们确实碰到了一个很严峻的挑战。"俞立中说道，因为在当时很多学生和家长的概念里，中外合作大学是那些上不了好大学但是家里有钱的孩子去读的学校。"但上海纽约大学不一样，我们要办一所世界一流的大学，录取要求严格，评价标准不同，有机会上清华北大的学生也未必能被上海纽约大学录取。"俞立中说，他们当初花了很大的力气去跟学生和家长解释上海纽约大学到底是一所什么样的大学。

"因为时间紧迫，第一届招生只在十个省市试点，我自己带着团队到各地做招生宣讲，没有经验，大多是借了当地的宾馆作招生宣讲。"俞立中回忆说，来听讲座的人也不多,几十个到上百个人,因为很多人对中外合办大学还有不少疑虑。但在上海来听讲座的人很多,把华师大的大礼堂都坐满了。在其他一些省份,上纽大并没有引起太多人的关注。

"到了第二届、第三届的招生,我们就选择各省的一些重点高中,那些被大家最认同的学校去做宣讲。"俞立中不无自豪地告诉《留学》,上海纽约大学的学生和家长就是学校最热心的宣传推广者。如果一所中学有几位学霸被上纽大录取了,第二年这所学校就会有一大批学生来报名。"我们的学生自己就会告诉学弟学妹,上海纽约大学到底是一所什么样的大学。"

据俞立中介绍,这种现象是很普遍的。例如,首届录取的学生中有成都七中的学生,这是四川省名气最大的高中之一,现在成都七中每年都有一大批优秀学生来上纽大报名,以至于有一年录取的十名四川学生中有八名来自成都七中。上纽大的教育受到了全国很多名校学生的喜爱,如上海的上海中学、华师大二附中、复旦附中、七宝中学,北京的北师大附中、人大附中、北大附中等。

六年来,上海纽约大学在国外的影响也越来越大。"上海纽约大学的前四年招生中,每年录取149名优秀国际学生,今年增加到220多名,不少国际学生是放弃了进'藤校'的机会来上海纽约大学的。"俞立中一贯言辞温和,但这句话说得十分硬气。

## 独立的中美合作大学之构建

经营上海纽约大学之难,难在如何将中西两种不同的教育体系在同一所大学里兼容。比方说,传统的中国教育大多像是灌满"一桶水",带有强制性的严格教育从整体上提高学生的基础知识水平,但也限制了自由发展的空间。以美国为代表的西式教育大多会点燃"一把火",激发学生的学习欲望,自由宽松的环境鼓励了独立与创新,但过度的自由化使基础教育不尽人意。

如何让"一桶水"和"一把火"在上海纽约大学擦出"火花"?这是个问题。

物理学定律告诉人们,要把两个不同的事物结合起来,必然至少有一个相通点作为支撑。纽约大学和华东师范大学来自两个不同政治制度的世界大国,拥有不同的文化背景和教育体系。它们之间的相通点在哪儿呢?

"在全球化的时代，高等教育应该培养学生的国际视野和跨文化沟通交流的能力。两所大学都意识到了这一点，应该站在多元文化的角度去思考问题。"俞立中表示这是上海纽约大学成立的出发点，不是推行美式教育，也不是推行中式教育，而是推行全球化教育。

正如法国知名著作《乌合之众》的作者写道，"一个国家为其年轻人所提供的教育，可以让我们看到这个国家未来的样子。"教育的最终目的是造就完全人格。在上海纽约大学"试耕"六载，有一件事让俞立中深感自豪：大部分学生走出校门时就已经非常清楚自己到底想要做什么，这是上海纽约大学与中国传统教育模式培养出来的学生的一个差别。

"我最怕学生跟我说，混混日子吧，找份工作不容易，赚的钱也不少。如果学生这样说，那我们的教育就失败了。但我还真的没碰到过一位学生这样跟我说。"俞立中笑着说。

## 教育的目的是培养完全人格

据 2017 年上海纽约大学毕业生就业情况调查的数据显示，在上海纽约大学就读的中国学生的就业率是 100％，雇主满意率也是 100％。"上海纽约大学的毕业生有着明显的特质，这与他们接受了四年的跨文化教育和培养有密切的关系"，俞立中说。

几乎没有人的青春是不迷茫的，这是一种"年轻病"。但上纽大的学生却有勇气冲破自我的牢笼，看清前路，寻找到人生的出口。"大多数学生明白知道自己想要什么，在毕业时他们的人生目标和价值取向已经基本上明确。"在俞立中看来，这一点很重要，"如果一个企业领导问你想干什么，自己都说不清楚，企业一定不会喜欢的。"

知道自己想要干什么，这是前提。学生还应该知道自己要怎么做，比如他会仔细地了解某家企业的发展过程，发表自己的观点，明白怎样做才能体现自己的价值。"另外，学生拥有跨文化的理解、沟通、交流和合作的能力，这也是一种特质。"俞立中介绍说，从上海纽约大学走出去的学生都有比较积极的价值判断和人生态度。在普遍恪守利己的社会环境中，无论面对什么困难，他们常常抱有一种积极的态度。这与学生整个四年的学习经历是有关系的。

"我一直认为,在大学阶段要让学生接触不同的思想和事物,培养学生的思辨能力,当他们走上社会,面对现实社会时会有理性的判断和选择。不会思考,那才是最糟糕的事情。"在俞立中眼里,是学生和家长对传统教育模式的不满给上海纽约大学提供了发展的空间。这六年里,中美教育者组成的团队带着上海纽约大学过滤沉渣,注入活水,为中国高等教育改革找到了一个可能的出口。

## 合作大学的中美分工

上海纽约大学由纽约大学和华东师范大学合作创立。摆在这所合作大学面前的一个亟待解决的问题就是双方的投入和责任。由谁来保证这所学校的学术水准和教学质量?

"纽约大学对上海纽约大学的学术水准和教学质量负全责",俞立中指出,中外合作办学的目的就是借鉴世界一流大学的办学经验,引进世界一流的教学资源,探索高等教育的国际合作,推动中国高等教育的改革创新。所以,纽约大学必须对合作办学的学术水准和教学质量负责。"我们的责任就是引进世界一流的教育,使之在中国落地,实现本土化,而不是凭空'创造'世界一流的教育,不然为什么要去办一所中外合作大学,我们自己办一所学校就可以了。"

具体来讲,上海纽约大学的常务副校长由纽约大学指派,学校理事会通过,负责学校的学术管理和日常运行;而来自纽约大学的教务长负责课程体系和师资队伍的建设、科研和教学的管理。校长为法人代表,由华东师大指派,理事会通过,和另一位中方的副校长共同关注办学方向和学校的可持续发展,实现与国内教育体制的接轨,加强中美办学双方的沟通。"身为校长,要思考学校的稳定和持续发展,比如本科专业和研究生项目如何与中国社会、经济、科技发展的需求相适应,这是我要去想的。当然,沟通是很重要的责任,与纽约大学的沟通,与华东师大的沟通,与上海市政府的沟通,与浦东新区的沟通,与教育部领导和相关部门的沟通,与企业和媒体的沟通,以及与学生、家长、教职工的沟通等。"俞立中说。

华东师范大学发挥什么作用?据俞立中介绍,在上海纽约大学的筹建和运行过程中,华东师大一直是极为重要的支撑力量,无论在办学资源、学术影响还是在管理服务等方面都做了大量的投入,同时华师大还要起到政治保证的作用。上海纽约大学虽然是中外合作办学，但也是中国高等教育体系的一部分。华东师大要保证这所高校的安全健康发展。

作为一所中美合作举办的大学，在上海纽约大学成立之初，关于国际化和本土化的争议就甚嚣尘上。"对于这个问题，我有自己的坚持。国际化和本土化并非矛盾，关键是怎么去理解。"俞立中说，首先是要把一流的教育引进来，作近距离的观察，有切身的体验，才能真正了解不接地气的方面，有的放矢地去改进，使之扎根在中国的土壤里。

这六年来，中方和美方之间权责明确、相互磨合，才能使得上海纽约大学这艘大船在中国高等教育改革的浪潮里，借着全球化教育的东风远航。

## 理事会领导下的校长负责制

上海纽约大学实行理事会领导下的校长负责制，与体制内的高校有所不同。理事会是学校最高决策机构，由八人组成，四位美方理事和四位中方理事。美方理事分别是纽约大学的校长、教务长和上海纽约大学的常务副校长、教务长，这四人均由美国纽约大学提出。中方理事则由上海纽约大学校长，华东师范大学校长，上海市教委分管外事的副主任和浦东新区分管教育的副区长四人组成。"曾有人开玩笑说，为什么是八个人，投票表决四对四的话怎么办？如何少数服从多数？"俞立中笑着说，"我的回答很简单，像这类中外合作大学，如果出现意见不一致的情况，依靠'少数服从多数'是解决不了问题的。一定要中美双方充分协商，取得一致意见，才有可能做成一件事。"

学校理事会由俞立中任理事长，纽约大学校长任副理事长，每年开三次例会。学校的重大决策，包括章程、制度、预算的制定和修改以及校长、常务副校长的聘任等，都需要通过理事会讨论通过。

为了确保学校的重大决策代表了中美双方的共同意愿，维护学校的正常运行，上海纽约大学有个集体沟通讨论的机制，即核心领导层例会。核心领导层由四人组成，即代表中方的上海纽约大学校长和副校长，代表美方的常务副校长和教务长。"核心领导层每两周开一次会，务虚也务实，中美双方一起商讨和决定学校的重大事项，也可以沟通、交流各方面的信息。"俞立中说，"上海纽约大学的管理要体现'3C'

原则。第一个 C 就是 Communication，双方要充分地沟通与交流，特别是选贤任能，要相互尊重，以免不必要的误会。第二个 C 是 Compromise，在两种不同的政治制度、不同的文化背景、不同的教育体制下，设立一所合作机制的国际化大学，双方一定要懂得让步和妥协的重要性，在不牺牲大学教育的基本原则的前提下，该让步的地方要敢于让步。第三个 C 就是 Cooperation，本意是合作，但在这里我更倾向于理解为'补台'（编者按：原先是用于舞台表演中的一个习语，现引申为对出现意外情况的事件进行补救措施，及时改正不足之处，使事件能顺利完成）。纽约大学和华东师范大学都不是孤立的存在，两所大学之间应该互相补台，才能让'好戏连台'。"

## "最亲民的校长"也有自己的立场

温和儒雅的俞立中被学生们称为"最亲民的校长"。他开通了微博和微信，关注学生的成长和发展，为他们的进步点赞。他走进学生中间，与他们成为好友，这些年轻人也愿意将自己的想法说给校长听，比如有的学生换了新工作，开始创业，有的学生去到哪所世界知名学校读研。身为校长经常公务缠身，学生的这些事情实属细枝末节，但俞立中十分关切这些学生的"琐事"，甚至叫得出学生的名字。

俞立中是个温和的人，颇有"我则异于是，无可无不可"的风范，但立场坚定。在中美双方高校合作的一些关键问题上，俞立中坚持着自己的立场，不肯通融，虽然态度还是很温和的。

什么是必须坚持的？举个例子，上海纽约大学是一所独立法人的大学，无论出于数据安全还是管理需要，都必须要有自己独立的数据库。这个问题曾经有过争议，为了经济上的考虑，大家各抒己见，争执不下。但俞立中在这个问题上有着自己的坚持。"上海纽约大学具有独立法人资格，是中国高等教育体系的一个组成部分，必须依照中国法律规定，有自己独立的数据库。"为此，俞立中反复与对方沟通，最终达成了合理合法的解决方案。

## 实现两个不兼容系统的兼容

设立在上海的国际化大学如何充分利用当地的资源、符合当地的规范、适应当地的文化，必然会涉及两种不同教育体制的兼容问题。上海纽约大学的本科毕业生会被授予中美两个学士学位，一是纽约大学的美国学位，一是上海纽约大学的中国学位，一定要符合两个不完全兼容体系的基本要求。

"在申报设立上海纽约大学的时候，我们就想到了这些问题。"俞立中介绍说，很多来中国学习的国际学生对中国的语言和文化感兴趣，希望深切了解中国的崛起之路；中国学生更需要在多元文化教育的背景下学习中国文化和中国国情。为此，上海纽约大学做了三件事：一是在开设的《全球视野下的社会》课程中增加了中国古代和现代哲学家、思想家的文章，给学生提供了各种阅读材料，以更完整地体现世界不同文化、不同时代、不同社会环境下的伟大思想家的观点，让学生在比较中建构自己的世界观。二是在通识教育课程中设立了中国社会和中国文化两个关于中国的课程模块，涵盖了社会、经济、政治、文化、教育、环境等方方面面的内容，供学生选学。三是设立了中文教学部，所有国际学生都必须选学中文听说读写课程，计入学分，并在毕业时达到中级以上水平。学校的教授们利用当地的各种资源，把教学从课堂拓展到社会，让中外学生在观察和实践中加深感受。

中美大学对学生毕业的学分要求不同，如何把两者兼容起来？这是一个最直接的问题。比如纽约大学要求128个学分，而一般的中国大学则要求160个学分甚至180个学分。根据中国学位的要求，修满128个学分尚未达到中国的毕业要求，不能通过学位办的评估，这该怎么办？"我就去教育部做汇报，一遍遍地解释，这只是系统上的差别，上纽大学生修读每个学分需要花费的时间很多，实际的学习量更大。"

除了学分要求的不同，在专业的匹配和对接上也存在着错位。计算机科学和计算机工程在国内属于同一个学科，但在纽约大学却是两个专业。"纽约大学有不少交叉学科的本科专业，而且学生经批准可以自设专业，但国内本科教育体系还没有开放到这个程度。"俞立中认为，"既然是改革，就必须突破，我们还是设法把这些专业对接到已有的专业目录里了。"

现在，上纽大已经有两届学生毕业。俞立中说，"两届学生毕业并被授予了中美两个学位，我也放心了，可以说在本科教育上我们已经实现兼容了。"

# 立于"全球视野"进而"创新卓越"的
# 上海纽约大学办学探索[①]

2012年10月15日,由中国华东师范大学与美国纽约大学合作举办的上海纽约大学在浦东陆家嘴金融贸易区正式揭牌。作为国家教育部正式批准的、具有独立法人资格和学位授予权的第一所中美合作举办的国际化大学,上海纽约大学"以世界为课堂,以天下为己任",致力在全球格局下打造世界一流大学。"把上海纽约大学不仅建设成为中外合作办学的典范,也成为中国高等教育改革的典范,"时任教育部党组书记、部长袁贵仁的寄语更揭示了上海纽约大学办学的深度内涵。6年来,这片被誉为"中国高等教育改革过程中具有变革意义的'试验田'"不仅孕育出了两届具有国际视野、善于跨文化学习和交流,并勇于探索和不断自我突破的毕业生,也让众人看到了上海纽约大学为中国高等教育变革注入的活力和生机。

## 应时而生的中国高等教育探路者

自1978年改革开放以来,中国综合国力的提高和经济迅猛腾飞使中国在世界舞台上扮演着日益重要的角色,中国在国际社会的参与度、发言权也随着开放的扩大而逐步加深,培养符合时代需求的国际化人才成为了中国教育21世纪的重大课题之一。2010年,国家颁布了《国家中长期教育改革和发展规划纲要(2010—2020年)》,明确指出要加强教育对外开放,加大对国际教育发展的研究,同时对高等教育的改革所面临的问题进行讨论,提出要借鉴国外先进经验,结合我国实际创造性地加以运用,加强高水平大学建设,建成若干国际一流大学等具体要求和目标。作为

---

① 原载《东方教育时报》2018年10月30日,记者朱喆。

中国对外开放的窗口城市,上海责无旁贷地要承担起教育开放国际化的实质推进工作,这也是上海教育事业发展中长期规划的重要任务。于是,人们看到了应时代之需、国家之需、创高教国际化探索之路的上海纽约大学(以下简称"上纽大")的诞生。与以往单一的专业、学院的中外合作不同,此次是中美合作在上海直接办一所目标世界一流的大学,它无法一蹴而就,而是两国高等教育一次次相融相碰撞出的成果。上纽大校长俞立中在接受媒体采访时回顾了这一路艰辛历程。2006年,纽约大学在上海华东师范大学设立了上海学习中心,让纽约大学学生有机会在上海学习一个学期,并开展两国学生的交流。两年后,时任纽约大学校长的约翰·塞克斯通先生提出了在上海设立纽约大学分校的想法,但当他得知这个设想不符合中国法规后,就考虑是否有可能合作办学。值时任中国驻美大使周文重先生访问纽约大学之际,塞克斯通校长与他沟通了这个想法,继而周大使给教育部、上海市政府和华东师大转达了纽约大学的意向,促成了中美两所高水平大学的合作办学。当然,筹建一所中美合作举办大学的过程是漫长且曲折的。2011年,塞克斯通校长率纽约大学代表团来沪签订协议,落实纽约大学和华东师范大学合作的细节,还在华东师范大学向师生做了一个演讲,介绍了创设上纽大的理念和合作办学设想。纽约大学有其特有的、建立在多元文化基础上的全球教育体系,通过在世界六大洲设立校园或学习中心,融合全球优质教育资源,让学生接触不同文化,与不同文化背景的同学沟通、交流和合作,在多元文化环境里成长,从而有更丰富的文化体验和更宽阔的社会视野。

2012年,正式设立的上海纽约大学成为纽约大学全球教育体系的三个招收学生并授予纽约大学学位的校园之一。它的出现为中美高等教育史翻开了新的篇章。俞立中校长说:"我们在任何时候都不能忘记教育国际合作的初心,在一定程度上也是改革开放的初心,中国走入全球舞台,参与全球化进程,向世界学习,吸取一流经验,同时让世界了解真正的中国,这是双向的进程。"学校领导团队充分考虑到两国不同的文化、历史、制度、法律,在理解和尊重差异的基础上兼容并蓄,营造良好的合作氛围,加速了合作的进程。上纽大的一切都是新的,没有可以参照的办学模式,没有现成可得的工作经验,它的建设如同改革开放初期"摸着石头过河"的办法,步伐稳健,缓缓而行,而又让人敬佩和鼓舞,所有勇敢的参与者都成为了历史的创造者。

## 从"垂直校园"连接广阔世界

全中国范围内或许再也找不到其他一所大学和上纽大一样，把教室、公共活动区、图书馆、办公室集中在一幢楼宇内，这种被纽约大学称为"垂直校园"的设计理念内涵深远。一是直观地诠释了立足城市资源的纽约大学办学风格，契合学校"在城市、服务城市"的座右铭；二是它让课堂与学生、活动与学生、师生之间、同学之间的距离无限地拉近。2018届荣誉数学专业毕业生李畅回忆起当时来到上纽大校园日活动的情景时说："这栋功能高度集中的大楼让人很好奇，其他很多中国大学的校舍都很雄伟庞大，它很不同，不大但挺有'魔力'的，感觉聚合着很多'可能性'，很多都是开放空间，会驱动着自己去探个究竟，认识不同国家、不同专业的朋友。"除了众所周知的全英语教学环境、全球范围招生招聘、1：8的师生比、每个学生都会配有一名导师等优势之外，以"博雅教育"为根本理念的上纽大本科生培养模式和课程体系无疑是这栋大楼"魔力"的一个重要组成部分。上纽大的官方网页上介绍了"博雅教育"的历史背景以及对当今时代的意义。"这一教育方法的重点在于：学习并批判性地审视古往今来的伟大思想，培养个人分析和沟通的基本技能，深入了解并掌握一门或多门学科。文理兼具的教育背景能将多样的学生群体培养成勤思好学、追求真知的共同体。"因此，学生在入学的前两个学年主要修读包括社会与文化基础、科学基础、数学、算法思维、写作、语言等组成的核心课程，第二学年结束时才需要确定自己的专业，专业课程主要在后两个学年完成。由于第一届学生入学时上纽大只有12个专业，2017届的陈梓青得知纽约大学全球教育体系里允许学生设计自己的专业，称之为"自主设计荣誉专业"，便围绕着自己所喜爱的人文社会科学的思路，设计了涵盖政治、哲学、人类学等多个学科的性别政治学，毕业时这位来自山东的小伙子以近满分的绩点获得上海纽约大学最优等学业荣誉奖，毕业后他选择了继续攻读日内瓦高级国际关系与发展学院的硕士学位项目。在给学弟学妹的寄语中，他写道，"大学四年是你们应该广泛探索兴趣的时光，不要局限自己……以后的路还很长，你现在尝试的每件事都有可能改变今后的人生轨迹。"还有一项让上纽大学生倍感兴奋的"挑战"，便是在本科阶段他们可以有两个学期选择在纽约大学全球教育体系的其他校园或教学点学习体验不同的文化环境。2018届金融学专业的毕业生叶霖分享了自己的经历,"在纽约进行海外学习时,我发现这里的社团氛围与上海有所不同。纽约的社团十分注重建立社交圈。在那里,我们邀请包括纽约大学校友在内的嘉宾来作演讲,分享个人经历与洞见,我们可以利用纽约大学全球教育体系位于纽约、上海、伦敦三地的资源,见证一个社团从无到有的创建过程,很有成就感。"如今已在"亚太示范电子口岸网络"工作的她回首四年上纽大岁月时骄傲地说,"如果当初没来上纽大,而是去了某个成立已久的大学,就不会有那么多享受从无到有的创造新事物的过程了,"在她的朋友圈里至今都能看到上纽大的动态,足可见母校在她心中的意义。

迄今已有的两届毕业生,不论就业还是深造,不论走向世界还是服务世界,都让俞立中激动和骄傲。在这些上纽大学子身上,他看到了学生具有明确的选择能力,听从内心而不跟风,看到他们不拘泥于眼前,而具有多样化的视角和长远的思考,还有他们在不同文化环境下的合作能力和领导力。"你会发现,优秀的人才必然具备跨学科的学习能力、跨文化的理解能力,上纽大提供的就是建立在多元文化基础上的全球教育,培养具有国际视野的创新人才,无论在哪里他们都能积极应对未来,"俞立中坚定地说。

## 迎接本土化挑战

2018 年秋季,上纽大迎来了来自中国及其他 38 个国家的 455 名新生,这是建校以来人数最多的一届新生。根据上海纽约大学招生办公室统计,去年申请上纽大的人数比此前一年增加了 11%。"我们看到越来越多具有国际视野与经历的学生申请上海纽约大学",上海纽约大学招生办主任 Katie Korhonen 在接受媒体采访时说,"我们的国际学生中,很多人都有学习中文或到访中国的经历;很多中国学生都表示,希望日后能成为连接中国与世界的桥梁。"这也带给学校领导团队新的启示,如果说创设上纽大并形成有效的本科人才培养模式是这 6 年来的重要目标,那么在新阶段,在国际化的基础上探索学校本土化建设便是"上纽大 2.0 版本",便是中美办学团队的方向。俞立中说,"上纽大是建立在改革开放的大时代背景下,如今的中国和中国高等教育已经发生了很大的变化,如何保持与世界一流高等教育理念的融合渗透,更深入活化本土资源,用好中国自有的教育条件,要思考'有哪些事不合作的话就做不到?'从而深挖中外合作办学的意义和价值。"目前上纽大的课程中已经体现了"中国元素",来自世界80多个不同国家和地区的国际学生占了本科生的近一半,他们选择上纽大也是对中国文化的好奇和关注。汉语是国际学生的必修课,学校中文教学部开设了中文的听说读写课程。同时,核心课程开设了中国社会、中国文化两个课程模块,涵盖中国文化传统和社会发展的各个方面。在《全球视野下的社会》这门必修课中加入了中国古今思想家和哲学家的代表作,让学生了解不同时代背景下的"中国思想"。2018年诺贝尔经济学奖得主、纽约大学斯特恩商学院经济学教授保罗·罗默(Paul M. Romer)在得奖后不久接受上海纽约大学常务副校长杰弗里·雷蒙(Jeffrey Lehman)的访谈时,回顾2013—2014年为本科生讲授《全球视野下的社会》的难忘经历,"我们有一群非常出色的学生,我们一同研究并学习全球伟大思想家的著作:墨子、孟德斯鸠、康德、马克思、司马迁、邓小平等。学生们都很积极地投入,善于对具有挑战性的议题进行严谨、激烈的讨论,论证、探讨作者的想法、彼此的想法和各自的想法。同学们的头脑活跃、开放,善于思辨,敢于直接表达观点。他们也欢迎不同意见,并不抗拒改变自己的想法。"

本土化建设还包括了上纽大对上海、对中国高等教育的互动交流和经验辐射。利用上纽大这个平台,纽约大学与华东师大之间已经构建了良好的、可持续的合作机制。华东师大每学期都会有一批青年教师进上海纽约大学的课堂,全程观摩听课;双方共建了脑科学、数学、化学、物理和社会发展等6个联合研究中心。从2017年起,上纽大也向上海大学、上海理工大学、上海师范大学等部分地方高校提供了教师来校全程观摩听课的机会。上纽大在浦东图书馆开设了"教授系列讲座",上纽大学生自愿报名参与浦东图书馆针对中小学生开展的英语角活动等,很好地践行着上纽大服务公众的社会责任和使命。

扎根上海但又立于时代、立于世界,所有上纽人都在为之奋进和努力。2018年,雷蒙校长被评为40位"中国改革开放40周年最具影响力的外国专家"之一,他对"中国改革开放再出发"的寄语也道出了一个外国学者心中勾画的中国高等教育开放的蓝图,"中国继续开辟现代化建设的新道路,这条道路将融合中华文明、传统与西方文明的精髓,希望中国开展更多像上海纽约大学一样有特色的教学实验,对大胆的新想法进行开发、探索和评估。"

## 中国学人的"守"与"立"

1949 年出生；1969 年赴黑龙江长水河农场务农；1978 年参加高考，从黑龙江回到上海，进入华东师范大学地理系学习；1982 年本科毕业；1985 年去英国利物浦大学攻读博士学位；1990 年回到华师大任教；1994 年被聘为教授、博士生导师；1996 年开始走上高校管理岗位，先后担任华东师大校长助理兼科研处处长、副校长，上海师范大学校长，华东师范大学校长；2012 年被聘为上海纽约大学首任校长。这一路的求学和职业经历，说俞立中是和新中国的发展"同步伐"，与中国高等教育发展"共命运"，一点不为过。

"改革开放的第一步就是从教育开始的"，这是他和记者谈起过往岁月时的第一句感慨，"那时国家经济还处于困难时期，通过恢复高考回笼了很多散落在社会各行各业的有志青年，让他们接受高等教育；邓小平高瞻远瞩，在改革开放之初，国家就资助了一大批人才出国留学深造，为社会经济发展提供了人力资源保障。对教育用力，就是对国家未来的助力，因为教育造就人才，是发展的先行要素。改革开放四十年来，恢复高考后入学的'老大学生'为这个民族、为这个国家做出了很大的贡献。"其实他本人就是这群奉献者之一，凭借优异的学习成绩和对地理学的热情，他得到了世界银行给中国高校师资发展留学贷款的资助，1985 年前往英国利物浦大学地理系深造。由于世界银行贷款只提供第一年的费用，若要完成博士学业，俞立中要自寻出路，也正是在进退两难之境，他遇到了自己的恩师弗兰克·奥德菲尔德（Frank Oldfield）。导师把他领入了环境磁学研究领域，指导他申请到了奖学金、完成了博士学位，还以自己做学问、做校长的经历为俞立中提供了一份人生发展的"财富"。他称奥德菲尔德教授是良师益友，老师没有种族偏见、等第观念，他的待人处事让俞立中体验到了学术界的"平等"内涵。俞立中在英国发表的第一篇论文由导师帮助改了 6 遍，自己也改了 6 遍。治学的严谨渗透在日常的方方面面，在利物浦大学地理系的教授会议上，俞立中有幸领略到了这位曾任巴布亚新几内亚大学校长的奥德菲尔德的民主风格。"为提升地理系的科研水平，他希望教授们能花三分之一的时间在科研上，但教授们意见激烈，无法调和。作为系主任，他并没有武断地作决定，而是在会后与不同意见的教授个别沟通交谈，了解他们的想法和难处，最后达成了一致意见。这其实就是'学术民主'和'管理民主',学术管理者不是通过简单的行政手段向教授们施压,而是更多的沟通交流,相互理解,达成共识。"俞立中回忆道。这些都成为他日后从事管理岗位所遵循、参照的理念和办法。从事高等教育管理的经历,也使俞立中有机会在中西文化的比较中更看清中国文化的传统美德——勤奋、谦虚、包容、从善。"这是我们中国文化造就的特质",他坚定地说。在保有中国底色、坚守文化自信的同时,俞立中没有停止探索文化交融,创建上海纽约大学就是他为中国高等教育"有所为"的不懈用心。在他看来,高等教育的国际化不是简单的"人来人往",而是在中国能培养出符合全球化时代需求的创新人才,在世界高等教育的大平台上审视自己、谋划学校的发展。他指出:"'人来人往'的数据每一年都在增加,数据是显性的,我们要进一步深挖隐藏的意义,世界一流的教育必然要参与全人类的发展进程。"他不止一次提出中国高等教育的改革理想要呈现多元并包:"学生个体有差异,没有一种能适用于所有人的大学教育模式;社会各种工作岗位的人才需求也不尽相同,没有一种能符合所有岗位需求的人才培养模式。只有培养各类人才,才能满足人类发展、社会进步的需要,上纽大的模式是多元化中的一元。"俞立中和团队正为这个美好的未来而奋进。

# 定义自己的人生，共创世界的前程①

**《东方教育》**：在那个物资匮乏的年代，世界银行提供的助学金只有一年，您在利物浦大学求学的日常生活也十分节俭，但您仍愿意在学校教授的"茶歇沙龙"里喝一杯茶，那也是您留学生涯重要的组成部分，那些茶歇时光让您有了哪些收获？

**俞立中**：确实，我们在国外的生活条件还是艰苦的，要算着钱过日子，我们都戏称为"洋插队"。所以我更觉得要"把钱花在刀刃上"。国家在那么困难的时期还给了我们这群人出国学习的机会，我们除了学好专业外，应该深入了解西方的社会和教育环境，以及他们做学问、办教育的理念和方法。"茶歇"既是英国人典型的生活方式，也是英国大学教授和研究生交流的重要场合。一开始我是好奇想去看看老外教授们在"茶歇"时聊什么，去了才知道那是和个性迥异的教授们交流的好机会。我也是在"茶歇"时认识了我后来的导师，了解环境磁学的方法和学科前沿。也正是通过这个沙龙，让我知道了如何在交流中大胆、准确地表达自己的兴趣和观点，学会了与外国学者沟通。当年结识的教授和同学很多成了我回国后学术发展的合作伙伴。当年我算是少数参加"茶歇"的中国留学生，教授们都把我当成好朋友，他们都是我的良师益友，那份情谊也让我铭记于心。现在想想，那一杯杯茶的费用其实也是一种"投资"，对于这些能助益自己学习的事情，我们要舍得去投入。

**《东方教育》**：您个人留学的经历，回国后在高校工作到如今在上海纽约大学任职，这几十年里您真正地亲历了中国高等教育走向国际的全过程。您觉得家长们该如何正确理解教育国际化？

**俞立中**：坦率地说，我认为改革开放40年来中国高等教育的发展是很快的，大学的国际交流和合作很多，许多教师和学生有机会去海外学习和进修，但我们对教

---

① 原载《东方教育》2018年11月15日。

育国际化的理解和认知还是不够到位的。高等教育国际化不是简单的"人来人往"，而是要把高等教育放在世界教育的大平台上审视和谋划，拓宽学生的全球视野，关注全球问题，完整地理解多元文化的世界，培养学生跨文化沟通、交流、合作的能力以及参与国际事务的能力。在教育国际化进程中相互学习、相互融合，吸纳各国教育的长处，展示自己的文化。现在，"人来人往"的数据每年都在增长，但这只是显性的一面。如果只看到这些数字，而不去关注它们背后的意义和价值，那并不是真正的国际化。我非常高兴地看到，家长们的视野和格局在不断地拓展，心态更加开放，而不是"全盘西化"或"夜郎自大"，更愿意让自己的孩子融入人类文明进步的事业。再回想一下教育国际合作的初心，本质就是中国学习世界一流的教育经验，同时让世界了解真正的中国，在借鉴和合作中加快发展。"国际化"从来就不是单向走，而是双向进程。

**《东方教育》**：上海纽约大学的办学目标是世界一流，培养具有全球视野的国际化创新人才，您觉得这样的人才应当有哪些基本要素？

**俞立中**：准确地讲，创新人才不是教出来的，教育的责任是培养学生的创新素养和能力。国际化创新人才需要具备哪些基本要素？首先是好奇心和探索精神，这是人类社会和科技发展的原始动力；其次是在兴趣基础上的主动学习能力，包括终身学习能力、选择能力和合作能力；第三是勇于实践和试错，真正理解实践的重要性，纸上得来和亲历感知是不同的，真正去做了就会有更深刻的体会和责任意识；第四是批判性思维能力，敢于挑战已有的知识，能在不同情景下思考不同答案，以不断应对新的变化；第五是人文素养和人文精神，了解了人类思想和文明的进程，会更有社会责任感。当然，随着全球化进程和科技发展，跨文化和跨学科的能力显得越来越重要。每个人的文化和教育背景不同，我们要学会倾听不同的声音，学会面对不断出现的新问题。多年来，我和上海纽约大学美方校长雷蒙教授经常讨论创新人才培养的问题，他认为在当今时代背景下，算法思维、思辨能力、创造力、社会感知力、说服力、独立和合作能力更为重要。我们彼此的观点立足点不同，但是相互补充的。

**《东方教育》**：上海纽约大学的家长会由您、雷蒙校长两人分别召开，中西方的家长有哪些差异？

俞立中：历史、文化、制度背景不同，家长聚焦的重点也不同。中国家长往往会问文凭、资质、师资、就业等问题，而外国家长更多关注孩子的文化融入和安全保障等方面，毕竟他们的孩子远离自己来到上海，饮食、住宿、交通等各种生活细节都会问。"可怜天下父母心"的道理是一样的。如今，中国家长的视野也越来越开阔，重视孩子的兴趣发展和特长发挥。他们希望孩子能在一个多元文化的环境中成长，有积极的人生态度和价值取向，有包容性和探索精神，在跨文化沟通、交流和合作方面有更多的机会。他们对自己孩子的期待非常高，也充满信心。雷蒙校长和我非常感谢上海纽约大学的家长群体对我们这所新型大学的支持和帮助。上海纽约大学家长联谊会充分展现了爸爸妈妈们的卓越见识和激情活力，不仅彰显了新时代父母的风貌，他们更是建设者，守护了我们一致的教育理念。他们来自世界各地，但因为上海纽约大学而相连一体，共同创造历史！

《东方教育》：您是新中国的同龄人、是改革开放的亲历者，也是中国高等教育发展的创造者，这些心路历程给您自己、给您的教育观留下哪些深刻的影响？

俞立中：我曾在媒体采访时总结过三个关键词：理想、胸怀和激情。这也是支撑自己成长发展的三个关键词。理想代表了高度，站得高、看得远才有志向；胸怀代表了宽度，心胸开阔才能容得下各种人和事，能够坦荡地面对各种是非和困难；激情代表了速度，可以推动你勇往直前，努力争取和拼搏。这是我从青年时代起逐步形成的信念，我希望同学们树立自己的人生理想，目光要长远，不能拘泥于眼前，不然很难走远；要能经得起各种挫败，没有人能一蹴而就地成功，学会经历痛苦也是当下教育的重要一课。另外，人生不能没有激情，要有源源不断的动力，推动自己往前走。在2018届学生毕业典礼上，我的寄语是："每个人都在努力地寻找自我，但真正能够定义你的，只有你自己。在日新月异的时代中，要想万里奔袭，光速成长，就要学会做时间的朋友。不负光阴，方能高歌猛进。我们的生命和热情，要用在有价值的事情上。把握机遇，不驰于空想，不骛于虚声，我们在一起创造历史，创造世界的未来。"

# 教育不仅仅改变了自我，
## 更将成就更多的时代青年[①]

上海纽约大学校长俞立中是新中国的同龄人。在数十年的职业生涯中，他还先后担任过上海师范大学校长、华东师范大学校长。他被学生誉为"最亲民校长""最有魅力的校长"。而今，他依然深耕高教界，为探索高等教育国际合作模式而孜孜以求。"一滴水可以折射整个太阳"，俞立中自身就是改革开放的受益者，更是改革开放的见证者、推动者。教育不仅仅改变了自我，更将成就时代青年。

## 为参加高考，曾一边干着农活一边背着抄在手心里的公式

"如果没有 40 年前恢复高考的决定，我的人生道路可能完全不同了。"坐在上海纽约大学的校长办公室里，俞立中回望起 40 年前的自己。在他看来，中国的改革开放是从教育起步。"做出恢复高考的决定，从社会广纳可塑之才，表明了中国的改革开放从一开始就瞄准了人才培养的根本问题。因为特殊年代的关系，当关闭十年之久的高考大门重新打开时，最振奋的大概就是那一大批积淀在社会上、又有着强烈上学愿望的青年人了，他们清晰地知道这是改变人生的机会。"

570 万出身不同、年龄悬殊、身份迥异的人涌进考场，期待着通过一次公平的选拔改变命运。中国高考制度得以恢复，中国由此重新迎来了尊重知识、尊重人才的春天。这一历史性的时刻也开启了梦想的时代，照亮了中国此后的前程。

那批 1977、1978 级校友也由此肩负起特殊使命以及祖国和人民的殷切期望，承载着科教兴国和民族复兴的大任。他们中涌现出一大批政界、商界、文化界、教育界、金融界等领域的精英，成为各行各业的翘楚。俞立中是其中的一员。

---

① 原载《青年报》2018 年 12 月 4 日，记者刘昕璐。

回忆起初中毕业时的光景,俞立中笑言,最初的自己甚至没有考高中的想法。"我自己填的志愿是中专和技校。那时一心想着独立,如果自己有一技之长,就可以早点去工作了。"俞立中说,得知他的"擅自决定",当时父母特别不理解,还找了他们的朋友来规劝他。最终,因年龄不到报名的要求,他的志愿被驳回。峰回路转下,16岁的俞立中就这样去市西中学读高中了。

青葱美好的高中生活才过了一年,还来不及真正想想自己的未来,学校就停课了,三年后俞立中的知青岁月也开启了,他去往黑龙江长水河农场务农。"说实在的,刚停课时我们这些孩子还没有意识到究竟会是什么后果,突然之间不用苦读,还觉得有些许新奇呢。直到一段日子后,发现人生没有学习的机会,内心才有了惶恐,于是只想要发奋和改变。"

时间越久,俞立中就越发现自己懂得的知识太少,渴望学习的心变得愈加迫切。黑龙江的农耕生活非常艰苦,很少有空余时间,手上的书也极少。一旦借到一本书,大家会竞相传阅,躲在帐子里打着手电筒加紧阅读,便是一天里最享受的时光。"其实看到的书很少,潜移默化的影响会有,但要系统地学习肯定是不可能的。后来,我也只能去看一些教如何烧菜的书,便造就了我的厨艺。"俞立中笑道。

俞立中是 1978 年参加高考的,他至今还保留着当年的准考证。虽然准考证上的"姓"都被登记错了,但这来之不易的机会让他一直珍藏至今。1978 年黑龙江省大约有十几万人报名参加高考,为此省里组织了初试,从中选拔了 6 万人参加国家高考。

## 走上校长岗位是偶然的,自己更愿意选择当老师

据悉,1978 年全国高考人数在 560 万左右,录取率在 5% 左右。俞立中回忆,在确定有了报考资格后,农活依然不能少干一分一毫。夏季的黑龙江白天很长、晚上很短,大家从晨曦微露一直忙活到披星戴月才收工,一日三餐都在地里吃。晚上别人睡觉后,俞立中就打开手电筒看辗转借来的高中课本,做习题。需要记牢的数学、物理公式、化学方程式只能写在手心里,白天一边干活一边摊开手掌或背诵或琢磨。

"那时的记忆力真是不错,过目不忘。在那样'无路可退'境地下爆发出的潜力也许真是无穷的。"同时,他还会帮助其他同伴共同复习迎考。

在初试中,俞立中以黑河地区理科第一名入选参加国家考试,而后又在总分500分的高考中以421分的优异成绩考入华东师范大学地理系。华东师大是俞立中的第一选择。他坦言,首先,他想回家乡上海上学;其次,作为已经29岁的理科生,自己被时任华师大校长刘佛年的一句话所吸引:不管学生多大年龄,只要过线的我就要。俞立中也观察到,从1977级学长的情况来看,年级偏大的考生也更倾向于华东师大。这都坚定了他的报考志向。

至于专业选择,也有一个小故事。作为一个理科生,俞立中的第一志愿是化学,第二志愿才是地理学。但由于他的右手中指在农场劳作中被机器轧掉了一段,可能影响化学实验操作,没有被化学系录取。不过,他后来还是很感庆幸,地理学不正是华东师大最强的学科吗!

那时的大学校园,如饥似渴、你追我赶的学习精神蔚然成风。丽娃河畔的晨读,阅览室和自习教室的抢座,晚自修到点后被赶出教室,熄灯后在宿舍过道的苦读,都是铭刻着的青春记忆……

人生的规划中,俞立中从来也没有想过会走上教育管理者的岗位,在他看来,选择当一名教师是一条适合自己的路。毕业后,俞立中留校工作,并得到公派出国留学的机会,去往英国利物浦大学攻读博士学位。学成归国后,他重返教师和科研岗位。

1994年华东师大党委打算从一线教师队伍里选拔一些合适的教师来参与学校的管理工作时,俞立中就在考查名单中。彼时,俞立中在参与筹建华东师范大学河口海岸国家重点实验室,倾注了极大的热情和心血,他多次婉拒从事管理工作。在国家重点实验室建设评估通过后,党委领导再一次找到俞立中。"学校事业的发展需要优秀的管理人才,这也是教师的责任。"领导的话语重心长。

就这样,已被聘为教授、博士生导师的俞立中似乎也没有任何推诿的理由了,他接受了学校的任命,带着科研业务走上管理岗位,成为一名"双肩挑"的干部,从校长助理、科研处处长起步。所谓"双肩挑"的概念是什么?那就是上班时间做行政工作,晚上的休息时间或是周末和寒暑假再能考虑如何在学术上提升自己。

一开始,俞立中并不太适应,但坐在什么位子上就该有其应有的样子。投入时间,用心摸索,一年后俞立中被任命为副校长,而后担任上海师范大学校长、华东师范大学校长,直到一手参与上海纽约大学的筹备和创建,并出任上海纽约大学的首任校长。

## 见证中国高等教育从复苏到跨越式发展

关心学生发展,与学生沟通互动,亦是烙下了俞立中鲜明风格和人格魅力的管理之道。在他先后担任三所大学校长的时光里,他总是紧跟时代潮流,玩转 BBS、人人网、微博、微信等各种社交软件,他也是上海第一位开通微博并实名认证的大学校长,直接与学生对话,并在毕业季里总是自愿站着当"雕塑",乐呵呵地与毕业生合影。不知不觉间,他也早已被学生们誉为了"最亲民校长""最有魅力的校长"。

从自己进入大学读书开始,无论是后来留学,还是出任校长,俞立中亲历了改革开放后中国高等教育的复苏、发展和提升。学生规模和教师队伍的扩大、办学层次和科研能力的提升、校舍条件和校园环境的改观、办学模式的多样化,这无不让俞立中深切感受到中国高等教育飞速发展的宏大图景和时代脉搏。他由衷感叹,中国高等教育的发展在世界范围来说都是最快的。

根据教育部的披露,近五年来,中国教育上了一个大台阶,人们的需求也发生质量型的转型。过去人们想上学,现在人们想上好学。据统计,中国高等教育的毛入学率已经超过 40%,预计到 2020 年要突破 50%,进入普及化高等教育阶段。由此,对教育也提出了新的要求:要进一步加快教育现代化,办人民满意的教育;要发展素质教育,推进教育公平;要向农村倾斜,向薄弱学校倾斜,向贫困地区倾斜,向困难群体倾斜。

俞立中说:"在中国高等教育进程中,已形成了公办大学、民办大学、中外合作大学'三驾马车'共同驱动的格局。"中外合作办学是改革开放的产物。中国内地学生上大学,过去只有"出境留学"和"内地升学"两种选择,"中外合作办学"则提供了第三条路径。截至今年 6 月,正在开展的中外合作办学机构和项目共有 2 342 个,其中本科以上机构和项目共 1 090 个。与此同时,今秋伴随着昆山杜克大学首届本科生的入学,"不出国的留学"大家庭里迎来了一名新成员。至此,经教育部批准、以独立法人形式开办的中外合作大学已有 9 所,其中一半以上落户长三角地区。

"诚然,这些改革中的教育,诉说的是教育事业取得长足发展和进步,但我们不应该仅仅把注意力放在学校、合作项目数量上的变化,更应该关注的是在办学质量、水平、特色方面的提升。"在俞立中看来,这是更重要的一个问题,而质量、水平和特色的凸显,首先要体现在创新人才的培养上。

"同样,我们也不能一味去追求发表多少论文,而是要更多叩问研究的成果能否推进社会进步、社会文明和人类发展。这其中需要创新来驱动,从而把中国高等教育的水平和科研的水平拉升到新高度,使之更具国际竞争力,而不是按照传统的思维模式去面向新问题和新挑战。"俞立中强调,不同的发展阶段着眼的重点是不同的,如若在新的发展阶段还是按照老的思维方式,那终究会走向一条死路。

## 在探索中外合作办学的路途中积累改革经验

在历任上海师范大学和华东师范大学校长后,俞立中出任上海纽约大学首任校长。上海纽约大学是一所具有双重身份的大学,既是教育部正式批准的、中美两所高水平大学合作举办的具有独立法人资格和学位授予权的国际化大学,同时也是纽约大学全球教育体系的组成部分,要达到与纽约大学相同的质量和水平。因此,它被寄予着中国高等教育改革"试验田"的厚望。在招生上,中国学生必须参加高考,但有别于仅以高考成绩作为评价标准的录取方式。

俞立中说,上海纽约大学创建的意义不在于中国又多了一所大学,它的价值体现在"探索""改革""创新"上。上海纽约大学旨在建成一所世界级的、多元文化融合、文理工学科兼有的研究型大学,成为全球化进程中不同文化交流和教育合作的典范,这条路需要一步一步地去走。

作为一个探索者,俞立中在上海纽约大学的 6 年里没有寒暑假概念。这些年里,他和同事们把更多的心血投入到以建设一流本科教育为核心的学校发展中,体现一流的师资、一流的学生和一流的培养模式。他和常务副校长杰弗里·雷蒙必须在学校发展的关键问题上取得共识,戏称为"两个身体、一个脑袋"。中美双方充分沟通,相互理解,齐心协力,按照高标准实现学术目标和培养目标,是学校发展、学生成才的基础。

2017 年的初夏,这里走出了首届毕业生。中国学生的就业率是 100%,其中49%直接就业,51%去世界一流大学攻读研究生,有 9 名学生还拿到全额奖学金直接攻读博士。从传统评价标准来看,第二届毕业生的成绩单则比首届学生更为漂亮。坦率地说,这让俞立中颇感欣慰和自豪,但他看重的不仅是这些数字。

"我们的学生富有创造力,适应性强,对于如何打造未来有自己的想法,他们很清楚自己究竟想要什么,该怎么努力,这一点特别的珍贵。"在俞立中看来,上海纽约大学的创建对推动教育改革与发展、培养学生批判性思维能力、帮助学生构建正确人生观发挥着积极影响。上海纽约大学也为中国走向世界培养了一批了解中国、热爱中国、乐于搭建中国与世界纽带的各国青年。因而,他也一直不吝赞扬学生们就是和学校一起成长起来的"先驱者",并深信学校的"探索、改革、创新"精神也一定融入了他们的 DNA。

实际上,上海纽约大学的探索与前进也始终为大家分享,向本土教育开放。从上海纽约大学陆家嘴校区 2014 年建成后,仅校办接待的各类来访人员就有两三万人。更为直接的是,从办学的第一个学期开始,华东师大每学期在上海纽约大学全程听课的教师有 20 位左右。这样近距离、全过程的观摩学习,大家都觉得受益匪浅。通过比较和思考,他们也对自己学校的课程设置和教学方式的改进提出了很多建议,这正是华东师大合作举办上海纽约大学的目的之一。而今,这项"福利"也已经辐射到上海的几所市属高校。

在上海纽约大学的办学过程中,俞立中个人也希望继续总结经验,以期更好地为本土的高等教育发展和创新服务,使之开花结果。

"改革开放的 40 年给了我们这一辈人很大的舞台。改革开放再出发,这是又一个生机勃勃的大时代。对每个人来说,都有更好的机遇,也提出诸多挑战。只有勇者在机遇面前才会直面挑战,通向成功的彼岸。"俞立中寄语道。

# 时代之上，东西之间

## ——俞立校长中谈"面向未来的教育"[①]

俞立中校长穿行在上纽大校园里，一路上遇到年轻的朋友们。他拍着小伙子的肩膀说，"Hi，你又胖了，该减肥了。"在食堂吃完午饭，他凑到一张活动展板前看热闹，学生向他介绍，"参加环保行动，可以领一个奖品。"俞校长摆手："哦，那我就不和学生抢奖品了。"

这是一位活泼、富有生气的校长。他为人处世的方式，从容地表达着"文化的平等"。他坐飞机偶遇过去的学生会很开心，把这个小片段说给记者听；办公室的书橱里，挂着学生画的他笑脸漫画头像。他说，自己为人师几十年来最大的幸福感，就是"可以经常和学生聊聊天"。

俞立中是教授、国务院政府津贴获得者。他的身上还有几个历史标签：中国恢复高考后的第一代大学生，新中国第一代海外留学生。历任上海师大、华东师大校长，2012 年他又担任了中美合作举办的第一所具有独立法人资格和学位授予权的国际化大学——上海纽约大学的首任校长。

这是一所以"探索、改革、创新"为出发点的学校，在聚光灯下出生，被国内外教育界、媒体所关注。在上纽大成立 6 周年的节点上，他回忆办学的初心：通过教育的合作、文化的合作，学习世界一流的教育经验，让世界了解真正的中国，在借鉴与合作中加快高等教育的改革和发展。"国际化"不是单向的，而是双向的进程。什么是面向未来的教育，什么是教育的国际化，又怎样为学生搭建一个国际化的教育平台？

### 教育现代化的三个维度："国际化、信息化、多样化"

俞立中校长曾受邀参加一个关于本科教育改革的论坛。席间，诸位嘉宾提到"回

---

① 原载《立洋国际教育》2018 年 12 月 21 日。

归本科教育",围绕"向东走、向西走"的问题各抒己见。俞立中的视角与众不同,他说,"一味考虑国内大学本科教育的传统,或者只是借鉴国外大学经验,都是不够的。"

"除了借鉴已有的一流本科教育模式外,更要看到这个时代的特征。这是一个全球化、信息化、知识经济的时代。我们要考虑这个时代对人才提出了什么新要求。"

俞立中是中国现代化进程的亲历者。作为新中国的同龄人,他体会到"时代"对个人发展的意义。他的青年时代充满坎坷,曾经"上山下乡",在黑龙江生活、工作了十年。恢复高考后的 1978 年,他终于步入考场,被华东师范大学录取,离开了农场、田野、小麦、大豆。那一年,他已经 29 岁了。1985 年,俞立中赴英国利物浦大学攻读博士。他是新中国成立后利物浦大学地理系的第一位中国留学生。

较之他的青年时代,当下年轻人的世界宽阔多元,四通八达。俞立中认为,我们生活在一个快速变化的世界,教育现代化旨在通过教育的变革适应当今世界的变化,并为未来的发展做好准备。从这个意义上讲,教育现代化至少应该从三个维度思考:国际化、信息化、多样化。国际化是世界社会经济格局变化的需求;信息化是当代科技发展的需求;而多样化则是教育自身发展的要求。全球化进程,始于经济全球化。经济格局发生变化,文化联系日益密切,彼此影响、渗透。在多元文化的环境中,年轻人需要从不同视角认识这个世界,穿梭在不同文化之间,与不同的人沟通、交流、合作。以计算机、网络、移动通信、大数据、人工智能为特征的信息科技发展迅猛,不仅影响了我们的生活和工作,也改变了学习方式和学习资源。多样化是社会发展和教育本身提出的要求。学生个体有差异,没有一种培养模式适合所有的学生。从教育的社会功能看,不同行业、不同岗位的工作,对人才的要求也不尽相同。只有多样化的培养模式才能满足不同人群、不同岗位的要求,才能让大家都得到适合自己的优质教育资源。

"当今教育面临的挑战,如教育质量、公平公正、个性化等问题,都可以在这三个维度空间中关联;而教育的变革,包括教育发展战略和政策制定、培养模式、教学内容和教学方法、师资队伍建设等,都可以在这三个维度空间中思考。"俞校长说道。

## 人来人往不等同于"国际化"

国际化是世界一流大学发展的重要趋势。在全球化背景下,知识和信息对经济增长的贡献举足轻重,人才已经成为国家在世界政治和经济舞台上重要的核心竞争力。因此,在国际高等教育的大平台上思考大学的发展战略,加快高等教育国际化进程,培养具有国际视野和国际竞争力的创新人才,已成为中国高校发展必须高度重视的问题。

如今,中国高校的国际合作、师生交流已经有了一定的规模。但是,人来人往并不等同于"国际化"。俞校长说:"在国际化的环境下,年轻人的格局和视野在不断拓展,心态更加开放。他们不是'全盘西化'或'夜郎自大',更愿意融入人类文明进步的事业中。"

形成"国际化"教育环境,则需要"国际教育"助力,培养年轻人去迎面全新的世界。国际教育强调:在学习的过程中,引导学生从多元文化的视角去理解一个完整的世界。实现国际教育,则需要营造多元文化的环境,在多元文化平台上体验文化的差异,寻找人类文化的共同点。

那么,什么才是国际教育?俞校长提到了"国际教育"对应的英文"Global Education"及其相关的"全球胜任力"(Global Competence)。我们应该让学生了解全球问题,鼓励学生积极思考并参与全球问题的解决方案,更好地理解文化的多样性和跨文化交流合作的重要性,提升全球胜任力。

俞校长分享了他的留学经历:1985年赴英国留学。出发之前,生怕文化冲击,他作了不少准备。跨出国门之后,却发现所谓文化冲突只不过是差异而已。俞立中在和各国同学打交道中,感受到人和人之间喜怒哀乐皆同,文化的差异小于不同人之间的差异。他和英国学生、德国学生、非洲学生共享一个办公室……相互坦率真诚,结为挚友。

一个多元文化的氛围会影响人的思维方式。习惯于自己的文化环境,往往会理所当然地认为周围人的想法就是唯一的想法。在多元文化环境里,更理解"求同存异"——面对同一问题,视角可以不同;在不同的视角下,还能找到共同点。"这是一个多元的世界,多元文化构成了世界的精彩。如果我们的孩子只站在本土文化的角度考虑问题,就不会完整地认识这个世界,也不能拥有宽容的心态。"

"搭建多元文化平台,也是合作办学的意义之一。"俞校长说,通过跨文化平台,各国学生在沟通、交流、碰撞中实现融合;而不同文化视角的碰撞也会激发出更多的创新意念,这也是教育国际合作的价值和意义。拓宽视野,理解多元文化,提升跨文化沟通、交流、合作的能力，也会使学生更关心全球问题，参与全球问题的解决，以更开放的心态、宽广的胸怀去承担人类社会进步的责任。

## 国际化教育，如何设计中西融合课程

21世纪初，教育部出台《中外合作办学条例》，其初衷是：规范中外合作办学，引进国际一流教育资源，为中国高等教育的改革发展提供借鉴。2012年，上海纽约大学也在中外教育合作的大背景下应运而生。

"文化交流是一个双向的过程"，俞立中说，中外合作办学不仅为中国培养了一批具有全球视野的国际化创新人才，还通过这个平台吸引了很多优秀的国际学生。他们在中国的学习经历使他们更了解真实的中国，成为连接世界和中国的新生代桥梁和纽带。

在一个共同搭建的教育平台上，东西方办学者怎样合作？俞立中校长提出：以开放的心态引入世界一流大学的办学经验，如果不服水土，再借此做调整。"创立上纽大之初，在培养模式、课程体系上双方进行了充分的讨论，但我们愿意听取纽约大学教授的意见。"

上海纽约大学借鉴了世界一流大学的通识教育（Liberal Arts Education）模式，其核心是拓宽学生的视野，提升阅读、思辨、表达等各方面的能力和素养。但在通识教育课程中体现了学校的四个特色：全球视野、多元文化、跨学科、中国元素。在上海纽约大学，所有的课程都用英文授课。不过，外国学生都要学中文，包括听说读写，并计学分，毕业时必须达到中级以上水平。

在当下的中国，越发强调创新驱动力。上纽大设计了以创新、创造力培养为核心的通识教育，在各门课程中引导学生思考新的问题，把新的技术融入其中——这是上纽大通识教育课程的又一个与众不同之处。

在"西学东渐"的过程中，中外方校长都考虑到本土文化的融合。在上纽大的通识教育课程中有关于中国的两大课程模块：一是中国社会，涉及经济、政治、历史、哲学、社会等各门课程；二是中国文化，涉及文学、音乐、舞蹈、戏剧、影视等各门课程。每个学生必须在这两个模块中各选一门课，共计8个学分。

学校开设的一门必修课程 Global Perspective on Society（全球视野下的社会），

第一年是由上纽大外方校长雷蒙和诺贝尔经济学奖获得者 Paul Romer 共同讲授的。根据上海纽约大学的情况,在课程中增加了不少中国思想家、哲学家的原著,占了约四分之一,有古代先哲,如孔子、孟子、老子,也有近代思想家和政治家,如梁启超、孙中山、毛泽东、邓小平等。

## 创新培养模式,主动学习,全球流动

与传统"被动式"教学模式不同,上纽大更强调主动学习。学校会努力提供各种难得的机会,至于选择什么课程和专业,怎么实现学习目标,则由学生自己决定。在上纽大学习,学生有充分的自主权:除了两门必修课以外,剩下的课程都是选修。学生自己选择、学习、合作,在过程中表达自己,体现价值。

上海纽约大学创立了创新和创造力项目和课程,交互媒体艺术专业也是在这里首创并移植到美国纽约大学的。跨学科的学习往往擦出新的火花,老师们在这方面动足脑筋,不照搬传统经验,也不简单地"西学东渐",而是根据时代发展的要求,安排相应的教学内容和教学方法。

以国际化创新人才培养模式为例,学校把课堂教学、文化体验、社会观察、研究实践作为学生发展的一个大平台,把学习拓展到课堂之外。"课内 1 个小时,课外 3 个小时",俞校长介绍,课堂里更多是讨论、提出问题、讲要点。学习不仅仅在课堂,也在课外,在城市、在田野、在寝室、在大社会。上纽大在寝室的安排上,中外学生住一个寝室,24 小时的文化碰撞和交融。"同学间相互是老师,在日常的交流中可以接触到自己不曾了解的东西。"

上纽大的学生可以在二年级结束时确定自己的专业,鼓励学生基于兴趣地学习,发展专业特长。学生可以选一个专业,也可以选两个专业。"我看到最牛的学生,毕业时完成了两个主修专业和一个辅修专业的课程。"俞校长介绍,有些学生习惯于听从家长的意见,入学前就考虑选择经济、金融等专业。当他们接触到不同学科后,才发现了自己的兴趣,最终选择交互媒体艺术、数学、计算机等不同的专业,找到了适合自己的方向。

在四年大学本科期间,学生可以有两个学期在纽约大学全球教育体系内流动。"这不是交流生的概念",俞校长介绍,纽约大学全球教育体系在五大洲有 14 个校园或教学点，都是设在国际大都市，大多在市中心。这样的学习模式可以让学生体验不同文化和社会环境，将文化体验、社会观察和课堂学习结合在一起。一门关于文艺复兴时代的课程，在意大利的佛罗伦萨学习，和在纽约或上海学习的感受会截然不同。在一个世界大课堂里，学生可以感受到不同文化的气息，利用各种社会文化资源。

这是年轻人的好时代，他们有充沛的时间、宽阔的空间来实现创造。专访结束时，记者问俞校长，能否对当代年轻人提几点建议？他脱口而出："理想""胸怀"和"激情"，这正是伴随他自己成长的三个关键词。理想代表了高度，站得高、看得远，才有远大志向；胸怀代表了宽度，心胸开阔才能容得下各种人和事，能够坦荡地面对各种是非和困难；激情代表了速度，激励人去争取和拼搏，勇往直前。"这是我从青年时代逐步形成的信念。我希望同学们树立自己的人生理想，有长远的眼光，并为之坚持不懈。"

# 人生的目标，不是一场又一场的考试！[①]

从上海师范大学到华东师范大学，再到上海纽约大学，作为大学校长，俞立中教授始终关注着基础教育的发展和改革，并持续提出了诸多真知灼见。

在《新闻晨报》首届"未来媒体人"创意屏幕实践活动中，俞立中欣然受邀成为"名师名校长顾问评审团成员"，深度参与其中。

上海纽约大学的本科教育借鉴了世界一流大学的通识教育模式，并在此基础上建构了以创新与创造力培养为核心的通识教育模式，而"阅读""思辨""表达"则是通识教育的基本训练。俞立中认为，这三方面的能力恰恰是未来媒体人需要具备的基本功，同时也是所有未来人才所应有的——或许恰恰正是目前教育需要补足的。

活动前夕，记者走进位于陆家嘴的上海纽约大学，和俞立中面对面，听听他对"未来媒体人"素养的理解，对当下教育的反思，对参与这次活动的孩子们都有哪些期待？

**《新闻早报》：** 俞校长，您觉得未来媒体人应该具备哪些素养？

**俞立中：** 人类进入 21 世纪，社会的进步和科技的发展使当今世界发生了很多变化。未来的媒体人不同于过去的媒体人，也不同于今天的媒体人，将面临更多新的挑战。

21 世纪需要什么样的人才？教育目标发生什么变化？学习和创新技能、信息媒体和技术技能、生活和职业技能三方面的技能和素养越来越被重视。其中，信息媒体和技术技能又包括信息素养、媒介素养、信息通信技术素养。这是全球化、信息化、知识经济这些时代特征所决定的。

上海纽约大学的本科教育旨在让学生有更宽阔的知识面，同时又在一个或两个

---

[①]　原载《新闻早报》2018 年 12 月，记者林颖颖。

领域上有深入的专业知识和技能，培养学生的阅读、思辨、表达能力是基础。

在知识不断更新的今天，大学所学的知识远不能满足未来工作的需要，培养学生的学习能力和选择能力是终生发展的要求，也有助于学生获取各种信息，并善于选择有价值的信息。在实践中学习是一方面，更多的则是依靠阅读。可见，提高阅读能力何等重要。而在各种信息面前，如何去比较、思辨，建构自己的认识和观点，则更为关键。有了自己的观点，如何参与讨论、以口头或书面方式表达出来，这些都是未来人才必须具备的素养。

对于未来的媒体人，除了上述能力或素养外，更重要的是还要有社会责任感。媒体人要把社会上的不同信息和声音快速地归纳总结，通过不同的媒体传播给公众，需要有敏感性，更需要有责任心。

此外，未来媒体人还要掌握各种各样的信息发布技术，要快速，又要根据人群喜好的变化，表现形式贴近群众，这些都和媒体工作者的素养有关。

《新闻早报》：上海纽约大学有没有和媒体相关的专业？你们是怎么培养媒体人的？

俞立中：在上海纽约大学，学生的专业选择是根据自己的兴趣，有自主权。我曾看到一个学生在毕业时完成了两个主修专业和一个辅修专业。

和媒体直接相关的专业也许就是交互媒体艺术了吧，学生非常喜欢，毕业生也很受各行各业的欢迎。我的理解是，这个专业是创意技术和艺术的结合，利用各种数字媒体技术进行创意设计，实现传播。

我曾经受邀参观一家合资企业，外方负责人说，"你们的学生什么都能干！网页制作、三维显示、设计编程、社会采访、项目策划……样样能上手。"这些学生就来自交互媒体艺术专业。

老师教授学生各种现代数字媒体技术，学生不是简单地了解这些知识、掌握这些技术，而是根据他们的观察和思考，有自己的创意设计，并利用学到的技术做出一个具体的作品，把自己的创意体现出来。

目前，在上海纽约大学，除了金融专业，交互媒体艺术是最热门的专业。

《新闻早报》：您觉得现在中小学的教育，特别在跨学科综合素养的培养上，主要有哪些方面的问题？

**俞立中**：我从上海纽约大学中国学生的身上也看到中小学在推进教育教学改革上所做的努力。但是，高中教育在很大程度上还是受到高考指挥棒的制约，以学科为界，以知识为重。

今天的教育应该把知识、能力、素养很好地融合在一起，才能让孩子成长为符合时代要求的公民。要知道从学校出来后，最后留下来的并不只是知识，更重要的是能力和素养的养成。

所以，要改变教育观念。我们的学生和家长要意识到，教育的目标不是为了应对一次又一次的考试，不是为了竞争进入一个好中学、好大学，找一份收入可观的工作，而是如何在有限的生命时间里体现人生价值，享受成长的愉悦，做一个有益于人类社会发展的人。

《新闻早报》：您觉得在这个时间点上办"未来媒体人"实践活动，意义在哪里？

**俞立中**：人才培养是全社会都关注的问题。如何更好地体现教育的效益？需要社会各方面一起努力推动和托起。

我觉得《新闻晨报》和上海报业集团来做这件事，背后的意义就是回归教育的本质，体现教育应有的价值，引导年轻人来思考：未来人才应该是怎么样的？我们应该往哪些方面努力？

媒体人要努力的方向，也是每个学生需要努力的方向。实际上，媒体人是未来人才的一个组成部分，媒体素养也是未来人才素养的重要部分。或许这些参与活动的学生将来真的成了媒体人，也许很多人不会从事这方面的工作。但是通过这个过程，他能了解要成为一个全面发展、在真正意义上完整的人，需要在哪些方面努力？

我们的人生目标应该看得远一点，提升自己的知识、技能、素养，享受成长的快乐，这才是真正的人生价值，让我们终身受益的东西。

所以，这样的活动意义不仅局限在媒体范围内，而且具有更广泛的社会价值。

《新闻早报》：请对参加这次"未来媒体人"实践活动的中小学生说说您的寄语。

**俞立中**：这是一个很好的机会，同学们可以在这个活动中了解时代发展对于未来人才的能力、素养、知识等各方面的要求。

你更可以了解如果我们有志于成为媒体人，要具备哪些能力和素养，我们就可以在学习生活中刻意去努力。

我希望同学们能够享受这个活动，更好地展示自己，表现自己，祝大家成功！

# 探索、改革、创新，走向世界的中国高等教育<sup>①</sup>

与共和国同龄，俞立中校长经历了中国 69 年的发展历程。历任上海师范大学、华东师范大学校长，2012 年 4 月被聘为上海纽约大学首任校长。

俞立中谈起学生的时候总是非常兴奋的。他提出，大学要以学生为中心。他说，"现在的工作是很具挑战性的"。最难的，也是最伤脑筋的缘由是因为"没有模板"。他认为上海纽约大学真正的价值在于探索、改革、创新。

## 一、创新与变革：打造"以学生为中心"的校园

**《中国教育在线》：** 俞校长，我问一个最简单的问题，您曾先后就任上海师范大学和华东师范大学校长。您觉得上海纽约大学与您之前就任的这两所高校最大的区别是什么？

**俞立中：** 从学校管理模式和培养模式来讲，上海纽约大学很好地体现了以学生为中心的理念。我们的高校都在讲教育要以学生为中心。现在，我真正理解了什么叫"以学生为中心"。

在高校，党委常委会和校长办公会是例会制的，经常会讨论很多问题，做不少决定。我一直在想，我们讨论的问题有多少是直接与学生有关的，有多少决定是从学生发展的角度来考虑的？说实话，很少。我们往往习惯于从学校管理者的视角思考学校的建设和发展，决定学校的各项工作。然而，在上海纽约大学，我们讨论的问题几乎都与学生有关，着眼点是育人效果及学校发展可能对学生产生的影响。

**《中国教育在线》：** 您能不能举一个具体的例子？

---

① 原载《中国教育在线》2018 年 12 月 25 日，总编陈志文。

**俞立中**：我举个很简单的例子，比如校园建设。一般情况下大家首先考虑的是各院系需要多少办公室、实验室和教室，强调的是空间大小。在上海纽约大学，也会涉及这些问题，但更多的讨论是围绕怎样的空间格局能体现育人的理念，有利于学生的发展。

上海纽约大学的建筑并不大，但在校园规划时充分考虑了公共空间（Student Lounge）的布局，确保师生间、同学间的交流，让学生有足够的地方自修、交谈和休息，有合适的空间喝咖啡、思考和讨论问题。教室的格局一定要保证老师与学生的充分互动，不仅有教师使用的白板，其他几面墙也有白板可供学生使用。近年来，已经有几万名访客来学校大楼参观访问，大家首先看到的是一个不同空间格局的大学校园，而最有特色的地方恰恰是学术资源中心、学生身心健康中心、职业发展中心、学生健身房、学生事务部等，给大家留下了深刻印象。这是真正以学生发展为中心的校园布局。

**《中国教育在线》**：上海纽约大学的空间设计是从细节开始的。

**俞立中**：是的。这样做有利于学生发展，有利于倡导互动融合的校园文化，体现了上海纽约大学的教育理念。

我在华东师范大学任校长时也曾向基建处、后勤处提出，借鉴国外一流大学的空间设计，利用好楼宇的大厅走廊，为学生提供更多的互动和学习场所；改变教室课桌椅的摆放格局，用以促进教学方式的改革。但很遗憾，推动起来比较困难。

而上海纽约大学的教室跟传统的教室完全不一样。所有的桌椅都有轮子，桌面都能翻下来，可以随意组合，便于每位教师根据各自的方式组织教学。教室格局的变化增加了教师们的创造性，也促进了师生间的互动。

我记得曾经有一次跟上海其他高校的领导和老师交流，谈到为什么上海纽约大学可以做如此的变革，而其他学校很难实现。

**《中国教育在线》**：您觉得问题出在哪儿？

**俞立中**：两个原因，一是船大难调头；二是思想观念问题。如果教育观念没有变化，只是在形式上仿效，是达不到实际效果的。

**《中国教育在线》**：就如同城市里的路标设计，对于很多管理者来说，没有从路人的角度来考虑。我在法国巴黎坐地铁的时候,在不认识法文的情况下从来没有迷路过。据说法国在规划路标时,会找一个从没来过巴黎、没坐过地铁的人走一遍,后面有人跟着记录。从谁的角度出发,这是一个基本的意识。

**俞立中:** 今年是改革开放 40 周年。改革开放是从解放思想开始的。改变观念,需要有创新意识和变革精神。思维方式改变了,观念改变了,才有各种各样的政策措施,才会有探索行动。而且这不仅仅是一个人的思想观念,而要成为一个社会群体的思想观念。

## 二、沟通与理解:坚持"多元文化融合"的原则

**《中国教育在线》:** 历任三所高校的校长,对您来讲感觉变化最大的是什么?

**俞立中:** 应该说在我的职业生涯中,现在的工作是很具挑战性的,最难也最让我伤脑筋。

**《中国教育在线》:** 为什么?

**俞立中:** 应该说,无论是部属高校还是地方大学,已经有了基本的运行模式,校长的责任是推动改变,让学校变得更好。而上海纽约大学没有模板。尽管已经有一些中外合作办学的机构,但每个学校的情况不完全相同,各有特点,运营模式也不一样。上海纽约大学也不能把纽约大学的模式照搬过来,会不接地气的。所以,我们每前进一步都需要认真思考,怎么做才有利于学校的发展。

作为第一所中美合作举办的大学,怎么把两种不同的教育体制对接起来,其实不是一件简单的事情。上海纽约大学的本科教育既要符合纽约大学的规范和要求,也必须满足中国学位评估的要求。要使两者能够兼容,需要大量的沟通和变革。

一开始美国人不理解,认为引进国外优质教育资源,就按纽约大学的制度规范来做就可以了。而我们把关于学生、教师、教学等方面的制度捋了一遍,对于不符合中国法律、不符合教育部对本科生要求的地方,要说服美方进行修改、调整。这就需要双方充分沟通,是一个相互理解的过程。为此,大家经常"吵架",但最后都会心平气和地坐下来,想想有没有道理。慢慢地,大家就开始相互理解了。

《中国教育在线》：您说的这些让我联想到联合国。

俞立中：是的，不过现在已经容易多了。因为我们的出发点都是为了把上海纽约大学办好，这是一项非常有价值和意义的探索。我曾提出，在管理中要坚持"3C"原则。第一个 C 是 Communication，要沟通。任何一件小事，如果不能充分沟通，就会产生误解。第二个 C 是 Compromise，在不牺牲原则的基础上，要学会妥协或者让步。永远把自己放在学习者的位置上，才会理性思考，懂得让步。如果各自坚持，永远不可能达成一致。第三个 C 是 Cooperation，要积极合作，并相互补台。

《中国教育在线》：为什么纽约大学在世界不同地区建立校区？

俞立中：过去的十多年里，纽约大学一直在努力建设成为一所 Global Network University，我称之为全球教育体系。目前有三个门户校园——西方的纽约、中东的阿布扎比和远东的上海，分别代表了三种不同的文化——基督教文化、伊斯兰文化、儒家文化。这三个校园招收学生，并授予纽约大学学位。此外，在遍布全球五大洲的 11 个大都市设有海外教学点。这些教学点不招收学生，也不授予学位，纽约大学全球教育体系的学生和教师可以流动去不同的城市学习或教学。这是非常难得的文化体验和社会实践啊！

《中国教育在线》：老师可以在教学点进行实践课。

俞立中：是啊，把课堂教学、文化体验、社会观察和研究实践作为人才培养的大平台，确实有利于学生拓展全球视野，提升跨文化沟通、交流和合作的能力。可以想象，如果学生选修关于文艺复兴时代的课程，同样的教材、同样的老师，在意大利佛罗伦萨上这门课和在纽约或上海修读，收获和成效肯定是不一样的。佛罗伦萨的文化环境和社会资源一定会让学生有更多的切身体验。

2006 年，我第一次去纽约大学，与前任校长约翰·塞克斯通会面并签订合作备忘录。一进校长办公室，他说了一段话，我至今还记忆犹新。他说，在当今全球化的时代，高等教育不应该建立在一种文化的基础上，而应该建立在多元文化的基础上；要让学生在大学期间有更多的机会体验不同的文化、接触不同文化背景的同学，使学生对世界有一个完整的认识，提升跨文化沟通、交流和合作的能力。他的话真的很打动我，今天的世界太需要这样的教育了。

**《中国教育在线》**：我想起了中国教育国际交流协会秘书长赵灵山对教育现代化的描述。他认为，国际化既是教育现代化的目标，也是一把尺子，还是一个进程。

**俞立中**：他讲得非常有道理。提到教育现代化，往往会更多地想到教育技术和方法的现代化，但实际上最重要的是教育目标和理念的现代化。当今世界的变化很快，而教育应该是引领社会发展的。

世界变得越来越扁平，不同文化背景的人与人之间的沟通交往越来越频繁。在新时代，中国正在走向世界舞台的中心，需要一大批真正理解世界多元文化、具有全球视野、善于跨文化交流合作的人。对于高等教育来说，培养学生的全球视野和跨文化能力是迫切需要的。很多时候，对同一件事情，美国人、中国人、欧洲人的看法会不同，而我们要做的是找出原因。文化背景、经济利益、认知方式不同，都会产生差异，我们要在这种差异的前提下找到共通的地方。

**《中国教育在线》**：这也是上海纽约大学对于中国的价值和意义吧。

**俞立中**：在中国走向世界舞台中心的进程中，需要一大批具有全球视野的国际化创新人才，也需要一大批真正了解中国、愿意搭建连接世界与中国纽带的各国青年。上海纽约大学在培养这样一代人。

**《中国教育在线》**：不只是感情，是基本认知。我曾经遇到一位美国常青藤大学研究中国的博士。他竟然没有来过中国，把中国描绘得跟 20 世纪 50 年代一样。

**俞立中**：今天上午有 6 位上海纽约大学的毕业生谈了在上海纽约大学学习的经历和体会，4 位是外国学生，2 位是中国学生。他们表达了对世界的认识，对中国的理解。我听了非常感动，上海纽约大学最值得骄傲的就是我们的学生。

一位美国学生说，在来中国之前她对中国的认知只是通过媒体信息，并没有真正地了解中国。最令她震惊的是，她原来了解的中国和现在看到的完全不一样，这让她产生了了解中国各方面情况的兴趣。在学习中，她理解了中国的发展过程。

**《中国教育在线》**：这是对中国全面的体会。

**俞立中**：还有一位以色列的学生，在上海纽约大学的四年里深入了解了上海的各个方面，了解了中国文化，也看到了中国近代社会发展的问题，做了一些研究。她很喜欢中国，认为中国将会在国际事务中起到越来越重要的作用。她打算留在中国工作。

在上海纽约大学就读的国际学生是按纽约大学的标准和程序录取的。不少学生拿到了哈佛大学、斯坦福大学等名校的 offer，但最后选择来了上海纽约大学。他们是愿意"吃螃蟹"的人，对中国文化感兴趣，看好中国社会经济发展的机遇。我认为这些学生中将来有相当一部分会成为各界的领袖人物。

《中国教育在线》：我发现您讲起学生来就特别兴奋。从这个角度来讲，作为上海纽约大学校长，您应该对自己还是比较满意的。如果满分是 100 分，您给自己打多少分？

俞立中：我不敢给自己打分，可以给学校打分。如果 100 分是满分，前六年上海纽约大学的表现应该打 120 分，它是超出所有人预期的。

《中国教育在线》：总结一下，上海纽约大学模式成功的地方是什么？

俞立中：从一开始，我就讲上海纽约大学不仅仅是在办一所大学。因为上海不需要再多一所大学，也不在乎多招几名大学生。大学的毛入学率已经很高了，能上大学、想上大学的人基本上都有机会。上海纽约大学真正的价值是在于探索、改革、创新。

上海纽约大学要在中国办一所世界一流大学，应该怎么去做？我们不断地给自己提出要求，走自己的路。例如在本科教育阶段，我们引进了纽约大学的通识教育模式，但并不是简单地照搬，而是做了一个更符合时代特征、有探索性和变革意义的通识教育模型。把培养学生创新和创造力的课程以及中国元素融入课程体系，更加强调通识教育课程的跨学科、多元文化的特性，让学生能够站在不同的文化视角上看问题。

上海纽约大学一直坚持多元文化融合的原则。现在就读的学生中，51% 是中国学生，49% 是国际学生，来自约 80 个国家。在宿舍安排上，也尽可能地让不同文化背景的学生住在一起，让学生在日常生活中有机会与不同文化背景的同学之间产生交流、冲突、融合。学生组织也是这样，所有社团或者俱乐部不能以地区为目标，一定是两种以上文化背景的学生一起发起组织的。

上海纽约大学很成功地坚持了多元文化融合，学生在多元文化的学习和生活环境中成长起来,有机会接触世界不同文化,也培养了他们对不同文化的尊重和理解。实际上,我觉得很重要的一点是改变了学生对学习、对世界的认知。

《中国教育在线》:在上海纽约大学随时随地都可以学习,和同寝室的人就可以。

俞立中:这是上海纽约大学所强调的,第一个学习对象就是你的室友。在这个过程中也形成了学生的世界观、价值观。

## 三、开放与特色:形成中国大学的世界影响

《中国教育在线》:今年是改革开放 40 周年,在教育上,开放可以被理解为国际化。上海纽约大学就是教育国际化的一个代表。走到今天,您对中国教育国际化有什么样建议和期望?

俞立中:我认为,对于高等教育国际化的认识不应该停留在人员流动和交流的层面。我很反对表面化的评价,仅凭几个数据来判断一所学校是否成为世界一流大学。

中国的大学要把自己放到世界高等教育的大平台上去考量和审视自己,以决定自己的走向。要去想世界高等教育的未来走向会是怎么样的;去看看别人在做什么事情,也想想我们在做什么事情。有没有这个高度,能不能这样做,就决定了一所学校发展的大方向和战略。

《中国教育在线》:您说的其实更多地涉及了现在很热门的词"双一流"。一流学校、一流学科,高校也必须站在这上面去思考。

俞立中:什么叫一流?这是个很重要的问题。我曾经问过密歇根大学的校长,怎么理解一流学校、一流教师。她就跟我说了一个词:影响力。我问如何去衡量呢?她说,学生和学者心里都有一把尺子。

也许在中国高等教育发展的过程中,需要有数量标准,但这不是终极目标。中国学者在国外期刊上发表了那么多文章,到底对科技产生了什么影响,对技术进步产生了什么影响?现在是需要考虑一下"影响力"的时候了。

《中国教育在线》:您在中国接受了完整的本科教育,在英国读了博士,而现在的

合作对象又是美国的大学。请您比较一下英美的教育。

俞立中：我没有做过系统的研究，只是根据自己的经历来说一下我的认识。英国的博士培养模式和美国不一样。刚到英国，我曾问导师自己需要上什么课。他说，我们不需要你上什么课，你可以自己到图书馆找资料，也可以跟教授们沟通交流，以获得你想要的东西，这些都是学习方式。你可以把自己的想法带到实验室，在探索研究的过程中学习。而在美国，博士也是需要上课的。相对来讲，英国对研究生的研究能力和严谨性要求是很高的。从本科的角度来讲，美国学校更注重学生成长的过程，给学生打下一个很好的底子，培养学生的学习能力、合作能力和选择能力。当然，美国大学也有其他不同的模式，如工科特色的学校就比较强调专业、强调应用。

我认为，高等教育不应该只有一种模式。道理很简单，因为每个个体都是有差异的，没有一种模式会适合所有的学生。高等教育只有提供不同的培养模式，才能够让不同类型的学生找到合适的机会。

《中国教育在线》：如果您有孩子，您更愿意让他在美国还是英国接受本科教育？

俞立中：家里需要考虑上大学的只有小孙子了，但还早着呢。从我个人的意愿来讲，是让他自己选择。但是如果希望孩子更从容地去面对社会、面对未来，通识教育对人的成长来说可能更有后劲。

《中国教育在线》：把中国加进去，您再比较一下呢？

俞立中：中国的高等教育，在解放以前更多的是参考英美模式，解放以后是按照苏联的模式。现在的高等教育都有这些影子，但应该是更有中国特色了吧。

《中国教育在线》：您认为高等教育国际化的过程中有没有意识形态的问题？

俞立中：教育必然涉及意识形态。每个国家的教育都在不同程度上渗透了自己的主流意识形态。而教育国际化的原则是让学生了解这些源于文化和社会制度的差异，引导学生在比较、思辨的基础上建构自己的世界观、人生观、价值观。这样树立起来的观念才可能是影响一生的。

《中国教育在线》：有很多人认为英美的教育是没有意识形态的。

**俞立中：**美国是个很讲意识形态的国家，而美国的大学强调的是办学自主、学术自由。每个教授有自己的独立思想，肯定会有意无意地表达出自己的世界观、人生观、价值观。因此，在英美大学里，教授在教学中的学术自由和学术自律也是相辅相成的。

## 四、选拔与培养：构建学生自己的"价值判断"

**《中国教育在线》：**关于学生的培养，您是怎么考虑的？上海纽约大学又是怎么做的？

**俞立中：**首先，上海纽约大学提供给学生的是一个多元文化的学习和生活环境，文化差异是客观存在的，更重要的是在认同差异、尊重差异的基础上积极寻找共通点，实现不同文化的融合。其次，强调全球视野，引导学生在比较、思辨的基础上建构自己的世界观。任何灌输或被动接受的观念会经不起反例的质疑。学校强调不要一味去追求标准答案，而是通过比较去思考那些已被大家认同的论述在不同文化背景下或不同时代里，有哪些不完善的地方，有什么不合时宜的方面，敢于挑战权威。批判性思维是创新的基本要素之一。其三，强调社会责任感，以积极的人生态度和价值取向面对千变万化的世界，而不是极端利己主义。我想，这些对人才的长远发展都是很重要的，对构建人类文明共同体、积极参与全球治理是非常重要的。

**《中国教育在线》：**在招生的时候，您更喜欢什么样的学生？

**俞立中：**学校更喜欢那些敢于"吃螃蟹"、乐于接受挑战、愿意走出舒适区的学生。在校园日活动中，我会提醒学生，上海纽约大学的培养目标和培养模式是否适合你，可以问自己四个问题，如果回答都是 YES 的话，可以来试试。

第一，你愿不愿意选择一条不一样的人生道路？这条路不是平坦舒适的，而是充满着挑战，但会给你带来很多意外惊喜。第二，你愿不愿意选择一种不一样的学习模式？没有人替你安排和选择，学校会提供给你很多学习成长的机会，但选择权是你自己的，需要学会主动学习，学会选择。第三，你愿不愿意建立与世界的纽带？上海纽约大学给你提供了非常丰富的全球资源，如果你只想关起门来自己做点事情就可以了，那是浪费资源。第四，你能不能在较短的时间里适应全英语的教学环境？

上海纽约大学意在选拔优秀且适合的学生。我们认为招生工作就是学校和学生双向选择的过程，学校在选拔适合自己培养目标和培养模式的学生，而学生也在选择适合自己的学校。

《中国教育在线》：上海纽约大学是如何进行招生的？

俞立中：我们通过三个环节来选拔中国籍学生。首先，学生必须于 1 月 1 日前在网上填写并递交美国大学通用申请表，同时要把中学的学业成绩寄到上海纽约大学。这是在检验学生的学习能力及其对上海纽约大学的认知和意向。第二，学校会根据申请材料选拔一部分学生参加历时 24 小时的校园日活动，通过模拟课堂教学、写作、一对一交流、团队活动等来考查和评价学生各方面的能力和素养，包括思维、表达、团队合作能力、英语应用能力以及学生的人生态度、价值取向等。每批有 30 多位老师和 100 多名学生在一起活动，每次活动结束后，老师们会在一起讨论，对每个学生进行评价。

学校会选择一批学生作为条件录取，即 A 档，学生的高考成绩只要高于一本分数线，就一定被录取。还有一批学生为候补，即 B 档，等学生的高考成绩出来后，我们会结合校园日活动评价和中学学业表现，从中选拔一部分人录取。

《中国教育在线》：上海纽约大学的招生办法基本上还是美国的模式，结合了中国的模式。

俞立中：比美国招生模式复杂得多，不仅有校园日活动，还需要结合高考成绩。

《中国教育在线》：比较中国的高校招生制度，您认为上海纽约大学的招生制度好在哪里？

俞立中：上海纽约大学不是把高考成绩作为唯一的标尺来评价学生、选拔学生。我们是综合考虑学生各方面的情况，先选学生，然后再通过高考。学校非常关注学生是否有积极的世界观、人生观、价值观。我们希望学生放飞思想，拓宽视野，完整地去认识这个世界，希望学生的价值判断和选择不是急功近利的。

## 五、问题与建议：教育需更关注"人的发展"

《中国教育在线》：我再往下延伸一下，您觉得中国基础教育在国际化过程中存在哪些问题？

俞立中：尽管中国的基础教育一直在改革中，但受高考指挥棒的影响还是很大。很难说是中小学校长愿意这样做，也不是老师和家长愿意这样做，而是社会价值取向出了问题。中国基础教育在国际化方面做了很多探索，也有很多成功的案例。同样，需要警惕的是千万不要使之功利化了。我一直在想一个问题，中国的基础教育能不能使学生在各方面的成长都很健康？学科成绩和素质发展并不是矛盾的，不应该对立起来。

另外，我们有时候把英美的教育过于标签化了。

《中国教育在线》：有时过于强调中国教育的薄弱项。实际上，英美教育是分为精英教育和大众教育的。

俞立中：据我了解，英美教育的实际情况是，政府对基础教育的投入是确保公立教育的水平，旨在让每个人都得到良好的教育，也是我们认为的比较愉快的学习方式。而所谓的精英培养只涉及 10%—15% 的学生，一般会进入私立学校，学习也是非常具有挑战的。但目前在国内学校，我们是用比较高的学习标准来要求所有学生，反而弱化了人的基本能力和素养的培养。

《中国教育在线》：您觉得造成这种现象的原因是什么？是谁的责任？

俞立中：我认为政府、学校、家长都是有责任的，实际上是社会价值取向的问题。一个稳定的社会结构，价值判断和取向应该是多样化的，每个人有自己的选择，在不同意义上实现自己的价值。如果社会价值取向趋同，大家都是同样的选择，社会就不平衡了。

《中国教育在线》：您认为这个价值判断是由谁造成的？

俞立中：很难讲，我知道很多家长心里是不愿意的，但是不得不随大流。"剧场效应"使得家长们心里很焦虑，成为社会现象。教育主管部门的评价、企业的用人标准、媒体的传播口径、教育机构的广告宣传等，都会起到引导作用。大家都希望有一个标准答案，什么是成功？什么是不成功？如果大家都用一把尺子去衡量，最后很有可能是千军万马走一座独木桥。

**《中国教育在线》：** 可能没有办法说是谁的责任。这是互为因果的，也是一种恶性循环。家长这样选择，是因为社会就是这样衡量人的。举一个现实的例子，今年上海刚出台落户政策，清华、北大应届本科生可以直接落户，也就是说上海市政府是用这个尺子去衡量人的，家长就会去追这把尺子。反过来，如果上海不用这个尺子去衡量，又解决不了所有的落户问题。

我跟您有一个强烈的共识。在中国基础教育国际化的过程中，我们进入了一个误区。英美的基础教育分为两条道路，一是针对精英的，一是针对大众的。而中国过度地强调英美的大众教育模式，强调轻松、幸福、快乐等。但是有时候是错位嫁接了，大量的精英不是走这条路的。

**俞立中：** 另外一个问题就是，什么是均衡？有时候是让90%的学生陪10%的精英读书。大家都读得很苦，但最后还是要分流的。

**《中国教育在线》：** 您认为，该如何平衡这件事呢？

**俞立中：** 从社会需求的角度来讲是多元化的。不同的岗位和层次的工作，对人才的要求是不一样的。社会需要领袖型的人才，也需要专业技术人才，更多的是灰领、蓝领，大家都是对社会经济发展有贡献的。但不同的人才不是一种模式能够培养出来的。中国高等教育应该向多元化发展，让学生有更多的选择，也满足不同工作岗位的要求，形成一个良性的生态结构。需要社会进行引导的是，不论学生未来从事什么工作，都要尊重他们的价值。

举个例子，如果一所学校能够把学生培养成为某些技术岗位上的出色人才，我觉得这就是一流教育。为什么一定要走同样的道路呢？

**《中国教育在线》：** 现在有很多高职高专的高考录取分数线远远高于二本学校，有些甚至达到了一本。中国在这方面是在不断改变的。

**俞立中：** 现在大家都意识到这个问题了，但是愿意做实践的人远远少于提出批评的人，这是一个大问题。关于中国教育的问题，大家很焦虑，教育理念也谈了很多，但是需要实践、需要去做。

我经常跟人家开玩笑说，我就是一个打工的，不要跟我空谈教育理念。我们需要更关注的是把好的理念变成实践。

《中国教育在线》：如果给中国教育一个建议，你最想说什么？

俞立中：我认为，中国的教育应该把更多的关注点放在人的发展上。教育的本质就是为了让每个人的潜力得到更好的发挥，能够让每个人更幸福地生活。教育发展到任何一个阶段都不能忘记了这个初心。如果中国教育坚持这个出发点，会得到大家认同的。

# 多拥有一种选择，就能多释放一份潜力[①]

俞立中的双手，统共有九根半手指。

1976年春，小兴安岭山麓下，黑龙江的长水河农场中，27岁的俞立中眼睛紧盯搅拌机。

春耕在即，地里急需施肥。知青们将一铲一铲牲畜粪便与化肥、泥土的混合物，不断塞入搅拌机一头。机器另一头，条状颗粒肥被挤出，等晒干后就可供播种时使用。工程量大，时间紧张。机器的轰鸣声中，人人埋头干活，无暇他顾。简陋的搅拌机不断因为堵塞而暂停。俞立中着急起来，他手持一根木棍，捅入搅拌机，想捅开堵塞物。但停滞的机器骤然重启。俞立中只觉右手触电般麻了一下。他低头一看，木棍的前端被运转起来的搅拌机顺势"吃"了进去，一起被"吃"掉的还有他的手套头。俞立中摘下残余的手套，他右手两根手指的上半截消失了。

整个连部只有一位卫生员，没法处理如此重大的伤情。知青们用一台拖拉机把俞立中送到农场总部医院。当天值班的只有一位眼科大夫。医生刮掉俞立中手指骨头里残余的粪便和泥土，把看上去还有希望的右手食指的断指缝上。但右手那截中指的断指已血肉成浆，无处下针。医生让俞立中吊了两周的抗生素。每一晚他都疼得汗流浃背，只能绕着病房徘徊，片刻不能合眼。

等他请探亲假回上海时，已近1977年春节。经瑞金医院大夫重新手术后，俞立中右手的红肿情况才慢慢缓和。他带伤回到农场。农场的领导们在会议室召见了他，说，"你可别想离开。你在长水河的坟地我们都已经帮你看好了。"俞立中甩门而出，一路走到田埂尽头，望着苍茫四野，无人可诉，最后对着天与地放声而歌。

没有选择。

曾经，俞立中和同时代的人在他们的整个青春期都没得选——想升学而不能，

---

① 原载《解放日报》2019年3月15日，记者沈轶伦。

想返城而不能,想择业而不能。谁也难料,就在他受伤的这一年秋天,"文革"结束了。两年后的 1978 年 9 月,俞立中抓住恢复高考的机会,考入华东师范大学地理系。在知青返城高峰来临之前,他离开农场回到上海,开启人生下半场的奋斗。

受惠于时代的转折,俞立中才能奋起一跃,改变被固定的命运轨迹。但失去的那一截中指,永远失去了。一如俞立中在黑龙江度过的 9 年青春,再也不会回来。也许正因如此,在成为教授、博导并先后担任 3 所大学校长的这些年里,俞立中一直致力于为今天的青年人创造一种权利,一种他曾经没能得到、但因为最终得到了而更知其可贵的东西——选择的自由。

## 当时有个强烈的信念,就是要把握自己的命运

**《解放日报》**:俞校长后来还回过黑龙江长水河农场吗?

**俞立中**:回去过。2009 年我们回去看时,那里已经城镇化了。各分场的干部、职工都搬到总场的楼房居住。现在农场的工人开着汽车上班,到原来分场的农机坪,开了拖拉机下地干活,下班再开汽车回家。农场的作物产量也提高了。我以前所在连队的老连长的女儿说,如今家里承包了几十垧地,一年收入可以达到几十万元,和我们当年下乡时的情况完全不一样了。

我们当年所在的农场十队,几百号人要管几千垧地。但农机数量有限,有时下雨,拖拉机和康拜因(谷物联合收割机)下不了地,劳作全凭人力。有一年遇到连绵大雨,全队的人拿着小镰刀下地割麦子,十几个小时在麦田里弯腰割麦,实在干不动了只能跪在泥泞的地上继续割,但即便如此,还是只能收割很小一部分。至于康拜因,要等天冷下来、麦田冻住才能用它下地收割。但大家太心疼粮食受损了,只能抢收一点是一点。

那时候大家年轻,两百斤重的小麦或大豆,一个青年能扛在肩上走三级窄窄的跳板到两三层楼高的粮仓顶,再倒进去。一年四季我们没有一刻停歇,从抢运麦包到救山火,从夏天锄草到冬天上山采石伐木。很可惜,几年下来把山里的大树都砍了。为了体现学大寨的精神,我们曾经把一块地的土刨起来,运到另一块地里去当肥料,说是可以增产。但实际上,到了春天,下面翻过的土开化了,上面搬过来的土却还没有化开,只能把冬天运到地里的"肥料"搬走。如此这般的苦干和不断付出,

多少知青的热血、汗水甚至生命留在那里。但事实上，今天农业现代化——机械化和科学化才是真正的出路，而不是我们当年那样瞎折腾。

《解放日报》：今天您回想时会怎么评价这一段岁月？

俞立中：有了这段经历后，我可以坦然面对此后学习和职业生涯中遇到的任何艰难和挑战。每当我遇到烦恼时，只要想一想在黑龙江的经历，就觉得眼前的困难都是小菜一碟。

在农场的 10 个年头，让我了解了中国农村社会。中国之大，地区差别很大。这段经历让我对中国农村社会群体的生活、生产和文化状态有了感性和理性的认识，影响了我的人生观和价值观以及我之后的生活。1985 年我在华师大任职期间，得到了去英国利物浦大学地理系学习的机会，之后在英国的 5 年留学经历让我对世界多元文化有了比较深刻的了解，理解了不同国家在不同发展阶段碰到的问题以及解决问题的不同途径。我把这两段经历称为我的"土插队"和"洋插队"。

《解放日报》：但这两次插队，一次是被动的安排，一次是主动的选择。

俞立中：从被动到主动，分水岭就是改革开放，它给了人选择的自由。

我在农场时，什么苦活累活都抢着干。我曾在十队当一把手，1971—1974 年，连队推荐工农兵大学生，每次我都被推荐，但最后都不了了之。到了 1974 年，我 25 岁，是适龄的最后一次机会，我被推荐上同济大学，为了等候入学通知，没能回上海为祖父送终。但后来其他人得到通知都走了，我却被告知不在名单上。每一次落选对我的打击都很大。1977 年恢复高考的消息传来时，我已经超过 25 岁了，不在报名范围。半年后高考报名全面开放，我在短短几个月的时间里自学了高二、高三的课程。

现在的考生难以想象我们当时的迎考状态。夜里我在蚊帐里打手电，看一会儿书本，把知识点和习题记在心里，然后关掉手电，躺在炕上默默琢磨。早上出工前，把公式记在手上，一到休息时间就打开掌心看。1978 年黑龙江报名参加高考的人有十几万，省里组织了初试，选了 6 万名考生参加全国高考。我以黑河地区理科初试第一名的成绩获得了高考资格。到了高考那天，我们坐着卡车颠簸了 2 个小时到达考点，下车后头昏脑涨，还没缓过来就开始答卷。中午就着井水吃两个馒头。晚上借宿老乡家里，几个男生把穿在身上的棉大衣一裹，并排挤在炕上睡。

当时我已经接近而立之年,现在回想起来整个过程真的很不容易,但当时有个强烈的信念,就是要把握自己的命运。

要知道,年轻人看不到前途是很痛苦的事。下乡时大家还年轻,随着年龄的增长,想的问题越来越复杂。但当时的情况是个人没有选择的自由,想走又走不了,处处受限。恢复高考的消息传来,不仅给了大家一个继续学习的机会,也给了当时无数像我们一样对命运感到迷茫的青年一个把握未来的机会。

今天回过头来看这个时代,我想改革开放真是从解放思想开始的。解放思想,才能转变观念。于国家,才会有各种政策措施推出;于个人,才会有行动、有探索。

## 人才不是教出来的,需要的是引导

《解放日报》:现在高等教育规模扩大,上海地区的大学毛入学率不低。大部分家庭对子女教育都倾其所有来创造条件,很多家长从孩子读幼儿园起就规划他未来要读什么大学,带着孩子从小游历世界的家长也不在少数。但反过来说,如今的青年一代可能很难再有您和您的同辈当年那种强烈的用知识改变命运的自发冲动。在这个背景下谈高考、谈高等教育,对如今的青年意味着什么?

俞立中:前一段时间,上海的一所中学组织高三学生到上海纽约大学来参观。我和这些高中生交流的时候就问这些孩子:"你们人生的目标是什么?"他们没有吱声。

也许,一些学生有相当明确的当下目标,比如"我爸爸妈妈要我考上名校""我想读热门专业,因为将来赚钱多"等。但考上名校意味着什么,赚钱意味着什么,毕业后要过怎样的人生,什么样的人生称得上是有意义的?今天的高中生是否认真想过?

其实,这反映了孩子们的人生观和价值观,也折射出我们目前教育中的一个问题:从小到大,孩子们不断上课,接受考试、选拔,考各种证书,按照家长的意愿学习才艺,但做了这些事,是否就算达到教育的目的了?一个没有自己想法的优等考生能否适应社会的需求?我想未必。人之所以为人,一定有自己的思想和观念。人生目标,不是为了应对考试;能否胜任考试,也不是衡量一个人优秀与否的标准。

目前教育的问题之一,是较多地强调了其功利性的一面。对此,我们教育工作者要反思，全社会也要反思。社会舆论包括企事业单位的用人标准以及对人才的认知和选拔等，都在传递一个信息：考试的分数和名校的文凭代表了成功。这样的观念也导致了人才培养模式的单一化。

今天的孩子也许不会有我们当年改变命运的强烈冲动，但今天的孩子或者说我们每一个人，终其一生都有了解自我、实现自我的巨大渴望。真正的教育应当引导他们实现自我，而不是压抑自我去实现所谓的成功。人才不是教出来的，需要的是引导。我认为，真正的教育能让人的潜力得到发挥，让人找到生活的意义和价值。

**《解放日报》**：但可否这样说，目前被诟病最多的考试，依旧是目前最公平的选拔机制？

**俞立中**：教育模式的发展经历了一个过程。早年间，没有今天这样的学校，也没有考试，更没有排名，更多的形式是师父带徒弟。如孔夫子对学生"因材施教"，或者如苏格拉底对柏拉图、柏拉图对亚里士多德进行循循善诱的谈话。随着工业化时代的到来，我们有了学校这样的机构，有了班、级这样的概念。教育形成了规模，有了培养学生的规范，教学考核一刀切，不再因人而异。今天我们习以为常的教育模式和选拔机制，更多强调了统一规范，而忽视了个体差异，这是工业化时代的产物。我相信，在信息化时代一定会发生变化。

这种变化我认为会在三个方面发生。第一，教育均衡化发展，意味着教育机会和教育资源的均衡化，但社会各行各业对人才的需求是多样化的，学生个体也是有差异的，真正的均衡发展需要有多样化的培养模式，才能满足人和社会发展的需要。第二，教育质量的提升，需要符合时代发展的特征，不仅是知识，更需要培养学生的学习兴趣和能力，培养合作精神，提高综合素养。第三，个性化发展，改变单一的评价标准。

在信息化时代，大家对教育的理解会发生变化，学习方式会发生变革，对学生培养模式也会有创新。这里所讲的创新，不一定是一种模式推翻另一种模式的创新，而是指在现有模式之外提供更多培养模式，实现培养模式的多样化。

## 把最好的东西给孩子，但这"最好的东西"不是钱财或物质

**《解放日报》**：您历任上海师范大学、华东师范大学校长，后来又被聘为上海纽约

大学的首任校长。参与创办一所中美合作大学，是否也是您试图在现有的高等教育模式外提供一种新的培养模式？

俞立中：上纽大成立至今已六年了。今年 2 月，我们刚刚为服务学校五年及以上的教职工颁发了奖状，表彰大家为学校做出的贡献。这六年来，我们全体师生在无前例可循的情况下创出了自己的一片天地。从一开始家长和学生对学校的好奇观望，到今天——2019 年我们将招收 450 名本科生，一共收到 16 750 份入学申请，较去年增加了 25％，申请人数连续 4 年增长。申请的学生来自全世界 149 个国家和地区，其中中国学生申请人数超过 2 900 人，来自全国 34 个省市自治区。中国的孩子向往上海纽约大学的多元文化环境和培养模式，而国际学生则表达了了解中国的强烈意愿，他们希望在上海这座国际大都市学习和生活。应该说，学生们的愿望也应了我们合作办学之初心——"让世界成为你的课堂"。

我还记得，2006 年我第一次到访纽约大学，在和纽约大学时任校长沟通时，他说了一段让我印象非常深刻的话：

"在今天这个全球化时代，大学教育不应该建立在单一文化的基础上，而应该建立在多元文化的基础上，要让我们的学生学会从不同的文化视角去看同一个问题，了解不同的观点，完整地理解这个世界；要让我们的学生在大学 4 年里有更多的机会接触不同文化背景的人，相互沟通交流和合作，这是学生未来发展的需要。"上海纽约大学占地面积很小，我们的教学活动目前就在世纪大道的这幢楼里，但我们的包容格局很大，中国学生和来自全世界各国的同学共处一室，同堂学习，也互相从对方身上认识异国文化，学会沟通、共处、合作。本科期间，学生们前两年在上海学习，大三时可以在纽约、阿布扎比以及纽约大学遍布五大洲的 11 个海外教学点学习，毕业后能同时获得美国纽约大学和上海纽约大学颁发的学位证书。在这里，中外学生不仅收获了专业知识和技能，还拓宽了全球视野，提升了跨文化沟通、交流、合作的能力，成为连接世界和中国的一代年轻人。我们既不简单地照搬国外的范式，也不走传统大学的老路，希望通过优势互补为学生提供不一样的学习和发展模式，从而影响基础教育的变革，改变社会公众对于高等教育的认知。所以，我们的关键词是"探索""改革""创新"。

《解放日报》：似乎现在每个大学都提出了类似的口号。

**俞立中**:但我们不仅是提出口号,也不止于理念,上海纽约大学是在实践。

举个小例子。过去我们在考虑校园建设时往往是从院系的需求出发,学校管理者关注的重点是需要多少面积的办公室、实验室、教室。上海纽约大学的布局规划则是从学生的发展需求出发,把服务学生的部门和场所设在最方便、最显眼的地方。教室的桌椅可以随意组合,老师可以按自己的教学理念更改教室格局;大楼内有很多公共空间,满足学生自习、讨论、交流、休息的需要。这些变化我曾经尝试在华东师大推行,却有诸多不易。现在的上纽大是一个提倡互动融合的校园格局,只要你走进来,就能直观感受到我们的教育理念,什么叫“一切以学生为中心”。

另一个例子,涉及学生隐私权的保护。学校制度规定,若无学生授权,不能对学生家长透露其子女的成绩。曾有家长对此质疑。作为中国人,我很理解家长的心情,但还是耐心做了说明。为此,我们在入学之初就向家长强调了学校制度,要求家长和学生本人沟通,双方签署授予知情权的协议。这样的做法也许会有争议,但背后是学校的教育理念,作为一个成年人,学生要学会对自己负责。

在我们学生的身上,已经能看到学校教育理念和培养模式取得的成效。上海纽约大学已经有两届学生毕业。他们并不按世俗标准去谋求所谓优秀完美的人生,而是遵从自己的内心。毕业生中既有选择从事商务服务业、教育、资本市场服务等领域工作,也有放弃光鲜职业、去云南大理白族自治区当支教老师;既有选择去美国常青藤大学深造,也有为了心仪的学科领域选择其他一流高校。不少外籍学生选择在国内一流大学读研,或在上海本地企业工作,他们未来能成为向世界介绍中国的“中国通”。

我曾经看到过一段话:“我们身处一个快速变化的世界。我们的学生毕业后很可能从事一份目前根本不存在的工作,使用现在还没有发明出来的技术,解决我们从未想到过的问题。”当年我看到这段话时并不以为然,如今却感同身受。做父母的总想把最好的给孩子。但我想,这份最好的东西不是指具体的钱财或者物质。我们这代人,曾经身处一个没有自主选择权的时代。我们让孩子站在我们的肩膀上,应该培养他们成为一群拥有充分选择权和有能力走好所选道路的人。未来的教育,包括合作办学本身,也应该有各种模式的探索,而非走单一的道路。毕竟,多拥有一种选择,就能多释放一份自由。

# 教育，就是要让孩子看见更大的世界①

一位成绩十分优异的美国波士顿学生，以他的学术成绩完全可以考取哈佛大学、麻省理工学院。但他却毅然选择来到上海，成为上海纽约大学的一名学生。临行前，他用一封长信向父母解释了自己的想法，他认为未来30年的中美关系是影响世界发展的关键因素，如果自己能为中美关系的发展做一点贡献，就是实现了自己的价值。在上海纽约大学校长俞立中看来，真正的教育能让人的潜力得到发挥，让人找到生活的意义和价值。

昨天，俞立中教授做客中国福利会所属上海宋庆龄学校，发表题为《教育，看见更大的世界》的演讲，并与宋校高中部学生对话生涯规划、人生目标。他着重和同学们分享了成长型思维模式和创新人才必备的素养，他认为创新人才是不能直接培养的，但其素养是可以培养的。

## "让世界成为你的课堂"

现在的学生是"新一代"（Young Generation），是"数字土著"（Digital Aborigine）。演讲一开场，俞立中教授便用这样亲切的词语拉近了与学生们的距离。

他说："作为教育者，我们有责任让孩子理解这个快速变化的时代和所处的世界"，从而引出教育现代化旨在通过教育变革回应时代挑战这一主题，教育需引导学生在全球化、信息化、知识经济的时代学会学习、做出选择，与不同文化背景的人相互学习、合作。

俞立中从上海纽约大学的探索、创新和改革出发，围绕教育观念的挑战、学习方式的变革和培养模式的创新三大维度，阐述了在与世界一流教育的借鉴和合作中，

---

① 原载《文汇报》2019年5月4日，记者张鹏。

如何加快中国高等教育的改革和发展，创新面向未来的教育、国际化的教育。

作为中国第一所具有独立法人资格的中美合作创办的大学——上海纽约大学的首任校长，俞立中特别强调了全球化时代对于"全球胜任力"的要求，上海纽约大学通过中外学生同寝、社团、课程、项目、节庆活动等为学生提供了多元文化的环境和培养模式，学生在多元文化融合中理解差异、求同存异，在比较、思辨的基础上建构世界观，具备全球视野，同时获得积极的人生态度和价值取向，承担社会责任。

宋庆龄学校也一直致力于多元文化融合下的人才培养模式的创新，在宋校高中部上课的、加州大学洛杉矶分校全球课堂执行主任张嘉熙博士（Justin Zackey）与俞立中的观点不谋而合，他说："这个时代变化很快，这就要求教育者和学生都要有文化上的敏感性和灵活性，而全球课堂就在于打破刻板印象，创造新的意义和新的关系，让学生在更早的阶段学习如何与世界各地不同类型的人之间建立更好的理解，当然更直接的是调动一切资源去支持学生的发展。"

## "教育是帮助学生寻找人生的价值"

演讲结束后，作为活动的特别环节，俞立中和宋校高中部学生就升学发展、专业选择和人生道路进行了交流和对话。俞立中用自己作为新中国成立后的第一代留学生的经历和上海纽约大学学生的成长过程，启发学生自己去寻找答案，他鼓励同学们"要走出舒适区，主动改变，勇于挑战，要有更开放的视野，思考自己想要什么样的生活和未来"。

当被问及对青年有何寄语时，俞立中提及了"价值"和"责任"这两个关键词。他说："每个人对成功都有不同的理解，我们一定要重视和珍视这种不同，每个人只要实现了自己的价值，就可以被定义为成功。"

俞立中说，所谓"责任"，是每一个个体对家庭、社会、人类都有一份责任，社会的进步是由千万个个体的贡献推动的，社会的发展与你相关，能够为世界的美好做出自己的贡献，这就是责任。"对于当代青年，'责任'两个字同样重要"，俞立中语重心长地对人生之路刚刚起步的宋校高中生说。能在"五四青年节"之际得到这样庄严而真挚的鼓励和期待，同学们说，这次的"五四青年节"过得特别有意义，上了一次特别的"生涯规划课"。

# 一位优秀的教师：不仅会教书，还会读心<sup>①</sup>

"新时代大学高质量发展论坛"是 2019 亚洲教育论坛年会的重头戏之一。11 月 23 日，上海纽约大学校长、华东师范大学原校长俞立中在论坛上提到，一名优秀的教师不仅要会教书，更应该读懂学生的内心世界。

什么样的教育是适合学生的？一所高质量的高校，其核心竞争力何在？记者就这些问题采访了俞立中校长。

**《川报观察》**：决定高校高质量发展的核心是什么？

**俞立中**：在全球化时代，大学教师队伍建设对一所大学的办学质量至关重要。没有一流的教师，吸引不了一流的学生；学生不够优秀，也吸引不了一流的教师，这是一个相辅相成的问题。

要建立一所世界一流的大学，必须在"一流"上下功夫。除了待遇之外，其实对于有水平的老师来说，更看重的是在这所学校有所作为。以上海纽约大学为例，研究神经学的团队可以与商科、计算机等领域合作，这样能够最大限度地实现其价值。因此，上海纽约大学经过几年的发展，已经拥有了一批优秀的师资，培养了一大批优秀的学生。

**《川报观察》**：您认为什么样的老师才算是好老师？

**俞立中**：我进入了上海纽约大学每一届学生的微信群，从学生的聊天中发现，大家喜欢的老师不仅仅是有学术能力，更应该是可以引领和启发学生成长的老师。

教师是一份终身发展的职业，真正的优秀教师是在教学一线成长起来的，一定是懂学生的教师。

---

① 原载《川报观察》2019 年 11 月 23 日，记者李寰。

《川报观察》：我们经常提到，希望学生能够享受"快乐教育"，但另一方面，学生也承受了很大的学业压力。您认为学习可以快乐吗？

俞立中：首先要明确一个概念，快乐教育不是愉快玩耍的意思，而是让学生带着兴趣去学习。

我最近注意到一个很有意思的现象，现在越来越多的体育老师担任班主任。这是因为体育老师不担任语文、数学等学科的教学任务，不会非常看重学生的学业成绩；体育老师往往比较阳光，善于发现学生身上的优点。因此，老师的重要职责，除了传授知识还要发现学生身上的兴趣点，进而引导他们的人生方向。

《川报观察》：您认为什么样的教育才是最好的教育？

俞立中：我认为，适合的教育就是最好的教育。我经常说，"慕名而来"不是好事，因为学生不一定对这所学校有深入的了解，比如上海纽约大学也出现了因为英语能力不够、学习主动性不够而无法继续完成学业而退学的学生。

# 国际合作办学中的快乐不是玩，
# 而是带着兴趣学①

　　2019—2021 年，在北京"三城一区"引进人才密集地区和海淀、朝阳区等重点区域，新建 11 所国际学校，城市副中心布局高水平中外合作办学项目……北京市教委日前公布"教育领域开放改革三年行动计划"，将在基础教育、职业教育、高等教育和国际教育合作等方面先行先试，培育示范项目，加大教育服务供给，实现更高水平的开放改革。"中国正在提倡构建人类命运共同体，怎么构建？ 一个重要基础就是年轻一代人相互之间的沟通交流与合作。"在日前举办的 2019 亚洲教育论坛年会上，上海纽约大学校长俞立中（"文汇讲堂"第 120 期嘉宾）表示，教育的国际合作不仅给优质教育资源的共享提供了机会，更重要的是让年轻一代借助国际合作的平台加强文化之间的沟通交流与合作，促进多元文化的融合。教育的国际合作应该建立在更大的世界视野之下，要让学生看到一个更大的世界。

## 个人、学校、政府等如何理解中外合作办学的教育模式

　　中国正在提倡构建人类命运共同体，怎么构建？ 一个重要基础就是年轻一代人相互之间的沟通交流与合作，大家都希望能够看到一个更加完整的世界，而不是站在一种文化的视角上看待这个世界。我想，教育的国际合作—中外合作办学确实给我们提供了这样的机会。尽管各机构、学校的发展程度、质量水平不尽相同，但有一个共同点就是，大家都在努力探索如何通过中外合作办学的形式来促进教育的改革和发展，如何通过这种形式让不同文化、不同教育体系在这些平台上加强合作，为我们年轻一代人提供更丰富精彩的教育资源。

---

① 原载《文汇报》2019 年 12 月 3 日。

我在上海纽约大学担任校长一职有 7 年多，个人接待的各地来宾有两万多人。在交流过程中，我非常希望听到学生、家长、政府部门、学校、教育机构等怎么理解中外合作办学的初心，怎么考虑中外合作办学的教育模式。

当然，他们的回答各种各样。尽管没有数据来证实我的想法，但是我想在这些交流过程中诞生的想法很值得大家考虑。比如相当一部分学生选择中外合作办学的教育模式，是因为他们更愿意迎接新挑战，而非考不上好的大学或没有其他的学习机会。他们觉得中外合作的学校或教育机构给他们提供了一个多元文化的环境，让他们能够在不脱离本土根基的前提下接受国际一流教育的培养模式。这对他们来说也许会有更大的收获。

家长是怎么考虑的？除了和学生有同样的考虑之外，很多独生子女的家长们觉得孩子在国内读书会让他们更放心，同时对比在上海纽约大学与在美国纽约大学学习、生活所需要的开销，家长们可以省下不少费用。所以选择中外合作办学的教育模式对他们来说是一个非常有经济价值的考虑。

地方政府怎么考虑中外合作办学的呢？一些地方政府希望这种模式能够为本地学生提供更有价值的学习环境和学习模式；也有些认为通过中外合作办学的教育模式可以提高当地教育的影响力等。

那么学校和教育机构的决策呢？特别是国内一流大学为什么加强国际合作？很多学校都希望通过中外合作办学的教育模式来推进自身的教育改革和发展，也希望借此近距离学习一流大学的管理模式、教学模式、科研模式和社会服务的模式等。

## 要培养具有全球胜任力、信息素养、终身学习力的人才

下面我想谈谈自己怎么看待中外合作办学。我认为，教育的改革和发展应该要关注当今时代的特征和发展趋势以及对于人才培养的要求，我们要积极探索符合时代特征的教育模式。

首先，看看这个时代的变化给我们带来了什么？归纳起来大概在这三方面是共性的：

第一，我们面对的是全球化时代。如何培养学生的全球视野？他们是否能够站在不同文化视角下看同一个问题？如何让他们理解这个世界是由多元文化构成的？

如何培养他们跨文化之间的沟通交流与合作的能力？又怎样让他们关注今天人类面临的全球问题并且积极地参与？这就需要培养学生的全球胜任力。

第二，我们处在信息时代。计算机、网络、移动通信技术的发展给我们生活、工作、教育带来了深刻的变化。特别是近些年来，大数据和人工智能的更多应用，对我们人才培养提出了更高的要求。如何培养学生的信息技能和信息素养就变得越来越重要。

第三，我们还处在知识经济的时代。无论我们今天提供什么样的专业，如何加强学校的教育，都不可能让学生在大学本科期间甚至研究生教育期间学到未来从事职业的各方面知识、技能和素养。那么大学教育到底侧重于给学生什么？学习能力、选择能力、独立和合作的工作能力等必不可少，归纳起来就是培养学生的终身学习能力。

## 探索教育改革，在中外合作办学的"试验田"上创新

在这个时代背景下，我认为中外合作办学或者说全球教育的初心大概有几点：第一，培养全球化时代人才的需要。中国融入世界，需要一大批具有国际视野，愿意并善于跨文化沟通、理解和合作的国际化创新人才；需要更多了解中国、理解多元文化、有志搭建中国与世界纽带的各国优秀青年。

第二，教育改革和开放的需要。教育国际合作的初心，在一定程度上也是改革开放的初心。关注全球问题，参与全球事务，向世界学习，吸收一流大学的经验，同时也让世界真正了解中国，这是双向的进程。

第三，教育多样化的需要。学生个体是千差万别的，没有一种教育模式适用于所有人，教育只有提供更多的选择，才能让每个学生找到适合自己的学习模式，满足不同个体的发展需求。各行各业对人才的需求也是多样化的，不同层次、不同类型的岗位对人才的要求也不一样。只有教育的多样化才能够满足经济社会发展的人才需求。

我经常听到有人说中外合作办学能够让学生在不脱离本土文化环境的情况下接受世界一流大学的教育。当然，这肯定是中外合作办学的价值之一，但我认为中外合作办学最根本的价值在于探索和创新。我们探索什么？改变什么？我们要探

索的就是在今天这个时代背景下，在不同的教育体制、不同的文化背景，甚至不同的国家制度下，教育能不能走到一起？我们通过什么途径让不同的教育从不兼容走到兼容？这是世界高等教育的命题，我觉得中国值得探索。

同样的，通过中外合作办学的模式，我们可以探索目前体制内的高校在改革发展过程当中碰到的各类问题，我们能不能在一块小小的"试验田"上做一些改革和创新呢？毕竟一旦成功了就可以被借鉴，这是更重要的价值。为什么中外合作办学具备这种价值呢？因为它的优势在于可以不局限于已有办学模式，借鉴世界一流大学的办学理念，引进国外优质教育资源，探索全球化时代需要的创新人才培养模式。

采访对话：

## 快乐不是玩，"快乐教育"是让学生带着兴趣学习

**记者**：英美国家有精英教育也有大众教育，您如何理解英美大众教育中所提倡的"快乐教育"？反观中国教育，您如何看当前国内的主流教育？

**俞立中**：快乐不是玩，"快乐教育"实际是强调有兴趣地学习，要让学生学得快乐，而非玩得快乐。事实上，美国的大众教育、精英教育都关注了这一点，而我们主流的教育则是通过考试的形式让学生努力学习。

作为一名教育工作者，如果你仔细观察，便能看到每位学生的特质和专长。现在很多师范毕业的教师走进课堂后，也许能够在课堂里传授知识，但未必真的懂学生。传统的教学方法也很难让教师发现学生的兴趣点，从而引导学生更好地学习。

那要如何培养学生的兴趣？一把钥匙开一把锁，没有统一的方法。举个例子，在上海纽约大学的课堂讨论中，美国学生总是表现得非常积极活跃，国内的学生发言很少。我曾经问过国内的学生为什么不爱发言？他们要么说问题很简单，要么说有标准答案，没必要讨论。

遇到这种情况，教师或许可以这么启发学生：如果对一个问题你只想要标准答案，那很简单；但如果针对这个问题，你想往更深层次思考，也能创造出更多有趣的答案，而这个思考的过程恰恰是在培养你的思维习惯。

所以，在学生的学习过程中，教师可以通过各种各样的方法来调动学生的学习兴趣和积极性。发现学生的特长和潜能，我认为这就是教师的基本功。

## 给学生打 A 的教师并不一定受欢迎，
## 学生更喜欢带来引导和启发的教师

**记者：**您参与的分论坛主题是"教师的质量决定教育的质量"，而贵校又是第一所中美合作举办的国际化研究型大学，非常注重"人的发展"，聚集了很多有着独立自由思想的国内外学生、互联网时代下的"土著居民"，什么样的教师才能 hold 住他们？

**俞立中：**截至目前，上海纽约大学已经招收了 7 届学生，每届学生的微信群里都有我。所以我经常会看到学生们对教师的评价，总是轻易给学生打 A 的教师并不一定受欢迎。整体来说，上海纽约大学的学生更喜欢专业水平高，同时能够给学生带来引领和启发作用的教师。比如说，这样的教师能够提出一些很有价值的问题，能够很好地引导学生参与讨论，在教师与学生、学生与学生之间的交流探讨中，让学生收获颇丰。

## 缓解焦虑的方法：若孩子满足这三点，家长要知足

**记者：**您曾提到"剧场效应"使家长们心中都很焦虑，而这也的确成为社会普遍现象。您认为造成家长心理恶性循环的根源在哪里？有哪些好建议来缓解家长们的焦虑？

**俞立中：**我一直说，今天教育出现的问题不是教育界内部就能够解决的，而是社会价值取向出了问题。"剧场效应"是一种社会现象，它反映了整个社会的价值取向使人们非常急功近利。

究其根源，中国正在经历由计划经济体制向市场经济体制的转型，在这个进程中可能会出现各种社会现象，而教育领域出现的"剧场效应"现象便是其中之一。比如，当你问现在的学生"你的理想是什么？"他可能脱口而出，理想是去好的重点中学或是想进清华、北大。"剧场效应"导致价值取向的趋同，使大家都在为唯一的标准如"千军万马过独木桥"般奋力向前追赶。在这个追赶的过程中，学生将自己的人生

目标锁定在学校,无法看到更长远的未来;家长的心态也只会越来越焦虑。

而我能做的就是告诉正在焦虑中的学生和家长,我们是不是可以不用挤那座"独木桥"? 而是根据自己的实际情况,选择最适合自己的学校和最适合自己的教育模式。幸福并不只是考取一所好的大学,有一份好的工作,用人单位也不能仅仅用毕业院校作为人才的评判标准。幸福可以多种多样,每个人的幸福由自己定义。

那么怎么缓解家长们的焦虑呢? 我建议各位家长留心观察一下自己的孩子,如果他们能做到以下三条,我觉得这样的教育就应该是满意的:

第一条,您的孩子是不是身心健康? 能不能经得起学习和生活上的挫折和考验? 我想若是没有健康的身心,孩子的幸福人生无从谈起。

第二条,您的孩子是否诚信正直? 如果孩子没有好的精神品质,即便学习成绩再好,家长也得犯愁。

第三条,您的孩子长大后能否自食其力? 每个孩子的人生目标不一定都是清华、北大,至于他将来怎么发展,顺其自然就好。每个孩子都有自己的可能性,只要他能养活自己,家长多少都能满意了。

## 科技给课堂教学带来机遇,<br>给学生戴智能头环是对先进技术的浪费

**记者:** 2019 年,"5G+"教育的探索正在进行中,人工智能、大数据等技术在课堂上的应用也引发网友热议。比如给学生戴智能头环防走神,是助学利器还是"紧箍咒"? 我们想听听您对这一热点事件的看法。您认为科技在课堂上的运用究竟有何利弊?

**俞立中:** 我认为给学生戴智能头环是一种对先进技术的浪费。因为它并没有真正改变学生的学习状态,教师完全可以利用其他科技手段丰富课件内容,或者使用更好的教学方法提高学生的兴趣,吸引学生关注。

我认为科技在课堂上的运用给我们的课堂教学带来了很多机遇,关键在于我们能否把两者有机结合起来。比如把线上教育与线下课堂相结合,让学生在课外获取更多的优质学习资源;或是借助虚拟现实技术、人工智能等应用丰富课堂教学,调动学生的兴趣,激发创造力。

# 后　记

为"存史、资政、育人"，早在十几年前，学校组织编纂出版校长系列文集，如孟宪承的《孟宪承文集》、刘佛年的《刘佛年教育文集》、袁运开的《生涯的足迹：教育、科技史与科技哲学文选》、张瑞琨的《教育生涯录：教育科学、自然科学史、自然辩证法文选》等。同时，也发掘整理出版学校前身校长之系列，如《王伯群与大夏大学》《欧元怀校长与大夏大学》《马君武校长与大夏大学》、《张寿镛校长与光华大学》《朱经农校长与光华大学》《廖世承校长与光华大学》，这些校长系列文集，比较集中地反映了校长们在大学治理、教育管理等方面的经验和探索。

为承前启后继往开来，我们以馆藏档案为基础，深度发掘，继续编纂俞立中校长文集，即《教育，看到一个更大的世界——俞立中文集》和《大学管理之道在于沟通——俞立中媒体访谈录》，以期赓续传统，对校长文集作进一步补充和完善。

《教育，看到一个更大的世界——俞立中文集》主要收集俞立中担任上海师范大学、华东师范大学和上海纽约大学校长期间代表学校所作的工作报告或致辞，在论坛或大会上的讲话或发言，开学典礼和毕业典礼的讲话，务虚会议或工作会议上的发言，报纸杂志上发表的文章，以及网络平台上与学生的交流或感言，共计135篇。

《大学管理之道在于沟通——俞立中媒体访谈录》主要选录了《人民日报》、《光明日报》、新华社、《解放日报》、《文汇报》、《新民晚报》等全国数十家媒体对俞立中在治理大学期间的办学理念、特色和举措等的采访文章，共计102篇。

本书编撰历时两载，在编撰过程中，得到了学校领导的高度重视和支持。文集在编辑过程中，得到上海师范大学校长办公室、档案馆，华东师范大学学校办公室、党委宣传部，以及上海纽约大学等单位的大力协助和多方支持，允值佩谢！文集的编纂，始终得到俞立中校长的极大关怀。他除提供珍藏的照片以外，还审阅全稿，对文集书稿多所校正，备著辛劳。对他的帮助，谨此致谢！

文集由档案馆馆长汤涛主持负责选稿、统稿。档案馆胡琨、林雨平负责具体篇目的选校,档案馆李炜菁、俞玮琦、杨婷、符玲玲等参与了本书的部分编辑工作。

　　为编撰本书,我们曾多次组织召开校内外专家专题座谈会,得到章华明、钱益民、喻世红、宁波和肖阳等专家的指导与建议。本书的出版得到华东师范大学出版社的支持,感谢出版社领导和责任编辑的辛勤付出,在此一并致谢!

　　由于编者水平所限,书中缺点及错误在所难免,敬请读者不吝指教。

编者

2020 年春节

**图书在版编目（CIP）数据**

　　大学管理之道在于沟通：俞立中媒体访谈录／华东师范大学档案馆编. —上海：华东师范大学出版社，2020

　　（丽娃档案）

　　ISBN 978 - 7 - 5760 - 0860 - 9

　　Ⅰ.①大… Ⅱ.①华… Ⅲ.①高等学校－学校管理－文集　Ⅳ.①G647 - 53

　　中国版本图书馆 CIP 数据核字（2020）第 184251 号

---

## 大学管理之道在于沟通——俞立中媒体访谈录

编　　者　华东师范大学档案馆
责任编辑　朱妙津　谢　莹
责任校对　黄　琼　时东明
装帧设计　刘怡霖

出版发行　华东师范大学出版社
社　　址　上海市中山北路 3663 号　邮编 200062
网　　址　www.ecnupress.com.cn
电　　话　021 - 60821666　行政传真 021 - 62572105
客服电话　021 - 62865537　门市（邮购）电话 021 - 62869887
地　　址　上海市中山北路 3663 号华东师范大学校内先锋路口
网　　店　http://hdsdcbs.tmall.com/

印　刷　者　上海中华商务联合印刷有限公司
开　　本　787×1092　16 开
印　　张　35.25
插　　页　6
字　　数　571 千字
版　　次　2020 年 10 月第 1 版
印　　次　2020 年 10 月第 1 次
书　　号　ISBN 978 - 7 - 5760 - 0860 - 9
定　　价　168.00 元

出 版 人　王　焰

（如发现本版图书有印订质量问题，请寄回本社客服中心调换或电话 021 - 62865537 联系）